서울법대
법학총서
14

담보제도의
연구

김 형 석

박영사

머리말

    이 책은 필자가 지금까지 민법의 담보제도와 관련해 작성했던 공간·미공간의 원고를 바탕으로 구성한 연구서이다. 물론 기존의 연구를 단순히 모은 것에 그치는 것은 아니며, 큰 틀 안에서 내용의 상호 연결관계에 배려하는 수정을 가하였다. 그 과정에서 공간된 논문의 잘못된 부분을 고치고, 이후 법령 개정 사항도 반영할 수 있었다. 그러나 인용된 문헌을 모두 최신의 판본으로 업데이트하는 작업은 그 수고에 비하여 의미가 크지 않다고 판단되어 하지 않기로 하였다. 다만 논문 공간 이후 간행된 연구와 재판례 중에서 유의미한 것은 참조·인용하였고, 개정된 법률로서 곧 시행 예정인 것은 그 내용을 미리 반영하였다.

    이러한 연구서의 간행을 준비하면서, 필자는 마음속으로 다음과 같은 질문을 계속 되새기지 않을 수 없었다. 학술지의 논문들이 전자 파일의 형태로 널리 유통되고 있고, 그 결과 동료 연구자마저 업데이트된 최종 서적을 참조하지 않고 편하게 책상에서 전자 파일을 다운받아 인용하고 있는 이 기술적 복제 시대에, 이러한 성격의 연구서를 출판하는 일에 과연 의미가 있을까? 필자는 이러한 생각에 여러 차례 작업을 중단하기도 하였다. 그러나 그럼에도 불구하고 마음을 고쳐 원고를 마무리한 이유는 이렇게 체계를 갖추어 모은 하나의 전체로부터 각 연구자가 해당 소재에 접근할 때 의지하는 평가적 관점과 방법론 그리고 그에 기초해 구성한 내적 체계가 보다 선명하게 드러나며 학문을 위해서는 구체적인 결론뿐만 아니라 이러한 원리적 측면도 못지않게 중요할 것이라는 고려 때문이었다. 일찍이 에른스트 라벨은 법률가는 자신만의 방법이 있으나 그에 대해 떠들지는 않는다고 말하였다고 한다. 이 책을 간행하는 필자로서는 이 연구서를 접하는 독자들이 필자의 관점·방법·체계를 발견하고 공감해 주시기를 기대할 뿐이다.

　　이러한 학술서의 간행은 많은 사람들의 도움에 의지할 수밖에 없다. 먼저 이 책을 서울대학교 법학연구소 법학총서의 한 권으로 출판할 수 있도록 지원해 주신 서울대학교 법학연구소 김종보 소장님, 주은영 실장님, 이영미 선생님께 감사드린다. 또한 타산성 없는 연구서를 제작하는 번거로운 과정에서 노고를 아끼지 않으신 박영사 조성호, 김선민 이사님께도 감사의 뜻을 전한다. 그러나 무엇보다도 이 책을 구성하는 연구들이 성립하였던 지난 시간 동안 누구보다 필자를 이해하고 헌신해 준 배우자 채성희에게 사랑과 감사의 마음을 담아 이 연구서를 바치고 싶다.

2021년 6월 18일

김 형 석

* 이 저서는 서울대학교 법학연구소의 2021학년도 단행본 종합저술(모노그라프) 지원을 받았음(서울대학교 법학발전재단 출연).

차   례

서 론

제 1 편   인적담보: 책임제한과 담보목적의 긴장

제1장   보증인 보호와 구상관계

제2장 공동연대보증과 구상관계

제3장 보증과 손해담보: 독립적 은행보증

제 2 편　저당권: 사용·수익과 환가이익의 긴장

제1장　환가권으로서 저당권: 과실에 대한 효력을 중심으로

제2장 근저당권: 부종성이 "완화"된 "특수" 저당권?

제3장 환가권능의 확장: 물상대위와 부당이득

제4장 용익과 환가(1): 일괄경매청구권의 쟁점

제5장 용익과 환가(2): 사용·수익과 방해배제

제6장 환가권과 구상권의 조정: 공동저당의 법률관계

제3편 동산·채권의 담보:
담보대상의 확장과 채권자평등 사이의 긴장

제1장 "총체적 동원": 집합동산·집합채권 양도담보의 설정

제2장　위기의 도래(1): 양도담보와 강제집행·도산절차

제3장　위기의 도래(2): 소유권유보와 강제집행·도산절차

제4장　위기의 도래(3): 목적물의 부합과 부당이득에 의한 추급

제5장　입법에 의한 해결?: 등록담보권의 법률관계

[논문의 출전]

이 책은 다음의 연구를 기초로 구성되었다.

"보증계약과 손해담보계약"(저스티스 제77호, 2004, 49면 이하); "저당권자의 물상대위와 부당이득"(서울대 법학 제50권 제2호, 2009, 497면 이하); "강제집행·파산절차에서 양도담보권자의 지위"(저스티스 제111호, 2009, 68면 이하); "민법 제368조에 대한 단상"(서울대 법학 제51권 제1호, 2010, 191면 이하); "「동산·채권 등의 담보에 관한 법률」에 따른 동산담보권과 채권담보권"(서울대 법학 제52권 제3호, 2011, 191면 이하); "공동연대보증인들 사이의 구상관계"(민사판례연구[XXXVI], 2014, 613면 이하); "보증인 보호와 구상관계" (2016년 4월 20일 서울대학교 금융법무과정 강의자료); "과실에 미치는 저당권의 효력"(법조 제717호, 2016, 57면 이하); "저당권자의 일괄경매청구권에 관한 몇 가지 문제"(사법 제36호, 2016 115면 이하); "공동저당의 실행과 이해관계의 조정"(서울대 법학 제57권 제4호, 2016, 57면 이하); "우리 담보제도 발전의 회고"(우리 법 70년 변화와 전망 : 청헌 김증한 교수 30주기 추모논문집, 2018, 401면 이하); "민법 개정작업에 대한 단상"(민사법학 제85호, 2018, 156면 이하); "양도담보 목적물 사이의 부합과 부당이득"(서울대 법학 제60권 제3호, 2019, 103면 이하); "누적적 근저당의 성립조건 토론문"(2021. 2. 15. 민사판례연구회 토론문).

[인용에 관한 범례]

1. 문헌의 인용은 각국에서 일반적으로 통용되는 방법에 따른다.

2. 별도의 법률 명칭의 지시 없이 인용하는 규정은 민법의 규정이다.
   그 밖의 법령은 아래의 약어로 인용한다.

가담	가등기담보 등에 관한 법률
공저	공장 및 광업재단 저당법
구민소	2002년 전면개정 이전 민사소송법
구파산	2006년 폐지된 파산법
국징	국세징수법
담보	동산·채권 등의 담보에 관한 법률
도산	채무자회생 및 파산에 관한 법률
민소	민사소송법
민집	민사집행법
보증	보증인 보호를 위한 특별법
부등	부동산등기법
상	상법
상임	상가건물 임대차보호법
신원	신원보증법
약관	약관의 규제에 관한 법률
주임	주택임대차보호법
할부	할부거래에 관한 법률
형	형법

3. 우리나라의 재판례는 선고법원, 판결/결정 여부, 선고일자, 사건번호, 출전의 순서로 표기하여 인용한다. 외국의 재판례는 각국에서 일반적으로 통용되는 방법에 따른다.

서 론

상인계급이 시장경제의 주인공이었다면,
은행가는 그 계급의 타고난 지도자였다.*

I. 담보제도를 둘러싼 이익상황

1. 우리 사법제도가 창설되어 지속한 지난 70년 동안 사법의 각 분야에서 눈부신 발전이 있었지만, 그중에서도 담보제도의 발전은 특히 괄목할 만하다. 경제발전 과정에서 창출된 대규모의 자본 수요는 신용의 팽창과 이를 지탱하는 담보제도의 확충을 요구하였다. 법질서가 명확한 재산법 규율과 공시제도를 창출함으로써 비로소 단순히 사용·수익의 영역에 있었던 재산은 이제 담보의 객체로서 생산에 활용될 수 있는 자본으로 변모하여 경제성장의 기초를 제공할 수 있다.[1] 우리나라의 경우에도 학설과 실무가 법률을 해석·적용하고, 필요한 경우 법형성을 통해 이를 보충하며, 입법에 따른 담보제도 개혁에 조력하면서 이러한 발전을 견인하였음은 그동안 경험이 명백히 확인해 주고 있다.

2. 학설과 실무 특히 법원의 판례는 경제발전에 수반하여 담보제도를 운용하는 과정에서 여러 상충하는 이해관계를 조정해야 했다.

---

* Polanyi, *The Great Transformation*, 1944/2001, p. 208.
1) 데 소토, 자본의 미스터리, 2003, 제2장 참조.

(1) 우선 채권자와 채무자는 보다 많은 신용을 제공하고 수수하는 것에 이해관계를 가지기 때문에, 두 당사자 모두 증가되는 신용에 상응하여 증가되는 담보 수요를 가지게 된다. 그 결과 채무자는 자신이 가용할 수 있는 일체의 재산을 담보로 제공하고자 한다. 에른스트 융어(Ernst Jünger)가 언젠가 다른 맥락에서 사용했던 용어를 빌자면,[2] 경제적 자원에 대한 "총체적 동원[유동화]"(totale Mobilmachung)의 요청인 셈이다. 이는 무엇보다 담보의 대상이 확대되는 것에 대한 채권자와 채무자의 이해관계를 발생시킨다(**담보 대상의 확대**). 이러한 이해관계는 법률 자체에 의해서도 고려되고 있다. 부동산뿐만 아니라 여러 객체에 저당권을 설정할 수 있게 하는 입법이 그러하며, 특별법상의 저당권[3]이나 동산·채권에 대한 등록담보권[4] 등이 이를 위해 창설되었다. 더 나아가 판례는 집합동산과 집합채권을 대상으로 하는 양도담보에 관한 법형성으로 그러한 담보목적물 확장에 대한 당사자들의 이익을 고려하고 있다.[5]

한편 민법은 일단 설정된 저당권의 효력이 저당부동산과 경제적

---

2) Ernst Jünger, "Die totale Mobilmachung" in *Krieg und Krieger*, hrsg. von Ernst Jünger, 1930, S. 9ff. 필자가 참조한 것은 같은 출판사에서 1931년에 출간된 별쇄본이다.

3) 민법에 따라 설정되는 저당권은 특정한 부동산 또는 부동산의 용익을 내용으로 하는 지상권·전세권을 목적으로 하고 있다(제356조, 제371조). 그러나 그 이외의 재산권 특히 집합재산에 대한 담보화의 요구는 경제와 거래의 발달에 좇아 필연적으로 일어났다. 법은 이러한 요구에 발맞추어 등기제도의 확대에 연동하면서 특별법을 마련하여 일정한 동산, 재단 등에 대한 저당권을 인정하여 왔다. 「입목에 관한 법률」에 따른 입목저당(동법 제2조, 제3조), 「자동차 등 특정동산 저당법」에 따른 자동차·항공기·소형선박 및 건설기계에 대한 저당(동법 제3조), 「상법」에 따른 등기된 선박에 대한 저당(동법 제787조, 제789조), 「공장 및 광업재단 저당법」에 따른 공장의 토지 또는 건물에 대한 저당(동법 제3조, 제4조) 및 공장재단·광업재단에 대한 저당(동법 제10조, 52조) 등이 그 예이다. 이들 저당권에 대해 양창수·김형석, 민법 Ⅲ: 권리의 보전과 담보, 제3판, 2018, 589면 이하 참조.

4) 아래 제3편 제5장 참조.

5) 아래 제3편 제1장 참조.

관련성을 가지는 물건이나 권리에도 미치게 함으로써, 저당부동산의
담보력을 제고한다(**경제적 일체성의 고려**). 예컨대 저당권의 효력은 그
실행 이후에는 저당부동산의 부합물과 종물 그리고 과실에 미치고(제
358조, 제359조),[6) 저당부동산이 멸실, 훼손, 공용징수된 때에도 물상
대위의 방법으로 저당권의 효력이 확장된다(제370조, 제342조).[7) 이러
한 법리는 특별법상의 저당권이나 담보권에서도 마찬가지이다.

　(2) 이러한 과정에서 채무자인 담보제공자는 자신의 재산이 큰
범위에서 담보로 제공되었다는 사실이 알려지는 것을 회피하고자 하
는 이해관계도 가진다(**비공시담보에 대한 이익**). 채무자 재산의 대부분
이 담보로 제공되었다는 사실은 거래계에 부정적인 신호를 보냄으로
써 이후 경제활동에서 오히려 신용경색을 초래할 우려가 존재하기 때
문이다. 이는 특히 집합채권의 양도담보에서 문제되었다.[8)

　그러나 반대로 담보의 확장과 관련해, 담보제공자는 자신이 수수
한 신용을 훨씬 상회하는 과도한 담보를 제공하도록 요구받음으로써
자신의 경제활동의 자유를 위축받거나 심지어 경제적 존립이 위태화
되지 않을 것에 대해 이해관계를 가진다(**과잉담보의 억제**). 현실에서
신용을 필요로 하는 채무자는 교섭력이 우월한 신용제공자와의 관계
에서 과도한 담보를 제공해야 하는 위험을 부담할 수 있다. 이러한 위
험에 우리 법원 역시 여러 가지 방법으로 대처해 오고 있다. 예컨대
판례가 계속적 보증의 경우 전개한 보증인 보호의 법리 및 보증에 관
한 최근의 입법은 담보제공자인 보증인의 경제적 활동과 존립을 보장
하려는 목적을 추구한다.[9)

　(3) 그런데 담보의 확장은 담보제공자의 일반채권자에 대한 관계

　6) 아래 제2편 제1장 참조.
　7) 아래 제2편 제3장 참조.
　8) 아래 제3편 제1장 참조.
　9) 아래 제1편 제1장 참조.

에서 책임재산을 감소시킴으로써 불이익을 가져올 수 있다. 그러므로 일반채권자는 담보권자가 파악한 담보가치를 고려하여 담보제공자의 무자력 위험을 미리 예측하는 것에 대해 이해관계를 가진다(**공시담보의 요구**). 민법은 저당권에 대해 부동산등기를 성립요건으로 하고(제186조), 동산질권에 대해 점유질원칙을 관철하며(제330조, 제332조), 권리질권에 대해 권리양도에 관한 공시방법을 따르도록 함으로써(제346조) 그러한 이익을 고려한다. 동산·채권에 등록담보권을 입법적으로 도입한 것도 그러한 공시담보의 요청에 배려한 것이다.[10] 그러나 실무에서 동산과 채권에 대해 공시되지 아니하는 권리이전형담보가 활용되는 장면에서 일반채권자의 이익은 담보제공자 및 채권자의 이익과 종종 상충하며, 이는 특히 도산절차에서 그러하다(**도산절차의 실효성 확보**). 여기서 일반채권자 보호는 결국 판례에 의한 해석과 법형성에 의해 해결되고 있다. 이는 집합동산 및 집합채권의 양도담보 그리고 소유권유보가 도산절차에서 어떻게 취급되어야 하는지의 쟁점의 모습으로 제기된다.[11]

(4) 담보를 취득한 채권자는 담보제공자 또는 제3자가 담보를 침해하여 만족의 기초를 위태롭게 하지 않도록 할 이해관계를 가진다(**담보가치의 보장**). 그러나 반대로 담보제공자는 수수한 신용을 변제할 수 있도록 담보목적물을 사용·수익·가공 등으로 활용하여 경제활동을 유지하고 확장할 이해관계가 있다(**담보목적물 활용의 보장**). 담보목적물에 대한 이 양자의 이익들은 경우에 따라 서로 상충할 위험이 존재하며, 판례는 담보제도의 여러 맥락에서 이러한 이익충돌을 조정하기 위해 노력하고 있다. 이 쟁점은 예컨대 저당권자의 물상대위(제370조, 제342조),[12] 저당권자의 방해배제청구권(제370조, 제214조),[13] 저당

---

10) 아래 제3편 제5장 참조.
11) 아래 제3편 제1장 내지 제3장 참조.
12) 아래 제2편 제3장 참조.

권자의 일괄경매청구권(제365조),[14) 저당권 실행에 따라 성립하는 법
정지상권(제366조),[15) 집합동산 및 집합채권 양도담보 그리고 소유권
유보 등에서 활용되는 가공·처분 조항[16) 등에서 다양하게 제기된다.

    (5) 한편 채권자와 채무자는 자신들의 신용관계가 제3자 특히 담
보제공자의 일반채권자의 개입에 의해 방해받지 않고 유지될 것 특히
채권자로서는 제공된 신용에 대한 대가인 이자를 충분히 수수할 수
있도록 환가시기를 강제받지 않을 이해관계를 가진다(**환가주도권에 대
한 이익**). 이러한 이익은 우리 민사집행법이 저당권에 대한 관계에서
소제주의를 채택하고 있기 때문에(민집 제91조 제2항) 그 보호가 기본
적으로 취약하다. 그러나 우리 민법이 담보권자의 환가주도권에 대한
보호를 완전히 도외시하고 있는 것은 아니다. 민법은 근저당권을 명
문으로 규율하여(제357조) 당사자들의 신용관계가 장기간 지속하는 경
우에도 저당제도를 안정적으로 활용할 수 있는 근거를 제공한다.[17)
또한 판례는 공동근저당[18)이나 양도담보 및 소유권유보[19)에 관한 법
률관계를 판단할 때에도 담보권자의 환가주도에 관한 이익을 고려하
는 모습을 보인다.

    그리고 채권자인 담보권자는 자신이 확보한 담보를 실행하는 과
정에서 가능한 담보의 가치가 완전히 그리고 신속히 실현될 수 있는
환가방법이 보장되는 것에 대한 이해관계를 가진다(**효율적 환가에 대
한 이익**). 충분한 담보에도 불구하고 환가절차의 비용이 만족을 저해

---

13) 아래 제2편 제5장 참조.
14) 아래 제2편 제4장 참조.
15) 김용담 편집대표, 주석 민법 물권(4), 제4판, 2011, 200면 이하(김재형) 참조.
16) 아래 제3편 제1장 내지 제4장 참조.
17) 아래 제2편 제2장 참조.
18) 공동근저당권의 목적인 개별 부동산에 대하여 공동근저당권자의 의사와 무관하게
    경매가 개시된 경우에는 나머지 부동산에 대하여 근저당권이 확정되지 않는다는
    大判 2017.9.21., 2015다50637, 공보 2017, 1957 참조.
19) 아래 제3편 제2장 및 제3장 참조.

하는 사정을 회피하고자 하는 것이다. 이러한 측면은 독립적 은행보
증,[20) 양도담보,[21) 가등기담보 같은 비전형담보에서 특히 강조된다.
마찬가지로 담보제공자도 적절한 환가에 대한 이해관계를 가지나 그
관심은 담보권자와는 반대로, 비효율적인 환가에 의해 신용의 변제를
넘어서는 추가적인 불이익을 부담하는 것을 회피하고자 한다(**유담보약
정의 억제**). 우리 민법은 유질계약만을 금지하고 있으므로(제339조) 유
저당계약은 허용된다고 해석되고 있으며,[22) 「동산ㆍ채권 등의 담보에
관한 법률」은 명시적으로 유담보약정의 효력을 인정한다(담보 제31조).
그러나 이 문제는 특히 비전형담보에서 담보권자의 사적 실행을 둘러
싸고 예민하게 제기되었고, 입법에 의한 해결도 유도하였다.[23)

　　(6) 그 밖에 채무자와 담보제공자가 다른 사람인 경우, 채권자를
만족시킨 담보제공자는 자신이 부담한 경제적 불이익에 대해 공동으
로 또는 종국적으로 부담해야 할 자에 대한 관계에서 구상을 할 이해
관계를 가진다(**구상 이익의 보호**). 이는 특히 담보제공자가 여러 사람

---

20) 아래 제1편 제3장 참조.
21) 아래 제2편 제1장 내지 제3장 참조.
22) 명순구, 실록 대한민국 민법 2, 2010, 468-470면 참조. 물론 유저당약정은 저당
　　권설정자와 저당권자 사이의 계약으로 부동산등기법상 등기될 수 없으므로 그 효
　　력은 당사자들 사이에서만 발생한다. 따라서 이해관계 있는 제3자 예컨대 선순위
　　권리자, 후순위담보권자, 압류채권자 등이 존재하는 때에는 저당권자는 그들에 대
　　한 관계에서 유저당약정에 따른 환가를 주장할 수 없다. 이는 유담보약정이 등기
　　될 수 없는 이상 당연히 인정되는 결론이다. 그런데 부동산집행의 경우 이해관계
　　인이 없는 경우가 매우 흔하다고는 말할 수 없을 것이다. 이 점에서 유저당약정은
　　채권자가 목적물을 점유하고 있어 압류채권자가 쉽게 나올 수 없고 후순위질권의
　　설정이 드문 동산질권에서의 유질약정과 이익상황을 달리 한다. 실제로 실무상 유
　　저당약정에 따른 실행이 쉽게 관찰되지 않는다는 것은 그러한 이유 때문으로 추측
　　된다. 요컨대 이해관계 있는 제3자가 사적 실행에 동의하여 참가하지 않는 이상,
　　유저당약정에 따른 환가는 현실적으로 불가능하다.
23) 부동산 비전형담보에 관한 학설ㆍ판례의 전개와 「가등기담보 등에 관한 법률」의
　　제정 경과 및 내용에 대해 상세한 내용은 양창수, "「가등기담보 등에 관한 법률」
　　의 현황과 문제점", 민법연구, 제1권, 1992, 281면 이하 참조.

이거나 제3취득자가 존재하는 경우 복잡하게 제기된다. 민법은 제482
조에서 대위변제자 사이의 관계를 정하는 방법으로 이에 대한 해결의
단초를 제시하고 있으나 세부적인 규율을 결여하고 있어, 해결의 상
당부분이 판례의 해석·적용에 의지하고 있고 있다.24) 또한 공동저당
의 경우 발생하는 이른바 물상보증인의 변제자대위와 후순위저당권자
의 대위(제368조)의 충돌의 문제도 이와 관련되는 쟁점이다.25)

Ⅱ. 이 책의 구성

　이러한 이익충돌을 배경으로 그동안 진행된 우리 담보제도 발전
의 전모를 하나의 책에서 상세하게 개관하는 일은 불가능한 작업일
것이다. 그 대신 이 책은 담보관계를 둘러싼 이익들이 대립하는 전형
적인 쟁점들 중에서 우리 담보제도 발전의 모습을 잘 예시하는 몇 가
지 대표적인 주제를 중심으로 담보 법리의 발전을 소묘해 보고자 한
다. 이러한 서술 방법을 채택하는 것은 단순히 지면의 제약을 고려하
는 것 이상의 의미가 있다고도 생각된다. 담보법을 민법 및 강학상 체
계에 따라 평면적으로 서술하는 것보다는, 이를 문제중심적으로 접근
하여 분석하는 작업이 우리 학설과 실무의 노력을 보다 입체적으로
보여줄 뿐만 아니라 다양한 담보제도 사이에 존재하는 체계적 관련성
을 드러나게 해 줄 것으로 예상되기 때문이다.

　이러한 목적에 따라 이 책의 제1편에서는 인적 담보에 관한 몇
가지 주제를 살펴본다. 우선 보증인 보호 및 구상에 관한 주요 쟁점을
개관하고(제1장), 공동연대보증의 법률관계를 특히 그 구상과 관련해
검토하며(제2장), 독립적 보증의 기초가 되는 손해담보계약의 특징을
보증과 비교하여 살펴본다(제3장). 그 다음 제2편에서는 저당부동산

24) 아래 제1편 제1항 및 제2장 참조.
25) 아래 제2편 제6장 참조.

소유자의 사용·수익의 이해관계와 저당권자의 환가이익의 긴장관계
가 잘 나타나는 몇 가지 주제를 살펴본다. 과실에 미치는 저당권의 효
력(제1장)과 근저당의 성격(제2장), 물상대위의 법률관계(제3장), 일괄
경매청구권의 주요 쟁점(제4장), 저당부동산 사용·수익과 관련된 방
해배제의 문제(제5장), 공동저당의 실행과 관련된 이해관계의 조정(제6
장)이 그것이다. 마지막으로 제3편에서는 일반채권자 보호의 문제가
첨예하게 대두되는 동산·채권에 관한 담보의 쟁점을 다룬다. 집합동
산·집합채권의 양도담보의 설정에 대해 살펴보고(제1장), 양도담보와
소유권유보가 강제집행·도산절차에서 어떻게 취급되는지를 분석한
다음(제2장 및 제3장), 양도담보와 소유권유보의 목적물이 부합된 경우
부당이득의 형태로 제기되는 추급 가능성을 거쳐(제4장), 「동산·채권
등의 담보에 관한 법률」에 따라 도입된 등록담보권의 법률관계를 개
관한다(제5장).

인적담보: 책임제한과 담보목적의 긴장

제 1 장
보증인 보호와 구상관계

Ⅰ. 도입

1. 문제의 제기

보증계약은 주채무자가 이행하지 아니하는 채무를 이행할 채무를 보증인에게 발생시키는 계약으로(제428조), 중요한 인적 담보 수단의 하나이다. 보증에 의한 만족가능성이 보증인의 책임재산 상태에 의존한다는 점에서 보증은 물적 담보에 비하면 담보로서 불안정한 측면이 있는 것은 사실이다. 그러나 보증은 보증인이 자력이 충분한 경우에는 담보로서 적절히 기능할 수 있을 뿐만 아니라, 그 밖에도 나름의 장점을 가진다. 예를 들어 현실적으로 법인을 통제하고 있는 실질적 운영자에게 채무를 부담하게 함으로써 법인격 창설에 의한 책임제한적 효과를 돌파하는 수단으로 활용될 수 있으며,[1] 또한 채무자의 근친에게 채무를 부담시킴으로써 원활한 이행에 대한 유인을 줄 수도 있다. 그러나 보증은 무상의 편무계약이며, 주채무자와의 관계에서도 반드시 대가가 약정되는 것은 아니다(제686조 제1항 참조). 그 결과 보

---

[1] 양창수·김형석, 민법 Ⅲ: 권리의 보전과 담보, 제3판, 2018, 262면.

중채무를 이행하는 보증인은 경우에 따라 아무런 대가를 수령함 없이 주채무자의 무자력을 감당해야 하는 위험을 부담할 수 있다. 그리고 이러한 위험은 보증이 인적인 관계에 기초해 비타산적으로 이루어지는 경우에 특히 가혹하게 다가온다.

   이러한 이유로 종래 보증채무와 관련된 민법의 해석에서는 보증인 보호에 대해 특별한 관심이 기울여진 것이 사실이다. 본장에서는 이 주제로부터 제기되는 몇 가지 쟁점들에 대하여 개관해 보고자 한다. 물론 보증인의 지위에 영향을 준다는 관점에서 본다면 보증의 모든 문제에 대한 해석론이 보증인 보호와 관련된다고도 말할 수 있다. 이는 예컨대 보증채권의 관철가능성의 중요한 요소인 부종성을 생각해 보면 그러하다. 그러나 보증에 관한 모든 문제를 다루는 것은 본장에 할당된 범위를 넘어서는 것으로 생각된다. 여기에서는 종래 보증인 보호와 관련되어 주로 제기되는 쟁점들에 국한하여 살펴보기로 한다.

2. 계속적 보증에 관한 판례 법리

   종래 보증인 보호는 주로 금융거래에서 체결되는 계속적 보증(근보증)과 관련하여 자주 논의되었다. 특히 이 영역에서 대법원은 많은 재판례를 통해 보증인 보호를 위한 법리를 축적하였는데, 이를 개관해 보면 ① 보증기간 없는 보증의 경우 임의해지권의 인정, ② 보증기간이 있더라도 중대한 사유가 있는 경우 특별해지권의 인정, ③ 계약해석에 의한 피담보채무 범위의 제한, ④ 신의칙에 따른 보증책임의 제한, ⑤ 상속성의 제한 등이 그 주요 내용이었다.[2] 그런데 이러한 판례는 이제 최근의 입법에 따라 많은 부분에서 이전과 같은 중요성을 가지지는 않을 것으로 예상된다. 예를 들어 근보증에서 서면방식에 의한 최고액 특정(제428조의3, 보증 제6조), 보증채무의 감경 또는

---

2) 양창수·김형석 (주 1), 292면 이하 참조.

면제를 전제로 하는 채권자의 정보제공의무와 통지의무(제436조의2, 보증 제5조, 제8조), 보증기간의 제한(보증 제7조) 등이 적용되는 경우, 종래 판례 법리에 의지해야 하는 사안은 대폭 감소할 것으로 예상된다. 따라서 아래에서는 계속적 보증에서 보증인 보호에 관해서는 별도로 서술하지 않는다.3)

Ⅱ. 보증 성립에서 보증인 보호

1. 보증 의사의 탐구

(1) 보증의사의 확인

보증채무는 보증인과 채권자 사이의 보증계약에 의해 성립하므로, 이는 보증인이 보증계약에 따른 전형적 의무를 부담하는 내용의 의사표시를 하였음을 전제로 한다. 이는 보증인인지 문제되는 자가 "주채무자가 이행하지 아니하는 채무를 이행할 의무"를 부담하였는지를 계약해석에 의해 확인함으로써 행해진다. 그런데 경우에 따라서는 과연 그러한 의사가 존재하는지 반드시 명확하지 아니한 사안들이 존재할 수 있다.

(2) 어음 또는 수표의 교부

예를 들어 판례는 타인 간의 금전소비대차의 편의를 도모하기 위하여 수표를 발행하여 채권자에게 교부한 경우에는 특별사정이 없으면 수표상의 책임은 물론 소비대차에 있어서도 채무자를 위하여 보증채무를 부담할 의사표시를 한 예가 있으나,4) 반대의 취지로 계약해석한 경우도 있다.5) 반면 어음이나 수표를 배서함으로써 인수하는 숨은

---

3) 상세한 내용은 우선 김용담 편집대표, 주석 민법 채권총칙(3), 제4판, 2014, 266면 이하(강영수) 참조.
4) 大判 1965.9.28., 65다1268, 집 13-2, 153.

어음보증·수표보증에 의해 민법상 보증채무도 인수되는지 여부에 대해서는 원칙적으로 이를 부정한다.[6] 또한 대출절차상 편의를 위하여 명의를 대여한 것으로 인정되는 경우, 원칙적으로 그 형식상의 주채무자에게 실질적 주채무자에 대한 보증의 의사가 있는 것으로 볼 수는 없다고 한다.[7]

그런데 이제는 보증의 의사표시를 서면방식으로 하도록 정한 제428조의2를 고려할 때, 이상의 사안들에서 민법상 보증이 인수되었다고 인정하기는 보다 어려울 것으로 예상된다. 어음보증, 수표보증, 명의대여에 따른 허위의 대출 등이 비록 서면방식으로 이루어졌더라도 그 서면에서 동시에 보증의 의사표시가 표현되었음을 인정할 수 있어야 보증이 성립할 것인데, 이상의 선례를 고려한다면 그러한 결과를 선뜻 시인하기가 쉽지 않을 것이기 때문이다.

(3) 이른바 컴포트레터

한편 이른바 컴포트레터(letter of comfort)에 의해서 일반적으로 보증채무는 인수되지 아니한다. 자회사나 공기업이 금전을 대출받는 등의 거래에서 대주는 모회사나 정부에 대해 지급에 대한 보장을 요구하는 경우가 많다. 이때 모회사 등은 직접 보증채무를 인수할 수도 있겠지만, (대차대조표에 채무 발생을 회피하고자 하거나 그 밖의 여러 이유로) 이행을 보장하는 자의 명예나 신용 등에 일임할 뿐 거기에 법적 구속력을 부여하지 아니하는 서면, 즉 자회사 등에 대한 지분의 확인

---

5) 大判 1988.3.8., 87다446, 공보 1988, 653.
6) 大判 1988.3.8., 87다446, 공보 1988, 653. 더 나아가 大判 2007.9.7., 2006다17928, 공보 2007, 1556은 "배서인이 단순히 어음법상의 상환의무를 부담한다는 형태로 채권자에게 신용을 공여한 것이 아니라 민사상의 보증의 형태로도 신용을 공여한 것이라는 점이" "제반 사정과 거래계의 실정에 비추어 인정될 수 있을 정도에 이르러야만 배서인과 채권자 사이의 민사상 보증계약의 성립을 인정할 수 있을 것"이라고 한다.
7) 大判 1996.8.23., 96다18076, 공보 1996, 2847.

및 유지에 대한 언급, 자회사 등이 체결하는 계약에 대한 인식 및 승인, 자회사 등의 자력 또는 이행능력을 뒷받침할 방침의 선언 등을 담은 서면의 작성·교부에 그칠 수도 있다. 대법원의 판례에 따르면 이러한 후원선언(Patronatserklärung)만으로는 원칙적으로 계약해석상 보증채무의 인수가 있다고 보기 어렵다.[8] 다만 제반사정을 고려할 때, 발행인이 컴포트레터를 교부함으로써 수취인이 거래에 응하도록 유인하였고 수취인은 발행인의 신용에 대한 합리적인 신뢰를 바탕으로 계약의 체결에 이른 사정 등이 있다면 발행인은 채무불이행으로 인한 손해배상책임을 부담할 수도 있다고 한다.[9]

　이러한 후원선언의 효력은 계약해석의 문제이다. 모회사 등의 후원선언은 보증 내지 그와 유사한 지급의무를 부담하는 의사표시에 해당하는 사안도 있을 수 있으나, 반대로 모회사 등에 법적 효과를 발생시키지 아니하는 구속력 없는 의향표시일 수도 있다. 후자의 경우 채권자는 사안에 따라 불법행위(제750조)에 기해 손해를 전보받을 수밖에 없을 것이다. 그러나 모회사 등의 후원선언이 채권자가 만족을 받을 때까지 자회사 등에 자금을 확충해 줄 의무를 채권자에게 부담하는 내용의 의사표시인 사안도 있을 수 있으며, 이때에는 채권자는 자회사 등으로부터 만족을 받지 못한 경우 모회사 등을 상대로 후원선언의 불이행을 이유로 채무불이행 책임을 물을 수 있을 것이다(제390조). 이 경우 자회사 등이 도산하면 채권자의 모회사 등에 대한 청구권은 금전청구권으로 전환된다는 것이 독일의 통설[10]이다.

---

8) 大判 2006.8.25., 2004다26119, 공보 2006, 1600. 후원선언의 법률관계에 대해 포괄적으로 Koch, *Die Patronatserklärung*, 2005 참조.
9) 大判 2014.7.24., 2010다58315, 공보 2014, 1637. 이 판결에 대해서는 우선 김연학, "컴포트레터에 기한 채무불이행책임", BFL, 제70호, 2015, 85면 이하 참조.
10) Habersack in *Münchener Kommentar zum BGB*, Band 5, 6. Aufl., 2013, Vor § 765 Rn. 52.

2. 보증의 방식

(1) 서면방식의 요구

보증계약은 요식계약이다. 보증은 그 의사가 보증인의 기명날인 또는 서명이 있는 서면으로 표시되어야 한다(제428조의2 제1항 본문). 이러한 서면 방식은 기존의 보증채무를 보증인에게 불리하게 변경하는 경우에도 적용되며(동조 제2항), 더 나아가 불확정한 다수의 채무를 보증하는 근보증에서는 채무의 최고액도 서면으로 특정되어야 한다(제428조의3 제1항). 이는 보증인 책임범위를 예견할 수 있도록 하기 위한 취지이므로, 보증인의 의사표시가 표시된 서면에 보증채무의 최고액이 명시적으로 기재되어 있거나, 기재가 없더라도 서면 자체만으로 보증채무의 최고액이 얼마인지를 객관적으로 알 수 있는 등 명시적 기재와 동일시할 수 있어야 한다.[11] 그 밖에도 「보증인 보호를 위한 특별법」이 적용되는 보증의 경우(보증 제2조 제1호 참조) 보증계약을 체결할 때에는 보증채무의 최고액을 서면으로 특정해야 하며, 보증기간을 갱신할 때에도 그러하다(보증 제4조). 일반적으로 이러한 서면방식은 한편으로 보증인에게 숙고되지 않은 채로 보증을 하는 것에 대해 신중을 촉구하면서(경고기능), 이후 분쟁이 발생하는 경우 손쉬운 입증을 가능하게 하는(입증기능) 목적을 추구한다고 설명되고 있다. 이러한 방식목적에 비추어 서명은 당연히 보증인이 직접 자신의 이름을 쓰는 것을 말하며, 타인이 보증인의 이름을 대신 쓰는 것은 해당하지 않는다.[12]

한편 보증의 의사표시를 전자적 형태의 의사표시로 하는 것은 충분하지 않다(제428조의2 제1항 단서). 이 제한은 원래 정부가 제출한 민법 개정안에는 포함되어 있지 않았으나, 국회 심의과정에서 독일 민

---

11) 大判 2019.3.14., 2018다282473, 공보 2019, 855.
12) 大判 2017.12.13., 2016다233576, 공보 2018, 159.

법 제766조 제2문을 참조하여 삽입된 것이다. 그러나 이러한 제한은 비교법적으로 이례적일뿐만 아니라 상인의 보증에는 적용이 없는 독일의 상황을 충분히 고려하지 못하였고, 방식규정의 목적을 고려할 때에도 반드시 합리적인 것이라고 할 수 없으며, 종래 전자적 의사표시에 의한 보증이 널리 행해지던 관행을 고려할 때 입법정책적으로 부당하다는 비판이 제기되었다.[13] 그에 따라 2016.1.19.에 신설된 「전자문서 및 전자거래 기본법」 제4조 제2항은 "보증인이 자기의 영업 또는 사업으로 작성한 보증의 의사가 표시된 전자문서는 「민법」 제428조의2 제1항 단서에도 불구하고 같은 항 본문에 따른 서면으로 본다"고 하여 예외를 허용하였다.

제428조의2는 보증의 의사표시에 대해서만 규정하고 있지만, 그 목적을 고려할 때 채권자에게 완결청구권이나 예약완결권을 부여하는 형태의 보증예약을 하는 경우에 그 의사표시도 서면방식을 갖추어야 할 것이다. 마찬가지로 보증인이 되려는 자가 대리인을 사용하여 보증의 의사표시를 하는 경우, 보증인에 대한 관계에서 유효한 보증의 의사표시 성립에 관여하는 다른 법률행위도 방식을 충족해야 한다.[14] 그래서 대리인이 하는 보증의 의사표시뿐만 아니라(제116조 참조) 대리인에 대한 수권의 의사표시에도 보증인의 보증의사가 표현되므로 수권행위도 서면방식을 갖추어야 하며, 무권대리에 의한 보증계약을 추인하는 의사표시(제130조)도 마찬가지이다.

대법원은 앞서 인용한 재판례(주 11)와 관련지으며 "'보증인의 서명'은 원칙적으로 보증인이 직접 자신의 이름을 쓰는 것을 의미하므로 타인이 보증인의 이름을 대신 쓰는 것은 이에 해당하지 않지만 […], '보증인의 기명날인'은 타인이 이를 대행하는 방법으로 하여도 무방하다"고 하면서 대리인의 기명날인에 의한 보증의 성립을 인정하

---

13) 윤진수, "개정 민법상 전자 보증 불허의 문제점", 법률신문, 제4304호, 2015, 12면.
14) 독일의 통설. MünchKomm/Habersack (주 10), §766 Rn. 2.

였다.15) 그런데 이 판시는 다소 오해의 여지가 있다. 적법하게 선임된 대리인이 현명을 통해 자신의 이름을 서명하는 경우 유효한 보증의 성립을 부정할 수는 없기 때문이다. 중요한 것은 대리인에 대한 수권행위에서 본인의 서명 또는 기명날인을 통해 보증의사가 확인되는지 여부이다.

(2) 방식이 충족되는 모습

문언에서 명백한 바와 같이, 보증인의 보증의사만 서면방식을 충족하면 충분하며, 채권자의 의사표시가 서면방식을 충족할 필요는 없다. 그리고 방식의 목적에 비추어 보증의 의사표시가 표현된 서면으로부터 보증채무의 내용을 구성하는 중요한 요소들을 간취할 수 있어야 한다. 이는 최소한 보증인이 보증채무를 인수하겠다는 구속력 있는 의사, 주채무자 및 채권자의 신원, 피담보채무에 관한 사항, 근보증 및 「보증인 보호를 위한 특별법」의 적용을 받는 보증의 경우 최고액을 포함하고 있어야 함을 의미하며, 보증채무의 내용에 영향을 주는 부수적 약정이 존재하는 경우 그에 대해서도 언급하고 있어야 한다.16) 물론 불명확한 부분이 있어도 계약해석에 의해 제거될 수 있으면 충분하다고 하겠지만, 적어도 서면에 해석의 단서가 될 만한 부분은 존재해야 한다. 그래서 예컨대 「보증인 보호를 위한 특별법」에 관한 판례에 따르면 보증의 의사가 서면에 표시된 이상 작성된 서면에 반드시 '보증인' '보증한다'라는 문언의 기재가 있을 필요는 없고, 최고액(보증 제4조) 역시 채무자가 부담하는 원본채무의 금액이 명확히 기재되어 있으면 충분하다고 한다.17) 마찬가지로 보증인이 서명 또는 기명날인한 백지보증서를 타인(특히 주채무자 또는 채권자)에게 교부하

---

15) 大判 2019.3.14., 2018다282473, 공보 2019, 855.
16) MünchKomm/Habersack (주 10), § 766 Rn. 8ff.
17) 大判 2013.6.27., 2013다23372, 공보 2013, 1320.

면서 보충권을 부여하는 경우 대리권 수여가 있다고 볼 것이므로,[18] 보증서 자체는 공백을 포함하고 있더라도 수권행위는 보증방식을 충족할 정도의 보증의사를 서면으로 표시하고 있어야 한다.[19]

(3) 방식위반의 효과

서면방식을 갖추지 아니한 보증은 무효이다(제428조의2 제1항, 제2항, 제428조의3 제2항). 방식은 보증채권의 성립요건이므로 보증계약의 유효를 주장하는 자인 채권자가 방식준수에 대해 증명책임을 진다.[20] 보증의 의사표시를 포함하는 서면에 보증인의 서명이나 기명날인이 있다고 인정되는 경우에는 이는 진정의 추정을 받을 것이다(민소 제358조).

그러나 방식위반으로 보증채무가 무효이더라도, 보증인이 보증채무를 이행한 경우에는 방식의 하자를 이유로 무효를 주장할 수 없다(제428조의2 제3항). 이행이 있는 한도에서는 서면방식이 추구하는 목적이 이미 달성되었기 때문이다. 일부의 이행이 있는 때에는 그 한도에서만 하자가 치유되고, 나머지 부분에 대해서는 여전히 무효를 주장할 수 있다. 변제 외에도 대물변제, 공탁, 상계에 의해서도 방식위반은 치유되지만, 담보의 제공으로는 충분하지 않다.[21] 그런데 최고액을 특정하지 아니한 근보증계약(제428조의3 제1항 참조)을 채무자가 이행한 경우에도 방식하자는 치유되는가? 명시적인 규정은 없으나, 방식목적을 고려할 때 달리 취급할 이유가 없으므로 제428조의2 제3항을 유추하여 방식하자는 치유된다고 볼 것이다.

한편 독일의 통설과 판례는 보증인이 채권자를 기망하였거나 유

---

18) 양창수 · 김형석 (주 1), 265면 주 1 참조.
19) MünchKomm/Habersack (주 10), § 766 Rn. 22.
20) 大判 2017.12.13., 2016다233576, 공보 2018, 159.
21) MünchKomm/Habersack (주 10), § 766 Rn. 29.

효하게 취급된 보증으로부터 불가역적으로 상당한 이익을 받은 때에
는 보증인이 방식하자를 이유로 무효를 주장하는 것이 신의칙에 반하
는 권리남용(제2조)이 될 수 있다고 한다. 그 판단에 신중해야 함은 별
론, 보증계약의 법률관계에도 신의칙이 적용되는 이상 그러한 가능성
을 부정할 이유는 없을 것이다. 예컨대 회사의 주주가 회사 채무에 대
해 방식위반의 보증을 하였으나 채권자가 그 원만한 이행을 신뢰하여
회사에 상당한 신용을 공여하였고 그로부터 주주가 간접적으로 상당
한 이익을 받은 경우, 이후 채권자의 청구에 대한 보증인의 무효 주장
은 선행행위에 반하는 행태(venire contra factum proprium)로서 신의칙
에 반할 여지가 존재하는 것이다.22)

3. 자유로운 보증의사의 보장

사적 자치의 이념에 비추어 볼 때 보증인의 보증의사는 그의 자
유로운 자기결정으로부터 기인하는 것이어야 한다. 이는 보증인이 나
름의 기준으로 보증의 위험을 평가한 다음 자유로이 형성된 의사에
기초해 보증을 인수하고, 그에 의사의 흠결이나 하자가 없어야 함을
의미한다. 이에는 보증에 특별한 규율뿐만 아니라 법률행위에 관한
일반규정이 적용될 수 있다.

(1) 채권자의 정보제공의무

종래 「보증인 보호를 위한 특별법」이 적용되는 경우, 채권자에게
보증계약 체결시 일정한 정보제공의무가 부과되어 있었다. 즉 금융기
관이 채권자로서 보증계약을 체결할 때에는 「신용정보의 이용 및 보
호에 관한 법률」에 따라 종합신용정보집중기관으로부터 제공받은 채
무자의 채무관련 신용정보를 보증인에게 제시하고, 그 서면에 보증인

---

22) 관련하여 BGHZ 26, 142 참조.

의 기명날인이나 서명을 받아야 하며, 갱신할 때에도 같다(보증 제8조 제1항). 금융기관이 이러한 정보제공을 할 때에는 채무자의 동의를 받아야 한다(동조 제2항). 한편 금융기관이 정보제공을 하지 아니하는 경우 보증인은 금융기관에 대하여 보증계약 체결 당시 채무자의 채무관련 신용정보를 제시하여 줄 것을 요구할 수 있으며(동조 제3항), 금융기관이 그러한 요구에 대해 7일 이내에 응하지 아니하면 보증인은 그 사실을 안 날로부터 1개월 이내에 보증계약을 해지할 수 있고, 해지의 효력은 1개월 후에 발생한다(동조 제4항). 여기서 채무관련 신용정보는 대출정보, 채무보증정보, 연체정보, 대위변제·대지급정보, 부도정보를 말한다(보증 제2조 제4호).

이에 대하여 2015년 개정된 민법은 보증계약의 성립과 관련한 채권자의 정보제공의무를 강화하여 도입하였다. 이에 따르면 채권자는 보증계약을 체결할 때 보증계약의 체결 여부 또는 그 내용에 영향을 미칠 수 있는 주채무자의 채무 관련 신용정보를 보유하고 있거나 알고 있는 경우에는 보증인에게 그 정보를 알려야 한다(제436조의2 제1항 제1문). 보증계약을 갱신하는 경우에도 같다(동항 제2문). 즉 채권자는 보증계약을 체결·갱신할 때 보증계약의 체결 및 내용에 인과관계를 가질 수 있는 주채무자의 채무 관련 신용정보를 보유하거나 알고 있다면 이를 보증인에게 제공해야 할 의무를 부담한다. 민법은 신용정보에 대해 정의를 내리고 있지 않지만, 대체로 「보증인 보호를 위한 특별법」 제2조 제4호의 내용이 여기에서도 참조될 수 있을 것이다.[23] 채권자가 이러한 의무를 위반하여 보증인에게 손해를 입힌 경우에는 법원은 그 내용과 정도 등을 고려하여 보증채무를 감경하거나 면제할 수 있다(동조 제3항). 그러므로 정보제공의무는 엄밀한 의미에서의 의무(Pflicht)는 아니며, 불이행시 불이익이 발생하는 강학상 간

---

23) 윤진수, "보증에 관한 민법개정안 해설", 여행자권리보호 및 보증제도 개선을 위한 민법개정 공청회 자료집, 2013, 68면.

접의무(자기의무; Obliegenheit)에 해당한다.[24]

　　종래 재산 상태가 열악한 주채무자와 채권자가 보증인에게 관련 사실을 숨기고 보증계약을 체결하게 함으로써 보증인이 과중한 부담을 인수하게 되는 사안이 적지 않았던 것은 사실이고, 그러한 의미에서 이러한 정보제공의무의 도입은 보증인 보호에 대한 중요한 진전이라고 볼 수 있다. 그러나 그러한 긍정적인 측면에도 불구하고 제436조의2 제1항이 정하는 바의 정보제공의무는 적어도 민법에 따른 보증계약의 채권자에 대한 관계에서는 과중하다고 생각된다. 그동안 학설과 판례가 일반적으로[25] 그리고 보증과 관련해[26] 전개해 온 계약체결상 정보제공의무의 법리에 비추어 보면, 이 규정은 이례적이다. 채권자에게 한편으로 제반사정과 무관하게 일반적으로 그러나 다른 한편으로 동시에 채권자가 보유한 모든 중요한 정보의 제공의무를 부과하기 때문, 즉 자신의 이익에 대한 고려 없이 상대방에게 불리할 수 있는 사항 전부에 대해 적극적으로 알릴 의무를 부과하기 때문이다. 주채무자의 신용 상황을 잘 아는 채권자는 바로 그 이유 때문에 보증인을 세우도록 요구하는 것인데 그 과정에서 보증인에게 주채무자의 신용 상태를 알림으로써 채권자는 보증 확보에 실패할 가능성에 직면한다. 여기서 제436조의2 제1항이 채권자가 자신의 이익보다 보증인의 이익을 우선적으로 고려할 것을 요구하는 내용이라는 사실이 드러난다. 이로써 주채무자의 자력이 확실할수록 채권자는 쉽게 보증을 얻지만, 반대로 자력이 불확실하여 담보의 필요성이 커지면 커질수록 채권자는 보증을 얻기가 어려워지는 결과가 발생하는데, 이는 담보수단으로서 보증의 취지에 반한다고 볼 여지가 있다. 이러한 정보제

---

24) 곽윤직·김재형, 민법총칙, 제9판, 2013, 60면 참조.

25) 박영복, "계약교섭단계에서의 행위규범", 외법논집, 제36권 제4호, 2012, 201면 이하 참조.

26) 大判 1998.7.24., 97다35276, 공보 1998, 2197; 김용담 편집대표, 주석 민법 채권총칙(3), 제4판, 2014, 42면(박영복) 참조.

공의무는 주채무자에 대한 신용정보를 통상 확보하고 있는 금융기관이 채권자인 경우에는 이해될 수 있는 측면이 있다. 그러나 이를 일반적인 보증으로 확대한다면 보증을 요구하는 채권자로서는 보증인의 자력이 충분하다고 생각되는 이상 주채무자의 자력과 신용을 신중하게 점검할 유인이 없게 된다는 점에서 결국 보증인에게도 반드시 유리하다고 말하기 어려울 수 있다. 물론 주채무자의 자력이 위태로운 상황에서 보증인에게 그 위험을 평가할 수 있는 기회를 주는 것이 그의 자유로운 보증의사를 보장하기 위해 필요하다는 점을 부정하기 어렵다. 그러나 보증을 인수하는 사람이라면 그러한 사정은 기본적으로 채권자가 아니라 위임인인 주채무자와의 관계에서 탐문되어야 하며, 정보력 격차에 대한 고려가 존재하는 소비자 보증이 아니라 민법의 일반적 보증에서 채권자에게 이상과 같은 정도의 일반적인 고지의무를 부과하는 것은 과도한 측면이 있다고 생각된다.[27] 규율은 민법이 아닌 「보증인 보호를 위한 특별법」에 두는 것이 바람직하였을 것이며, 그 내용의 관점에서도 이미 동법 제8조가 적정한 수준의 정보제

---

27) 이상영, "보증계약상 채권자의 정보제공의무", 민사법학, 제46호, 2009, 519면 이하는 주로 미국 리스테이트먼트의 규정을 원용하여 이러한 개정을 정당화한다. 그러나 해당 리스테이트먼트 규정은 제436조의2 제1항과 같은 일반적이고 포괄적인 정보제공의무를 정하고 있지 않다. 제1차 담보 리스테이트먼트(Restatement (First) of Security) 제124조 및 제3차 보증 리스테이트먼트(Restatement (Third) of Suretyship and Guaranty) 제12조 제3항은 대체로 동일한 내용을 규정하는데 후자를 기준으로 살펴보면, ① 보증인이 의욕하였을 것이라고 채권자가 합리적으로 상정할 수 있는 위험을 현저하게 증가시키는(materially increase) 사정을 채권자가 알고 있으면서, ② 보증인이 이 사정을 모를 것이라고 채권자가 상정할 만한 합리적 이유가 있고, ③ 이를 고지할 상당한 기회를 가지고 있었던 경우에 비로소 채권자의 정보제공의무가 발생한다. 이러한 수준의 정보제공의무는 예컨대 독일 민법의 해석으로도 신의칙상 인정되고 있다(MünchKomm/Habersack (주 10), § 765 Rn. 89 참조). 또한 DCFR(유럽 민사법 공통기준안) Ⅳ.G. − 4:103 제1항도 채권자가 접근가능한 정보에 따를 때 주채무자의 재정상황이라는 관점에서 보증인이 처하게 될 특별한 위험(special risks)에 대해 고지할 것을 정하며, 게다가 이는 소비자계약으로 보증이 체결되는 경우에 한정된 규정이다.

공의무를 규정하고 있다고 보인다.[28]

이상의 내용을 고려할 때 제436조의2 제1항은 신중하게 해석할 필요가 있다고 하겠다. 따라서 우선 보증인이 이미 알고 있었던 사실[29]이나 평균인의 관점에서 보증인이 알 것이라고 기대해도 좋은 사실에 대해서는 고지의무가 발생하지 않는다고 할 것이다. 예컨대 소규모 회사의 대표이사가 회사 채무에 대해 보증을 하는 경우, 그가 나중에 회사의 신용 상태에 대해 고지받지 못하였다는 이유로 면책을 주장하는 것을 쉽사리 받아들여서는 안 될 것이다. 그리고 "의무를 위반하여 보증인에게 손해를 입힌 경우"에 채무를 감경 또는 면제할 수 있으므로, 채권자가 정보를 제공하였더라도 보증인이 보증을 인수하였을 한도에서는 인과관계가 없다고 보아 위반을 이유로 하는 감경·면제를 할 수 없다고 해야 한다. 한편 정보제공의무 준수에 대한 증명책임에 대해서는 제436조의2 제3항의 규정형식에도 불구하고 채권자에게 있다고 보아야 할 것이다.[30] 보증인에게 사실의 부존재를 입증하게 하는 것은 현실적으로 기대할 수 없는 악마의 증명(probatio diabolica)이기 때문이다. 그 밖에 「보증인 보호를 위한 특별법」의 적용범위에서는 동법의 규정이 특별법으로 우선한다.

(2) 보증의 무효·취소

보증계약의 성립에 법률행위의 무효·취소사유가 존재할 수 있다. 흔히 문제가 되는 경우는 대리인 또는 사자의 자격의 주채무자가 보증인이 제시한 백지 보증의사표시 서면에 한도액을 초과하여 보충하는 경우, 보증인이 주채무자의 자력이나 담보 등에 대하여 주채무

---

28) 최성경, "민법개정안을 계기로 한 보증제도 연구", 이화여대 법학논집, 제18권 제2호, 2013, 194면 이하 참조.

29) 윤진수 (주 23), 68면.

30) 윤진수 (주 23), 68면.

자로부터 기망을 당하는 경우 등이다. 전자의 경우에는 전형적인 표
견대리(제125조, 제126조)[31]의 문제로 귀결될 것이다. 후자의 경우 이
는 제3자에 의한 기망이므로(제110조 제2항), 채권자가 이러한 사정을
알았거나 알 수 있었을 때에 비로소 사기를 이유로 취소할 수 있
다.[32] 채권자의 부작위에 의한 기망도 문제될 수 있으나, 이제는 대개
제436조의2 제1항의 문제로 처리될 것이다.

　　강박에 대해서도 마찬가지의 법리가 적용될 수 있을 것이지만,
현실에서 강박에 의한 보증은 드물 것이다. 보다 빈번한 사안유형은

---

31) 민법 제125조, 제126조, 제129조의 표제에 사용되는 '表見代理'를 '표현대리'라고
　　읽을 것인지 아니면 '표견대리'라고 읽을 것인지에 대해서는 종래 의견이 나뉘어
　　있다. 원래 이 용어가 만들어진 일본에서는(中島玉吉, "表見代理論", 京都法學會
　　雜誌, 第5卷 第2號, 1910, 1 참조) '見'을 'けん' 또는 'げん'으로 읽는데, 정확히
　　는 중국 고대표준어인 관화에서 영향을 받았다고 추정하는 漢音으로는 'けん'이
　　고, 중국의 남방 방언의 영향을 받았다고 하는 吳音에서는 'げん'으로 독음한다.
　　그러나 이들 사이에 어떠한 의미적 구분이 나타나는 것은 아니므로, 우리에게 크
　　게 참조가 되지 못한다. 반면 '表見'은 종래 고전 한어에서 '顯示' '顯現' 등의 의
　　미로 용례가 발견되지만(羅竹風 主編, 漢語大詞典, 1988 참조) 그 발음을 현재 재
　　구성하기는 쉽지 않다. 하지만 적어도 현대 중국어에서 '表見'은 '외견' '외관'의
　　의미를 가지고 사용되는 단어이고 '見'은 '현'에 해당하는 'xiàn'이 아니라 '견'에
　　해당하는 'jiàn'으로 발음된다는 점은 확인할 수 있다(biǎojiàn; 고려대학교 민족문
　　화연구소 편, 중한대사전, 1995; 손예철 편, 동아 프라임 중한사전, 2002; 熊野正
　　平 編, 熊野中國語大辭典, 1984 등 참조). 즉 '表見'은 겉에서 즉 외부에서 볼 때의
　　관점을 의미하여 '外觀'과 상통하는 단어이고, '見'은 '볼 견'인 것이다. 그래서 중
　　국 合同法 제49조와 관련하여 강학상 사용되는 용어인 '表見代理'도(江平, 中國民
　　法, 노정환·중국정법학회·사법연수원 중국법학회 역, 2007, 507 이하 참조) '표
　　견대리'에 상응하는 'biǎojiàn dàilǐ'로 발음되고, '表見'이 사용되는 다른 법률용어
　　에서도 마찬가지이다. 위의 고려대학교 민족문화연구소 편, 중한대사전; Köbler,
　　Rechtschinesisch, 2002, 151, 218 등 참조. 그러므로 이를 'biǎoxiàn dàilǐ'라고 표
　　기하는 김주 편, 상용 중국법률용어사전, 2009, 72의 정확성에는 의문이 있다. 한
　　국에서 활동하는 중국법률가인 편자가 무의식적으로 종래 한국의 특정 독법을 중
　　국어에 투영한 것으로 추측된다. 이러한 내용을 고려한다면 '表見代理'는 한자문
　　화권에서 사용되고 있는 의미와 용례에 충실하게 '표견대리'라고 읽는 것이 타당
　　할 것이다.

32) 보증보험에 대해 大判 2001.2.13., 99다13737, 공보 2001, 641.

정서적인 의존성에 기하여 이루어지는 근친보증이다. 물론 정서적인 고려에 기초해 근친이 보증을 인수한 경우에도 민법이 정하는 무효·취소 사유가 발견되지 않는 한 사적 자치에 비추어 그러한 보증이 유효함은 물론이다.

그러나 예외적으로 보증 인수가 전적으로 정서적인 고려에 기초하였을 뿐만 아니라 보증의 결과가 보증인을 경제적 생존을 파멸시키는 정도의 심중한 결과를 가져올 경우, 보증의 효력을 부정하여 법질서가 개입해야 하지 않는가의 문제가 제기될 수 있다. 이러한 문제는 단순히 보증을 넘어 타인을 위한 무상계약으로 불이익을 입게 되는 다른 유사한 법률행위 유형에서도 발견되는데, 유럽 각국은 강박 법리의 완화, 부당위압(undue influence) 법리의 적용, 양속위반의 인정 등으로 대처하고 있다.[33] 그동안 우리나라에서는 이 쟁점이 정면으로 다루어지지는 않았다고 보인다. 이는 종래 실무가 유효하게 성립한 보증을 전제로 하여 계속적 보증의 보증인 보호 법리(본장 I. 2. 참조)를 적용하는 방식으로 대응하였기 때문으로 추측된다. 물론 이후에 보증의 유효한 성립을 문제 삼는 모습으로 분쟁이 실무에서 제기될 가능성은 존재한다. 그러나 그때에도 상당수의 분쟁은 제436조의2의 적용으로 해결될 수 있을 것으로 예상된다(본장 II. 3. (1) 참조).

(3) 착오에 의한 보증

취소 사유로서 사기가 쟁점화되지 않는 경우에도, 보증인의 착오(제109조)를 이유로 보증계약의 취소를 인정할 수 있을 것인지 문제될 수 있다. 원칙적으로 주채무자의 자력에 대한 착오를 이유로 하는 취소는 허용되지 않는다고 할 것이다.[34] 보증의 의사표시는 "주채무자

---

33) 이 문제에 대한 간략한 비교법적인 개관으로 김형석, "사적 자치와 기본권의 효력, 비교사법, 제24권 제1호, 2017, 67면 이하 참조.
34) 양창수, "주채무자의 신용에 관한 보증인의 착오", 민법연구, 제2권, 1991, 7-8

가 이행하지 아니하는" 채무를 보증인이 이행한다는 것을 내용으로
하므로, 의사표시의 내용에서 주채무자의 무자력이라는 사정이 전제
되어 있다. 따라서 주채무자가 무자력임이 밝혀진 경우, 이는 계약이
전제하고 있는 사정이 실현된 것으로 보증인에게 착오가 있다고 말할
수 없다.

이러한 의미에서, 은행이 주채무자에게 금원을 대출해 주고서 연
체이자를 받은 사실이 있음에도 불구하고 아무런 연체가 없는 것처럼
신용보증기금 제출용으로 작성된 거래상황확인서를 주채무자에게 교
부하고 주채무자는 이를 위 신용보증기금에 제출하여 이를 믿은 신용
보증기금이 주채무자가 신용 있는 중소기업인 것으로 착각하여 주채
무자의 은행으로부터의 새로운 대출에 대하여 신용보증을 하게 된 사
안에서, 대법원이 "신용보증기금의 신용보증에 있어서 기업의 신용
유무는 그 절대적 전제 사유가 되며 신용보증기금의 보증의사표시의
중요 부분을 구성한다"는 이유로 보증의 중요 부분에 착오가 있는 경
우에 해당한다고 판시한 것35)은 일반론으로서는 의문이라고 하겠다.
다만 이 판결이 명시적으로 밝히는 것은 아니지만 상대방이 유발한
착오라는 관점에서 취소가 인정되었을 가능성은 존재한다.36) 그러나
이 점에 대해서는 사실관계의 특성상 착오와 의사표시 사이에 객관적
인과관계가 인정될 만한 중요한 착오가 아니라는 지적이 있다.37) 개

면; 김상중, "보증계약에서의 위험귀속과 채권자의 통지·정보제공의무", 법조, 제
52권 제7호, 2003, 147-149면 등 참조.
35) 大判 1987.7.21., 85다카2339, 집 35-2, 284. 大判 1992.2.25., 91다38419, 공보
1992, 1141; 1997.8.22., 97다13023, 공보 1997, 2800; 1998.9.22., 98다23706, 공
보 1998, 2563 등도 같은 취지이다.
36) 김준호, "상대방에 유발된 동기의 착오", 사법연구, 제2집 1994, 328면 이하. 예를
들어 다른 사실관계를 배경으로 하는 大判 1989.12.26., 88다카31507, 공보 1990,
361에서 취소가 긍정되었는데, 여기서도 채권자의 착오 유발에 대한 비난가능성
이 관찰된다.
37) 양창수 (주 34), 20-24면. 大判 1987.11.10., 87다카192, 집 35-3, 229 참조.

별 사안의 특수성을 고려하더라도, 이러한 판례는 신용보증기금 사안
유형에 한정되고 있으므로 이를 섣불리 확대적용할 것은 아니라고 생
각된다.

　　게다가 이 쟁점은 이제 다른 관점에서 해결될 가능성이 높다. 이
는 신설된 제436조의2와의 관계에서 제기된다. 개정법에 따르면 이러
한 유형의 사안에서 채무자는 법원에 채무의 감경 또는 면제를 청구
할 수 있다(동조 제1항, 제4항). 그러한 사안에서 채무자는 경합적으로
착오 취소를 주장할 수 있겠는가? 착오 취소는 전부 또는 전무의 관
계만을 남기기 때문에 이를 허용할 경우 채권자를 무담보의 상태로
두게 된다. 그런데 바로 제436조의2는 그러한 경우 법원의 개입을 통
해 탄력적인 조정을 목적으로 한다. 착오 취소를 인정하는 것은 그러
한 규범목적에 반하는 것으로 보인다. 예컨대 법원이 채권자의 정당
한 담보이익을 고려해 채무를 감축하였는데 보증인이 취소를 통해 그
로부터 벗어나려고 하는 결과는 받아들이기 어렵다. 그 한도에서 제
436조의2는 제109조의 특별규정이다. 따라서 제436조의2와 경합하는
경우, 착오 취소는 인정되어서는 안 된다고 생각된다. 이 한도에서 종
래 판례는 유지할 수 없을 것이다.

　　한편 자신의 회사 소속 운전수의 과실로 사고가 발생했다고 잘못
믿고 병원에 대해 피해자의 치료비를 보증한 경우, 주채무의 동일성
에 관한 착오도 아니며 특별한 사정이 없는 한 그러한 동기를 이유로
취소할 수 없다.[38] 운전자가 자신의 과실유무에 관하여 착오를 일으
켜 치료비 연대보증을 한 경우도 같다.[39] 보증계약이 비록 무상이기
는 하지만 담보이익을 가지는 보증채권자의 입장에서 주채무자와 보
증인 사이의 구상관계의 내용은 그에게 아무런 이해관계가 없고 무관
심한 사항이어서 이에 대한 착오는 보증인의 위험으로 돌아가야 할

---

38) 大判 1979.3.27., 78다2493, 집 27-1, 223.
39) 大邱高判 85.1.16., 84나652, 하집 85-1, 23.

사정으로 생각되므로, 타당하다고 하겠다. 다만 이러한 사안유형에서 보증인은 보증계약을 임의해지하여 장래를 향해 종료할 수 있을 것이다.[40]

이상의 내용과는 달리 보증계약에서 주채무자의 동일성에 대해 착오가 있는 경우에는 보증계약으로 담보되는 채무의 존재와 내용이 달라지는 것으로 법률행위의 내용에 관한 착오가 있다고 말할 수 있어, 제109조의 다른 요건이 충족되면 취소가 가능하다.[41] 또한 판례는 공사도급계약과 관련하여 체결되는 이행보증보험계약이나 지급계약보증보험에서, 공사계약 체결일이나 실제 착공일, 공사기간도 공사대금 등과 함께 그 계약상 중요한 사항으로서 수급인 측에서 이를 허위로 고지하여 보험자가 그 실제 공사의 진행 상황을 알지 못한 채 보증보험계약을 체결한 경우에는 법률행위의 중요한 부분에 관한 착오로 취소가 가능하다고 하였는데, 이 경우 보증채무의 내용에 영향을 미치는 사정에 대한 착오일 뿐만 아니라 상대방이 이를 적극적으로 유발하였으므로 타당하다고 생각된다.[42]

(4) 약관의 규제

보증계약이 약관에 의해 성립하는 경우「약관의 규제에 관한 법률」에 따른 내용통제(약관 제6조 이하)를 받는다는 것에는 의문이 없다. 현실에서는 채권자가 사업자이고 보증인이 고객인 경우뿐만 아니라, 보증인이 사업자이고 채권자가 고객인 경우도 존재하며,[43] 어느

---

40) 大判 1978.3.28., 77다2298, 집 26−1, 237 참조.
41) 大判 1986.8.19., 86다카448, 집 34−2, 124; 1993.10.22., 93다14912, 공보 1993, 3153; 1995.12.22., 95다37087, 공보 1996, 503; 2005.5.12., 2005다6228, 공보 2005, 932 등 참조.
42) 大判 2002.7.26., 2001다36450, 공보 2002, 2038); 2002.11.26., 2002다34727, 공보 2003, 208.
43) 大判 2003.6.27., 2002다38538, 공보 2003, 1602 참조. 보증보험에 대해 大判 2001.3.23., 2000다11560, 공보 2001, 942.

경우에나 내용통제가 이루어진다.[44] 또한 그러한 약관의 해석에 대해서도 약관법상의 해석 법리가 적용된다.[45]

Ⅲ. 채권자의 성실의무

1. 의의

보증계약도 계약상 채권관계를 창설하므로, 채권자가 거래관행을 고려한 신의성실에 따라 자신의 이익에 반하지 않는 한 상대방의 이익도 함께 고려할 보호의무를 부담하게 되는 경우가 발생할 수 있다 (제2조). 그러한 의무를 채권자의 성실의무(Diligenzpflicht)라고 한다. 종래에는 보증계약은 무상의 편무계약으로 채권자에게 의무를 부담시키지 아니하므로 그러한 성실의무를 인정할 수 없다는 주장이 통용되던 시절도 있었다. 그러나 채권관계에서 급부의무와는 구별되는 부수적 의무가 신의칙상 발생할 수 있다는 점 그리고 보증계약의 법률관계에도 신의칙이 적용된다는 점을 받아들인다면, 보증계약에 의해 성립하는 채권관계에서도 제반사정에 따라 채권자에게 성실의무가 성립할 수 있음은 부정하기 어렵다.[46] 그러나 동시에 보증계약은 채권자의 만족을 위한 담보목적을 추구하므로, 성실의무를 쉽고 넓게 인정하는 것은 보증인이 인수한 무자력 위험을 채권자에게 돌리는 결과를 가져와 채권담보의 기능을 해할 위험이 있음을 주의해야 한다. 그러므로 법률이 정하는 외에 해석으로 신의칙상 채권자의 성실의무를 인정할 때에는 담보목적을 고려하여 신중하게 접근할 필요가 있다.[47]

---

44) 大判 2001.11.27., 99다8353, 공보 2002, 132 참조.

45) 大判 2001.3.23., 2000다71555, 공보 2001, 979; 2006.9.8., 2006다24131, 공보 2006, 1666 참조.

46) Knütel, "Zur Frage der sog. Diligenzpflichten des Gläubigers gegenüber dem Bürgen", *Festschrift für Flume*, Band I, 1978, S. 562ff. 참조.

47) 양창수, "채권자의 보증인에 대한 배려의무에 관한 서설", 민법연구, 제6권, 2001,

판례도 종래 성실의무의 인정에는 신중한 태도를 보이고 있었다
고 평가된다. 그래서 예컨대 "신용보증기금이 신용보증계약상의 구상
금 채무를 보증한 자에게 그 구상금 주채무자의 부도사실이나 신용보
증기금이 대위 변제한 사실을 통지하여야 할 법률상의 의무가 있다고
할 수 없으므로, 그 통지가 없음으로 인하여 그 즉시 구상금을 변제하
였더라면 부담하지 아니하였을 지연이자 상당의 부담이 늘어났다 하
더라도, 보증인은 그 지연이자 상당의 채무를 면할 수 없다"고 하
고,[48] 주채무자의 상계권과 관련하여 "채권자가 채무자의 보증인에게
채무자의 채권자에 대한 채권의 존재 사실을 통지하거나 채무자의 보
증인의 이익을 위하여 채무자에 대한 채무이행을 하여서는 아니 될
의무가 있다고 할 수도 없"[49]다고 한다.

2. 성실의무의 유형

(1) 법률에 따른 성실의무

우선 법률에 채권자의 성실의무가 규정되어 있는 경우가 있다.

(가) 「신원보증법」은 피용자에게 일정한 사정(피용자가 업무상 부
적격자이거나 불성실한 행적이 있어 이로 인하여 신원보증인의 책임을 야기
할 우려가 있음을 안 경우, 피용자의 업무 또는 업무수행의 장소를 변경함으
로써 신원보증인의 책임이 가중되거나 업무 감독이 곤란하게 될 경우)이 있
을 때 사용자에게 보증인에 대한 통지의무를 지우고 있다(신원 제4조
제1항). 그 경우 보증인은 계약을 해지할 수 있으며(신원 제5조 제1항),
사용자가 고의 또는 중과실로 통지의무를 게을리하여 신원보증인이
해지권을 행사할 수 없었던 때에는 신원보증인은 그 한도에서 의무를

417면; 김상중 (주 34), 149면 이하 참조.

48) 大判 2002.6.14., 2002다14853, 공보 2002, 1662.

49) 大判 2002.2.26., 2001다74353, 공보 2002, 808. 독일에서도 마찬가지로 해석되고
있다. MünchKomm/Habersack (주 10), §765 Rn. 92 참조.

면한다(신원 제4조 제2항).

(나) 한편 「보증인 보호를 위한 특별법」이 적용되는 범위에서, 채권자는 주채무자가 원본, 이자 그 밖의 채무를 3개월 이상 이행하지 아니하는 경우 또는 주채무자가 이행기에 이행할 수 없음을 미리 안 경우에는 지체 없이 보증인에게 그 사실을 알려야 하며(보증 제5조 제1항), 특히 채권자로서 보증계약을 체결한 금융기관은 주채무자가 원본, 이자 그 밖의 채무를 1개월 이상 이행하지 아니하는 경우에는 지체 없이 그 사실을 보증인에게 알려야 한다(동조 제2항). 그 밖에 채권자는 보증인의 청구가 있으면 주채무의 내용 및 그 이행 여부를 보증인에게 알려야 한다(동조 제3항). 채권자가 이러한 의무를 위반한 경우에는 보증인은 그로 인하여 손해를 입은 한도에서 채무를 면한다(동조 제4항).

(다) 더 나아가 2015년 개정된 민법도 민법상 보증에 대해 통지의무의 형태로 성실의무를 규정한다. 즉 채권자는 보증계약을 체결한 후에 ① 주채무자가 원본, 이자, 위약금, 손해배상 또는 그 밖에 주채무에 종속한 채무를 3개월 이상 이행하지 아니하는 경우, ② 주채무자가 이행기에 이행할 수 없음을 미리 안 경우, ③ 주채무자의 채무 관련 신용정보에 중대한 변화가 생겼음을 알게 된 경우 중 어느 하나의 사정이 있으면 지체 없이 보증인에게 그 사실을 알려야 한다(제436조의2 제2항). 또한 채권자는 보증인의 청구가 있으면 주채무의 내용 및 그 이행 여부를 알려야 한다(동조 제3항). 이러한 통지의무는 보증인의 책임이 유지됨을 전제로 보증인이 위험을 평가할 수 있게 하면서 그의 주채무자에 대한 구상을 확보해 주기 위한 것으로 이해된다.[50] ①, ②의 경우와 보증인의 청구가 있는 경우에 대해서는 판단이 비교적 명확할 것이므로, 주로 적용에서 어려움은 ③의 경우의 통

---

50) Drobnig, *Principles of European Law: Personal Security*, 2007, p. 250–251 참조.

지의무와 관련해 발생할 것으로 예상된다. 앞의 두 사유와의 균형을 고려할 때, 신용정보의 중대한 변화는 주채무 전부 또는 상당 부분의 불이행의 원인이 될 정도의 사유이어야 한다고 해석된다. 제436조의2 제1항에서와 마찬가지로(본장 Ⅱ. 3. (1) 참조), 이미 보증인이 알고 있거나 평균인의 관점에서 보증인이 알 것임을 기대해도 좋은 사실은 통지할 필요가 없다고 할 것이다.

    채권자가 이러한 의무를 위반하여 보증인에게 손해를 입힌 경우에는 법원은 그 내용과 정도 등을 고려하여 보증채무를 감경하거나 면제할 수 있다(동조 제4항). 즉 제436조의2 제2항과 제3항의 이러한 통지의무도 간접의무(자기의무)이며, 법원의 감경 또는 면제에 의해 보증채무가 감축되는 형태로 채권자가 의무위반의 효과를 받는다. 규정의 취지에 비추어 통지의무 위반으로 보증인이 입은 손해는 통지의 지연으로 보증책임이 확대된 부분의 손실이나 주채무자에 대한 적시의 구상가능성을 상실하여 받은 재산상 손실을 말한다고 이해된다. 손해는 통지를 "위반하여" 발생해야 하므로, 통지의무를 이행하였더라도 보증인에게 아무런 재산상 차이가 발생하지 않았을 경우였다면 인과관계 결여로 채무의 감경 또는 면제를 할 수 없다고 하겠다. 그리고 통지의무의 불이행은 채권자의 인식을 전제로 하므로 이를 약관으로 배제하는 조항은 「약관의 규제에 관한 법률」 제7조 제1호에 위반하여 무효일 것이다.[51]

    (라) 그 밖에 채권자에게는 보증인의 변제자대위와 관련해서 담보보존의무가 있는데(제481조), 이에 대해서는 아래(본장 Ⅳ. 2. (3))에서 살펴본다.

---

51) MünchKomm/Habersack (주 10), § 765 Rn. 96 참조.

(2) 약정에 따른 성실의무

더 나아가 당사자들이 채권자에게 일정한 의무를 부과하는 약정을 할 수 있음은 물론이며, 그러한 약정의 해석에 따라 채권자의 성실의무가 인정될 수 있다.

그래서 예컨대 피고(기술신용보증기금)가 원고 은행에게 주채무자 갑을 위한 신용보증서를 교부하여 원고 은행과 사이에 신용보증계약을 체결하면서, 원고 은행은 피보증인인 갑이 원고 은행으로부터 융자된 시설자금에 의하여 당해 시설을 설치하는 즉시 이에 대하여 공정증서에 의한 양도담보권을 취득하기로 약정하고 원고 은행이 이에 위반하여 관리자금을 지급하였을 경우에는 피고의 보증채무를 면제하기로 하는 특약을 한 사안에서, 대법원은 "특약을 하게 된 목적이 보증인인 피고가 그 보증채무를 이행함에 따라 주채무자에 대하여 가지게 될 구상권을 확보하기 위한 것이라 할 것이므로, 원고 은행으로서는 위 특약에 따라, 설치시설에 대하여 단순히 형식적인 양도담보권을 설정함에 그쳐서는 아니 되고, 선량한 관리자로서의 주의의무를 다하여 설치시설이 과연 위 시설자금에 의하여 설치된 갑의 소유인지, 나아가 위 시설에 이미 제3자의 담보권이 설정되어 있는지 여부를 조사하여, 피고가 그 보증채무의 이행에 따른 구상권을 확보할 수 있도록 적법한 양도담보권을 취득하여야 할 의무를 부담"하고 이에 위반한 경우 보증인의 면책을 인정하였다.[52] 마찬가지로 후취담보취득 조건부 시설자금대출채무에 대한 연대보증계약의 채권자인 금융기관이 담보취득 완료 후 정당한 사유 없이 담보취득가격 및 미달금액의 산정을 지체하고 보증채무의 존속 여부 및 그 범위에 관하여 보증인에게 통지를 하지 아니함으로써 그로 말미암아 보증인의 구상권 행

---

[52] 大判 1993.4.27., 92다49942, 공보 1993, 1559. 관련 사안유형에 대해 양창수, "채권자의 담보확보의무 위반으로 인한 보증인의 면책", 민법산책, 1998, 157면 이하 참조.

사에 장애가 발생하거나 보증책임이 확대되는 등 보증인이 손해를 입게 된 경우, 금융기관이 보증인에게 보증채무 전부의 이행을 청구하는 것은 신의칙에 반하여 용납될 수 없으므로 보증인의 책임을 합리적인 범위 내로 제한할 수 있다고 한다.[53]

(3) 신의칙상 성실의무

마지막으로 보증계약에서 성실의무의 기초가 될 만한 명시적 약정이 없더라도, 해석에 의하여 신의칙상 성실의무가 인정될 수 있다. 이와 관련해 종래 주로 논의되고 있었던 성실의무는 주채무자의 재산상태와 관련한 채권자의 통지의무였다. 그러나 제436조의2 제2항, 제3항의 도입으로써 해석론으로 제안되고 있던 성실의무의 상당 부분이 입법화되었으므로, 이제는 해당 규정의 적용으로 해결될 것이다.

그 밖에 판례가 인정하는 채권자의 신의칙상 성실의무는 주로 계속적 보증에서 책임제한이라는 관점에서 다루어졌다. 거기서 판례는 보증한도액이 정해지지 않는 경우는 물론이고 보증한도액이 정해진 경우이더라도, 신의칙에 따라 사실관계의 일정한 사정을 고려하여 보증인의 책임범위를 합리적인 범위로 제한할 수 있다고 한다. 즉 "채권자와 주채무자 사이의 계속적 거래관계로 현재 및 장래에 발생하는 불확정적 채무에 관하여 보증책임을 부담하기로 하는 이른바 계속적 보증계약은 보증책임의 한도액이나 보증기간에 관하여 아무런 정함이 없는 경우라 하더라도, 그 본질은 의연히 보증계약임에 변함이 없는 것이므로 보증인은 변제기에 있는 주채무 전액에 관하여 보증책임을 부담함이 원칙"이지만, "다만 보증인의 부담으로 돌아갈 주채무의 액수가, 보증인이 보증 당시에 예상하였거나 예상할 수 있었던 경우에는 그 예상 범위로 보증책임을 제한할 수 있다 할 것이나 그 예상 범

---

53) 大判 2008.5.8., 2006다57193, 공보 2008, 827.

위를 훨씬 상회하고 그 같은 주채무 과다발생의 원인이 채권자가 주채무자의 자산 상태가 현저히 악화된 사실을 익히 알면서도(중대한 과실로 알지 못한 경우도 같다) 이를 알지 못하는 보증인에게 아무런 통보나 의사 타진도 없이 고의로 거래규모를 확대함에 연유하는 등 신의칙에 반하는 사정이 인정되는 경우에 한하여 보증인의 책임을 합리적인 범위내로 제한할 수 있다 할 것”[54]이라고 하였다. 이 사안에서 대법원은 신의칙에 기초하여 채권자에게 일정한 보증계약상 일정한 행태의무(성실의무)를 인정하고 이에 위반하여 확대된 부분에 대해서는 보증책임을 부정할 수 있다는 판시를 하였다. 특히 법률(신원 제6조)의 유추가 아니라[55] 신의칙을 근거로 하여 당사자의 주장 없이도 직권으로 고려할 수 있도록 한 것이 주목할 만하다.[56] 물론 결론에 있어서는 보증인이 책임범위를 예상할 수 있다는 이유로 감액을 인정한 원심을 파기하였다. 실제로 이후의 재판례를 살펴보아도, 실제로 대부분의 사례에서는 보증인이 책임범위를 예상할 수 있었다는 사정이 인정되었고 그 결과 책임감경은 부정되었다.[57] 이제는 이 사안 유형의 다수에는 제436조의2 제2항, 제4항이 적용될 수 있을 것이다.

한편 예외적으로 책임감경이 인정된 경우를 살펴보면, 교통사고로 갑과 을이 중상을 입고 대학부속병원 응급실에 입원하였고 위급한 상태여서 수술이 필요하였으나 명절로 인한 교통체증으로 가족들이

---

54) 大判 1984.10.10., 84다카453, 집 32-4, 54.

55) 이미 大判 1959.9.24., 4290민상786, 집 7, 221.

56) 양창수, “계속적 보증에서 보증인의 해지권과 책임제한”, 민법연구, 제6권, 2001, 438면.

57) 大判 1986.2.25., 85다카892, 공보 1986, 526; 1992.4.28., 91다26348, 공보 1992, 1692; 1992.7.28., 91다35816, 공보 1992, 2547; 1995.4.7., 94다21931, 공보 1995, 1819; 1995.6.30., 94다40444, 집 43-1, 376; 2004.1.27., 2003다45410, 공보 2004, 386(“사적 자치의 원칙이나 법적 안정성에 대한 중대한 위협이 될 수 있으므로 신중을 기하여 극히 예외적으로 인정”); 2005.10.27., 2005다35554,35561, 공보 2005, 1844 등.

병원에 올 수 없었던 상황에서, 을의 가족들이 대학의 교수 아들을 통해 병원 의사인 병에게 부탁하여 병이 을의 치료비채무를 연대보증하면서 함께 갑의 치료비채무도 보증한 사건(을은 40일 후 사망, 갑의 경우 103일 동안 입원하여 약 1200만 원의 치료비 발생)이 문제되었는데, 대법원은 "피고가 위 병원의 의사로 재직하는 사정에 의하여 자신과는 아무런 관계도 없는 갑을 위하여 보증을 하게 된 그 보증경위에 비추어 볼 때, 피고는 갑의 생명이 위독하고 동인을 위한 보증인도 없는 상황 하에서 우선 동인으로 하여금 서둘러 응급치료를 받게 한 다음, 차후에 동인의 가족들이 병원에 찾아올 경우 그 가족들로 하여금 보증인을 교체하게 할 의사로 보증을 한 것이고, 원고 부속병원도 피고가 위와 같은 의사로 동인의 치료비를 보증하는 것임을 잘 알고 있었다고 볼 여지가 없다 할 수는 없을 것이고, 그렇지 아니하고 원심처럼 피고에 대하여 갑의 치료비 전액에 대한 보증책임을 묻는 것은 적어도 이 사건의 경우에 있어서는 신의칙상 심히 부당한 결과가 되는 것이므로, 이러한 경우에는 피고는 위 갑의 치료비중 동인의 가족들이 병원에 찾아왔을 때까지의 치료비에 한하여 보증책임이 있는 것으로 본다든가 하여 그 보증책임을 제한함이 상당하다 할 것"[58]이라고 판시하였다. 이 사건은 사안의 특수성이 강하게 작용하였다고 할 것이다. 물론 관점에 따라서는 이 판결을 신의칙에 따른 책임감경이라기보다는 피보증채무의 범위에 대한 계약해석의 문제로 이해할 수도 있을 것이다. 또한 "회사의 대표이사가 그 개인의 어음거래행위에 대한 담보조로 발행한 대표이사 개인 명의의 백지수표에 회사의 대표이사가 보증의 의미로 회사 명의의 배서를 한 경우 그 배서를 하게 된 동기와 목적, 어음거래행위의 내용, 배서할 당시의 대표이사의 위치, 권한, 배서 이후의 상황의 변동 등 제반 사정에 비추어 회사의 배서인으

---

58) 大判 1992.9.22., 92다17334, 공보 1992, 2970.

로서의 책임을 합리적인 범위 내로 제한함이 상당하다고 인정되는 경우에는 신의칙상 상당한 범위로 그 책임이 제한되는 것이라고 할 것"59)이라고 하면서, 보증인이 대표이사로 있는 동안에 발생한 채무에 대해서만 책임 있다고 하였다. 이들 사안을 살펴보면, 보증인에게 해지권이 있다고 볼 수 있을 것임에도 해지권이 행사되지 아니한 경우에 보증인의 책임을 해지권이 행사되었을 시점을 기준으로 감축하는 내용임을 확인할 수 있다. 여기서 해지권의 존부가 신의칙에 기한 책임감경과도 관련을 가진다는 것을 알 수 있다.

  그 밖에 판례에서 신의칙에 따른 책임감경이 인정된 현저한 유형은 신용카드채무의 보증인의 책임이 문제된 사안이다. 즉 보증인의 책임범위 내에 있는 경우이더라도 채권자에게는 보증인의 이익을 고려할 일정할 행태의무가 신의칙상 인정되고, 그에 위반하는 경우 그에 의해 책임이 확장된 한도에서 보증인은 책임을 면한다고 한다. 대법원은 신용카드 가입 회원이 카드 이용에 따른 대금지급을 태만히 했음에도 은행에서 계약해지 조치를 취하지 아니하였고 또 연대보증인에게 그로 인한 거래정지 사실을 알리지도 아니한 채 연체이용대금을 변제하자 곧 재거래토록 허용하여 카드이용거래를 계속하게 한 경우 재거래 이후의 이용대금채무에 대한 연대보증인의 책임을 5할로 감액하여 인정한 원심을 시인한 바 있고,60) 더 나아가 보다 일반적으로 "연대보증인의 보증책임은 계속적 거래관계에서 장기간동안 발생하는 장래의 불확정채무로서 회원이 카드를 이용하는데 관하여 적절한 통제수단을 갖고 있지 아니한 이 사건과 같은 경우에 있어서는 카드발행자가 가입회원에 대한 통제나 규제를 신의칙상 묵과할 수 없는 정도로 소홀히 하여 손해가 발생한 경우에는 비록 연대보증인의 보증책임 한도액 이내라 하더라도 공평한 손익 배분의 원리에 따라, 카드

---

59) 大判 1993.4.9., 92다46172, 공보 1993, 1364.
  60) 大判 1986.2.25., 84다카1587, 공보 1986, 523.

발행자와 가입회원 및 연대보증인 등의 제반사정에 비추어 적정한 금액을 넘는 카드발행자의 연대보증인에 대한 청구는 권리남용에 해당한다"[61]고 한다.

Ⅳ. 보증인의 구상

보증인이 보증채무를 이행한 경우, 그는 비록 형식적으로 자기 자신의 채무를 변제한 것이지만 실질적으로는 그 부담이 주채무자에게 돌아가야 하는 채무를 변제한 것이다.[62] 그러므로 보증인은 특별한 사정이 없는 한 주채무자에게 자신의 부담을 돌릴 수 있어야 하며, 이를 구상이라고 한다. 입법례에 따라서는 이러한 구상관계를 일반규정(계약, 사무관리, 부당이득 등)에 맡기는 나라도 있으나, 우리 민법전은 비교적 상세한 구상 규정을 두고 있다(제441조 이하). 기본적으로 수탁보증인의 구상은 위임에 준해서, 부탁 없는 보증인의 구상은 사무관리에 준해서 규율되어 있다.

아래에서는 실무에서 주로 문제되는 수탁보증인의 구상권의 법리에 대해 개관한 다음, 이어서 구상권의 강화를 위해 인정되는 변제자대위의 법률관계를 살펴본다.

1. 수탁보증인의 구상권

부탁을 받고 보증인이 된 자를 위해서는 다음의 두 가지의 구상권이 인정된다.

---

61) 大判 1989.5.9., 88다카8330, 집 37-2, 66. 또한 大判 1989.11.28., 89다카8252, 공보 1990, 136; 1991.4.23., 91다3871, 공보 1991, 1592 등.
62) 주채무자와 보증인 사이에서 채권자를 만족시키는 출연의 부담을 보증인이 부담하기로 하는 법률관계가 존재하는 경우라면, 보증인은 주채무자에게 구상을 할 수 없다(大判 1999.10.22., 98다22451, 공보 1999, 2408). 물상보증인과의 관계에서도 같다(大判 2008.4.24., 2007다75648, 공보 2008, 787).

(1) 사후구상권과 사전구상권

(가) 수탁보증인이 과실 없이 변제 기타의 출재로 주채무를 소멸하게 한 때에는 주채무자에 대하여 구상권이 있다(제444조 제1항). 이를 아래 살펴볼 사전구상권과 대비하여 사후구상권이라고도 한다.

보증인이 의식적으로 자신의 재산으로부터 보증채무와 관련해 채권자를 만족시키면 충분하므로, 변제뿐만 아니라 대물변제, 공탁, 상계에 의한 출재도 허용된다. 반면 경개, 혼동, 면제는 채권자에게 만족을 부여하지 않는 사유이므로 그 자체만으로는 구상권 발생원인이될 수 없으며, 그 원인관계를 고찰할 때 해당 사유가 보증인의 출재를 수반하여 보증채무의 이행의 성질을 가지는지 여부에 따라 판단해야할 것이다. 그리고 이러한 출재에 따른 만족은 보증인의 과실 없이 이루어져야 하는데, 이는 수임인의 필요비상환청구 요건을 수탁보증인의 구상권 성립에 반영하기 위한 규율이다. 그러므로 제441조 제1항의 과실 판단에는 제688조 제1항에서 필요비 판단과 동일한 기준을 적용할 수 있다(입증책임의 차이에 대해서는 제1편 제3장 Ⅳ. 1. (2) 참조). 그러므로 보증인이 선관주의의무를 다하여서(제681조) 객관적으로 판단하였을 때 출재가 필요하다고 인정할 수 있었다면(주관적인 관점에서 객관적으로 판단) 실제로는 그렇지 아니한 경우에도 구상권이 성립한다.63) 그러나 주채무가 존재하지 않아 면책이 발생하지 않는 경우, 보증인은 채권자에게 급부한 것을 부당이득으로 반환청구할 수 있을 뿐이다.64)

(나) 한편 민법은 이후 사후구상을 할 개연성이 매우 높은 일정한

---

63) 김형석, "제3자의 변제·구상·부당이득", 서울대 법학, 제46권 제1호, 2005, 346-347면.

64) 大判 2010.7.15., 2008다39786, 공보 2010, 1555. 물론 주채무자가 주채무 없다는 사정을 보증인에게 주장할 수 없는 경우에는 그렇지 않다. 제108조 제2항이 적용되는 사안에 대해 大判 2000.7.6., 99다51258, 공보 2000, 1861; 2006.3.10., 2002다1321, 공보 2006, 592.

사안유형에서 수탁보증인에게 미리 구상권을 행사할 수 있는 가능성을 열어두고 있다(제442조). 이를 사전구상권이라고 한다(동조 표제 참조). 보증인은 이를 주채무자의 면책에 사용할 의무가 있다(제443조 참조).[65] 수탁보증인은 수임인의 자격을 가지므로 원칙적으로 위임인에 대하여 위임사무처리비용의 선급청구권을 가진다고 할 것이지만(제687조) 이를 무제한적으로 인정한다면 주채무자로서는 보증을 두는 의미가 없는 것이 되므로 보증의 담보목적에 비추어 특별히 인정된 경우에만 이를 허용한 것이다.

수탁보증인이 사전구상을 할 수 있는 경우로는 ① 보증인이 과실 없이 채권자에게 변제할 재판을 받은 때, ② 주채무자가 파산선고를 받은 경우에 채권자가 파산재단에 가입하지 아니한 때, ③ 채무의 이행기가 확정되지 아니하고 그 최장기도 확정할 수 없는 경우에 보증계약 후 5년을 경과한 때, ④ 채무의 이행기가 도래한 때가 규정되어 있다(제442조 제1호 내지 제4호). 그러나 보증인이 구상권을 담보하기 위하여 주채무자로부터 담보의 설정을 받은 때에는 보증인은 충분히 보호되기 때문에 사전구상권은 허용되지 않는다고 해석된다.[66]

주채무자와 보증인 사이의 합의로 보증인이 일정한 경우에 사전구상을 할 수 있음을 정하거나 제442조가 정하는 절차를 완화하는 것은 계약자유의 원칙상 허용된다.[67] 특히 금융기관이 지급보증을 하는 경우나 신용보증기금 등의 기관보증의 경우에는, 주채무자의 신용이 위태롭다고 보여지는 사유[68]가 발생하면 보증인이 사전구상을 할 수 있다는 특약이 빈번하게 행해지고 있다. 그리고 이러한 사전구상권에 기하여 보증인이 주채무자에 부담하는 반대채무(담보예금, 보증금 등)

---

65) 大判 1989.9.29., 88다카10524, 집 37 - 3, 143.
66) 內田貴, 民法 Ⅲ: 債權總論·擔保物權, 第3版, 2005, 346면
67) 大判 2002.5.31., 2002다1673, 공보 2002, 1533.
68) 大判 1989.1.31., 87다카594, 공보 1989, 336: "제3자가 주채무자의 재산에 대하여 가압류 또는 압류신청을 하는 때".

를 상계하는 것에 관한 소위 '상계의 예약'도 아울러 행하여지는 것이
통상이다. 그러나 수탁보증인이 사전구상권을 자동채권으로 해서 법
정상계를 할 수는 없다. 판례에 의하면 "항변권이 붙어 있는 채권을
자동채권으로 하여 다른 채무(수동채권)와의 상계를 허용한다면 상계
자 일방의 의사표시에 의하여 상대방의 항변권 행사의 기회를 상실시
키는 결과가 되므로 그러한 상계는 허용될 수 없고, 특히 수탁보증인
이 주채무자에 대하여 가지는 민법 제442조의 사전구상권에는 민법
제443조 소정의 이른바 면책청구권이 항변권으로 부착되어 있는 만큼
이를 자동채권으로 하는 상계는 허용될 수 없다"고 한다.69) 다만 약
정으로 제443조의 항변권을 포기할 수 있음은 물론이다.70)

　(다) 사전구상권은 사후구상권과는 발생원인을 달리하는 독립한
권리로서 각각 성립시점부터 별도로 소멸시효가 진행한다.71) 그리고
사전구상권이 있는 동안 보증인이 변제를 함으로써 주채무를 소멸시
키면 사전의 상환을 받지 못한 한도에서 사후구상권이 별도로 발생한
다.72)

　(2) 구상권의 범위

　수탁보증인의 구상권의 범위는 우선 보증인과 채무자 사이의 위
탁약정에 의하여 정해지지만,73) 당사자 사이에 약정이 없으면 연대채
무자의 구상권에 관한 규정에 따라 출재에 의해 소멸한 주채무액 및
면책된 날 이후의 법정이자, 피할 수 없는 비용과 손해배상이 그 내용
이 된다(제441조 제2항, 제425조 제2항). 그러나 사전구상권에서는 당연

---

69) 大判 2001.11.13., 2001다55222,55239, 공보 2002, 49.
70) 大判 2004.5.28., 2001다81245, 공보 2004, 1050.
71) 大判 1981.10.6., 80다2699, 집 29-3, 103.
72) 大判 1982.1.12., 80다2967 (로앤비).
73) 大判 1999.10.22., 98다22451, 공보 1999, 2408; 2004.9.24., 2004다27440,28504, 공보 2004, 1734.

히 "면책된 날 이후의 법정이자"는 문제될 여지가 없다.[74]

   (3) 보증인과 주채무자의 통지의무

   보증인이 면책을 위한 출연행위를 함에 있어서 주채무자에게 사전 및 사후에 통지를 할 것이 요구된다. 물론 이는 구상권의 성립요건은 아니나, 이를 게을리 한 경우에는 구상권이 제한된다(제445조). 이런 의미에서 보증인의 간접의무(자기의무; Obliegenheit)이다.

   (가) 보증인의 사후 통지는 보증인이 변제한 사실을 알지 못하고 주채무자가 이중의 변제를 하는 것을 예방하기 위한 것이다. 보증인이 변제 기타 자기의 출재로 면책되었음을 주채무자에게 통지하지 아니한 경우에 주채무자가 선의로 채권자에게 변제 기타 유상의 면책행위를 한 때에는 주채무자는 자기의 면책행위의 유효를 주장할 수 있다(제445조 제2항). 이는 통지를 받지 않고 변제한 주채무자가 채권자의 무자력위험을 부담하는 결과를 회피하려는 것이므로, 주채무자의 변제가 당연히 유효하다고 해석할 것은 아니고 그의 주장이 있는 때에 비로소 유효하다. 그리고 이러한 효과는 주채무자와 보증인 사이에서만 인정되는 것이어서, 채권자에 대한 관계에서는 여전히 보증인의 출재가 유효한 변제이다.[75] 그러나 제445조 제2항에 따라 구상이 배제되는 이상 주채무자가 채권자에 대해 가지는 부당이득반환청구권은 보증인에게 이전되어(제399조의 유추) 보증인이 이를 행사한다.

   (나) 보증인의 사전 통지는 이중변제의 회피를 위한 것이라기보다는 주채무자가 채권자에 대하여 가지는 대항사유(특히 상계적상)를 행사할 기회를 보호하기 위한 것이다. 보증인이 주채무자에게 통지하지 아니하고 변제 기타 자기의 출재로 주채무를 소멸하게 한 경우에,

---

74) 大判 2004.7.9., 2003다46758, 공보 2004, 1325; 2005.11.25., 2004다66834,66841, 공보 2006, 25.
75) 곽윤직 편집대표, 민법주해[X], 1995, 352면(박병대) 참조.

주채무자가 채권자에게 대항할 수 있는 사유가 있었을 때에는 이 사유로 보증인에게 대항할 수 있고, 그 대항사유가 상계인 때에는 상계로 소멸할 채권은 보증인에게 이전된다(제445조 제1항).

(다) 한편 주채무자가 면책행위를 한 경우 보증인에 대한 통지의무가 있고, 이를 게을리한 경우에는 보증인은 자신의 면책행위의 유효를 주장할 수 있다. 즉 주채무자가 자기의 행위로 면책하였음을 그 부탁으로 보증인이 된 자에게 통지하지 아니한 경우에 보증인이 선의로 채권자에게 변제 기타 유상의 면책행위를 한 때에는 보증인은 자기의 면책행위의 유효를 주장할 수 있다(제446조). 보증인의 이중변제 위험을 예방하기 위한 규정이다. 보증인은 제446조에 따라 면책행위의 유효를 주장해 주채무자에게 구상을 청구할 수 있다. 그 밖의 효과는 제445조 제2항에서와 같다.

(라) 제445조와 제446조가 중복하는 사안 즉 주채무자가 면책행위를 하고도 그 사실을 보증인에게 통지하지 않고 있던 중 보증인이 사전 통지 없이 이중의 면책행위를 한 경우에는 어떻게 취급되는가? 특별한 규정이 없는 이상 원칙으로 돌아가 제1의 면책행위만이 유효하다고 해석하고, 제2의 면책행위를 한 사람은 채권자에 대해 비채변제로 급부이득반환을 청구할 수 있다고 해석해야 할 것이다. 판례도 같은 견해이다.76)

(4) 공동보증인의 구상

공동보증인이 주채무를 변제한 경우 주채무자에 대하여 구상을 할 수 있음은 물론이다. 그러나 주채무자에게 변제자력이 없는 경우, 이러한 손실은 공동보증인들 사이에 분담되어야 한다. 그렇지 않으면 최초로 청구를 받은 보증인이 모든 손실을 부담하는 불공평한 결과가

---

76) 大判 1997.10.10., 95다46265, 공보 1997, 3380.

발생하기 때문이다. 이 때 다른 공동보증인에게 구상할 수 있는 범위
는 분별의 이익이 있는지 여부에 따라 구별된다.

분별의 이익이 있는 공동보증의 경우, 어느 보증인이 자기의 부
담부분을 넘은 변제를 한 경우에는 제444조에 따라 부탁 없는 보증인
에 준하여 구상을 할 수 있다(제448조 제1항). 자신의 의무 없이 타인
의 보증채무를 변제하였다는 점에서 이익상황이 유사하기 때문이다.

반면 주채무가 불가분이거나, 보증연대가 있거나, 연대보증의 경
우에서처럼 분별의 이익이 없는 공동보증에서 어느 보증인이 자기의
부담부분을 넘은 변제를 한 때에는 연대채무의 규정(제425조 내지 제
427조)에 따라 다른 공동보증인에게 구상을 할 수 있다(제448조 제2항).
주의할 것은 연대채무에서와는 달리 여기서는 명시적으로 보증인이
자신의 부담부분을 초과하여 변제를 한 경우에만 아직 부담부분을 이
행하지 아니한 보증인을 상대로 구상을 할 수 있다는 점이다.[77] 분별
의 이익이 없는 공동보증인들 사이의 부담부분은 그들 사이에 특약이
있으면 그에 의하고, 특약이 없으면 그들 사이의 부담부분은 균등한
것으로 취급해야 할 것이다(제424조 참조).[78]

공동연대보증인들 사이의 구상관계에 대해서는 이어지는 제1편
제2장에서 상세히 살펴본다.

2. 변제자대위

(1) 변제자대위에 따른 구상

보증인은 변제할 정당한 이익이 있는 자이므로 변제 기타의 출재
로 주채무자의 채무를 면하게 한 때에는 당연히 채권자를 대위한다
(제481조, 제486조). 즉 보증인이 주채무자에 대해 구상권을 가지고 있
는 한도에서 채권자의 채권 및 그에 대한 담보권을 구상권의 확보를

---

77) 大判 1988.10.25., 86다카1729, 집 36-3, 39.
78) 大判 1990.3.27., 89다카19337, 공보 1990, 961.

위해 승계한다(제482조 제1항). 구상권과 대위한 권리는 청구권경합관
계에 있게 된다.[79] 두 권리는 원본·이자·변제기·지연손해금 유무
등에서 별개의 권리이므로, 예컨대 구상권에 대한 지연이자 약정은
대위채권에는 영향을 주지 않는다.[80] 또한 구상권이 도산절차에서의
면책을 이유로 자연채무가 된 경우에도 대위된 권리의 행사에는 영향
이 없다.[81]

　　보증인은 이미 제441조 이하에 따라 구상권을 가지고 있으므로,
변제자대위의 실익은 주채권을 위해 설정된 담보권을 보증인이 행사
할 수 있는 가능성에 있다(제482조 제2항 참조). "변제자 대위권은 고유
의 구상권의 효력을 확보하는 역할을 한다."[82] 만족을 받은 채권자가
가지고 있던 채권 및 이를 담보하는 담보권은 법률상 당연히 보증인
에게 이전한다. 다만 이러한 법정양도(cessio legis)는 "자기의 권리에
의하여 구상할 수 있는 범위에서" 일어나므로, 대위변제자는 자신이
다른 법률의 규정에 의하여 취득한 구상권의 범위 내에서만 대위채권
및 담보권을 행사할 수 있다. 여기서 말하는 담보권은 질권, 저당권이
나 보증인에 대한 권리 등과 같이 전형적인 물적·인적 담보는 물론,
채권자와 채무자 사이에 채무의 이행을 확보하기 위한 특약에 따른
권리(예컨대 보증보험금청구권)도 포함된다.[83] 물론 보증인은 대위채권
자의 자격으로 그에 대한 담보권을 실행하는 것이므로, 담보권자 특
히 물상보증인에 대해 지급을 구할 청구권이 있는 것은 아니다.[84]

　　한편 보증인이 일부의 변제만을 제공하였으나 채권자가 이를 수
령한 경우, 일부대위가 일어난다. "채권의 일부에 대하여 대위변제가

---

79) 大判 1997.5.30., 97다1556, 공보 1997, 2011.
80) 大判 2009.2.26., 2005다32418, 공보 2009, 523.
81) 大判 2015.11.12., 2013다214970, 공보 2015, 1872.
82) 大判 1997.5.30., 97다1556, 공보 1997, 2011.
83) 大判 2015.3.26., 2012다25432, 공보 2015, 610.
84) 大判 1983.3.22., 81다43, 공보 1983, 727.

있는 때에는 대위자는 그 변제한 가액에 비례하여 채권자와 함께 그 권리를 행사한다."(제483조 제1항) 이 규정의 의미와 관련하여 일부대위자가 단독으로 권리를 행사할 수 있는지, 그리고 채권자와 평등하게 안분을 받는지 아니면 채권자에게 우선권이 인정되는지 여부에 대해서 다투어지고 있으나, 통설[85]과 판례[86]는 일부대위자가 대위한 권리가 비록 가분적이더라도 이를 단독으로 행사할 수는 없고 채권자가 그 권리를 행사할 때 그와 공동으로 행사하여야 한다고 한다. 게다가 이 경우에 변제에 관하여는 채권자가 우선변제를 받는 것으로 해석하고 있다(이른바 *nemo subrogat contra se*[87]; 상 제682조 참조).[88] 그러나 일부대위에 의한 채권자의 우선권은 변제자가 변제자대위에 의하여 취득한 채권에 의하여 채권자의 담보권을 행사하는 구상관계에만 적용되며, 변제자가 자신의 고유의 구상권을 행사하는 경우에는 그러한 제한을 받지 않는다. 변제자대위는 고유의 구상권을 담보하는 기

---

85) 곽윤직 편집대표, 민법주해[XI], 1995, 210면(이인재).

86) 大判 1988.9.27., 88다카1797, 공보 1988, 1333. 같은 이유에서 일부대위가 있는 경우에 원래의 채권자만이 갱생절차에서 권리를 행사할 수 있다(大判 2001.6.29., 2001다24938, 공보 2001, 1742; 2006.4.13., 2005다34643, 공보 2006, 788).

87) 이 법리의 연원 및 의미에 대해 김형석, "변제자대위 제도의 연혁에 관한 소고", 사법연구, 제8집, 2003, 7면 이하 참조.

88) 물론 채권자와 일부대위자 사이에 순위에 대한 약정이 있으면 당사자들 사이에서는 그에 의하지만(大判 2010.4.8., 2009다80460, 공보 2010, 863), 약정당사자가 아닌 일부대위자가 가지는 권리(즉 채권자보다는 후순위이지만 다른 일부대위자와는 안분해서 만족을 받을 권리)를 침해할 수는 없다(大判 2011.6.10., 2011다9013, 공보 2011, 1385). 한편 일부 대위변제자가 채권자와 그러한 우선회수특약을 맺은 다음에 그의 채무자에 대한 구상권을 구상보증인이 변제해 다시 대위하는 경우, 우선회수특약에 따른 이익은 계약관계의 이전을 전제로 할 것이므로 이전하는 채권의 "담보에 관한 권리"(제482조 제1항)에 해당하지 않아 구상보증인이 취득할 수는 없지만, 일부 대위변제자는 제484조, 제485조에 따라 구상보증인의 채권 및 담보권 행사에 협조하고 권리를 보존할 의무가 있으므로 약정에 따른 권리를 주장할 수 있도록 그 권리의 승계 등의 절차를 할 의무가 있고, 그 불이행으로 손해배상 책임을 질 수 있다고 한다(大判 2017.7.18., 2015다206973, 공보 2017, 1703).

능을 수행하므로, 추가적인 담보 수단이 생겼다는 이유로 고유의 구
상권이 방해받아서는 안 되기 때문이다. 예컨대 변제자가 자신의 고
유의 구상권에 기하여 채무자의 재산을 압류하였는데 이에 채권자의
압류가 경합한 경우, 채권자의 우선권은 인정되지 않으며 채권자평등
주의에 따라 배당이 행해진다.[89]

(2) 보증인과 다른 대위자 사이의 관계

변제자대위를 할 정당한 이익을 가지고 있는 자가 수인인 경우
그들 사이의 상호관계를 조정할 필요가 발생한다. 그렇지 않으면 우
연히 먼저 채권자의 청구를 받은 자가 채무자의 무자력 위험을 나중
에 남는 자에게 전가할 수 있게 되기 때문이다. 따라서 제482조 제2
항은 변제자대위가 있는 경우 각각의 관계인에 대하여 대위에 의하여
행사할 수 있는 범위를 조정하는 규정을 두고 있다. 제482조 제2항이
정하는 상호관계에 내재하고 있는 원칙을 간략하게 요약한다면, ①
보증인은 인원수에 따라, ② 물상보증인은 담보물의 가치에 따라 분
담부분이 결정되어 대위가 일어나고, ③ 제3취득자는 전 소유자인 양
도인의 지위에 좇아 채무자 또는 물상보증인에 상응하는 지위를 가지
게 된다는 것[90]으로 요약할 수 있다.[91] 이러한 법률관계를 보증인의

---

89) 大判 1995.3.3., 94다33514, 공보 1995, 1561.
90) 물상보증인과 제3취득자 사이의 관계에 대해서 규정은 없으나 물상보증인은 보증
    인에 준하여 취급하여 제482조 제2항 제1호, 제2호를 유추하는 것이 타당하다(같
    은 취지로 大判(全) 2014.12.18., 2011다50233, 공보 2015, 119). 이는 민법이 물
    상보증인의 구상을 기본적으로 보증인의 구상과 동등하게 평가하고 있다는 사실
    로부터 정당화된다(제370조, 제341조 참조). 즉 채무자의 양도에 의해 물상보증인
    의 구상권이 침해될 이유가 없다는 사정은 여기서도 다를 바 없는 것이다(바로 아
    래의 (가) (a) 참조). 이 판결에 대해 우선 백경일, "물상보증인과 제3취득자 간의
    변제자대위", 민사법학, 제72호, 2015, 49면 이하; 주대성, "변제자대위에 있어 이
    해관계의 조정", 민사판례연구[XL], 2018, 407면 이하 참조.
91) 자세한 내용은 이진만, "변제자대위에 있어서 대위자 상호간의 관계", 사법논집,
    제27집, 1996, 69면 이하 참조.

구상과 관련하여 살펴보면 다음과 같다.

(가) 보증인과 전세권 또는 저당권이 설정된 부동산의 제3취득자 사이에서, 제3취득자는 변제하여도 채권자를 대위하여 보증인에 권리를 행사할 수 없지만(제482조 제2항 제2호), 보증인은 "미리 전세권이나 저당권의 등기에 그 대위를 부기"하면 제3취득자에 대하여 이들 담보권을 행사할 수 있다(제482조 제2항 제1호).

(a) 제3취득자는 등기부를 열람하여 전세권이나 저당권의 존재를 알고서 위험을 인수하였으나, 보증인은 채무자의 무자력이라는 예측할 수 없는 사태로 인하여 손실을 받기 때문에, 보증인의 보호를 우선한다는 것이 이들 규정의 취지로 설명되고 있다.[92] 그러나 보증을 인수한 이상 보증인 역시 채무자의 무자력을 감수하는 것이므로, 이러한 설명은 반드시 설득력이 있다고 하기 어렵다. 보다 적절한 관점은 프랑스 학설의 설명으로, 보증인이 변제자대위로 채권자의 저당권을 전액 행사할 수 있는 권한이 채무자의 양도로 침해될 이유가 없기 때문에 보증인에게 전부 대위가 보장되어야 하고, 이를 위해서는 제3채무자의 보증인에 대한 대위가 부정되어야 한다고 해명한다.[93]

(b) 여기서 말하는 제3취득자가 채무자로부터의 제3취득자만을 의미하는지 아니면 물상보증인으로부터의 제3취득자도 포함하는지에 관해서는 다툼이 있다. 일본에서 과거의 다수설은 물상보증인으로부터의 제3취득자도 포함한다는 견해가 있으나,[94] 이제는 제482조 제2항 제1호 내지 제3호에서 말하는 담보부동산의 제3취득자는 채무자로부터 취득한 자만을 지칭한다는 견해가 유력하다.[95] 후자의 견해가

92) 곽윤직, 채권총론, 제6판, 2003, 261면.
93) Mestre, *La subrogation personnelle*, 1979, n° 154.
94) 林良平·石田喜久夫·高木多喜男, 債權總論, 第3版, 1984, 297－298면.
95) 內田 (주 66), 83－84면; 潮見佳男, 債權總論 Ⅱ, 第3版, 2005, 306, 307면. 한편 우리나라에서는 채무자로부터의 제3취득자는 부기등기 없이도 대위를 감수해야 하는 것이 타당하므로, 제1호의 제3취득자는 물상보증인으로부터의 제3취득자만

타당하다.96) 이 견해에 대해서는 종래 다음과 같은 이유가 제시되고 있다. 채무자로부터의 제3취득자가 취득한 부동산이 환가되는 경우, 결국 환가에 의하여 채무자가 종국적으로 부담해야 할 성질의 부담이 제3채무자에게 이전한 것이라고 볼 수 있다고 한다. 따라서 제3취득자는 보증인에 대하여 대위를 할 수 없으며, 일단 그러한 부담을 지고 이를 매도인인 채무자와의 사이에서 구상해야 한다고 한다. 결론적으로 제3취득자는 보증인에 대해서 대위를 할 수 없다고 해석해야 한다는 것이다. 반면 물상보증인으로부터의 제3취득자는 물상보증인이 원래 가지고 있었던 구상가능성을 염두에 두고 물건을 취득하게 된다고 한다. 그러므로 물상보증인으로부터 취득한 제3취득자는 물상보증인에 준하여 취급되어야 한다는 것이다. 그러나 자신의 거래 상대방의 자력에 대한 기대는 원칙적으로 법에 의해 보호되지 아니하는 것이므로 이러한 설명만으로는 충분하지 않다고 생각된다. 여기서도 앞서 언급한 프랑스 학설의 설명 방법이 보다 설득력이 있다. 그에 따르면 물상보증인에 대해 어차피 보증인은 부분적으로만 대위할 수 있었으므로(제482조 제2항 제5호), 물상보증인의 양도라는 우연한 사정에 의해 보증인이 구상에서 보다 이익을 받을 이유는 없으며 따라서 그 지위가 그대로 유지되어야 한다고 한다. 결론적으로 채무자로부터의 제3취득자는 채무자에 준하여, 물상보증인으로부터의 제3취득자는 물상보증인에 준하여 취급되어야 한다.97)

을 의미한다고 해석하는 견해도 주장되었다(양창수, "물상보증인의 변제자대위와 부기등기의 요부", 민법연구, 제2권, 1991, 170-172면).

96) 결과에서 같은 취지로 이진만 (주 91), 76-77면.

97) 그러나 이는 제3취득자가 변제 등의 부담을 지지 아니하는 경우에만 적용된다. 판례는 물상보증인으로부터의 제3취득자가 담보부동산에 설정된 저당권의 피담보채무의 이행을 인수한 경우에는, 이는 매매당사자 사이의 내부적인 계약에 불과하여 이로써 물상보증인의 책임이 소멸하지 않으며, 담보부동산에 대한 담보권이 실행된 경우에도 제3취득자가 아닌 원래의 물상보증인이 채무자에 대한 구상권을 취득한다고 한다(大判 1997.5.30., 97다1556, 공보 1997, 2011). 이 경우는 제3취득

(c) 여기서 부기등기를 해야 하는 '미리'의 시점에 대하여 의문이 있을 수 있으나, 현재 통설[98]은 보증인의 변제 후 변제로 전세권이나 저당권이 소멸한 것으로 믿고서 제3취득자가 취득하기 전에 대위의 부기등기를 하여야 한다고 해석하고 있다. 판례도 같다.[99] 그러므로 제3취득자가 나타난 이후에 보증인이 변제한 경우에는 부기등기는 필요하지 않다. 제3취득자는 등기부에 의하여 전세권이나 저당권의 존재를 알고 있는 이상 그 실행을 각오하고 있어야 하므로 이들에 대한 부기등기는 필요하다고 볼 수 없으나, 보증인이 변제하였음에도 이러한 취지를 부기등기하지 않고 있어 그 후에 발생한 제3취득자에게는 그 신뢰보호를 위해 등기가 없으면 대위할 수 없다는 것이 그 이유이다.

(d) 한편 채무자가 설정한 저당권의 후순위권리자는 제3취득자에 해당하는가? 선순위저당권자에게 변제한 보증인이 변제자대위를 하자 후순위저당권자가 배당이의를 한 사안에서 판례[100]는 ① 한편으로 제3취득자가 보증인에게 대위하지 못하는 근거를 "제3취득자는 등기부상 담보권의 부담이 있음을 알고 권리를 취득한 자로서 그 담보권의 실행으로 인하여 예기치 못한 손해를 입을 염려가 없고" 저당권소멸청구권(제364조) 및 비용의 우선상환(제367조)에 의해 보호되고 있다는 사실에서 찾으면서, 그러한 보호가 부여되어 있지 않은 후순위저당권자와 관련해 "변제자대위와 관련해서 후순위 근저당권자보다 보

자가 구상가능성을 염두에 두고 매수한 경우가 아니기 때문이다. 이행을 인수한 제3취득자가 변제 등을 한 경우 그는 물상보증인에 대한 관계에서 이행인수약정의 이행으로서 급부를 한 것이다. 그 결과 채무자에 대한 관계에서 자신의 독자적인 변제지정이 없어 채무자에 대한 관계에서 구상권을 취득할 수 없다. 그 경우 변제지정은 물상보증인에게 귀속되며, 따라서 물상보증인이 제370조, 제341조에 따라 구상권을 가진다. 제3자의 변제에서 변제지정에 대해 김형석 (주 63), 342-343면 참조.

98) 곽윤직 (주 92), 260-261면.
99) 大判 1990.11.9., 90다카10305, 집 38-3, 58.
100) 大判 2013.2.15., 2012다48855, 공보 2013, 466.

증인을 더 보호할 이유가 없"어 제482조 제2항 제2호의 제3취득자에 후순위 근저당권자는 포함되지 않는다고 한다. ② 동시에 이 판결은 "제482조 제2항 제2호의 제3취득자에 후순위 근저당권자가 포함되지 않음에도 같은 항 제1호의 제3자에는 후순위 근저당권자가 포함된다고 하면, 후순위 근저당권자는 보증인에 대하여 항상 채권자를 대위할 수 있지만 보증인은 후순위 근저당권자에 대하여 채권자를 대위하기 위해서는 미리 대위의 부기등기를 하여야만 하므로 보증인보다 후순위 근저당권자를 더 보호하는 결과"가 되는데, 이는 이들의 "이해관계를 공평하고 합리적으로 조절하기 위한" 제482조 제2항 제1호, 제2호의 입법 취지에 부합하지 않으며, "후순위 근저당권자는 통상 자신의 이익을 위하여 선순위 근저당권의 담보가치를 초과하는 담보가치만을 파악하여 담보권을 취득한 자에 불과하므로 변제자대위와 관련해서 후순위 근저당권자를 보증인보다 더 보호할 이유도 없다"는 이유로 "보증인은 미리 저당권의 등기에 그 대위를 부기하지 않고서도 저당물에 후순위 근저당권을 취득한 제3자에 대하여 채권자를 대위할 수 있"고 그래서 제482조 제2항 제1호의 제3자에 후순위 근저당권자는 포함되지 않는다고 한다.

　　이 판결의 결론은 정당하지만 그 이유제시는 의문이다. 이 판결은 보증인과 후순위저당권자 사이의 법률관계에 대해 제482조 제2항이 의미를 가진다고 전제하고 논증을 전개하지만, 바로 그 점이 타당하지 않기 때문이다.

　　우선 제482조 제2항은 구상권자가 변제자대위의 방법으로 다른 잠재적 구상권자를 상대방으로 하여 이행청구 또는 소유권 박탈을 수반하는 저당권 실행의 방법으로 전액을 구상할 때 그 범위를 제한하여 그들 사이에 채무자의 무자력 위험을 분배하는 규정이다. 그런데 보증인이 선순위저당권자의 저당권을 대위하는 경우, 그는 후순위저당권자에 대해서는 어떠한 권리행사를 하고 있는 것이 아니다. 선순위저당권자는 후순위저당권자에 대해 어떠한 권리도 가지고 있지 않았으며, 이는 그를 대위한 보증인도 마찬가지이다. 보증인은 선순위저당권자의 권리를 승계해 채무자에 대해 권리를 행사하면서 그 만족을 위해 저당권을 행사하고 있을 뿐이며, 자신에게 어떠한 권리도 행사되지 않는 후순위저당권자는 선순위저당권자의 실행을 감수해야 하는 것과 마찬가지로 보증인의 실행도 감수해야 한다. 여기서 보증인이 행사하는 권리의 상대방이 아닌 후순위저당권자가 제482조 제2항을 원용하는 일은 처음부터 있을 수 없다. 제482조 제2항은 애초에 적용될 규범이 아니며, 따라서 제1호의 적용도 고려할 필요가 없다. 부기등기 없음을 이유로 하는 후순위저당권자의 배당이의를 부정하였다는 점에서 이 판결은 결론에서 정당하지만, 제482조 제2항의 적용 문제로 생각하였다는 점에서 근본적으로 잘못된 사고 과정으로 들어오게 되었다

　이러한 오류는 이 판결의 방론 부분 즉 후순위저당권자가 보증인에 대해 대위할 수 있다는 부분으로 연결된다. 이 판결은 후순위저당권자가 왜 제482조 제2항 제2호에도 불구하고 보증인에게 대위할 수 있는지를 열심히 설명하고 있다. 그러나 앞서 보았지만 제482조 제2항이 보증인과 후순위저당권자 사이에서 적용될 규정이 아니라는 점을 환기한다면, 후순위저당권자가 보증인에 대해 대위할 수 있다는 것은 당연하다. 앞서 보았지만 동항 제2호가 채무자로부터의 제3취득자의 보증인에 대한 대위를 금지하는 것은 채무자의 양도로 보증인의 구상이 방해받아서는 안 되기 때문이다. 그러나 이러한 문제는 후순위저당권자와의 관계에서는 발생하지 않는다. 선순위저당권자를 대위한 후순위저당권자가 선순위저당권을 실행하는 경우에는 보증인은 청구를 당하지 않게 될 것이고, 후순위저당권자가 선순위저당권을 실행하는 대신 보증인에게 청구하는 경우에는 보증인은 변제와 동시에 선순위저당권 및 그 피담보채권을 대위하여 채무자에게 전액 구상을 할

수 있기 때문에, 그의 구상의 기대는 아무런 영향을 받지 않는 것이다. 이는 당연한 결과인데, 제482조 제2항은 채무자와 병존하거나 그에 갈음하여 책임을 지는 자들 사이에 무자력 위험이 우연적으로 배분되는 결과를 막기 위해 규정된 것이므로(이른바 변제할 정당한 이익을 가지는 자들 중 이른바 "의무이행형"의 경우; 법제사적으로 beneficium cedendarum actionum이 계수된 영역), 자신의 권리를 보전하기 위해 변제하는 자(이른바 "권리보전형"의 경우; 법제사적으로 ius offerendi가 계수된 영역)와의 관계에서 적용이 없는 것은 자명하기 때문이다.101) 이는 실제로 프랑스 민법의 해석에서 제482조 제2항과 같은 대위의 제한은 보증인, 물상보증인, 연대채무자, 제3취득자 사이에서만 논의되고 있다는 사실에서도 그대로 확인된다.102)

그러므로 제482조 제2항은 보증인과 후순위저당권자 사이의 관계에서는 적용되지 않는다. 각자는 변제자대위의 요건에 따라 전액에 대해 대위한다.

(나) 보증인과 물상보증인 사이에는 "그 인원수에 비례하여 채권자를 대위한다(제482조 제2항 제5호 제1문). 그러나 물상보증인이 수인인 때에는 보증인의 채무부분을 제외하고 그 잔액에 대하여 각 재산의 가액에 비례하여 대위한다(제482조 제2항 제5호 제2문). 이 경우 제1호에 의한 부기등기에 관한 규정을 준용하므로(제482조 제2항 제5호 제3문) 채무 변제 이후 물상보증인으로부터의 제3취득자에 대해서는 부기등기가 있어야 변제자대위를 주장할 수 있다.

(a) 문제는 보증인이 물상보증인의 지위를 겸하고 있는 경우에 이를 한 사람으로 계산할 것인지 아니면 두 사람으로 계산할 것인지의 여부이다.

---

101) 이 구별에 대해 潮見 (주 95), 289면 참조. 그 역사적 발전과정에 대해 김형석 (주 26), 9면 이하, 15면 이하 참조.
102) Mestre (주 93), nos 471-474, 541 sqq.

다수설은 중한 책임을 지고 있는 자는 보다 더 보호되어야 하므로 이 경우 한 사람으로 계산해야 한다고 하며, 이중자격자가 어느 자격에 의할 것인지를 선택해야 한다고 한다.103) 판례도 다수설을 따른다.104) 이에 의하면 민법이 보증인과 물상보증인 사이에 보증인의 총 재산·자력, 물상보증인이 담보로 제공한 재산의 가액 등을 고려하지 아니하고 인원수에 비례하여 평등하게 대위비율을 결정하도록 규정한 것은, "인적 무한책임을 부담하는 보증인과 물적 유한책임을 부담하는 물상보증인 사이에는 보증인 상호간이나 물상보증인 상호간과 같이 상호 이해조정을 위한 합리적인 기준을 정하는 것이 곤란"하여 인원수에 따라 대위비율을 정하는 것이 공평하고 법률관계를 간명하게 처리할 수 있어 합리적이기 때문이라고 하면서, 이는 "동일한 채무에 대하여 보증인 또는 물상보증인이 여럿 있고, 이 중에서 보증인과 물상보증인의 지위를 겸하는 자가 포함되어 있는 경우에도 동일하게 참작되어야 하므로 […] 대위비율은 보증인과 물상보증인의 지위를 겸하는 자도 1인으로 보아 산정함이 상당하다"고 한다. 그러나 이 논거는 설득력이 부족하다고 생각된다. 보증인과 물상보증인 사이에 합리적인 기준이 없어 인원수에 비례하는 대위비율을 정하는 것과 그 경우 이중자격자를 한 사람으로 계산할지 두 사람으로 계산할지 여부의 문제는 서로 관련이 없기 때문이다. 이러한 다수설과 판례에 의하면 물상보증인이 다수이고 이중자격자가 제공한 담보물의 가액비율이 큰 경우에는, 보증인 자격을 선택함으로써 물상보증인을 겸하지 않았던 경우보다 유리한 지위에 처하게 되는 불합리한 결과가 발생한다. 물상보증인과 보증인의 지위를 동시에 가지고 있는 자는 그에 따른 무

103) 예컨대 곽윤직 (주 92), 261면; 김증한·김학동, 채권총론, 제6판, 1998, 369면 등. 한편 일본의 판례와 다수설은 단일자격설을 취하면서도 보증인으로 취급해야 한다고 한다(전거를 포함하여 이진만 (주 91), 86면 이하 참조).
104) 大判 2010.6.10., 2007다61113, 공보 2010, 1335.

거운 책임을 인수한 것이므로 오히려 두 사람으로 계산하는 것이 타당할 것이다.[105]

　　(b) 보증인과 물상보증인은 자신의 부담부분을 초과하여 변제를 한 때에 비로소 변제자대위에 의해 구상을 할 수 있는가 아니면 자신의 부담부분에 미달하여도 변제한 한도에서 변제자대위를 할 수 있는가? 명문의 규정이 없으므로(연대채무에 대해 제425조 제1항, 공동보증의 경우 제448조 제1항 등 참조), 해석에 의해 처리할 수밖에 없다. 판례는 부담부분에 미달하여도 변제자대위를 인정하면 "먼저 대위변제 등을 한 자가 부당하게 이익을 얻거나 대위자들 상호간에 대위가 계속 반복되게 되고 대위관계를 공평하게 처리할 수도 없게 되므로" 각자의 부담부분을 넘는 변제를 한 보증인 또는 물상보증인만이 변제자대위를 할 수 있다고 하고, 주채무의 변동이 있는 경우 부담부분을 넘는지 여부는 변제의 시점을 기준으로 판단한다.[106] 예를 들어 120의 채무에 대해 갑, 을이 보증하고, 병이 물상보증을 한 경우, 갑이 30만을 변제하고 을, 병에 대해 각각 10을 구상할 수 있다고 한다면 실제로 변제자대위가 빈발하므로 법률관계가 번잡하게 될 수는 있다. 그러나 판례가 언급하는 먼저 대위변제를 한 자가 얻는다는 부당한 이익이 무엇인지는 쉽게 이해하기 어렵다. 오히려 부종적 담보제공자로서 머리수에 따른 분담을 한다는 점에서 공동보증인과 유사하므로 제448조 제2항을 유추하여 그러한 결론을 인정하는 것이 타당하다고 생각된다.

　　(c) 대위할 자들이 복수로 있는 경우, 제482조 제2항의 비율과는 다른 비율을 약정할 수 있는가? 그러한 약정이 당사자들 사이에 채권적 효력이 있음은 물론이지만, 당사자 아닌 제3자에게 대한 관계에서도 변제자대위의 효과를 변경하는 효력이 있는지 문제되는 것이다. 예컨대 물상보증인과 보증인 사이에 제482조 제2항 제5호와는 달리

105) 이진만 (주 91), 97면 이하.
106) 大判 2010.6.10., 2007다61113, 공보 2010, 1335.

보증인이 물상보증인에 대하여 전액을 대위할 수 있다고 약정하는 경
우, 물상보증인 부동산의 후순위 저당권자에 대해서도 이러한 약정이
효력을 가지는지의 쟁점이다. 일본의 판례는 물상보증인과 보증인 사
이의 합의로 변경되는 것은 채권귀속의 상대적 변경일 뿐이고 후순위
권리자는 어차피 공시된 피담보채권액 또는 최고액 범위 내에서 선순
위권리자가 만족을 받고 남은 잔여가치만을 파악한다는 것을 감수하
고 있으므로 약정의 효력을 인정하여 보증인의 전액대위를 인정할 수
있다고 한다.107) 그러나 계약의 상대성 및 다수의 대위변제자들 사이
의 획일적인 처리가 가지는 장점을 이유로 이러한 효력을 부정하는
입장도 있다.108)

(3) 채권자의 성실의무

"제481조의 규정에 의하여 대위할 자가 있는 경우에 채권자의 고
의나 과실로 담보가 상실되거나 감소된 때에는 대위할 자는 그 상실
또는 감소로 인하여 상환을 받을 수 없는 한도에서 그 책임을 면한
다."(제485조) 변제자대위의 가능성이 있는 구상권자에 대한 채권자의
성실의무를 규정한 조항이다. 이는 임의규정이므로 당사자들이 특약
으로 배제할 수 있다.109)

구체적으로는 채권자가 고의 또는 과실로 기존의 담보를 포기하
거나,110) 성실의무에 부합하지 아니하는 방식으로 취득이 예정된 담
보의 확보를 게을리 하여 담보물이 멸실된 경우111)가 이에 해당한다.

---

107) 日最判 1984.5.29., 民集 38-7, 885.
108) 潮見 (주 95), 324-325면 참조.
109) 大判 1987.3.24., 84다카1324, 집 35-1, 165.
110) 大判 1962.3.8., 61다637, 집 10-1, 175(양도담보물의 반환); 1996.12.26., 96
다35774, 공보 1997, 199(다른 대위변제자에게 대위변제 비율을 초과하여 담보
권을 전부 이전).
111) 大判 2000.1.21., 97다1013, 공보 2000, 451; 大判 2009.10.29., 2009다60527,
공보 2009, 2003(담보가등기를 게을리하는 동안 다른 채권자가 부동산을 압류).

그리고 판례는 경매절차에서 채권자가 착오로 실제 채권액보다 적은 금액을 채권계산서에 기재하여 경매법원에 제출함으로써 배당받을 수 있었던 채권액을 배당받지 못한 경우, 이로써 배당을 받지 못한 금액 중 연대보증인이 연대보증한 채무에 충당되었어야 할 금액에 대하여 제485조가 유추적용되어야 한다고 한다.[112]

제481조는 문언에서 명백하듯 대위의 전제가 되는 보증·담보설정·제3취득 이후에 담보가 상실·감소된 경우에 적용된다. 그 시점 이전에 담보가 상실·감소되었다면, 대위할 자가 그 존재를 신뢰하였다고 하더라도 보호받을 수 없다. 그래서 예컨대 갑이 을에게 금전을 대출받으면서 한국토지공사에 대한 채권을 담보를 위해 양도하였으나 대항요건이 불비하였고 이후 이 채권이 국세, 지방세채권을 이유로 압류된 사안에서, 이후 대출의 여신기간이 연장되면서 병이 이를 보증하였다면, 병은 비록 양도담보의 존재를 신뢰하였다고 하더라도 보증 이전에 상실된 담보를 이유로 보증채무 이행을 거절할 수 없다고 한다.[113] 제481조는 대위할 자의 기대뿐만 아니라 그에 상응하는 채권자의 성실의무 위반을 이유로 면책을 정하는 규정으로, 아직 대위할 자가 없는 상태에서는 채권자에게 성실의무 위반을 운위할 수 없으므로 타당하다고 하겠다.

그리고 대법원에 의하면 채권자의 고의나 과실로 담보가 상실된 경우 법정대위권자가 면책되는 범위는 채권자가 담보를 취득할 당시가 아니라, 그 담보 상실 당시의 교환가치 상당액이다.[114] 그러나 학설에서는 상실되거나 감소된 담보가 객관적으로 실행할 수 있었을 시점을 기준으로 해야 한다는 견해나, 전부를 상실한 경우에는 상실이 확정된 때를 기준으로 하나 일부상실 또는 감소의 경우에는 잔부가

---

112) 大判 2000.12.8., 2000다51339, 공보 2001, 217.
113) 大判 2014.10.15., 2013다91788, 공보 2014, 2182.
114) 大判 2001.10.9., 2001다36283, 집 49-2, 185.

실행된 때에 확정되는 것으로 해석해야 한다는 견해 등이 주장된다.[115]

한편 변제자대위를 한 사람(예컨대 보증인이나 물상보증인)이 고의·과실로 담보 등을 감소·멸실시킨 경우에도 다른 보증인이나 물상보증인이 제485조에 따른 면책을 주장할 수 있는가? 채무자가 제공한 담보를 감소·멸실시킨 경우에는 다른 당사자의 대위에 의한 채무자에 대한 구상을 어렵게 하는 것이므로 당연히 면책을 주장할 수 있어야 한다. 공동연대보증에서 보증인 중 한 사람이 변제자대위를 하면서 채무자로부터 취득한 저당권의 가치를 감소시킨 경우가 그러하다.[116]

---

115) 전거와 함께 민법주해[XI] (주 85), 219면(이인재) 참조.
116) 大判 2012.6.14., 2010다11651, 공보 2012, 1201.

제 2 장

공동연대보증과 구상관계

본장에서는 공동연대보증의 경우 발생하는 구상관계에 대해 자세히 살펴보기로 한다(제1편 제1장 Ⅳ. 1 (4) 참조).

[사실관계]

제1심, 제2심 판결이 확정한 사실관계는 다음과 같다.

가. 피고 1은 1998.1.5. 주식회사 A와 사이에, A가 생산하거나 취급하는 일체의 제품을 공급받기로 하는 거래약정을 체결하였고, 피고 2, 3은 위 약정에 기한 피고 1의 A에 대한 채무를 연대보증하였다.

나. 원고(신용보증기금)는 피고 1의 부탁으로 피고 1이 B 은행으로부터 대출받을 대출금 상환채무에 관하여 ① 2005.2.4. 보증원금 42,500,000원, 보증기한을 2006.2.3.로 하는 신용보증약정을 체결하였고, 피고 2, 3은 피고 1이 위 신용보증약정에 따라 원고에게 부담하는 구상금채무에 관하여 연대보증하였으며, ② 2006.5.11. 보증원금 30,400,000원, 보증기한을 2007.5.10.로 하는 신용보증약정을 체결하였고, 피고 1은 2005.2.4. ① 신용보증에 기하여 50,000,000원을, 2006.5.11. ② 신용보증에 기하여 38,000,000원을 대출받았다.

원고는 피고 1의 부탁으로 피고 1이 A로부터 공급받을 물품대금

채무에 관하여 ③ 2006.6.14. 보증원금 120,000,000원, 보증기한을 2006.12.13.로 하는 신용보증약정을 체결하였고, 같은 날 피고 1은 ③ 신용보증에 기하여 수취인 A, 액면 120,000,000원, 지급기일 2006.12. 13., 지급장소 신용보증기금으로 된 약속어음을 발행하여 A에게 교부하였다(보증특약에 의하면, 피고 1과 A 사이의 1998.1.5.자 거래약정서에 의하여 피고 1이 부담하는 채무 중 2005.6.16.부터 2006.6.14.까지 발생한 채무 및 보증일 이후 어음 지급기일 이전에 발생한 채무의 합계액에 대하여 어음 금액을 한도로 보증책임을 부담하도록 되어 있다).

다. 위 각 신용보증약정에 의하면, 피고 1은 원고에게 원고가 정한 요율과 계산방법에 따른 위약금을 지급하고, 원고가 보증채무를 이행한 때에는 그 금액과 원고가 정한 비율에 의한 지연손해금을 상환하며, 원고가 채권의 집행보전, 행사 및 이를 위한 법적 절차에 소요한 비용을 지급하도록 되어 있고, 원고가 정한 지연손해금률은 2005.6.1.부터 연 15%이다.

라. A는 2007.2.1.경 피고 1이 A에 대한 미수금을 지급하지 않고 있음을 이유로 ③ 신용보증에 관한 보증채무 이행을 청구하였고, 이에 따라 원고는 2007.2.12. A에 72,996,040원을 대위변제하였다.

마. 원고는 2007.2.12.부터 2007.4.18.에 걸쳐 피고 1로부터 합계 57,538,457원을 위 각 신용보증에 관한 채무 변제 명목으로 지급받았고 원고는 그 중 2007.3.29. 6,925,854원, 2007.4.18. 20,000,000원을 위 ③ 신용보증약정에 기한 채무에 충당하였으며, 위 각 금액을 충당할 때까지 발생한 확정손해금은 673,392원이고, 신용보증약정에 따른 위약금은 436,800원이다.

[소송의 경과]

1. 원고는 ③ 신용보증약정에 따라 피고 1에게 구상금(72,996,040 − (6,925,854 + 20,000,000) = 46,070,186)에 지연손해금, 확정손해금을 더

한 금액(460,070,186＋673,392＋436,800＝47,180,378) 및 구상금에 대한 지연이자(2007.2.12.부터 2007.6.21.까지 연 15%, 그 다음 날부터 갚는 날까지 연 20%)를, 피고 2, 3에 대해서는 각각 24,332,013원(＝72,996,040×1/3) 및 그에 대한 지연이자를 청구하였다. 피고 2, 3은 다음의 두 가지 주장으로 책임에서 벗어나고자 하였다. 첫 번째는, 이미 연대보증이 해지되었다고 주장하였다. 두 번째는, 피고 1이 원고에게 지급한 57,538,457원 중에서 26,925,854원만이 ③ 신용보증약정상 채무에 충당된 결과를 다투었다. 그러나 이 두 가지 주장 모두 받아들여지지 않았다. 본고에서는 이 부분에 관해서는 법원의 판단을 전제로 논의를 진행하기로 한다.

그래서 제1심 법원은 "피고 2, 3은 A 회사에 대하여 피고 1의 A 회사에 대한 채무에 관하여 보증채무를 부담하고, 원고 또한 신용보증계약에 따라 A 회사에 대하여 보증책임을 부담하므로 피고 2, 3과 원고는 A 회사에 대한 관계에서 피고 1의 소외 회사에 대한 채무에 관하여 공동보증인의 지위에 있고, 따라서 원고가 신용보증계약에 따라 피고 1의 A 회사에 대한 채무를 이행하는 경우에는 민법 제448조에 의하여 피고 2, 3에 대하여 구상권을 행사할 수 있다 할 것인바, 원고는 소외 회사에 대한 채무 72,996,040원에 관하여 자기의 출재로 다른 공동보증인인 피고 2, 3을 면책시켰다고 할 것이므로, 피고 2, 3은 피고 1과 연대하여 위 47,180,378원 중 피고 2, 3의 부담부분인 각 24,332,013원(＝72,996,040원×1/3, 원 미만 버림) 및 이에 대하여 대위변제일인 2007.2.12.부터 이 사건 소장 부본 송달일로서 피고 2는 2007.9.16.까지, 피고 3은 2007.7.30.까지 상법이 정한 연 6%, 그 다음 날부터 갚는 날까지는 소송촉진 등에 관한 특례법이 정한 연 20%의 각 비율에 의한 지연손해금을 지급할 의무가 있다"고 판결하였다.[1]

2. 원심에서도 연대보증의 해지 및 변제충당에 관하여 피고 2, 3

---

[1] 서울중앙지방판 2008.10.30., 2007가단204949.

은 제1심에서와 같은 내용의 주장을 하였으나 마찬가지로 받아들여지지 않았다. 그래서 "피고 2, 3의 원고에 대한 구상금 채무와 부진정연대관계에 있는 피고 1의 원고에 대한 구상금 채무 중 피고 1의 변제로 소멸되는 부분이 26,925,854원으로 피고 1이 단독으로 채무를 부담하는 48,664,027원(=72,996,040원-피고 2, 3의 구상금 채무 24,332,013원)을 초과하지 않는 이상 피고 2, 3의 원고에 대한 구상금 채무는 여전히 각 24,332,013원이 남아 있다 할 것이어서 위 피고들의 이 부분 주장 역시 이유 없다."[2]

[대법원의 판단]

대법원은 다음과 같은 이유로 원심판결을 파기하였다.

"공동연대보증인 중 1인이 채무 전액을 대위변제한 후 주채무자로부터 구상금의 일부를 변제받은 경우, 대위변제를 한 연대보증인은 자기의 부담 부분에 관하여는 다른 연대보증인들로부터는 구상을 받을 수 없고 오로지 주채무자로부터만 구상을 받아야 하므로 주채무자의 변제액을 자기의 부담 부분에 상응하는 주채무자의 구상채무에 먼저 충당할 정당한 이익이 있는 점, 대위변제를 한 연대보증인이 다른 연대보증인들에 대하여 각자의 부담 부분을 한도로 갖는 구상권은 주채무자의 무자력 위험을 감수하고 먼저 대위변제를 한 연대보증인의 구상권 실현을 확보하고 공동연대보증인들 간의 공평을 기하기 위하여 민법 제448조 제2항에 의하여 인정된 권리이므로, 다른 연대보증인들로서는 주채무자의 무자력시 주채무자에 대한 재구상권 행사가 곤란해질 위험이 있다는 사정을 내세워 대위변제를 한 연대보증인에 대한 구상채무의 감면을 주장하거나 이행을 거절할 수 없는 점 등을 고려하면, 주채무자의 구상금 일부 변제는 특별한 사정이 없는 한 대위변제를 한 연대보증인의 부담 부분에 상응하는 주채무자의 구상채

2) 서울중앙지방판 2009.4.23., 2008나39679.

무를 먼저 감소시키고 이 부분 구상채무가 전부 소멸되기 전까지는 다른 연대보증인들이 부담하는 구상채무의 범위에는 아무런 영향을 미치지 않는다고 봄이 상당하다. 그러나 주채무자의 구상금 일부 변제 금액이 대위변제를 한 연대보증인의 부담 부분을 넘는 경우에는 그 넘는 변제 금액은 주채무자의 구상채무를 감소시킴과 동시에 다른 연대보증인들의 구상채무도 각자의 부담비율에 상응하여 감소시킨다고 할 것이다.

[…] 원고가 주채무자인 원심공동피고의 상행위로 인한 물품대금채무에 관하여 A 회사에게 한 신용보증은 연대보증에 해당하므로 원고와 피고들은 위 물품대금채무에 관하여 공동연대보증인의 지위에 있다. 그런데 원고가 A 회사에게 물품대금채무 72,996,040원을 전액 대위변제함으로써 주채무자인 원심공동피고는 원고에게 동액 상당의 구상채무를 지게 되고, 한편 공동연대보증인 간의 부담비율은 특별한 사정이 없는 한 균등하므로 피고들은 원고에게 각자의 부담 부분인 각 24,332,013원(72,996,040원×1/3, 원 미만은 버림, 이하 같다) 상당의 구상채무를 지게 된다. 이러한 구상관계 아래에서 주채무자인 원심공동피고가 원고에 대한 구상채무의 변제로 지급한 26,925,854원 중 원고의 부담 부분에 상응하는 24,332,013원은 원심공동피고의 구상채무만을 감소시킬 뿐 피고들의 구상채무를 감소시키지 못하고, 원고의 부담 부분을 넘는 나머지 변제 금액 2,593,841원(26,925,854원 −24,332,013원)에 한하여 동액 상당의 원심공동피고의 구상채무를 감소시킴과 동시에 피고들의 부담 부분 중 각 1,296,920원(2,593,841원 ×1/2)에 상응하는 피고들의 구상채무를 감소시킨다.

이와 달리 원심은 그 판시와 같은 사정을 들어 주채무자인 원심공동피고가 원고에게 구상금 중 일부인 26,925,854원을 변제하였다 하더라도 피고들의 구상채무는 여전히 원래 각자의 부담 부분에 상응하는 각 24,332,013원이라는 취지로 판단하였다. 원심이 원심공동피고의 변제 금액 중 원고의 부담 부분에 상응하는 24,332,013원은 원심공동피고의 구상채무만을 감소시킬 뿐 피고들의 구상채무를 감소시키지 못한다고 판단한 것은 정당하지만, 원고의 부담 부분을 넘는 원심공동피고의 변제 금액 2,593,841원에 관하여도 피고들의 구상채무를 전혀 감소시키지 못한다고 판단한 데에는 공동연대보증인 중 1인의 대위변제 후 주채무자의 구상금 일부 변제시 다른 공동연대보증인들의 구상채무 소멸 범위에 관한 법리를 오해한 나머지 판결에 영향을 미친 위법이 있다. 이 부분을 다투는 피고들의 상고이유는 위 인정범위 내에서 이유 있다."[3]

[판례연구]

Ⅰ. 문제의 제기

1. 이 판결은 공동연대보증인들 사이의 구상관계에 대한 흥미로운 문제를 다루고 있다. 본고에서 다루지 않을 다른 쟁점에 대해 원심과 대법원의 판단을 따를 때, 사안에서 제기되는 논점은 다음의 질문으로 정리할 수 있다. 주채무자인 피고 1과의 신용보증약정에 기해 채권자인 A 회사에 대해 상사채무 72,996,040원을 변제하였고 이후 주채무자인 피고 1로부터 26,925,854원을 상환받은 원고 신용보증기금은, 동일한 채무에 대해 보증인인 피고 2, 3에 대해 얼마만큼의 금액을 구상금으로 청구할 수 있는가?

이 사건에서 주채무자의 채무는 상사채무이고, 그래서 보증인인 피고 2, 피고 3은 연대보증인이 된다(상 제57조 제2항). 원고는 신용보증약정에 기해 채권자인 A 회사에 대해 책임을 부담하는데, 판례는

---

3) 大判 2010.9.30., 2009다46873, 공보 2010, 1970.

성질에 반하지 않는 한 보증에 관한 규율을 준용하고 이는 구상의 경우에도 마찬가지이므로,[4] 이 맥락에서 또 하나의 보증인으로 취급된다. 그러므로 사안은 공동연대보증인 중 출재로 공동면책을 발생시킨 한 사람이 나머지 보증인들에 대해 구상을 하는 경우이다. 여기서 공동연대보증인들은 연대보증의 효과에 따라 분별의 이익(제439조)을 가지지 않고, 그중 한 보증인이 자기의 부담부분을 넘은 변제를 한 때에는 연대채무의 규정(제425조 내지 제427조)에 따라 구상을 할 수 있다(제448조 제2항). 이는 원고가 변제 기타 자기의 출재로 자기의 부담부분을 넘어 다른 연대보증인들을 공동면책시킨 때에는 다른 연대보증인들의 부담부분에 대하여 구상권을 행사할 수 있음을 의미하며(제425조 제1항, 제448조 제2항), 보증인들 사이에 특별한 약정이 없는 이상 그들의 부담부분은 균등한 것으로 추정될 것이다(제424조 참조). 동시에 변제를 한 연대보증인은 변제할 정당할 이익이 있으므로 주채무자에 대해 가지는 구상권(제441조)의 한도에서 채권자가 주채무자에 대해 가지는 채권을 대위하고(제481조, 제482조 제1항), 그에 따라 다른 연대보증인에 대한 채권자의 보증채권도 대위하는데 이는 각각의 다른 보증인에 대해 분할된 채권으로 취득한다(제482조 제1항). 여기서 주채무자가 구상권자인 보증인에게 일부변제를 하였다면, 그러한 일부변제는 공동연대보증인들 사이의 구상관계에 어떠한 영향을 미치는지의 문제가 제기된다.

2. 계산을 간편하게 하기 위해 사안을 다음과 같이 구성해 보자(이하 이자의 문제는 제외한다). 채권자 G에게 채무자 S가 있고, S의 채무를 A, B, C가 연대보증하였는데, 이후 A가 S의 G에 대한 채무 120을 변제하였다. 이 경우 A는 S에 대해 고유의 구상권으로 120을 청구할 수 있고, G의 S에 대한 채권을 대위해 120을 청구할 수도 있다.

---

4) 大判(全) 2008.6.19., 2005다37154, 집 56-1, 249 참조.

동시에 A는 B, C에게 고유의 구상권으로 각각 40을 청구할 수 있고 (120×1/3=40), G의 B, C에 대한 채권을 분할채권으로 대위하여 각각 40을 청구할 수 있다. 여기서 S는 A에게 구상금으로 60을 지급하였다. 이제 A는 B, C에 대해 공동보증인으로서 구상을 청구한다.

(1) 여기서 제1심과 원심은 S가 A에게 지급한 60을 전혀 고려하지 아니하고, A가 G에 대한 변제로 B, C를 공동면책시킨 이상 B, C는 자신의 부담비율에 해당하는 40을 A에게 지급해야 한다고 판시하였다. 그러나 이렇게 S의 A에 대한 일부변제를 고려하지 아니하고 공동연대보증인들 사이의 구상을 판단한다면, B, C가 자력이 있다고 전제할 때, A는 보증을 통해 오히려 재산상태가 개선되는 결과가 발생한다. 즉 그는 G에게 120을 지급한 다음, S에게 60, B, C에게 각각 40을 받아 합계 140을 회수할 것이기 때문이다.

(2) 대법원은 이러한 문제를 인지하고 다음과 같이 해결해야 한다고 말한다. 즉 "주채무자의 구상금 일부 변제는 특별한 사정이 없는 한 대위변제를 한 연대보증인의 부담 부분에 상응하는 주채무자의 구상채무를 먼저 감소시키고 이 부분 구상채무가 전부 소멸되기 전까지는 다른 연대보증인들이 부담하는 구상채무의 범위에는 아무런 영향을 미치지 않는다고 봄이 상당"하지만 "주채무자의 구상금 일부 변제 금액이 대위변제를 한 연대보증인의 부담 부분을 넘는 경우에는 그 넘는 변제 금액은 주채무자의 구상채무를 감소시킴과 동시에 다른 연대보증인들의 구상채무도 각자의 부담비율에 상응하여 감소시킨다고 할 것이다." 그래서 판결의 표현에 그대로 변형된 사안을 대입해 보면, 'A가 G에게 120을 대위변제함으로써 주채무자인 S는 A에게 동액 상당의 구상채무를 지게 되고, 한편 공동연대보증인 간의 부담비율은 특별한 사정이 없는 한 균등하므로 B, C는 A에게 각자의 부담 부분인 각 40(120×1/3) 상당의 구상채무를 지게 된다. 이러한 구상관계 아래에서 주채무자인 S가 A에 대한 구상채무의 변제로 지급한 60

중 A의 부담 부분에 상응하는 40은 S의 구상채무만을 감소시킬 뿐 B, C의 구상채무를 감소시키지 못하고, A의 부담 부분을 넘는 나머지 변제 금액 20에 한하여 동액 상당의 A의 구상채무를 감소시킴과 동시에 B, C의 부담 부분 중 각 10(20 × 1/2)에 상응하는 B, C의 구상채무를 감소시킨다.' 즉 A는 B, C에게 각각 30을 청구할 수 있다는 것이 대법원의 결론이다.

(3) 그런데 이러한 대법원의 결론은 다음과 같은 의문을 발생시킨다. 여기서 주채무자 S가 이제 무자력이라고 전제해 보자.5) 그렇다면 A는 G에게 120을 지급한 다음 S로부터 60, B, C로부터 각각 30을 회수하므로 구상을 통해 아무런 손실을 받지 않은 상태로 분쟁을 마무리한다. 그러나 B, C는 각각 30을 A에게 지급하였으나 이 부분에 대해서는 더 이상 S로부터 구상을 받을 수 없으므로 그 손실을 스스로 감내할 수밖에 없다. 결과적으로 A는 B, C에 비해 보다 유리한 위치에 있게 된다. 이러한 결과는 주채무자가 채권자를 만족시킨 보증인에게 그의 부담부분보다 적은 액수의 일부변제를 하고 무자력이 된 경우에도 마찬가지이다. 앞의 예에서 S가 A에게 30만을 지급하고 무자력이 되었다면, A는 B, C에게 각각 40을 청구할 수 있다. 그렇다면 A는 120을 지급하고 110을 회수해 10에 해당하는 손실만을 부담하는 반면, B, C는 각각 40의 손실을 감수해야 한다. 그러므로 대법원의 결론은 먼저 채권자를 만족시켜 구상권자의 지위에 도달한 보증인을 다른 구상의무자인 보증인들보다 우대하는 해석이다.6) 이렇게 구상권

5) 이 전제는 단순한 가정에 그치지 아니하며, 대상판결과 같은 분쟁에서는 오히려 일반적이고 전형적인 경우일 것이다. 주채무자에게 자력이 충분하다면 보증인들은 그들 사이의 구상이 어떠한 결과로 나타나든 자신의 부담부분을 초과해 지출한 금액에 대해서는 주채무자로부터 구상을 받아 이를 경제적으로 전부 주채무자에게 돌릴 수 있으므로, 그들 사이에서 다툴 이유가 크지 않다. 그러므로 보증인들 사이에서 각자 부담할 부분의 액수에 대해 다툴 실익은 현실적으로 주채무자가 무자력인 경우에 발생한다.

6) 본문의 예에서 알 수 있듯이, 대법원의 해석에 따른다면 주채무자의 구상권자에

자인 보증인의 이익을 다른 보증인들의 이익보다 우선하는 해석은 타당하며 민법에 따라 정당화될 수 있는가? 대법원은 이에 대해 한편으로는 "주채무자의 변제액을 자기의 부담 부분에 상응하는 주채무자의 구상채무에 먼저 충당할" 대위변제한 연대보증인의 "정당한 이익"을, 다른 한편으로 "다른 연대보증인들로서는 주채무자의 무자력시 주채무자에 대한 재구상권 행사가 곤란해질 위험이 있다는 사정을 내세워 대위변제를 한 연대보증인에 대한 구상채무의 감면을 주장하거나 이행을 거절할 수 없는 점"을 들고 있다. 그러나 앞의 설명은 그러한 이익이 어떠한 이유에서 정당한지 설명이 없는 한 논거로서 기능할 수 없고, 뒤의 설명은 대법원의 견해에 따라 산정된 구상권 액수를 전제할 때에만 성립할 수 있는 논리이므로 논거라기보다는 같은 결론을 다른 말로 표현한 것에 불과하다.

3. 아래에서는 대법원이 제시하는 결론이 타당한지 여부를 검토하고 우리 민법의 타당한 해석을 제안하고자 한다. 결론을 미리 말한다면 대법원의 해석에 반대하며, 공동연대보증인들 사이의 구상관계는 주채무자의 무자력 위험이 그들 사이에 평등하게 분배되는 방향으로 해석되어야 한다고 주장한다.

II. 대상판결의 검토

1. 학설상황

(1) 출재로 공동면책을 발생시킨 연대보증인에게 주채무자가 일부변제를 한 경우 그 일부변제가 다른 연대보증인들의 구상의무에 미

대한 일부변제가 후자의 부담부분을 초과하는지 여부와 무관하게 구상권자인 보증인이 우대를 받는다. 일부변제의 부담부분 초과 여부는 구상권자인 보증인의 손실범위를 결정할 뿐이다. 즉 주채무자의 일부변제가 구상권자인 보증인의 부담부분을 초과하는 경우에는 후자가 실질적으로 자신의 출재액 전부를 회수할 수 있을 가능성이 창출되는 것이다.

치는 영향에 대해서는 종래 학설에서 많은 논의가 있었던 것은 아니다. 그러나 일부 문헌에서는 대체로 대법원이 채택하였던 해석을 지지하는 견해가 개진되고 있었다.[7] 그 근거로는 "연대보증인은 자기의 부담부분을 초과하여 변제한 금액에 관하여만 타연대보증인에 대하여 구상할 수 있다는 점 및 자기의 부담부분에 관하여는 주채무자로부터의 구상으로써 그 만족을 구할 수 있을 뿐이라는 점"을 들고 있었다.[8] 이 견해는 특히 논의과정에서 주채무자의 구상채무 이행은 공동보증인 전원을 위한 것으로 보아 주채무자의 일부변제로 다른 연대보증인들의 부담부분도 부담비율에 따라 감소시키고 그 결과 구상의무의 범위도 감축된다고 하는 견해를 언급하면서 이를 기각한다. 후자의 견해에 의한다면 앞서의 사례에서 S가 A에 대해 지급한 60은 A, B, C의 부담부분을 각각 20씩 감축시키고, 그 결과 A는 B, C에 대해 각각 20을 청구할 수 있으며, 그 결과 A, B, C 모두 S의 무자력에 따른 손실을 20씩 평등하게 부담한다. 이 견해에 대해서는 다음과 같은 비판이 제기되고 있었다. 그에 의하면 A가 G에게 40을 변제하고 S로부터 전액을 구상받은 경우에도, A는 B, C에 대한 관계에서는 아직 잔존채무액 80의 1/3에 해당하는 만큼의 부담부분이 남아 있는 것이 되어 결국 총채무 120에 대한 A의 부담부분은 그만큼 증가하는 셈이 되는데, 이는 A의 기대에도 반하고 B, C와 사이의 형평에도 어긋난다고 한다. 또한 주채무자에 대한 구상권과 보증인 상호간의 구상권은 각각 그 존립근거가 다른 것이므로 주채무자가 일부변제 후 무자력이 된 경우에 대비하여 보증인 상호간의 부담부분에 변동이 생기는 것으로 해석하는 것은 논리적이지 않다고 한다.[9]

---

7) 김창종, "연대보증인의 구상권과 변제자의 대위", 사법논집, 제20집, 1989, 129-130면; 곽윤직 편집대표, 민법주해[X], 1995, 372면(박병대); 박준서 편집대표, 주석 민법 채권총칙(2), 2000, 347면(김오섭).
8) 김창종 (주 7), 130면.
9) 민법주해[X] (주 7), 372면(박병대).

(2) 그런데 이 견해들은 모두 당시까지 일본의 판례와 학설을 전제로 하여 이를 원용하는 방식으로 논의를 진행하고 있다. 그러므로 우리 학설상황을 보다 적절하게 평가하기 위해서는 일본의 학설과 판례 상황을 살펴볼 필요가 있다. 아래에서는 그 명칭의 적절성에는 의문이 있을 수 있겠지만, 편의상 대법원이 입각하고 있는 견해를 부담부분초과변제효설(負擔部分超過辨濟效說)이라고 하고, 주채무자의 일부변제는 그 전부가 공동연대보증인의 구상의무를 감축하는다는 견해를 전부변제효설(全部辨濟效說)이라고 하여 논의를 진행하고자 한다.

2. 일본의 법상황

(1) 비교적 이전의 일본의 학설과 판례는 채권자를 만족시킨 연대보증인이 주채무자에 대해 가지는 구상권과 다른 연대보증인들에 대해 가지는 구상권이 부진정연대관계에 있다고 이해하고, 전자의 변제는 후자도 소멸시키는 효과를 가져온다고 말하고 있었다.10) 이들에서 대위변제한 보증인의 다른 보증인에 대한 구상권의 감축 정도가 그의 부담부분을 기준으로 해야 한다는 문제의식은 전혀 찾아볼 수 없다. 그러한 의미에서 학설과 판례는 아마도 전부변제효설적인 결과를 당연한 것으로 전제하고 있었다고 추측된다.11)

(2) 그러나 1960년대 말에 한 실무가가 이러한 결론에 대해 의문을 제기하고 부담부분초과변제효설을 주장한 이후,12) 하급심 실무에서는 서로 대립하는 재판례가 발견된다. 1981년의 한 사건에서는 주채무자가 구상권자인 연대보증인에게 한 일부변제가 그의 부담부분에

---

10) 日大判 1912.10.22., 民錄 18, 913("보증인들 사이의 구상권은 아직 주채무자로부터 변제를 받지 않은 자기의 출연액에 대해 존재하는 것"); 我妻榮, 新訂 債權總論, 1964, 506면 등.
11) 石田喜雄, "連帶保證人相互間の求償關係に關する一考察", 近藤完爾·淺沼武 編, 民事法の諸問題, 第Ⅲ卷, 1969, 84면.
12) 石田 (주 11), 81면 이하의 논문이 그것이다.

미치지 못하는 사안이 문제되었는데, 법원은 일부변제가 이미 주채무자 및 다른 연대보증인들에 대한 구상권이 성립한 이후에 이루어졌음을 확인한 다음, "본래 공동연대보증인의 한 사람은 자기의 부담부분에 관해서는 주채무자에 대한 구상만으로 만족해야 하는 것이고, 따라서 또한 위 부담부분에 관해서 다른 연대보증인에 관계 없이 주채무자로부터 구상을 얻을 수 있는 것"이라는 이유로 일부변제는 다른 연대보증인의 구상의무 범위에 영향이 없다고 판시하였다.13) 또한 부담부분에 미치지 못하는 금액에 대해 주채무자가 구상권자인 연대보증인과 상계계약을 체결해 만족을 준 1986년의 사건에서도, 법원은 그러한 상계 처리에 의해 주채무자로부터 대위변제금 중 구상권자인 연대보증인의 부담부분에 관하여 먼저 상환충당할 수 있다고 하여 같은 결론을 내렸다.14) 그러나 이와는 반대의 견해에 기초한 재판례도 있다. 여기서 법원은 "연대보증인이 대위변제를 한 후에 주채무자로부터 대위자에 대하여 대위변제금액의 일부가 지급된 경우에는, 변제자는 이미 채권자에 대위해 있기 때문에 마치 주채무자로부터 채권자에 변제가 행해진 것과 마찬가지로 위 일부변제에 의해 주채무자의 채무금액도 그만큼 감소하고, 그에 따라, 공동보증인의 부담부분도 또한 감소한다고 해석하는 것이 상당하다"고 하면서, "그렇게 해석하지 않으면 주채무자의 무자력에 의해 변제를 받지 않은 경우의 위험을 대위변제를 한 연대보증인 이외의 연대보증인에게만 부담시키게 되어 연대보증인들 사이의 공평이 깨지기 때문이다"고 말하고, 그에 따라 주채무자의 일부변제가 연대보증인들의 부담비율에 따라 모두의 부담부분을 감소시킨다는 결론을 받아들였다.15)

(3) 이 문제를 논급하는 문헌은 많지 않지만, 다수(?)는 부담부분

---

13) 名古屋地判 1981.10.15., 金融商事判例, 641號, 15면.
14) 福岡高判 1986.2.26., 金融法務事情, 1143號, 52면＝金融商事判例, 749號, 22면.
15) 東京地判 1979.10.30., 判例タイムズ, 422號, 122면.

초과변제효설을 지지한다.16) 다음과 같은 논거가 제시된다. ① 공동보증인은 부담부분을 넘는 대위변제를 해야 구상을 할 수 있고 또한 자기의 부담부분에 관해서는 주된 채무자로부터 구상만으로 만족해야 하므로, 부담부분에 대해 주된 채무자의 무자력을 부담하는 이상 반대로 주된 채무자로부터 얻는 변제가 우선 자기의 부담부분에 충당된다는 기대는 보장되어야 한다.17) 이에 더하여 주채무자의 의사를 추측해 보아도, 면책을 솔선해서 부여한 대위변제 보증인의 부담부분에 우선충당하고자 생각한다는 것이 통상의 의사일 것이다.18) ② 부진정연대채무관계의 이론에 비추어 보더라도, 우리의 사례에서 A는 S에 대해 120, B, C에 대해 각각 40의 구상권이 있겠지만, 이를 분석한다면 A가 자기의 부담부분에 기해 S에 대해 가지는 40은 부진정연대관계에 포함되지 않은 독자적 구상권이고 A의 S에 대한 80 및 B, C 각각에 대한 40만이 부진정연대관계에 있다고 이해한다면, A는 S로부터 받은 60 중 40을 자신의 S에 대한 독자적 구상권에 충당하고 나머지 20만을 부진정연대관계에 있는 80에 충당하는 것이라고 볼 수 있어 부담부분을 초과하는 부분에서만 다른 보증인들의 구상의무가 감축한다는 결과가 도출될 수 있다.19) ③ 전부변제효설은 주채무자의 채권자에 대한 변제와 구상권자에 대한 변제를 동등하게 취급하는데, 두 경우는 사정이 다르고 후자의 경우에 대해 법률이 공동보증인들 사이의 구상에 대해 특별한 규정을 두어 규율하는 점을 간과하고 있다.20)

16) 石田 (주 11), 85면 이하; 林良平 編, 注解 判例民法 債權法 Ⅰ, 1987, 204면(栗原良扶); 菅野佳夫, "代位辨濟をした連帶保證人が主債務者から求償權の一部辨濟を受けた場合と他の連帶保證人に對する求償權の範圍", 法律時報, 59卷 9號, 1987, 98면. 참고로 독일의 학설에서 같은 취지의 견해로 Kanka, "Die Mitbürgschaft", JheringsJb 87 (1937/1938), 161f.
17) 注解 判例民法 (주 16), 204면(栗原); 石田 (주 11), 89면.
18) 菅野 (주 16), 98면.
19) 石田 (주 11), 85－86면.
20) 菅野 (주 16), 98면.

④ 부담부분초과변제효설에 따를 때 주채무자의 무자력 위험을 대위변제자 아닌 보증인들이 부담하게 되어 불공평하다고 하지만, 전액을 대위변제한 보증인과 아무것도 하지 않은 다른 보증인들의 이익상황을 고려한다면, 대위변제한 보증인은 채무자뿐만 아니라 다른 보증인들의 무자력 위험도 솔선하여 부담하는 위험을 부담하였고 그 확실한 회수가 보장되는 것도 아니라는 사정을 무시할 수 없어, 전부변제효설은 관념적 평등주의에 불과하다.[21]

그러나 전부변제효설도 주장되고 있다. 즉 공동보증인 사이에 최종적인 리스크 부담에 관해 우열이 없다는 점, 공동보증인들의 구상을 정하는 민법 규정은 구상의 순환을 회피하기 위해 부담부분을 초과하는 변제를 구상요건으로 정하고 있는 것에 그치고 여기에서 문제되고 있는 바와 같은 공동보증인 상호간 부담의 균형을 상정한 것은 아니라는 점을 고려하면, 전부변제효설이 타당하다고 한다.[22]

3. 평가

이상의 논의를 배경으로 할 때, 부담부분초과변제효설의 논거들은 수긍하기 어렵고, 오히려 전부변제효설이 우리 민법의 해석으로 타당하다고 생각된다.

(1) 먼저 공동연대보증인들 사이에서 부담부분에 따른 구상을 정하는 민법 규정의 규범목적을 생각해 보도록 한다.[23] 공동연대보증은 반드시 공동으로 인수될 필요는 없고, 각각의 보증인이 채권자와 개별적으로 연대보증을 체결함으로써도 성립할 수 있다.[24] 그러므로 공

---

21) 菅野 (주 16), 98면.

22) 潮見佳男, 債權總論 Ⅱ, 第3版, 2005, 512−513면.

23) 이하의 논의는 공동연대보증 외에도 분별의 이익이 없어 제448조 제2항이 적용되는 다른 경우(주채무가 불가분인 경우, 보증연대가 존재하는 경우)에 마찬가지로 적용된다.

24) 우선 곽윤직, 채권총론, 제6판, 2003, 198면 참조.

동연대보증인들 사이에서 계약관계에 기한 구상은 전혀 필연적이지
않다. 이 상황에서 법률이 보증인들 사이의 구상관계를 정하지 않는
다면, 주채무자의 무자력 위험은 최초로 채권자로부터 청구를 받은
연대보증인에게 전적으로 부담되는 결과가 발생한다.[25] 그는 현실적
으로 무자력인 주채무자로부터 구상권의 만족을 받을 가능성이 없을
뿐만 아니라, 다른 연대보증인들과 사이에서는 통상 아무런 법률관계
가 없어 법률상 구상을 청구할 수가 없을 것이기 때문이다. 그래서 법
률은 출재로 공동면책의 결과를 발생시킨 보증인에게 다른 보증인에
대한 구상권을 법률로 부여하여, 채권자로부터 최초로 청구를 받은
보증인이 주채무자의 무자력을 단독으로 부담하는 결과를 회피한다.
그런데 여기서 만일 법률이 구상권자인 보증인에게 출재한 전액에 대
해 구상권을 부여한다면, 다시 부당한 결과가 발생한다. 즉 그는 다른
보증인에게 전액을 구상하고, 그렇게 구상당한 보증인은 순차적으로
또 다른 보증인에게 전액을 구상하여, 결국에는 최후에 남는 보증인
이 주채무자의 무자력을 단독으로 부담하는 결과가 발생할 것이기 때
문이다. 최초로 청구를 당한 보증인이 주채무자의 무자력을 단독으로
부담하는 결과만큼이나 최후로 청구를 당한 보증인이 주채무자의 무
자력을 단독으로 부담하는 결과도 마찬가지로 불합리하다.[26] 그래서
민법은 채권자를 만족시킨 보증인은 주채무자에 대해서는 전액 구상
할 수 있게 하면서도, 다른 보증인들에 대해서는 각각의 부담부분에
대해서만 구상할 수 있도록 하고, 변제자대위에 의해 대위하는 보증
채권도 부담부분에 따라 분할채권을 성립시킴으로써 보증인들 사이의
형평을 도모한다(제448조 제2항, 제425조 내지 제427조, 제482조 제1항).

---

25) 민법주해[X] (주 7), 361면(박병대).

26) 이미 연대채무와 관련해 Savigny, *Das Obligationenrecht*, 1. Band, 1851, S. 229는
　　 연대채무자들의 구상과정에서 분할채권관계가 성립해야 "연대채무가 최후의 결과
　　 에서 도박(Glückspiel)처럼 작용하는 것이 회피된다"고 말한다.

그리고 법률은 이러한 결과가 공동보증인들 사이에서뿐만 아니라 보증인과 물상보증인 사이 그리고 물상보증인들 사이에서도 달성되도록 규율한다(제482조 제1항, 제2항 제4호, 제5호).[27]

그렇다면 민법이 분별의 이익 없는 공동보증인들 사이의 부담부분에 따른 구상관계를 규정하는 근거는, 주채무자의 무자력 위험이 —특정 보증인에게 전가됨 없이— 모든 보증인들에 의해 공동으로 즉 각자의 부담부분에 따라 분담되어야 한다는 것임을 알 수 있다.[28] 그리고 이러한 태도는 제448조 제2항, 제427조 제1항에서도 확인된다. 이에 의하면 공동보증인 중에서 상환할 자력이 없는 자가 있는 때에는 그 보증인의 부담부분은 구상권자 및 다른 자력 있는 보증인이 그 부담부분에 비례하여 분담한다. 여기서 공동보증인들은 자신들 중에 발생한 무자력 위험을 부담부분에 비례해 평등하게 분담한다는 입법자의 평가가 표현되어 있다. 통상 특별한 결합관계도 없는 공동보증인들이 그들 사이에 발생한 무자력을 평등하게 부담해야 한다면, 그들이 공동으로 그것도 전부에 대해 인수한 채무자의 무자력 위험이야말로 더욱 평등하게 부담해야 하지 않겠는가? 제448조 제2항, 제427조 제1항은 공동보증인들의 무자력 위험뿐만 아니라 주채무자의 무자력 위험도 공동보증인들 사이에 평등하게 분담된다는 법리를 전제하고 있다고 이해해야 한다. 왜냐하면 이 맥락에서 공동보증인들이 평등하게 분담해야 하는 자신들의 무자력은 주채무자의 무자력 위험을 분담하는 과정에서 모두 흡수되지 않아 발생하는 무자력이기 때문이다. 공동보증인들이 불평등하게 감내해야 하는 주채무자의 무자력 위험이 어떤 공동보증인의 무자력 때문에 재분담되어야 하는데 새삼 이

---

27) 실제로 이러한 설명은 변제자대위 제도의 법제사적 발전과정을 살펴볼 때 쉽게 확인되는 바이다. 김형석, "변제자대위 제도의 연혁에 관한 소고", 사법연구, 제8집, 2003, 7면 이하; 특히 공동보증과 관련해 Kremer, *Die Mitbürgschaft*, Diss. Strassburg, 1902, S. 158ff. 참조.

28) Oertmann, *Recht der Schuldverhältnisse*, 3./4. Aufl., 1910, §774 3. a.

번에는 평등하게 분담할 것을 법률이 명한다는 설명은 불합리하다고 생각된다.

이렇게 공동보증인의 구상규정을 종합해 보면, 주채무자와 공동보증인의 무자력 위험은 공동보증인들 사이에서 평등하게 분배되어야 한다는 가치평가를 확인할 수 있다. 그런데 앞서 살펴본 바와 같이(본 장 I. 2. (3) 참조), 부담부분초과변제효설은 대위변제를 한 보증인을 우대하면서 채무자의 무자력 위험을 구상의무자인 보증인에게 전가하는 해석을 하고 있다. 이는 공동보증인의 구상에 관한 민법의 가치평가에 반한다고 생각된다.

(2) 이에 대해 부담부분초과변제효설은 연대채무에서와 달리 제 448조 제2항이 부담부분을 초과해 공동면책시킨 공동보증인만이 구상을 청구할 수 있도록 정하고 있으므로, 이는 각자의 부담부분에 대해서는 채무자로부터 구상을 받도록 하는 것이고 그 결과 공동보증인들 사이의 불평등한 대우는 법률상 근거가 있다고 주장한다.

연대채무에서와 달리 공동보증인이 자기 부담부분을 초과하는 출재로 채권자에게 만족을 준 경우에만 구상을 할 수 있도록 하는 민법규정에 대해서는 일반적으로 공동보증인은 분별의 이익이 없는 경우에도 연대채무자와 같은 주관적 결합이 없을 뿐만 아니라 내부관계에서는 분할된 일정액에 관해서만 보증채무를 부담한다고 생각하는 점에 기초한 것이라고 설명된다.[29] 그러나 이러한 규정으로부터 대위변

---

[29] 김증한·김학동, 채권총론, 제6판, 1998, 274면; 김형배, 채권총론, 제2판, 1999, 533면; 민법주해[X] (주 7), 365면(박병대) 등 참조. 그러나 이렇게 연대와 보증의 본질이라는 관점에서 설명하는 견해에는 의문이 있다. 예컨대 독일 민법의 경우 우리와는 반대로, 연대채무자는 자신의 부담부분을 초과하는 변제를 해야 구상을 청구할 수 있지만, 보증인은 부담부분에 미치지 못하는 일부변제를 하더라도 원칙적으로 구상할 수 있으며, 다만 몇몇 경우(예컨대 주채무자나 구상을 청구하는 보증인이 무자력인 경우 등)에 예외가 인정되고 있다. 이에 대해서는 우선 Reinicke/Tiedtke, *Bürgschaftsrecht*, 3. Aufl., 2008, Rn. 407ff. 참조. 그러므로 이 문제는 본질론적으로 설명하기 어렵다. 오히려 일부변제에서 구상이 성급하게 이

제한 보증인은 부담부분에 대해서는 주채무자로부터만 구상을 받으며 그에 따라 역으로 그 한도에서 우선취급을 받는다는 명제를 도출할 수 있는지 여부는 전혀 명백하지 않다.[30] 예를 들어 A가 G에게 120을 변제하고 S로부터 40을 받았다면, A는 자기부담부분을 이행하였고 따라서 이제 B, C와 구상관계에 있지 않다고 생각할 수 있을지도 모른다. 그러나 이는 부담부분을 주채무액으로부터 추상적으로 산정하고 이를 고정된 액수로 취급한다는 숨겨진 가정을 전제할 때에만 타당할 수 있다. 그러나 그러한 가정은 민법의 규정에서 정당화되지 않는다. 오히려 앞서 살펴보았지만, 민법의 구상규정의 취지는 공동보증인들 사이에서 주채무자 및 공동보증인의 무자력 위험이 부담부분의 비율에 따라 평등하게 분담된다는 것이고, 그에 따르면 현실적인 부담부분이 변동하는 결과는 결코 이상하지 아니하다. 그리고 구상의무 있는 공동보증인의 무자력에 따라 당사자들의 부담부분이 사후적으로 변경될 수 있다는 것은 바로 제448조 제2항, 제427조 제1항이 명시적으로 시인하는 바이다. 그러므로 오히려 부담부분을 고정된 액수로 취급하려는 부담부분초과변제효설의 태도가 법률과 부합하지 않는다.

  그러므로 주채무자가 구상권자인 공동보증인에게 일부변제를 한 이상 그 경제적 효과는 주채무자가 채권자에게 같은 금액을 변제한 경우와 다르지 않다. 그 한도에서 주채무자는 자신의 자력으로 공동면책의 효과를 달성하였고, 또 그 한도에서 공동보증인들 사이에서

루어질 경우 나중에 발생하는 복잡한 사후정산과 무자력 위험의 불균등한 분배를 가능한 한 억제하려는 입법정책적 고려가 기초에 있다고 평가하는 편이 보다 합리적이라고 보인다. 연혁적으로 이러한 태도는 우리 민법이 일본 민법 제464조에서 수용한 것으로 보이는데, 일본 민법은 이를 보아소나드가 작성한 일본 구민법 채권담보편 제38조 제2항으로부터 받아들인 것이다. 그리고 일본 구민법은 당시 프랑스 통설(Zachariä/Crome, *Handbuch des französischen Civilrechts*, 2. Band, 8. Aufl., 1894, S. 733 참조)을 입법화한 것으로 추측된다.

30) 潮見 (주 22), 512－513면.

구상에 의해 주채무자의 무자력을 분담할 필요성을 소멸시켰다. 그러므로 주채무자의 구상권 있는 보증인에 대한 일부변제는 공동보증인의 부담부분 비율에 따라 공동보증인 전원의 부담부분을 감소시켜야 한다. 그러므로 두 경우의 이익상황이 다르다는 비판(주 20)에는 동의하기 어렵다. 이는 구상에서 무자력 위험의 분담이 문제되므로 경제적 실질을 고려해야 하는 점을 도외시하는 비판이다. A가 G에게 120을 변제하고 S로부터 40을 받았다면, 이는 실질적으로 A가 S로부터 받은 40과 자신의 출재 80으로 변제한 경우와 실질에서 다르지 않다. 그러므로 A가 자신의 출재로 공동보증인을 면책시킨 금액은 80이고, A가 B, C에 대해 각각 80 × 1/3을 청구할 수 있다는 판단은 불합리하지 않다.

그러한 경우 A의 부담부분이 증가하는 결과가 되어 A의 기대에 반하고 B, C와 형평이 깨진다는 비판(주 9 참조)은 부담부분을 사전적으로 추상적으로 산정해 고정된 액수로 취급할 때에만 납득할 수 있다. 그러나 부담부분을 공동보증인들 사이의 주채무자 무자력 위험의 부담이라는 관점에서 판단한다면, 부담부분이 변동하고 재조정되는 결과는 이상한 것이 아니라 오히려 합리적이다. 그리고 앞서 지적했지만 민법은 부담부분이 불변으로 남을 것이라는 보증인의 기대를 보호하지 않는다. 예를 들어 A가 120을 변제하고 S로부터 40의 일부변제를 받은 사안에서, 만일 B가 나머지 80을 변제하고 C에 구상을 하였는데 C가 무자력이라면 B는 A에게 20의 분담을 구상청구할 수 있을 것이다(제448조 제2항, 제427조 제1항). 여기서 처음에 자신이 상정한 부담부분을 이행하였으므로 공동보증인들 사이의 구상에서 벗어날 수 있다는 A의 기대는 법률상 보호받지 못한다는 사실이 잘 나타난다. 이러한 결과가 주채무자의 무자력이 문제된다고 다를 이유는 없다. 게다가 무자력 위험 분담이라는 실질을 고려하면, A는 부담부분이 증가하여 B, C와의 관계에서 형평이 깨진다는 지적도 타당하지 않다. A, B, C는 처음에 각각 40의 범위에서 S의 무자력 위험을 인수하였으나, 이제 S가 40의 일부변제를 함으로써 이제 보다 적은 금액(80×1/3)의 범위에서 S의 무자력 위험을 인수하게 되었다. A의 재산상태는 아무런 변동이 없다. 이제 A, B, C가 120이 아닌 80에 대해 보증채무를 부담하는 상태가 되었다. 이 결과가 B, C와의 관계에서 형평을 상실해서 A에게 불리하다고 말할 수 있을지는 의문이다.

게다가 사전구상권(제442조)을 고려하면 부담부분초과변제효설은 더욱 설득력을 상실한다. A가 G의 청구를 받은 상태에서 사전구상권 요건이 충족되어 S로부터 채권액의 일부인 60을 받아 자신의 자금 60을 더해 G를 만족시킨 경우에, A가 B, C에 대해 각각 20만을 구상청구할 수 있음은 명백하며,31) 부담부분초과변제효설도 이를 부정할 수는 없을 것이다. 그렇다면 사전구상권의 요건이 충족된 A가 S의 자력을 신뢰하여 자신의 재산으로 120을 전부 변제한 다음 S로부터 60을 사후적으로 상환받은 경우에도 경제적인 실질은 차이가 없으며, 같은 결론이 유지되는 편이 바람직하다. 여기서 A가 S의 일부변제를 40의 한도에서 먼저 자기부담부분에 충당하여 B, C에게 30을 청구할 수 있다고 해석하는 것은 사전구상권이 행사된 경우와 비교해 균형을 상실한다.

(3) 공동보증의 구상규정이 그들 사이에서 주채무자 및 공동보증인의 무자력 위험을 평등하게 분담시키는 결과를 목적한다는 사실을 이해하고 나면, 부담부분초과변제효설이 이익형량의 관점에서 제시하는 논거도 설득력을 상실한다. 예컨대 이 견해는 대위변제한 보증인이 채무자뿐만 아니라 다른 보증인들의 무자력 위험도 솔선하여 부담하였고 그 확실한 회수가 보장되는 것도 아니라는 사정을 들어 그를 우대

---

31) Simler, *Cautionnement, Garanties autonomes, Garanties indemnitaires*, 4e éd., 2008, n° 641. Koban, *Der Regress des Bürgen und Pfandeigentümers nach österreichischem und deutschem Recht*, 1904, S. 157도 참조.

하는 결론을 정당화한다(주 21). 그러나 이는 부당전제(petitio principii)
이다. 보증인이 솔선하여 출재로 변제하였을 수도 있지만, 채권자의
청구를 받아 부득이하게 변제하였거나 채권자의 집행을 받아 만족시
켰을 수도 있다. 여기서 채권자가 어느 보증인을 선택하여 청구하고
집행하였는지 여부에 따라 그들 사이의 무자력 위험 분배가 달라진다
는 결론은 납득하기 어렵다. 바로 채권자의 선택에 따라 그들 사이의
처지가 달라지는 결과를 예방하기 위해 인정된 제도가 공동보증인의
구상권이기 때문이다(본장 Ⅱ. 3. (1) 참조). 따라서 그러한 경우 부담부
분초과변제효설을 관철한다면 채권자의 선택에 따른 자의적인 결과가
발생할 수 있다. 실제로 대상판결의 사안에서 채권자는 자력이 충분
한 신용보증기금(원고)을 상대로 청구하였고, 대법원은 여기에 부담부
분초과변제효설을 적용하여 신용보증의 대가를 수취한 원고가 무상으
로 보증한 다른 보증인들에게 주채무자의 무자력 위험을 전가하는 결
과가 발생하였다. 이러한 결과가 구체적 사안의 해결로서 타당한지에
대해서는 쉽게 긍정하기 어려울 것이라고 생각된다. 그리고 대상판결
에서처럼 채권자는 통상 자력이 가장 충분한 보증인을 상대로 만족을
구할 것이므로, 부담부분초과변제효설은 통상 자력이 부족한 보증인
에게 주채무자의 무자력 위험을 전가함으로써 자력이 충분한 보증인
을 우대하는 결과로 귀결할 것이다. 이러한 전형적 결과가 바람직하
다고 말하기는 어려울 것이다. 그렇다면 모든 사안유형들을 고려에
넣을 때, 공동보증인들 사이의 평등한 분담이 오히려 이익상황에 적
절한 해법이다.

더 나아가 주채무자의 의사나 구상권 있는 보증인의 의사는 일부
변제를 구상권자의 부담부분에 먼저 충당하는 것이라는 설명(주 17,
18)도 의문이다. 한편으로 일부변제를 하면서 무자력 상태에 도달하
는 주채무자는 통상 공동보증인들 사이의 분담에 아무런 이해관계가
없어 그의 전형적 의사를 추측하기 어렵다. 게다가 주채무자는 자신

의 구상채무를 이행할 뿐이고, 공동보증인들 사이의 법률관계에 대해
서는 영향을 미칠 수도 없어(변제충당의 문제는 바로 다음 문단을 보라)
그의 의사는 법적인 의미를 가지지 않는다. 다른 한편으로 일부변제
를 받은 보증인의 의사는 자기부담부분에 우선충당일 수 있겠지만,
무슨 근거로 그의 의사가 다른 보증인들의 의사보다 우대를 받아 민
법이 정하는 평등한 분담에 반하는 결과를 일방적으로 가져올 수 있
는지 납득할 만한 설명을 찾을 수 없다.

　　마지막으로 A가 자기의 부담부분에 기해 S에 대해 가지는 40은
부진정연대관계에 포함되지 않은 독자적 구상권이고 A의 S에 대한 80
및 B, C 각각에 대한 40만이 부진정연대관계에 있다고 하여, A는 S로
부터 받은 60 중 40을 자신의 S에 대한 독자적 구상권에 충당하고 나
머지 20만을 부진정연대관계에 있는 80에 충당할 수 있다는 논거(주
19)가 남는다. 그런데 이 논거 역시 부담부분을 사전에 고정된 금액으
로 상정하는 전제 하에 있으므로, 그러한 전제를 포기한 때에는 유지
하기 어렵다. 이와 관련해 이 논거를 주장한 견해 스스로 다음과 같은
반론이 제기된다는 사실을 인정한다.[32] 즉 하나의 채권에 대한 일부
변제가 있었던 경우에, 그 일부변제가 채권의 어떤 부분에 대한 변제
인지를 논하여 특정하는 것은 불가능하기 때문에, 부담부분에 대한
변제라는 말은 무의미하고, 결국 S의 A에 대한 120의 채무가 60의 변
제에 의해 60으로 축소하고,[33] 그 범위에서 보증인 상호간의 부담부
분을 고려해야 한다는 것이다. 이러한 비판에 대해 부담비율을 사전
에 특정하여 불변한다고 가정할 수 있는 한에서 자신의 결론이 지지
될 수 있다고 말하지만, 이러한 전제는 본문에서 살펴본 바와 같이(본
장 II. 3. (2) 참조) 받아들이기 어렵다. 그러므로 여기서 부담부분초과
변제효설은 그 자체로 부진정연대채무의 이론에서 도출되는 내용이

---

32) 石田 (주 11), 87면.
33) Bülow, *Recht der Kreditsicherbeiten*, 8. Aufl., 2012, Rn. 1024 참조.

아니라, 안분의 순서를 구상권자에게 유리하게 설정하는 해석을 전제로 할 때에만 납득될 수 있는 순환논법임을 알 수 있다. 그러나 이는 앞서 살펴본 바와 같이(본장 II. 3. (1) 참조) 공동보증인 사이에 구상을 인정하는 취지와 부합하기 어렵다.

(4) 마지막으로 시야를 넓혀 사안을 다음과 같이 변경해 보자. S의 G에 대한 채무를 A가 연대보증하고, B, C가 각각 가액 60의 부동산에 저당권을 설정하는 물상보증을 하였는데, A가 G에게 120을 변제하고 S가 A에게 60을 일부변제하였다. 여기서 A는 S에 대해 구상권을 가지고(제441조), 그 한도에서 G의 S에 대한 채권을 대위한다(제481조, 제482조 제1항). 그리고 후자의 권리에 기해 A는 B, C가 제공한 물적담보를 행사할 수 있는데, 인원수 및 가액에 따른 부담부분 산정에 따라(제482조 제2항 제5호) 부담의 비율은 1:1:1이 될 것이다. 그런데 부담부분을 산정할 때 기초가 되는 금액은 원래 채권액인 120인가 아니면 A의 일부변제를 고려한 60인가? 즉 A는 S의 일부변제를 고유의 구상권에만 충당함으로써 대위채권액을 120으로 유지해 B, C에 대해 각각 40의 범위에서 저당권을 실행할 수 있는가 아니면 S의 일부변제는 대위채권도 소멸시켜 A는 B, C에 대해 각각 20만큼 저당권을 실행할 수 있는가? 여기서 상론할 여지는 없지만 후자의 견해가 타당하다. 변제자대위 제도의 취지상 대위채권은 고유의 채권을 담보하는 기능을 수행하고,[34] 그 결과 둘 사이에는 부종적 관계가 있어(제482조 제1항 참조: "자기의 권리에 의하여 구상할 수 있는 범위에서") 고유의 구상권이 소멸하면 대위채권 역시 같은 범위에서 소멸하는 결과가 인정되어야 하기 때문이다.[35] 일본의 판례도 같은 견해이고,[36] 학설

---

[34] 大判 1997.5.30., 97다1556, 공보 1997, 2011 참조.

[35] Hyoung Seok Kim, *Zessionsregreß bei nicht akzessorischen Sicherheiten*, 2004, S. 86ff. 일본에서의 논의상황에 대해서는 潮見佳男, "求償制度と代位制度 ―「主從的 競合」構成と主從逆轉現象の中で―", 中田裕康・道垣內弘人 編, 金融取引と民法法理, 2000, 235면 이하 참조.

도 이를 지지한다.37) 그렇다면 앞의 사안에서 S의 일부변제 60은 보증인, 물상보증인 모두를 위해 채무를 소멸시키는 효과를 가지고, 그에 따라 A는 B, C에 대해 각각 20의 한도에서 저당권을 행사할 수 있게 된다.

　　그런데 보증인과 물상보증인도 그들 사이에서는 각자 자신의 부담부분을 초과하는 출재로 채권자를 만족시켜야 서로 구상을 할 수 있다는 것이 대법원의 판례이므로,38) 이들 사이에서 발생하는 내부적 분담관계의 모습과 이익상황도 공동보증과 다르지 않다. 그런데 여기서는 보증인이 물상보증인에게 직접 고유의 구상권을 가지지 아니하고 오로지 변제자대위에 의해서만 구상할 수 있기 때문에, 주채무자의 일부변제가 있어도 이를 자신의 부담부분에 먼저 충당한다는 일은 있을 수 없고, 주채무자에 대한 구상권과 대위채권이 같은 범위에서 소멸하는 결과가 발생한다. 그리고 물상보증인은 인원수 비율에 따라 부담부분이 감소하는 효과를 받는다. 이는 결과에 있어 전부변제효설과 일치하고, 부담부분초과변제효설과는 배치된다. 그렇다면 보증인과 물상보증인을 인원수에 따라 동등하게 부담을 지우는 민법의 취지(제482조 제2항 제5호)에 비추어, 채무자 무자력 위험 분담에 있어 보증인들만 있는 경우와 물상보증인도 있는 경우를 달리 취급하는 해법을 합리적이라고 하기는 어렵다고 생각된다. 예를 들어 앞의 사례를 변

---

36) 日最判 1985.1.22., 民集 144, 1.

37) 潮見 (주 22), 284－285면; 中田裕康, 債權總論, 新版, 2011, 348－349면; 小野秀誠, "代位辨濟後の內入金の支拂と求償權および原債權に對する辨濟關係", ジュリスト, 850號, 1985, 119－120면; 生熊長幸, "代位辨濟をした保證人に對して債務者のした內入金の支拂と求償權及び原債權に對する辨濟關係", 判例評論, 320號, 1985, 46－47면(＝判例時報, 제1160호, 216－217면); 菅野佳夫, "債務者から辨濟があった場合の求償權と原債權の充當順序", 代位辨濟 その實務と理論, 新版, 1995, 173면; 伊藤進, 保證・人的擔保論, 1996, 244－245면 등. 판례에 의문을 제기하는 견해로 高橋眞, 求償と代位の硏究, 1996, 102－104면.

38) 大判 2010.6.10., 2007다61113, 공보 2010, 1335.

형해서 G의 S에 대한 채권에 대해 A, B가 연대보증인이 되고, C가 가액 60의 부동산에 저당권을 설정한 사안에서, A가 G에게 120을 변제하고 S가 A에게 60의 일부변제를 하였다고 상정해 보자. 만일 여기서 부담부분초과변제효설을 관철한다면, A는 S에게 60을, B에게 30을 구상으로 청구할 수 있고, C에 대한 관계에서 G를 대위한 채권 60을 피담보채권으로 해서 20에 대해 저당권을 행사할 수 있다. 즉 A는 S의 일부변제 60을 B에 대한 관계에서는 자기의 부담부분에 먼저 충당하지만 C에 대한 관계에서는 그럴 수 없어 B, C에 대해 부담을 지우는 액수가 차이가 발생한다. 이러한 결과가 물상보증인과 보증인 사이의 관계에서 인원수에 따라 평등하게 채무자 무자력 위험을 분담시키는 제482조 제2항 제5호에 반한다는 것은 명백하다.

(5) 이상에서 공동연대보증에서 대위변제한 연대보증인에 대해 주채무자가 일부변제를 한 경우에 그 액수가 구상권자의 부담부분을 초과할 때에만 다른 보증인의 구상의무를 감축한다는 대법원의 견해가 타당하지 않음을 살펴보았다. 공동보증에서 구상이 가지는 목적 즉 주채무자와 공동보증인의 무자력 위험을 공동보증인들이 평등하게 분담한다는 취지에 비추어, 주채무자의 일부변제는 그 전액에 대해 변제효가 인정되어야 한다. 즉 구상을 통한 무자력 위험의 분담이라는 장면에서 주채무자의 구상권자에 대한 변제는 원칙적으로 주채무자의 채권자에 대한 변제와 동일하게 취급되어야 한다. 그리고 이러한 결론은 당사자들의 이익을 형량하고 물상보증인이 있는 경우와 비교하여도 정당화된다.

이러한 본장의 견해에 대해서는 다음과 같은 반론도 제기될 수 있다.[39] 즉 주채무자가 무자력인 경우에는 이 글의 주장이 타당하다고 보이지만, 주채무자에게 자력이 있는 경우에는 판례와 같이 공동

---

[39] 이는 본장에 기초한 필자의 민사판례연구회에서의 발표에 대해 당시 사법연수원 송혜정 판사님이 토론에서 지적한 내용이다.

연대보증인들의 각자 부담부분에 대해서는 주채무자에 대해서만 구상을 받는 것이 구상관계를 간이하게 하여 바람직하고, 그래서 이 글의 주장은 채무자의 무자력이 입증된 경우에 적용하는 방안을 생각해 볼 수 있다는 것이다. 이 견해는 충분히 고려할 수 있는 견해라고 생각되고, 특히 이러한 해석을 채택하면 대법원으로서는 대상판결의 법리에 대한 예외를 설정하는 방법으로 판례변경 없이 이 글이 주장하는 정당한 결과를 수용할 수 있다는 장점도 있다. 그러나 한편으로 이 견해를 채택한다고 하더라도, 법률구성의 차원에서는 어쨌든 주채무자의 일부변제가 공동보증인들 사이의 구상채무에 어떠한 영향을 주는지 여부에 대한 해답이 주어져야 하고, 이는 결국 이론적인 차원에서 주채무자의 자력 여부에 대한 고려 없이 부담부분초과변제효설과 전부변제효설 사이에서 선택을 해야 함을 의미한다. 쉽게 확정할 수 없는 주채무자의 무자력 여부에 따라 그의 일부변제가 가져오는 변제효에 차이가 발생한다는 결론은 이론적으로 수용하기 어렵기 때문이다. 다른 한편으로, 앞서 이미 지적한 바이지만(주 5), 이러한 유형의 분쟁에서 주채무자가 무자력이 아닌 경우는 현실적으로 쉽게 상정하기 어려울 것으로 예상된다. 그러한 상황에서 구상의무자인 공동보증인들에게 주채무자의 무자력 입증을 요구하는 해석은 결국 많은 경우 이들에게 전부변제효설적 결론을 주장하기 위해서는 주채무자에게 집행을 해 보아야 한다는 검색(檢索)의 간접의무(자기의무; Obligenheit)를 부과하는 결과가 된다. 그런데 이는 분쟁을 더 복잡하게 할 우려도 있을 뿐만 아니라, 이미 현실적으로 무자력한 주채무자에 대한 무용한 집행을 강요하여 다른 공동보증인들에게 상당한 불이익을 줄 수도 있다고 생각된다.

제3장

보증과 손해담보: 독립적 은행보증

Ⅰ. 도입

1. 손해담보계약과 독립적 은행보증

일방 당사자가 상대방에게 일정한 결과의 발생을 보장하고 그 결과가 도래하지 않는 경우 발생할 손해를 인수하는 의무를 부담하는 계약을 손해담보계약(Garantievertrag)이라고 한다.[1] 이러한 손해담보계약은 그 채무자가 보장하고자 하는 사건의 성격에 따라 상이한 내용을 가질 수 있다. 예를 들어 매매계약(제563조)을 체결함에 있어 매도인과 매수인은 추가적으로 매매 목적물의 성상을 '보증'[2]하는 손해담보계약을 체결할 수 있다. 이러한 경우에 발생하도록 '담보'되는 결과는 매매 목적물이 가지는 일정한 성상의 존재이다.[3] 그러나 다른

---

1) 학자에 따라서는 '보장계약'이라는 표현을 사용하기도 한다. 김동훈, 계약법의 주요문제, 2000, 358면 이하 참조.

2) 이하에서 민법상의 보증(제428조)과 구별되는 일상적인 언어의 의미에 따르는 경우에는 따옴표로 강조하여 혼돈을 피하고자 한다.

3) 이러한 경우에 손해담보계약 상의 책임과 법정 담보책임과의 관계가 문제가 된다. 이에 대한 독일에서의 논의는 우선 Larenz/Canaris, *Lehrbuch des Schuldrechts*, Band Ⅱ/2, 13. Aufl., 1994, § 64 Ⅱ 2 (S. 67f.) 참조

한편으로는 보장되어야 할 결과가 재산권의 이전 또는 대금의 지급과 같이 매매계약상의 의무 이행인 손해담보계약도 생각할 수 있다. 이러한 경우에는 당연히 기존의 계약 당사자가 자신의 의무 이행을 담보하는 계약을 체결한다는 것은 현실적으로 무의미하며, 따라서 채무자 아닌 제3자가 채무의 이행을 '보증'하고 불이행으로부터 발생하는 손해의 인수를 채권자와 계약으로 합의하여야 할 것이다.

이러한 두 번째 유형의 손해담보계약 즉 제3자가 개입하여 채무자의 의무 이행을 '보증'하는 계약은 실제로 특히 국제거래에 있어 중요한 의의를 가지고 있다. 국제거래에서 손해담보계약은 이른바 요구불 조항과 결합하여 빈번하게 사용되고 있으며,[4] 우리나라에서도 1994년의 대법원 판결[5] 이후 이 담보제도가 가지는 고유성에 대하여 깊이 있는 연구가 진행되고 있다.

요구불 조항과 결합된 손해담보계약 즉 독립적 은행보증의 가장 주요한 특징으로는 일반적으로 주채무관계에 대한 은행보증의 독립성 내지 무인성이 거론되고 있다. 이에 대하여 앞서 대법원 판결 역시 독립적 은행보증은 주채무에 대한 관계에 있어서 부종성을 지니는 통상

---

4) 이러한 요구불 조항과 결합된 손해담보계약은 외국에서는 guarantee on first demand, Garantie auf erstes Anfordern, garantie premire demande 등으로 불린다. 우리 대법원(본장 주 5 참조)은 이 계약유형에 대하여 '독립적 은행보증'이라는 표현을 사용하고 있다. 이 표현의 적절성에 대하여는 의문이 없지 않지만, 우선 이하에서는 대법원에 따라 요구불 조항과 결부된 손해담보계약을 독립적 은행보증이라고 명명하기로 한다. 요구불 조항의 의미와 기능에 대하여는 본장 II. 3. 참조. 그리고 이러한 독립적 은행보증이 미국에서는 법률상의 이유로 사용되지 않으며 대신 보증신용장(standby L/C)이 사용된다는 점에 대하여는 김선국, "독립적 은행보증의 독립성", 경남법학 제11집, 1996, 283면, 290면 이하 참조.

5) 大判 1994.12.9., 93다43873, 공보 1995, 437. 이 판결에 대한 평석으로 윤진수, "독립적 은행보증과 지급금지 가처분 신청금지 약관의 효력", 민법논고 III, 2008, 100면 이하; 김동훈 (주 1), 371면 이하; 김선국 (주 4) 등 참조. 손해담보계약에 관한 그 이전의 대법원 판결들은 주로 신원보증이 합의된 경우 민법상 보증계약이 약정된 것인지 아니면 손해담보계약이 약정된 것인지를 판단하는 계약해석에 관한 판결들이 다수였다.

의 보증이 아니라, 주채무자(보증의뢰인)와 채권자(수익자) 사이의 원인
관계와는 독립되어 그 원인관계에 기한 사유로서는 수익자에게 대항
하지 못하고 수익자의 청구가 있기만 하면 보증인의 무조건적인 지급
의무가 발생하게 되는 담보제도라고 판시함으로써 동일한 이해에 입
각하고 있음을 보여주고 있다.

2. 문제의 제기

본장에서는 이러한 손해담보계약 특히 요구불 조항과 결합된 독
립적 은행보증의 비부종적인 특성을 민법상의 보증계약과의 관련하여
살펴보고자 한다. 특히 논의하고자 하는 바는 손해담보계약과 보증계
약의 관계로서, 두 인적 담보제도가 구조적으로 어느 정도의 공통점
과 차이점을 가지고 있는지를 살피고 그에 따라 어떠한 경우에 상이
한 법적 취급이 요구되며 또 어떠한 경우에 동등한 취급이 필요한지
를 검토하기로 한다.

이 문제에 적절한 해답을 찾기 위하여서는 먼저 보증계약과 손해
담보계약의 목적과 기능을 민법의 개념틀에 맞추어 살펴 보아야 할
것으로 생각되며, 아울러 특히 실무에서 중요한 의의를 가지는 독립
적 은행보증의 이해를 위하여 요구불 조항의 내용 및 기능을 살피는
것이 필요하리라고 생각된다(본장 Ⅱ). 이러한 분석을 통하여 획득된
손해담보계약의 비부종성에 대한 이해를 바탕으로 보증계약과의 상이
성과 유사성을 보다 적절히 파악할 수 있으며 그에 따라 독립적 은행
보증계약의 여러 법률문제에 관한 적절한 해석론에 도달할 수 있을
것이다(본장 Ⅲ, Ⅳ).

Ⅱ. 손해담보계약의 기능과 구조

1. 손해담보계약 특히 독립적 은행보증의 기능

국제거래에서 손해담보계약이 가지는 기능을 인식하고 이 결과를 적절히 표현하는 법적인 이해를 획득하기 위해서는 손해담보계약이 어떠한 목적을 위해 실무에 도입되었는가를 살펴 보는 것이 유용하다.

일반적으로 손해담보계약은 그 이전 국제거래에서 활용되던 현금예탁(Bardepot, cash deposit)을 갈음하여 등장한 것으로 이해되고 있다.[6] 국제 무역이나 국제 도급에서 각 당사자들은 자신이 계약을 체결해야 하는 상대방이 해당 국가 내지 해당 업계에서 어느 정도의 신용을 가지고 있는지 알지 못하는 경우가 많기 때문에, 매수인/도급인은 통상 매도인/수급인에게 계약의 내용에 좇은 이행을 보장하는 조치를 요구하게 된다.[7] 이러한 담보의 요청은 처음에는 매도인/수급인이 자신이 보유하고 있는 현금에서 담보되어야 할 가치에 상응하는 액수를 은행에 공탁하고 채무불이행이 있는 경우 매수인 또는 도급인이 공탁된 현금을 직접 수취할 수 있도록 함으로써 충족되었다. 따라서 현금예탁은 채권자로 하여금 약정 급부가 행해지지 않은 경우 간편하게 유동성을 확보할 수 있게 하는 담보 수단으로서 기능을 하였던 것이다.

---

6) Caemmerer, "Bankgarantien im Außenhandel", *Festschrift für Otto Riese*, 1964, S. 298; Pleyer, "Die Bankgarantie im zwischenstaatlichen Handel", WM 1973, Sonderbeilage 2, 7.

7) 매도인/수급인의 매매대금/보수청구권은 신용장(letter of credit)을 통하여 지급되는 것이 보통이지만, 이에 갈음하여 매매대금 채권이나 보수 채권을 담보하기 위한 손해담보계약이 체결되는 사안도 드물지 않다고 한다(독일에서 통상 Zahlungsgarantie라고 불린다). 실제로 독립적 은행보증과 신용장의 경우 법리의 상당한 유사성이 지적되고 있다. 이에 대하여는 Canaris, *Bankvertragsrecht*, 1. Teil, 3. Aufl., 1988, Rn. 1102 참조.

그러나 이러한 현금예탁이 채무자에게는 불편한 담보 수단임은 명백하다. 무엇보다 빈번한 거래를 위하여 항상 일정액의 현금을 수중에 보유하고 있어야 한다는 사실은 채무자의 입장에서 본다면 여러 모로 비경제적인 손실을 야기하기 때문이다. 따라서 이러한 결함에 대응하기 위하여 거래계는 채무자의 거래 은행으로 하여금 채권자와 손해담보계약을 체결하게 하고 채권자의 일방적인 청구에 대하여 어떠한 이의 없이 '보증된' 금액을 지급하게 함으로써 현금예탁과 같은 결과를 달성하면서 동시에 그 단점을 시정하고자 하였다고 한다.

그러므로 독립적 은행보증에 관한 법률 문제를 해석함에 있어서는 이 담보제도가 가지는 현금예탁에 갈음하는 기능에 대한 주의가 요구된다. 즉 해석론이 이러한 기능을 지나치게 경시하는 방향으로 운용되는 경우, 실무는 다시 비경제적인 현금예탁으로 회귀할 가능성이 적지 않은 것이다. 따라서 독립적 은행보증계약의 이익상황을 분석함에 있어서는 각 당사자가 독립적 은행보증으로 추구하는 목적과 기본적으로 현금예탁을 통하여 달성할 수 있는 결과 사이에 큰 차이가 존재하지 않음을 고려하여야 하며, 개별 문제의 해석에 있어서도 이를 중요한 요소로 참작하여야 할 것이다.

2. 손해담보계약의 담보목적과 비부종성

(1) 당사자들이 손해담보계약을 보증과는 달리 원칙적으로 비부종적인 계약으로 형성한다는 사실은 이러한 실무에서의 기능으로부터 쉽게 이해할 수 있다.

즉 현금예탁이 있는 경우 채권자는 급부가 행해지지 않았다고 생각하는 때 채무자의 협조 없이도 은행으로부터 보관된 현금을 청구하여 채권의 만족을 도모할 수 있었다. 따라서 은행과 채권자가 현금예탁의 기능을 그대로 유지하면서 단점만을 배제하려는 손해담보계약을 체결하는 경우, 그들의 의사는 보증에서와는 달리 채권자가 손해담보계약으로부터 가지는 권리는 원칙적으로 주채무관계의 영향을 받지 않다는 내용의 비부종성을 그 특징으로 하지 않을 수 없다. 즉 채권자는 합의된 이행상황이 도래하였다는 사실 즉 약속된 급부가 이행기에 제공되지 않았다는 사실만으로 보증은행으로부터 합의된 금액을 청구할 수 있어야 하는 것이다. 그리고 이러한 내용의 계약 형성이 가능함은 계약 자유의 원칙에 비추어 의문이 없다.

그리고 바로 이 점에서 보증계약과 손해담보계약의 중요한 차이점을 간취할 수 있다. 민법이 정하는 바와 같이(제428조) 보증계약에 의하여 보증인은 주채무자가 이행하지 아니하는 채무를 이행할 의무가 있다. 따라서 보증인의 의무는 보증계약에서 합의된 담보목적에 따라 주채무가 하자 없이 성립하여 존속하고 있으며 관철될 수 있는지의 여부에 의존하지 않을 수 없다. 보증계약에서는 바로 이행되지 아니하는 주채무를 이행하기로 합의되었기 때문이다. 이러한 전형적인 보증의 담보목적으로부터 보증계약에 특징적인 부종성이 도출된다(제429조, 제430조, 제433조, 제434조, 제435조, 제437조). 주채무자가 이행하지 아니한 채무를 이행하여야 하는 보증인으로서는 주채무의 존속에 중요한 이해관계를 가지고 있으며, 따라서 주채무에 부착된 하자를 자신의 보증채무에도 영향을 미치는 사유로 주장할 수 있어야 하는 것이다.

그러나 손해담보계약에서는 사정이 다르다. 여기서 당사자가 합의한 것은 이행되지 아니하는 주채무의 이행이 아니라, 그 이유가 어떤 것이든 채무자가 약속한 급부가 실현되지 않았다는 객관적 사실을 요건으로 하는 담보제공자의 채권자에 대한 지급의무이다. 즉 담보제공자의 채무가 대응하여야 하는 사실은 하자 없이 존속하고 있어 관철될 수 있는 주채무의 불이행이 아니라 단순한 특정 급부가 실현되지 않았다는 사실의 존재이며, 그 원인은 여기서 문제되지 않는 것이다. 따라서 손해담보계약으로부터 발생한 담보제공자의 채무는 원칙적으로 주채무관계에서 채무자가 가지는 대항사유나 항변의 영향을 받지 않으며, 채권자는 단지 손해담보계약에서 특정되어 있는 급부가 실현되지 않았다는 사정을 입증함으로써 '보증된' 금액을 청구할 수 있다. 이러한 의미에서 손해담보계약의 채무자에게는 원칙적으로 보증인에게 귀속하는 주채무자의 항변권(제433조), 주채무자의 상계권(제434조), 주채무자의 취소권(제435조), 최고검색의 항변권(제437조) 등이 허용되지 않으며 계약의 목적 역시 주채무관계와 관련 없이 독자적으로 채권자와 담보제공자와의 약정으로 정해진다. 이러한 의미에서 손해담보계약은 비부종성을 그 특징으로 한다고 말할 수 있으며, 대법원 역시 같은 취지로 판시하고 있다.[8]

이러한 비부종성은 국제거래에서 손해담보계약을 둘러싼 세 당사자[9]의 이해관계에 부합하는 결과를 가져온다. 먼저 채무자는 불필요하게 유동성을 보유할 필요 없이 자신의 거래 은행으로 하여금 채권자와 손해담보계약을 체결하게 함으로써 자신의 담보제공 의무를 충족시킬 수 있다. 은행의 관점에서 본다면, 자신이 손해담보계약에 기하여 부담하는 의무는 주채무관계와 절연되어 있어서, 보증에서와는 달리 자신이 아무런 이해관계를 가지고 있지 않은 주채무관계에서의 법률분쟁에 휩쓸리지 않은 채 채권자를 만족시키고 자신의 고객인 채무자에게 구상을 할 수 있다. 즉 분쟁의 소지가 있는 주채무관계에서의 법률문제는 오로지 그 당사자인 채권자와 채무자 사이에서 다투어지도록 예정되어 있기 때문에, 은행으로서는 그로부터 야기할 수 있

---

8) 大判 1974.4.9., 72다2008 (요지집 Ⅰ, 737) 및 大判 1994.12.9. (주 5) 참조.

9) 물론 실무에서는 채무자의 거래 은행이 채권자의 거래 은행에 위임을 하여 채권자의 거래 은행이 채권자에게 독립 보증을 하고 채무자의 거래 은행은 채권자의 거래 은행이 자신에 대하여 가지는 구상채권에 대하여 독립보증을 하는 이른바 간접적 은행보증(mittelbare Bankgarantie)과 역은행보증(Rückgarantie)도 자주 사용된다(서울高判 2001.2.27., 2000나8863, 하집 2001-1, 86 참조). 이러한 사안에서는 기본적으로 네 명의 당사자가 관여하게 되는데, 본장에서 이에 관한 논의는 제외하기로 한다.

는 복잡한 법률문제에 대한 심사를 피할 수 있는 것이다. 이러한 결과
는 마지막으로 채권자의 이익에도 부합하는데, 그는 주채무관계에서
발생하는 분쟁에 관하여 당사자가 아닌 제3자와 다투어야 할 가능성
을 회피하면서 손쉽게 유동성을 확보할 수 있다. 그는 채무자에 대하
여 가지고 있는 채권의 상대성으로 인하여 은행에 대하여는 주장할
수 없는 대항사유들을 상실하지 않은 채로, 주채무관계에서의 법률
문제를 그 당사자인 채무자와 직접 다툴 수 있는 것이다. 아울러 채권
자는 은행이 채무자를 위하여 독립적 은행보증을 제공하였다는 사실
에서 자신의 채무자의 신용 및 자력에 대한 사실적인 확약을 받았다
고 할 수도 있다.

이렇게 손해담보계약에서 기인한 채무의 비부종성 즉 손해담보계
약상의 의무자가 주채무관계로부터 기인하는 대항사유를 주장할 수
없음은 손해담보계약을 보증과 구별지우는 전형적인 특징이라고 할
수 있다.

(2) 그러나 이러한 비부종성을 이유로 하여 손해담보계약의 특징
으로 무인성 내지 추상성을 언급하는 설명은 오해의 여지가 있으므로
피하는 것이 적절하다고 생각된다. 왜냐하면 손해담보계약은 그 비부
종성에도 불구하고 기본적으로 유인적 채권계약으로 보아야 하기 때
문이다.

일반적인 용어법에 따르면 출연행위가 전형적인 행위목적을 내용
으로 가지고 있지 않아 별도의 원인행위를 요구하는 경우 이를 무인
적이라고 하며, 그에 반하여 출연의 목적이 그 행위의 내용으로 내재
적이어서 출연행위가 전형적인 행위목적을 가지고 있는 경우 이를 유
인적이라고 한다.10) 그런데 앞서 살펴본 바에서 명백하듯이 손해담보

---

10) 예를 들어 Flume, *Allgemeiner Teil des bürgerlichen Rechts*, 2. Band: Das Rechts-
geschäft, 4. Aufl., 1992, § 12 I 1 (S. 153); Esser, *Schuldrecht*, 2. Aufl., 1960, §
15 1, 2 (S. 50f.) 등 참조. 이것이 이른바 내적 무인성 내지 내용적 무인성의 문제

계약은 다른 채권계약와 구별되는 전형적인 행위목적을 가지고 있다. 손해담보계약은 일정한 사건의 발생, 특히 일정한 급부의 이행을 담보하는 것을 내용으로 하는 계약이고 그러한 한에서 전형적인 담보목적을 가지고 있다.

　이러한 담보목적이 내재하고 있다는 점에서 손해담보계약은 예를 들어 대표적인 무인행위인 어음행위와 구별된다. 어음에 화체된 내용의 급부를 이행할 의무만을 발생시키는 어음행위는 전형적 행위목적을 결여하고 있다. 따라서 어음이 변제를 위하여(erfüllungshalber) 교부되거나 담보를 위하여(sicherungshalber) 교부되는 경우, 어음행위에 의하여 출연되는 채권 및 그로 인한 급부를 어음 수령자가 법률상 원인(제741조)을 가지고 보유하기 위하여서는 단순히 어음행위가 존재한다는 사실만으로는 충분하지 않으며, 그 원인행위로서 어음상의 권리로 인하여 취득한 급부가 변제목적 또는 담보목적으로 사용되어야 한다는 추가적 목적합의가 필요하다.

　이에 반하여 손해담보계약은 어떠한 사건의 발생(통상 급부의 이행)을 담보한다는 내용이 처음부터 의무부담의 내용에 내재하여 있기 때문에, 유효한 손해담보계약의 성립으로 채권은 유효하게 출연되며 이러한 의미에서 손해담보계약은 유인행위이다. 따라서 손해담보계약의 특징으로 무인성을 언급하는 것은 담보목적의 관점에서 원인(주채무관계)과 출연행위(손해담보계약) 사이의 관계가 절연되어 있다는 의미에서 무인적이라고 이해할 수 있다고는 하여도, 기본적으로 민법학

───────────

이다. 이와 관련되지만 구별되어야 할 문제는 출연행위가 원인행위의 효력에 직접적으로 종속하는지 아니면 독립하는지 여부이다(이른바 외적 유인성/무인성). 예를 들어 우리 민법상 물권행위는 내적으로는 무인적이어서 원인행위를 별도로 필요로 하지만 대법원의 확립된 판례에 따르면 외적으로는 유인적이어서 원인행위가 실효된 경우 마찬가지로 그 효력을 상실하는 반면에, 유가증권법상의 법률행위는 내적으로 외적으로 모두 무인적이어서 원인행위를 필요로 하면서도 그 효력에 직접 좌우되지 않는다. 여기에서와 같은 설명으로 박영복, 신용담보수단으로서 손해담보계약, 사법행정, 제35권 제10호, 1994, 31면.

에서 사용되는 유인행위/무인행위의 구별과 관련하여 혼동의 여지가 있다. 그러므로 비부종성이라는 오해의 여지가 없는 단어를 사용하는 것이 적절하리라고 생각한다.

(3) 이렇게 담보목적이 내재하는 유인행위라는 점에서 손해담보계약은 보증계약과 공통점을 가지고 있다고 말할 수도 있다. 즉 두 계약은 구체적으로 추구하는 담보목적의 대상에서는 차이가 있지만, 모두 담보목적이 계약의 유형을 특징지우는 인적 담보계약이라는 점에서는 공통점이 있는 것이다. 어음행위가 당사자에 의하여 담보의 목적으로 활용되는 경우 그로부터 기인하는 채무가 무인적이고 비부종적이기는 하여도 이로 인하여 어음행위가 인적 담보제도라고 말할 수는 없는데, 이는 손해담보계약과 달리 어음행위는 담보목적이 내재하지 않는 무인적 법률행위이기 때문이다.

이렇게 보증계약과 손해담보계약이 담보목적을 공통으로 하는 인적 담보이기 때문에 실무적으로 두 계약 유형을 명확히 구별하기 어려운 사안들이 있음은 쉽게 이해할 수 있다. 개념적으로 순수하게 파악된 이 두 계약은 양 극단에 위치하고 있는 일종의 이념형이며 그 사이에 당사자의 합의에 따라 상이한 정도의 부종성을 가진 인적 담보 유형들이 존재하는 것이다.[11] 한 예로 당사자의 합의로 제433조, 제434조, 제435조에 규정된 보증인의 권리가 배제된 보증계약이 있다고 상정해 본다면 이러한 다양한 스펙트럼을 보다 잘 이해할 수 있을 것이다. 이러한 보증계약은 매우 경미한 정도의 부종성만이 남은 채로(제429조, 430조 참조) 실제 그 계약의 내용에서 손해담보계약에 근접하게 될 것이다.

따라서 실무적으로 문제가 되는 사례에서 어떤 인적 담보계약을 보증 또는 손해담보계약으로 성질결정함에 있어서는 두 계약 사이의

---

11) Rimmelspacher, *Kreditsicherungsrecht*, 2. Aufl., 1987, Rn. 84; Canaris (주 7), Rn. 1124.

경계가 경우에 따라 상당히 유동적이라는 점을 유념하여야 하며, 당
사자가 특히 법률 전문가가 아닌 경우에는 더욱 선택한 문언에 지나
치게 집착하여 판단하여서는 안 될 것이다. 특히 우리말에서 '보증',
'손해담보'와 같은 표현이 법학에서 이해하는 의미보다 넓은 의미를
가지고 있다는 사정도 그 이유로 추가된다. 따라서 '보증'이나 '손해
담보'라는 표현이 사용되었다는 이유만으로 보증계약이나 손해담보계
약의 존재가 인정되어서는 안 되며, 계약 전체의 내용 및 목적을 고려
하여 당사자가 의도한 채무의 내용이 과연 어느 정도의 주채무에 대
한 종속성을 내포하고 있는지를 구체적으로 파악하여 판단하여야 한
다. 만일 피보증인 본인이 재직 중 직무상의 고의 또는 중대한 과실로
인하여 생기는 일체의 민사상의 배상책임을 신원보증인들이 지겠다는
계약조항이 손해담보계약이 아닌 부종적 보증으로 인정되어야 한다면
이것은 단순히 '보증'이라는 단어가 선택되었기 때문이 아니라 계약
이 피보증인 자신이 민사상의 손해배상채무를 부담하게 될 경우에 한
하여 그 채무를 지겠다는 내용을 포함하고 있어 당사자의 의사가 부
종성을 의욕한 것으로 평가되어야 하기 때문이다.[12] 마찬가지로 국제
거래에서 합의된 '보증'의 경우 그 문언이 실제로 보증이라는 표현을
사용하고 있더라도 당사자가 추구하는 목적과 거래 관행을 고려하여
실제로 독립적 은행보증으로 성질결정되는 경우가 대부분일 것이다
(본장 Ⅱ. 1. 참조).

　　그러나 이에 반하여 보증인은 일반적으로 채권자의 채무자에 대
한 신용 제공에 아무런 중요한 자신의 이익이 없으나 손해담보 의무
자는 채권자가 채무자에게 신용을 제공하는 것에 자신의 경제적 이해
관계를 가지고 있는 경우가 많으며 이러한 사정이 중요한 구별 기준
이 될 수 있다는 견해[13]는 타당하지 않다. 이렇게 특정 계약 유형에

---

12) 대판 1965.6.22., 65다669, 집 13-1, 202. 신원보증에 있어서 판례의 의사해석에
　　대하여는 곽윤직 편집대표, 민법주해[Ⅹ], 1995, 408면 이하(강용현) 참조.

일정한 이익상황을 도식적으로 연결시키는 방법이 일반적으로 타당한 것인지는 별론으로 하더라도, 보증의 이타성을 손해담보계약의 이익 추구행위와 대비시키는 기준은 대부분의 은행들이 보수를 대가로 다양한 상황에 맞추어 보증과 손해담보계약을 체결하는 현대의 거래 관행에 비추어 이미 시대착오적이다.[14) 이러한 이타성의 기준은 기껏해야 고려될 수 있는 한 가지 간접적인 정황에 지나지 않으며, 따라서 손해담보계약과 보증의 구별은 법률행위 해석의 일반적인 기준에 따라 판단된 부종성의 정도에 의하여 행해져야 한다.

3. 요구불 조항

앞서 서술한 바와 같이 손해담보계약은 통상 특정 급부가 실현되지 않았다는 사건 자체만을 담보권 실행의 요건으로 하며 이러한 의미에서 주채무관계에 부종하지 않는다. 이는 급부가 실현되지 않은 경우 채권자는 그 원인이 무엇이든 주채무관계에서 합의된 급부가 객관적으로 실현되지 않았다는 사실만을 입증하면 손해담보계약을 체결한 담보제공자로부터 약정된 금액을 청구할 수 있음을 의미한다. 즉 손해담보계약의 담보목적은 적어도 채권자가 급부가 제공되지 않았다는 사정을 **입증**해야 함을 함축한다.

그러나 이러한 입증은 손해담보계약이 갈음하려고 하는 현금예탁에 비하면 채권자에 대하여 불이익을 내포하고 있다. 즉 현금예탁의 경우 채권자는 자신의 권리의 입증 없이도 은행에 공탁된 현금을 찾

---

13) 예를 들어 김동훈 (주 1), 361면.
14) 보증의 이타성을 강조하는 견해는 독일에서 슈탐믈러(Stammler, "Der Garantie-
    vertrag", AcP 69 (1886), 1, 5)의 영향으로 주장되었으나(예를 들어 Enneccerus/
    Lehmann, *Recht der Schuldverhältnisse*, 15. Aufl., 1958, § 197 II 2, S. 809), 이제
    는 보증과 손해담보를 구별하는데 적절한 기준이 될 수 없다는 견해가 압도적인 통
    설이다. Canaris (주 7), Rn. 1124; Pleyer (주 6), 7f.; Rimmelspacher (주 11), Rn.
    91 등 참조. 아울러 박영복 (주 10), 34−35면도 참조.

아 유동성을 손쉽게 확보할 수 있음에도 불구하고, 손해담보계약의 경우에는 상대 은행에 대하여 급부가 실현되지 않은 사실을 입증하여야만 약정된 금액을 청구할 수 있기 때문이다. 그런데 마찬가지로 이러한 입증의 요구는 은행의 입장에서도 결코 바람직한 결과라고 할 수 없다. 채권자의 청구에 이러한 입증이 요구된다면 은행은 불필요하게 주채무관계의 복잡한 법률관계에 관여될 수밖에 없고, 이를 둘러싼 채권자와의 분쟁은 주채무관계에 이해관계가 없는 은행으로서는 원하는 바가 아니기 때문이다.

따라서 국제거래의 실무는 손해담보계약을 체결함에 있어서 거의 예외 없이 요구불 조항을 삽입함으로써 현금예탁이 가지던 효과를 달성하고자 하였다. 이에 따르면 채무의 이행을 담보하는 은행은 아무런 이의의 제기 없이(without any objection) 단순히 채권자의 청구에 기하여(on first demand) 약정된 금액을 지급하여야 하며, 채권자는 담보권의 실행시기가 도래하였음을 입증할 필요가 없이 단순히 이 사실을 일방적으로 **주장**함에 의하여 자신의 손해담보계약상의 권리를 행사할 수 있다.15) 따라서 요구불 조항은 현금예탁이 가지고 있었던 신속한 유동성 확보라는 기능을 손해담보계약에서도 가능하게 하는 역할을 수행한다.

관점에 따라서는 이러한 요구불 조항과 결합된 손해담보계약 즉 독립적 은행보증을 일반적인 손해담보계약과 구별하여, 담보목적을 상실하고 일방적 지급의무만을 발생시키는 무인적 의무부담행위로 파악할 여지도 없지는 않다.16) 그렇다면 독립적 은행보증은 실제로 신용장과 유사한 기능을 가지는 일종의 지급수단으로 파악될 수도 있을

---

15) 물론 은행과 채권자의 합의에 따라 일정한 서류의 제시 또는 불이행과 청구 사이의 일정 기간 도과 등을 추가적인 요건으로 정할 수 있다. Pleyer (주 6), 10f. 참조.
16) Schnauder, "Zahlungsversprechen auf erstes Anfordern im System des Schuldrechts", WM 2000, 2073, 2077.

것이다. 그러나 실제로 국제거래의 실무를 관찰해 보면, 은행이 인수하는 급부의 종류 및 그에 결부된 위험에 따라 상이한 내용의 손해담보계약 유형들이 형성되어 왔음을 관찰할 수 있으며,[17] 이러한 각 유형들에서 여전히 계약의 내용을 특징적으로 지시하는 담보목적을 관찰할 수 있음을 부정할 수 없다.[18] 따라서 요구불 조항이 손해담보계약의 기본적인 법적 구조를 변경하는 것은 아니라고 이해하여야 한다. 즉 요구불 조항이 있는 경우에도 손해담보계약은 여전히 유인적인 인적 담보계약이다.

그렇다면 요구불 조항은 신속한 유동성 확보를 위하여 추가되는 보다 기술적인 의미의 약정으로 이해하여야 할 것이다. 이러한 요구불 조항은 소송에서 당사자 지위를 전환하는 목적을 가지고 있으며, 이를 통하여 채권자에게 신속한 권리실현을 보장하는 기능을 수행한다. 즉 채권자는 은행의 지급의무를 발생시키는 급부가 행해지지 않았다는 사실을 입증할 필요가 없이 단지 **주장**함으로써 자신의 손해담보계약상의 권리를 관철시킬 수가 있으며, 그 주장이 과연 사실과 부합하는지의 여부는 아래 언급할 권리남용의 사례를 제외한다면(본장 Ⅲ. 1. 참조) 권리행사에 아무런 영향을 주지 않는다. 따라서 채권자의 주장이 사실에 부합하지 않는 경우 즉 채무의 내용에 좇은 이행이 있었거나 기타의 이유로 채권자의 청구가 정당화되지 않는 경우에는, 채무자는 이러한 손해담보계약상의 청구가 근거가 없음을 **입증**함으로써 채권자에게 부당하게 지급된 금액을 반환 청구해야 한다.

그러므로 요구불 조항은 당사자들의 소송상 지위를 전환함으로써 입증책임을 전환하는 결과를 가져온다. 이 결과는 독일에서 통상 "우

---

17) 예컨대 입찰보증(Bietungsgarantie), 선급보증(Anzahlungsgarantie), 급부보증(Leistungsgarantie), 지급보증(Zahlungsgarantie), 하자보증(Gewährleistungsgarantie) 등. 이에 대하여 우선 Mülbert, *Mißbrauch von Bankgarantien und einstweiliger Rechtsschutz*, 1985, S. 16ff. 참조.

18) Mülbert (주 17), S. 45f.

선 지급하고, 그 다음에 소송을 한다"(erst zahlen, dann prozessieren)[19]
는 공식에 의하여 함축적으로 표현되고 있다. 즉 손해담보계약상의
권리와 의무들이 요구불 조항에 의하여 변경되는 것은 아니며, 단지
그 분쟁에 있어서 당사자들이 법률에 의하여 처음에 가지고 있던 소
송상 지위를 변경하여 채권자에게 신속하게 유동성을 확보하여 주는
기능을 한다는 것이다.

이렇게 요구불 조항이 당사자의 소송상 지위를 변경하는 역할을
하고 있다면, 이 조항이 손해담보계약에만 고유한 계약조항은 아닐
수 있다는 추측도 가능하다. 그리고 이러한 추측은 유럽의 여러 나라
에서 관찰되는 요구불 보증(Bürgschaft auf erstes Anfordern)에서 확인
된다.[20] 여기서도 요구불 조항은 보증계약에서 기인하는 권리 의무를
변경하지 않는다. 단지 채권자는 일방적인 주장에 의하여 보증인에게
보증금액을 청구할 수 있을 뿐이며, 부종성에 기한 보증인의 대항사
유는 바로 반환청구소송에서 제기되어야 한다. 즉 부종성은 요구불
조항에 의하여 철폐되는 것이 아니라 단지 반환청구소송의 단계로 이
전되는 것일 뿐이다.

Ⅲ. 채권자의 부당청구와 그 원상회복

1. 채권자의 청구와 권리남용

(1) 이렇게 손해담보계약에 요구불 조항이 결합됨으로써 성립하
는 요구불 손해담보 즉 독립적 은행보증은 손해담보계약의 비부종성
과 요구불 조항이 가지는 유동성 확보/소송상 당사자 지위 변경을 결

---

19) Liesecke, "Rechtsfragen der Bankgarantie", WM 1968, 22, 26.
20) Larenz/Canaris (주 3), § 64 Ⅳ (S. 80ff.) 참조. Mülbert (주 17), S. 39 Fn. 43에
따르면 이러한 요구불 보증은 독일 외에도 영국, 네덜란드, 프랑스 등의 국가에서
인정되고 있다고 한다. 물론 이러한 요구불 보증의 체계적 지위에 대하여 논의가
없지는 않다. 비판적으로 Schnauder (주 16), 2078f.("체계 파괴") 참조.

합하여 이전의 현금예탁을 갈음하기에 적합한 담보 수단으로 나타난다. 그러나 동시에 요구불 조항은 채권자의 부당한 청구를 손쉽게 가능하게 하는 위험이 있음을 어렵지 않게 인식할 수 있다. 채권자는 실제로 합의된 은행보증 청구의 요건이 충족되지 않았음에도 불구하고 청구의 요건이 충족되었다고 단순히 주장함으로써 약정된 금액을 청구할 수 있게 되기 때문이다.

　　이러한 경우의 법적 분석을 위해서 독일에서는 은행보증의 실질적 [손해담보] 이행상황(materieller Garantiefall)과 형식적 [손해담보] 이행상황(formeller Garantiefall)라는 용어가 사용되고 있다.21) 전자는 독립적 은행보증계약에서 합의된 상황 즉 통상 특정 급부가 실현되지 않았다는 사정이 실제로 발생하여 채권자가 은행보증에 기하여 청구하는 것이 담보목적에 비추어 정당화되는 사정을 지칭하며, 후자는 실질적 이행상황과는 상관없이 요구불 조항에 기하여 채권자가 보증은행에 적법한 청구를 함으로써 은행의 지급의무가 발생하는 사정을 지칭한다.

　　이러한 개념틀로 독립적 은행보증의 내용을 분석한다면, 채권자가 요구불 조항에 비추어 적절한 방식으로 급부가 실현되지 않았음을 주장하여 보증금액을 은행에 청구하는 경우에, 즉 형식적 이행상황이 도래한 경우에, 은행은 실질적 이행상황이 도래하지 않았음을 이유로 지급을 거절할 수 없다고 설명할 수 있다. 요구불 조항의 효력에 의하여 채권자는 실질적 이행상황이 도래하였다는 단순한 주장에 의하여 은행으로부터 지급을 받음으로써 번잡한 입증의 수고 없이 손쉽게 자신의 손해를 전보할 뿐만 아니라 실질적 이행상황 도래 여부에 관하

---

21) Hadding/Welter/Häuser, "Bürgschaft und Garantie", in: Bundesminister der Justiz (hrsg.), *Gutachten und Vorschläge zur Überarbeitung des Schuldrechts*, Band Ⅲ, 1983, S. 718 Fn. 806에서 비롯한 이 개념쌍은 이제 이 문제를 논하는 문헌에서 일반적으로 사용되고 있다.

여 채무자와 소송을 함에 있어서도 입증책임을 채무자에게 전가하게
되는 것이다.

　　이러한 경우 은행은 독립적 은행보증에 기한 의무를 적법하게 이
행한 것이 되며 이에 따라 의뢰인인 채무자에게 구상을 할 수 있게
될 것이다(이에 대하여는 본장 Ⅳ. 1. 참조). 따라서 실질적 이행상황이
도래하지 않은 상황에서 채권자의 형식적 실행에 따라 은행이 보증금
액을 지급하였으면 채무자는 채권자와의 관계에서 부당하게 재산적
손실을 입게 되며, 이러한 손실은 채권자에 대하여 은행으로부터 지
급된 금액을 반환 청구함으로써 전보되어야 하는 것이다(본장 Ⅲ. 2.
참조).

　　(2) 따라서 요구불 조항에 의한 형식적 이행상황과 실질적 이행
상황의 분리가 채권자에게 손해담보계약을 악용할 소지를 제공하고
있음은 명백하다. 물론 이러한 악용의 소지가 있다는 사실을 이유로
형식적 이행상황과 실질적 이행상황의 분리를 일반적으로 부정하는
것은 타당하지 않다. 이러한 요구불 조항은 앞서 살펴본 바와 같이 국
제거래에 고유한 위험에 당사자들이 적절한 고려를 기울이는 과정에
서 발생한 것이기 때문이다. 실제로 원격지간의 매매나 도급에 있어
서 당사자들이 명확하게 급부가 행하여졌는지의 여부를 확정하는 것
이 쉽게 가능한 일은 아니며, 이는 주채무관계에 대하여 채무자와 채
권자 사이에 다툼이 있는 경우 특히 그러하다. 이러한 상황에서 채권
자에게 명백한 증거를 확보하여 은행에게 청구하도록 하는 것은 실제
로 거래를 현저히 지연시켜 국제거래에 내포되어 있는 위험을 현실화
시키는 것에 다름 아니다. 그리고 다른 한편 은행 역시 그러한 상황에
서 엄밀한 입증을 요구함으로써 주채무관계의 분쟁에 관여할 이해관
계를 가지고 있지 않다. 그러므로 당사자들이 우선 지급하고 그 다음
에 소송을 하는 요구불 손해담보계약으로 이러한 위험을 제거하려고
하는 취지는 기본적으로 수긍되어야 할 것으로 생각되며, 이는 앞서

지적한 독립적 은행보증과 현금예탁의 유비를 통하여서도 정당화된다.

그러나 이렇게 당사자들의 목적을 수긍한다고 하여도 이에는 권리의 내재적 한계에 의한 제한이 없을 수 없다. 즉 실질적 이행상황이 도래하지 않았음이 명백한 경우에도 채권자가 그 도래를 주장하여 은행에게 약정 금액을 청구하는 것은 이미 처음에 당사자들이 추구하였던 목적을 초과하는 사기적 행태이며 인정될 수 없는 권리행사이기 때문이다. 따라서 학설은 실질적 이행상황이 도래하지 않은 것이 명백한 상황에서 행해지는 독립적 은행보증의 청구는 권리남용(제2조)으로 허용되지 않는다고 하여 이러한 사례를 제한하고자 한다. 우리 대법원 역시 수익자가 실제에 있어서는 보증의뢰인에게 아무런 권리를 가지고 있지 못함에도 불구하고 위와 같은 은행보증의 추상성 내지 무인성을 악용하여 보증인에게 청구를 하는 것임이 객관적으로 명백할 때에는 이는 권리남용의 경우에 해당하여 허용될 수 없는 것이고, 이와 같은 경우에는 보증인으로서도 수익자의 청구에 따른 보증금의 지급을 거절할 수 있다고 보아야 할 것이라고 마찬가지의 견해를 판시한 바 있다.[22]

게다가 권리남용이 있는 경우 보증은행으로서는 지급을 거절할 권한이 있을 뿐만 아니라 경우에 따라서는 의뢰인 주채무자와의 관계에서 지급을 거절해야 할 의무가 있는 사례도 충분히 생각할 수 있다. 주채무자가 은행에게 자신의 채권자와 독립적 은행보증을 체결할 것을 의뢰함에 의하여, 의뢰인과 은행 사이에는 통상 민법상의 위임(제680조)이 성립한다.[23] 따라서 은행은 손해담보계약의 채권자에게 약정 금액을 지급해야 할 경우, 민법이 정한 선량한 관리자의 의무에 따라 사무를 처리해야 한다. 이 선관의무의 내용을 구체적으로 권리남용 사례에 적용한다면, 이는 권리남용이 명백한 경우 은행은 채무

---

22) 大判 1994.12.9. (주 5) 참조.
23) 윤진수 (주 5), 115면 참조.

자와의 관계에서 지급을 거절해야 할 의무가 있음을 의미하며, 이 의무를 다하지 않은 경우에는 의뢰인에 대하여 구상권을 행사할 수 없음은 물론이고 의무침해에 따른 계약책임(제390조)도 배제할 수 없게 되는 것이다.

(3) 여기서 확인하여야 할 점은 독립적 은행보증에 의한 청구가 이렇게 권리남용에 의한 제한을 받음으로써 그 비부종성은 실질적으로 약화된다는 사실이다. 이것은 실질적 이행상황의 명백한 부재를 심사하기 위하여서는 주채무관계의 내용으로 소급해 들어가는 것이 불가피하다는 점에서 기인한다. 권리남용의 판단을 위해서는 우선 실제로 실질적 이행상황이 도래하지 않았음을 우선적으로 확정하여야 하기 때문에, 주채무관계의 대항사유가 민법 제2조의 권리남용 금지를 통하여 독립적 은행보증 채권의 행사에 영향을 주게 될 수 있는 것이다.

따라서 채권자 청구의 권리남용을 널리 인정하는 것은 독립적 은행보증의 비부종성을 약화시켜서 애초에 당사자들이 추구하고자 하였던 비부종적 담보제도의 창출이라는 목적에 역행할 우려가 있으며, 이로써 비경제적인 현금예탁으로의 회귀를 촉진하게 될 가능성도 없지 않다. 그러므로 채권자의 은행보증에 기한 청구의 권리남용의 인정은 그것의 담보목적과의 괴리가 명백한 사례에 한정하여 제한적으로 인정되어야 할 것이다.[24]

2. 부당이득법에 의한 원상회복

그러므로 채권자에 의한 약정 보증금 청구가 경우에 따라 권리남용으로 허용되지 않음을 인정하더라도, 이는 어디까지나 실질적 이행상황이 도래하지 않음이 명백한 사안에 한정되며, 그 외에는 손해담

---

24) 大判 2014.8.26., 2013다53700, 공보 2014, 1837 참조. 이러한 사안에서 권리남용의 판단 기준 및 보전절차의 허용 여부에 관해서는 윤진수 (주 5), 109면 이하 참조.

보계약의 비부종성이 계속해서 효력을 가진다. 따라서 형식적 이행상황이 도래하여 은행이 채권자를 만족시킨 경우, 원인관계를 둘러싼 다툼이나 실질적 이행상황이 도래하지 않았음을 이유로 하는 분쟁은 채무자의 채권자에 대한 반환청구소송의 형태로 수행되어야 한다. 그렇다면 여기서 채무자는 어떠한 법률관계에 기하여 반환청구를 할 수 있을지 문제된다.

(1) 먼저 채무자가 채권자에게 계약상의 책임을 물을 수도 있을 것이다. 즉 채권자와 채무자는 주채무관계를 발생시키는 계약을 체결함에 있어서 추가적으로 채무자가 독립적 은행보증을 채권자에게 제공한다는 내용의 일종의 담보약정[25]을 체결하였다. 이 약정은 보충적 계약해석을 통하여 양 당사자에게 일정한 의무들을 발생시킬 수 있는데, 이에는 특히 채권자가 담보상의 권리를 행사함에 있어서 자신의 이익에 위배되지 않는 한 채무자와 보증은행의 이익에도 고려를 기울여야 할 의무가 포함된다. 그러므로 채권자가 실질적 이행상황이 도래하지 않음이 명백한 상황에서 손해담보계약상의 권리를 행사한다면, 이러한 행위는 이러한 배려의무의 위반으로 계약상의 책임을 발생시킬 수도 있게 되는 것이다(제390조).

그러나 이러한 계약책임을 통한 채무자 반환청구 구성은 모든 사안에서 일반적으로 가능하지 않다는 문제가 있다. 계약책임은 원칙적으로 채무자에게 귀책사유가 있음을 요구하는데(제390조 단서 참조), 국제거래가 가지는 원거리 거래의 특성상 채권자의 부당한 청구가 항상 채권자의 고의 또는 과실을 추단하게 하지는 않기 때문이다. 계약의 진행 상태가 양 당사자 모두에게 불명확한 경우 채권자의 입장에

---

25) 여기서 '일종의' 담보약정이라고 한 이유는, 이 약정이 예를 들어 대표적인 비전형 담보의 하나인 양도담보에서 합의되는 담보약정과는 다른 성질을 가지고 있기 때문이다. 즉 전자는 손해담보계약이 이미 담보목적을 포함하고 있기 때문에 단순히 채권자와 채무자 사이에 존재하는 담보제공의 합의에 불과한 반면, 후자는 오히려 담보제공자와 채권자 사이에 체결되는 담보목적의 합의를 의미한다.

서는 실질적 이행상황이 객관적으로는 도래하지 않았음에도 불구하고 그에게 알려진 정황을 바탕으로 급부가 실현되지 않았음을 상정할 수 있는 사례들을 충분히 생각할 수 있으며, 이 경우 채권자의 귀책사유의 결여로 민법상 채무불이행 책임이 성립하지 않아 계약책임을 통한 채무자의 반환청구는 성공할 수 없다.

(2) 따라서 채무자의 반환청구는 원칙적으로 부당이득반환 청구권(제741조)으로 이해함이 타당할 것이다.26)

우선 형식적 이행상황의 도래로 채권자를 만족시킨 은행이 실질적 이행상황이 사실은 도래하지 않았음을 이유로 스스로 채권자에게 지급한 금액을 반환 청구할 수 없음은 명백하다. 첫째로 은행은 채권자의 단순한 주장에 기하여 약정 금액을 지급할 의무가 있었기 때문에, 이 의무에 좇은 지급은 변제목적(solvendi causa)으로 행해진 것이어서 채권자가 금액을 보유하는 것에는 법률상 원인이 있으며, 따라서 은행은 부당이득으로 인한 청구권을 가질 수 없다.27) 둘째로 손해담보계약의 담보목적을 특징지우는 비부종성은 이런 사안에서의 법률분쟁이 바로 주채무관계의 당사자들 사이에서 수행되어야 함을 예정

---

26) 독일의 판례와 학설도 마찬가지로 이해한다. BGHZ 140, 49; Canaris, "Die Bedeutung des 'materiellen Garantiefalles' für den Rückforderungsanspruch bei der 'Garantie auf erstes Anfordern'", ZIP 1998, 493, 496ff.; Wilhelm, "Die Kondiktion der Zahlung des Bürgen oder Garanten 'auf erstes Anfordern' im Vergleich zur Zession", NJW 1999, 3519, 3525f.; Schnauder (주 16) 등 참조.

27) 주채무자의 부당이득반환청구권을 거부하는 일부의 견해는 바로 이 점을 근거로 한다. 즉 이미 은행의 급부로 인하여 채권자는 변제를 법률상 원인을 가지고 보유할 수 있다는 것이다. Einsele, "Anmerkung", JZ 1999, 466f. 및 Mülbert (주 17), S. 36ff. 등 참조. 이들은 채무자와 채권자 사이의 담보약정에서 계약상의 반환청구권을 도출하고자 한다. 그러나 이러한 이론구성은 처음부터 주채무관계에 하자가 있어서 담보약정의 효력 자체가 문제되는 경우에 반환청구권의 기초가 상실된다는 문제점이 있을 뿐만 아니라(Einsele, 같은 곳 참조), 채권자는 제748조 제1항에 기한 현존이익 상실의 항변을 행사할 수 없으므로 현금예탁의 경우보다 불리한 지위에 놓이게 된다.

하고 있다. 따라서 이러한 경우에 은행이 실질적 이행상황이 도래하지 않았음을 이유로 채권자에게 변제한 것을 반환 청구하는 행위는 손해담보계약이 추구하는 목적에 합치하지 않으며, 인정되어서는 안 된다.

그런데 여기서 은행의 채권자에 대한 변제는 은행의 채권자에 대한 급부일 뿐만 아니라 동시에 주채무자의 채권자에 대한 급부이기도 하다. 이것은 손해담보계약에 내재하는 담보목적이 함축하는 결과이다. 채권자는 손해담보계약에 기하여 수령한 금액의 보유 여부에 대하여 자신의 주채무관계의 채무자를 상대로 분쟁을 하여야 하는 관계에 있기 때문에, 그의 관점에서 본다면 은행의 변제는 **동시에 채무자의 급부**이어야 한다. 게다가 채권자는 이미 손해담보계약상의 담보목적 및 채무자와의 담보약정에 따라 수령한 금액을 주채무상의 권리를 만족시키는데 충당하여야 하므로, 이는 채권자의 관점에서는 채무자의 급부로 인한 변제로 파악되어야 하는 것이다.

따라서 은행의 변제에 의하여 동시에 두 개의 급부가 행하여졌음을 확인할 수 있다. 즉 은행의 채권자에 대한 급부와 채무자의 은행을 통한 채권자에 대한 급부가 그것이다. 이렇게 두 개의 급부가 존재하므로 단순하게 급부자와 급부수령자를 확정함으로써 급부이득 반환청구권의 당사자를 정하는 통상의 방법은 이 사안에 단순하게 적용되기 어렵다. 그러나 이러한 개념상의 난점이 있음에도 불구하고 기본적으로 급부이득의 반환이 행해져야 할 주요한 급부관계가 주채무자와 채권자 사이의 주채무관계임은 이익상황 및 관계인의 목적에 비추어 명백하며, 따라서 부당이득 청구권은 주채무관계의 채무자에 귀속한다. 채권자가 은행으로부터 수령한 급부는 그것이 형식적 이행상황에 기하여 행해진 것인 한에서 은행과의 관계에서는 계속해서 법률상 원인을 가지고 보유할 수 있는 대신, 주채무관계의 채무자와의 관계에서 법률상 원인을 가지고 보유할 수 있는지의 문제는 이들 당사자들 사이에 다투어져야 한다는 것이 바로 독립적 은행보증의 담보목적이 정하고 있는 바이기 때문이다.

이러한 결과는 현금예탁과 비교하여서도 그 정당성을 확인할 수 있다. 현금예탁의 경우 채권자는 바로 공탁된 현금을 파악하여 자신의 만족을 취할 수 있는데, 이는 실제로 채무자가 미리 준비한 변제를 수령한 것에 다름 아니며 따라서 채무자의 급부를 수령한 것이다. 따라서 채권자는 법률상 원인 없이 공탁된 현금을 수령하였음이 밝혀지는 경우 이를 급부된 이득으로 채무자에게 반환하여야 한다. 이러한 현금예탁에서의 법률적 귀결은 손해담보계약에서도 마찬가지로 인정되어야 할 것인데, 현금예탁 대신 손해담보계약이 체결된 이유는 당사자들이 다른 결과를 의도하여서가 아니라 기존의 법률관계를 그대로 유지하면서 서로의 이익에 보다 부합하는 편리한 담보제도를 추구한 것이기 때문이다. 이렇게 현금예탁과의 비교는 은행의 급부가 기본적으로 주채무관계에서는 채무자의 급부이어야 함을 명확히 보여주며, 또한 부당이득법에 의한 원상회복이 행해져야 할 관계가 주채무관계라는 결론도 확인하여 준다.

그리고 주채무관계의 채무자가 부당이득 반환청구권의 채권자이기 때문에, 채권자는 기존에 자신이 주채무자에게 가지고 있던 대항사유(예컨대 상계)를 상실하지 않은 채로 계속 행사할 수 있게 되며, 급부로 인한 이득의 수령에 있어 선의였던 경우에는 현존 이익이 감소하였거나 존재하지 않음을 주장할 수도 있다(제748조 제1항). 이렇게 주채무관계에 있어서 부당이득법에 의한 원상회복은 기존에 채권자가 현금예탁에서 가지던 지위를 그대로 독립적 은행보증의 경우에도 인정함으로써 당사자가 추구한 목적에 부합하는 결과를 가져오는 것이다.

(3) 그러므로 실질적 이행상황이 도래하지 않은 상태에서 행해진 은행의 지급으로 인한 반환청구권은 부당이득반환 청구권으로 원칙적으로 주채무관계의 채무자에게 귀속한다. 그리고 바로 여기서 손해담

보계약과 보증계약의 차이가 드러난다. 손해담보계약에서와는 달리
보증계약에서 보증인이 부담하는 의무는 유효하게 성립하고 관철될
수 있는 주채무의 불이행에 대하여 책임을 지는 의무이기 때문에, 주
채무관계에 하자가 있는 경우 이러한 하자는 보증인과 채권자와의 채
권관계에도 영향을 미치게 된다. 따라서 보증인은 이러한 경우에 변
제할 의무가 없으며, 그럼에도 채권자에게 변제를 한 때에는 비채변
제로 제742조의 제한 하에 급부한 것을 반환청구할 수 있다. 즉 부당
이득에 의한 원상회복은 주채무자와 채권자 사이의 관계가 아니라 보
증인과 채권자 사이의 관계에서 행해져야 한다.[28]

그리고 이러한 결론은 보증계약에 요구불 조항이 결합된 경우에
도 마찬가지이어야 한다. 앞서 지적한 바와 같이, 요구불 조항은 실체
법적 관계의 변경을 목적하는 것이 아니며 신속한 유동성 확보와 소
송상 당사자 지위의 변경을 의도하는 것이기 때문이다. 따라서 주채
무관계에서 채권자가 더 이상 자신의 권리를 관철할 수 없음에도 요
구불 조항에 의하여 보증인에 대하여 주채무 불이행을 주장하고 변제
를 받은 경우, 보증인은 실질적 이행상황이 도래하지 않았음을 입증
하고 급부한 것을 반환청구할 수 있다(제741조). 이렇게 손해담보계약
의 비부종성 및 보증계약의 부종성은 부당이득법에 의한 원상회복관
계에서도 담보목적에 따른 전형적인 차이를 나타낸다.

(4) 그러나 손해담보계약에서 원칙적으로 주채무자와 채권자 사
이에서 부당이득법적 원상회복이 행해져야 한다는 원칙에는 한 가지
중요한 예외가 있다. 이 예외는 바로 앞서 언급한 바 있는 채권자의
권리남용 사례이다.

여러 차례 강조한 바와 같이 요구불 조항이 있는 경우 보증 은행
의 의무는 단순히 실질적 이행상황이 도래하였다는 채권자의 주장이

---

28) 제1편 제1장 주 64 및 해당 본문 참조. 독일의 통설도 마찬가지이며, 문헌지시와
   함께 Larenz/Canaris (주 3), §70 V 4 b (S. 244f.) 참조.

있으면 약정된 금액을 채권자에게 지급한다는 내용을 가지고 있다. 즉 독립적 보증계약에 의한 은행의 지급의무는 유효한 형식적 이행상황의 도래를 전제로 한다. 그런데 실질적 이행상황이 도래하지 않았음이 명백한 경우에 보증금액을 청구하는 채권자의 행위가 은행과의 관계에서 권리남용으로 허용되지 않는다면, 이는 신의칙(제2조)에 따라 형식적 이행상황도 도래하지 않았음을 의미하며, 아울러 은행의 지급의무 역시 존재하지 않음을 함축한다. 따라서 채권자 청구가 권리남용에 해당하는 사안에서 은행이 행한 변제는 통상의 사례와는 달리 은행 자신의 비채변제로 이해되어야 하며, 그에 따라 부당이득법에 의한 원상회복은 보증은행과 채권자 사이에서 수행되어야 한다. 즉 채권자의 권리남용이 있음에도 약정 금액을 지급한 은행은 마찬가지로 제742조의 제한 하에 법률상 원인이 없음을 이유로 자신이 행한 급부를 반환청구할 수 있다(제741조).

권리남용의 경우 은행이 자신의 직접 반환청구권에 대하여 이해관계를 가지고 있음은 은행의 채무자와의 법률관계를 아울러 고려할 때 잘 드러난다. 채권자의 신의칙에 반하는 보증금액 청구가 있음에도 은행이 그 사실을 과실로 알지 못하고 변제한 경우, 은행은 주채무자와의 관계에서 존재하는 위임계약에 기한 선관의무를 다하지 못하였고 따라서 주채무자에 대한 구상권을 상실하게 될 것이다(본장 Ⅳ. 1. 참조). 그렇다면 은행으로서는 자신이 채권자의 무자력 위험과 제748조 제1항의 항변을 부담한 채로 직접 채권자에게 급부이득을 반환청구함으로써 부당하게 행해진 재산적 이동을 교정하는 방법밖에 남지 않을 것이다. 그러므로 채권자의 권리남용적 청구가 있었던 경우에 부당이득에 의한 원상회복이 은행과 채권자 사이에서 행해져야 한다는 결론은 이론적으로도 타당할 뿐만 아니라 당사자들의 이익상황에도 부합한다.

Ⅳ. 구상에 있어서 보증과 손해담보

우리는 지금까지 보증의 부종성과 손해담보계약의 비부종성이 두 계약의 법률관계에서 어떠한 차이를 가져오는지를 보았고, 이러한 근본적인 차이는 두 계약이 전형적인 행위목적으로 담보목적을 공통으로 함에도 불구하고 그 담보하고자 하는 대상과 거래의 취지의 상이함에서 발생함 역시 살펴보았다.

그런데 이렇게 두 계약이 담보목적을 그 전형적인 특징으로 하는 인적 담보라는 점에서 공통적이라면, 두 계약의 법률관계의 동일한 취급이 이익상황에 부합하는 상황도 충분히 상정될 수 있다. 물론 이러한 동일한 취급이 정당화되는 부분은 손해담보계약의 비부종적 성격이 미치지 않는 법률관계이어야 할 것이다. 왜냐하면 이러한 비부종성이 문제되는 법률관계는 당사자들이 의도적으로 보증계약과의 단절을 의도한 부분이기 때문이다.

그런데 이러한 부종성의 문제는 앞서 살펴 본 바와 같이 채권자가 제공된 담보권에 기하여 가지는 권리가 어느 정도의 범위에서 주채무관계에서 채권자가 가지는 권리에 의존하는지의 문제이다. 따라서 이러한 상황과 관계가 없는 법률 문제에서는 보증의 규율을 손해담보계약에 유추적용하는 것이 타당한 결론으로 나타나는 법적 상황이 있을 수 있으며, 따라서 과연 구체적으로 어떠한 경우에 이러한 유추적용이 정당화되는가의 문제는 충분히 검토해 볼 가치가 있다. 아래에서는 이러한 유추적용의 예로 손해담보계약에 수반하는 구상관계를 검토하기로 한다.29)

---

29) 독일에서 이러한 유추적용으로 특히 논의되는 문제는 보증의 서면방식이 손해담보계약에도 준수되어야 하는지 여부이다(우선 Henssler, *Risiko als Vertrags-gegenstand*, 1994, S. 37ff. 참조). 이 문제는 이제 제428조의2가 보증의 의사표시의 방식을 규정하고 있기 때문에(제1편 제1장 Ⅱ. 2. 참조) 우리 민법의 해석으로도 다투어질 여지가 있다. 법률에서 방식 규정이 충족하는 기능을 고려할 때 손해

1. 손해담보 의무자의 채무자에 대한 구상권

(1) 앞서 살펴 본 바와 같이 주채무관계의 채무자는 통상 채권자에 대한 담보제공 의무를 충족하기 위하여 은행에게 자신의 채권자와 손해담보계약을 체결할 것을 위임하며, 따라서 은행과 주채무자 사이에는 일반적으로 민법상 위임계약(제680조)이 존재한다.[30] 그러므로 손해담보계약상의 의무를 이행한 은행은 통상 위임계약에 따른 필요비상환청구권에 의하여 주채무자에게 구상을 할 수 있을 것이다.

그런데 우리 민법은 일련의 규정에서 타인을 위하여 담보를 제공하고 그에 따라 채권자를 만족시킨 담보제공자의 구상권을 정하고 있다(제341조, 제355조, 제370조, 제441조, 제444조). 특히 제341조의 문언에서 드러나듯이, 이러한 규정들은 보증인의 구상권을 기본형으로 하여 준용하는 방식을 취하고 있다. 따라서 민법은 보증을 제3의 담보제공자가 존재하는 삼자관계(이른바 Interzession의 관계)의 전형적인 형태로 인식하고 있다고 말할 수 있으며, 이러한 의미에서 보증계약에 대하여 정해진 구상규정들이 손해담보계약에 대하여도 유추적용 될 수 있는지가 문제된다.

(2) 이 문제를 다루기 위하여서는 우선 위임 내지 사무관리에 따른 구상과 제441조 이하에 따른 구상 사이에 어떠한 차이가 있는지를 확인해 보아야 할 것이다.

위임계약에 의하여 구상을 하는 담보제공자는 수임인으로서 약정된 보수를 청구할 수 있을 뿐만 아니라(제686조 제1항), 위임사무의 처

담보계약에도 보증의 방식 규정이 유추되는 것이 기본적으로 타당하다고 생각되나, 손해담보계약은 실무에서 일반적으로 서면에 의하여 체결되므로 이 문제의 실제적 중요성은 그다지 크지 않다.

30) 위임 없이 은행이 손해담보계약을 체결하는 경우는 사무관리가 존재할 것이고 그에 따라 비용상환이 이루어지겠지만(제739조), 이러한 사례는 실제로 극도로 드물 것이다.

리에 관하여 필요비를 지출한 때에는 그 이자와 함께 상환을 청구할 수 있다(제688조 제1항). 반면에 그는 수임인으로서 위임사무의 처리 즉 손해담보계약의 체결과 그로부터 발생한 지급의무의 이행에 있어서 선량한 관리자의 주의를 다하여야 한다(제681조). 그러므로 손해담보계약의 의무자가 채권자를 만족시킨 경우 그 지급이 제반사정을 종합하여 선량한 관리자의 판단에 따라 필요하다고 인정되면,[31] 그는 자신의 의뢰인인 채무자에게 비용상환을 청구할 수 있다. 여기서 필요비의 판단은 주관적인 관점에서 본 객관적인 기준으로 행해진다. 즉 수임인의 관점에서(주관적) 선량한 관리자의 주의의무에 좇아 객관적으로 필요하다고 판단한(객관적) 비용이 필요비로 상환되어야 한다.[32] 따라서 필요비 상환청구를 하는 담보제공자는 자신의 관점에서 선량한 주의를 다하였고, 그에 따라 채권자를 만족시키는 것이 필요한 것으로 판단되어야 했음을 입증하여야 한다.

그에 반하여 민법은 보증인을 위하여 제441조와 제443조에서 독립적인 구상권을 규정하고 있다. 즉 수탁보증인과 부탁 없는 보증인은 변제 기타의 출재로 주채무를 소멸하게 한 때 구상권을 가진다. 따라서 위임 또는 사무관리에 의하여 비용상환을 청구하는 담보제공자가 입증책임 분배의 일반 원칙에 따라 자신이 지출한 비용이 필요비였음을 입증하여야 함에 반하여, 보증인은 제441, 444조에 따라 단순히 자신의 출재가 주채무를 소멸하게 하였음을 입증함으로 충분하다. 그 대신 보증인의 변제가 과실로 행하여졌다는 사실(제441조 제1항) 즉 보증인이 선량한 관리자의 주의의무를 다하지 아니하였다는 사실이나 보증인과 주채무자 사이에 비용분담에 관한 다른 약정의 존재는 주채무자가 보증인에 대하여 입증하여야 한다.[33] 따라서 위임/사무관

---

31) 곽윤직 편집대표, 민법주해[XV], 1997, 579면(이재홍). 그러므로 실제로 그 비용이 필요하였는지의 여부는 중요하지 않다.

32) 곽윤직, 채권각론, 신정판, 1995, 488면 참조.

리에 따른 구상과 제441조 이하에 따른 구상은 기본적으로 입증책임에서 차이를 가져온다.

(3) 우리 민법은 이러한 보증인의 구상에 관한 규정을 일반적으로 타인을 위하여 담보를 제공한 물상보증인에게도 확대하고 있다(제341조, 제355조, 제370조). 이러한 민법의 규율에서 우리는 민법이 담보제공자와 채무자와 사이에 존재하는 구상관계에서 내부관계에 의존하지 않는 담보제공자의 독자적인 구상권을 인정하는 일반적인 태도를 가지고 있음을 추측할 수 있으며, 이러한 가치평가는 손해담보계약의 의무자에 대하여도 마찬가지로 적용되어야 할 것으로 생각된다.[34] 이러한 구상권의 인정은 기본적으로 주채무자와 담보제공자와의 관계에 대한 입법자의 가치평가에서 기인한다. 즉 입법자는 주채무자와 담보제공자의 사이의 관계에서 종국적으로 부담을 져야 할 사람은 주채무자인 사안을 원칙적인 형태로 파악하고 있는 것이다.[35] 이러한 가치 판단에 따르면 제3자가 채무자를 위하여 담보를 제공하고 이 담보로 채권자를 만족시킨 경우에 담보제공자는 단지 그 사실만으로 구상권을 가지는 것으로 추정되고, 이러한 구상권을 부정하는 사정은 주채무자가 입증하여야 한다. 따라서 입법자는 주채무자와 담보제공자 사이의 전형적인 비용분담관계를 고려하여 담보제공자의 구상권 행사를 용이하게 하기 위해 독자적인 구상권을 규정하였다고 말할 수 있다.

이러한 입법취지는 손해담보계약상의 의무자에도 그대로 타당하다. 왜냐하면 입법자의 규율은 부종성과 같은 담보목적상의 구별에서

---

33) 제441조는 "주채무자의 부탁으로 보증인이 된 자가 과실 없이 변제 기타의 출재로 주채무를 소멸하게 한 때"라고 규정하여 과실 없음에 대하여 아울러 보증인이 입증하여야 하는 것처럼 정하고 있으나, 입증책임 분배의 일반원칙에 따라 이는 보증인 구상권의 요건사실이 될 수 없다. 민법주해[X] (주 12), 318면(박병대) 참조.

34) 그러나 다른 견해로 민법주해[X] (주 12), 526면(강용현); 박영복 (주 10), 40면.

35) 이러한 가치평가는 보증의 경우 이른바 보충성에 의하여서도 확인된다(제437조).

기인하는 것이 아니라, 주채무자와 담보제공자 사이의 내부관계에서
일반적으로 나타나는 비용분담관계에 대한 고려에서 기인한 것이기
때문이다. 구상권에 관한 다툼은 담보관계의 당사자가 추구하였던 담
보목적이 달성된 후에 채무자와 담보제공자 사이의 법률관계에서 일
어나는 문제이며, 따라서 주채무관계의 대항사유들이 담보목적에 따
라 담보권에 어떠한 영향을 미치는지의 여부에 관한 문제가 이미 제
기되지 않는 단계에서 발생한다. 따라서 여기서는 보증의 부종성과
손해담보계약의 비부종성은 더 이상 중요하게 고려되는 사유가 아니
며, 과연 주채무자와 담보제공자의 관계 사이에 입법자가 상정한 것
과 같은 전형적인 비용분담관계가 존재하는지의 문제만이 고려되어야
하는 것이다. 그리고 손해담보계약에서도 이러한 관계가 존재함은 손
해담보계약이 담보목적이 내재한 인적 담보계약이라는 점을 고려할
때 긍정되어야 할 것이다.

　　이러한 유추를 반대하는 견해는 담보의무자의 이행은 타인의 채
무에 대한 변제라고 볼 수 없음을 근거로 한다.[36] 그러나 이러한 비
판은 손해담보계약이 비부종적인 의무부담을 발생시키기는 하지만,
기본적으로는 주채무의 담보라는 담보목적을 추구하고 있으며 이에
따라 손해담보 의무자의 변제가 동시에 주채무자의 급부로 인정됨(본
장 Ⅲ. 2. (2) 참조)을 간과하고 있다. 그리고 이 견해는 보증법의 유추
를 부인함으로써 손해담보계약 의무자의 구상을 오로지 위임의 규정
에 따라 구성할 것을 제안하는데, 이로써 제687조의 비용선급청구권
역시 무제한으로 인정하는 결론에 도달하게 될 것이다. 그러나 민법
은 보증의 경우 이러한 제한 없는 비용선급청구권이 보증의 담보목적
과 합치하지 않기 때문에 이 규정을 제한하여 제442조가 정하는 제한
된 경우에만 사전구상권을 인정하고 있고(제1편 제1장 Ⅳ. 1. 참조),[37]

---

36) 민법주해[Ⅹ] (주 12), 526면(강용현); 박영복 (주 10), 40면.
37) 민법주해[Ⅹ] (주 12), 326-327면(박병대) 참조.

이러한 취지는 마찬가지로 손해담보계약에 적용되어야 한다.[38] 손해담보계약에서 무제한적인 비용선급청구권의 인정은 현금예탁이 가지는 단점을 그대로 다시 도입할 수밖에 없기 때문이다.

이러한 점을 고려하여 볼 때, 제441조 이하의 규정은 채무자와 담보제공자 사이의 구상관계를 적절하게 규율하는 일반적인 의미를 가지고 있음을 알 수 있으며, 따라서 손해담보계약에의 유추적용은 수긍되어야 할 것이다. 그에 따라 손해담보계약상의 의무자가 채권자에게 약정된 금액을 지급한 경우에는 제441조 이하의 규정에 따라 주채무자에 대하여 구상권을 행사할 수 있으며, 구상권을 부인하는 주채무자는 손해담보 의무자가 선량한 관리자의 주의의무를 다하지 못하였거나 비용분담에 관하여 다른 약점이 있음을 입증하여야 한다.

2. 손해담보계약 의무자의 변제자대위

그리고 마찬가지의 이유로 손해담보계약에 따라 채권자를 만족시키는 자는 변제할 정당한 이익이 있는 자로서 변제로 당연히 채권자를 대위한다고 해석하여야 한다(제481조). 담보의무자의 이행은 타인의 채무에 대한 변제라고 볼 수 없음을 이유로 법정대위를 거부하는 견해는[39] 앞서 지적한 바와 같이 손해담보계약 의무자의 급부는 동시에 채무자의 급부로 간주되어야 함을 간과하고 있기 때문에 타당하지 않다. 특히 기존의 통설은 형식적으로는 변제자가 자신의 채무를 변제하는 경우라도 실질적으로 타인의 채무를 변제하는 자는 법정대위에 당연한 이익을 가지고 있음을 인정하고 있으며,[40] 손해담보계약의 의무자 역시 이에 해당함은 의문이 없다.

---

38) 참고로 제442조와 유사한 취지를 가지고 있는 오스트리아 민법 제1364, 1365조에 대하여 오스트리아 다수설 역시 마찬가지로 해석하고 있다. Koziol, *Der Garantie-vertrag*, 1981, S. 80 참조.

39) 민법주해[Ⅹ] (주 12), 526면(강용현).

40) 곽윤직 편집대표, 민법주해[Ⅺ], 1995, 196면(이인재).

만약 손해담보계약의 의무자에게 법정대위가 인정되지 않는다면, 수인의 담보제공자가 존재하는 경우에는 우연에 따른 부당한 위험 분배의 가능성이 존재한다. 예를 들어 채권자가 손해담보계약 외에 추가적으로 보증계약을 체결함으로써 자신의 채권을 담보한 경우를 상정하도록 하자. 만약 채권자가 보증인을 상대로 먼저 청구하는 경우, 보증인은 제481조에 의하여 채권자의 권리를 대위하여 손해담보 의무자에 대하여 구상을 할 수 있게 되지만, 채권자가 손해담보 의무자를 먼저 청구하는 경우 손해담보 의무자에게 법정대위가 부정된다면 그의 보증인에 대한 구상은 가능하지 않으며 단지 주채무자에 대한 구상만이 고려된다. 여기서 손해담보계약을 체결한 담보제공자가 보증인과의 관계에서 단독으로 채무자의 무자력 위험을 부담해야 할 근거는 발견할 수 없다. 보증과 손해담보계약의 차이점은 부종성의 여부에만 존재하는 것이기 때문에, 담보목적이 달성되어 부종성이 더 이상 문제 되지 않는 구상의 단계에서는 각 당사자들 사이에 공평한 위험 부담만이 고려되어야 하며 여기에서 보증인이나 물상보증인을 손해담보 의무자보다 더 보호할 이유는 없는 것이다. 그들은 모두 채무자와의 관계에서 채무자의 무자력 가능성을 수인하면서 채권자에게 담보를 제공함으로써 동등한 위험을 인수하였고, 그러한 범위에서 그들은 모두 동등한 취급을 받아야 한다. 이러한 가치평가는 기본적으로 제482조 제2항 제5호에서도 잘 드러난다.

따라서 손해담보계약의 의무자가 채권자를 만족시킨 경우 제481조에 따라 당연히 채권자를 대위한다고 보아야 한다.[41] 이 경우 손해

---

41) 프랑스(Cabrillac/Mouly, *Droit des sûretés*, 5e éd., 1999, n°s 471-11, 471-13)와 오스트리아(Koziol (주 38), S. 71f.)에서도 마찬가지로 해석하고 있으나, 독일에서는 견해가 나뉜다(Habersack in *Münchener Kommentar zum BGB*, Band 6, 7. Aufl., 2017, Vor § 765 Rn. 19 참조). 박영복 (주 10), 42면은 제399조를 유추하여 동일한 결론에 도달하고자 한다. 박영복 (주 10), 같은 곳은 변제자대위를 부정하는 근거로 손해담보인의 이행이 있어도 주채무가 소멸하지 않는다는 점을 드는데,

담보계약 의무자는 제482조 제2항의 적용에 있어서 보증인에 준하여
취급되어야 할 것인데, 두 계약은 부종성의 차이를 제외하면 인적 담
보계약으로 공통점을 가지고 있기 때문이다. 아울러 제485조 역시 손
해담보계약에 적용되어야 하며, 이에 따라 채권자가 고의 또는 과실
로 추가적인 담보를 포기하거나 감소시킨 경우 손해담보 의무자는 그
로 인해 구상권을 상실하는 범위에 따라 의무를 면한다. 그러한 경우
의무 없음을 알지 못하고 행한 변제는 자신의 비채변제이고, 따라서
직접 채권자에게 반환청구할 수 있다.

앞서 살펴본 바와 같이(본장 Ⅲ. 2. (2) 참조) 이러한 견해는 타당하지 않다.

저당권: 사용·수익과 환가이익의 긴장

제 1 장

환가권으로서 저당권:
과실에 대한 효력을 중심으로

I. 문제의 제기

민법 제359조는 저당권의 효력은 저당부동산에 대한 압류가 있은 후에 저당권설정자가 그 부동산으로부터 수취한 과실 또는 수취할 수 있는 과실에 미친다고 정하면서(동조 본문), 다만 저당권자가 그 부동산에 대한 소유권, 지상권, 전세권을 취득한 제3자에 대하여는 압류한 사실을 통지한 후에 대항할 수 있도록 추가적인 요건을 두고 있다(동조 단서).

이 규정에 대해서는 종래 우리 학설도 상대적으로 그다지 큰 관심을 기울이지는 않았던 것으로 보이고, 이에 대한 재판례도 많지 않다. 그럼에도 이 규정은 우리 민법이 정하고 있는 대표적인 부동산 담보물권인 저당권의 성질 및 그에 대한 학설의 취급을 성찰하게 하는 좋은 소재를 제공한다고 보인다. 우리의 압도적인 통설은 비점유담보권인 저당권은 저당부동산의 교환가치만을 지배하는 물권으로서, 사용·수익에 대한 사용가치는 저당부동산 소유자에게 남게 되고 저당권자는 그에 간섭할 수 없다는 점에서 가치권이라고 설명을 해 오고 있었다.[1] 그런데 이러한 관점에 선다면, 저당부동산이 압류[2]된 이후에는 어떠한 이유로 사용가치에 해당하는 과실이 저당권자에게 할당되는지에 대한 정당화가 필요하게 된다. 그리고 바로 이 지점에서 민법 제359조는 우리 통설이 이해하는 저당권의 성질과는 반드시 잘 부합하지는 않을 수도 있다는 인상을 받게 되며, 그렇기 때문에 동시에 우리 통설이 민법 제359조의 해석 및 저당권의 성질의 이해와 관련해 간과하고 있는 점이 있지는 않은지 의문이 제기된다.

본장에서는 이러한 의문에 좇아, 민법 제359조의 해석을 계기로 하여 우리 민법이 정하는 저당권의 성질을 재고해 보는 기회를 가져 보고자 한다. 이를 위해 먼저 천연과실에 저당권의 효력이 미치는 입법취지를 고찰하고(본장 Ⅱ.), 같은 내용이 법정과실의 경우에도 타당할 수 있는지 여부를 살펴본다(본장 Ⅲ.). 그 다음으로 과실에 미치는 저당권의 효력이 구체적으로 어떠한 방법으로 실현될 수 있는지를 검토한다(본장 Ⅳ.). 마지막에서는 이상의 논의를 배경으로 저당권의 성질에 대한 우리 통설의 태도를 비판적으로 검토한다(본장 Ⅴ.).

---

1) 강태성, 물권법, 개정 제5판, 2015, 1076면; 곽윤직·김재형, 물권법, 제8판, 2015, 430면; 김상용, 물권법, 제2판, 2013, 646면; 김증한·김학동, 물권법, 제9판, 1997, 507면; 송덕수, 물권법, 제2판, 2014, 467면; 이상태, 물권법, 9정판, 2015, 480, 485면; 이영준, 물권법, 전정신판, 2009, 852면; 이은영, 물권법, 제4판, 2006, 754면; 윤철홍, 물권법, 개정판, 2013, 463면; 이덕환, 물권법, 2011, 747면 등.
2) 제359조가 말하는 압류는 저당권자가 저당권을 실행함으로써 행해지는 저당부동산에 대한 압류를 말하는 것으로 이해되고 있다(민집 제83조, 제268조). 물론 저당권자가 스스로 실행하지 않더라도 다른 채권자의 압류에 따라 강제경매가 진행되면 결과적으로 저당권의 실행도 피할 수 없으므로(민집 제91조 제2항) 이때에도 저당권의 효력은 과실에 미친다고 해야 한다(柚木馨 編集, 注釋民法(9) 改訂版, 1972, 47면(柚木馨·西澤修)도 참조).

Ⅱ. 민법 제359조의 입법취지에 대한 논의

1. 통설에 의한 민법 제359조 입법취지의 정당화와 비판

서론에서 지적하였지만, 저당권은 교환가치만을 지배하는 가치권으로 사용가치에 대한 지배는 저당부동산 소유자에게 있다는 통설의 입장에서 비추어 보면, 비록 저당권이 실행된 이후에라도 과실이 저당권자에게 할당된다는 결론은 이례적이라고 하지 않을 수밖에 없다. 그래서 통설은 민법 제359조의 입법취지를 원리적인 고려에 기초한 것이라기보다는 현실적인 난점을 제거하기 위한 합목적적인 고려에 따른 것으로 이해한다. 즉 저당부동산 소유자는 저당권의 설정에 의하여 용익권능을 상실하지 않는다는 것이 원칙이지만, 저당권이 실행되어 목적물이 경락인의 소유에 귀속한 때에는 그 시점부터 용익권능을 상실함은 당연하다.[3] 그런데 경매절차에서 언제 경락이 이루어지는지는 우연적인 사정에 따라 달라지고, 특히 저당부동산 소유자가 경매를 지연시켜 과실을 취득하는 불합리도 있을 수 있다.[4] 그러므로 저당권의 실행착수가 있으면 그 후의 수익권까지 포함한 목적물의 교환가치를 저당권의 내용으로 하는 것이 타당하다는 것이다.[5]

요컨대 통설에 따르면, 교환가치만을 지배하는 저당권은 과실에 효력을 미칠 수 없는 것이 원칙이지만 저당부동산 소유자가 용익권능을 상실하는 시점이 경매절차에서 가변적일 수 있다는 사정 때문에 이를 저당권 실행 시점으로 소급하여 불합리를 예방하는 것이 민법

---

3) 我妻榮, 新訂 擔保物權法, 1968, 274면 참조.
4) 강태성 (주 1), 1127−1128면; 곽윤직·김재형 (주 1), 444면; 김상용 (주 1), 681면; 송덕수 (주 1), 478면; 이상태 (주 1), 498면; 이영준 (주 1), 875면; 이은영 (주 1), 793면; 곽윤직 편집대표, 민법주해[Ⅶ], 1992, 52−53면(남효순); 김용담 편집대표, 주석 민법 물권(4), 제4판, 2011, 146면(김재형).
5) 김증한·김학동 (주 1), 528면.

제359조의 입법취지라고 말할 수 있다. 그리고 이러한 설명을 일관한다면, 저당부동산의 압류 이전에는 저당권은 저당부동산의 과실에 전혀 효력을 미치지 못하고, 이 점에서 원칙적으로 효력을 미치는 부합물(제358조)과 구별된다고 말할 수 있을 것이다.6) 즉 저당부동산 압류이전에 저당권자는 그로부터 나오는 과실에 대해 어떠한 권리도 가질 수 없어야 한다.

　　그런데 이러한 논리는 예컨대 저당권이 실행되기 전에 저당부동산 소유자가 통상의 용법에 반하는 방법으로 미리 천연과실을 수취하여 처분하는 사안에서 난점을 노정한다. 일견 천연과실의 경우에는 성질상 용법에 반하여 "미리" 수취할 사안은 없다고 생각할 수도 있겠지만, 이는 그렇지 않다. 천연과실은 과수의 열매·곡물·우유·양모·가축의 새끼 등과 같이 자연적·유기적으로 생산되는 물건 외에도 광물·석재·토사 등 인공적·무기적으로 수취되는 것도 포함하므로,7) 예컨대 임박한 저당권 실행을 예견한 저당부동산의 소유자가 정상적인 영업을 벗어나는 범위와 강도의 철야작업 등으로 광물이나 토사를 채취하는 사안은 충분히 있을 수 있다. 그러한 경우 저당권자가 비정상적으로 과다하게 수취한 광물이나 토사에 대해 방해배제청구권으로 반출을 금지한다든가(제214조, 제370조), 이미 반출에 의해 저당부동산 가치가 저하한 부분에 대해 손해배상(제750조)을 청구할 때, 단지 용익권자의 압류 전 과실수취라는 이유로 저당권자의 주장을 부정할 수 있을 것인가? 추측건대, 아마 누구도 그러한 경우 저당권자의 주장을 배척하기는 어려울 것으로 예상한다.8) 그렇지 않으면 저당부동산 소

---

6) 민법주해[Ⅶ] (주 4), 52면(남효순); 주석 물권(4) (주 4), 146면(김재형).

7) 곽윤직 편집대표, 민법주해[Ⅱ], 1992, 74면(김병재).

8) 산림의 벌채를 예시로 하여 김증한·김학동 (주 1), 547면. 인위적으로 식재한 입목을 벌채한다면 부합물의 분리이지만, 산림의 수목을 벌채하는 것은 천연과실의 수취이다. 이 예에서도 양자를 달리 취급하는 것의 불합리가 잘 나타난다. 상세한 것은 본장 Ⅱ. 3. 참조.

유자가 저당권자를 해하는 명백한 행위를 그대로 용인하는 결과가 되기 때문이다. 그러나 만일 이 경우 저당권자의 청구를 가능한 주장으로 허용한다면, 논리적으로는 저당부동산의 압류 이전이라도 저당권의 효력이 과실에 미치는 경우가 있음을 시인하지 않으면 안 된다. 통설이 말하는 것처럼 압류 이전에 저당권의 효력이 과실에 전혀 미치지 않는다면, 그러한 소유자의 수취·반출행위는 위법성을 결여하므로 비록 부동산의 가치가 저하하더라도 과실 수취·반출을 이유로 하여 저당권자가 방해배제청구를 하거나 손해배상을 주장할 수는 없을 것이기 때문이다. 따라서 저당부동산에 대한 통상의 용법을 벗어난 과실수취 사안유형에서 민법 제359조에 대한 통설의 설명이 난점에 봉착한다는 사실이 분명해진다.

2. 다른 법제와의 비교

방금 살펴본 통설의 약점은 법제사적으로 그리고 비교법적으로 다른 법제에서 저당권의 과실에 대한 효력을 살펴볼 때에도 확인된다.

(1) 로마법과 보통법

주지하는 바와 같이 로마법에서 비점유담보권으로서 저당권은 처음에는 존재하지 않았다. 그러나 실무의 필요에 따라 당사자들이 계약에 의해 실질적으로 비점유담보권적 내용을 가지는 계약관계를 창출하였고 이후 법무관이 관행을 수용하여 물권적 효력을 부여하면서 독자적인 물권으로서 형태를 갖추게 되었다.9) 즉 채무자와 채권자는 목적물의 점유를 이전하지 않은 채로 채무불이행 등의 경우 목적물이 채권자의 만족수단으로 된다고 합의하여 채권자에게 처분을 통해 만족을 받을 환가권을 부여하였고(pignus obligatum), 그러한 채권자의

---

9) Sohm/Mitteis/Wenger, *Institutionen des römischen Rechts*, 17. Aufl., 1931, S. 344ff.

지위가 법무관에 의해 (특히 저당소권의 부여로) 대세적으로 보호됨으로써 물권적 환가권을 가지는 저당권이 형성된 것이다. 이러한 배경에 비추어 보면, 로마법에서 구체적으로 담보권의 효력이 미치는 물적 범위가 기본적으로 당사자들이 담보계약에서 정하는 바에 의해 규율되었다는 사실은 자연스럽다. 그런데 로마법상의 담보권은 동산과 부동산 그리고 점유질과 비점유질을 구별하지 않았으므로, 피담보채권의 효율적 담보를 위해 채무자는 예컨대 토지에 비점유질을 설정하면서 함께 그 부합물이나 종물에 해당하는 물건에 대해서도 비점유질을 설정하였고, 수취할 천연과실에 대해서도 미리 비점유질을 설정하는 관행이 일반적이었다고 한다.10) 이러한 로마법의 입장은 이후 보통법에11) 그리고 19세기 독일 판덱텐 법학에도 계승되었다. 그래서 천연과실에 저당권의 효력이 미치는지 여부는 원칙적으로 당사자들의 합의에 의해 결정되지만, 특별한 사정이 없는 한 당사자들은 천연과실에 저당권의 효력을 미치기로 합의하였다고 추정하는 법리가 통용되었다.12) 그리고 그 과정에서 어느 경우에 과실이 저당권의 효력으로부터 벗어나게 될 것인지에 대해 논의도 행해지고 있었다.

이러한 법상황은 19세기의 입법에서 대체로 두 가지 방향으로 수렴하게 된다. 하나는 천연과실은 분리와 동시에 저당권의 효력에서 벗어나지만 저당부동산의 압류가 행해진 이후에는 저당권의 효력을 받는다는 입법주의이고, 다른 하나는 분리된 천연과실에도 저당권의 효력이 미치지만 양도되거나 반출된 때에 비로소 저당권의 효력으로부터 벗어난다는 입법주의가 그것이다.13) 프랑스 민법이 전자의, 독

---

10) Kaser, *Das römische Privatrecht*, 1. Abschnitt, 2. Aufl., 1971, S. 464.

11) 예를 들어 Brunnemann, *Commentarius in Pandectas*, tomus Ⅰ, Lugduni 1714, Lib. ⅩⅩ, Tit. Ⅰ, Ad L. Conventio I., p. 575; Voet, *The Selective Voet being the Commentary on the Pandects*, translated by Gane, Vol. Ⅲ, 1956, p. 474 참조.

12) Dernburg, *Das Pfandrecht nach den Grundsätzen des heutigen römischen Rechts*, 1. Band, 1860, S. 439ff.

일 민법이 후자의 대표적인 예라고 말할 수 있다. 이러한 역사적 발전을 배경으로 볼 때 우리 민법 제359조는 의용민법 제371조를 거쳐 전자의 입법주의를 채택한 프랑스 민법으로 소급하는 것으로 확인된다(동법 제2471조 참조).14)

이러한 연혁적 배경을 충분한 배경 지식 없이 접한다면, 우리 민법은 프랑스 민법에서처럼 일견 압류 이전에는 저당권이 과실에 효력을 전혀 미칠 수 없다는 통설이 근거를 가지는 것처럼 보이기도 한다. 그러나 프랑스 민법의 해석론 및 계수과정을 구체적으로 살펴보면 오히려 통설에 대해 제기한 본고의 의문이 정당화된다는 사실이 나타난다.

(2) 프랑스 민법

프랑스의 해석론을 살펴볼 때 주의할 점은 우리가 천연과실로 지시하는 대상을 프랑스에서는 여러 개념으로 표현하고 있다는 사실이다(주 7, 8 및 그 본문 참조). 하나는 과실(fruits)로서 원물에 영향을 주지 않으면서 원물로부터 주기적으로 자연스럽게 수취되는 산출물이고, 다른 하나는 생산물(produits)로서 수취의 정기성이 없으며 통상 그 수취에 의해 원물의 가치가 저하하는 산출물이 그것이다.15) 이 양자는 저당권의 효력과 관련해 서로 다른 취급을 받고 있다. 우선 과실에 대해서는 저당부동산의 압류를 기준으로 하여 그 이전에는 저당권이 전혀 미치지 않지만, 그 이후에는 저당권의 효력이 미친다. 따라서 압류 이전 저당부동산 소유자에 의한 과실의 수취 및 처분은 아무런 제한 없이 저당권자에게 대항할 수 있고, 저당권자는 그 대금에 대해서도 우선변제권을 행사할 수 없다.16) 그러나 이는 과실의 수취가 저

---

13) 전거를 포함하여 Johow in Schubert (hrsg.), *Die Vorlagen der Redaktoren zum BGB*, Sachenrecht 2, 1982, S. 600f. 참조.
14) 原田慶一, 日本民法典の史的素描, 1954, 128면 참조.
15) Roland et Boyer, *Introduction au droit*, 2002, n° 1450.
16) Mestre, Putman et Billiau, *Traité de droit civil. Droit spécial des sûretés réelles*,

당부동산의 통상적인 관리범위에 있기 때문이며, 이를 넘어서는 경우 저당권자에게 대항할 수 없다.[17] 그래서 생산물에 대해서는 다른 규율이 적용된다. 생산물은 원물의 가치의 일부를 체현하고 있는 물건이기 때문에, 생산물에 대한 처분은 저당권자에게 대항할 수 없으며, 저당권자는 그에 대한 집행을 저지하거나 보전조치를 할 수 있다.[18] 또한 이미 유효하게 처분된 경우에도(선의취득), 저당권자는 저당부동산 소유자가 받는 대금에 대해서 우선변제권을 행사할 수 있다고 한다.[19]

그러므로 우리 민법의 용어를 사용할 때, 프랑스에서 저당부동산 압류 이전에 저당권의 효력이 천연과실에 전혀 미치지 않는다고 말한다면 이는 반드시 정확한 서술이라 말하기 어렵다. 오히려 프랑스 학설과 판례는 천연과실의 경우를 나누어, 정기적이고 자연적으로 수취되어 원물에 영향을 주지 않는 천연과실의 경우에는 통상의 관리에 해당하므로 압류 이후에만 저당권의 효력을 인정하지만, 원물의 가치 저하를 수반하는 천연과실의 경우에는 통상의 관리라고 할 수 없어 압류 시기와 무관하게 저당권의 효력을 인정한다는 것이 비교법학적으로 보다 정당한 설명이라고 해야 한다.

그리고 이러한 인식은 계수과정에서도 반영되어 있다고 보인다. 프랑스인 고용법률가 보아소나드가 일본을 위해 제정한 구민법은 저당부동산 소유자의 권한에 대해 "저당재산의 압류가 없는 사이에는

1996, n° 1156; Fournier, "Hypothèque", *Répertoire de droit civil*, 2007, n° 72.
17) Aynès et Crocq, *Les sûretés, la publicité foncière*, 8ᵉ éd., 2014, n° 681.
18) Cabrillac, Mouly, Cabrillac et Pétel, *Droit des sûretés*, 9ᵉ éd., 2010, n° 866; Fournier (주 16), n° 72; Mazeaud et Picod, *Leçons de droit civil*, tome Ⅲ/1, 7ᵉ éd., 1999, p. 421; Piedelièvre et Guerchoun, "Hypothèque (Procédure civile)", *Répertoire de droit immobilier*, 2014, n° 397; Aynès et Crocq (주 17), n° 681.
19) 전거와 함께 Cabrillac, Mouly, Cabrillac et Pétel (주 18), n° 866; Aynès et Crocq (주 17), n° 681. 다만 판례는 보험금의 경우는 물건의 가치를 대표할 수 없다고 보아 그러한 우선변제를 부정한다고 한다. Cass civ. 3ᵉ, 12 oct. 1994, Bull. civ. Ⅲ, n° 180에 대해 Zenati, "Subrogation réelle", RTD civ., 1995, 651 참조.

채무자는 […] 그 과실 및 산출물을 양도하고 관리하는 모든 행위를 할 수 있다"(채권담보편 제202조)고 정하고 있었는데, 프랑스어 원문에 따르면 "과실 및 산출물"은 앞서 언급한 과실과 생산물을 지시하는 용어이다.[20] 그런데 이후 일본 민법을 기초하는 과정에서 입법관여자들은 의용민법 제371조를 성안하면서 "과실로 볼 수 없는 산출물은 당연히 저당권자의 권리에 따라야 하는 것"이라고 하여 그 적용범위를 명시적으로 한정하였다.[21] 그런데 여기서 입법관여자들은 의용민법이 총칙편에서 넓은 독일식 과실 개념을 채택하여(의용민법 제88조)[22] "과실"만으로는 이러한 한정을 뒷받침할 수 없다는 사실을 간과하였으며, 이 점에서 오해의 소지를 제공하였다. 이 문제는 기본적으로 의용민법 제371조를 수용한 우리 제359조에서도 그대로 존재한다고 해야 한다.

(3) 독일 민법

이에 대하여 독일 민법은 과실이 분리되더라도 저당권의 효력이 그대로 미치며 저당부동산 소유자의 분리 또는 양도에 의해 효력에서 벗어난다는 입법주의를 채택하였다. 그래서 독일 민법은 천연과실을 부합물 및 종물과 기본적으로 동등하게 취급한다.[23] 그래서 저당권은 토지로부터 분리된 산출물과 기타의 구성부분 그리고 토지의 종물에도 미친다(동법 제1120조 제1문).[24] 천연과실이 토지의 산출물에 해당

---

20) *Code civil de l'Empire du Japon accompagné d'un exposé des motifs*, tome 1er: texte, 1891, p. 439: "les fruits et produits."
21) 未定稿本 民法修正案理由書 (서울대도서관 소장본), 303면.
22) 未定稿本 民法修正案理由書 (주 21), 76면.
23) 자세한 내용은 Baur/Stürner, *Sachenrecht*, 18. Aufl., 2009, § 39 Rn. 24ff.; 竹下守夫, 不動産執行法の硏究, 1977, 8면 이하 참조.
24) 다만 산출물과 기타의 구성부분이 분리와 함께 과실수취 규정(동법 제954조 내지 제957조)에 따라 토지의 소유자나 자주점유자가 아닌 사람의 소유에 속하게 된 경우 및 종물이 토지 소유자의 소유에 속하지 않게 된 경우에는 그러하지 아니하다

함은 의문의 여지가 없다(동법 제99조 제1항).

   본고의 주제에 따라 특히 산출물을 중심으로 저당권의 효력에서 벗어나는 경우를 살펴보면, ① 우선 토지의 산출물이 채권자를 위한 압류가 있기 전에 양도되어 토지로부터 반출된 경우(양도→반출→압류 또는 반출→양도→압류)에는 책임을 면한다(동법 제1121조 제1항). 또한 ② 산출물이 정상적인 경영의 범위 내에서 토지로부터 분리된 경우에 그것이 압류 전에 토지로부터 반출된 때에는 (그 반출이 일시적인 목적을 위한 것이 아닌 한) 산출물의 책임은 양도 없이도 소멸한다(동법 제1122조 제1항). 이는 기본적으로 앞의 법리를 따르면서도 정상적인 경영의 범위인 한에서 양도 없이도 면책을 허용하는 것이다. 반면 ③ 양도가 반출 전에 행하여진 경우(양도→압류→반출 또는 압류→양도→반출)에는 그것만으로는 저당권의 효력에서 벗어나지는 못하여 선의취득이 문제되는데(이른바 lastenfreier Erwerb, 동법 제936조), 한편으로 양수인은 채권자에 대하여 자신이 저당권에 관하여 선의이었음은 주장하지 못하지만(동법 제1121조 제2항 제1문), 다른 한편으로 양수인이 물건을 토지로부터 반출한 경우에는 반출 전에 행하여진 압류는 양수인이 반출 시에 압류에 관하여 선의가 아니었던 때에 한하여 그에 대하여 효력이 있어(동항 제2문) 선의취득의 가능성이 존재한다. ④ 마지막으로 양도가 최후에 행해진 경우(압류→반출→양도 또는 반출→압류→양도)에 대해서는 규정이 없는데, 이 사안은 선의취득 등 일반적인 법리에 따라 규율된다고 한다.[25]

   이상의 내용을 요약한다면, 독일 민법은 저당권의 효력이 원칙적으로 천연과실에도 미친다고 규정하면서도, 압류 이전에 과실에 대한 처분 즉 양도 및 반출이 모두 종결된 경우(①)와 정상적인 영업의 과

(동조 제2문).
25) Berger in Jauernig, *Bürgerliches Gesetzbuch*, 15. Aufl., 2014, §§ 1120-1122 Rn. 13.

정에서 반출된 경우(②)에는 책임에서 벗어나도록 하여 저당부동산
소유자의 사용·수익을 보장하고, 그 밖의 경우 즉 영업상 비정상적
반출의 경우(반출→압류→양도; ④)나 사전양도를 포함하여 압류가 있
은 후 반출(양도→압류→반출, 압류→양도→반출, 압류→반출→양도; ③,
④)의 경우에는 저당권의 효력을 그대로 유지하고 선의취득 등에 의
해서만 거래의 안전을 보호하는 태도를 보이고 있다고 말할 수 있다.
프랑스 민법과 규율의 입법주의는 다르지만, 압류 이전에도 일정한
범위에서 천연과실에 대한 저당권의 효력이 인정되고 있다는 점에서
는 차이가 없다.

3. 천연과실에 대한 저당권의 효력

이상의 내용으로부터 저당권이 교환가치만을 지배하고 있어 저당
부동산 압류 이전에는 저당권의 효력이 과실에 전혀 미칠 수 없고 압
류 이후에도 단순히 합목적적인 고려에 의해 미치게 할 뿐이라는 통
설의 설명이 만족스럽지 못하다는 사실이 드러났다고 생각된다.

(1) 부합물과 종물에 대한 저당권의 효력

여기서 비교를 위해 부합물 및 종물에 대해서 저당권의 효력이
미치는 이유에 대해서 생각해 보기로 한다. 저당권이 설정될 수 있는
목적물은 원칙적으로 독립한 부동산이다(제356조). 그런데 부동산은
그 자체로서 가치를 가지고 있기도 하지만, 이를 넘어 다른 물건과 일
정한 장소적이고 기능적인 관련성을 가짐으로써 경제적 단일체를 이
루는 경우가 드물지 않다. 이러한 경우 그 부동산의 가치는 거래에서
경제적 단일체를 이루는 다른 물건들과 함께 평가되는 것이 보통이
다. 민법은 이러한 현실을 고려하여 그 자체로는 저당권의 객체가 아
니지만 저당부동산과 관련성을 가지면서 함께 경제적 단일체를 형성
하는 일정한 범위의 부동산과 동산에 저당권의 효력을 미치게 함으로

써 저당권에 의해 담보되는 물적 신용의 가치를 제고한다. 민법은 저
당부동산과 경제적 단일체를 이루는 물건으로 저당부동산에 부합된
물건과 그 종물을 들고 있다(제358조 본문).

　　그런데 이렇게 부합물과 종물에 저당권의 효력을 미치게 하는 것
은 저당권의 담보 가치를 높인다는 점에서 당사자들의 이익에 부합하
는 면이 있지만, 반면 설정자의 이익에 반할 우려도 없지 않다. 저당
권은 비점유담보권으로서 설정자가 저당부동산을 사용·수익하는 것
이 법률관계의 중요한 부분이다. 그런데 저당부동산을 사용·수익함
으로써 경제적으로 활용하는 설정자로서는 불가피하게 저당권의 효력
이 미치는 부합물이나 종물을 분리·제거해야 할 경우가 발생하게 된
다. 이러한 경우 저당권의 효력을 들어 분리·제거를 금지하는 것은
비점유담보권으로 저당권이 가지는 장점을 크게 손상시킬 우려가 있
다. 그래서 우리 학설은 명시적 규정이 없음에도 저당부동산 소유자
의 정당한 사용에 기해 부합물이나 종물이 분리·반출된 경우에는 저
당권의 효력으로부터 벗어난다고 해석하여 저당권자와 저당부동산 소
유자 사이의 이익을 조정하고 있는 것이다.[26]

(2) 천연과실에 대한 저당권의 효력

　　이러한 논리를 배경으로 할 때, 저당권의 효력이 저당부동산의
천연과실에 대해 미치는 이유도 기본적으로 저당권의 효력이 저당부
동산의 부합물에 미치는 이유와 다를 바 없다고 생각된다. 천연과실
은 원래 저당부동산과 결합된 일부로서 경제적으로 저당부동산과 단
일체를 이루며, 그래서 저당부동산의 가치를 높이는 역할을 하고 있
다. 따라서 저당권의 효력은 당연히 저당부동산에 결합된 천연과실에
미치며,[27] 원칙대로 한다면 그것이 분리된다고 해도 달라질 이유는

---

26) 문헌지시와 함께 주석 물권(4) (주 4), 142면(김재형) 참조
27) 이동원, "최저경매가격의 결정", 재판자료, 72집, 1996, 39면 참조.

없을지도 모른다(본장 주 8도 참조).28) 그런데 이렇게 저당권이 분리된 천연과실도 당연히 파악하게 되면, 저당권이 비점유담보권으로서 저당부동산 소유자의 사용·수익에 영향을 주지 않는다는 원칙과 충돌할 우려가 있다. 저당부동산 소유자로서는 천연과실을 적절히 수취하여 처분하는 것이 저당부동산의 용법에 따른 사용·수익이어서, 그렇게 하여서만 저당부동산의 경영 및 채무의 변제가 가능할 수 있기 때문이다. 그러므로 법질서는 저당권자의 담보이익과 저당부동산 소유자의 사용·수익이익 사이에 적절한 균형을 찾을 필요가 있으며, 제359조는 시간적인 한계를 설정하여 이를 해결한다. 즉 한편으로 저당부동산 소유자가 천연과실을 수취하여 처분하는 것을 허용하여 이로써 저당권의 효력에서 벗어나게 하지만, 다른 한편으로 저당권자가 저당권을 실행하여 저당부동산이 압류된 시점부터는 천연과실이 저당권의 효력에서 벗어나는 것을 부정하여 저당채권자의 만족을 위한 책임기초가 되도록 한 것이다.

　　그런데 앞서 보았지만, 이상의 설명은 천연과실이 정기적이고 자연적으로 수취되며 원물에 영향을 주지 아니하는 경우에 타당하다. 그러한 천연과실은 적절한 시기(예컨대 농작물의 수확기 등)에 수취되어야 하고 또한 그러한 수취가 저당부동산의 정상적인 사용·수익에 부합하므로, 저당권자가 그에 간섭하는 것은 비점유담보권으로서의 저당권의 취지를 고려할 때 적절하지 않기 때문이다. 그러한 천연과실을 수취하여 환가함으로써 저당부동산 소유자는 영업을 지속하며 저당채무를 변제할 자금을 확보할 수 있는 것이다. 그러나 이러한 내용은 정기성이 없이 무기적으로 수취되어 원물의 가치 저하를 수반하는 천연과실의 경우에는 그대로 적용되기 어렵다. 이러한 천연과실의 경우 물론 그 수취가 저당부동산 소유자의 정상적인 사용·수익에 따른

---

28) Dernburg (주 12), S. 439 참조.

것으로 정당화될 수 있는 사안도 있겠지만, 그렇지 않고 저당권자에 대한 관계에서 비정상적인 사용·수익에 해당하여 저당권의 침해라고 판단될 사안도 있을 수 있기 때문이다. 실제로 계수과정에서 제359조의 천연과실이 이러한 산출물까지 포괄할 것으로 예정되지 않았음은 앞에서 살펴보았으며(본장 Ⅱ. 2. (2) 마지막 부분 참조), 당사자들의 이익상황을 생각해보면 온당하다고까지 말할 수 있다. 예를 들어 저당부동산의 가치를 과도하게 저하시키는 저당부동산 소유자의 사용에 대해 저당권 침해가 인정되어야 한다면, 저당부동산의 가치를 과도하게 저하시키는 저당부동산 소유자의 (사용을 넘어서는) 수익에 대해 저당권 침해가 부정될 이유는 쉽게 발견할 수 없는 것이다.

이상의 내용을 고려할 때, 제359조 본문을 해석할 때에는 다음과 같은 점에서 출발하는 것이 타당하다고 생각된다. 즉 제359조는 천연과실 중에서도 정기적이고 자연적으로 수취되어 원물에 영향을 주지 아니하는 산출물을 전제로 만들어진 규정으로, 다른 성질을 가진 천연과실에 그대로 적용하는 것에는 신중할 필요가 있다. 그렇다면 생산물(produits)로서 성질을 가진 천연과실에 대한 저당권의 효력은 어떻게 규율해야 하는지의 문제가 바로 제기된다. 여기서 우리는 제359조에서 자연적 천연과실에 대해 입법자가 내린 결단에 의지해야 할 것이다. 자연적 천연과실이 수취와 동시에 저당권의 효력에서 벗어나는 이유는 그러한 수취 자체가 사회관념상 저당부동산의 정상적이고 통상적인 용법에 따른 사용·수익에 해당한다는 사정에서 기인한다. 자연적 천연과실은 적기에 수확하여 반출하거나 처분하지 아니하면 무가치하게 되기 때문이다. 이렇게 이해하면 민법은 제359조에서 자연적 천연과실을 전제로 저당부동산의 정당한 사용·수익의 결과로 발생한 산출물은 저당부동산 압류 이전에는 수취(즉 분리에 따른 소유권 귀속)와 동시에 저당권의 효력으로부터 벗어난다는 가치평가를 보인다고 말할 수 있다. 그렇다면 이는 생산물로서 성질을 가지는 천연과실의 경우에도 적용되어야 한다고 생각된다. 즉 생산물로서 성질을 가지는 천연과실에 압류 이전에도 저당권의 효력이 미치는지 여부는 그것이 저당부동산의 정당한 사용·수익 즉 사회관념상 정상적이고 통상적 용법에 좇은 사용·수익에 의해 수취되었는지 여부에 따라 결정되어야 한다. 그래서 예컨대 앞에서(본장 Ⅱ. 1.) 언급한 바 있는 사례 즉 저당부동산 소유자가 광물이나 토사를 수취하는 영업을 수행하는 사례로 돌아가 보면, 사회관념상 토사 채취 용도의 부동산에서 통상적인 영업의 과정에서 토사를 채취하는 경우 그러한 토사는 수취와 함께 저당부동산 소유자에게 귀속하면서 저당권의 효력으로부터는 벗어난다고 해야 한다. 그러나 임박한 저당권 실행을 예견한 저당부동산의 소유자가 정상적인 영업을 벗어나는 범위와 강도의 작업을 통해 토사를 수취한다면, 그러한 토사에는 여전히 저당권이 미치며 저당권자는 방해배제청구권(제370조, 제214조)으로 반출을 금지할 수도 있고, 부당한 처분에 의해 담보가치의 부족이 생긴 경우 손해배상을 청구할 수도 있다고 해야 하는 것이다(제750조).

이렇게 이해한다면 저당부동산 압류 이전에 과실에 대한 저당권의 잠재적인 효력을 부정하는 취지로 제359조의 문언을 이해해서는 안 될 것이다. 오히려 과실에 대한 저당권의 잠재적 효력이 저당부동산의 압류에 의해 종국적인 것으로 되어 그 이후에는 통상적인 사용·수익에 의한 수취가 있어도 과실이 저당권의 효력으로부터 벗어날 수 없다는 의미로 해석되어야 한다.

(3) 다른 비점유담보와 비교

이러한 내용이 비점유담보권으로서 저당권의 목적과 충돌하지 않으며 오히려 조화된다는 점은 예컨대 집합동산에 대한 양도담보에서의 이익상황과 비교해 보더라도 확인된다. 주지하는 바와 같이 집합동산에 대한 양도담보는 민법의 엄격한 비점유질 원칙(제330조, 제332

조)을 회피하기 위하여 당사자들이 계약으로 창출한 비점유담보이다. 그런데 내용이 유동하는 집합동산이 양도담보의 목적물이 되는 경우, 그 소유권을 이전받은 채권자의 담보 필요를 보장하면서도 설정자의 정상적인 영업에 대한 이익을 보장하기 위해 양도담보계약은 설정자를 배려하는 여러 가지 약정을 포함하는 것이 통상이다.[29] 즉 설정자는 정상적인 영업을 수행하는 과정에서 목적물을 가공할 권한을 가진다고 하거나 정상적인 영업의 과정에서 목적물을 처분하여 반출할 권한을 가진다고 약정되며, 특히 후자의 경우 설정자에게 처분수권이 부여된다고 해석된다.[30] 이러한 법률관계는 결국, 특정된 목적물의 소유권은 양도담보권자에게 이전되어 말하자면 양도담보의 효력이 그에 미치지만, 정상적인 영업의 과정에서 설정자가 처분하여 반출하는 것은 허용되어 이로써 목적물은 양도담보의 효력에서 벗어난다는 것이다. 이는 반대로 설정자가 담보회피의 목적으로 비정상적인 처분·반출을 하는 경우 처분수권이 미치지 않아 목적물에 대한 양도담보의 효력은 유지된다는 것을 의미한다. 또한 채권자가 불이행을 이유로 양도담보를 실행하면 그 순간부터 채무자는 처분권한을 완전히 상실하여 더 이상 목적물이 양도담보의 효력에서 벗어날 가능성은 없어진다. 그리고 양도담보가 존속하는 목적물이 반출되는 경우에 거래의 안전은 선의취득에 의해서 보호된다.

이렇게 살펴볼 때, 동산에 대한 비점유담보로서 양도담보의 법률관계가 본고에서 과실에 대한 저당권의 효력과 관련해 제안한 제359조의 해석론과 그 내용에서 서로 상응한다는 사실이 드러난다. 즉 비점유동산담보인 양도담보에서 채권자의 담보이익과 설정자의 사용·

---

29) 아래의 내용은 판례가 따르는 신탁적 양도설을 전제로 한 설명이나(이 문제에 대해 제3편 제2장 참조), 양도담보를 독자의 담보물권이라고 이해하더라도 차이가 발생하지는 아니한다.

30) 양창수·김형석, 민법 Ⅲ: 권리의 보전과 담보, 제3판, 2018, 544면 참조.

수익의 조화를 위해 도달한 결론이 실질적으로 거의 그대로 비점유부
동산담보인 저당권에서도 적용될 수 있음이 확인되는 것이다. 이러한
일치는 당사자들의 이익상황을 반영하는 것으로 쉽게 경시해서는 안
된다고 생각된다.

(4) 민사집행법과의 관계

　제359조에 따르면 천연과실에 대한 저당권의 효력은 저당부동산
의 압류로 종국적인 것이 되며, 이때부터는 정상적인 사용·수익에 의
한 수취에 의해서도 저당권의 효력으로부터 벗어날 가능성은 존재하
지 않는다. 그런데 이러한 규율내용이 압류는 부동산에 대한 채무자
의 관리·이용에 영향을 미치지 아니한다는 민사집행법의 규정(민집
제83조 제2항, 제268조)과 어떠한 관계에 있는지를 생각해 볼 필요가
있다. 두 규정은 일견 상충한다고도 말할 수 있는 문언을 가지고 있기
때문이다.

　실제로 이 두 규정의 존재는 서양법의 계수과정에서 독일법과 프
랑스법의 영향이 충분히 숙고되지 아니한 채로 섞여 일본을 통해 우
리에게 수용되었다는 사정에서 기인하는 것으로 보인다.[31] 즉 프랑스
법은 강제집행으로 경매의 방법만을 알고 있는데, 부동산의 압류로
그에 대한 사용·수익의 권한은 채무자로부터 박탈된다. 물론 채무자
는 점유를 계속할 수도 있으나 이는 어디까지나 채권자를 위한 관리
인의 자격에서 그러하며, 상당한 이유가 있는 때에는 채권자는 다른
관리인을 선임하여 집행 부동산을 관리할 수 있다고 한다. 여기서 압
류 이후 부동산의 수익은 채권자의 만족을 위해 충당된다는 점에서,
프랑스에서 부동산집행은 "일종의 강제관리를 안에 품은 강제경매"의
방식이라고 말할 수 있다.[32] 한편 중세 독일법에서도 집행의 개시로

---

31) 이 문제에 대한 비교법적 연구인 竹下 (주 23), 63면 이하
32) 竹下 (주 23), 80면.

채무자의 사용·수익의 권한이 박탈되는 전통이 존재하였으나 집행의 개시 이후 부동산의 관리는 채무자에게 위탁하는 것이 아니라 법원에 맡겨졌고, 이후 법원에 의한 관리가 점차 강제경매와는 구별되는 강제관리라는 독립한 집행방법으로 발전하였다고 한다. 그래서 압류가 채무자의 관리·이용에 영향을 주지 아니한다는 것은 그러한 발전과정에 상응하여 나타난 법리로서, 강제관리와의 대비 하에서 수익을 환가하지 아니하는 강제경매의 경우에는 굳이 채무자의 관리·이용에 개입할 필요가 없다는 고려에서 형성된 내용이라는 것이다.[33]

　　이러한 내용을 배경으로 한다면, 제359조와 민사집행법 제83조 제2항, 제268조는 비록 서로 조율된 규정은 아님은 분명하지만 그렇다고 내용이 반드시 충돌한다고 볼 이유도 없다고 생각된다. 즉 민사집행법 제83조 제2항은 강제집행에서 강제관리와 대비하여 강제경매의 경우 채무자의 사용·수익이 압류에 의해 영향을 받지 않는다는 내용이다. 그런데 우리 법제는 저당권의 실행으로는 저당부동산 관리를 주된 환가방법으로는 인정하지 아니하면서도 압류 이후 그 과실에 대해 저당권의 효력을 미치게 하므로(제359조), 불가피하게 저당권이 실행되는 경매절차는 일정 부분 관리에 의한 환가를 "안에 품는" 방식으로 행해지는 경매이어야 한다. 즉 저당권의 실행은 경매에 의하지만, 저당부동산 압류 시점부터 경락받은 매수인에게 소유권이 이전될 때까지 발생하는 부동산의 모든 수익은 채권자의 만족에 충당되어야 한다는 점에서 그 기간 동안의 관리를 포함해야 하는 것이다. 이렇게 이해한다면 민사집행법 제268조에 의해 저당권 실행을 위한 경매에 준용되는 동법 제83조 제2항의 의미는 관리·운영의 결과 발생하는 수익이 저당부동산 소유자에게 종국적으로 귀속한다는 것일 수는 없다. 이는 경매절차에서 일정 부분 수익을 통한 저당권자의 만족을

---

33) 竹下 (주 23), 90면 참조.

허용하는 제359조에 반하기 때문이다.

따라서 민사집행법 제83조 제2항은, 일차적으로 경매절차에서 채무자의 사용 즉 점유 및 관리·운영을 보장하는 내용이며, 사용을 넘어서는 부동산의 수익의 귀속에 대해서는 다른 규정과의 관계에서 결정된다고 이해해야 한다. 즉 저당권이 실행되지 아니하는 강제경매의 경우, 강제관리와의 관계에서 민사집행법 제83조 제2항은 수익 역시 채무자에게 종국적으로 귀속한다는 내용으로 적용된다(제211조: "소유자는 […] 수익[…]할 권리가 있다").[34] 반면 저당권이 실행되는 경매의 경우에는 제359조도 적용되므로, 민사집행법 제268조에 따른 "준용"에 따라 동법 제83조 제2항은 저당권이 실행되는 범위에서는 저당부동산의 사용과 수익을 구별하여 사용은 저당부동산 소유자에게 허여되지만 그가 수취하는 과실은 채권자의 만족을 위해 환가되어야 한다는 내용으로 적용되어야 한다. 이렇게 해석한다면 제359조와 민사집행법 제83조 제2항, 제268조는 상충한다기보다는 준용과정에서 해석상 조화되어야 할 규율로 파악된다.[35]

물론 부동산 수익의 가치를 채권자 만족을 위해 충당할 수 있다는 제359조의 취지를 우리 민사집행법 체계에서 보다 정합적으로 실현하는 길은 —우리 집행법 체계에 다소 낯설다고 해야 할 관리를 안에 품은 경매가 아니라— 입법적으로 저당권의 실행방법으로 관리에 의한 환가를 허용하는 방법일 것이다(아래 V. 1.도 참조).[36] 그러나 이는 민법 및 민사집행법의 개정에 의해서 가능한 것으로, 단순히 해석론으로 달성할 수는 없다. 적절한 입법이 있게 될 때까지는, 이상에 살펴본 바와 같은 해석이 불가피하다고 보인다.

---

34) 中野貞一郎, 民事執行法, 增補新訂六版, 2010, 399면 참조.
35) 같은 취지로 김재형, "저당권에 기한 방해배제청구권의 인정범위", 민법론 Ⅲ, 2007, 166면.
36) 竹下 (주 23), 91면 참조.

(5) 소결

이상의 내용을 요약하면 다음과 같다. 천연과실에 대한 저당권의
효력은 기본적으로 부합물에서와 마찬가지로 다루어져야 한다. ① 과
실에 대한 저당권의 효력은 압류의 시점을 기준으로 그 이전에는 잠
재적인 것으로 있다가 압류에 의해 실현된다.[37] 즉 저당권의 효력은
압류 이전에도 잠재적으로 천연과실에 미치지만, 압류 이전에는 저당
부동산의 사회관념상 인정되는 통상의 사용·수익에 따라 수취되는
천연과실의 경우 저당권의 효력에서 벗어난다. ② 정기적이고 자연적
으로 수취되어 원물에 영향을 주지 않는 자연적 천연과실은 적기의
수확 자체가 정상적인 사용·수익이므로 그 수취에 의하여 저당권의
효력으로부터 벗어나지만, 원물의 가치 저하를 수반하는 생산물로서
의 천연과실은 개별적으로 그것이 사회관념상 저당부동산의 정상적이
고 통상적인 사용·수익의 결과 수취된 것인지 여부를 기준으로 하여
저당권의 효력이 미치는지 여부가 결정된다. 정상적인 수익인 경우에
는 수취와 함께 저당권의 효력에서 벗어나지만, 그렇지 않은 경우에
는 저당권의 효력이 여전히 미쳐 저당권자는 방해배제청구권을 행사
할 수 있으며, 거래의 안전은 선의취득에 의해 보호된다. ③ 한편 저
당부동산이 압류가 되면 잠재적인 저당권의 효력은 현실적이고 전면
적인 것이 되며, 그 순간부터는 정상적인 사용·수익에 기하여 과실이
수취되더라도 그에는 저당권의 효력이 미친다. ④ 민사집행법 제83조
제2항, 제268조는 저당권이 실행되는 경매절차에서는 저당부동산 사
용자의 사용을 보장하는 내용으로 이해되어야 하고, 수익의 취급에
대해서는 제359조가 규율한다. 저당권이 실행되는 경매절차는 부분적
으로 관리에 의한 환가를 "안에 품게" 된다.

---

37) Jauernig/Berger (주 25), §§ 1120−1122 Rn. 2 참조.

(6) 부합물과 종물에 대한 시사

제359조에 대한 이상의 해석론은 다른 한편으로 부합물과 종물에 대한 제358조의 해석론을 보충할 수 있는 중요한 단서를 제공한다. 이는 저당권이 실행되어 저당부동산이 압류가 된 이후에도 저당부동산 소유자는 통상의 용법에 좇아 부합물이나 종물을 분리 · 반출할 수 있는지 여부의 문제와 관련된다. 제358조는 이를 명시적으로 규율하지 않지만, 제359조의 가치평가를 고려하면 저당권의 효력이 종국적으로 미침을 부정하기 어렵다고 생각된다. 저당부동산의 극히 자연스러운 사용 · 수익에 따른 천연과실의 수취마저 저당부동산의 압류 이후에는 저당권의 효력으로부터 벗어날 수 없는데, 저당부동산의 경제적 활용에 영향을 주는 부합물이나 종물의 분리 · 반출에 저당권의 효력이 미치지 않는다는 결과는 균형을 잃어 부당하기 때문이다. 저당권이 실행되어 부동산이 압류된 시점을 기준으로 소유자의 통상적인 수익으로부터 나오는 가치도 저당권자에게 돌린다는 제359조의 가치평가를 유추한다면, 저당부동산 압류 이후에는 부합물이나 종물의 정당한 분리 · 반출은 있을 수 없다고 해석하는 것이 타당할 것이다.[38] 물론 저당권의 실행이 저당부동산 소유자가 계속 부합물과 종물을 사용하는 행위에는 영향을 주지 않으며, 이는 계속 허용된다(민집 제83조 제2항).

Ⅲ. 법정과실에 대한 저당권의 효력

1. 민법 제359조가 법정과실에 적용되는지 여부

(1) 민법의 해석

앞에서는 제359조의 입법취지와 내용을 주로 천연과실을 전제로

---

38) 같은 취지로 고상용, 물권법, 2002, 648면.

하여 살펴보았다. 그런데 제359조는 일반적으로 과실에 대한 저당권의 효력을 정하므로, 같은 내용이 법정과실에 대해서도 그대로 적용될 수 있는지의 문제가 제기된다. 통설은 제359조가 법정과실에도 적용된다고 하며,[39] 저당권의 효력의 범위에서 과실수취권에 대해 예외를 인정한 이유는 소유자 및 제3취득자로 하여금 경매절차를 지연시켜서 과실을 부당하게 취하려는 행위를 방지하려는 데 있는데, 법정과실의 경우에 이러한 필요성이 더 크다는 것을 이유로 한다.

그런데 법제사법위원회에서 제359조가 심의되는 과정에서, 이 규정이 의용민법 제371조와 동일한 취지라고 하면서 "과실에 대하여서는 천연과실만을 의미하고 법정과실은 포함하지 않는다는 것이 판례·통설이다. 법정과실에 대하여는 현행법 제304조(초안 제331조)의 물상대위에 의하여 압류를 요건으로 한다는 것이 통설이다"는 발언이 행해진 바 있다.[40] 반드시 명백한 것은 아니지만, 아마도 입법관여자들은 심의과정에서 제359조가 천연과실에만 적용되며 법정과실에 대해서는 물상대위의 문제로 해결되어야 한다고 생각한 것으로 보인다. 그러나 이는 우리 민법이 차임채권 등에 대한 물상대위(이른바 부가적 물상대위)를 폐지하고 목적물에 갈음하는 권리에 대한 물상대위(이른바 대체적 물상대위)만을 인정하고 있다는 사실(제342조, 제370조)을 간과하였거나 해당 부분의 심의 이전에 행해진 발언으로 보인다. 이를 배경으로 학설에서는 우리 민법이 부가적 물상대위를 인정하지 않는다는 결단을 강조하여 법정과실에는 저당권의 효력이 미치지 않는다는 견해도 주장된

---

39) 강태성 (주 1), 1128면; 고상용 (주 38), 650–651면; 곽윤직·김재형 (주 1), 444면; 김상용 (주 1), 682면; 김증한·김학동 (주 1), 528면; 송덕수 (주 1), 478면; 이덕환 (주 1), 777면; 이상태 (주 1), 498면; 이영준 (주 1), 875면; 이은영 (주 1), 793면; 어인의, "저당권의 효력이 미치는 범위", 청주대 법학논집, 제6집, 1992, 108면; 주석 물권(4) (주 4), 149면(김재형). 한편 특별한 이유제시 없이 법정과실은 포함되지 않는다는 견해로 이동원 (주 27), 40면; 법원행정처, 법원실무제요 민사집행 Ⅱ, 2014, 154면.

40) 민의원 법제사법위원회 민법안심의소위, 민법안심의록, 상권, 1957, 214–215면.

다.[41] 그러나 입법자가 저당권의 효력이 법정과실에 미쳐야 한다는 규율을 의욕하고 있었던 것은 분명하므로, 민법의 해석으로는 제359조가 문언을 한정하고 있지 아니한 이상 거기서 말하는 "과실"에는 법정과실도 포함되어야 한다고 생각한다.[42] 입법자는 비록 물상대위의 가능성에 대해 착오를 하고 있었으나 그러한 법률구성의 문제를 제외한다면 규율 의도는 오히려 법정과실에도 저당권의 효력이 미친다는 것이므로, 물상대위의 가능성이 없는 현행 민법의 해석에서는 저당권의 효력은 제359조에 따라 법정과실에 미친다고 해석하는 것이 입법자의 규율 의도를 존중하는 해석으로서 타당하기 때문이다. 입법자의 의사는 단순한 심리적 의사가 아니라 전제된 분쟁에 대한 이익형량 및 그 해결을 위한 목적적 평가이며, 입법과정에서 내려진 그러한 가치평가를 인식하는 것이 역사적 해석의 목적이므로, 규율내용과 의사가 명백히 규명되는 이상 입법자가 사용한 개념이나 이론구성에 오류가 있더라도 입법자의 의사를 고려하는 것에는 장애가 없다고 할 것이다.[43]

게다가 입법자는 아마도 의식하지 못한 채로 법정과실에도 저당권이 미친다는 것을 전제로 하는 문언을 채택하였다. 제359조에 의하면 저당부동산 압류 이후 저당권의 효력은 저당부동산 설정자 즉 소유자가 "수취한 과실" 또는 "수취할 수 있는 과실"에 미친다. 여기서 수취한 과실의 의미는 명백하다. 예컨대 소유자가 수확한 작물이나 채취한 토사가 그에 해당한다. 그런데 "수취할 수 있는 과실"에 저당권의 효력이 미친다는 것은 무슨 의미인가? 도대체 아직 수취하지 않아 분리되지 아니하여 저당부동산의 일부인 물건에 별도로 저당권의 효력을 미치는 것이 법적으로 가능한 일인가? 이러한 의문은 해당 문

---

41) 제철웅, 담보법, 개정판, 2011, 365−366면.
42) 대체로 같은 취지로 명순구, 실록 대한민국 민법 2, 2010, 461면; 이은영 (주 1), 793면.
43) 이 점에 대해 고전적인 논의로 Heck, "Gesetzesauslegung und Interessenjurisprudenz", AcP 112 (1914), 110ff. 참조.

언이 법정과실을 지시하는 것임을 이해하면 해결된다. 법정과실은 "물건의 사용대가로 받는 금전 기타의 물건"(제101조 제2항)이므로, 수취할 수 있는 과실에 저당권이 미친다는 표현은 바로 차임이나 지료를 청구할 수 있게 하는 채권에 저당권의 효력이 미친다는 의미에 다름 아니기 때문이다. 이는 특히 우리 입법자가 입법과정에서 참조한 입법례가 법정과실을 염두에 두고 사용하고 있는 표현이라는 사실로부터도 확인되며(주 40 참조; 중화민국 민법 제864조 본문의 "저당물에 관하여 수취할 수 있는 법정과실", 만주국 민법 제347조의 "수취할 수 있는 과실"), 민법이 물상대위와 관련해 사용하고 있는 용어법(제342조: "질권설정자가 받을 금전")에도 상응한다. 제359조의 "수취한 과실 또는 수취할 수 있는 과실"은 "수취한 천연과실 또는 법정과실을 청구할 권리"를 의미한다.

그러므로 입법자의 법률구성에 착오가 있더라도 규율의사 및 채택된 문언에 비추어 제359조가 법정과실에도 적용된다는 점은 부인하기 어렵다고 생각된다. 그리고 앞서 살펴본 천연과실에 대한 내용을 배경으로 한다면(본장 Ⅱ. 3. 참조), 저당권부동산이 압류된 이후 법정과실에 저당권의 효력이 미치는 결과도 같은 논리의 연장선상에서 설명할 수 있다. 저당권이 실행된 이후에는 저당부동산의 천연과실에 저당권의 효력이 미침으로써 저당권자가 만족을 받아야 하지만, 적법한 임차인 등 저당부동산에 사용·수익의 권리를 가지는 자가 존재하는 경우에는 천연과실은 그 자에게 귀속하므로(제102조 제1항) 특별한 규정이 없는 한 저당권의 효력이 바로 그에 미칠 수 없다. 따라서 민법은 천연과실에 저당권의 효력을 미치지 못하는 것에 대한 보상으로서 대신 저당부동산 소유자가 천연과실 취득자에 대하여 가지는 차임채권 등의 법정과실에 저당권의 효력을 미치게 하는 것이라고 설명할 수 있는 것이다.[44] 이는 또한 천연과실과 법정과실을 동등하게 취급

---

44) Motive Ⅲ, 657f. = Mugdan Ⅲ, 367f. 참조.

하는 민법의 태도에도 부합한다.

(2) 비판에 대한 검토

이에 대해 법정과실에 대한 적용가능성을 부정하는 견해는 이를 인정하면 다음의 난점이 등장한다고 지적한다. ① 임대료에 대해 원물에 대한 압류를 전후하여 압류 후의 임대료 부분에 대해서만 저당권의 효력이 미친다고 해야 하고, ② 저당부동산의 압류 후 소유자는 아무런 장애 없이 이를 사용·수익할 수 있다는 것은 저당권자의 간섭 없이 이를 스스로 사용하거나 임대하는 것이 가능하다는 것으로 자신이 사용하는 것과 타인으로 사용하게 하는 것을 구분하는 것은 인위적이며, ③ 그럼에도 타인이 사용하는 경우 그 임료 등에 저당권의 효력이 미친다면 소유자가 사용하는 것을 제3자가 권원 없이 침탈하여 점유하는 경우 그 부당이득이 과실에 준하므로 그 부당이득반환청구권에도 저당권의 효력이 미친다고 해야 하는데 부당하다는 것이다.45)

그러나 이러한 비판만으로 제359조가 법정과실에 적용될 수 없다고 단정할 수는 없다고 생각된다. ①에 대해서 보면, 천연과실에 대한 설명에 준할 때, 저당권의 효력은 원래 차임채권에 그대로 미치지만 압류 이전에는 잠재적인 것으로 통상적인 추심·변제에 의해 저당권의 효력으로부터 벗어나고, 압류 이후에는 제359조 본문에 따라 저당권의 효력이 종국적으로 미치게 되는 것이므로(본장 IV. 2. 참조) 이는 난점이라기보다는 관리에 의한 환가가 부수적인 우리 민사집행법에서는 오히려 당연한 결과라고 해야 한다. 한편 ②에 대해서 보면, 저당부동산 소유자에 의한 사용과 타인에게 사용하게 하는 수익은 개념적으로 구별될 뿐만 아니라,46) 저당권의 효력과 관련해서도 의미가 있

---

45) 제철웅 (주 41), 366면.

46) 사용과 수익의 구별에 대해 양창수, "민법 제102조 제1항에 의한 천연과실의 귀

다. 저당권자는 가능하다면 저당부동산의 소유자에 의한 사용이익에 대해서도 저당권의 효력을 미치고 싶을 수 있을 것이다. 그러나 저당권의 효력이 미친다고 해도 그러한 사용으로부터 나오는 사용이익은 원물이 없어 저당부동산 소유자의 저당권자에 대한 가액지급의무로서만 존재하며(제741조, 제747조 제1항) 이는 결국 피담보채권과 구별되는 환가의 기초로서 기능할 수가 없다. 그러므로 저당부동산 소유자의 사용에 대해서 저당권의 효력을 미친다는 것은 무의미하다. 그러나 저당부동산 소유자가 임대 등을 통해 차임채권 등을 가지는 경우, 저당권자로서는 집행절차를 통해 환가할 수 있는 객체를 가지게 되는 것이므로 그에 저당권의 효력을 미치는 것은 의미를 가질 수 있다. 또한 압류가 목적물의 관리·운영에 영향이 없다는 규정(민집 제83조 제2항)은 앞서 보았지만 저당권의 경우 저당부동산 소유자의 수익이 보장된다는 의미이지, 그로부터 나오는 수익의 귀속에 대해 규율하고 있는 규정은 아니다(본장 Ⅱ. 3. (4) 참조). 마지막으로 ③의 비판은 저당부동산 소유자의 사용이익에 저당권의 효력이 미친다는 것을 전제하는데, 바로 앞에 보았지만 민법과 민사집행법은 사용/사용이익과 수익/과실을 구별하여 후자에 대한 효력만을 규정하고 환가기초로 불충분한 사용이익은 소유자에게 유보하므로 과실에 대한 저당권의 효력을 부정할 만한 근거는 되지 못한다고 보인다.

2. 천연과실과 법정과실의 경합

오히려 제359조를 법정과실에 적용할 때에는 다음과 같은 문제가 발생한다. 저당권이 설정된 이후에 임대되어 저당권에 대항할 수 없는 임대차가 있는 경우, 저당권은 임차인이 수취한 천연과실에 미치는가 아니면 임대인이 수취한 법정과실인 차임채권에 미치는가? 즉

속", 민법연구, 제8권, 2005, 118면 이하 참조.

저당부동산을 경락받은 매수인에게 이전하는 것은 천연과실의 소유권
인가 차임채권의 귀속인가?

　일부 학설은 저당부동산 위에 대항력 있는 임차권을 취득한 제3
자를 제359조 단서에서 정한 제3자에 준한다고 보아 천연과실에 대해
저당권의 효력이 미친다는 견해를 주장한다.[47] 실제로 의용민법의 경
우, 우리 제359조에 해당하는 동법 제371조(담보부동산수익집행이 도입
으로 개정되기 전 일본 민법 제371조를 말한다)는 천연과실에 대해서만
적용되고 법정과실은 부가적 물상대위에 의해 규율된다고 해석되고
있었으므로 이러한 경합 문제는 없었고, 후순위 임대차와의 관계에서
당연히 천연과실에 대해 저당권이 미친다는 해석이 이루어지고 있었
다.[48] 그러나 부가적 물상대위를 알지 못하고 법정과실까지 동등하게
제359조에 의해 규율된다고 해석되는 우리 민법의 경우에는 의용민법
에 존재하지 않는 경합 문제가 발생하고, 따라서 그곳에서와 동일한
결론을 그대로 내리기는 어렵다고 보인다.

　결국 천연과실이 용익권자에게 귀속하기 때문에 그에 갈음하여
저당부동산 소유자의 법정과실에 저당권의 효력을 미치게 한다는 제
359조의 규범목적에 따른다면(본장 Ⅲ. 1. (1) 주 44의 본문 참조), 압류
이후 저당권의 효력은 임차권자에게 귀속한 천연과실이 아니라 저당
부동산 소유자의 법정과실인 차임채권에 미친다고 해석해야 한다.[49]
저당부동산으로부터 일차적으로 발생하는 과실인 법정과실에 저당권
의 효력이 미친다고 보아 임차인의 사용·수익을 보장하는 결론이 비
점유담보권인 저당권의 취지 및 규정의 문언에 비추어(제359조: "저당
권설정자가 […] 수취한 과실") 보다 적절하다고 생각된다. 또한 이러한

---

47) 주석 물권(4) (주 4), 148면(김재형).

48) 柚木馨·高木多喜男, 擔保物權法, 第三版, 1982, 261면 참조.

49) 서울동부지판 2007.4.24., 2006가단62400, 각공 2007, 1875도 저당권의 효력이 법
　　정과실에 미침을 전제로 하여 판단하고 있다.

해석이 천연과실이 수취되는 임대차가 상대적으로 많지 않은 현대 경
제에서 저당권자에게도 유리할 것으로 예상된다.

Ⅳ. 저당권의 효력이 미치는 과실의 취급

1. 천연과실

(1) 부동산 경매에 의한 환가

천연과실에 저당권의 효력이 미친다고 할 때 그 취급은 분리된
부합물과 대체로 같다.[50]

우선 천연과실이 저당부동산의 일부일 때에는 독립한 부동산이
아니므로 저당부동산과 함께 경매목적물이 된다. 반면 천연과실이 분
리된 때에는 경우를 나누어 보아야 한다. 아직 저당권 실행에 따른 압
류가 있기 전이라면, 저당부동산 소유자는 사회관념상 정상적이고 통
상적인 용법에 따라 천연과실을 수취할 수 있으며, 이로써 천연과실
은 저당권의 효력으로부터 벗어난다. 앞서 살펴본 대로 자연적 천연
과실은 성질상 대체로 그러할 것이지만, 생산물로서의 천연과실은 개
별적으로 그것이 저당부동산의 통상적인 용법으로 수취된 것인지 여
부에 따라 판단해야 한다.

그러나 저당부동산의 압류가 있은 후라면, 저당부동산 소유자가
천연과실을 수취한 때에도 저당권 효력은 그에 미치므로 저당부동산
과 함께 경매목적물이 되고, 그 소유권은 저당부동산을 경락받은 매
수인에게 이전한다.[51] 저당권이 실행되지 아니하는 강제경매에서와는
달리, 경락 시점까지 성숙기에 달하여 소유자에 의하여 수취될 것이
예상되거나 채굴이 예상되는 경우에도 마찬가지이다.[52] 또한 천연과

---

50) 부합물의 취급에 대해 민법주해[Ⅶ] (주 4), 38면(남효순); 주석 물권(4) (주 4),
    135−136면(김재형) 참조.
51) 양창수 (주 46), 113면; 대구지판 2007.5.31., 2007노599, 각공 2007, 2029.

제1장 환가권으로서 저당권: 과실에 대한 효력을 중심으로　　151

실이 반출된 경우 저당권의 효력이 미쳐 저당권자는 방해배제청구권
등을 행사할 수 있으며(제2편 제5장 Ⅲ. 1. 참조), 거래의 안전은 선의취
득 등으로 보호된다.[53]

(2) 동산집행의 가능성

천연과실은 경매부동산과 함께 경매목적물이 되므로, 천연과실을
고려하여 최저경매가격을 정하게 된다.[54] 관련하여 분리된 천연과실
이나 분리되기 전 천연과실로서 1월 이내에 수확할 수 있는 것(민집
제189조 제2항 제2호)에 대해서, 저당권자가 저당부동산과 함께 경매하
는 방법 외에 별도의 동산집행을 통해 환가하여 우선변제를 받을 수
있겠는가? 독일 민법은 저당부동산과 저당권의 효력이 미치는 물건에
대해서는 강제집행의 방법으로 만족을 받도록 하고(동법 제1147조 참
조), 그에 따라 독일 민사소송법은 분리된 산출물이나 부합물의 경우
에는 이를 허용하나 종물의 경우에는 명문으로 이를 배제한다(동법 제
865조 제2항 참조).[55] 그러나 우리 민사집행법은 담보권에 기한 유체동
산에 대한 경매는 질권만을 전제로 규정하고 있어(민집 제271조) 해석
상 저당권의 효력이 미치는 유체동산에 대해 압류해 현금화하는 것은
어렵다고 보인다.[56]

한편 저당부동산 소유자의 일반채권자가 분리된 천연과실이나 1
월 이내에 수확할 수 있는 천연과실을 동산집행으로 압류하는 경우에
저당권자는 어떠한 권리를 가지는가? 저당부동산이 압류된 시점 이후

---

52) 이동원 (주 27), 40면.
53) 같은 취지로 제철웅 (주 41), 365면.
54) 이동원 (주 27), 40면.
55) Wolfsteiner in Staudinger, *Kommentar zum Bürgerlichen Gesetzbuch*, 2009, §
1120 Rn. 26, 40.
56) 일본 민사집행법을 전제로 같은 취지로 道垣內弘人, 擔保物權法, 第3版, 2008,
136면.

에 이루어진 천연과실 압류에 대해 저당권자가 집행에 대한 이의(민집 제16조)나 제3자이의의 소(민집 제48조)를 제기하여 집행을 배제할 수 있음에는 의문이 없다. 문제는 저당부동산이 압류된 시점 이전에 동산집행에 따른 압류가 있는 경우이다. 학설에서는 종물에 준하여 저당권자에게 언제나 집행을 배제할 권리를 주어야 한다는 견해도 주장된다.57) 그러나 압류 이전에는 저당부동산 소유자의 정당한 사용·수익은 보장되어야 하므로 그러한 해석은 소유자의 권한 및 그에 대한 일반채권자의 이익을 지나치게 제약한다고 보인다. 경우를 나누어 취급하는 것이 타당하다. 원물의 가치에 영향을 주지 아니하는 자연적 천연과실의 경우에는 수확 후 처분이 정상적인 사용·수익의 방법으로 예정되어 있어 수취로 저당권의 효력에서 벗어나므로, 아직 저당부동산의 압류가 없는 이상 그에 대한 일반채권자의 집행은 허용된다고 보아야 한다. 반면에 원물의 가치를 감소시키는 생산물로서의 천연과실은 그것이 사회관념상 저당부동산의 정상적이고 통상적인 용법에 따라 수취되었는지 여부를 기준으로 하여, 정상적인 수취라면 저당권의 효력이 미치지 않으므로 일반채권자의 집행은 허용되지만 그렇지 않은 경우에는 저당권의 효력이 미쳐 저당권자는 집행을 저지할 수 있다고 할 것이다(본장 Ⅱ. 3. (2) 참조).

2. 법정과실

법정과실에 대한 저당권의 효력이 어떠한 방법으로 실현될 것인지 여부는 민법이나 민사집행법 규정만으로는 반드시 명확한 것은 아니다. 독일의 경우 차임채권에 대한 저당권의 효력은 강제관리의 방법으로 실현하는 것으로 이해되고 있으나(독일 강제경매법 제21조 제2항 참조),58) 우리 민법은 저당권의 실행방법으로 관리에 의한 환가를 인

---

57) 이동원 (주 27), 40면; 주석 물권(4) (주 4), 148-149면(김재형).
58) Eickmann in *Münchener Kommentar zum Bürgerlichen Gesetzbuch*, 6. Aufl.,

정하고 있지 않으므로 그에 의할 수 없다. 한편 우리 민사집행법은 프랑스법과 달리 경매절차 내부에서 이루어지는 관리에 대한 규율도 두고 있지 않다. 따라서 법정과실의 취급은 우리 민법과 민사집행법의 규율을 배경으로 독자적으로 탐구될 수밖에 없다.

(1) 부동산 경매에 의한 환가

우선 제359조가 천연과실과 법정과실을 포괄하여 규정하는 이상, 천연과실에 인정되는 법리가 그대로 법정과실에도 적용되어야 할 것이다.

즉 저당부동산의 압류 이전에 발생한 차임채권 등 법정과실(아래에서는 차임채권을 대표로 하여 서술한다)에 대해서는 저당부동산 소유자는 이를 정상적으로 추심하여 그 변제를 수령할 수 있다. 이는 사회관념상 저당부동산의 통상적인 용법에 따른 수익에 해당하며, 이로써 법정과실은 저당권의 효력으로부터 벗어난다.[59] 대물변제 또는 상계가 있거나 저당부동산 소유자에 의한 채권양도가 있는 경우에도 마찬가지이다.[60] 공탁의 경우도 마찬가지이겠지만, 임차인이 공탁물을 회수하는 때에는 차임채권이 부활하여 저당권은 다시 그에 효력을 미친다(제489조 참조).

한편 저당부동산이 압류된 이후에 발생한 차임채권에 대해서는, 저당부동산 소유자는 이를 추심하여 수령할 수 없다. 그 채권은 종된 권리에 준하여 저당부동산과 함께 경매로 환가되어 경락받은 매수인에게 이전된다.[61] 이때 저당권의 효력이 미치는 차임채권의 취급에는

2009, § 1123 Rn. 18.
59) 주석 물권(4) (주 4), 149-150면(김재형).
60) *MünchKomm*/Eickmann (주 58), § 1124 Rn. 3, 12.
61) 서울동부지판 2007.4.24., 2006가단62400, 각공 2007, 1875. 이 판결은 민법주해 [VII] (주 4), 58면(남효순)에 좇은 것으로 보인다. 또한 이 판결은 같은 문헌을 따라 방론으로 법정과실이 경매절차에서 수취된 후 피담보채권의 변제에 충당할 가

성질상 질권이 설정된 채권에 관한 제352조가 유추되어야 할 것인데, 다만 차임채권의 제3채무자(임차인)가 저당권의 효력이 미친다는 사실을 모를 수 있다는 사정을 고려해야 한다. 즉 임차인은 저당부동산이 압류된 이후에는 임대인인 저당부동산 소유자에게 차임을 변제해서는 안 되며, 필요한 경우 공탁을 하여야 한다(제487조). 그럼에도 변제하였다면 임차인은 이를 이후 경락받은 매수인에게 대항할 수 없어 이중변제 위험을 부담하게 될 것이다. 그러나 임차인이 저당부동산의 압류 사실에 대해 선의·무과실로 임대인인 저당부동산 소유자에게 차임을 변제한 경우, 채권의 준점유자에 대한 변제(제470조)가 성립하여 채권은 소멸할 것이다. 따라서 법정과실을 경매에서 환가하려는 저당권자로서는 채권의 준점유자의 변제로 법정과실이 소멸하는 것을 예방하기 위해 제3채무자인 임차인에게 저당권 실행 사실을 통지하는 것이 합목적적이다.

저당부동산 소유자의 일반채권자가 채권집행의 방법으로 차임채권을 압류하는 경우, 법률관계는 저당부동산의 압류 전후로 구별되어야 한다. 저당부동산이 압류된 이후에 발생한 차임채권에 대해서는 저당권의 효력이 그에 미친다. 차임채권은 경락으로 매수인에게 이전되어야 하므로, 저당권자는 그에 대한 일반채권자의 집행을 저지하기 위해 집행에 대한 이의(민집 제16조)나 제3자이의의 소(민집 제48조)를 제기할 수 있다고 해야 한다(한편 아래 (2)에서 보는 바와 같이 물상대위 규정을 유추할 수 있다면 배당요구도 가능할 것이다). 반면 저당부동산이 압류되기 이전에 발생한 차임채권이 압류된 사안에서는, 법정과실은 반드시 원물의 가치에 영향을 주지는 않는다는 점에서 자연적 천연과

_____

능성도 언급한다. 이는 프랑스법의 태도를 반영한 것으로 추측되나, 경매절차 내 관리에 관한 규정을 결여하는 우리 민사집행법에서 이를 실현하는 것은 실무상 쉽지 않을 것이다. 누가 어떤 절차로 수령하며 그 효력은 어떻게 되는지 등에 대해 아무런 의지할 만한 규율이 없기 때문이다.

실과 유사하므로 이에 준하는 것이 타당하다고 보인다. 즉 저당권 실
행 이전에 발생한 차임채권의 추심은 정상적인 사용·수익에 해당하
므로, 이는 저당부동산 소유자의 일반 책임재산에 포함된다고 보아야
한다. 저당권자는 집행을 저지할 수 없다.[62] 한편 저당부동산 압류 이
전에 성립해 변제기가 도래하였으나 압류 시점까지 변제되지 아니한
차임채권에 대해 저당권의 효력이 미치는가? 주저되는 바가 없지 않
으나, 제359조가 (독일 민법과는 달리) 반출이 아니라 (프랑스 민법과 같
이) 수취만으로 과실이 저당권의 효력에서 벗어난다는 태도를 취하는
것을 고려한다면, 차임채권이 저당부동산 압류 이전에 유효하게 성립
하여 변제기가 도래함으로써 저당권의 효력은 더 이상 미치지 않는다
고 보아야 할 것이다.

(2) 물상대위 법리의 유추가능성

이상에서 서술한 방법은 차임채권 등 법정과실이 저당부동산과
함께 경매되는 것을 전제로 한다. 그런데 민사집행법은 저당권에 기
해 물상대위를 하는 경우 집행방법을 정해 두고 있으므로(민집 제273
조), 저당부동산이 압류된 이후에는 저당부동산과 함께 매각으로 환가
하는 방법 외에도 저당권자가 민사집행법 제273조의 방법에 의해 저
당부동산의 경매와 병존하여 차임채권으로부터 만족을 받을 수는 있
겠는지 여부를 생각해 볼 여지가 존재한다.

물론 우리 입법자는 차임채권에 대한 대체적 물상대위를 폐지하
였으므로, 이를 인정하는 일본에서와는 달리[63] 차임채권에 대해 변제
기와 무관하게 물상대위권을 행사할 수 없음은 당연하다. 그러나 일
단 저당권 실행에 따른 저당부동산의 압류로 차임채권에 저당권의 효
력이 종국적으로 미치게 된 경우에는, 저당권이 채권을 목적으로 하

---

62) *MünchKomm*/Eickmann (주 58), §1124 Rn. 16.

63) 이에 대해 제2편 제3장 Ⅱ. 2. (2) (가) 주 22 참조.

여 효력을 미친다는 점에서[64] 당사자들의 이익상황은 이제 물상대위의 경우와 크게 다르지 않게 된다. 특히 제359조는 법정과실에 대한 저당권의 효력을 주장하는 과정에서 저당권자가 제3채무자의 지급을 저지할 수 있도록 하는 조치를 별도로 규정하고 있지 않기 때문에(중화민국 민법 제864조 단서, 만주국 민법 제347조 제2항 참조), 저당권자로서는 제3채무자인 임차인의 차임채권 변제를 차단하면서 이를 전부 받거나 다른 채권자의 집행에서 배당을 요구하는 등으로[65] 피담보채권의 만족을 추구할 실익이 있다. 또한 입법자가 법정과실에 저당권의 효력이 미치는 경우의 법률관계를 물상대위에 준하여 생각하였다는 점도 고려되어야 한다(본장 Ⅲ. 1 (1) 참조). 그러므로 저당권자는 저당부동산 압류 이후 법정과실에 대해 이를 저당부동산과 함께 경매로 환가하여 만족을 받을 수 있지만, 별도로 보다 효율적인 추심을 위해 저당부동산의 경매와 병존하여 물상대위에 관한 민사집행법 제273조의 유추적용에 따라 압류·전부하거나 배당요구를 하는 방법으로 만족을 받을 수도 있다고 이해하는 것이 타당하다.[66]

　　물론 이러한 방법은 물상대위는 아니며, 저당부동산의 경매에 부수하는 법정과실의 환가 즉 경매절차 "안에 품어진" 관리에 의한 환가이다. 이 해석은 저당권 실행방법으로 관리에 의한 환가를 규정하지 아니하는 우리 법제의 불충분함을 적어도 경매절차가 진행되는 동안에는 완화할 수 있다는 장점이 있다고 보인다. 물론 이는 저당부동산의 경매를 보조하는 환가방법에 그치므로, 저당부동산의 압류 시점부터 배당기일 사이에 성립해 변제기가 도래하는 차임채권에 대해서만 행사할 수 있다. 이 경우 집행법원은 당연히 저당부동산의 매각대금과 관련해 배당표를 작성할 때 법정과실이 민사집행법 제273조의

---

64) 제2편 제3장 Ⅲ. 2. (1) (가) 참조.

65) 물상대위에 대해 大判 1994.11.22., 94다25728, 공보 1995, 71 참조.

66) 이제는 본서의 주장에 따라 大判 2016.7.27., 2015다230020, 공보 2016, 1228도 같은 취지이다.

유추에 따라 환가된다는 사실을 고려해야 한다. 경우에 따라서는 집
행법원이 그 사실을 알기 어려울 수도 있겠으나, 이는 사전에 일부 만
족을 받은 저당권자의 저당권 실행에서 나타나는 일반적인 난점으로
이 사안유형에 특유한 문제는 아니다.

3. 압류 전에 처분한 과실

저당권설정자가 저당부동산 압류 이후의 기간까지 포함하여 차임
을 미리 수취하였거나 압류 이후에 수취할 천연과실을 미리 처분하여
대가를 수령한 경우, 저당권의 효력은 어떠한가? 학설은 제359조가
압류가 있은 후에 저당권설정자가 수취한 과실 또는 수취할 수 있는
과실만을 담보가치를 실현할 대상에 포함시키고 있으므로 압류가 있
기 전에 미리 수취한 천연과실의 대가나 법정과실에 대하여서는 저당
권의 효력이 미치지 않는다고 해석한다.[67] 그러나 이에 동의하기는
어려우며, 천연과실과 법정과실은 성질을 달리하므로 경우를 나누어
보아야 한다.

천연과실의 경우, 분리 이전에 양도되었다고 하더라도 아직 동산
으로서 독립하지 않은 채로 저당부동산의 일부로 존재하므로 양도행
위의 효력은 발생하지 않는다. 따라서 압류 이후 천연과실이 분리되
는 순간 그에 저당권의 효력이 미치므로, 양수인의 지위는 선의취득
(제249조)이 성립하는지 여부에 따라 결정되어야 한다. 그렇지 않으면
저당권의 실행을 예상한 저당부동산 소유자의 사전 양도로 저당권자
의 만족이 손쉽게 저해될 우려가 있다. 선의취득에서 양수인의 선의·
무과실은 물권행위의 모든 요건이 충족된 시점까지를 기준으로 판단
되므로,[68] 양수인이 양도합의의 시점뿐만 아니라 분리 후 인도 시점
까지 선의·무과실인 때 즉 저당권 실행 사실을 과실 없이 알지 못한

---

67) 주석 물권(4) (주 4), 149-150면(김재형).
68) 大判 1991.3.22., 90다70, 공보 1991, 1248 참조.

때에만 저당권의 부담에서 벗어난 천연과실을 선의취득할 수 있다.

반면 법정과실의 경우, 사안유형이 나뉜다. 우선 저당부동산 소유자인 임대인이 차임채권이 구체적으로 성립해 변제기가 도래하기 전에 미리 변제를 받는다든가 사전 채권양도를 하는 경우, 그러한 추심이나 양도는 저당부동산의 압류 시점 이후에 대해서는 효력을 가지지 않는다(독일 민법 제1124조 제2항 참조). 나중에 차임채권이 성립하여 변제기가 도래한 순간에 저당권의 효력이 그에 미치므로, 사전의 변제수령이나 채권양도는 그에 대항할 수 없다고 해야 하기 때문이다. 또한 이렇게 해석하지 않으면 저당권의 실행을 예견한 저당부동산 소유자의 임의의 처분에 의해 저당권의 만족이 손쉽게 저해될 수 있다는 점도 도외시할 수 없다. 반면 원래 임대차계약에서 차임선급약정 또는 일시급 약정이 있는 경우에는 달리 보아야 한다. 저당부동산 소유자인 임대인과 상대방인 임차인은 계약자유에 좇아 임대차관계의 내용을 자유로이 정할 수 있으며, 그에 따라 차임의 선급 또는 일시급이 정해졌다면 제3자는 그 내용을 존중해야 하기 때문이다. 그 경우 계약 외부의 제3자가 압류 시점 이후 기간에 상응하는 차임부분을 계산하여 무효로 선언하는 것은 자의적이며 허용되어서는 안 될 것이다. 선급 또는 일시급 약정에 따른 차임 지급이 압류 전에 이루어진 경우, 저당권의 효력은 미치지 않는다.[69]

Ⅴ. 저당권의 성질에 대한 재고

1. 환가권으로서 저당권

(1) 통설에 대한 의문

지금까지 과실에 대한 저당권의 효력에 대해 살펴본 내용에 따르

---

69) 독일에서는 다툼이 있는데, 그 학설 상황에 대해서는 우선 Staudinger/Wolfsteiner (주 55), § 1124 Rn. 29ff. 참조.

면, 통설이 말하는 저당권의 성질에 대해서도 아울러 의문이 제기된다. 통설은 목적물의 물질적 지배 또는 사용가치에 대한 지배를 하는 용익물권과는 달리 담보물권은 목적물의 교환가치를 지배하는 권리라고 이해하면서 그러한 의미에서 가치권이라고 설명하지만,[70] 제359조의 해석에 따르면 사용가치에 대한 지배도 일정한 범위에서는 저당권의 효력에 포함되어 있음이 확인되었기 때문이다.

실제로 "교환가치에 대한 지배"라는 서술은 비유적인 설명에 지나지 않는다. 저당권은 일차적으로 목적부동산을 경매에 의해 환가하여 그 대금으로부터 우선변제를 받는다는 점에서 소유자의 처분권능을 제약함으로써 목적물을 제한적으로 지배하는 물권으로, 어디까지나 그 효력이 미치는 대상은 목적부동산이지 교환가치는 아니다. 특정된 개별 물건이 아닌 추상적인 교환가치에 물권이 성립할 수 없음은 물권법의 일반 법리(일물일권주의와 특정의 원칙)로부터 자명한 것이다.[71] 용익물권이나 담보물권 모두 특정된 단일한 목적물을 전체로서 지배하는 권리로서, 전자는 물건을 사용·수익하는 방식으로 지배하지만 후자는 물건을 환가하여 그 대가를 귀속받는 방식으로 지배한다는 점에서 차이가 있을 뿐이다. 저당권이 저당부동산에 대한 환가권이라는 점은 로마법에서부터 일관되게 인정되어 온 저당권의 성질이다. 그리고 본고의 관점에서 중요한 점은 이러한 환가가 특정된 물건 전체에 미치며 따라서 반드시 이른바 교환가치에만 간섭하는 것은 아니라는 사실이다.

---

70) 강태성 (주 1), 1076면; 곽윤직·김재형 (주 1), 430면; 김상용 (주 1), 646면; 김증한·김학동 (주 1), 507면; 송덕수 (주 1), 467면; 이영준 (주 1), 852면; 이덕환 (주 1), 747면 등.
71) 우선 곽윤직·김재형 (주 1), 12-13면 참조.

(2) 환가권의 내용

이를 부연하면 다음과 같다. 저당권자는 저당부동산으로부터 다른 채권자보다 자기 채권의 우선변제를 받을 권리가 있으며(제356조), 그러한 우선변제를 받기 위해 저당물의 경매를 신청할 수 있다(제363조 제1항). 그러므로 저당권자의 핵심적인 권능은 저당권이 설정된 부동산을 경매로 환가하여 그 대금으로부터 우선변제를 받을 수 있는 권능 즉 환가권과 우선변제권이다.[72] 이러한 환가권(Verwertungsrecht)은 물론 저당권 설정 이후에도 여전히 소유자에게 남지만, 저당권설정계약에서 정해진 저당권 실행시기가 도래하면 저당권자에게는 저당부동산을 환가하여 그 대금으로부터 자신의 피담보채권의 우선변제를 받을 권리가 주어지고,[73] 이는 대세적인 물권으로 보장되는 이익이므로 소유자의 변경에도 영향을 받지 않는다(추급력).

그런데 물건을 환가하는 방법 즉 물건으로부터 일정한 금전적 가치를 획득하는 방법(우리 민사집행법이 채택하는 용어로서 "현금화")은 여러 가지가 있을 수 있다. 환가권능은 특정된 물건 전체에 미치기 때문이다. 물론 물건을 매각하여 그 대금을 취득하는 방법이 가장 대표적이기는 하다. 그러나 그 밖에도 물건으로부터 발생하는 천연과실을 처분하거나 물건을 임대하는 등 수익의 대가를 금전으로 실현하는 방법도 환가에 해당한다. 그러므로 개념상 환가는 물건의 처분을 통해 환가하는 방법뿐만 아니라 수익 즉 과실을 수취하는 관리를 통해 환가하는 방법도 포함한다.[74]

---

72) Nußbaum, *Lehrbuch des Deutschen Hypothekenwesens*, 2. Aufl., 1921, S. 45ff.; Wieling, *Sachenrecht*, 5. Aufl., 2007, S. 406; 古積健三郎, 換價權としての抵當權, 2013, 164면 이하 등 참조. 또한 中野 (주 34), 353면: "담보집행에서 환가권과 경매신청권의 관계는 이론상 강제집행에서 청구권의 실체적 속성으로서의 집행가능성(공취력)과 집행청구권의 관계에 대응".

73) Bülow, *Recht der Kreditsicherheiten*, 8. Aufl., 2012, Rn. 86: "환가권한의 부가적 귀속".

74) 김재형 (주 35), 166면도 참조.

구체적인 실정법질서가 저당권자의 환가권으로 어떠한 환가방법을 인정할 것인지는 입법정책적인 문제이다. 두 가지 환가방법을 모두 동등한 지위에서 인정하는 입법례도 가능하다. 실제로 독일 민법은 저당권 실행을 강제집행에 의하도록 하면서 강제경매와 강제관리의 두 가지 환가방법을 모두 허용한다(동법 제1147조 참조). 일본 민법에서도 종래 차임채권 등에 대해 이른바 부가적 물상대위의 방법으로 환가가 가능하다고 해석되고 있었을 뿐만 아니라, 2003년 개정 이후에는 이른바 담보부동산수익집행이 신설되어 강제관리를 준용하여 환가하는 가능성이 부여되고 있다(동법 제371조 및 일본 민사집행법 제188조 참조).75)

(3) 민법의 해석

우리 민법은 원칙적으로 저당권자에 의한 저당물 환가를 경매에 의하도록 정하고 있다(제363조 제1항). 즉 저당권의 실행은 담보권 실행을 위한 경매의 방법에 의해야 하며, 관리의 방법은 인정되고 있지 않고 있다(민집 제264조 내지 제268조). 이 점만 관찰하면 민법은 일견 단지 처분에 의한 환가만을 인정하고 있는 것처럼 보일 수 있으며, 여기서 종래 이른바 가치권설이 사용하는 교환가치에 대한 지배라는 비유적인 표현에 일정 정도 수긍할 만한 측면이 있음을 부정할 수 없다.76) 그럼에도 이러한 이해가 반드시 전적으로 타당하다고 하기는

---

75) 우선 제2편 제2장 Ⅱ. 2. (2) (가) 주 22 참조.

76) 관련하여 김재형 (주 35), 166면은 사용가치와 교환가치의 구별을 의문시하면서도 "강제경매는 교환가치를 실현하는 것이고, 강제관리는 수익가치를 실현하는 것이라고 볼 수 있"고, "따라서 저당권은 교환가치와 함께 수익가치를 파악하고 있는 것"이라고 서술한다. 그러나 이는 저당권의 실행방법으로 강제관리가 준용되지 않는다는 사실을 고려할 때 저당권의 사용가치에 대한 효력을 과도하게 강조하는 서술이라고 보인다. 본문에서 서술하고 있지만, 현행법에서 저당권의 사용가치 지배는 경매에 포함되어 실현될 수밖에 없고, 그 기능은 보조적인 것에 그친다. 그래서인지 저당권의 사용가치 지배에 대한 지나친 강조는 예컨대 김재형 (주 35),

어렵다. 관리에 의한 저당권 실행이 허용되지 않는 우리 법제에서도, 교환가치를 실현하는 매각에 의한 환가절차인 경매절차 안에 수익의 가치를 파악하는 환가도 보조적으로 포함되어 있기 때문이다. 앞에서 이미 상세하게 보았지만, 우리 민법은 저당권의 효력을 잠재적으로 저당부동산의 과실에도 미치게 하면서, 저당부동산이 압류된 이후에는 그 효력이 종국적인 것이 되어 과실도 저당권자의 만족에 충당된다고 규율하여, 경매절차 안에서 수익으로부터의 환가를 보조적인 것으로 허용하고 있다(제359조). 또한 입법자가 유저당약정을 허용하였으므로[77] 당사자들이 계약으로 수익을 활용하여 환가하는 방법을 선택하는 것도 가능하다고 이해된다. 그러므로 우리 민법상 저당권의 주된 환가방법은 매각으로 저당부동산의 교환가치를 실현하는 경매이지만, 이를 보조하여 경매절차 내에서 수익을 관리하는 사용가치의 환가도 포함되어 있고 또한 예외적으로 당사자들의 계약으로 정하는 별도 방법에 따른 환가도 가능하다.[78] 이 점을 고려한다면, 우리 민법에서도 환가방법이 교환가치 실현을 위한 매각에 의한 환가에 한정되

165면의 "소유자는 사용가치를 유지한 채로 목적물을 사용하는 것은 허용되지만, 저당목적물의 사용으로 담보가치 자체가 손상된다면, 저당권을 침해하는 것이라고 볼 수 있다"는 서술과 결부되는데, 이는 저당부동산의 사용·수익에 의해 교환가치 저하라는 사정이 확인만 되면 저당권 침해를 인정하는 듯한 태도를 취해 역설적으로 교환가치를 지배하는 가치권으로서의 저당권이라는 관념에 오히려 충실히 따르고 있는 것처럼 보인다. 저당권을 환가권이라는 관점에서 접근하는 본장의 입장에서는, 법률에 근거가 없는 사용가치/교환가치의 관점에서 사고하는 것보다는 입법자가 제358조, 제359조에서 사용·수익과 환가 사이에 내린 이익조정 즉 저당권은 환가라는 방법으로 특정된 목적물 즉 단일한 저당부동산 전체를 지배하는 권리이며, 저당권자와의 관계에서 저당부동산 소유자의 사용·수익은 그것이 비록 환가에 의한 만족가능성을 저해하더라도 사회관념상 저당부동산의 정상적이고 통상적인 용법에 따른 사용·수익의 경우에 정당화된다는 평가기준에 의지하는 것이 보다 적절할 것으로 생각된다. 같은 취지로 김증한·김학동 (주 1), 546-547면; 민법주해[Ⅶ] (주 4), 82-83면(남효순) 등 참조.

77) 우선 곽윤직·김재형 (주 1), 459면 이하 참조.

78) 독일 민법은 강제집행의 방법에 의하지 않는 환가를 금지한다(동법 제1149조).

지는 않는다.

그러한 의미에서 가치권설의 입장에서 저당권을 교환가치에 대한 지배라고 이해하는 것은 그 자체로 물권법의 법리에 부합하는 엄밀한 용어법도 아니지만, 민법상 허용되고 있는 사용가치로부터의 환가가 능성을 고려할 때 반드시 적절한 표현이라고 말하기도 어렵다고 생각된다. 그러므로 교환가치의 지배라는 엄밀하지 아니하며 반드시 정확하다고 할 수 없는 표현을 사용할 이유는 없다. 오히려 대륙법의 전통에 따라 저당권은 저당부동산이라는 특정된 목적물 전체에 대한 환가권으로서 입법정책에 따라 환가과정에서 이른바 교환가치와 사용가치 모두를 금전으로 실현할 가능성을 가지고 있으며, 우리 민법에서는 전자가 주된 기능을 수행하고 있으나 후자도 보조적으로 의미를 가진다고 이해하는 것이 적절할 것이다.[79] 이는 특히 입법론적으로 이후 민사집행법의 개정을 통해 저당권의 실행방법으로 관리에 의한 수익 집행을 허용하는 것이 바람직하다는 점을 고려할 때 더욱 그러하다 (본장 Ⅱ. 2. (4) 참조).

2. 근대적 저당권 이론에 대한 의문

주지하는 바와 같이 통설인 가치권설의 배경에는 이른바 근대적 저당권 이론이 자리 잡고 있다. 즉 가치권설은 저당권이 피담보채권 및 저당부동산의 물질적 실체와 절연되어 부동산에 내재하는 추상적인 교환가치를 지배하는 물권으로서, 부동산에 대한 가치가 피담보채권에 대한 의존 없이 증권화됨으로써 유통성을 획득하는 것을 제도적 이상으로 한다는 설명을 기반으로 하여 주장되어 오고 있었던 것이다. 이 맥락에서 목적물의 물질적 이용이 가치권에 간섭하지 않아야 한다는 점도 요청된다.[80] 그러나 저당권을 환가권으로 이해하면서 교

---

79) 我妻榮의 가치권설에 대한 최근의 비판에 대해서는 문헌지시와 함께 古積 (주 72), 139면 이하 참조.

환가치에 대한 지배라는 일면적 관점에 의문을 제기하는 이상, 이른
바 근대적 저당권 이론에 대한 문제제기도 불가피하게 된다.

(1) 통설의 설명

우리 통설은 종래 거의 예외 없이 저당권의 일반이론과 관련하여
이른바 근대적 저당권의 특질을 설명하면서 그에 비추어 우리 민법의
저당권을 평가하는 모습을 보이고 있다.[81] 이러한 태도는 일본의 我
妻榮 이론[82]의 영향력이 우리 민법학에도 미치고 있는 것이라고 말할
수 있다. 그런데 일본에서도 이 이론에 대한 비판이 우세한 상황에서,
이를 무비판적으로 수용하는 것에는 주의할 필요가 있다.

이 이론에 따르면 18세기 프로이센을 선구로 하여 19세기에 독일
과 스위스에서 비상하게 발달한 근대적 저당권의 특질은 목적물이 가
지는 특정의 담보가치를 확실히 파악하고 이로써 투자의 수단으로 작
용함에 부족함이 없도록 한다는 점에 있다고 한다. 원래 저당권은 채
권담보의 수단에 지나지 않았고 그러한 의미에서 채권에 의존하는 것
임에 대해, 근대적 저당권은 전적으로 물건이 가지는 교환가치를 중
심으로 구성되어 인적 신용으로부터 절연된 확실한 환가가치를 파악
하여, 이를 투자의 객체로서 금융시장에 유통시키는 것을 목적으로
하는 점에서 차이가 있다고 한다. 그리고 이러한 목적을 위해 저당권
의 존재가 엄격하게 공시되고(공시의 원칙), 그 객체는 현존특정의 재
화에 한정되며(특정의 원칙), 동일한 재화에 설정된 저당권은 각자 확

---

80) 我妻 (주 3), 213면; 김증한·김학동 (주 1), 510면.

81) 고상용 (주 38), 624-625면; 곽윤직·김재형 (주 1), 431면 이하; 김상용 (주 1),
    647-663면; 김증한·김학동 (주 1), 510면 이하; 송덕수 (주 1), 467면; 이영준
    (주 1), 854-859면; 이덕환 (주 1), 750-754면; 이상태 (주 1), 480-484면; 주
    석 물권(4) (주 4), 35면 이하(김재형) 등. 다만 강태성 (주 1), 1090면은 근대적
    저당권 이론을 따르면서도 이를 전면적으로 수용하는 것에는 다소 유보적으로, 특
    히 증권저당권이나 토지채무의 도입에 대해서 회의적이다.

82) 我妻榮, 近代における債權の優越的地位, 1953, 83면 이하; 我妻 (주 3), 214면 이하.

정할 수 있는 순위를 보유하여 서로 넘보는 일이 없도록 해야 하고(순위확정의 원칙), 저당권은 공시되지 아니하는 채권의 하자에 의해 영향을 받지 않아야 하며(독립의 원칙), 금융시장에 안전하고 신속하게 유통할 수 있는 능력을 갖추고 있어야 한다고(유통성의 확보) 설명한다. 그리고 근대적 저당권은 이러한 특질들을 갖춤으로써 단순히 채권담보로서 금융수단을 넘어서 투자를 매개하는 수단으로 전화하였다고 지적된다.

이어서 이 견해는 이러한 관점으로부터 근대적 저당권이 갖추고 있는 또는 근대적 저당권이라면 갖추어야 할 특질들의 내용을 상세하게 설명한다. 이에 따르면 일본 민법(그리고 통설에 따르면 우리 민법)의 저당권은 공시의 원칙과 특정의 원칙을 따른다는 점에서는 일부 근대적 저당권의 특질을 보이고 있지만, 순위확정의 원칙이 아닌 순위상승의 원칙이 채택되어 있고, 강하게 부종성이 관철되어 있을 뿐만 아니라 강제집행에서 저당권 소멸주의가 채택되어 있으며, 채권과 절연된 저당권의 선의취득이 없고 증권의 발행에 의한 유통성이 확보되지 아니하였다는 점에서 근대적 저당권의 수준에는 미달한 것으로 평가된다.

(2) 비판

이러한 근대적 저당권의 이론이 일본과 우리나라에서 지배적인 학설로 그동안 강한 영향력을 행사하고 있음은 주지하는 바이다. 그러나 현재 일본에서는 이 이론의 타당성에 대한 의문이 강하게 제기되고 있으며,[83] 더 이상 종래와 같은 권위를 인정받지 못하고 있다.

---

83) 예를 들어 星野英一, 民法概論 Ⅱ, 1974, 241－242면; 道垣內 (주 56), 120면; 高橋眞, 擔保物權法, 제2판, 2010, 90－91; 石田穰, 擔保物權法, 2010, 275면 등. 상세한 것은 우선 松井宏興, "近代的抵當權論", 星野英一 編, 民法講座 3, 1984, 40면 이하 및 같은 저자의 抵當制度の基礎理論, 1997 참조. 우리 학설에서 이러한 의문을 언급하는 것으로, 김병두, "한국의 토지소유권과 저당권에 대하여", 토지

무엇보다 근대적 저당권 이론은 현실의 경험에 직면하여 그 타당
성을 주장하기 어렵다. 만일 성숙한 자본주의 사회에서 금융수단을
넘어 투자매개의 수단으로 근대적 저당권이 요구되고 그에 따른 발달
이 역사적 추세라고 한다면, 왜 그러한 발전이 유독 19세기 후발 자
본주의 국가인 독일과 스위스에서만 관찰되고 오히려 그보다 앞서 자
본주의를 발전시킨 다른 선진국(예를 들어 영국과 프랑스)에서는 그러한
'근대적 저당권'으로의 진전을 발견할 수 없는지에 대한 적절한 해답
을 제공할 수 없는 것이다. 실제로 영국과 프랑스의 저당제도는 여전
히 부종적이고, 순위가 상승하며, 증권화될 수 없는 저당권을 중심에
두고 있으며, 이는 비교적 최근에 제정된 현대적인 네덜란드 신민법
에서도 다르지 않다. 이와 관련해 근대적 저당권 이론에 대해 최초로
의문을 제기한 학자 중 하나인 鈴木祿彌는, 이른바 근대적 저당권의
특질을 보이는 저당제도는 융커에 의한 대규모 농업자본주의를 배경
으로 하는 프로이센 자본주의적 발전의 특질을 반영하는 것으로, 그
와는 다른 발전경로를 보인 영국이나 프랑스에서는 발견되지 아니하
며, 그러한 의미에서 저당권법의 일반적인 발전경향으로 묘사할 수
없다는 비판을 설득력 있게 개진한 바 있다.[84] 그리고 그는 또한 분
단 이후 서독이 프로이센과 절연되어 농업자본주의에서 산업자본주의
로 이행하면서 이른바 근대적 저당권의 특질이라고 묘사된 경향이 대
폭 후퇴하였다는 점도 지적하였다.

실제로 독일 민법의 저당제도 및 그에 대한 실무는 시행 이후 지
속적으로 '근대적 저당권'의 특질을 포기하는 방향으로 이동하였다.
몇 가지를 살펴본다. ① 실무는 계약자유를 이용해 약관 등으로 저당
물 소유자가 보유하는 선순위 저당권을 소멸시킬 의무를 소유자에게
부담시키는 방법으로 순위상승을 도모함으로써 순위확정의 원칙을 회

법학, 제22호, 2006, 411면 참조.
84) 鈴木祿彌, 抵當制度の研究, 1968, 3면 이하, 특히 26-27면 참조.

피하였고,[85) 입법자는 1977년 결국 독일 민법 제1179a조를 신설해 후순위 저당권자에게 소유자가 보유하는 선순위 또는 동순위 저당권의 소멸청구를 허용하여 그 한도에서 순위확정의 원칙을 포기하였다. ② 실무에서 압도적으로 사용되는 비부종적 담보권인 토지채무는 현실에서 거의 예외 없이 당사자들의 담보계약에 따라 그 행사내용이 정해짐으로써 법기술적으로 부종적이지는 않지만 계약의 효력에 따라 채권에 대한 담보권의 의존성·구속성이 보장되는 이른바 보전토지채무(Sicherungsgrundschuld)의 형태로만 활용되고 있다. 게다가 입법자는 2008년 보전토지채무의 경우 담보계약에 기초해 제기할 수 있는 항변을 취득자에게도 주장할 수 있다는 결과를 이용하여 오히려 보전저당권보다도 보전토지채무의 부종성을 강화하는 규정을 도입하였다(독일 민법 제1192조 제1a항). 이상의 개정들은 모두 학계의 비판을 받았지만, 실무의 강력한 요구에 의해 결국 관철되고 말았다. ③ 독일 민법이 저당권에 증권을 발행해서 유통시킬 수 있도록 배려하고 있음에도 불구하고, 실무상 저당권은 여전히 등기상 저당권으로 활용되고 증권이 발행되는 일은 거의 없다. 이는 한편으로 소유자토지채무를 담보목적으로 채권자에게 양도하는 보전토지채무가 활용되면서 금융기관들이 이를 처분하지 아니할 신탁적 구속을 받는 경우가 많을 뿐만 아니라, 증권의 경우 그 발행 및 보관비용을 부담할 유인이 없기 때문이다.[86)

　이상의 내용만 살펴보아도 추상적으로 '근대적 저당권'의 특질을 운위하며 이를 모범으로 삼는 설명은 그대로 수용하기 어렵다고 할 것이다. 물론 이는 근대적 저당권 이론이 저당권의 '원칙'으로 선언한 내용이 반드시 모두 부적절하다거나 이후 입법적 개선에서 참조될 수 없다는 것을 의미하지는 않는다. 근대적 저당권 이론에는 정확하지 아니한 내용도 있지만 타당한 기술도 있으므로, 그 전체를 의문 없이

---

85) Staudinger/Wolfsteiner (주 55), § 1079a Rn. 2 참조.
86) Wieling (주 72), S. 409.

받아들일 수는 없다는 것이지[87] 세부적으로 참고할 만한 부분은 여전히 있을 수 있다. 또한 이후 입법적 작업에서 근대적 저당권 이론이 주장한 바를 반영할 기회가 있을 수도 있다. 예를 들어 채권자의 유연한 신용제공이 가능하기 위해 현재의 근저당(제357조)으로 충분한지 아니면 비부종적인 담보권의 도입이 보다 적절할 수 있는지,[88] 저당권설정자의 보다 효율적인 담보활용을 위해 소유자저당의 도입이 실무상 요구되는지, 저당권자의 환가 주도권을 보장하기 위해 저당권 소멸주의 대신 인수주의를 채택하는 것이 바람직할 것인지 등의 문제는 정책적으로 충분히 검토해 볼 수 있다. 그러나 이는 어디까지나 우리 현실을 배경으로 구체적인 이익형량 및 정책평가를 배경으로 이루어져야 하며, 특정 시기 특정 나라의 발전경험을 토대로 추상화한 '근대적 저당권'의 이론에 따라 행해질 수는 없다. 또한 우리 저당법의 문제점을 현실의 경험을 배경으로 검토해 나아가는 것이 아니라 근거가 미약한 이념형인 '근대적 저당권'에 비추어 손쉬운 판단을 내리는 일은 있어서는 안 될 것이다.

---

87) 石田 (주 83), 275면.

88) 예를 들어 현재 유럽연합의 부동산담보법 통합을 위해 제안되고 있는 유로저당권의 경우 비부종적 담보권으로 구성하자는 주장이 보다 우세하다. 우선 Kieninger, "Real Property Security (Eurohypothec)", Basedow, Hopt, Zimmermann and Stier ed., *The Max Planck Encyclopedia of European Private Law* II, 2012, p. 1413－1415 참조.

제2장
근저당권:
부종성이 "완화"된 "특수" 저당권?

I. 근저당권에 관한 민법 개정안

1. 민법 개정작업 개관

우리 민법이 제정되어 시행된 이후, 그에 대해 적지 않은 입법론적인 제안이 있었고, 그들 중 일부는 의회에 의해 채택되어 법률로 성립하기도 하였다. 이 가운데 민법 전3편을 전반적으로 검토하고 개정을 준비하는 작업은 법무부에 의해 두 차례 시도되었다. 주지하는 바와 같이 그 결과물이 2004년의 법무부 민법 개정안과 2014년의 법무부 민법 개정시안이다. 그런데 불행하게도 두 개정안의 입법적인 성과는, 적어도 현재의 시점에서는, 처음 작업을 시작할 때의 기대에 미치지 못하고 있는 것으로 보인다. 전체를 하나의 법률안으로 하여 제출된 2004년 개정안1)은 국회에서 제대로 된 논의를 받지도 못한 채로 임기만료로 폐기되고 말았다. 각 부분을 나누어 개별 법률안으로 제출되었던 2009년 이후의 개정시안은 그 일부가 법률로 성립하기도 하였으나(성년연령 인하 및 성년후견,2) 보증 및 여행계약3)) 나머지는 마

---

1) 제17대 국회, 의안번호 170611.

찬가지로 국회에서 표류하였다(법인 및 시효,[4] 유치권[5]). 법안으로 성립하지 못한 부분은 이후 정치적 일정을 기다리고 있으나 아직 구체적인 전망은 보이지 않는 형편이다.

2. 물권편에 관한 2014년 개정시안

(1) 2014년 개정시안에서 제안된 내용을 일별할 때, 당연히 예외는 존재하지만 전반적으로 어떤 일정한 경향성이 관찰된다는 인상을 받게 된다.

그 내용이나 그것이 가지게 될 실무상 영향력이라는 관점에서, 다소 거칠더라도 개정의 유형을 잠정적으로 다음의 두 가지로 구별해 보고자 한다. 하나는 종래 통설이나 판례에 의해 확립된 결론을 입법으로 반영하거나 다툼이 있었던 주제에 대해 입법적인 택일을 함으로써 논쟁을 종결하는 개정이다(이를 아래에서는 「해명적 개정」이라고 부르기로 한다). 다른 하나는 입법정책적 가치평가를 변경함으로써 실무상 관행의 상당한 변화를 수반할 가능성이 있는 개정이다(이를 아래에서는 「정책변경적 개정」이라고 부르기로 한다). 이 스펙트럼 사이에서 중간적인 영역의 개정도 상정될 수 있음은 물론이다.

(2) 이러한 관점에서 2014년 개정시안의 물권편을 살펴보면 그 결과는 일응 다음과 같이 분류될 수 있다고 보인다. 우선 취득시효, 점유제도, 점유자와 회복자의 관계, 상린관계, 선의취득, 공동소유, 법정지상권, 지역권, 전세권, 질권, (근저당을 제외한) 저당권과 관련된 개정안은 앞서의 분류에 따를 때 대체로 해명적 개정에 해당한다고 생각된다. 반면 정책변경적 개정에 해당하는 예로는 유치권 개정안을

---

2) 2011.3.7., 법률 제10429호.
3) 2015.2.3., 법률 제13125호.
4) 제18대 국회, 의안번호 1812312. 그리고 법인 부분에 대해 제19대 국회, 의안번호 1912119.
5) 제19대 국회, 의안번호 1906019.

들 수 있을 것이다. 그 밖에 중간적인 개정으로 관습상 법정지상권의 폐지 및 근저당권 규율을 언급하고 싶다. 전자의 경우 법률행위에 의한 분리처분의 경우 법정임대차를 도입한다는 점에서(개정시안 제622조의2) 상당한 변화가 있게 되지만, 강제경매 등의 경우 법정지상권을 인정하는 내용은 유지되며(개정시안 제289조의3), 무엇보다 종래 판례법리에 대해서는 비판적인 의견이 널리 공유되고 있었다.6) 근저당권 규율 역시 많은 조문에 따라 법률관계를 상세하게 규정한다는 점에는 큰 개정이지만, 종래의 해석에 비추어 학설과 실무의 태도에 근본적인 변화가 초래된다고 평가하기는 어려울 것이다.

한편 고려되지 않았으나 개정시안이 제안되지 않은 영역 역시 개정작업의 활동을 평가할 때 포함되어야 할 것이다. 예를 들어 종래 입법론적 논의가 있었던 등기의 공신력, 총유관계 등에 대해 개정이 제안되지 않았다. 이는 현상유지를 선택한 결단으로서, 그 태도라는 관점에서 해명적 개정에 상응하는 조심스러운 접근이라고 평가될 수 있을 것이다.

(3) 이렇게 살펴보면, 2014년 개정시안의 물권편은 전반적으로 신중한 개정제안이 우위를 점하고 있고, 반면 변화의 폭이 클 수 있는 개정은 소수에 그친다고 말할 수 있다. 물론 법적 안정성과 연속성이라는 관점에서 그러한 조심스러운 접근이 우위를 점하는 모습이 어쩌면 당연한 현상이라고 생각될 수도 있다. 그러나 총칙편이나 채권편의 개정시안까지 염두에 두고 특히 최근의 외국의 채권법개정과 비교해 본다면, 조심스러운 태도가 상당히 우위에 있다는 인상을 지우기는 어렵다. 예컨대 독일의 담보책임 개정 및 프랑스의 채권양도 개정과 이 주제에 대한 2014년 개정시안을 비교해 보면, 전자에 대해서는 개정이 제안되지 않았고 후자에 대해서는 소극적인 개정제안에 그쳤

6) 곽윤직 편집대표, 민법주해[Ⅵ], 1992, 116면(박재윤) 참조

다. 또한 국제적 경향을 고려할 때 유의미한 개정이 있을 수 있다고
예상되었던 의사의 흠결(특히 착오)이나 대리권 남용에 관해서도 개정
시안은 변경을 예정하지 않고 있다.

Ⅱ. 근저당 개정안에 대한 비판적 검토

그런데 근저당권에 대해 그렇게 상세한 규정의 신설이 필요한 것
이었을까? 종래 근저당에 관한 학설과 실무를 회고해 본다면, 개정시
안의 신설규정들이 종래 이론과 실무에서 제기되었던 난점을 인식하
고 그에 대한 응답으로 이루어졌다고 말하기에는 주저되는 측면이 있
다. 그리고 입법 태도에 대한 이론적인 의문도 없지 않다.

1. 근저당과 부종성

(1) 근저당권의 연혁

로마법에 기초를 둔 보통법은 질권과 저당권을 구별하지 않고 통
일된 법리를 적용하였는데, 여기서 특히 장래 발생할 채권에 대해 담
보권을 설정할 수 있는지에 대해 논쟁이 있었다.[7] 그러나 이와는 별
도로 18세기 이후 진행된 각국의 저당권 개혁에 따라 장래의 채권 특
히 장래의 불확정한 채권에 대해 최고액 또는 평가액을 등기함으로써
저당권을 설정할 수 있는 가능성이 인정되기에 이르렀다. 이는 여러
독일 영방의 입법에서 그러하였고,[8] 프랑스 민법도 개정전 제2132조
(현행 제2421조 참조)에서 그러한 가능성을 수용하였다.[9] 이후 제정된
독일 민법도 그러한 저당권 설정 가능성을 최고액저당(Höchstbetrags-

---

7) Dernburg, *Das Pfandrecht nach den Grundsätzen des heutigen römischen Rechts*
   Ⅰ, 1860, S. 517ff.

8) Wolff/Raiser, *Sachenrecht*, 10. Bearbeitung, 1957, S. 634.

9) Ferid/Sonnenberger, *Das französische Zivilrecht* 2, 2. Aufl., 1986, Rn. 3D313.

hypothek)이라는 이름으로 규정하였는데(독일 민법 제1190조 제1항), 유통저당권이 원칙인 독일 민법에서 부종성이 강화된 보전저당권으로서만 유효하다(동조 제3항).[10]

한편 의용민법은 근저당에 관한 규정을 두지 않고 있었다. 그러나 일본의 판례와 학설은 근저당이 종래 관습에서 사용되고 있었을 뿐만 아니라, 민법 체계에 반한다고 할 것도 아니고, 최고액을 채권액으로 등기함으로써 거래의 안전을 보호할 수 있다는 이유로 이를 해석상 인정해 오고 있었다.[11] 특히 학설은 이를 장래 불확정 채권을 피담보채권으로 하는 하나의 경우로 생각하기보다는, 근저당이라고 하는 특수한 유형의 저당권으로 이해하는 태도를 보이게 된다.[12] 이후 일본 민법은 1971년 근저당에 관한 상세한 규정을 신설하여 이를 규율하게 된다(동법 제398조의2 이하).[13]

(2) 근저당권의 부종성

이상의 역사 발전과정으로부터 일본의 경우처럼 근저당권을 하나의 "특수한" 유형의 저당권으로 파악하여 이에 상세한 규정을 두는 태도에는 의문이 제기된다. 근저당권은 일반적인 저당권이 그 존재와 액수가 장래 확정될 채권에 대해 설정된 것으로, 민법이 정하는 저당권의 하나의 적용례가 확인적으로 규율되고 있는 것에 지나지 않는다. 그러므로 근저당권은 일반적인 저당권의 하나의 모습이며, 저당권에 관한 법리는 기본적으로 근저당권에서도 그대로 타당하다.

근저당권이 일반적인 저당권과 일견 다르게 보이는 점은 피담보

---

10) 그 내용은 김재형, 근저당권 연구, 2000, 19면 이하 참조.
11) 我妻榮, 擔保物權法, 1936, 297면. 의용민법 시대 판례에 대해서는 김재형 (주 10), 12－13면 참조.
12) 예컨대 石田文次郎, 擔保物權法, 上卷, 第三版, 1936, 338－339면; 我妻 (주 11), 298면.
13) 그 내용은 김재형 (주 10), 38면 이하 참조.

채권을 구성하는 개별 채권들이 발생 · 소멸을 반복하고 또 일시적으로 채권이 부존재하여도 근저당권은 유효하게 존속할 수 있다는 사실이다. 민법도 이 점을 밝히고 있다(제357조 제1항 제2문). 이러한 점을 이유로 하여 근저당권은 일반 저당권과 비교할 때 부종성이 완화된 저당권이라고 이해하는 것이 학설의 경향이고,[14] 그러한 의미에서 강학상 "특수저당권"이라는 개념도 사용된다.[15] 그러나 이러한 설명은 전혀 필연적이지 않다. 민법의 문언에서 명백한 바와 같이, 근저당의 경우 피담보채권은 계속적 거래관계에서 발생 · 소멸을 반복하는 개별 채권들이 아니라 이후 확정의 시점에 존속하게 되는 채권 즉 장래 확정에 의해 결산되어 남는 잔고채권으로 파악된다(제357조 제1항 제1문: "채무의 확정을 장래에 보류하여 이를 설정"; 상 제72조도 참조). 앞서 연혁에서 살펴본 바와 같이 대륙법 전통에서 근저당은 현재에는 그 존부와 액수가 불확정하지만 장래 결산 등에 의해 확정될 채권을 피담보채권으로 하는 저당권 즉 장래 불확정 채권을 담보하는 저당권에 다름 아니었던 것이다(또한 스위스 민법 제794조 제2항; 네덜란드 민법 제3:260조 제1항도 참조).[16] 그러므로 장래 확정으로 잔고채권이 성립할 가능성이 존재하는 이상[17] 피담보채권이 아닌 계속적 거래관계의 개

---

14) 예컨대 곽윤직 · 김재형, 물권법, 제8판 보정, 2015, 492 – 493면.

15) 예컨대 김증한 · 김학동, 물권법, 제9판, 1997, 556면 참조.

16) Johow in Schubert (Hrsg.), *Vorentwürfe der Redaktoren zum BGB*, Sachenrecht 2, 1982, S. 485f. 곽윤직 · 김재형 (주 14), 492 – 493면; 김증한 · 김학동 (주 15), 564면도 참조.

17) 정지조건부 채권에 대해 大判 2015.12.24., 2015다200531(법률종합정보). 그러므로 기본계약 없이 피담보채권의 범위만을 정하여 근저당권을 설정하는 것도 가능하다(곽윤직 · 김재형 (주 14), 496면). 그러나 장래 확정될 피담보채권이 전혀 발생할 가능성이 없음이 명백한 때에는 부종성에 기해 근저당도 소멸한다고 보아야 할 것이다(道垣內弘人, 擔保物權法, 제3판, 2008, 234면도 참조). 허위표시에 의해 근저당권이 설정된 경우에 대해 大判 2004.5.28., 2003다70041, 공보 2004, 1069; 2011.4.28., 2010다107408(법률종합정보). 물론 이 사안에서 그 피담보채권의 외관도 허위표시로 창출된 것은 아닌지를 검토해 볼 여지는 존재한다. 이동원, "허

별 채권의 명멸에 근저당의 운명이 좌우되지 아니함은 그 부종성으로
부터 나오는 당연한 결과라고 말할 수 있다.[18] 근저당은 그 존부와
금액이 장래에 확정될 장래채권에 대해 설정된 저당권이며, 특별히
부종성이 완화되었다고 볼 이유는 없다(독일 민법이 근저당을 부종성이
강화된 저당권으로 구성하고 있음을 기억하라).[19] 이러한 설명이 보다 자
연스럽고 우리 저당권 체계에서 일관된다고 생각된다. 오히려 근저당
에서 완화된 것이 있다면 그것은 부종성이 아니라 피담보채권의 존부
와 액수의 특정이 장래로 미루어진다는 점에서 특정의 원칙이다.[20]

그리고 이자를 최고액에 산입하는 제357조 제2항도 이러한 이해
와 충돌하지 아니한다. 계속적 거래관계는 서로 다른 기본계약에서
발생하는 다수의 채권을 포괄할 뿐만 아니라 이후 기본계약의 변경·
추가도 가능하므로, 이자율을 설정 시점에 등기하는 것이 현실적으로
불가능하다. 그러므로 장래의 불확정 채권을 담보하기 위해 설정되는
저당권은 이자도 최고액에 포함하도록 하는 것이 합리적이고 당사자

위표시에 기한 근저당권과 선의의 제3자", 재판과 판례, 제20호, 2011, 127면 이
하 참조.

18) Schmid/Tschirren in *Basler Kommentar zum ZGB*, 5. Aufl., 2015, Art. 794 Rn.
9 참조.

19) 물론 채권 확정 이전에 유효하게 저당권이 설정되어 순위를 보전할 수 있다는 사
실로부터 부종성의 완화를 운위할 수 있을지도 모르지만, 이는 장래의 채권을 담
보하는 일반적 저당권에서도 마찬가지이므로 근저당의 부종성 완화를 뒷받침하는
근거는 되지 못한다. 한편 예컨대 김증한·김학동 (주 15), 563면은 일반 저당에서
는 채권이 특정되어 있으나 근저당에서는 불특정되어 있으므로, 후자를 전자의 한
종류로 할 것이 아니라 후자만을 별개의 제도로 다루는 것이 타당하다고 한다. 그
러나 채권이 구체적으로 특정되어 있더라도 그 액수 그리고 그에 따른 저당권의
책임범위가 불확정한 이상 근저당은 설정될 수 있다. 그리고 여기서 이 문헌이 말
하는 불특정이 액수의 불확정까지 포함하는 것이라고 해도, 본문에서 서술한 바와
같이 그것만으로는 근저당이 별개의 제도라고 볼 만한 근거는 되지 않는다.

20) Heck, *Grundriß des Sachenrechts*, 1930, S. 408; Koziol/Welser/Kleteĉka,
Bürgerliches Recht I, 14. Aufl., 2014, Rn. 1265; Wolfsteiner in Staudinger,
Kommentar zum Bürgerlichen Gesetzbuch, 2009, § 1190 Rn. 35.

들의 의사에도 부합하는 것이다. 물론 확정될 원본에 대해 별도로 이
자율을 정하는 것은 이론적으로는 생각할 수 있지만,[21] 통상적인 당
사자들의 의사에 부합한다고 보기 어려울 뿐만 아니라 또한 부동산등
기법은 그러한 등기의 가능성을 인정하지 않아 법적으로 실행할 수
없다.

2. 개정안에 대한 의문

이상의 고찰을 배경으로 살펴보면, 일본 민법 그리고 개정시안의
근저당 관련 규정의 상당수는 엄밀한 의미의 저당권에 관한 규율이
아니라, 장래에 확정될 피담보채권의 기초가 되는 계속적 계약관계에
대한 규율이라는 점이 분명해진다. 특히 근저당권의 이전이나 확정에
관한 규정은 기본적으로 당사자 사이의 계속적 계약관계에 대한 채권
법적 규율임에도 그것을 근저당에 관한 물권법적 문제로 포착해 규정
하고 있는 것이다. 그러나 근저당권에 대한 규범의 형태로 결국 당사
자들 약정에 의해 정해질 계속적 계약관계에 대해 규정하는 것은, 한
편으로 완결적이기도 어렵고, 다른 한편으로 당사자들의 계약목적을
고려할 때 바람직하지 않을 수도 있다.[22]

---

21) 일본에서 근저당권 규정이 신설되기 이전에 대심원 판례가 인정한 이른바 이원적
    구성에 대해 곽윤직, "근저당권에 관한 연구", 후암 민법논집, 1991, 522 – 523면
    참조.

22) 이러한 설명은 그 동일성이 구체적으로 특정되고 액수가 확정되어 있는 채권을 담
    보하기 위해서 근저당권을 설정하는 경우(大判 1990.6.26., 89다카26915, 공보
    1990, 1568 참조)에도 마찬가지로 타당하다. 당사자들이 이후 피담보채권액의 변
    동 가능성을 열어두고 장래 확정될 불확정 액수의 피담보채권을 위해 근저당권을
    설정하는 이상 계속적 계약관계로부터 발생하는 불확정의 장래 잔고채권을 피담
    보채권으로 정한 경우와 그 법률관계의 구조에서 아무런 차이가 없기 때문이다.
    예컨대 동일성과 액수가 특정되어 있는 채권이 담보되어야 하는 경우, 당사자들은
    이를 피담보채권으로 하고 이자를 별도로 등기하는 방법으로 통상의 저당권을 설
    정할 수도 있지만(부등 제75조 제1항; 이때에는 제360조 단서가 적용된다), 그 대
    신에 특정되어 있는 채권에 앞으로 발생할 이자를 더한 전체 금액이 장래에 확정

이러한 문제점은 기본적으로 일본의 법률을 참고한 개정시안에서
도 발견된다. 예를 들어 개정시안은 근저당권자는 설정 시부터 3년을
경과한 때 원본의 확정을 청구할 수 있다고 하면서 특히 설정자의 확
정청구권은 강행규정으로 정한다(개정시안 제357조의9). 그러나 근저당
의 기초가 되는 계속적 계약관계에서 계약목적에 따라 3년보다 장기
의 존속기간이 예정되어 있는 경우, 그러한 확정의 강제가 적절한지
의문이다. 이는 당사자들이 계약자유로 정할 사항에 대해 물권법적인
강행규정으로 부당하게 개입할 위험이 있기 때문이다. 특히 이 문제
는 계속적 계약관계의 통상해지(임의해지) 법리가 적용되어야 할 사항
임에도, 개정시안이 그에 대해 충분한 고려 없이 통상해지의 문제와
절연하여 강행적 확정청구를 규율하는 것이기에 더욱 그러하다. 계속
적 계약관계에 존속기간이 정해지지 않은 경우에도, 계약의 (보충적)
해석에 따라 일정 기간 통상해지가 배제되는 결과가 인정될 수 있
다.23) 즉 계약의 목적을 고려할 때 일정 기간 동안 채권관계의 종료
가 배제되는 취지가 나타날 수 있는 것이다(사용대차에 대해 제613조 제
2항, 조합에 대해 제716조 제1항 단서 참조). 그러한 경우 통상해지는 그
러한 기간 동안에는 인정되지 않는다고 해석된다. 당사자들이 이러한
결과를 의도하였음에도, 물권법 규정이 근저당의 확정이라는 형태로
청산을 강요하는 것은 의문이다.

마찬가지로 계속적 계약을 종료하여 잔고채권을 성립시킬 수 있
는 사유는 매우 다양하므로 개정시안 제357조의10 이외의 확정사유

될 채권을 피담보채권으로 하여 근저당권을 설정할 수도 있으며(부등 제75조 제2
항; 이때에는 제357조 제2항이 적용된다), 어느 것이나 민법과 부동산등기법의 규
정에 비추어 법적으로 가능하다(Konzen in Soergel, *Bürgerliches Gesetzbuch*,
Band 16, 2001, § 1190 Rn. 12 참조). 후자의 경우에도 담보되는 불확정 액수의
피담보채권을 "확정"할 때 당사자들의 채권관계가 기준이 된다는 점은 명백하며,
계속적 채권관계를 담보하는 근저당과 다를 바가 없다.

23) Gernhuber, *Das Schuldverhältnis*, 1989, S. 391 참조.

는 해석상 계속 문제될 수밖에 없다. 또한 상속 및 합병에 관한 규율
(개정시안 제357조의6, 제357조의7) 역시 포괄승계의 경우 계속적 계약
관계의 승계 또는 종료의 문제와 관련되므로, 역시 근저당권의 문제
로 규율할 소재로 볼 수 있는지 의문일 뿐만 아니라,[24] 개별 계약관
계의 성질의 고려 없이 일률적으로 확정하게 하는 것이 타당한지도
생각해 볼 필요가 있다.

   한편 개정시안의 다수의 규정은 해석상 다툼이 없는 내용을 확인
하거나 저당권 일반에 관한 내용을 정하고 있다. 그런데, 전자의 경우
규율의 필요성이라는 점에서, 후자의 경우 규율의 체계라는 관점에서
의문이 없지 않다. 예를 들어 개정시안 제357조의2 제1항은 부동산등
기법에서 이미 규율되어 있는 부분이고(부등 제52조 단서 및 제5호, 동
규칙 제112조 참조), 제357조의5 제2항 및 제357조의5는 민법 제357조
의 해석상 당연하여 그동안 아무런 의문이 없던 내용이다. 개정시안
제357조의12도 종래 판례에서 인정되던 내용의 확인에 불과하다.[25]
반면 개정시안 제357조의4 제1항은 저당권의 공동귀속에 대해 정하
고 있으나, 이는 저당권의 준공유 일반에 관한 법리가 적용됨을 전제
로 하고 있어 그에 대한 일반적 규정을 두는 것이 바람직하지 근저당
에 특유한 규정을 둘 것은 아니라고 생각된다.

   이러한 이유로 근저당권과 관련해 단순히 일본의 입법례에 의지
해 다수의 규정을 신설하는 것에는 신중할 필요가 있다고 생각된다.
개정시안은 기본적으로 장래에 확정될 채권을 피담보채권으로 하는
저당권의 부종성을 정확하게 파악하지 못한 채로 근저당의 기초에 있
는 당사자들의 거래관계에 강행적으로 개입하려는 입법 방향을 추구

---

24) 따라서 이 쟁점은 장래 불확정채권을 피담보채권으로 하는 담보에서 일반적으
   로 나타나게 된다. Brünink in Lwowski/Fischer/Langenbucher, *Das Recht der
   Kreditsicherung*, 9. Aufl., 2011, §3 Rn. 50 참조.

25) 大判 1974.12.10., 74다998, 집 22-3, 140.

하고 있으며, 이에는 동의하기 어렵다.

Ⅲ. 이른바 누적적 근저당

근저당권을 일반 저당 법리에 비추어 이해하는 것이 아니라 일종의 특수한 저당권으로 보아 법률에 근거 없는 특수성을 인정하려는 경향은 이른바 누적적 근저당과 관련해서도 그대로 나타난다.

1. 이른바 누적적 근저당의 의의

당사자 사이에 채권을 담보하기 위하여 여러 개의 근저당권을 설정하면서, 제368조의 적용을 배제하고 각각의 채권최고액을 합한 금액을 우선변제받기 위하여 공동근저당의 형식을 취하지 않는 경우가 있다. 이는 통상 추가적 공동저당의 사례에서 발생한다. 예를 들어 가액 8천만 원의 甲 부동산에 최고액 6천만 원의 근저당을 설정한 후에 동일한 근저당거래를 확대하기 위해 다시 최고액 3천만 원을 증액할 필요가 있는 경우에, 甲 부동산의 최고액을 9천만 원으로 증액하면서 乙 부동산에 최고액 9천만 원의 근저당을 설정하고 공동담보의 등기를 하여 공동근저당을 성립시키는 대신, 甲 부동산의 근저당을 그대로 두고 乙 부동산에 최고액 3천만 원의 개별 근저당을 설정하고 공동담보의 등기를 하지 않는 것이다.[26)

이상과 같은 방법으로 근저당이 추가된 경우에도 공동저당의 성립을 긍정하여 제368조를 적용할 것인지 여부가 문제된다. 공동저당이 성립한다고 하면, 앞의 예에서 甲과 乙에 3천만 원의 공동저당이 성립하면서 채권자는 甲에 동순위의 3천만 원의 개별 저당권을 가지게 되는 결과가 된다. 반면 이를 부정하면, 채권자는 甲으로부터 6천

---

26) 柚木馨 編, 注釋民法(9), 改訂版, 1972, 278면(柚木馨·高木多喜男)의 사례.

만 원까지, 乙로부터 3천만 원까지 만족을 받게 될 것이다. 일본에서는 누적적 근저당을 허용하는 입법(일본 민법 제398조의16 내지 제398조의18)에 이르기 이전에 이 문제에 대해 상당한 논쟁이 있었다.[27] 우리나라에서도 이에 대해 논의가 있으며, 대법원도 최근 누적적 근저당이 가능하다고 판시하였다.[28] 그렇지만 이 판결은 그러한 누적적 근저당을 공동저당으로 보아 "누적적 근저당권은 각 근저당권의 담보범위가 중첩되지 않고 서로 다르지만 이 점을 들어 피담보채권이 각 근저당권별로 자동으로 분할된다고 볼 수도 없다"라고 판시하면서 물상보증인의 변제자대위를 긍정하였다.

2. 학설·판례에 대한 비판

(1) 대법원은 "누적적 근저당권은 모두 하나의 기본계약에서 발생한 동일한 피담보채권을 담보하기 위한 것"이지만, "공동근저당권과 달리 담보의 범위가 중첩되지 않"는다고 말한다.[29] 그러나 과연 민법의 해석으로 피담보채권의 범위 및 최고액이 동일함에도 불구하고 제368조가 적용되지 않는 결과가 가능한가?

공동근저당의 한 유형으로서 이른바 누적적 근저당을 허용해야 한다고 하는 견해[30]는 기본적으로 누적적 근저당을 부정하여 공동저당을 성립시키면 근저당권을 추가한 당사자들의 의사에 반하여 채권자에게 불리하게 되면서 후순위권리자에게는 망외의 이익이 발생한다는 것과 당사자들에게는 이러한 방법으로 공동저당 규정의 적용을 배제할 이익이 있다는 것을 근거로 한다. 즉 그 근거를 요약하면 ① 당

---

27) 상세한 내용은 注釋民法(9) (주 26), 同所. 김용담 편집대표, 주석 민법 물권(4), 제4판, 2011, 289 – 290면(김재형)은 이를 요약하여 소개하고 있다. 김석우, "근저당에 관한 몇 가지 문제점", 한양대 논문집 6, 1975, 5면 이하도 참조.

28) 大判 2020.4.9., 2014다51756, 공보 2020, 879.

29) 大判 2020.4.9. (주 28) 참조.

30) 김석우 (주 27), 9면; 주석 물권(4) (주 27), 290면(김재형).

사자의 의사가 고려되어야 하므로, ② 공동저당등기가 없으면 누적적
근저당으로 취급되어야 하지만, 그럼에도 불구하고 ③ 피담보채권의
범위 및 최고액의 동일성은 동일하므로 일종의 공동저당으로 볼 수
있다는 세 가지로 귀결한다. 요컨대 피담보채권이 동일한 이상 그 만
족 범위만을 나누어 합의하는 것은 가능하고, 그러한 당사자 의사는
존중되어야 하며, 이러한 의사는 당사자들이 공동담보의 등기를 하지
않음으로써 표현된다는 것이다.

그러나 ①, ②, ③이 동시에 공존할 수 있는지는 의문이다.

(2) 우선 공동담보의 등기가 없다는 사정에 의미를 두는 논거는
타당하기 어렵다. 실제로 그러한 논리를 따라간다면 부동산등기법 제
78조는 공동근저당을 성립시키려면 공동담보등기가 요구된다는 물권
변동 규정(제186조 참조)으로 읽힐 수밖에 없다. 그러나 이는 부당하
다. 첫째, 이런 중요한 문제에 절차법인 부동산등기법이 실체법적 효
과를 정하는 규율을 두고 있다면 이는 극히 이례적인 일이다. 둘째,
문언 자체가 단순히 절차 규정임을 보여주는데, 동조는 어디까지나
등기관의 의무를 규정하고 있음에 그치지("등기관이 […] 해야 한다"),
물권변동을 위해 당사자가 해당 등기를 해야 한다고는 정하지 않는
다. 이 규정의 계수상 모법이라고 할 수 있는 독일 부동산등기법 제48
조도 그러한 의미로는 전혀 이해되고 있지 않다.[31] 셋째로, 그러한 관
점은 공동저당의 등기를 제368조가 적용되는 공동저당의 성립요건인
것처럼 해석하는 것인데(제186조 참조), 정작 이로써 대위권의 형태로
권리를 취득하는 후순위저당권자의 합의 없이 다른 사람들의 합의만
으로 제3자인 후순위저당권자의 권리를 변동시킨다는 것은 어색하다.
그러므로 공동담보의 등기가 없다는 사정을 들어 이른바 누적적 근저
당 성립을 인정하려는 설명은 적절하지 않다. 실제로 종래 판례도 공

---

31) Demharter, *Grundbuchordnung*, 24. Aufl., 2002, § 48 Rn. 3에 따르면 이는 절차
  규정이며 설정의 법적 성질에 영향을 주지 않는다.

동담보의 등기에 그러한 의미를 부여하지 않는다.[32]

(4) 더 나아가 당사자들이 의사로 제368조의 적용을 배제할 수 있다는 설명은 이 규정의 강행규정성에 반한다. 물론 물권법정주의로 인하여 계약자유 원칙이 전면 배제되는 것은 아니며, 법정된 물권의 내용을 테두리로 하여 그 구체적 내용을 결정할 자유는 허용된다고 말할 수는 있다. 그러나 제368조는 이 설명이 타당할 수 있는 영역은 아니라고 생각된다. 물권법에 강행규정이 많은 이유는 대세적 효력을 가지는 물권을 창설하면서 당사자들이 그 내용을 자유로이 결정한다면 당사자 아닌 제3자의 이익이 해할 우려가 있기 때문이다. 그래서 물권법에서 계약자유가 허용되는 영역은 그러한 제3자의 이해가 관여되지 않은 영역이며(예컨대 지료의 결정, 물권의 존속기간 등), 반대로 제3자의 이해와 관련되는 이상 강행규정으로 해석하는 것이 일반적이다. 그리고 제368조가 바로 이에 해당한다는 것에는 종래 이론이 없었다. 왜냐하면 당사자들이 합의로 제368조를 배제하는 경우, 이는 바로 후순위권리자가 동시배당·이시배당에서 가지는 지위를 임의로 변경·처분하는 효과를 가져오기 때문이다. 이른바 누적적 근저당을 허용하려는 견해와 판례(주 28)는 예컨대 후순위담보권자는 그 최고액을 공제한 부동산의 가치만을 파악하고 있으므로 근저당권자에게 부동산별로 최고액 전부의 우선변제권을 인정하더라도 후순위담보권자가 예측하지 못한 손해는 입는 것이 아니라고 말한다. 그러나 제368조 자체가 추가적 공동저당의 경우에도 후순위저당권자가 처음에 기대하지 아니한 분담 및 대위의 이익을 그에게 부여하고 있다는 사실에 비추어 보면[33] 그러한 설명은 그다지 설득력이 있다고 하기 어렵다.

게다가 사실 앞서 ①, ②의 논거는 자세히 보면 근저당만을 전제로 하는 것도 아니다. 그래서 그 논리가 타당하다면 누적적 저당 일반

---

32) 大判 2010.12.23., 2008다57746, 공보 2011, 203.
33) 大判 1998.4.24., 97다51650; 2014.4.10., 2013다36040 참조.

이 타당해야 하며, 제368조는 완전한 임의규정이 된다. 갑이 을에게 5천만 원 채권을 가지고 있는데, 을의 A(6천만 원), B(6천만 원) 부동산에 피담보채권 5천만 원으로 하는 일반 저당권을 각각 설정하고(이자는 없다고 가정한다) 제368조를 배제하여 공동저당등기를 하지 않은 다음 A에 2천만 원 채권의 후순위저당권자 정이 생긴 경우, ①, ②의 논리가 타당하다면 여기에 제368조가 적용될 이유는 무엇인가? 그렇다면 을은 이제 갑에게 추가적 이익을 약속·제공함으로써 갑이 A를 실행하도록 하여 (제368조에 따르면) 정에게 귀속하였을 1천만 원을 자신에게 가져올 수 있을 것이다. 또는 이 사실을 알게 된 정은 갑에게 추가적 이익을 약속·제공함으로써 갑이 B를 실행하도록 시도할 것이다. 바로 이러한 혼란스러운 결과를 예방하자는 규율이 제368조이다. 그렇다면 어떻게 이 규정을 단순히 임의규정으로 볼 수 있겠는가? 그리고 이러한 정책적 관점이 "피담보채권 1억 원에 이율 5%로 하는 일반 저당권을 각각 설정" 부분을 "최고액을 6천만 원으로 하는 근저당권을 각각 설정"으로 바꾼다고 갑자기 달라질 이유는 무엇인가?

3. 해결의 단초

(1) 그러므로 "동일한 채권의 담보로 수개의 부동산에 저당권을 설정한 경우"(제368조 제1항)에는 법률에 따라 당연히 공동저당이 성립한다고 보지 않을 수 없다. 그러나 이상의 서술이 이른바 누적적 근저당과 같은 효과가 우리 민법의 해석상 불가능하다고 단언하는 것은 아니다. 제368조를 정면으로 무시하는 논거로 누적적 근저당의 개념을 인정하는 것은 부당하지만, 당사자들이 추구하는 합리적 목적은 우리 민법의 해석으로 충분히 달성될 수 있기 때문이다.

(2) 해결의 실마리는 근저당의 경우 최고액만이 등기되며 나중에 확정되어 만족을 받게 될 피담보채권의 발생 기초가 되는 기본계약은 등기되지 않는다는 것이다(부등 제75조 제2항 참조). 이는 한편으로 제3

자는 등기로부터 근저당권자가 만족을 받을 최대한의 액수만을 알 수 있다는 것을, 다른 한편으로 설정 당사자들은 자유로이 기본계약의 내용을 창설·변경하고 피담보채권을 지정·변경할 수 있음을 의미한다. 그러므로 당사자들은 기본계약으로부터 나오는 피담보채권을 서로 다르게 정하여 누적적 근저당에 해당하는 효과를 창출할 수 있으며, 이는 당연히 허용된다. 그래서 예컨대 갑이 을에게 1억 원 채권을 가지고, 을의 A(7천만 원), B(7천만 원) 부동산에 채권최고액을 7천만 원으로 하는 근저당권을 각각 설정하면서, 각각의 피담보채권을 "먼저 실행되는 근저당권에 대해서는 확정된 채권 전부가 피담보채권이 되며 나중에 실행되는 근저당권은 만족 받지 못한 나머지 채권이 피담보채권이 된다"고 정하는 것도 가능하다. 이 경우 피담보채권은 전혀 중첩이 없으므로 공동저당이 성립하지 않는다. 따라서 이른바 누적적 근저당으로 달성하려고 하는 결과는 가능하게 된다. 이러한 해석을 전제로 할 때, 실제 사건에 법원은 누적적 근저당을 설정하는 설정계약이 이러한 내용으로 의사해석될 수 있는지 여부를 개별적으로 검토하는 것으로 충분히 합리적 결과를 도모할 수 있을 것이다.

(3) 어떻게 생각해 보면 같은 결과에 도달하기 때문에 별 차이가 없다고 말할 수 있을지도 모르겠지만, 이는 그렇지 않다.

첫째, 어떤 새로운 현상에 직면하여 기존의 확립된 (그리고 타당한) 개념과 법리를 깨는 새로운 개념을 채택하는 것보다 종래 안정되어 있는 법리를 유지하면서 "생각된 것을 끝까지 생각해 보는 것"[34]에 의해 해결하는 방법이 있다면 후자를 선호하는 것이 온당함은 물론이다.

둘째, 설명 방법에 따른 차이도 반드시 작지는 않다. 이상의 해결은 피담보채권을 특정해 등기해야 하는 일반적 저당에는 가능하지 않

---

34) 라드브루흐, 법철학, 최종고 역, 1975, 159면.

을 것이므로(부등 제75조 제1항 참조), 근저당에서만 가능한 것으로 남는다. 즉 제368조의 강행규정성은 기본적으로 유지되고, 근저당의 경우에만 그 특성상 당사자들의 의사에 따라 공동저당이 회피됨으로써 누적적 만족의 효과가 도모된다.

　　셋째, 피담보채권의 중첩이 있으면 공동근저당이 성립하며 공동저당등기는 성립요건이 아니라는 판결(주 32)과 누적적 근저당의 효과를 인정하는 판결(주 28)이 자연스럽게 공존할 수 있다.

　　넷째, 물상보증인 또는 제3취득자의 변제자대위와 관련해 결과가 달라진다. 이에 대해서는 단락을 바꾸어 살펴본다.

　　(3) 누적적 근저당을 이상과 같이 설명하고 나면, 담보제공자들의 구상과 관련해 변제자대위는 발생할 수 없다. 채무의 중첩이 없으므로 각각 서로 다른 채무를 담보하는 것이기 때문이다. 채무 중첩의 효과를 피하는 누적적 근저당의 이익을 보면서 채무 중첩을 전제로 하는 변제자대위를 인정하는 것은 모순이라고 하지 않을 수 없다.[35] 그래서 이른바 누적적 저당에서 변제자대위를 인정하면 불합리한 결과가 발생한다. 채무자의 부동산 둘 중 하나(A)에 후순위저당권자가 저당권을 취득하였고, 그 다음 나머지 부동산(B)이 제3취득자에게 양도된 사안을 상정해 본다. 이때 대법원 판결(주 28)의 논리에 따른다면, A가 먼저 실행된 경우 누적적 근저당의 효과를 들어 즉 공동저당이

---

35) 실제로 대법원 판결이 변제자대위를 정당화하기 위해 들고 있는 "누적적 근저당권은 각 근저당권의 담보 범위가 중첩되지 않고 서로 다르지만 이 점을 들어 피담보채권이 각 근저당권별로 자동으로 분할된다고 볼 수도 없다"(주 28)는 설명이 자기모순적임은 명백하다. 각 근저당권이 담보하는 범위가 중첩되지 않는데, 도대체 어떻게 각 저당권이 분할되어 있지 않다고 말할 수 있겠는가? 이에 대해 "누적적 근저당권은 모두 하나의 기본계약에서 발생한 동일한 피담보채권을 담보하기 위한 것"이라는 설명은 이 쟁점과 무관한 지적에 지나지 않는다. 공동저당의 요건 그리고 변제자대위의 요건은 피담보채권이 실행 전에 사전적으로 분할 취급되는지 여부가 아니라 바로 다수의 부동산에 설정된 저당권 실행으로 채권자가 만족받는 범위가 중첩되는지 아닌지 여부이기 때문이다.

아닌 것처럼 취급하여 후순위저당권자의 대위 가능성[36]을 박탈하면
서도, B가 먼저 실행되면 마치 공동저당이 존재하는 것처럼 취급하여
제3취득자의 변제자대위를 인정해야 한다(제482조 참조). 이로써 후순
위저당권자는 중복하여 불이익하게 취급당한다. 무슨 이유에서 전자
의 경우에는 두 저당권이 분리된 것으로 취급되다가, 후자의 경우에
는 중첩된 것으로 취급되어야 하는가? 과연 설정자와 저당권자의 합
의만으로 제3자에게 이러한 유·불리의 효과를 발생시키는 해법이 합
리적이라고 말할 수 있는가? 이로써 우리의 논의는 제368조의 강행규
정성이라는 출발점으로 다시 돌아가게 된다(본장 Ⅲ. 2. (4) 참조). 그리
고 이른바 누적적 근저당을 인정하는 견해가 드는 논거의 ①, ②와
③은 양립할 수 없다는 결과가 확인된다.

---

36) 大判 2011.10.13., 2010다99132, 공보 2011, 2335 참조.

제3장

환가권능의 확장: 물상대위와 부당이득

Ⅰ. 문제의 제기

1. 저당권은 채무자 또는 제3자가 채무의 담보로 제공한 부동산에 대하여 다른 채권자보다 우선변제를 받을 수 있는 담보물권으로 (제356조), 그 목적물인 부동산을 환가하여 그로부터 우선변제를 받을 수 있는 권능을 채권자에게 부여한다. 그러나 저당권의 효력이 미치는 범위가 부동산 자체에 한정되는 것은 아니다. 우선 저당권의 효력은 원칙적으로 저당부동산에 부합된 물건과 종물에 미친다(제358조). 더 나아가 저당부동산에 대한 압류가 있은 후에 저당권설정자가 그 부동산으로부터 수취한 과실 또는 수취할 수 있는 과실도 원칙적으로 저당권의 효력에 따르게 된다(제359조; 제2편 제1장 참조). 이에 더하여 민법은 저당물의 멸실, 훼손 또는 공용징수로 인하여 저당권설정자가 받을 금전 기타 물건에 대하여도 저당권을 행사할 수 있도록 하면서, 다만 이 경우에는 "그 지급 또는 인도 전에 압류"할 것을 정한다(제370조, 제342조). 이러한 물상대위(제342조의 표제 참조)에 의하여 입법자는 저당물의 멸실 등의 이유로 저당권이 소멸해야 할 경우에도 저

당권설정자[1]가 동일한 원인으로 취득하게 되는 권리에 저당권의 효력을 미치게 하여, 저당권자의 담보이익을 고려하고 있다.

　2. 민법은 저당권자가 물상대위에 의하여 저당부동산의 소유자가 가지는 권리로부터 우선변제를 받기 위해서는 그 지급 또는 인도 전에 압류할 것을 요구한다.

　(1) 이는 우선 물상대위가 미치는 대상은 설정자가 부동산의 멸실, 훼손, 공용징수 등을 이유로 하여 취득한 권리라는 것을 의미한다. 즉 저당권의 효력은 설정자가 취득하게 되는 현실적 금전 또는 물건이 아니라, 지급 또는 인도를 구하는 청구권 내지 채권(손해배상청구권, 보험금청구권, 수용보상금청구권 등)에 미치는 것이다(아래에서는 이를 '대위목적채권'이라고 지칭하기로 한다).[2]

　그런데 이는 더 나아가 저당부동산의 멸실 등으로 설정자에 대하여 채무를 부담하는 불법행위자, 보험자, 사업시행자[3] 등이 저당권자의 압류가 있기 전에 지급 또는 인도에 의하여 채무를 이행하는 때에는 저당권자는 더 이상 물상대위권을 행사할 수 없다는 의미이기도 하다. 민사집행법은 이러한 취지를 받아 물상대위권을 행사하고자 하는 저당권자는 저당권의 존재를 증명하는 서류를 제출하여 실행을 개시하도록 하면서, 이에는 채권 기타 재산권에 대한 강제집행에 관한 제223조 이하의 규정을 준용하도록 하고 있다(동법 제273조 제2항, 제3항). 이는 저당권자의 물상대위권은, 담보권의 존재를 증명하는 서류를 집행법원에 제출하여, 채권압류 및 전부명령을 신청하거나 민사집

---

1) 법문은 '저당권설정자'라고 표현하고 있으나, 이후 저당권설정자로부터의 제3취득자 등도 이에 해당할 수 있으므로 보다 정확하게는 저당부동산의 소유자라고 하는 것이 적절하다. 그러나 아래에서는 편의상 법률의 표현을 사용하여 '설정자'라고 지칭하기로 한다.
2) 우선 곽윤직, 물권법, 제7판, 2002, 303면 참조.
3) 아래에서는 저당채권자의 채무자와 구별하는 의미에서 저당부동산의 소유자에 대하여 지급 또는 인도의무를 부담하는 채무자를 일률적으로 '제3채무자'라고 지칭하기로 한다.

행법 제247조 제1항이 규정하는 배당요구의 종기까지 배당요구를 하는 방법에 의하여 행사할 수 있다는 것을 의미한다(본장 Ⅲ 1. (4) (c) 참조).[4] 그러므로 저당권자가 이러한 방법으로 물상대위권을 행사하지 않는 동안 제3채무자가 설정자나 당해 채권을 양도받은 양수인 내지 전부채권자에게 변제한 때에는 대위목적채권에 대한 물상대위는 더 이상 고려되지 아니한다.

(2) 그런데 이렇게 제3채무자가 지급 또는 인도에 의하여 자신의 채무를 변제한 경우, 저당권자가 변제를 수령한 자를 상대로 부당이득반환을 청구할 수 있는지(제741조)의 문제가 제기될 수 있다. 물론 채무자와 설정자가 동일한 사람인 때에는 저당채권자로서는 채무자에 대하여 기존의 피담보채권에 더하여 이와 유사한 내용의 금전청구권을 획득하는 것에 지나지 않으므로 부당이득반환청구가 추가적인 담보로 기능하지 않는다. 그러나 설정자와 채무자가 동일한 사람이 아닌 경우(물상보증인, 저당부동산의 제3취득자)에는 저당권자는 부당이득반환에 의하여 설정자의 일반재산으로부터도 채권을 회수할 수 있는 가능성을 가지게 되므로, 부당이득반환의 여부는 적지 않은 의미를 가지게 된다. 이 문제에 대한 대법원의 재판례를 살펴보면 다음과 같다.

(가) 대법원은 제3채무자가 저당권자의 압류가 있기 전에 설정자에게 변제를 한 경우에, 저당권자는 설정자에 대하여 부당이득반환을 청구할 수 있다는 태도를 취한다. 大判 1975.4.8., 73다29 (집 23-1, 165)에서는, 선박에 대한 근저당권이 실행되는 동안 저당목적물인 선박이 일본 선박의 충돌에 의하여 멸실되었고, 선박의 소유자는 근저당권자의 압류가 있기 전에 한일어업협정에 기한 보상금을 수령한 사안이 문제되었다. 보상금을 수령한 선박소유자에 대한 근저당권자(제2

---

4) 大判 1994.11.22., 94다25728, 공보 1995, 71; 大決 1995.9.18., 95마684, 공보 1995. 3504; 大判 1998.9.22., 98다12812, 집 46-2, 137; 1999.5.14., 98다62688, 공보 1999, 1159 등.

순위)의 부당이득반환청구에 대하여, 원심은 선박소유자의 보상금 수령은 그의 정당한 손해배상청구권에 기하여 지급 또는 인도받은 것이므로 이것을 법률상 원인 없는 이득이라 해석할 수 없다고 하여 부당이득을 부정하였다. 그러나 대법원은 다음과 같은 이유로 원심을 파기하고 부당이득반환을 인정하였다.

"침몰사고로 인하여 원고는 그 근저당권을 상실하고 따라서 저당채권의 변제를 못 받게 된 손해를 보았는데 반하여 피고는 침몰선박의 대가로 금 39,000,000원에 해당하는 금품을 받아 위와 같은 부담(근저당권)이 없었던 것과 같은 대가를 취득하게 되었으니 피고가 취득한 금품 중에서 적어도 원고의 손실에 해당하는 한도에서는 이익을 얻었다 할 것이니 원고의 손실과 피고의 이득 사이에 인과관계가 있고 피고의 이 이득은 법률상 원인 없는 것이라 할 것이므로 여기에 부당이득이 있다고 봄이 타당할 것이다. 그 이유로는 이렇게 보는 것이 공평 관념에 위배되는 재산적 가치의 이동이 있는 경우 수익자로부터 그 이득을 되돌려 받아 손실자와의 사이에 재산상태의 조정을 꾀하는 부당이득제도의 목적에 합당하다고 보기 때문이다. 한편 원고가 가해자에 대한 손해배상청구권이 있다 하여 피고에 대한 부당이득반환청구를 하지 못하는 것도 아니며 민법 제370조에 의한 물상대위는 저당권자가 저당권의 효력으로서의 우선변제를 받기 위한 규정이므로 이 규정 때문에 부당이득의 성립에 무슨 지장을 줄 바 아니라 할 것이다(다만 물상대위로 추급하여 채권변제를 받았으면 그 한도에서 부당이득이 성립되지 않을 뿐이다)."

(나) 반면 저당권자가 물상대위권을 실행하지 아니하는 동안 설정자의 다른 채권자들이 대위목적채권에 대하여 강제집행을 하여 배당으로 만족을 받은 경우, 대법원은 저당권자의 다른 채권자들에 대한 부당이득반환청구는 인정하지 아니한다. 大判 2002.10.11., 2002다

33137 (공보 2002, 2704)의 사실관계는 다음과 같다. 저당권이 설정된 토지가 수용되고 수용보상금이 공탁되었는데, 저당권자가 압류를 하고 있지 않는 동안 후순위인 대한민국이 국세체납을 이유로 공탁물출급청구권을 압류하고 이를 추심하였다(국징 제41조 제1항, 제2항). 이에 저당권자는 자신의 우선변제권이 침해되었음을 이유로 대한민국에 대하여 부당이득반환을 청구하였으나 원심은 이를 부정하였고, 대법원도 원심의 판단을 지지하였다.

"민법 제370조, 제342조 단서가 저당권자는 물상대위권을 행사하기 위하여 저당권설정자가 받을 금전 기타 물건의 지급 또는 인도 전에 압류하여야 한다고 규정한 것은 물상대위의 목적인 채권의 특정성을 유지하여 그 효력을 보전함과 동시에 제3자에게 불측의 손해를 입히지 않으려는데 있는 것이므로, 저당목적물의 변형물인 금전 기타 물건에 대하여 이미 제3자가 압류하여 그 금전 또는 물건이 특정된 이상 저당권자가 스스로 이를 압류하지 않고서도 물상대위권을 행사하여 일반 채권자보다 우선변제를 받을 수 있으나, 그 행사방법으로는 민사집행법 제273조(구 민사소송법 제733조)에 의하여 담보권의 존재를 증명하는 서류를 집행법원에 제출하여 채권압류 및 전부명령을 신청하는 것이거나 민사집행법 제247조 제1항(구 민사소송법 제580조 제1항)에 의하여 배당요구를 하는 것이므로, 이러한 물상대위권의 행사에 나아가지 아니한 채 단지 수용대상토지에 대하여 담보물권의 등기가 된 것만으로는 그 보상금으로부터 우선변제를 받을 수 없고(대법원 1998. 9. 22. 선고 98다12812 판결 참조), 저당권자가 물상대위권의 행사에 나아가지 아니하여 우선변제권을 상실한 이상 다른 채권자가 그 보상금 또는 이에 관한 변제공탁금으로부터 이득을 얻었다고 하더라도 저당권자는 이를 부당이득으로서 반환청구할 수 없다 할 것이다(대법원 1994. 11. 22. 선고 94다25728 판결 참조).

　　원고의 근저당권의 목적물로 되어 있던 甲[설정자]의 토지 지분이
수용되어 이에 관한 보상금이 변제공탁되었는데 원고가 이에 관하여
저당권자로서 물상대위권을 전혀 행사하지 아니한 이 사건에서, 원
심이 위와 같은 법리에 따라 피고가 그 판시와 같은 절차에 의해 공
탁금을 출급받았다고 하더라도 원고가 물상대위권의 행사에 나아가
지 아니하여 우선변제권을 상실한 이상 피고에 대하여 그 금원을 부
당이득으로서 반환청구할 수 없다고 판단한 것은 수긍이 되고, 거기
에 상고이유에서 주장하는 바와 같이 부당이득의 성립요건에 관한
법리를 오해한 위법이 있다 할 수 없다.”

　　(다) 이후 대법원은 大判 2009.5.14., 2008다17656 (공보 2009,
829)에서 이 문제를 다시 판단하였다. 저당부동산이 제3취득자에게
이전된 후 수용되었으나 물상대위권자가 압류하기 전에 변제가 이루
어진 사안이 문제되었으므로, 설정자에 대하여 변제가 행해진 사안유
형에 해당한다(본장 I. 2. (2) (가) 참조). 대법원은 종래의 판례를 유지
하면서 다음과 같이 판시하였다.

　　“저당권자(질권자를 포함한다)는 저당권(질권을 포함한다)의 목적
이 된 물건의 멸실, 훼손 또는 공용징수로 인하여 저당목적물의 소
유자가 받을 저당목적물에 갈음하는 금전 기타 물건에 대하여 물상
대위권을 행사할 수 있으나, 다만 그 지급 또는 인도 전에 이를 압류
해야 하며(민법 제370조, 제342조), 저당권자가 위 금전 또는 물건
의 인도청구권을 압류하기 전에 저당물의 소유자가 그 인도청구권에
기하여 금전 등을 수령한 경우에는 저당권자는 더 이상 물상대위권
을 행사할 수 없게 된다. 이 경우 저당권자는 저당권의 채권최고액
범위 내에서 저당목적물의 교환가치를 지배하고 있다가 저당권을 상
실하는 손해를 입게 되는 반면에, 저당목적물의 소유자는 저당권의
채권최고액 범위 내에서 저당권자에게 저당목적물의 교환가치를 양

보해야 할 지위에 있다가 마치 그러한 저당권의 부담이 없었던 것과 같은 상태에서의 대가를 취득하게 되는 것이므로 그 수령한 금액 가운데 저당권의 채권최고액을 한도로 하는 피담보채권액의 범위 내에서는 이득을 얻게 된다 할 것이다. 저당목적물 소유자가 얻은 위와 같은 이익은 저당권자의 손실로 인한 것으로서 인과관계가 있을 뿐 아니라, 공평 관념에 위배되는 재산적 가치의 이동이 있는 경우 수익자로부터 그 이득을 되돌려 받아 손실자와의 사이에 재산상태의 조정을 꾀하는 부당이득제도의 목적에 비추어 보면 위와 같은 이익을 소유권자에게 종국적으로 귀속시키는 것은 저당권자에 대한 관계에서 공평의 관념에 위배되어 법률상 원인이 없다고 봄이 상당하므로, 저당목적물 소유자는 저당권자에게 이를 부당이득으로서 반환할 의무가 있다(대법원 1975.4.8. 선고 73다29 판결 참조)."

이 사건에서 원심은 대위목적채권에 대하여 강제집행이 이루어진 경우 배당요구를 하지 않은 물상대위권자에게 부당이득반환을 부정하던 판례(본장 I. 2. (2) (나) 참조)를 원용하여 부당이득을 부정하였는데, 이에 대하여 대법원은 "원심이 원용한 대법원 2002.10.11. 선고 2002다33137 판결은 물상대위권자가 저당목적물의 변형물인 수용보상금채권의 배당절차에서 배당요구를 하지 아니하여 우선변제권을 상실한 경우에는 같은 배당절차에서 배당을 받은 다른 채권자에 대하여 부당이득반환청구를 할 수 없다는 것으로서, 이 사건과는 사안을 달리하여 이 사건에 원용하기에 적절하지 아니하다"고 판시하고 있다. 이에 따르면 대법원은 배당요구를 하지 않은 물상대위권자에게 부당이득을 부정한 종래의 판례는 타당하다고 전제하면서, 다만 설정자에 대하여 변제가 있는 유형과는 사실관계가 구별되기 때문에 이 사건에서는 적용될 여지가 없다고 이해하는 것으로 보인다.

(3) 이상의 내용을 요약하면 다음과 같다. 즉 압류가 있기 전에

제3채무자가 설정자에게 변제를 한 경우에는 저당권자가 그에게 부당
이득반환을 청구할 수 있으나, 저당권자의 압류가 있기 전에 설정자
의 채권자가 대위목적채권을 현금화하는 절차로부터 만족을 받은 때
에는 저당권자는 만족을 받은 채권자에 대하여 부당이득반환을 청구
할 수 없다는 것이다.

　　3. 본장에서는 이러한 대법원의 판례를 계기로 하여 저당권자의
물상대위와 관련된 부당이득반환의 문제를 살펴보기로 한다. 특히 대
법원이 이 문제를 취급한 판결들이 서로 모순되는 것인지 아니면 서
로 다른 사안과 관련된 것이어서 서로 조화를 이루고 있는 것인지의
여부가 검토되어야 할 것이다. 그러나 이러한 시도는 필연적으로 물
상대위에 의하여 발생하는 저당권자의 지위가 어떠한 법적 성질을 가
지는 것인지에 관한 일반적인 문제의 해명을 수반할 수밖에 없다. 따
라서 본장은 동시에 물상대위에 의한 저당권자의 지위라는 보다 일반
적인 문제의 해결에도 기여하고자 하며, 이로써 저당권자의 물상대위
전반에 대하여 새로운 이해를 시도해 보고자 한다.

II. 물상대위에 기한 저당권자의 지위와 부당이득

1. 우리나라의 학설상황

　　저당권자의 물상대위로 인한 부당이득반환에 관해서 종래 우리
문헌에서 이를 집중적으로 다루는 것은 찾아보기 어렵다. 다만 앞서
인용한 大判 1975.4.8. (본장 I. 2. (2) (가))을 평석하면서 이를 손실과
이득의 인과관계의 문제로만 접근하여 "그 인과관계가 직접적인 것이
아니어도 상관없다는 해석상의 추세에 비추어 대법원의 견해에 찬동
한다"는 설명에 그치거나,[5] 상세한 논의 없이 "제3자로서는 담보권자

---

5) 김현태, "민법(재산편)", 서울대학교 법학연구소 판례회고, 제4호, 1976, 91–92면.

의 압류 이전에 제3채무자로부터 지불을 받은 경우 그 반환을 청구당
하지 않는다는 선에서 만족하게 할 수밖에 없는 것"이라고 언급하는
정도이다.[6] 이들 문헌을 제외한다면 우리 학설이 이 문제에 대해서
어떠한 입장을 취하고 있는지는 분명하지 아니하며, 물상대위의 법적
성질에 관한 논의로부터 어떠한 결론을 취하게 될 것인지를 추측할
수 있을 뿐이다.

　　종래 학설에서는 물상대위의 법적 성질 특히 압류의 의미에 대하
여 이른바 특정성유지설, 우선권보전설, 제3채무자보호설 등이 주장
되어 물상대위에 기한 저당권자의 지위에 관하여 서로 다른 결론을
개진해 왔다.[7] 그런데 이러한 학설상황은 일본 학설 · 판례의 추이에
영향을 받아 전개되고 있는 것으로 보이고, 참조의 전거들도 주로 일
본의 문헌으로 이루어져 있다. 그러므로 물상대위와 부당이득이라는
우리의 주제를 살펴보기 위해서는 우선 일본의 학설 · 판례를 검토할
필요가 있다(본장 Ⅱ. 2.). 이 과정에서 일본에서 물상대위에 관하여
전개되는 논의를 비판적으로 평가한 다음, 독일(본장 Ⅱ. 3.), 스위스
(본장 Ⅱ. 4.), 프랑스(본장 Ⅱ. 5.)의 제도와 비교하여 비교법적인 시각
을 확보하기로 한다. 이어서 우리 민법의 해석으로 타당한 결론을 탐
색한다(본장 Ⅲ).

2. 일본

(1) 일본에서 학설과 판례의 전개

일본 민법은 선취특권을 규정하는 제2편 제8장의 제304조 제1항

---

6) 류승정, "물상대위권의 행사", 민사재판의 제문제, 제10권, 2000, 188, 189 – 190
　　면.
7) 학설의 개관으로는 강동세, "저당권의 물상대위", 법조, 제528호, 2000, 82면 이
　　하; 이승한, "물상대위에 있어서의 '지급 또는 인도 전 압류'에 관하여", 민사판례
　　연구[XXⅡ], 2000, 92면 이하; 이준현, "저당권의 물상대위와 채권양도 · 전부명령",
　　비교사법, 제14권 제1호, 2007, 298면 이하 등 참조.

에서 "선취특권은 그 목적물의 매각, 임대, 멸실 또는 손상에 의하여 채무자가 받을 금전 기타의 물건에 대하여도 행사할 수 있다. 다만 선취특권자는 그 지급 또는 인도[拂渡] 전에 압류를 해야 한다"고 규정하고, 동법 제372조는 이를 저당권에 준용하고 있다.

이 규정에 관해서는 종래부터 많은 논의가 있었는데, 특히 지급 또는 인도 전에 해야 하는 압류의 의미에 관해서 초기에는 크게 두 견해가 대립하고 있었다.

(가) 하나의 견해는 이른바 특정성유지설이라고 불리는 견해로서, 저당권은 물건의 교환가치를 파악하는 물권이므로 그 목적물이 멸실하여도 그 교환가치를 대표하는 다른 목적물이 있는 경우에는 저당권의 효력이 당연히 그 가치대표자에도 미친다는 전제(가치권설)에서 출발한다. 이 견해에 의하면 저당권의 효력이 당연히 대위목적채권에도 미침에도 불구하고 지급 또는 인도 전에 압류가 있을 것을 법률이 요구하는 이유는 압류에 의하여 설정자의 제3채무자에 대한 청구권의 특정성을 유지하여 설정자의 재산에 혼입되는 결과를 방지한다는 것에 국한된다. 즉 제3채무자가 자신의 채무를 변제하게 되면 급부목적물(특히 금전)이 설정자의 일반재산에 혼입하여 특정성을 상실하여 우선변제권이 인정되는 물권을 인정할 수가 없다는 당연한 결과를 확인하는 것에 그치는 것이다.[8] 이 견해는 이로부터 다음과 같은 결론을 도출한다.[9] ① 압류의 취지는 물상대위의 목적인 권리의 특정성을 유지한다는 것이므로 필요한 것은 "압류 자체"이다. 따라서 압류는 반드시 저당권자가 할 필요는 없고 다른 채권자 등에 의해서 이루어지면 충분하고, 그 경우에도 저당권자는 물상대위를 할 수 있다. ② 물상대위의 목적인 권리의 특정성이 유지되고 있는 이상 저당권의 효력은 당연히 대위목적채권에 미치는 것이므로, 설정자의 채권자가 이를

---

8) 柚木馨·高木多喜男, 擔保物權法, 第三版, 1982, 270－271면.
9) 柚木·高木 (주 8), 272면 이하.

압류하여 전부받은 경우에도 저당권자는 여전히 물상대위에 기하여 우선변제를 받을 수 있다. 마찬가지로 대위목적채권이 양도되거나 입질된 경우에도 저당권자는 양수인이나 질권자에게 물상대위권을 주장할 수 있다. 우선순위는 저당권 등기의 시점과 전부명령·양도의 대항요건의 시점의 선후에 의해 결정된다.

이에 대하여 우선권보전설이라고 불리는 견해는 물상대위는 저당권의 효력에 의하여 당연히 인정되는 것은 아니며 오히려 저당권의 소멸이라는 원칙에 대하여 입법자의 특별한 규정에 의하여 인정되는 일종의 특권이라고 이해한다(특권설).10) 이 입장에 따르면 물상대위의 행사를 위해 저당권자의 압류를 요구하는 것은 그러한 물상대위를 압류에 의하여 공시하여 우선적 지위를 확보하도록 하는 것을 의미하며, 그 결과 압류는 실질에 있어 대항요건으로 기능한다. 그러므로 ① 압류는 반드시 물상대위를 실행하고자 하는 저당권자 자신이 해야 하며, 다른 방식으로 해당 청구권의 특정성이 유지되었다는 것만으로는 충분하지 아니하다. ② 압류에 의하여 비로소 물상대위권이 보전되는 것이므로, 저당권자의 압류가 있기 전에 설정자의 다른 채권자가 당해 채권을 압류하여 전부받은 경우에는 더 이상 물상대위를 행사할 수 없다. 채권양도나 입질이 있었던 경우에 우열은 이들 대항요건과 저당권자의 압류의 선후에 따라 결정된다.

(나) 일본 판례는 이 두 견해 사이에서 변동하였다.11) 초기 대심원은 특별법상의 물상대위에 관하여 특정성유지설의 입장에서 판결을 한 바 있으나,12) 곧 민법상의 물상대위를 판단하면서 우선권보전설로 전환하였다. 즉 우선권보전설의 논리를 받아들여 저당권자의 압류가

---

10) 近江幸治, 擔保物權法, 新版, 1992, 44-45면 참조.
11) 아래의 서술은 기본적으로 生熊長幸, 物上代位と收益管理, 2003, 26면 이하를 참조하였다.
12) 日大判 1915.6.30., 民錄 21, 1157.

없는 동안 설정자가 취득한 보험금청구권이 그의 채권자에 의하여 압
류·전부된 사안에서, 대심원은 물상대위의 추급력을 부정하였던 것
이다.13) 이러한 입장은 이후에도 계승되는데 예컨대 이후의 판례는
특정성유지의 관점을 함께 고려하면서도 기본적으로는 우선권보전설
의 입장에서 저당권자의 압류는 물상대위의 요건이므로 압류가 있기
전에 당해 채권이 양도되어 대항요건이 구비된 경우에는 더 이상 물
상대위를 행사할 수 없다고 하였다.14) 다만 문제가 되는 채권이 전부
되기 전에 압류명령만이 있는 상태에서 저당권자가 압류한 사안에 대
해서는, 압류의 취지를 특정성유지, 우선권보전, 제3채무자 및 전부채
권자의 보호 등 다면적으로 파악하면서 목적채권에 대한 압류 또는
가압류의 집행만으로는 아직 저당권자의 물상대위를 방해하지 않는다
고 판시하였다.15)

(다) 따라서 일본의 판례는 전반적으로 우선권보전설을 중심으로
하는 절충적 견해를 채택하여 유지되어 왔다고 말할 수 있다. 학설에
서는 상당기간 특정성유지설이 우세한 위치를 점하고 있었으나, 이후
점차로 판례의 견해를 따라 우선권보전설을 중심으로 하는 절충설이
다수설화되는 경향을 보이고 있었다.16)

그런데 70년대 후반부터 저당권자의 압류의 의미에 관하여 새로
운 학설이 대두하기 시작하였다. 이 학설은 무엇보다도 물상대위 규
정의 연원을 보아소나드가 제정한 일본 구민법 및 그 이유서에 소급
하여 압류의 의미를 추적하고자 하였고, 그로부터 결론에 있어서는

13) 日大判(連) 1923.4.7., 民集 2, 209.
14) 日大判 1930.9.23., 民集 9, 918.
15) 日最判 1985.7.19., 民集 39－5, 1326. 설정자가 파산한 경우도 마찬가지이다(日最
    判 1984.2.2., 民集 38－3, 431). 이들 판결은 모두 선취특권자의 물상대위에 관한
    것이다.
16) 학설상황의 개관으로 新田宗吉, "物上代位", 星野英一 編輯代表, 民法講座 3, 1984,
    111면 이하; 吉野衛, "物上代位における差押の意義", 内田貴·大村敦志 編, 民法
    の爭点, 2007, 139면 참조.

특정성유지설과 우선권보전설의 절충적인 결과에 도달하게 되었다. 이 견해는 압류의 의미를 다음과 같이 설명한다. 담보목적물의 멸실 등과 동시에 대위목적채권에는 물상대위에 의하여 저당권의 효력이 당연히 미치는 것이고, 그 결과 제3채무자는 저당권자에 대하여 지급의무를 부담한다.17) 그러나 그러한 경우 제3채무자는 설정자 또는 그로부터의 양수인·전부채권자를 자신의 채권자로 인식하는 것이 통상이며, 이러한 상황을 방치한다면 제3채무자는 설정자 등에게 변제한후에 다시 저당권자에게 변제를 해야 하는 이중변제의 위험을 부담하게 된다. 따라서 민법은 저당권자로 하여금 압류에 의하여 자신의 존재를 제3채무자에게 알림으로써 물상대위권을 확보하도록 하면서, 압류가 없는 동안 제3채무자가 지급 또는 인도에 의하여 변제를 하면 면책되는 것으로 정하여 제3채무자의 신뢰를 보호한다는 것이다. 그러한 의미에서 압류의 취지는 제3채무자의 이중변제위험을 방지함에 그친다고 한다.18) 이 견해는 이러한 해석이 입법자의 의사에 부합한다고 강조한다.19) 이러한 전제에 따른다면 ① 압류는 저당권자가 자

---

17) 이 견해는 가치권설과 특권설이 선험적인 대립관계에 있는 것은 아니라고 파악한다. 즉 물상대위가 논리필연적으로 당연히 인정되는 것은 아니지만, 입법자가 담보권자의 보호를 위하여 이를 인정하는 한에서 그 근거로 가치권설의 관점이 고려되어야 한다는 것이다. 淸原泰司, 物上代位の法理, 1997, 28-29면; 吉野 (주 16), 140면.

18) 淸原 (주 17), 31-32면, 74면 이하.

19) 이 견해에 의하면 일본 민법 제304조 제1항은 일본 구민법 채권담보편 제133조로 소급하며, 이는 다시 이탈리아 구민법 제1951조를 받아들인 것이라고 한다. 그런데 이들 규정은 채권자가 물상대위를 하기 위해서는 제3채무자에 대하여 이의(opposition, opposizione)를 하여야 한다고 하는데, 이는 독일법상의 압류가 아니라 제3채무자에 대하여 타인에 대한 변제를 금지하는 보전적 제도에 불과하고, 그 취지는 결국 제3채무자의 이중변제위험을 방지하기 위한 것이라고 한다(吉野 (주 16), 139-140면; 淸原 (주 17), 14면 이하, 58면 이하). 실제로 이러한 해석은 일본 구민법의 입법자료에 비추어 보면 타당한 것으로 보인다("물건을 대표하는 가치에 선취특권을 이전하게 하는 것은 다른 채권자들을 해하지 않는다. 왜냐하면 물건이 그들의 책임재산이 아니게 된 순간부터 그들은 그 가치를 고려에 넣을 수

신의 물상대위권의 존재를 제3채무자에게 알리는 것을 목적으로 하므로 저당권자가 스스로 압류해야 한다. 그러나 ② 제3채무자의 이중변제위험이 없는 한에서는 저당권의 효력은 당연히 멸실 등으로 설정자에게 귀속하는 채권에 미치는 것이므로, 당해 채권이 양도·입질되거나 전부된 경우에도 제3채무자의 변제가 없는 한 저당권자는 압류에 의하여 물상대위권을 행사할 수 있다. 여기서 우선순위는 저당권의 압류 시점이 아니라 저당권의 등기시점을 기준으로 하며, 이것이 양도·입질의 대항요건이나 전부명령보다 앞선 한에서 물상대위가 우선한다.[20] 이 견해에는 결론에 있어 ①에 있어서는 우선권보전설과 유사하지만, ②에 있어서는 특정성유지설과 유사한 결과에 도달한다.

(2) 최고재판소 판례의 전환

이러한 제3채무자보호설은 처음에는 그다지 넓은 지지를 받고 있지는 못하였다. 그런데 80년대 후반 이후 일본경제가 장기불황에 직면하게 되자 저당채권자의 채권회수 역시 여러 가지 불리한 상황에 처하게 되었고, 이는 이후 판례에 영향을 주어 담보권자에게 유리한 해석 경향을 촉진하였다.[21] 이러한 현상은 물상대위와 관련해서도 그러하다.

없었기 때문이다. 문제되는 대위로부터 보호되어야 할 유일한 자는 그 가치에 대한 채무자이다. 이들이 잘못 변제하는 상황에 가지 않도록 하기 위하여 법률은 그들이 선취특권자의 이의에 의하여 고지받을 것을 요구함으로써 이를 규율한다"; *Code civil de l'empire du Japon accompagné d'un exposé des motifs*, tome 4, 1891, p. 155). 다만 이러한 주장에 대해서는 이는 구민법 기초자의 의견에 불과하고, 이후 현행 일본민법의 제정과정에서 다양한 견해가 입법관여자에 의하여 표명되었기 때문에 입법자의 의사를 제3채무자보호설로 추단하는 것은 타당하지 않다는 비판도 유력하다(生熊 (주 11), 15면 이하).

20) 清原 (주 17), 75면 이하.
21) 특정이행에 관련된 해석론의 변화를 필자는 이전에 "강제이행 —특히 간접강제의 보충성을 중심으로—", 서울대 법학, 제46권 제4호, 2005, 262면 이하에서 간략하게 서술한 바 있다.

(가) 먼저 우리의 주제와 관련하여 언급할 첫 번째 판례는 차임채권에 대한 물상대위성에 관한 것이다. 일본 민법 제304조 제1항이 "임대[…]에 의하여 채무자가 받을 금전"을 언급하고 있었기 때문에, 이전에도 과연 저당권자가 설정자의 임대차계약에 기한 차임채권에 대하여 물상대위를 할 수 있는 것인지 여부 및 더 나아가 있다면 어떠한 요건 하에서 가능한 것인지에 대하여 논의가 있었다.22) 최고재판소는 1989년에 이 문제에 명확한 입장을 취하여 물상대위를 긍정하였다. 즉 저당권의 목적부동산이 임대된 경우 저당권자는 물상대위 규정의 취지에 좇아 차임채권에 저당권을 행사할 수 있는 것이고, 이는 목적부동산에 대하여 저당권이 실행되고 있는 경우에도 그 실행의 결과 저당권이 소멸할 때까지는 차임채권에 대하여 물상대위로 저당

---

22) 近江 (주 10), 138면 이하; 新版 注釋民法, 1998, 155면(小杉茂雄) 이하 등 참조. 압류가 있은 후에는 저당권의 효력이 과실에도 미친다고 하는 일본 민법 제371조 (2003년 개정 전의 규정)와 물상대위를 준용하는 제372조의 어느 것이 설정자의 차임채권에 적용될 것인지가 다투어졌다. 전자에 의하는 경우에는 저당권자가 저당권을 실행한 이후의 차임채권에 대해서 저당권의 효력이 미치는 것임에 반해서, 물상대위에 의하는 때에는 "부동산의 압류 또는 저당권실행통지의 전후를 묻지 않고" 일본 민법 제304조 제1항의 압류에 의하여 차임채권으로부터 우선변제를 받을 수 있다(我妻榮, 新訂 擔保物權法, 1968, 275면)는 점에서 차이가 있었다. 그런데 본문에서 서술한 최고재판소의 판결이 있은 후, 2003년 일본 입법자는 일본 민법 제371조를 개정하여 채무불이행이 있는 경우 저당권자는 저당권을 실행하지 않고 저당물의 과실로부터 만족을 받을 수 있도록 하였고, 이를 가능하게 하는 절차적 수단으로 담보부동산수익집행(일본 민사집행법 제188조에 의하여 강제관리 규정이 준용)을 도입하게 되었다. 그러한 의미에서 이제 일본 민법 제371조의 과실은 법정과실을 포함하는 것으로 해석된다. 담보부동산수익집행과 물상대위의 관계를 본다면, 전자의 인정으로 후자는 이론적으로 불필요하다고 볼 여지도 있으나, 입법자는 소규모 부동산의 경우 물상대위의 간편성을 고려하여 양자를 병존하는 것으로 하였다고 한다. 즉 일본 민사집행법 제93조의4가 적용되어 저당권에 기한 물상대위로서 행해진 차임채권에 대한 압류명령은 강제관리·담보부동산수익집행이 개시된 때에는 그 효력을 정지하지만, 이미 압류를 행한 저당권자는 수익집행의 절차 중에 배당을 받을 수 있다는 것이다. 입법경과에 대해서는 우선 道垣內弘人·山本和彦·古賀政治·小林明彦, 新しい擔保·執行制度, 2003, 33면 이하 참조.

권을 행사할 수 있다고 하였던 것이다.23) 이로써 물상대위는 단순히 저당목적물을 갈음하는 대위물에 대한 물상대위뿐만 아니라(이른바 대체적 물상대위) 차임채권이나 지료 등 저당목적물로부터 파생한 재산가치에 대한 물상대위(이른바 부가적 물상대위)를 포괄하게 되었다. 그리고 실무에서는 오히려 (상대적으로 빈번하게 문제될 수밖에 없는) 차임채권에 대한 부가적 물상대위의 문제가 보다 집중적으로 제기되는 결과가 발생하였다.

　　(나) 이러한 상황에서 최고재판소는 압류의 의미에 관해서도 종래의 입장을 변경하여 제3채무자보호설을 채택하기에 이르렀다.24) 이 사건에서는 설정자가 자신의 차임채권을 포괄적으로 양도한 이후 저당권자가 이를 압류하여 임차인에게 차임을 청구한 사안이 문제되었는데, 최고재판소는 물상대위를 부정한 원심을 파기하고 저당권자의 상고를 인용하였다. 이 판결은 저당권의 효력이 대위목적채권에 미치는 결과 제3채무자로서는 이중변제의 위험이라는 불안정한 지위에 있게 될 가능성이 있기 때문에 압류를 물상대위권행사의 요건으로 하여 그러한 위험으로부터 제3채무자를 보호하는 것이 법률의 취지라고 판시한 다음, 일본 민법 제304조 제1항의 "지급 또는 인도"는 문언상 채권양도를 포함하고 있지 않다는 점, 제3채무자로서는 저당권자의 압류 전에는 변제함으로써 저당권자에게 대항할 수 있고 압류 후에는 공탁에 의하여 면책될 수 있으므로 불이익이 없다는 점, 저당권의 효력이 목적채권에도 미친다는 것은 저당권설정등기에 의하여 공시되어

---

23) 日最判 1989.10.27., 民集 43-9, 1070. 이 사건에서는 엄밀하게는 공탁된 차임채권에 대한 환급청구권에 물상대위할 수 있는지가 문제되었다. 그러나 이후 최고재판소는 전대차임채권에 대한 저당권자의 물상대위는 원칙적으로 부정하는 입장을 취한다(日最判 2000.4.14., 民集 54-4, 1552).

24) 日最判 1998.1.30., 民集 52-1, 1. 이후 최고재판소는 차임채권이 양도된 유사한 사건에서 동일한 법리를 재확인하였다. 日最判 1998.2.10., 判例タイムズ 964號, 1998, 73면 = 金融法務事情 1508號, 1998, 67면.

있다는 점, 이러한 결론을 인정하지 않는 경우 설정자는 채권양도에 의하여 용이하게 저당권자를 해할 수 있다는 점 등을 근거로 하여, 저당권자는 물상대위의 목적채권이 양도되어 제3자에 대한 대항요건을 구비한 후에도 스스로 목적채권을 압류하여 물상대위권을 행사할 수 있다고 하였다. 그리고 최고재판소는 이러한 법리를 압류채권자와의 관계에 대해서도 그대로 인정하였다.25) 이 판결들은 이전의 우선권보전설을 포기하고 제3채무자보호설로 전환한 것이며, 그러한 의미에서 당시 우선권보전설로 안정화하고 있던 학설에 큰 충격을 준 것이었다.26) 현재에도 저당권등기가 대위목적채권의 공시로는 불충분하기 때문에 압류공시라는 관점에서 우선권보전의 관점의 원용이 필요하다고 하면서 제3채무자보호만으로는 압류의 의미를 설명할 수 없다는 비판적 입장27)과 판례의 입장을 지지하는 견해28)가 서로 백중세를

---

25) 日最判 1998.3.26., 民集 52-2, 483: "채권에 관한 일반채권자의 압류와 저당권자의 물상대위권에 기한 압류가 경합한 경우에는 양자의 우열은 일반채권자의 신청에 의한 압류명령의 제3채무자에의 송달과 저당권설정등기의 선후에 의하여 결정".

26) 예를 들어 松岡久和, "賃料債權の讓渡と物上代位の優劣", 民商法雜誌, 120卷 6號, 1999, 1010면은 이 판결이 이전 판례와의 관계에 대하여 언급하지 않은 채로 "다소 뜻밖에(唐突に) 제3채무자보호를 同條의 주목적이라고 하는 이해를 보이고 있다"고 말한다.

27) 예컨대 道垣內弘人, 擔保物權法, 第3版, 2008, 150-151면; 近江幸治, 民法講義 Ⅲ: 擔保物權, 2004, 65, 148면; 高橋眞, 抵當法改正と擔保の法理, 2008, 88면 이하; 松岡 (주 26), 1011면 이하; 內田貴, 民法 Ⅲ: 債權總論·擔保物權, 第3版, 2005, 413-414면; 生熊 (주 11), 190-191면; 山本克己, "抵當權に基づく賃料債權に對する物上代位の效果と手續についての覺書", 京都大學法學會, 法學論叢, 142卷 5·6號, 1998, 115면 이하. 松尾弘·古積建三郎, 物權·擔保物權法, 第2版, 2008, 328-329면은 사안유형을 나누어 차임채권에 대한 물상대위의 경우에는 우선권보전설적인 결론을 취한다. 高木多喜男, 擔保物權法, 第4版, 2005, 150면은 절충적인 결론을 내리고 있다.

28) 淸原泰司, "抵當權者による物上代位權の行使と目的債權の讓渡", 判例時報 1643 號, 1998, 218면 이하; 秦光昭, "目的債權の讓渡と物上代位權の行使の可否", 金融法務事情, 1514號, 1998, 5면; 平野裕之, 民法總合 3: 擔保物權法, 2007, 106면 이하. 또한 伊藤進, 抵當權制度論, 2005, 92면 이하도 대체로 판례를 수긍하는 태도

이루고 있다.

(다) 그런데 최고재판소는 이후 제3채무자보호설을 명시적으로 포기한 것은 아니지만 처음의 예상과는 달리 여러 가지 다른 고려(특히 절차법적인 고려)에 의하여 이 견해의 결론을 수미일관하게 관철하고 있지는 않은 것으로 보인다.[29]

일본 민사집행법 제193조에 의하면 물상대위권를 행사하려는 담보권자는 담보권의 존재를 증명하는 문서를 제출함으로써 집행이 개시되고, 이에는 채권집행의 규정이 준용된다. 따라서 일본 민법 제304조 제1항이 상정하는 대로 저당권자는 물상대위권에 기하여 압류를 하고 채권을 전부받아 만족을 받을 수 있는 것이지만, 그 외에 다른 채권자의 압류가 있는 경우 저당권자가 선취특권자에 준하여(준용되는 일본 민사집행법 제154조 제1항) 물상대위에 기한 배당요구를 함으로써 만족을 받을 수 있는지가 문제된다. 우선권보전설에 따른다면 압류 없이는 물상대위권이 보전되지 않으므로 배당요구에 의한 만족을 인정하기 어려울 것이지만, 제3채무자보호설에 의한다면 이러한 경우 제3채무자의 이중변제위험은 존재하지 않는 것이므로 이를 부정할 이유는 없을 것이다.[30] 여기서 최고재판소는, 일본 민법 제304조 제1항의 '압류'에는 배당요구가 포함되지 않고, 민사집행법의 배당요구가 저당권에 대해서도 적용되는 것으로 해석할 수 없다는 간단한 이유로 저당권자의 배당요구를 부정하였다.[31]

더 나아가 제3채무자보호설에 의하면 채권이 양도된 경우와 전부

이다. 제3채무자보호설을 취하는 것은 아니지만 이익형량에 의하여 판례의 결론을 지지하는 것으로 鈴木祿彌, 物的擔保制度をめぐる論集, 2000, 264면 이하.

29) 森田修, 債權回收法講義, 2006, 213-214면("판례법리의 조정국면"); 松岡久和·上原敏夫·甲斐哲彦, "物上代位", 鎌田薫 外 編, 民事法 Ⅱ, 2005, 68면("제3채무자보호설을 궤도수정하는 내용을 포함").

30) 平野 (주 28), 120면.

31) 日最判 2001.10.25., 民集 55-6, 975.

된 경우를 달리 취급할 이유가 없음에도 불구하고, 최고재판소는 설
정자의 채권자가 대위목적채권을 전부받은 사안에 대해서는 전부명령
이 제3채무자에게 송달되는 때까지 저당권자가 피전부채권의 압류를
하지 않았다면 전부명령의 효력을 방해할 수 없고, 그 결과 저당권의
효력을 주장할 수 없다고 판시하였다.[32] 그 이유로는 전부명령은 다
른 채권자의 압류가 없음을 조건으로 압류채권자에게 우선적인 만족
을 주는 집행방법이고, 저당권자의 압류 역시 일반 채권압류의 규정
에 따를 수밖에 없는 것이어서 전부명령 후에는 더 이상 저당권자의
압류는 허용되지 않는다는 것을 들고 있다. 그러나 이 판결은 이러한
결론이 제3채무자보호설과 상충한다는 점에 대해서는 특별한 언급을
하고 있지 않다. 이 판결이 이전의 대심원의 판례와는 달리 실체법적
인 논점을 언급하지 않고 절차법적인 고려만을 하고 있다는 점에서
제3채무자보호설을 포기하였다고 보기는 어렵겠지만, 과연 결론에 있
어 1998년의 일련의 판결들과 조화를 이룰 수 있는 것인지에 대해서
는 의문이 남는다.[33]

(3) 물상대위와 부당이득

　물상대위와 관련된 부당이득반환의 문제는 1998년의 일련의 최
고재판소의 판례를 배경으로 논의되었다. 판례에 의하면 설정자가 차
임채권을 양도한 후에도 저당권자는 여전히 이를 압류하여 물상대위
권을 행사할 수 있지만, 압류가 있기 전에 제3채무자(여기서는 임차인)
가 변제를 한 경우에는 이중변제위험을 막기 위하여 더 이상 물상대
위권을 행사할 수는 없다. 그렇다면 그러한 경우 저당권자가 변제를
수령한 양수인에 대하여 부당이득반환청구를 할 수 있는가? 이 문제

---

32) 日最判 2002.3.12., 民集 56－3, 555.
33) 森田 (주 29), 216면; 龜井洋一, "物上代位と轉付命令の優劣", 銀行法務21, 617號, 2003, 87－88면.

는 우선권보전설과 제3채무자보호설을 비교하는 시금석으로서 학설에서 다루어졌다.

종래 이 문제는 우선권보전설에 의해서는 부정되었다. 저당권자가 압류에 의하여 물상대위권을 보전해 두지 않으면 물상대위권자의 가치파악은 구체화되어 있지 않아 부당이득반환청구(침해이득반환)의 전제로서의 할당내용(Zuweisungsgehalt)을 결여하기 때문에 부당이득의 문제는 발생하지 않는다고 해석되었던 것이다.[34] 반면 제3채무자보호설에 의하면 저당권의 효력은 당연히 대위목적채권에 미치지만 제3채무자의 이중변제위험이 문제되는 한에서 제3채무자는 저당권자에 대하여 면책의 효과가 있는 변제를 할 수 있는 것이므로, 양수인의 변제수령에 의하여 저당권자는 우선변제권을 상실하게 되어 부당이득의 요건은 충족된다고 볼 것이다.[35]

이러한 배경에서 1998년의 일련의 최고재판소 판결 이후 우선권보전설의 관점을 유지하는 문헌들은 저당권자는 물상대위권을 행사할 것인지 여부를 선택할 수 있음에도 불구하고 변제가 있은 후 일률적으로 부당이득을 인정하는 것은 양수인의 지위를 불안정하게 한다는 이유로 부당이득을 부정하면서, 제3채무자보호설은 압류의 의미를 완전히 설명할 수 없다는 비판을 제기하고 있었다.[36] 실제로 판례의 입장을 수용하는 문헌 중에서도 부당이득에 관해서는 이를 인정하기 어

---

34) 松岡久和, "物上代位權の成否と限界(3)", 金融法務事情, 1506號, 1998, 26면 주 47 참조.
35) 淸原 (주 28), 221면 참조: "제3채무자의 이중변제위험이라는 발상은 예컨대 가치변형물이 채무자의 일반재산 중에 혼입하였다고 하여도, 결국 가치변형물의 특정성이 상실되었다고 하여도, 물상대위권은 소멸하지 않는다는 것을 대전제로 하는 것이다."
36) 道垣內 (주 27), 151면; 松岡 (주 26), 1012-1013면; 山本 (주 27), 117면. 高橋 (주 27), 86면은 그러한 부당이득반환은 대체적 물상대위의 경우에는 불합리하다고 볼 수는 없겠으나 차임채권과 같이 파생적 가치가 문제되는 부가적 물상대위의 경우에는 설정자의 사용·수익권과의 관계에서 의문이 있다고 한다.

렵다고 하는 것이 적지 않다.37) 그러나 제3채무자보호설의 관점에서
저당권자의 부당이득반환청구를 지지하는 견해도 존재한다. 제3채무
자가 보호되는 이상 그것으로 압류의 의미는 다하는 것이기 때문에,
"채권양도의 사례에서 대항요건을 구비하기 전에 양도인이 지급을 받
은 경우와 같이 그 지급은 유효하지만 양수인에 대하여 대항할 수 없
기 때문에 양수인은 양도인에 부당이득반환청구를 할 수 있는 것과
마찬가지로, 지급을 받은 양수인이나 채권질권자에게는 부당이득반환
청구를 할 수 있어야 한다."38) 그리고 이러한 논의는 전부채권자에게
변제가 행해진 경우39)나 설정자에게 변제가 행해진 경우40)에 대해서
도 마찬가지이다.

　　이 문제에 대한 판례는 적어도 필자가 조사한 한에서는 찾을 수
없다. 다만 차임채권의 양도가 있은 후에 양도에 우선하는 저당권자
의 물상대위권에 기한 압류가 있었지만 제3채무자(임차인)가 양수인에
게 차임을 지급한 경우, 제3채무자의 무자력에 직면하여 저당권자가
양수인에 대하여 부당이득을 청구한 사안이 문제된 바는 있었다. 東
京地方裁判所는 제3채무자보호설을 전제로, 양수인이 저당권자와의
관계에서 열후(劣後)하여 차임을 수령할 권한을 가지고 있지 않음에도
불구하고 차임을 수령하게 되었기 때문에 양수인의 차임수령은 원고
에 대한 관계에서는 법률상 원인이 없이 이득한 것이고, 제3채무자가
무자력인 이상 저당권자는 손실을 입었고 그 손실은 양수인의 이득과
사회관념상 인과관계가 있다고 판시하여 저당권자의 청구를 받아들였

---

37) 北秀昭, "抵當權者の賃料債權に對する物上代位", 銀行法務21, 560號, 1999, 12-
　　13면; 小磯武男, "抵當權者による物上代位權の行使と目的債權の讓渡", 金融法務
　　事情, 1536號, 1999, 32면; 秦 (주 28), 5면.
38) 平野 (주 28), 113면.
39) 平野 (주 28), 1181면 주 153은 전부채권자가 제3채무자로부터 만족을 받은 경우
　　에도 부당이득반환의 가능성을 시사하지만, 松岡·上原·甲斐 (주 29), 68면은 이
　　를 부정한다.
40) 山本 (주 27), 127면 주 43 참조.

다.[41] 그러나 이는 저당권자의 압류가 있은 후에 변제가 행해진 사안이어서, 그 결론에 있어서는 그다지 의문의 여지가 없다.[42]

(4) 소결

이상에서 일본의 논의상황을 살펴보았다. 요약한다면 우선권보전설과 제3채무자보호설의 대립이 여전히 진행 중이며, 그에 따라 물상대위권자의 압류가 있기 전 행해진 변제를 이유로 하는 부당이득반환에 대해서도 각각 상이한 입장이 전개되고 있음을 확인하였다.

그런데 이러한 논의의 과정에서 일본의 학설에서는 점차로 물상대위가 문제되는 사안유형들을 구별하지 아니한 채로 포괄적·일률적인 해법을 추구하는 것에 대한 의문이 발생하게 되었다.[43] 저당권자가 수용보상금에 대하여 물상대위를 시도하는 사안이 있을 수 있지만(일본 민법 제372조, 제304조 제1항), 아직 대금을 지급받지 못한 동산 매도인이 전매로 인한 매수인의 대금채권에 대하여 물상대위를 할 수도 있다(동산매매의 선취특권, 일본 민법 제311조 제4호, 제321조, 제304조 제1항). 이러한 경우 '압류'의 의미를 동일하게 해석할 수 있는 것인가? 전자와 같이 등기에 의해 공시되고 있었던 저당권의 물상대위와 후자와 같이 공시도 없고 추급력도 없는 선취특권의 경우 압류공시라는 우선권보전의 관점이나 제3채무자보호라는 관점이 동일한 비중을

---

41) 東京地判 1998.7.30., 金融·商事判例, 1055號, 1998, 20면 이하. 반면 설정자가 타인에게 임대권한을 부여하여 그 타인이 임차인으로부터 차임을 수령한 경우 우선하는 저당권자의 물상대위를 부정한 것으로 東京高判 1999.3.31., 金融·商事判例, 1064號, 1999, 5면 이하.

42) 峯崎二郎, "抵當權の物上代位による金融機關の債權回收上の諸問題", 金融·商事判例, 1055號, 1998, 19면. 다만 東京地裁의 법률구성은 현저한 公平說의 논거를 사용하고 있어 설득력이 있다고 하기 어렵다. 이후 저당권자가 전부명령을 획득하는 것을 전제로 저당권자가 제3채무자의 변제를 추인함으로써 수령자에 대하여 침해이득반환청구권을 가진다고 해석하면 충분하다.

43) 교과서 차원에서 이러한 문제의식이 반영된 서술로 예컨대 高橋眞, 擔保物權法, 2007, 135면 이하; 松尾·古積 (주 27), 328면 이하 참조.

가질 수 있는 것인가?[44] 저당권자의 물상대위가 문제가 되는 경우에
도 저당물의 멸실·공용징수에서와 같이 담보물의 대상적 가치에 대
한 대체적 물상대위와 설정자의 차임채권과 같은 파생적 가치에 대한
부가적 물상대위를 동등하게 취급하는 것이 타당한 것일까? 전자의
경우에는 저당권자의 이해관계를 고려할 때 저당권의 효력이 "당연
히" 미친다고 해도 무방하겠지만, 후자의 경우 설정자의 경제활동의
자유를 고려하여 물상대위의 효력을 제한할 필요가 있지 않을까?[45]

　　이러한 의문은 기본적으로 정당한 것으로 평가된다. 종래 일본의
해석론은 선취특권의 물상대위가 "準用"(entsprechende Anwendung)되
는 저당권의 물상대위에서 그 "準"(entsprechend = *mutatis mutandis*)의
사정범위를 반드시 충분히 고려하고 있지 않았던 것이다. 이러한 점
들을 고려할 때, 공시가 구비된 저당권·질권의 경우에 물상대위를 인
정하면서 그 내용을 담보물의 멸실·훼손·공용징수 등 대체적 물상대
위에 한정하고 있는 우리 민법(제342조, 제370조)의 해석론에 있어서
일본의 학설과 판례를 평면적으로 참고하는 것에는 주의할 필요가 있
다는 사실이 나타난다.[46] 그리고 이러한 인식은 아래에서 독일, 스위
스, 프랑스의 법제를 살펴봄으로써 보다 더 분명한 형태로 확인할 수
있다.

---

44) 이른바 기초담보권의 공시문제라는 관점에서 각각의 사안유형을 나누어 이익형량
　　을 시도하는 鈴木 (주 28), 260면 이하 참조. 松尾·古積 (주 27), 328면도 손해배
　　상청구권, 보험금청구권, 차임채권 등에 대한 물상대위를 구별하여 접근한다.
45) 內田 (주 27), 407-408면; 鈴木 (주 28), 235면 이하; 高橋 (주 27), 86면; 松尾·古積
　　(주 27), 328-329면 참조.
46) 단초에 있어 비슷한 취지로 류승정 (주 6), 183-184면; 이준현 (주 7), 317-318
　　면.

3. 독일

(1) 독일 민법의 물상대위제도 개관

독일 민법(아래에서는 '독민'이라고 약칭한다)에서 우리 민법 제370조, 제342조에 상응하는 일반적인 물상대위규정은 없다. 즉 저당목적물의 멸실·훼손·공용징수가 있더라도 물상대위를 인정하는 법률의 규정이 없는 한 물상대위는 인정되지 않는다.[47] 예컨대 저당물이 제3자의 불법행위로 훼손되는 경우에도 저당권자가 설정자의 손해배상청구권에 물상대위를 할 수는 없다.

앞서 서술한 일본의 논의상황과 비교하기 위하여, 독일 민법에서 그에 상응하는 법률규정들의 내용을 요약하면 아래와 같다.

(가) 저당권은 설정자가 사용임대차 내지 용익임대차에 기하여 가지는 차임채권에 미친다(독민 제1123조 제1항). 그러나 차임채권의 이행기가 도래한 이후 1년 이내에 저당권자의 압류(Beschlagnahme)가 없으면 책임에서 벗어난다(독민 제1123조 제2항 제1문; 차임이 선급되는 경우에 대한 특칙이 있다, 제2문).[48] 압류가 있기 전에 차임이 추심되거나 그에 대하여 처분이 있은 경우에는, 그러한 처분은 저당권자에게 유효하다(독민 제1124조 제1항 제1문). 그 결과 그 처분이 채권양도인 경우에 그 채권은 책임이 소멸하고, 채권에 물권을 설정하는 행위인 경우에는 그 물권은 저당권에 대하여 순위에서 앞선다(동항 제2문). 그러나 처분이 압류가 행해진 시점 이후의 차임채권에 대한 것인 한에서는 이는 저당채권자에게 효력이 없다(동조 제2항 제1문).

(나) 저당권의 효력이 미치는 목적물(주로 토지의 산출물, 구성부분,

---

47) Wolff/Raiser, *Sachenrecht*, 10. Bearbeitung, 1957, S. 558f.; Reinicke/Tiedtke, *Kreditsicherung*, 5. Aufl., 2006, Rn. 1130; Rink, *Die Sicherheit von Grundpfandrechten in Deutschland und England*, 2006, S. 77.

48) 압류는 저당권자의 강제관리신청일 수도 있고, 개별 채권에 대한 압류일 수도 있다. Bassenge in Palandt, *Bürgerliches Gesetzbuch*, 66. Aufl., 2007, § 1123 Rn. 3.

종물 등; 독민 제1120조 참조)이 부동산의 소유자 또는 자주점유자를 위하여 보험의 목적이 된 때에는 저당권의 효력은 보험자에 대한 채권에 미친다(독민 제1127조 제1항). 그런데 이러한 보험금채권에 대해서는 차임채권에 대한 독일 민법 제1123조 제2항 제1문 및 제1124조 제1항, 제3항이 준용된다. 따라서 이들 채권에 저당권의 효력이 미치기 위해서는 이행기가 도래한 후 한 달이 지나기 전에 압류가 있어야 하고, 그 이전에 행해진 처분은 저당권자에 대하여 유효하다.

　(다) 반면 건물이 보험의 목적인 경우에는 법률관계가 다르다.[49] 이때에는 저당권의 효력은 당연히 보험금채권에 미친다. 법률은 그러한 경우 저당권자를 보험금채권에 대한 채권질권자에 준하여 취급하여, 채권질권의 규정을 준용하도록 한다(독민 제1128조 제3항 전단). 따라서 보험자는 피담보채권의 이행기 전에는 피보험자와 저당권자에게 공동으로만 급부할 수 있고(독민 제1281조), 이행기가 도래한 후에는 저당권자에게만 급부해야 한다(독민 제1282조). 이러한 법률관계에서 보험자는 등기부로부터 그 존재를 알 수 있는 저당권을 알지 못하였다는 사정을 원용할 수 없다(독민 제1128조 제3항 후단). 즉 항상 악의로 취급된다.

　다만 보험자나 피보험자가 손해의 발생을 저당권자에게 통지하고 그 도달로부터 한 달이 도과한 이후에는 보험자는 보험금을 저당권자에 대한 관계에서 유효하게 피보험자에게 지급할 수 있으나(독민 제1128조 제1항 제1문, 예외는 제3문), 저당권자는 그 기간이 도과하기 전에 보험자에 대하여 지급에 대한 이의를 함으로써 이를 저지할 수 있다(독민 동항 제2문). 더 나아가 저당권자가 보험자에 대하여 자신의 저당권을 신고한 때에는 보험자는 저당권자의 서면의 동의가 없으면 저당권자와의 관계에서 유효하게 피보험자에게 보험금을 지급할 수

---

49) 여기서 독일 민법상 건물은 토지와 구별되는 독립의 물건이 아니라 토지의 본질적 구성부분임을 주의할 필요가 있다(독민 제94조).

없다(독민 제1128조 제2항).

(라) 그러나 (나), (다)의 경우 모두 저당권자로서는 목적물이나 건물이 원상회복되는 것에 대한 이해관계를 가진다. 그렇게 보험의 목적된 목적물이 원상회복되거나 그에 갈음하는 물건이 조달된 경우에는 보험자에 대한 채권은 책임이 소멸한다(독민 제1127조 제2항).

(2) 보험금채권에 대한 물상대위: 입법취지

(가) 이상의 내용에 의하면 독일 민법은 건물과 관련해서는 저당권의 효력이 당연히 보험금채권에 미치도록 하면서, 그러한 사실이 보험자(제3채무자)에 대해서는 저당권 등기에 의하여 공시된다는 입장을 취한다. 보험자가 피보험자에게 지급함으로써 저당권자에 대한 관계에서 책임을 면할 가능성은 ① 저당권자가 저당권을 신고하지 아니한 상태에서, ② 보험자나 피보험자가 손해의 발생을 통지하였으나, ③ 통지의 도달로부터 한 달 이내에 저당권자가 이의를 제기하지 않는다는 세 가지 요건이 충족된 이후에야 가능하다. 반면 저당권의 효력이 미치는 다른 목적물 즉 토지의 산출물, 구성부분, 종물 등과 관련해서는 보험금채권에 저당권의 효력이 미치기는 하지만, 압류가 있기 전에는 그것은 확정적이지 아니하고 오히려 피보험자의 보험금수령 내지 처분(양도, 입질 등)에 의하여 저당권의 효력에서 벗어나게 된다.

건물에 대한 보험금채권과 다른 목적물에 대한 보험금채권을 달리 취급하는 것에 대하여 독일 민법 제1초안의 이유서는 다음과 같이 그 취지를 밝히고 있다. 우선 보험금채권에 대하여 저당권의 효력이 미친다는 원칙은 그것이 반드시 논리적으로 필연적인 것은 아니지만, 담보권자가 가지는 이해관계는 그러한 물상대위를 요청한다고 한다.[50] 물론 물상대위는 일정한 한도에서 제한이 되는 경우가 있는데,

---

50) Motive Ⅲ, 660 = Mugdan Ⅲ, 368.

예컨대 훼손된 물건이 원상회복되는 경우가 그러하다. 그러나 더 나아가 피보험자의 처분과 관련하여 그러한 제한이 인정될 수 있는지 여부가 문제된다.

"초안은 건물보험의 경우와 다른 목적물의 보험의 경우를 구별한다. [⋯]51) 건물보험의 경우, 만약 피보험자가 압류 전에 보험금액을 저당권자에 대한 관계에서 유효하게 추심하거나 제3자를 위하여 그 채권을 처분할 수 있다고 한다면, 저당권의 효력을 보험금채권에 미치게 하는 것은 그 실제적 목적을 달성할 수 없을 것이다. 이는 어차피 이론적으로도 정당화될 수 없다. 왜냐하면 저당권자에게 불이익하게 토지 따라서 건물을 처분할 수 없는 피보험자에게는 보험금의 처분도 금지되어야 한다는 결론이 건물의 대위물로서 보험금의 성질로부터 필연적으로 도출되기 때문이다. 권리의 내용이 상이하다는 사실은 단지 선의를 이유로 보험자의 책임을 제한하는 것만을 요청할 뿐이다. 즉 저당권의 존재를 알지 못하고 보험금채무를 변제하거나 보험금채무와 관련하여 법률행위를 하는 보험자를 채권양도 사실을 알지 못하는 제3채무자와 같이 취급하는 것을 요청할 뿐이다. 그러므로 초안 제303조 내지 제306조의 규정[현행 독일 민법 제406조 내지 제409조]은 보험자를 위하여 준용되어야 한다. [초안] 제1070조는 이점을 제2항에서 명시적으로 규정하는데, 왜냐하면 저당권은 그 존재를 등기부로부터 알 수 있기 때문에 보험자가 이를 알고 있는 것으로 간주되어야 한다는 사실로부터 반대의 결론이 도출될 수 있기 때문이다. [⋯]

건물 아닌 다른 목적물의 경우에 법률관계는 건물보험의 경우와 본질적으로 다르다. [⋯] 현실적으로 특히 문제되는 목적물은 과실과 종물이다. 이 두 종류의 물건은 일부는 양도하도록 정해져 있고, 일부는 소비하도록 되어 있으며, 따라서 [초안] 제1068조에 따라 소

---

51) [   ] 안의 내용은 필자의 보충 또는 생략이다. 이하 같다.

유자의 자유로운 처분에 따른다. 이들이 보험사고의 발생에 의하여 멸실되거나 훼손된 경우, 피보험자에게 보험금의 추심 및 채권에 대한 기타의 처분을 허용하는 것이 논리적이다. 그러나 이는 경제적인 고려로부터도 요청되는 것인데, 왜냐하면 피보험자는 종종 이러한 방법에 의해서만 문제되고 있는 목적물을 갈음하는 물건을 조달할 수 있을 것이기 때문이다. 따라서 저당권자는 여기서 과실에서와 같이 압류의 방법에 의해야 한다."52)

여기서 제1위원회는 과실·종물에 대한 보험의 경우 설정자의 처분의 자유를 고려하여 보험금채권이 압류된 때에 비로소 저당권의 효력이 미치는 것으로 하지만, 건물에 대한 보험의 경우 담보권자의 이해관계를 기초로 당연히 물상대위가 일어나는 것으로 이해하면서, 다만 제3채무자의 신뢰보호를 위하여 설정자에게 선의로 변제한 경우 저당권자와의 관계에서 면책되는 것으로 규정하고 있다.

(나) 이후 제2위원회에서 제1초안의 규정은 세부적인 점에서 수정을 받았지만, 기본적인 구상은 변경되지 않았다.53) 그러나 무엇보다 우리의 관심을 끄는 수정은 제1초안은 저당권이 등기되어 있더라도 보험자가 선의일 가능성을 고려하고 있었지만, 제2위원회는 이를 부정하였다는 것이다.

"다수의견은 등기된 내용의 공시가 보험자에 대해서도 적용되어야 한다는 것이었다. 일반적으로 저당권자는 스스로 […] 저당권을 관계 보험회사에 신고한다. 그러나 한편으로 그러한 신고가 규정되어 있는 것이 아니고, 다른 한편으로 보험회사는 자신이 보험을 하는 부동산이 통상 저당권의 부담을 받고 있어 보험금청구권이 채권

---

52) Motive Ⅲ, 667 = Mugdan Ⅲ, 372f.
53) Protokolle der 2. Kommission, 4409 = Mugdan Ⅲ, 810.

자에게 물권의 효력으로 책임재산이 되어 있다는 사실을 알고 있어
야 하기 때문에, 보험금을 지급하기 전에 등기부를 열람하여 등기된
저당권의 존재를 확인할 것을 보험자에게 요구한다고 하여 보험자
에게 무슨 불법이 발생하는 것은 아니다. […] 따라서 보험자는 등
기된 저당권의 존재를 자신이 알지 못하였다는 사실을 주장할 수
없다."54)

더 나아가 저당권자의 서면에 의한 지급동의가 없는 경우에도 거
래의 안전을 위하여 일정한 요건이 충족되는 경우에는 보험자가 피보
험자에게 지급할 방법을 마련해 두어야 한다는 안이 채택되었다.

"다수의견은 [보험자의 피보험자의 지급은 저당권자의 동의가 필
요하다는 초안] 제1217조 제4항의 규정을 일정부분 완화하는 것이
거래의 안전에 필요하다는 것이었다. 채권자의 명시적 동의는 대부
분의 경우 얻기 어려우며, 이는 채권자가 지급에 이의를 제기하거나
보험금채권에 대한 자신의 권리를 행사할 의도가 없는 경우에도 그
러하다. 그러므로 보험금채권에 대한 처분의 자유를 명시적 동의에
의존하도록 하는 것이 아니라, 저당권자가 자신에게 손해발생이 통
지되었음에도 상당한 기간 내에 보험금으로부터 만족을 받겠다는 의
사를 알리지 않는 경우에도 처분의 자유를 허용하는 것이 보다 올바
르고 타당하다."55)

(3) 보험금채권에 대한 물상대위: 해석론
그러므로 부보(付保)된 건물이 멸실·훼손된 경우에 저당권은 보
험금청구권에 당연히 미치는 것이고, 저당권자의 지위는 채권질권자
와 동등하다. 저당권이 등기에 의하여 공시되어 있는 이상, 제3채무자

---

54) Protokolle der 2. Kommission, 4410 = Mugdan Ⅲ, 811.
55) Protokolle der 2. Kommission, 4411 = Mugdan Ⅲ, 811.

인 보험자는 피보험자나 보험금채권의 양수인에 대해서 지급하여도 저당권자에게 대항할 수 없어[56] 이중변제의 위험을 부담한다. 저당권이 등기되어 있는 이상 그는 선의를 주장할 수도 없다(독민 제407조 참조). 보험자가 저당권자와의 관계에서 유효하게 피보험자에게 변제할 수 있는 것은 독일 민법 제1128조의 엄격한 요건 하에 즉 실질적으로 저당권자가 변제에 명시적으로 동의하거나 물상대위권 행사를 묵시적으로 포기한 경우에만 가능하다. 따라서 보험자의 변제에 의한 부당이득반환의 문제는 매우 드물게 나타날 수밖에 없다. 특히 보험계약에서 건물의 원상회복약정이 행해지는 것이 일반적이기 때문에, 독일 민법 제1128조의 실무상 의의는 거의 없다고 한다.[57] 그래서 물상대위권에 기한 부당이득반환에 관한 판례는, 필자가 조사한 한에서는, 찾아볼 수 없었다. 다만 법률의 규정에 기하여 결과를 추론해 볼 수는 있을 것이다. 예컨대 보험자가 독일 민법 제1128조의 요건이 충족된 상태에서 피보험자에게 변제하여 저당권자와의 관계에서 면책된 경우, 저당권자가 피보험자에게 부당이득을 청구할 수 있을까? 적어도 저당권자가 채권질권에 준하는 지위를 가지고 있다고 인정하는 한에서 이를 부정할 수는 없을 것이다. 채권질권자의 동의 하에 설정자에게 변제가 이루어진 사안 내지 채권자의 동의 하에 무권리자에게 변제가 이루어진 사안과 달리 볼 이유는 없을 것이기 때문이다.[58]

---

56) Eickmann in *Münchener Kommentar zum Bürgerlichen Gesetzbuch*, Band 6, 4. Aufl., 2004, § 1128 Rn. 20.

57) MünchKomm/Eickmann (주 56), § 1128 Rn. 2.

58) 한 견해에 따르면 그러한 경우 채권질권에 관한 제1287조가 준용되는 결과 저당권자는 피보험자가 수령한 금전에 대하여 질권을 취득한다고 한다(Wolff/Raiser (주 47), S. 557 Fn. 43; Gierke, *Deutsches Privatrecht*, 2. Band, 1905, S. 866; Wolfsteiner in Staudinger, *Kommentar zum Bürgerlichen Gesetzbuch*, 2002, § 1128 Rn. 32). 그렇다면 이후 그 금전이 피보험자의 재산에 혼화됨으로써 저당권자는 피보험자에 대하여 부당이득반환청구권을 가지게 될 것이다(독민 제948조, 제951조; 우리 민법 제258조, 제261조 참조). 물론 저당권자가 피보험자가 수령한 보험금에 질권을 취득한다는 것에는 반대하는 견해도 있으나(Strecker in Planck,

피보험자의 채권자가 보험금채권을 압류하는 경우에는 어떠한가? 압류채권자는 압류명령이 보험자에게 송달되는 시점을 기준으로 압류질권(Pfändungspfandrecht)을 취득한다. 그러나 저당권자가 가지는 채권질권적 지위는 압류채권자의 압류질권에 선순위이다. 따라서 저당권자는 압류채권자에 대하여 제3자이의의 소(독일 민사소송법 제771조)를 제기하여 집행을 배제하거나, 우선변제의 소(동법 제805조)를 제기하여 우선변제를 받을 수 있다.[59] 만일 저당권자가 그러한 구제수단을 행사하지 아니하여 압류채권자가 추심명령이나 전부명령에 기하여 만족을 받은 경우[60] 저당권자가 그에 대하여 부당이득반환을 할 수 있는지 여부가 문제될 것인데, 독일의 통설적 입장에 의한다면 이는 별 문제 없이 인정될 것으로 생각된다. 즉 우선하는 타인의 권리가 존재함에도 불구하고 압류채권자가 금전채권에 대한 강제집행으로 만족을 받았다면, 제3자이의의 소나 우선변제의 소를 제기할 기회를 상실한 우선권자는 부당이득반환을 청구할 수 있으며, 이는 제3채무자가 집행채권자에 대한 변제로 우선권자에 대하여 책임을 면한 경우에도 마찬가지라고 한다.[61]

Kommentar zum Bürgerlichen Gesetzbuch, Band Ⅲ/2, 5. Aufl., 1938, § 1128 3 a β; Palandt/Bassenge (주 48), § 1128 Rn. 8), 이는 보험금채권에 대해 존재하는 채권질권적 지위가 소멸한다는 것만을 의미한다. 후자의 견해에 입각하더라도 현재의 침해부당이득의 법리에 비추어 보면 질권자의 할당내용 침해가 있기 때문에 부당이득을 인정하는 것에는 문제가 없을 것이다(독민 제816조 제2항 참조).

59) MünchKomm/Eickmann (주 56), § 1128 Rn. 21; Wenzel in Ermann, Bürgerliches Gesetzbuch, Band Ⅱ, 12. Aufl., 2008, § 1128 Rn. 8.

60) 독민 제1290조에 따르면 다수의 약정질권이 경합하는 경우에는 제1순위의 질권자만이 추심권한을 가진다고 규정하고 있으나, 이는 압류채권자의 압류질권이 있는 경우에는 적용되지 아니한다. Palandt/Bassenge (주 48), § 1290 Rn. 2.

61) Gerlach, Ungerechtfertigte Zwangsvollstreckung und ungerechtfertigte Bereicherung, 1986, S. 57.

(4) 수용보상금에 대한 물상대위

그 밖에 독일의 법제에서 물상대위가 문제될 수 있는 예로 부동
산의 수용이 있는 경우 수용보상금을 생각해 볼 수 있을 것이다. 그러
나 이러한 사안유형에서는 대개 수용의 근거가 되는 법률이 저당권자
의 이해관계를 보호하는 규정을 두어 문제를 해결하기 때문에, 우리
민법에서와 같은 문제는 발생하지 않는 것으로 보인다. 예컨대 토지
수용에 대하여 가장 활용빈도가 높은 법률인 연방건축법(Baugesetz-
buch)의 규정을 살펴보면 다음과 같다. 수용되는 부동산에 대한 권리
가 수용목적과 합치하지 않아 수용으로써 소멸해야 하는 경우, 그에
갈음하는 다른 부동산에 동일한 권리를 설정하는 방법(동법 제97조 제2
항)이 가능하지 않다면, 법률이 정하는 일정한 권리는 별도로 보상을
받지만(동조 제3항) 나머지 권리들은 부동산 소유권에 대한 금전보상
으로부터 자신의 권리의 가액에 해당하는 배상청구권을 부여받는다
(동조 제4항). 부동산 담보권은 이 범주에 해당한다.[62] 저당권자는 수
용되는 부동산에 등기된 권리를 가진 자로서 절차에서 관계인으로 취
급되어(동법 제106조 제1항 제2호) 구두의 협의절차에 참가한다(동법 제
108조 제1항). 저당권자와 같이 동법 제97조 제4항에 따라 행해지는
금전보상금은 수용재결에 있어 다른 금전보상금과는 구별하여 적시한
다(동법 제113조 제2항 제8호). 관계인들이 해당 금액의 분배에 관하여
합의하지 못한 경우에는 공탁을 하여(동법 제118조) 재판에 의한 분배
절차에 의하여 분배한다(동법 제119조). 이러한 절차를 전제로 할 때,
부당이득반환의 문제는 거의 발생할 여지가 없다고 할 것이다.

---

62) Battis/Krautzberger/Löhr, *Baugesetzbuch*, 9. Aufl., 2005, Rn. 6.

4. 스위스

(1) 스위스 민법의 물상대위제도

스위스 민법(아래에서는 '스민'이라고 약칭한다)이 저당권자의 물상대위에 대하여 규정하는 내용도 대체로 독일 민법과 유사하다. 스위스 민법에서 일반적인 물상대위는 인정되지 않으며, 법률이 정하는 일정한 경우에 한정된다.[63] 일본 및 독일의 논의와 비교할 수 있도록 엄밀한 의미에서의 물상대위에 관한 규정 외에 법정과실에 대한 저당권의 효력도 같이 살펴보기로 한다(천연과실에 대한 효력은 스민 제643조 제3항 참조).

(가) 저당권이 설정된 부동산이 사용임대되거나 용익임대된 경우, 저당권의 효력은 저당권의 실행을 신청하거나 채무자에 대하여 파산이 개시된 시점부터 환가시점까지 발생하는 차임채권에 미친다(스민 제806조 제1항). 제3채무자의 보호를 위하여 저당권의 효력확장은 그에게 저당권 실행이 통지되거나 파산이 선고된 시점부터 비로소 유효하다(동조 제2항). 그러므로 그 이전에는 제3채무자는 이중변제의 위험 없이 저당권자와의 관계에서 유효하게 설정자에게 변제할 수 있다.[64]

부동산 소유자가 아직 이행기가 도래하지 아니한 차임채권에 대해 법률행위를 하거나 다른 채권자가 이를 압류하는 경우, 이는 차임채권의 이행기 전에 저당권 실행을 신청한 저당권자에 대해서는 효력이 없다(동조 제3항). 따라서 이에 해당하지 않는 양도나 전부 등에 의하여 차임채권은 저당권의 책임으로부터 벗어난다.

(나) 법정과실과는 달리 보험금채권에 대하여 저당권은 당연히

---

63) 판례와 통설이나, 학설에서는 유추를 주장하는 견해도 유력하다고 한다. Trauffer in *Basler Kommentar zum schweizerischen Privatrecht*. Zivilgesetzbuch Ⅱ, 2. Aufl., 2003, Art. 822 ZGB Rn. 5.

64) Tuor/Schnyder/Schmid, *Das Schweizerische Zivilgesetzbuch*, 12. Aufl., 2002, S. 979.

효력을 미친다. 이러한 전제를 바탕으로 스위스 민법 제822조 제1항은 이행기가 도래한 보험금채권은 모든 저당권자의 동의가 있는 때에만 저당물 소유자에게 지급될 수 있다고 정한다. 다만 저당권자에게 적절한 담보가 제공된 때에는 저당물의 원상회복의 목적으로 저당물 소유자에게 지급될 수 있다(동조 제2항). 즉 저당권의 효력이 보험금채권에 미치므로, 보험자가 저당권자와의 관계에서 유효한 변제를 하기 위해서는 저당권자의 동의가 있거나 담보제공과 결합한 원상회복의 목적인 경우여야 하며, 저당물 소유자는 선택권을 가진다고 해석된다.[65]

문헌에서는 이러한 규정이 저당권의 효력이 보험금채권에 미치는 물상대위인지 아니면 보험금채권에 특별히 인정되는 법정질권인지에 대하여 학설이 나뉘지만,[66] 이는 법률구성에 관한 다툼이며 실질적인 결과에서 차이는 없다. 스위스 보험계약법(Versicherungsvertragsgesetz) 제57조는, 담보권(저당권과 질권을 포괄한다)의 목적물이 부보(付保)된 때에는 담보권의 효력은 보험금청구권 및 배상액으로 조달한 대위물에 미친다고 규정하면서(제1항), 담보권의 존재가 보험자에게 신고되었다면 보험자는 담보권자의 동의가 있거나 담보제공이 있는 때에만 피보험자에게 지급할 수 있다고 정하지만(제2항), 스위스 민법 제822조에서는 이와 같은 신고에 관한 내용은 없다. 오히려 일치된 견해는 이러한 경우 등기부의 공시가 보험자에 대해서도 효력을 가진다고 설명한다. 즉 보험자는 등기부에 기재된 내용을 바탕으로 등기된 담보권의 존재에 대하여 조사해야 하며, 그러한 조사 없이 피보험자에게 변제하는 경우 그는 이중변제의 위험에 직면하게 된다.[67]

---

65) *Basler Kommentar*/Trauffer (주 63), Art. 822 ZGB Rn. 9.

66) *Basler Kommentar*/Trauffer (주 63), Art. 822 ZGB Rn. 3f.

67) *Basler Kommentar*/Trauffer (주 63), Art. 822 ZGB Rn. 7; Schmid-Tschirren in *Handkommentar zum schweizerischen Zivilgesetzbuch*, 2006, Art. 822 N. 7.

독일 민법과는 달리 저당권자가 물상대위권을 행사하지 아니하는
채로 저당물 소유자에 대한 지급을 거절하고 있는 경우에 제3채무자
인 보험자의 불안정을 해소해 주는 규정은 없다. 따라서 그러한 경우
보험자는 공탁에 의하여 자신의 불안정한 지위를 벗어날 수밖에 없
다.[68] 이러한 상황에서라면 물상대위를 하는 저당권자와의 관계에서
유효한 변제는 존재할 수 없으며, 따라서 부당이득반환의 문제도 발
생할 여지가 없다.

(다) 스위스 민법이 규정하는 독특한 예는 행정기관의 협력 또는
감독 하에 합필(合筆)되는 경우이다. 그러한 경우 병합되는 부동산에
존재하는 저당권은 대체부동산에 존속하게 되지만(스민 제802조), 그
것이 불가능하거나 불충분한 경우에는 금전으로 보상금이 지급된다.
그러한 경우 법률관계도 보험금채권의 경우와 유사하다. 즉 저당권이
설정된 부동산에 대하여 보상금이 지급되어야 하는 때에는, 그 금액
은 저당권의 순위에 따라 그리고 동순위의 경우에는 채권액에 비례하
여 채권자에게 제공되어야 한다(스민 제804조 제1항). 그러나 실제로
저당권자가 직접청구권을 가지고 있다는 의미는 아니며, 저당권의 효
력이 보상금채권에 대해서도 미친다는 의미이다.[69] 따라서 보상금이
피담보채권의 1/20을 상회하는 경우, 저당권자의 동의가 있거나 새로
운 부동산에 의하여 충분한 담보제공이 되지 않는 한 저당물 소유자
에게 보상금을 지급할 수 없다(동조 제2항).

(2) 수용보상금에 대한 물상대위

토지수용에 의한 저당권의 멸실에 관해서는 연방과 칸톤의 수용관
련 법률이 이를 규율한다(스민 제801조 제2항). 연방수용법(Bundesgesetz

---

68) *Basler Kommentar*/Trauffer (주 63), Art. 822 ZGB Rn. 8; Schmid-Tschirren (주 67), Art. 822 N. 8.
69) *Basler Kommentar*/Trauffer (주 63), Art. 804 ZGB Rn. 2.

über die Enteignung)에 의하는 경우 수용되는 물건에 갈음하여 급부되는 보상금은 "민법의 기준에 따라"(nach Massgabe des Zivilrechts) 저당권자에 대하여 책임을 지며, 저당권자는 자신의 권리에 대한 불이익이 문제되는 한에서 독자적인 신청권이 있다(동법 제24조 제1항). 즉 물상대위에 의하여 저당권자는 보상금에 대하여 물상대위를 할 수 있으나, 이는 수용자에 대하여 직접 청구권을 행사하는 방식으로 행해진다.[70] 보상금의 분배를 담당하는 관청은 등기부, 공적장부 및 이를 보충하거나 정정하는 신청 등을 참조하여 분배계획을 작성한다(동법 제97조 제1항; 등기되지 아니한 저당권 등에 대해서는 공고에 의하여 신청하도록 한다, 동법 제96조 제1항). 분배계획이 확정되고 필요한 서면이 제출된 경우에 저당권자에게 해당하는 금액은 직접 저당권자에게 귀속되고(동법 제100조 제1항), 해당권리는 등기부에서 말소된다(동법 제101조 제1항).

(3) 소결

이상과 같은 스위스의 법제에서는 실제로 저당권자의 물상대위를 이유로 하는 부당이득의 문제가 발생할 여지가 그다지 크지 않다. 우선 스위스의 법률에서도 토지수용의 경우에는 절차에 의하여 등기부에 공시되는 저당권자에 대하여 직접 보상금을 지급하도록 하므로, 물상대위권자 아닌 타인에게 지급되는 사안은 상정하기 어렵다. 마찬가지로 보험금채권의 경우(또는 이에 준하는 합필의 경우)에도 저당권의 효력이 당연히 보험금채권에 미치는 결과 제3채무자는 피보험자 내지 양수인 등에 대한 지급으로 저당권자에 대항할 수 없어 부당이득의 문제는 실제로 발생하지 아니할 것으로 추측된다. 필자가 조사한 한에서 문헌에서도 이에 관한 언급은 찾아볼 수 없다.

---

70) *Basler Kommentar*/Trauffer (주 63), Art. 801 ZGB Rn. 16.

5. 프랑스

(1) 프랑스 민법의 물상대위제도 개관

프랑스 민법도 우리 민법에서와 같은 일반적인 물상대위는 규정하지 않는다. 즉 특별한 법률의 규정이 없으면 물상대위는 일어나지 않는다는 것이 확립된 판례이자 일반적 견해이다.[71] 그 결과 예컨대 제3자의 불법행위로 저당물이 멸실한 경우에도 저당권자는 법률에 규정이 없어 저당물 소유자의 손해배상청구권에 물상대위할 수 없다. 그러므로 우리 민법의 물상대위와 비교될 수 있는 프랑스 사례는 보험법이 정하는 보험금청구권에 대한 물상대위와 토지수용보상금에 대한 물상대위 등 법률의 규정이 있는 경우에 한정된다. 아래에서는 이들 사안유형을 살펴보기로 하는데, 우선 앞서 살펴본 법제와의 비교를 위하여 차임채권에 대한 저당권의 효력을 간단하게 언급하기로 한다.

프랑스 민법상 저당물 소유자가 가지는 차임채권에는 원칙적으로 저당권의 효력이 미치지 않는다.[72] 그 결과 소유자는 이를 자유로이 처분할 수 있다. 다만 저당권자가 이행기가 도래하여 저당권을 실행하는 경우에는, 압류가 있기 전에 행해지는 변제 최고의 송달로부터 경매에 이르기까지 부동산으로부터 산출하는 과실에는 저당권의 효력이 미치게 된다(프랑스 민법 제2471조, 프랑스 민사집행법전 제L321-2조 제1항, 제L321-3조, 제R321-16조).[73] 이에는 천연과실뿐만 아니라 법정과실도 포함된다(프랑스 민사집행법전 제L321-18조 참조).[74] 이들

---

71) Simler et Delebecque, *Droit civil. Les sûretés. La publicité foncière*, 4ᵉ éd., 2004, nᵒ 506; Ponsard, "Subrogation réelle", *Repertoire de droit civil*, 1976, nᵒ 2; Witz, *Juris classeur civil*, Art. 2134, Fasc. K., 1986, nᵒ 58.

72) Ferid/Sonnenberger, *Das französische Zivilrecht*, Band 2, 2. Aufl., 1986, 3D363.

73) Piedelièvre et Guerchoun, "Saisie immobilière", *Répertoire de procédure civile*, 2018, nᵒ 174, 183.

74) 현재 프랑스에서 부동산 집행은 2011년 제정되어 2012년부터 효력을 가지는 프랑스 민사집행법전에 의해 규율되고 있다.

과실은 부동산과 함께 경매로 매각되므로, 그 대금은 부동산에 대한 경락대금에 자동적으로 포함된 상태로 배당된다.[75]

(2) 보험금채권에 대한 물상대위

보험금채권에 대한 저당권자의 물상대위는 보험법(Code des assurances) 제L121-13조에 규정되어 있다. 원래 파기원의 판례는 특별한 규정이 없으면 물상대위가 가능하지 않다는 전제에서 당시 법률에 근거가 없었던 보험금채권에 대한 물상대위를 인정하지 않았으나, 계약실무가 미리 질권 등을 설정하는 방식으로 이 문제를 대처하자 1889년 2월 19일 법률이 이를 도입하였다. 이 규정에 의하면 "화재, 우박, 동물의 사망 또는 다른 위험에 대한 보험의 결과로 발생한 배상금은 명시적인 지시(délégation expresse)가 없더라도 선취특권자나 저당권자에게 그 순위에 따라 충당된다"(제1항)고 하며, "그러나 이의(opposition)가 있기 전에 선의로 행해진 변제는 효력이 있다"(제2항)고 한다.

(가) 그러므로 등기된 저당권자는 이행기가 도래하여 담보권을 실행할 수 있는 시기가 되면 보험자에 대하여 직접 보험금의 지급을 청구할 수 있다. 즉 저당권자는 물상대위에 의하여 보험자에 대하여 직접소권(action directe)을 가진다.[76] 물론 보험자는 이러한 저당권자의 보험금청구에 대하여 보험계약에 기한 대항사유로 대항할 수 있다. 이러한 이유 때문에 학설에서는 저당권자의 권리를 보험법상의 직접청구권으로 이해하는 견해도 있으나,[77] 통설은 저당권의 효력이

---

75) 프랑스에서 저당부동산의 과실을 환가하는 절차의 특징에 대해서는 제2편 제1장 Ⅱ. 3. (4) 참조.

76) Simler et Delebecque (주 71), n° 507; Lambert-Faivre et Leveneur, *Droit des assurances*, 12ᵉ éd., 2005, n° 594.

77) Mestre, Putman et Billiau, *Traité de droit civil. Droit spécial des sûretés réelles*, 1996, n° 721.

보험금채권에 미치는 물상대위의 예로 이해하고 있다.[78]

(나) 그러나 저당권자가 보험자에 대하여 자신의 저당권의 존재를 알리는 이의(opposition)를 제기하기 전에 보험자가 선의로 피보험자에게 지급하면 이러한 변제는 저당권자와의 관계에서 효력이 있다. 즉 이러한 변제는 유효하게 보험금채무를 소멸시키며 저당권자는 더 이상 보험자에게 보험금의 지급을 청구할 수 없다.[79] 종래에는 저당권이나 선취특권이 등기되어 있다는 사실만으로 이미 보험자는 악의로 취급되어야 하기 때문에 채권자의 이의가 없더라도 등기의 존재만으로 보험자의 피보험자에 대한 지급은 저당권자나 선취특권자에게 대항할 수 없다는 견해도 있었으나, 현재의 통설과 판례는 등기만으로는 충분하지 아니하다고 해석한다. 즉 저당권자나 선취특권자가 보험자에 대하여 행한 이의가 있는 경우에 보험자는 담보권의 존재에 대하여 유효한 인식을 가지게 된다는 것이다. 따라서 보험자의 변제를 저지하기 위해서는 저당권자는 보험자에 대하여 이의를 제기해야 한다.[80] 다만 그 방식은 문제되지 아니하며, 보험자의 지급 전이라면 시기도 상관없다. 따라서 거래계는 보험계약을 체결하는 시점이나 저당권을 설정하는 시점에 저당권자가 보험자에게 저당권의 존재를 알리는 것이 흔히 있는 일이라고 한다.[81]

아마도 이러한 거래계의 관행 때문일 수도 있겠지만, 보험자가

---

78) Simler et Delebecque (주 71), n° 506; Aynès et Crocq, *Les sûretés. La publicité foncière*, 2ᵉ éd., 2006, n° 700; Cabrillac, Mouly, Cabrillac et Pétel, *Droit des sûretés*, 8ᵉ éd., 2007, n° 1041; Lambert-Faivre et Leveneur (주 76), n° 588 등.

79) Simler et Delebecque (주 71), n° 507; Aynès et Crocq (주 78), n° 700. 피보험자가 수령한 금전에 물상대위가 지속한다고도 할 수 없는데, 이는 피보험자의 재산에서 특정성을 상실하기 때문이다. Ranouil, *La subrogation réelle en droit civil français*, 1985, p. 93.

80) 이상의 논의에 대하여 Lambert-Faivre et Leveneur (주 76), n° 592 및 同所 인용 판례 참조.

81) Simler et Delebecque (주 71), n° 507.

유효하게 변제를 마친 이후 저당권자가 피보험자에게 부당이득반환을 구하는 사건은 문헌에서도 논의되지 아니하고 판례도 발견할 수 없다. 또한 프랑스에서 비급부부당이득은 법률의 규정 없이 판례에 의하여 인정되어 있고 그 요건 또한 엄격하다는 것도 그 원인의 하나일지도 모른다. 결국 물상대위에 관한 통설과 판례의 입장으로부터 결론을 추측해 볼 수밖에 없다. 우리 학설의 용어를 전용하자면 저당권자가 보험자에 대하여 해야 하는 이의의 성질이 단순히 제3채무자인 보험자의 보호만을 목적으로 하는 것인지 아니면 제3자와의 관계에서 대항요건으로 기능하는 것을 목적으로 하는지에 따라 결론이 다르게 될 것이다.

  그런데 이에 관한 프랑스 학설과 판례의 태도가 명확한 것은 아니다. 일단 보험법의 규정 자체만 본다면, 저당권자의 이의가 없더라도 보험자가 악의로 변제한 경우에는 이를 저당권자에게 대항할 수 없다는 의미로 읽을 수 있으므로, 제3채무자보호설적인 관점에 서 있는 것으로 보이기는 한다. 파기원의 판례도 담보권자의 이의가 없더라도 다른 방법에 의하여 담보권의 존재를 알게 된 보험자가 한 변제는 담보권자에게 대항할 수 없다고 하여 그러한 태도를 보인다.[82] 이러한 전제에 선다면 비록 보험자가 선의로 변제하여 담보권자와의 관계에서는 대항할 수 있다고 하여도 피보험자는 담보권자에게 이를 대항할 수 없다고 해석하여 부당이득을 인정할 여지가 있다.[83]

---

82) Cabrillac, Mouly, Cabrillac et Pétel (주 78), n° 1044; Witz (주 71), n° 63 및 同所 인용판례 참조. 예컨대 등록질권이 설정된 자동차가 사고로 멸실·손괴한 다음 보험자가 경찰로부터 담보권의 존재를 알게 된 사안이 판례에서 다루어졌다고 한다.

83) 예컨대 채권의 준점유자에 대한 변제의 경우와 비교할 수 있다. Mazeaud et Chabas, *Leçons de droit civil*, tome Ⅱ/1: Obligations, théorie générale, 9ᵉ éd., 1998, n° 833 참조. 그 밖에 프랑스의 판례와 통설에 따르면 변제수령권한 없는 자에 대한 비채변제가 행해진 경우, 진정한 채권자는 변제수령자로부터 직접 부당이득으로 수령한 급부를 청구할 수 있다고 한다. 초기의 전개에 대해서는 Isenbart, *Bereicherungsansprüche beim Eingreifen Dritter in Forderungen*, Diss. Osnabrück,

그러나 이와는 반대로 우선권보전설적인 모습을 보이는 파기원의 판례도 존재한다. 이 사건에서는 화재에 의하여 보험금청구권이 발생하였는데, 저당권자가 보험자에 대하여 이의를 제기하기 전에 피보험자(설정자)의 다른 채권자가 당해 채권에 대하여 보전압류(saisie conservatoire)를 하였다. 보전압류는 긴급한 경우 채권자가 사전의 변제최고(commandement) 없이 단순히 법관의 허가만에 의하여 채무자의 유체 또는 무체의 재산에 대한 처분을 금지하는 조치를 말한다.[84] 특히 보전압류의 목적이 채권인 경우 이는 처분할 수 없을 뿐만 아니라, "처분할 수 없는 금액의 공탁을 법률상 당연히 수반"하고, 압류채권자는 이 공탁금액에 대하여 질권자의 지위를 가진다(1991년 7월 9일 법률 제75조). 이러한 상황에 직면하여 물상대위에 기한 직접소권을 행사할 수 없게 된 저당권자는 집행법원에 채권자의 보전압류를 해소해 줄 것을 청구하였으나, 원심은 이를 받아들이지 않았다. 저당권자는 보험법의 규정에 따라 자신이 보험금채권을 행사할 수 있으므로 다른 채권자의 보전압류는 효력이 없다고 주장하였으나, 파기원은 이러한 주장을 배척하고 원심을 확인하였다. 즉 "보험법 제L121-13조가 선취특권자 또는 저당권자를 위하여 정하는 바와 같이, 자신의 권리로 보험금의 지급에 대항할 수 있기 위해서는 이해관계를 가지는 채권자가 자신의 권리를 이유로 하여 보험자에 대하여 지급을 요청하여야 한다"고 하면서, 저당권자가 보험자에 대하여 지급을 요구하는 내용의 이의를 제기하였음을 입증하지 못하는 이상 원심이 보전압류의 효력에 의하여 발생한 당해 채권의 처분금지효에 영향이 없다고 한 것은 타당하다고 판시하였던 것이다.[85] 이 판결은 저당권자의 이

2004, S. 9ff., 현재의 학설상황에 대해서는 Perruchot-Triboulet, "L'indu à trois", *RTD civ.*, 2003, p. 431 sqq. 참조.

84) Donier et Donier, *Voies d'exécution et procédures de distribution*, 7ᵉ éd., 2003, nᵒˢ 507 sqq.

85) Cass. civ. 1ᵉʳ, 29 fev. 2000, Bulletin 2000 I nᵒ 63.

의에 의한 저당권의 주장이 마치 물상대위의 요건인 것과 같은 취지를 시사하고 있으며, 그러한 한에서 선의의 지급 후에는 부당이득의 문제는 발생하지 않는다고 볼 여지도 없지 않다.

　(다) 따라서 보험금채권에 대한 물상대위를 이유로 하는 부당이득반환과 관련하여 프랑스의 학설과 판례의 입장은 쉽게 추측하기 어렵다. 그럼에도 프랑스 보험법의 규정을 살펴봄으로써 우리 민법의 해석에 여러 가지 시사점을 얻는 바도 적지 않다. 등기의 추정력이 인정되지 아니하며[86] 특히 공시가 불완전한 선취특권에 기해서도 물상대위를 인정하는 프랑스 법제에서 등기 및 담보권자의 이의 등이 가지는 의미와 기능이 독일·스위스와는 차이가 있을 수밖에 없다는 인식이 그러하다. 우리 민법 해석에 대한 구체적 함의는 후술하기로 한다(본장 Ⅲ. 참조).

　(3) 수용보상금채권에 대한 물상대위

　프랑스의 토지수용법(Code de l'expropriation pour cause d'utilité publique)에 의하면 수용재결에 의하여 수용되는 토지에 존재하는 채권이나 물권은 모두 소멸한다(동법 제L222-2조).[87] 그러나 이로써 소멸하는 담보권의 효력은 수용되는 토지의 소유자가 받을 보상금에 미친다(동법 제L222-3조). 이를 위해서는 담보권은 재결이 공시되기 전에 등기되어야 하지만, 다만 매도인의 선취특권은 재결의 공시 이후이더라도 민법이 정하는 등기기간(프랑스 민법 제2379조, 제2380조) 내에 등기가 되면 무방하다. 그런데 수용절차에 있어서는 재결이 이루어지기 전에 당해 토지의 권리관계를 조사하는 절차가 진행되어야 하는데, 여기서는 특히 등기 등을 참조하여 소유자와 그 밖의 물권적 권리자

---

86) Piedelièvre, *Traité de droit civil. La publicité foncière*, 2000, n° 32.
87) 이러한 효과는 협의취득에 있어서도 같다. Lemasurier, *Le droit de l'expropriation*, 3ᵉ éd., 2005, p. 237, 244.

들의 목록을 작성하도록 하고 있다(프랑스 토지수용법 제R131-3조 제2
호). 그리고 이로부터 저당권이나 선취특권의 등기가 확인되는 경우
이들 담보권자의 이의제기(opposition)가 존재하지 않더라도 보상금은
당연히 공탁하도록 한다(동법 제R323-8조 제4호). 다만 사업시행자가 수
용되는 토지의 소유자의 청구에 의하여 부담액과 배상액의 차액 중
3/4은 지급할 수 있는 것으로 정하고 있다(동법 제R323-12조 제1항). 그
러나 그 밖에도 지급에 이의가 제기되는 경우에는 이의가 제기된 금
액에 대해서는 공탁을 하도록 하기 때문에(동법 제R323-8조 제5호, 제
R323-12조), 이해관계인이 존재하는 경우에는 공탁되는 경우가 많을 것
이다. 이러한 공탁은 한편으로는 지급의 장애가 있더라도 사업시행자
에게 조속히 토지의 점유를 가능하게 하는 동시에, 물상대위에 의하여
보상금에 이해관계가 있는 채권자를 보호하기 위한 것이라고 한다.[88]

　　이러한 규정을 전제로 할 때 프랑스 법에서 토지수용의 경우에
우리 민법에서 문제되는 바와 같은 부당이득반환의 문제는 쉽게 발생
하지 않을 것으로 예상되며, 그에 관한 논의도 필자가 조사한 한도에
서는 찾아 볼 수 없다.

Ⅲ. 해석론의 제안

　　이러한 비교법적인 인식에 기초하여 우리 민법의 해석으로 타당
한 결론을 탐색하기로 한다.

1. 물상대위에 있어서 '압류'의 의미

(1) 관계인들의 이익상황

물상대위에 의하여 저당권의 효력은 대위목적채권에 당연히 미치

---

88) Lemasurier (주 87), p. 523.

는가? 아니면 압류에 의해서 비로소 우선변제권이 '보전'되는가? 이 문제에 접근하기 위해서는 당사자들의 이익상황을 살펴볼 필요가 있다.

(가) 우선 저당권자의 관점에서 볼 때 저당권의 효력이 대위목적채권에 당연히 미치는 결과는 필연적으로 요청되는 바이다. 그는 부동산에 대하여 저당권을 취득함으로써 자신의 채권의 담보를 확실히 하였음에도 불구하고, 부동산의 멸실 등 자신이 고려할 수 없는 우연적인 사정에 의하여 담보의 전부 또는 상당한 부분을 상실하였다. 그는 예상과 달리 채무자의 무자력 위험을 부담하게 되었고, 그러한 한도에서 대위목적채권에 저당권의 효력이 미치게 할 정당한 이해관계를 가진다.

(나) 이러한 저당권자의 이해관계에 대하여 설정자가 보호받아야 할 이해관계는 존재하지 않는다. 설정자는 저당권의 효력이 대위목적채권에 미치는 결과에 의하여 기본적으로 불이익을 받지 아니한다. 설정자는 자기 소유 부동산의 일정한 가치에 해당하는 부분을 담보로 제공함으로써 채무자의 변제가 없는 때에는 해당 가치를 상실할 것을 감수하였다. 그런데 이제 부동산의 멸실·수용 등의 사정으로 설정자가 부동산에 갈음하는 채권을 취득한 경우, 이 채권이 계속 저당권자를 위한 담보가 된다고 하여도 설정자에게는 추가적인 불이익이 발생하지 아니한다.[89]

물론 일본에서와 같이 물상대위가 단순히 부동산의 실체가치를 대표하는 채권에 대한 물상대위(대체적 물상대위)를 넘어 차임채권 등 파생적 가치에 대한 물상대위(부가적 물상대위)를 포괄하는 법제에서는 (본장 Ⅱ. 2. (2) (가) 참조), 물상대위가 설정자에게 추가적인 불이익을

---

89) 심지어 물상대위의 규정이 없더라도 설정자와 저당권자의 담보약정의 보충적 해석에 의하여 설정자가 취득하는 손해배상청구권 등에 저당권자가 질권을 취득하는 결론이 인정될 수도 있을 것이라고 생각된다. 실제로 프랑스의 계약실무가 보험금채권에 대한 물상대위를 장래채권에 대한 약정질권으로 달성한 것에 대해서는 본장 Ⅱ. 5. (2) pr. 참조.

수반하므로 일률적인 결론을 내리기는 어려울 것이다. 그러한 경우 설정자는 부동산의 사용·수익에 관한 자신의 고유한 권능이 물상대위에 의하여 침해되기 때문이다. 그러나 우리 민법은 그러한 부가적 물상대위는 인정하지 않고 오로지 부동산의 멸실·손괴·수용 등을 이유로 하는 대체적 물상대위만을 인정한다. 여기서 설정자는 저당권의 효력이 당연히 대위목적채권에 미치는 결과에 반대할 어떠한 정당한 이해관계를 가지고 있다고 하기 어렵다.

(다) 반면 설정자로부터 대위목적채권을 양도받거나 전부받은 제 3자의 이해관계에 대해서는 구별해서 살펴볼 필요가 있다. 이러한 경우 저당권의 효력이 당연히 미친다는 것은 제3자의 양수나 전부가 효력을 달성할 수 없다는 것을 의미한다. 그런데 여기서 주목할 점은 제 3자가 채권을 전부받을 수 없거나 양도받을 수 없다는 사정 자체만으로 그의 기존의 이익상태에 불이익이 발생한다고 말할 수는 없다는 것이다. 양수인이나 전부채권자가 귀속받고자 하는 가치는 원래 부동산의 형태로 저당권자의 담보로 기능하고 있었던 것이고, 그러한 한에서 이는 원래 설정자의 책임재산 내지 처분가능재산에 속하지 아니하였기 때문이다. 보아소나드의 표현을 빌자면, 물건을 대표하는 가치에 저당권의 물상대위를 바로 인정한다고 하여도, 제3자로서는 "물건이 그들의 책임재산이 아니게 된 순간부터 그들은 그 가치를 고려에 넣을 수 없었기 때문"(본장 주 19 참조)에 물상대위가 제3자의 이해관계를 해한다고는 말할 수 없는 것이다. 오히려 대위목적채권을 양수하거나 전부받을 수 있는 가능성이 창출되었다는 사정이야말로 제3자로서는 저당권자의 예상하지 못한 불이익의 결과로 발생한 망외의 이익일 뿐이다.

그러나 물론 제3자는 저당권의 효력이 당연히 대위목적채권을 파악함으로써 받는 불이익이 있을 수 있다. 그들이 양수하거나 전부받고자 하는 채권에 저당권의 효력이 미친다는 사정을 알지 못함으로써 발생하는 불이익이 그것이다. 즉 그는 그러한 사정을 모르고 채권을 양수함으로써 이후 설정자에게 담보책임 내지 채무불이행책임을 물어야 할 것인데, 그러한 과정에서 설정자의 무자력위험을 부담할 수 있다. 전부채권자가 물상대위권의 실행 때문에 전부받은 채권의 만족을 받을 수 없게 된 결과, 적시에 설정자의 다른 재산에 집행할 수 있는 기회를 상실하였을 수도 있다. 즉 제3자가 받는 불이익은 저당권의 효력이 대위목적채권에 당연히 미친다는 사실로부터 받는 불이익이 아니라, 물상대위 사실을 알지 못하고 설정자와 거래하거나 설정자의 재산에 집행하였다는 사정으로부터 발생하는 불이익이다.

더 나아가 물상대위의 사실을 알지 못함으로써 불이익을 입을 수 있는 관계인으로서는 (제3채무자보호설이 지적하는 바와 같이) 대위목적채권의 제3채무자가 있을 수 있다. 따라서 양수인이나 전부채권자 같은 제3자의 이해관계나 제3채무자의 이해관계는 물상대위의 공시문제로 귀착한다.

(2) 물상대위권의 공시

(가) 우선 제3채무자보호설은 제3채무자로서는 저당권자의 물상대위 사실을 알지 못하고 설정자 내지 양수인·전부채권자 등에 변제할 수 있기 때문에 그의 이중변제위험을 예방하기 위하여 저당권자가 압류로 물상대위의 사실을 제3채무자에게 알리는 것이 압류의 의미라고 해석한다.[90] 그러나 앞서 비교법적인 고찰이 보여주는 바와 같이 이러한 의미로 파악된 제3채무자보호설은 등기의 추정력을 인정하는 법제에서는 타당하지 않다(독일에 대하여 본장 II. 3. (1) (다) 및 (2) (나); 스위스에 대하여 본장 II. 4. (1) (나)). 그리고 이는 공시되는 저당권·질권에 물상대위가 인정되는 우리 민법의 경우에도 마찬가지이다.

---

90) 이승한 (주 7), 103면; 류승정 (주 6), 187−188면; 배성호, "물상대위와 압류", 민사법학, 제21호, 2002, 455−457면 등.

매도인 甲이 아직 변제되지 아니한 매매대금채권에 대한 선취특권을 근거로 하여 매수인 乙이 가지는 전매로부터 취득한 매매대금채권이나 보험자에 대한 보험금채권에 물상대위할 수 있는 법제를 상정한다면, 제3채무자보호설의 취지를 쉽게 이해할 수 있다. 이러한 경우 제3채무자인 최종매수인이나 보험자로서는 乙을 채권자로 생각할 것이어서 甲이 이의(프랑스) 내지 압류(일본)에 의하여 자신의 존재를 알리지 않는 한 물상대위의 사실을 알 수 있는 가능성은 거의 없다고 해도 과언이 아니다. 그러므로 이러한 선취특권이 문제되는 사안에서는 제3채무자의 이중변제위험이 심중한 것으로 고려되어야 한다. 게다가 일본의 경우에는 부동산 등기에 의하여 공시된다고 볼 수 없는 차임채권의 물상대위도 문제되므로 더욱 그러하다(본장 II. 2. (2) (가) 참조).

그러나 추정력을 가지는 등기에 의하여 공시되고 있는 저당권의 물상대위에 있어서는 사정이 다르다. 예컨대 甲이 실화(失火)에 의하여 乙의 건물을 소실시킨 사안을 상정해 보도록 하자. 이 경우 甲이 자신의 손해배상청구권자가 누구인지를 알고 싶다면, 다른 누구의 "말"이나 "점유"도 믿어서는 안 되고 오로지 등기부의 기재를 기준으로 판단해야 한다. 그래야만 그는 이중변제의 위험으로부터 벗어날 수 있다(제470조: "선의이며 과실 없는 때").91) 이는 부동산의 멸실로 보험금을 지급해야 하는 보험자나 토지를 수용하는 사업시행자의 경우도 마찬가지이다. 그들은 등기부의 열람에 의해서 자신의 채권자 및 그에 대한 이해관계인의 존재를 확인한 경우에만 변제에 있어서 선의·무과실이라고 말할 수 있는 것이다. 그러므로 제3채무자가 등기부를 열람하지 아니하여 저당권자의 존재를 간과하였다면 그가 이중변

---

91) 일반적인 견해에 의하면 등기의 추정력에 의하여 등기의 내용을 신뢰한 자는 선의·무과실로 추정되지만, 반대로 등기된 사항을 모른 자는 과실이 있는 것으로 추정된다. 곽윤직 (주 2), 100면; 김증한·김학동, 물권법, 제9판, 1997, 105면 등.

제의 위험에 직면한다고 해서 우리 민법의 체계 내에서 부당한 불이익을 받는다고 말하기 어렵다. 반대로 등기부의 열람에 의하여 소유자 및 제한물권의 존재 등을 확인하고 소유자에게 변제를 한 채무자로서는, 설령 공시되지 아니하는 담보권이나 우선특권에 기한 물상대위가 있다고 하더라도, 제342조를 적용할 것도 없이 이미 채권자의 준점유자에 대한 변제(제470조)로 이들에게 대항할 수 있을 것이다. 따라서 적어도 저당권의 물상대위의 사실을 모른다는 사정으로부터 제3채무자를 보호해야 한다는 기존의 제3채무자보호설의 주장은 우리 민법의 해석으로는 설득력이 없다.92) 앞서 지적한 바와 같이, 등기의 추정력을 인정하는 독일과 스위스의 법제에서 물상대위의 공시는 등기부에 의하도록 하고 있으나(본장 Ⅱ. 3. (1) (다) 및 (2), Ⅱ. 4. (1) (나) 참조), 등기의 추정력을 알지 못하는 프랑스에서는 반대의 태도를 취하고 있다는 사실(본장 Ⅱ. 5. (2) (나) 참조)은 이 맥락에서 특히 참조가 된다.93)

(나) 이로써 제3채무자에 대한 관계에서 저당권의 물상대위는 등기부의 존재에 의해서 공시된다고 말할 수 있다. 그런데 우선권보전설은 압류가 양수인 등 제3자에 대한 공시로서 의미를 가진다고 하여, 압류를 물상대위권 보전의 요건으로 이해한다. 여기서 과연 저당권의 등기가 양수인이나 전부채권자와 같은 제3자에 대해서도 공시의 효과를 가질 수 있는지의 문제가 제기된다.

---

92) 그러한 한도에서 유사한 취지로 이준현 (주 7), 318면.
93) 더 나아가 종래의 제3채무자보호설은 제342조가 원래 규정된 질권과 관련하여 고찰할 때 더욱 설득력을 상실한다. 우리 민법상 질권자는 통상 질물의 점유자이기 때문에(제330조, 제332조), 예컨대 질물이 불법행위로 멸실된 경우 손해배상의무자인 제3채무자는 질권의 설정자가 아니라 질권자를 권리자로 간주하게 될 것이고, 또한 그러한 한도에서 그는 선의·무과실이다(제200조 참조). 이러한 상황에서 제3채무자가 설정자에게 변제함으로써 질권자에 대한 이중변제의 위험을 부담하게 되는 것을 예방하는 것이 '압류'(제342조)의 취지라고 설명하는 것은 쉽게 납득하기 어렵다.

이에 대한 해답은 우리 민법에서 채권의 귀속에 관한 공시를 어떠한 방식으로 해결하고 있는지를 살펴봄으로써 얻을 수 있다. 우리 민법은 이를 특히 채권양도와 관련해서 규정하고 있는데, 이에 의하면 채권양도의 우열관계는 확정일자 있는 통지 내지 승낙의 선후에 의하여 달성된다. 이는 채권의 귀속에 대한 공시는 양도되는 채권의 채무자가 가지고 있는 인식을 매개로 하여 행해진다는 것을 함축하는 규정이다. 즉 "채권을 매수하거나 담보로 잡으려는 사람이 채권이 과연 존재하는지, 그 구체적인 내용이 무엇인지 또는 채권자가 누구인지에 관한 정보를 가장 믿음직하게 얻을 수 있는 것은 바로 채무자로부터일 것이다. 채무자가 이러한 탐문에 대하여 정확하게 응답할 수 있도록 하려면, 채권양도가 있었는지 누구에게 양도되었는지 등에 관한 정보를 그에게 집중시킬 필요가 있다. 이러한 필요를 충족하기 위하여 민법이 채택한 수단이 바로 채무자에의 통지를 채권양도의 대항요건으로서 요구하는 것이다."[94]

이러한 민법의 태도를 전제로 한다면 적어도 제3채무자에 대하여 저당권의 등기가 물상대위의 공시로 기능한다면, 마찬가지로 양수인이나 전부채권자에 대해서도 공시로 기능한다고 해석해야 할 것이다. 설정자로부터 채권을 양수하거나 전부하려는 사람은 채권의 존부·내용과 관련하여 의문이 있는 경우 제3채무자에게 탐문할 수밖에 없는 것이고, 그 과정에서 스스로 문제가 되고 있는 채권의 법률적 성질을 알 수가 있다. 그러한 상황에서 제3자로서는 손해배상청구권, 보험금채권, 수용보상금청구권에 대한 명확한 법률관계를 알기 위해서는 등기부를 참조해야 할 것이고, 이를 하지 않아 발생할 수 있는 불이익은 그 자신이 부담하도록 하는 것이 타당하다. 질권이 설정된 채권에 대

---

94) 양창수, 민법입문, 제5판, 2008, 50면. 더 나아가 최수정, 채권양도론, 2007, 67면 이하 참조. 상세한 것은 池田眞朗, 債權讓渡の硏究, 增補版, 1997의 제1부에 실린 논고들 참조.

하여 신뢰보호를 주장할 수 없는 양수인이나 전부채권자가 물상대위에 의하여 저당권이 효력을 미치고 있는 채권에 대하여 신뢰보호를 부여받을 이유는 찾기 어렵다. 어느 경우나 채권은 담보물권의 효력 하에 있고 제3채무자의 인식에 의하여 공시되고 있는 것이다.

　　물론 제3채무자를 매개로 하는 물상대위의 공시가 공시의 기능이라는 측면에서 완전한 것이라고 말하기는 어려울 수도 있다. 그러나 이러한 제도는 우리 민법이 적어도 채권공시에 관하여 전제하고 있는 제도이고, 나름 권리관계의 명확화에 기여하고 있음을 부정할 수는 없다.95) 특히 앞서 지적한 바와 같이(Ⅲ. 1. (1) (c) 참조), 목적물의 멸실로 인하여 담보를 상실하는 저당권자의 이해관계에 비추어 볼 때, 제3자는 대위목적채권을 취득하지 못하였다는 사실이 아니라 그러한 사정을 알 수 없었다는 사실에 대해서만 이해관계를 가지고 있을 뿐이다. 이러한 상황에서 제3채무자에 대한 탐문과 등기부의 열람에 의하여 권리관계의 명확화를 도모할 수 있는 양수인이나 전부채권자에 대해서 물상대위의 추급효를 인정한다고 해서 부당하다고 말할 수는 없을 것이다.96) 채권의 선의취득이 일반적으로 인정되지 않는 한 양수인이나 전부채권자는 자신에게 우선하는 담보권자(질권자, 물상대위권자 등)가 존재한다는 사실을 감수해야 하며, 그러한 결과를 예방하기 위해서는 제3채무자에 대한 탐문으로 스스로 위험을 회피해야 한다.97) 이는 독일 민법이 건물의 보험금과 같이 부동산의 실질적인 가

95) 최수정 (주 94), 70–71면 참조.

96) 유사한 이익형량에 기초하여 일본 민법의 해석으로도 (차임채권 등에 대한 부가적 물상대위에서와는 달리) 보험금채권이나 수용보상금채권 등에 대한 대체적 물상대위의 경우에는 물상대위의 추급력을 인정할 수 있음을 시사하는 高橋 (주 27), 86면 참조(이와 관련하여 본장 주 36, 44, 45 및 관련 서술 참조).

97) 물론 채권양도법에 규정된 채무자 인식을 통한 공시라는 민법의 태도가 현실에서 공시의 기능을 원활하게 수행하지 못하므로 채권거래는 공시제도가 없거나 불완전한 것이라고 평가하는 입장도 존재할 수 있다. 그러나 그러한 입장에서 출발하더라도 본문의 서술의 타당성에는 영향이 없다. 채권양도 일반에 적절한 공시가

치를 대표하는 채권에 대한 물상대위에서 저당권자를 채권질권자로
취급하여 다른 제3자에 대한 우선적 지위를 보장하는 결과와 비교할
때에도 그러하다(본장 Ⅱ. 3. (2) 및 (3), Ⅱ. 4. (1) (나) 참조).

(3) 압류의 의미: 물상대위권 행사와 관련된 불안정 제거

이상의 내용을 요약하면, 물상대위에 의하여 저당권의 효력은 당
연히 대위목적채권에 미치고, 이는 제3채무자나 다른 제3자(양수인, 전
부채권자 등)에 대하여 저당권의 등기에 의하여 공시된다. 그렇다면 이
러한 상황에서 법률이 저당권자에게 '압류'를 할 것을 요구하는 것은
무슨 이유에 근거한 것인지의 문제가 제기된다.

우선 특정성유지설의 설명에 의한다면 압류 요건은 입법자가 규
정이 없어도 인정될 당연한 결과를 정한 것에 지나지 않아, 실질적인
의미는 없는 요건이 되어 버린다. 물론 압류에 의하여 특정성이 유지
되는 것은 사실이지만, 이는 오히려 압류에 수반하는 결과의 측면이
고 그것 자체만으로 압류의 취지를 설명할 수는 없다.[98] 그리고 우선
권보전설은 대체적 물상대위만을 인정하는 우리 민법에서 당사자들의
이익상황 및 등기의 추정력을 고려할 때 받아들이기 어렵다는 것을
이미 언급하였다.

따라서 기본적으로 압류의 의미는 물상대위를 둘러싼 법률관계의
안정이라는 관점에 의하여 설명해야 할 것으로 생각된다. 출발점은
제3채무자의 보호라는 측면이다. 물론 앞서 지적하였듯이, 제3채무자
가 물상대위에도 불구하고 설정자나 양수인·전부채권자를 채권자로
믿음으로써 발생하는 이중변제의 위험에 때문에 압류가 필요하다는

없어 거래의 안전이 침해될 수 있는 가능성을 우리 민법이 감수하고 있다면, 물상
대위권의 부담을 안고 있는 채권을 양수하거나 전부한 사람으로서는 마찬가지 이
유로 신뢰보호를 주장할 수 없기 때문이다.

98) 松尾·古積 (주 27), 328면에 의하면 특정성유지설의 설명은 그러한 한에서 "2차
적인 의미"를 가진다고 한다.

설명은 타당하지 않다. 제342조가 없더라도 제3채무자는 등기를 참조하여 자신의 채권자를 확인해야 이중변제의 위험을 피할 수 있기 때문이다(제470조; 본장 Ⅲ. 1. (2) (가) 참조). 그러나 독일 민법에 대한 설명에서 이미 나타난 바와 같이(본장 Ⅱ. 3 (1) (다) 및 (2) (나) 참조), 제3채무자는 물상대위 사실을 알고 있더라도 다른 불안정한 상태에서 기인하는 이중변제의 위험에 처하게 된다. 즉 제3채무자는 저당권자가 물상대위권을 행사할 것인지 여부를 확신할 수가 없다. 예컨대 저당권자는 보험금에 대하여 물상대위를 하는 것보다는 보험금에 의하여 건물이 재건축되고 그에 새로 저당권을 취득하는 것을 기대할 수도 있다. 아니면 저당권자는 다른 담보가 확보되어 있거나 다른 담보를 채무자에게 요구함으로써 조속한 청산보다는 원래의 이행기까지 이자를 수취하는 것에 관심을 가질 수도 있다. 이와 관련하여 특히 근저당권이 설정된 경우에는 물상대위권의 행사가 저당권의 확정을 초래하므로 근저당권자가 물상대위권의 행사를 회피하는 경우도 상정할 수 있다.[99] 이러한 상황에서 제3채무자가 물상대위권이 행사되지 않을 것이라고 기대하고 설정자에게 변제하는 것은 이후 물상대위권의 행사에 직면하여 다시 급부할 위험을 수반하므로 위험하다. 그러나 그렇다고 제3채무자로 하여금 이러한 이중변제 위험에 직면하여 무한정하게 변제를 중지하고 기다리게 하는 것은 그의 이해관계에 반할 수 있다.[100]

---

99) 양창수·최수정·김형석, "민사재판", 사법부의 어제와 오늘 그리고 내일(下), 2008, 224면 주 645.

100) 물론 제3채무자는 공탁에 의하여 불안정을 해소할 수 있다는 사정을 들어 이러한 설명에 대하여 반론을 제기할 수도 있을 것이다. 그러나 제3채무자가 공탁을 한 경우에도 물상대위를 둘러싼 법률관계의 불안정은 해소되지 아니한다. 제3채무자의 지위가 공탁소에 이전하는 것뿐이기 때문이다. 즉 공탁에 의하여 제3채무자는 면책이 되겠지만, 설정자가 가지는 공탁물출급청구권에 저당권의 효력이 미치는 결과 공탁소가 제3채무자의 입장이 되고, 본문에서 설명한 물상대위 행사여부에 관련된 불안정은 여전히 존속한다. 공탁소가 설정자에게 공탁물을 출급함으로써

이러한 제3채무자의 불안정에 대처하는 입법적 방법은 여러 가지를 생각할 수 있다. 독일 민법과 같이 일정한 요건이 충족된 이후에는 유효하게 변제를 할 수 있는 가능성을 제3채무자에게 인정할 수도 있을 것이고, 아니면 제3채무자가 저당권자에게 상당한 기간을 정하여 물상대위권 행사를 최고하고 응답이 없는 경우에는 이를 포기한 것으로 볼 수도 있을 것이다. 그러나 우리 민법은 이에 대하여 가장 제3채무자에게 유리한 방법을 채택하여 규정하고 있다. 즉 제3채무자는 압류에 의하여 지급이 금지되는 시점까지는 제한 없이 적법한 변제를 함으로써 면책이 된다는 것이다. 즉 제342조 단서는 변제를 금지하는 압류가 있기 전까지는 제3채무자가 설정자에게 변제할 수 있는 가능성을 인정함으로써 물상대위권의 행사여부에 따른 법적 불안정을 회피하고자 하는 것이라고 말할 수 있다.[101) 그렇다면 저당권자의 압류는 물상대위권 실행의 의사를 표시함으로써 그러한 제3채무자의 면책가능성을 저지하는 기능을 수행하게 된다.[102) 제342조의 압류의 의미

저당권자에 대한 관계에서 면책이 되는 법률적 근거는 여전히 필요하게 된다.

101) 大判 1999.9.17., 98다31301, 공보 1999, 2178은 전세권에 저당권이 설정된 경우에 저당권자는 물상대위권을 실행해야만 전세금 지급을 청구할 수 있다는 사정 등을 들면서 "전세권이 기간만료로 소멸되면 전세권설정자는 전세금반환채권에 대한 제3자의 압류 등이 없는 한 전세권자에 대하여만 전세금반환의무를 부담한다고 보아야 한다"고 한다. 여기서 대법원은 저당권 등기가 전세권 설정자(제3채무자)에게 공시로 기능하고 있다는 것을 전제로 하면서, 압류가 없는 이상 제3채무자는 전세권자(설정자)에게 변제함으로써 면책될 수 있다는 것을 분명히 하고 있다.

102) 물론 이러한 서술로부터 압류는 반드시 저당권자가 스스로 해야 한다는 결론이 필연적으로 도출되는 것은 아니다. 저당권자가 물상대위권 행사의 의사를 명백히 하여 압류를 한 경우 법률관계가 안정되는 것은 명백하지만, 다른 채권자의 압류에 의해서도 변제금지효가 발생하는 결과 잠정적으로는 변제여부에 대한 불안정이 제거되기 때문이다. 후자의 경우 물상대위권자에게 압류 없이도 우선변제권을 부여할 것인지·여부는 입법정책의 문제이다. 따라서 압류의 주체 문제는 관련 법률의 해석으로부터 도출해야 하는 것이고, 법률구성으로부터 연역해서는 안 된다 (본장 Ⅲ. 1. (4) (다) 참조).

는 —종래 일본에서 주장된 형태가 아닌— 이러한 내용을 가지는 제3
채무자보호설에 의하여 이해하는 것이 타당하다.

(4) 구체적인 해석론
이러한 전제로부터 저당권자의 물상대위에 대한 구체적인 해석론
을 도출할 수 있다.
(가) 관계인들이 이익상황을 고찰할 때 저당권은 물상대위에 의
하여 당연히 대위목적채권에 효력을 미친다. 저당물의 멸실이라는 사
정에 의하여 갑자기 제3자나 설정자가 예상하지 못한 이익을 받을 이
유도 없고, 저당권자가 갑자기 무담보의 채권자로 되어야 할 이유도
없다. 다만 제3채무자는 물상대위권의 실행여부에 대하여 확신할 수
없으므로 압류가 있기 전까지는 언제든지 설정자에게 변제함으로써
저당권자에 대한 관계에서 책임을 면할 수 있다.
(나) 제3자의 신뢰는 등기제도의 추정력과 채권양도에 준하는 공
시방법에 의하여 보호된다. 따라서 예를 들어 설정자로부터 대위목적
채권을 양도받은 양수인이 있다고 하더라도, 아직 제3채무자의 변제
가 없는 한 저당권자는 이를 압류하여 환가할 수 있는 권리가 있
다.103) 우리 민법의 채권공시의 체계상 채권을 양수하고자 하는 사람
은 제3채무자에게 탐문하여 채권의 존부 및 성질을 확인하지 아니한
불이익을 부담해야 한다. 그리고 이 점은 전부명령에 의하여 대위목
적채권을 전부받은 채권자의 경우에도 다르지 않다. 일본의 판례에서
와 같이 채권이 양도된 경우와 전부된 경우를 달리 취급할 이유는 찾
기 어렵다.104) 이 점에 대하여 판례도 같은 견해이다. 즉 대법원은 물

---

103) 특정성유지설이나 제3채무자보호설에 입각하고 있는 우리나라의 통설적 견해도
    같다. 강동세 (주 7), 93면 이하; 곽윤직 (주 2), 304면; 김증한·김학동 (주 91),
    484면; 이승한 (주 7), 113면; 이준현 (주 7), 320-321면; 류승정 (주 6), 198-200
    면; 배성호 (주 90), 478-479면 등.
104) 이준현 (주 8), 314면 이하 참조. 다만 고상룡, "물상대위제도의 재검토 소고", 사

상대위권자가 압류를 하기 전에 제3자가 대위목적채권에 대하여 압류 및 전부명령을 받은 바 있다고 하더라도 그러한 압류 및 전부명령은 그 효력이 발생할 수 없다고 하였고,[105] 이후 이를 일반화하여 물상대위권자의 압류 전에 양도 또는 전부명령 등에 의하여 보상금 채권이 타인에게 이전된 경우라도 보상금이 직접 지급되거나 보상금지급청구권에 관한 강제집행절차에 있어서 배당요구의 종기에 이르기 전에는 여전히 그 청구권에 대한 추급이 가능하다고 한다.[106]

　이는 올바르게 이해된 제3채무자보호설에 따라 물상대위권을 일종의 채권질권적 담보권으로 파악하는 이상 당연한 결과이다(본장 Ⅲ. 2. (1) (가) 참조). 즉 질권이 설정된 채권이 양도되거나 전부된 경우와 다르지 않다. 설정자가 가지는 대위목적채권은 물상대위권의 부담을 안고 있는 채권으로, 이를 양수하거나 전부받은 자는 물상대위권이 설정되어 있는 채권을 취득한 것이다. 따라서 물상대위권자는 지급 또는 인도가 있기 전에는 물상대위권을 행사하여 그로부터 우선변제를 받을 수 있다.

　(다) 제342조 단서의 압류의 주체는 누구인가? 물상대위권을 주장하는 저당권자가 스스로 압류를 해야 하는가 아니면 다른 사람에 의한 압류가 있더라도 충분한가? 종래 다수설은 압류에 의하여 특정성이 유지되는 것으로 충분하므로 반드시 저당권자가 아니더라도 다른 채권자 등의 압류가 있으면 압류요건은 충족된 것으로 보았으나,[107] 제3채무자보호설이나 우선권보전설은 저당권자가 스스로 자신

　　법의 제문제 (김홍규 박사 화갑기념), 1992, 93면은 제3채무자보호설을 취하면서도 전부채권자에 대한 물상대위권자의 추급은 부정한다.
105) 大判 1987.5.26., 86다카1058, 집 35-2, 59.
106) 大判 1998.9.22., 98다12812, 집 46-2, 137; 2003.3.28., 2002다13539, 공보 2003, 1055.
107) 곽윤직 (주 2), 303-304면; 김증한·김학동 (주 91), 484면 등. 판례도 특정성유지라는 관점에서 같은 결론을 인정한다. 大判 1996.7.12., 96다21058, 공보 1996, 2491.

의 물상대위권 행사를 표시해야 한다는 전제에서 압류는 저당권자가 스스로 할 것을 요구하고 있었다(본장 Ⅱ. 1. (1) (가) 및 (다) 참조).[108]

그러나 이러한 견해들은 법률의 해석이 아니라 법률구성으로부터 해석론을 도출하고 있다는 점에서 따르기 어렵다. 오히려 이 문제는 우리 법률이 저당권자에게 압류 없이 물상대위권을 행사할 가능성을 부여하고 있는지에 대한 해석론의 차원에서 접근해야 한다. 만일 물상대위권자가 압류를 하지 않고서 물상대위권을 행사할 수 없다면, 법질서는 물상대위권자에게 반드시 압류를 할 것을 요구하는 것으로 보아야 한다. 그러나 반대로 물상대위권자에게 압류 없이 우선변제권을 인정하고 있다면, 법질서가 반드시 압류할 것을 요구하고 있다고 할 수는 없다.

물상대위권자는 채권집행의 규정에 따라 우선변제권을 행사하도록 규정되어 있다(민집 제273조 제2항, 제3항). 이에 따라 대법원은 담보권의 존재를 증명하는 서류를 집행법원에 제출하여, 채권압류 및 전부명령을 신청하거나 민사집행법 제247조 제1항이 규정하는 배당요구의 종기까지 배당요구를 하는 방법에 의하여 물상대위권을 행사할 수 있다고 해석한다(본장 주 4 참조). 전부명령을 받기 위해서는 물상대위권자의 압류가 필요하겠지만(민집 제229조 제1항), 다른 채권자가 대위목적채권을 압류한 경우에 물상대위권자가 배당요구를 하고자 한다면 반드시 압류가 필요한 것은 아니다(민집 제247조 제1항). 그렇다면 우리 법률의 해석상 물상대위권자는 반드시 스스로 압류를 하지 않더라도 우선변제를 받을 가능성을 가지고 있는 것이고, 그렇다면 법률이 그에게 스스로 압류할 것을 요구하고 있다고 해석하기는 어렵다(본장 주 102 참조).[109] 민사집행법 제247조 제1항이 물상대위권자의

---

108) 예컨대 고상룡 (주 104), 92-93면; 류승정 (주 6), 189-190면; 이승한 (주 7), 113면; 배성호 (주 90), 467면 등.

109) 물론 강동세 (주 7), 90-91면에서와 같이 배당요구가 제340조 단서가 말하는

배당요구를 부정하는 취지라고 볼 수 없는 한에서 더욱 그러하다.[110]

2. 물상대위와 부당이득

이러한 해석론에 기초하여 서론에 제기한 문제 즉 제3채무자가 유효하게 지급 또는 인도하여 저당권자에 대한 관계에서 면책된 경우, 저당권자가 변제를 수령한 자에 대하여 부당이득을 청구할 수 있는지 여부에 대하여 살펴보기로 한다.

(1) 설정자에 대한 부당이득반환청구

(가) 물상대위에 의하여 저당권의 효력이 당연히 대위목적채권에 미치며, 그 결과 대위목적채권이 가지는 교환가치로부터 우선변제를 받을 권리를 가진다. 여기서 저당권자의 지위는 엄밀하게 민법이 정하는 저당권이나 질권에 해당하지는 않는다. 목적물의 성질상 저당권이라고 하기도 어렵고, 환가방법의 특징상 민법상 채권질권도 아니다.

"압류"에 포함된다고 해석함으로써 반드시 저당권자의 압류가 필요하다는 명제를 유지할 수도 있을 것이지만, 이는 우리 법률의 규정을 억지로 일본의 어느 견해의 틀에 맞추는 것에 불과하다. 그러한 실익이 있는지는 의문이다.

110) 실제로 일본에서 물상대위권자가 스스로 압류를 하는 것이 필요하다는 결론은 압류에 의하지 않고는 물상대위권자가 만족을 받을 수 없다는 해석에 상응한다. 앞서 살펴본 바와 같이(본장 Ⅱ. 2. (2) (다)), 최고재판소는 저당권자의 물상대위에서 그 실행은 전부명령의 방법으로 의하도록 하고 배당요구를 인정하지 않으므로, 해석론으로는 저당권자의 압류가 반드시 필요한 것으로 해석될 수밖에 없다. 일본의 경우 "집행력 있는 채무명의의 정본을 가지는 채권자 및 문서에 의하여 선취특권을 가지는 것을 증명한 채권자는 배당요구를 할 수 있다"(일본 민사집행법 제154조 제1항)고 규정하여 배당요구를 명문의 규정으로 선취특권에 한정하고 있으므로 저당권에 기한 물상대위권자가 배당요구를 할 수 없다는 해석은 법률의 문언상 수긍할 만한 점이 있다. 그러나 우리 민사집행법은 "민법[…]에 의하여 우선변제청구권이 있는 채권자와 집행력 있는 정본을 가진 채권자는 […] 배당요구를 할 수 있다"(민집 제247조 제1항)고 규정하고 있기 때문에 일본과는 달리 물상대위권자가 배당요구를 할 수 있는 근거가 존재하며, 대법원도 이를 인정한다. 그러므로 물상대위권의 행사에 대하여 다른 태도를 보이는 우리 법제에서는 압류의 주체에 관해서도 다른 결론이 타당하다고 생각된다.

그러나 채권을 담보목적물로 하여 민사집행법 제273조 제2항의 환가
방법에 따라 우선변제를 받을 수 있는 담보물권이라는 점에는 의문이
없다. 따라서 물상대위권자의 지위는 독자적인 환가방법을 가진 채권
질권의 일종으로 이해하면 충분할 것이다.

　　이러한 물상대위권의 성질에 비추어 보면, 제3채무자가 설정자에
게 변제를 한 경우 저당권자는 설정자에게 부당이득반환을 청구할 수
있다는 결론은 무리가 없다. 우리 민법은 대위목적채권으로부터 우선
변제를 받을 대세적 권능을 물상대위권자에게 귀속시키고 있으므로,
이러한 할당내용(Zuweisungsgehalt)이 침해된 경우 물상대위권자는 법
률상 원인 없이 침해로부터 이익을 받은 자에 대하여 침해이득반환청
구권을 행사할 수 있다.

　　여기서 제3채무자가 저당권자에 대한 관계에서 유효하게 변제할
가능성을 법질서가 인정하고 있으므로 법률상 원인이 존재하여 침해
부당이득이 성립하지 않는다고 의문을 제기할 수도 있겠지만, 이는
타당하지 않다. 이익의 취득을 법질서가 유효한 것으로 인정하고 있
더라도 그것만으로 법률상 원인이 존재한다고 말할 수는 없으며, 오
히려 수익자가 (법적으로 유효하게) 받은 이익이 법질서의 관점에서 평
가할 때 종국적으로 누구에게 귀속되어야 하는지(할당내용)에 따라 법
률상 원인이 판단된다. 그래서 예컨대 거래의 안전이라는 취지에 비
추어 유효한 선의취득(제249조)은 양수인에게 법률상 원인을 부여하여
원래 소유자에 대한 부당이득반환의무를 성립시키지 않지만, 첨부에
의하여 소유권을 유효하게 취득한 자는 그것만으로 법률상 원인이 있
다고 할 수 없으므로 첨부를 정당화하는 법률관계가 존재하지 않는
이상 법률상 원인이 없는 수익에 기하여 부당이득이 성립하는 것이다
(제261조).111)

---

111) 廣中俊雄, 債權各論講義, 第六版, 1994, 398면 참조.

따라서 물상대위권자의 부당이득반환청구에 있어서도 법률상 원인의 존부는 제3채무자의 변제를 수령한 설정자의 이익이 종국적으로 그에게 귀속되어야 하는 것으로 평가될 수 있는지 여부에 의한다. 그런데 저당권이 당연히 대위목적채권에 효력을 미치고 이로써 일종의 채권질권적 지위가 발생한다고 해석해야 한다면, 그리고 압류의 의미가 우선권보전이 아니라 제3채무자의 신뢰보호를 위한 것에 그친다고 한다면, 설정자가 변제수령으로부터 받은 이익이 종국적으로 그에게 귀속되어야 한다고 말할 수는 없다. 물상대위권의 소멸은 제3채무자의 법적 안정을 위한 것으로, 설정자로 하여금 담보제공자로서의 책임을 면하게 하는 취지라고 할 수는 없기 때문이다.112) 오히려 설정자는 저당권자에 대한 유효한 변제로 그의 우선변제권을 침해하여 이익을 받은 것이고 그에는 법률상 원인이 없어 부당이득이 성립한다고 보아야 한다. 이러한 결과는 법적인 구조에 있어 채권자에 대한 관계에서 유효한 변제를 수령한 채권의 준점유자에 대하여 진정한 채권자가 침해이득반환청구하는 사안과 유사하다.

(나) 저당권자가 채권자로서 채무자에게 여전히 채권을 보유하고 있다는 사정은 설정자에 대한 침해이득반환청구권을 인정하는 결론에 아무런 영향을 미치지 아니한다. 예를 들어 저당권자는 여전히 채권을 보유하고 있으므로 손해가 없어 부당이득은 성립하지 않는다는 반론은 타당하지 않다. 침해이득반환청구권은 법질서가 배타적으로 인정하는 법적 권능으로부터 타인이 법률상 원인 없이 이익을 받으면 성립하는 것이고, 권리자 자신에 어떠한 현실적인 재산적 불이익이

---

112) 압류 전에 행해진 "지급 또는 인도"가 설정자가 담보제공자로서의 책임을 면하게 하는 결과를 포함한다면, 이는 일본의 학설에 지적되는 바와 같이(본장 Ⅱ. 2. (3)) 압류의 목적이 단순히 제3채무자보호를 넘어 (일반적 신뢰를 보호하는 대항요건으로서) 우선권보전의 성질도 가지고 있다는 결론을 피할 수 없다. 그러나 우선권보전설을 우리 민법의 해석으로 채택할 수 없음은 이미 지적하였다(본장 Ⅲ. 1. 참조).

발생하였을 것을 요건으로 하지 않는다. 물론 제741조는 수익자가 법
률상 원인 없이 이익을 얻고 이로 인하여 "타인에게 손해를 가한" 사
정을 요구하고 있어, 일견 수익자의 이익으로 인하여 원고에게 손실
이 발생하였을 것으로 보이기는 한다. 그러나 침해이득반환의 특수성
을 인정하는 유형론적인 접근에 의하면, 이러한 손해 내지 손실 요건
이 현실적인 재산적 불이익을 의미하는 것으로 해석되어서는 안 된
다. 침해이득반환청구권은 법률상 원인 없는 할당내용 침해만으로 성
립하며, 여기서 손해 내지 손실 요건은 수익자가 타인의 권리로부터
그 권리내용을 자기의 것으로 하였다는 의미로 이해되어야 한다.[113]
따라서 저당권자의 물상대위권에 대한 침해로 이익을 받은 설정자는
저당권자가 여전히 채무자에 대하여 채권을 보유하고 있더라도 부당
이득반환의무를 부담한다. 저당권자가 여전히 채권자라는 이유로 손
실이 없다고 하여 부당이득을 부정하는 결론은 타당하지 않다.

　　오히려 보다 정확하게 말한다면 저당권자가 채무자에 대하여 피
담보채권을 보유하고 있다는 사정이야 말로 물상대위권에 기한 부당
이득반환을 할 수 있는 필요조건이다. 만일 다른 사정으로 피담보채
권이 존재하지 않게 되었다면, 저당권의 부종성에 의하여 저당권자는

---

113) 곽윤직 편집대표, 민법주해[XVII], 2005, 244－245면(양창수). 그 밖에 김형배, 사
　　무관리·부당이득, 2003, 170－171면도 참조("침해부당이득에 있어서 손실은 침
　　해자가 얻은 부당한 이득에 대한 상대적 개념"). 이는 20세기 중반 이후 독일의 일
　　치된 견해이며(Reuter/Martinek, *Ungerechtfertigte Bereicherung*, 1983, S. 237ff.),
　　일본의 통설화하고 있는 유력설이기도 하다. 예컨대 四宮和夫, 事務管理·不當利
　　得·不法行爲, 上卷, 1981, 62－63면, 184면(재산적 이익의 이동이라는 요건은
　　"원고의 권리의 할당내용에 반하여 피고가 수익하였다는 것에 그친다"); 廣中 (주
　　111), 401－402면("손실이라는 요건은 무용하다. 수익과 손실이라는 것은 '법률상
　　원인 없이' 수익한다는 하나의 사회사상(社會事象)의 양단(兩端)에 지나지 않는
　　다"); 內田貴, 民法 Ⅱ: 債權各論, 第2版, 2007, 535면("많은 경우 '손실' 요건은
　　엄밀하게는 불필요하다고 하여야 할 것이다"); 大村敦志, 基本民法 Ⅱ: 債權各論,
　　第2版, 2005, 303면; 加藤雅信, 事務管理·不當利得·不法行爲, 第2版, 2005, 32면;
　　潮見佳男, 債權各論 Ⅰ, 2005, 271면; 藤原正則, 不當利得法, 2002, 205면 등.

더 이상 물상대위권 및 그에 기한 부당이득반환청구권을 행사할 수
없을 것이기 때문이다(제369조). 그러므로 설령 부당이득이 성립하려
면 손실과 수익의 존재 및 그 사이의 사회관념상 인과관계가 요구된
다는 종래의 공평설적 입장을 취한다고 하여도, 이 사안에서 부당이
득을 인정하는 결론에는 차이가 없다. 저당권자는 피담보채권과 아울
러 이를 담보하는 우선변제적 지위를 물상대위에 의하여 보유하고 있
었다. 후자의 지위는 재산적 의의를 가지고 있는 담보권으로, 만일 설
정자가 제3채무자로부터 변제를 받아 저당권자에 대한 관계에서 물상
대위권을 소멸시켰다면 우선변제권에 상응하는 재산적 이익이 저당권
자로부터 설정자에게 직접 이동한 것이다. 여기서 저당권자의 '손실'
을 부정하기는 어렵다. 저당권자가 여전히 채권자로서 채무자에 대하
여 채권을 보유한다고 하더라도, 저당권자가 채권에 추가하여 가지고
있던 재산적 이익(담보권자의 지위)이 박탈되었다는 사정에는 아무런
영향이 없다. 이는 부당배당의 사례와 비교해 보면 명백하다. 판례에
의하면 배당을 받아야 할 자가 배당을 받지 못하고 배당을 받지 못할
자가 배당을 받은 경우에는 배당에 관하여 이의를 한 여부 또는 형식
상 배당절차가 확정되었는가의 여부에 관계없이 배당을 받지 못한 우
선채권자는 부당이득반환청구권이 있다고 하며,[114] 그래서 예컨대 저
당권자가 부당하게 배당을 받지 못한 경우 배당을 받은 후순위채권자
에게 부당이득반환을 청구할 수 있다고 한다.[115] 여기서 선순위인 저
당권자는 우선변제권의 침해라는 사정만으로 부당이득반환청구권을
가지는 것으로, 채무자에 대하여 여전히 채권을 보유하고 있다는 사
정으로부터 부당이득을 부정하는 결론은 도출되고 있지 않다. 이는
당연한 것이다. 부당배당을 주장하기 위해서는 저당권자는 부종성에
기하여 당연히 채권을 보유하고 있어야 하기 때문이다(제369조). 따라

---

114) 예컨대 大判 1988.11.8., 86다카2949, 공보 1988, 1522 등.
115) 大判 1977.2.22., 76다2894, 공보 1977, 9940.

서 마찬가지로 제3채무자의 설정자에 대한 변제가 있은 경우 물상대
위권을 가진 저당권자가 여전히 채권을 보유하고 있다는 사정은 (손실
이 없다는 이유로) 부당이득의 성립을 부정할 사유가 아니라 오히려
(부종성의 관점에서) 부당이득반환청구의 당연한 전제조건이다. 설정자
는 저당권자의 우선변제적 지위를 침해하여 법률상 원인 없이 이익을
받은 이상 이를 반환할 의무가 있다.

(c) 그리고 설정자로서는 이러한 부당이득반환을 거부할 만한 이
해관계가 없다. 앞서 살펴본 바와 같이(본장 Ⅲ. 1. (1) (나)), 그는 문제
가 되는 가치만큼을 저당권자에게 담보로 제공하여 그것을 상실할 것
을 감수하였음에도 불구하고 담보물의 멸실이라는 우연한 사정에 의
하여 그러한 가치를 다시 자신의 재산으로 환수한 것이므로, 그 가치
를 다시 부당이득으로 저당권자에게 반환하는 것은 담보제공에 내재
한 위험이 실현한 것으로 설정자의 이해관계를 해하지 않는다. 그가
채무자라면 채무에서 벗어나게 될 것이고, 물상보증인이라면 담보제
공시 감수한 대로 채무자에 대하여 구상을 함으로써 손실을 전보해야
할 것이다.

물론 생각할 수 있는 설정자의 불이익이 아예 없다고 할 수는 없
다. 무엇보다 그는 원래 저당권설정으로 특정 재산에 대한 유한책임
만을 부담하였으나, 이제 채무를 부담하여 인적인 책임을 부담한다는
점에서 변화가 있다. 그러나 경제적인 관점에서 그의 재산에 대한 효
과는 차이가 없으며, 그 한도에서 설정자의 채권자들에 대해서도 특
별한 불이익이 있다고 하기 어렵다. 특히 부당이득을 부정할 때 저당
권자가 직면하게 될 불이익(담보의 상실)과 비교하면 설정자의 불이익
은 우선적으로 고려하기 어렵다. 그러한 의미에서 大判 1975.4.8. (본
장 Ⅰ. 2. (2) (가))의 결론은 타당하다고 생각된다.

(2) 양수인 또는 전부채권자에 대한 부당이득반환청구

(a) 설정자로부터 대위목적채권을 양도받은 양수인이나 전부받은 전부채권자가 제3채무자로부터 변제를 받은 때에도 마찬가지의 결론이 타당하다. 설정자가 보유하던 채권은 물상대위권의 부담을 안고 있는 채권이므로(본장 Ⅲ. 1. (4) (나) 참조), 전부채권자나 양수인은 그러한 물상대위권의 부담을 안고 있는 채권을 취득한 것이다. 이는 채권자의 지위가 설정자에서 양수인 또는 전부채권자에 이전한 것에 불과하여, 법률관계의 기본구조로 볼 때 설정자에 대하여 변제가 이루어진 사안과 다르지 않다. 즉 설정자에 대한 변제가 이루어진 사안에 부당이득이 인정되어야 한다면, 양수인이나 전부채권자에게 변제가 이루어진 사안에서도 부당이득이 인정되어야 한다. 양수인 또는 전부채권자는 저당권자에 대한 관계에서 유효한 변제를 수령함으로써 그의 물상대위권의 할당내용을 침해하는 것이고, 이를 정당화할 만한 법률상 원인이 없으므로 저당권자에게 침해이득반환의 의무가 있다. 물상대위권자의 압류가 없었다는 사정은 제3채무자의 이중변제 위험이 발생하지 않는 한 물상대위권의 추급효에 영향을 주지 않는다.

(나) 물론 이익상황은 설정자에 대하여 변제가 있었던 경우와 다르다. 그러나 앞에서도 살펴본 바와 같이(본장 Ⅲ. 1. (1) (다)), 대위목적채권이 체현하고 있는 가치는 저당권설정에 의하여 원래 처분가능재산이나 책임재산으로부터 제외되어 있었던 가치이다. 이제 저당물의 멸실이라는 우연한 사정에 의하여 제3자가 대위목적채권을 양수하거나 공취할 수 있게 되는 결과는 오히려 그에게 망외의 이익을 가져다주는 것이며, 담보의 상실에 직면한 저당권자의 이해에 비추어볼 때 수용할 수 없다. 특히 일반채권자의 지위에 있어 채무자의 무자력 위험을 감수해야 하는 전부채권자가 물적 담보를 확보하였던 저당권자보다 우선하여 저당권자에게 귀속되어야 하는 책임재산을 획득하는 결과는 이해하기 어렵다.

물론 채권을 양수하기 위하여 설정자에게 지급한 대가나 채권을
전부받기 위하여 지출한 비용 등에 관하여 그들의 신뢰를 보호해야
할 이해관계는 분명 존재하지만, 이와 관련해서는 그들은 제3채무자
에 대한 탐문 및 등기부의 열람에 의하여 스스로의 이익을 보전해야
한다(본장 Ⅲ. 1. (2) (나) 참조). 이러한 공시가능성을 활용하지 않은 제
3자의 이해관계가 담보의 상실에 직면한 저당권자의 이해관계보다 우
월한 것으로 고려되어야 할 것이라고는 생각되지 않는다. 게다가 공신
의 원칙이 적용되지 아니하는 채권의 양수·전부에 있어 채권의 부존
재로 인하여 양도행위나 전부명령이 효력을 가지지 못하게 될 위험은
일정하게 상존하는 위험이며, 더 나아가 양수인이나 전부채권자는 제3
채무자의 무자력 위험도 감수하였다는 사정도 상기할 필요가 있다.

(다) 이러한 결론은 물상대위권이 일종의 채권질권적 담보권이라
는 것을 상기할 때 보다 쉽게 이해될 수 있다(본장 Ⅲ. 1. (4) (나),
Ⅲ. 2. (1) (가) 참조). 예를 들어 질권이 설정된 채권이 압류된 사안
을 상정해 보도록 한다. 여기서 이후 전부명령이 있더라도 전부채권
자는 질권의 부담이 있는 채권을 취득하는 것에 불과하여, 질권자의
추심권(제353조)에는 영향이 없다. 그러나 그러한 경우에도 제3채무
자는 전부채권자를 진실한 채권자로 오인하여 변제할 가능성도 존재
하고, 그러한 경우 제3채무자가 선의·무과실인 경우 전부채권자는
채권의 준점유자에 준하여 유효하게 변제를 수령할 수 있다(제470조
의 유추).116) 그러한 경우 질권자가 변제를 수령한 전부채권자에게 부

---

116) 일본 최고재판소는 채권의 이중양도의 경우 열후양수인도 채권의 준점유자가 될
수 있다고 하며(日最判 1986.4.11., 民集 40-3, 558), 학설도 이를 지지한다(中田
裕康, 債權總論, 2008, 309면; 內田 (주 27), 43면 등). 그렇다면 전부채권자로서는
채권의 준점유자로 평가될 가능성이 보다 더 높다고 하겠다. 질권이 설정된 채권
에 압류가 있는 경우 추심권에 영향이 없더라도 사실상 추심에 방해를 받을 수 있
다는 이유로 질권자에게 제3자이의 소를 인정하는 집행법상의 통설적 입장(中野
貞一郞, 民事執行法, 增補新訂五版, 2006, 297면; 石川明·小島武司·佐藤歲二 編,
注解 民事執行法[上卷], 1991, 407면(伊藤眞))도 이러한 결론을 뒷받침한다.

당이득반환을 청구하는 결론에 대하여 의문을 제기할 수는 없을 것이다. 그렇다면 물상대위권의 부담을 안고 있는 채권을 전부받아 변제를 받았고 이로써 물상대위권을 소멸시킨 전부채권자의 지위를 달리 볼 이유는 찾아볼 수 없다. 어느 경우나 전부채권자는 담보권자의 우선변제적 지위를 침해하여 이익을 받은 것이고, 제3채무자에 대한 탐문으로 위험을 예방할 수 있었던 한에서 신뢰보호를 주장할 수도 없다. 두 경우 모두 법률적 구조는 동일하며, 이를 달리 취급해서는 안 될 것이다.

그러므로 물상대위권의 법적 구조나 이익상황에 비추어 볼 때 변제를 수령한 양수인이나 전부채권자에 대한 저당권자의 침해이득반환청구는 인정하는 것이 타당하다. 이러한 결론은 제3채무자보호설(또는 이와 결론을 같이 하는 특정성유지설)을 기초로 할 때 무리 없이 정당화된다.

(다) 이에 대하여 저당권자는 반드시 물상대위권을 행사한다고는 할 수 없기 때문에 그럼에도 불구하고 변제를 수령한 제3자의 부당이득반환의무를 인정한다면 그를 부당하게 불안정한 지위에 두게 된다는 이유로 반대하는 견해도 있다.[117] 그러나 이는 설득력 있는 반론이라고 하기 어렵다. 우선 이러한 반론은 물상대위의 존재를 알 수 있는 가능성이 존재하지 않은 채로 채권을 양수·전부받고 만족을 받은 제3자에 대해서는 타당한 점이 있을 것이다. 제3자가 종국적인 만족을 받았다고 생각하면서 상당한 시간이 지나간 다음 부당이득의 청구를 받는다면 실제로 양도인이나 집행채권자에 대한 관계에서 중대한 불이익을 당할 수도 있기 때문이다. 그러나 물상대위가 등기 및 제3채무자의 인식에 의해서 공시된다고 보아야 하는 우리 민법(이 점에서 선취특권의 물상대위도 알고 있는 일본 민법과 다르다)에서 양수인이나 전부채권자는 물상대위권의 존재를 알지 못했다는 사정으로부터 발생하

---

117) 道垣內 (주 27), 151면.

는 불이익을 스스로 감수해야 한다(본장 Ⅲ. 1. (2) (나) 참조).

　　그리고 이러한 전제에 선다면 저당권자가 물상대위권을 행사할 것인지 여부가 불확실하다는 이유로 반환을 거절하는 것은 납득하기 어렵다. 일단 물상대위권을 소멸시키는 변제수령이 있은 이상 저당권자의 물상대위권 행사여부와 상관없이 이미 할당내용침해를 이유로 하는 부당이득반환청구권은 성립한다. 침해부당이득의 법리상 물상대위 행사여부와 부당이득의 성부는 무관하다. 여기서 부당이득반환청구권을 가지는 저당권자가 이를 행사할 것인지 여부로부터 발생하는 불안정에 대하여 양수인이나 전부채권자가 보호받을 이유는 없다. 원래 상대방으로부터 청구를 받을 것인지 여부에 대한 불안정은 모든 채무자에게 존재하는 것으로 물상대위의 사안에서만 유독 특별히 나타나는 것은 아니며, 따라서 여기서 양수인이나 전부채권자를 특별히 보호할 이유는 찾을 수 없다. 그러한 불안정을 회피하고 싶은 채무자는 변제의 제공을 함으로써 모든 불안정에서 벗어나며(제460조, 제461조, 제400조 이하), 여기서도 다르지 않다.[118] 담보를 실현하여 거래관계를 청산하고자 하는 저당권자는 이를 수령할 것이고, 반대로 다른 담보를 확보하여 거래관계를 지속하고 이자를 수취하려는 저당권자는 이를 거절함으로써 물상대위의 이익을 포기할 것이다. 양수인이나 전부채권자로서는 신속하게 저당권자에게 의사를 탐문함에 의하여 이후 설정자에 대한 자신의 권리를 효과적으로 확보할 수 있다. 그들에게 수동적으로 머무를 권리를 인정하기 위하여 저당권자를 무담보의 채권자로 하는 것이 타당한 것인지는 의문이다.

　　(3) 배당요구 종기까지 배당요구하지 않은 저당권자의 부당이득반환청구

　　(가) 그런데 대법원이 물상대위권자의 추급을 부정하는 사안유형이 존재한다. 이에 의하면 저당권자는 대위목적채권에 관한 강제집행

---

118) 이 점에서 물상대위권 행사여부에 따라 이중변제위험을 부담하게 되는 제3채무자의 지위와 비교할 수 없다(본장 Ⅲ. 1. (3) 참조).

절차가 진행 중인 때에는 배당요구의 종기에 이르기 전에는 여전히 채권을 압류하거나 배당을 요구하여 우선변제를 받을 수 있지만, 민사집행법 제273조, 제247조의 취지에 비추어 배당요구 종기 이후에는 대위목적채권을 압류하여 전부받을 수도 없고 배당요구를 할 수 없어 더 이상 물상대위권을 행사할 수 없다고 한다(본장 Ⅰ. 2. (2) (나) 참조). 요컨대 대위목적채권에 대한 강제집행절차가 진행하는 때에는 물상대위권자는 배당요구 종기까지 압류 또는 배당요구를 하여야 하며, 그 이후에는 저당권자는 물상대위에 기한 일체의 권리를 상실한다는 취지이다. 대법원에 의하면 "물상대위권자로서의 권리행사의 방법과 시한을 위와 같이 제한하는 취지는 물상대위의 목적인 채권의 특정성을 유지하여 그 효력을 보전하고 평등배당을 기대한 다른 일반 채권자의 신뢰를 보호하는 등 제3자에게 불측의 손해를 입히지 아니함과 동시에 집행절차의 안정과 신속을 꾀하고자 함에 있다."119) 즉 일반 채권자의 신뢰보호와 집행절차의 안정·신속이 배당요구 종기를 도과한 물상대위권 실효의 근거가 된다.

그리고 이러한 법리를 전제로 하여 大判 2002.10.11. (본장 Ⅰ. 2. (2) (나) 참조)은 "저당권자가 물상대위권의 행사에 나아가지 아니하여 우선변제권을 상실한 이상 다른 채권자가 그 보상금 또는 이에 관한 변제공탁금으로부터 이득을 얻었다고 하더라도 저당권자는 이를 부당 이득으로서 반환청구할 수 없다"고 하여 저당권자의 물상대위에 기한 부당이득반환청구도 부정한다.120) 이는 부동산집행의 경우 당연히 배

---

119) 大判 2000.5.12., 2000다4272, 공보 2000, 1414. 大判 1999.5.14., 98다62688, 공보 1999, 1159도 참조.

120) 물론 이 사건에서는 국세징수법 제41조에 따른 추심이 문제되었으나, 법적인 구조에 있어 강제집행에 따른 추심이 이루어진 경우와 다르지 않다고 할 것이다. 大判 1985.4.9., 82다카449, 집 33－1, 140("국세징수법에 의한 채권압류는 강제집행에 의한 경우와 같이 그 압류의 결과 피압류채권에 관해서 변제, 추심 등 일체의 처분행위를 금지하는 효력이 있기는 하나 체납자에 대신하여 추심권을 취득함에 불과한 것"); 1988.4.12., 86다카2476, 집 36－1, 148 등 참조.

당받을 채권자가 아닌 한 우선변제권이 있음에도 배당요구 종기까지 배당을 요구하지 아니한 채권자는 배당을 받은 다른 채권자들에게 부당이득반환을 청구할 수 없다는 일련의 판례[121]와 결론을 같이 한다.

　(나) 우선 배당요구 종기 이후에 저당권자의 물상대위에 기한 권리를 실효시키는 판례의 논거에는 일관성이라는 관점에서 의문이 있다. 대법원은 일반채권자의 신뢰보호와 집행절차의 안정·신속이라는 두 가지 이유로 대위목적채권이 강제집행에 의하여 추심되는 경우 배당요구 종기까지 물상대위권 행사가 있을 것을 요구한다. 그런데 대법원은 대위목적채권이 강제집행에 의하여 추심되는 것이 아니라 전부되는 경우에는 전부채권자의 신뢰라든가 절차의 안정성을 고려함 없이 물상대위권자에게 압류에 의하여 환가할 가능성을 인정하고 있다(주 105, 106 참조). 결국 대법원은 대위목적채권에 대한 강제집행이 진행되는 경우, 전부명령에 의한 현금화가 행해질 때에는 물상대위권은 절차의 종료와 무관하게 존속하여 이후에도 전부채권자에 대하여 추급할 수 있는 것으로 취급하면서도, 반면에 추심명령에 의한 현금화가 행해질 때에는 배당요구의 종기의 도과로 물상대위권은 절대적으로 소멸하여 추급은 가능하지 않은 것으로 취급하는 것이다. 여기서 채권자의 신뢰 및 절차의 안정성이라는 근거가 왜 후자의 경우에는 타당하지만 전자의 경우에는 타당하지 아니한지는 이해하기 어렵다. 모두 민사집행법이 예정한 선택적 절차에 따라 채권이 현금화됨에도 불구하고, 어느 하나의 경우에는 물상대위권의 추급이 인정되지만 다른 하나의 경우에는 물상대위권은 소멸하는 결과가 발생하는 것이다.

　물론 채권이 강제집행에 의하여 추심되는 경우에는 상대적으로

---

121) 大判 1996.12.20., 95다28304, 공보 1997, 342; 1997.2.25., 96다10263, 공보 1997, 865; 1998.10.13., 98다12379, 공보 1998, 2660; 2002.1.22., 2001다70702, 공보 2002, 540 등.

다수의 채권자가 배당을 요구함으로써 이해관계가 보다 복잡하고 절차의 안정성이 보다 요청된다고 생각할 여지도 없지는 않다. 그러나 이 경우에도 배당을 요구하는 일반채권자들이 채무자의 책임재산으로부터 원래는 배제되어 있었던 가치로부터 만족을 받게 되어 망외의 이익을 받는다는 점은 전부채권자와 다르지 않다. 그리고 물상대위권의 추급을 인정할 때 다수의 일반채권자들이 입은 불이익들을 합하면 이는 양적으로 결국 전부채권자가 입은 불이익과 대체로 동일하며, 이 점에서 배당을 받은 일반채권자들의 신뢰보호와 전부채권자의 신뢰보호는 질적으로 구별되지 아니한다. 이러한 사정들을 고려할 때 전부채권자의 절차에 대한 신뢰가 보호되지 않는다면, 어떠한 근거에서 다른 일반채권자들의 절차에 대한 신뢰가 보호되어야 하는지 쉽게 납득하기는 어려운 것이다. 그리고 무엇보다도 다른 일반채권자의 배당요구가 없더라도 집행채권자는 반드시 전부명령을 선택할 필요는 없고 자신의 합목적적인 고려에 따라 추심명령을 선택할 수도 있는 것인데, 이 때 집행채권자의 선택에 따라 물상대위권의 추급여부가 달라진다는 결론은 설득력이 있다고 할 수 없다.

따라서 강제집행 절차의 안정을 이유로 배당요구 종기 이후의 물상대위권 행사를 배제하는 판례에는 동의하기 어렵다.

(다) 물론 채권이 추심되는 사안은 그 현금화의 방법에서 채권이 전부되는 사안과 차이가 있으므로, 배당요구의 종기는 물상대위권의 행사와 관련하여 중요한 계기를 구성한다. 민사집행법은 배당요구 종기로 세 가지의 시점을 채택하고 있는데, 이는 제3채무자가 집행공탁의 신고를 한 때, 추심채권자가 추심의 신고를 한 때, 집행관이 현금화한 금전을 법원에 제출한 때이다(민집 제247조 제1항). 이들 시점은 모두 제3채무자가 (넓은 의미에서) 자신의 채무를 이행함으로써 채무의 목적인 금전 등이 배당을 위하여 제공되는 시점을 지시한다. 따라서 제342조 단서가 압류를 요구하는 취지에 따른다면 배당요구의 종기는

강제집행절차에서 제3채무자가 물상대위권의 행사가 있기 전에 채무를 변제함으로써 면책이 되는 시점을 의미하며, 이는 제342조 단서가 말하는 "지급 또는 인도"에 해당한다고 해석된다.

즉 배당요구의 종기가 도과하였다는 사정은 제3채무자가 설정자에 대하여 자신의 급부를 "지급 또는 인도"하였다는 것을 의미하고, 이로써 저당권자는 더 이상 제3채무자를 상대로 물상대위권을 행사할 수는 없다고 해야 한다. 우선 저당권자는 대위목적채권을 압류한 다음 전부받는 방법으로 물상대위권을 행사할 수 없다. 제3채무자는 배당요구 종기 이후에는 설정자에게 "지급 또는 인도"한 것으로 평가되어 저당권자에 대한 관계에서 면책되기 때문이다(본장 Ⅲ. 1. (3) 참조). 더 나아가 저당권자는 배당요구를 할 수 없으므로 배당을 받아 만족을 받을 가능성도 없다. 따라서 배당요구의 종기가 도과하면 저당권자는 더 이상 물상대위권을 행사할 수 없다. 이러한 결론을 지지하는 한에서 대법원의 판례는 타당하다.

(라) 배당요구의 종기가 도과하면 저당권자는 물상대위권을 행사할 수 없으므로 이후의 배당절차를 저지할 수 없다. 그 다음에 제기되는 문제는 저당권자는 배당을 받은 채권자들을 상대로 부당이득의 반환을 청구할 수 있을 것인지 여부이다.

법적인 구조나 이익상황에 비추어보면 이는 양수인 또는 전부채권자가 제3채무자로부터 변제를 받은 사안과 다르지 않다(본장 Ⅲ. 2. (2)). 즉 만족을 받은 채권자들은 우선권자가 배제된 배당에 의하여 물상대위권의 할당내용을 침해하는 것이다. 그리고 그들은 우연한 사정에 의하여 원래 자신의 책임재산이 아닌 재산으로부터 만족을 받았으나 이로써 저당권자는 담보의 상실이라는 위험에 직면한다는 사정, 특히 일반채권자는 원래 채무자의 무자력 위험을 감수하였음에도 불구하고 담보를 확보하였던 저당권자의 불이익으로 만족을 받게 된다는 사정 등도 마찬가지이다.

따라서 문제는 채권자들이 배당절차로부터 만족을 받았다는 사실이 법률상 원인이 되어 부당이득을 배제할 수 있는지 여부이다. 판례는 부동산집행의 경우 당연히 배당에 참가하는 채권자가 아니라면 우선변제권(임금채권, 주택임대차 보증금반환채권 등)이 있더라도 배당요구를 한 채권자만이 배당에서 제외되었음을 이유로 부당이득반환을 청구할 수 있고, 배당요구가 없었다면 부당이득은 인정되지 않는다고 한다(주 121 참조). 이는 배당절차로부터 만족을 받았다는 사정에 의하여 법률상 원인이 존재하는 것으로 평가하는 것으로, 기본적으로 우선변제권도 배당절차를 통하여 실현되는 것이므로 권리행사를 보장하는 집행절차가 종료한 이후에는 법적 안정성을 위하여 우선변제권을 이유로 하는 부당이득반환은 허용되어서는 안 된다는 것을 이유로 한다.[122]

이러한 판례의 정당성을 여기서 세부적으로 평가할 수는 없는 없을 것이다.[123] 그러나 이를 타당한 것으로 전제하더라도 물상대위권

---

122) 우선 서기석, "배당절차 종료 후 채권자의 부당이득반환청구", 대법원판례해설, 제27호, 1996, 163면 이하; 김현석, "부동산 경매절차에서 배당요구를 하지 아니한 임금채권자의 지위", 민사판례연구[XX], 1985, 241면 이하 등 참조.

123) 우리나라와 일본의 경우 배당요구를 하지 않은 채권자나 배당이의를 하지 않은 채권자의 부당이득반환청구에 대하여 권리행사 기회를 보장하는 절차의 법적 안정성을 중시하여 부정적인 입장을 보이는 견해가 많다(가령 서기석 (주 122); 김현석 (주 122) 등의 서술 및 인용문헌 참조). 그러나 예컨대 독일의 경우 집행절차의 종료를 이유로 하는 법적 안정성이라는 논거는 거의 고려되지 아니한다. 독일에서 이러한 문제는 주로 동산의 비점유질권과 관련하여 제기된다. 이 경우 집행목적물에 우선변제권 있는 자는 일차적으로 우선변제의 소(독일 민사소송법 제805조)를 제기하여 만족을 받아야 하는데, 이 소가 제기되지 않은 경우에도 우선변제권자는 부당이득법과 불법행위법에 따라 권리를 행사할 수 있다(Rosenberg/Gaul/Schilken, *Zwangsvollstreckungsrecht*, 11. Aufl., 1997, S. 706; Gerlach (주 61), S. 36). 채권집행에서 집행목적인 채권에 우선권자가 존재하는 경우 부당이득반환에 대해서는 이미 서술하였다(본장 Ⅱ. 2. (3) 후반부). 다만 부동산집행의 경우에는 등기부에 현출하지 아니하는 채권자는 자신의 권리를 신청해야만 배당절차에서 고려되며, 신청하지 아니하거나 기한 이후에 신청하면 실체법적으로도 순위를 상실한다(독일 강제경매 및 강제관리에 관한 법률[ZVG] 제110조). 이러한 순위상실

자의 배당을 받은 채권자에 대한 부당이득반환을 부정하는 근거로 원
용하기에는 충분하지 않다. 앞서 지적한 바와 같이(본장 Ⅲ. 2. (3)
(나)), 대법원은 전부명령에 의하여 만족을 받은 채권자에 대하여 절
차의 안정에 대한 신뢰를 보호하지 아니하고 저당권자의 추급을 인정
한다. 즉 판례 스스로 채권집행의 현금화 방법의 하나에 대하여 절차
의 종료 후에도 법적 안정성 내지 집행채권자의 신뢰보호를 고려하지
아니하고 물상대위권자의 이익을 우선한다. 그렇다면 채권이 추심·
배당되는 경우에 물상대위권자의 이익을 후퇴시킬 이유는 무엇인지
쉽게 납득할 수 없다. 특히 전부명령의 경우에는 적극적으로 압류를
하고 채권을 전부받은 집행채권자조차도 물상대위에 우선할 수 없는
데(그리고 정당한 해석에 의하면 변제수령후 부당이득반환의무가 있는데),
채권이 추심된 경우 배당요구에 의하여 배당절차에 참가하여 만족을
받은 일반채권자가 신뢰 내지 절차의 안정을 이유로 하는 보호를 주
장할 수 있다는 결론은 일관성이 있다고 보기 어려운 것이다.

　　대법원에 따르면 물상대위의 효력이 미치는 채권에 대해서는 전
부명령이 있더라도 효력이 없고, 그 결과 이후 물상대위권자의 추급
을 저지할 수 없다. 그렇다면 원래는 같은 결과가 채권이 추심되는 경
우에도 타당해야 하고, 따라서 추심명령 자체는 물상대위권에 아무런

은 실체법적인 효력도 가지므로 이후 부당이득 등의 청구도 배제된다고 해석되어
있다(Eickmann, *Zwangsversteigerungs- und Zwangsverwaltungsrecht*, 2. Aufl.,
2004, S. 253 참조). 그러나 주의할 것은 독일의 경우 부동산집행에서 채권신청
(우리의 배당요구)이 필요한 비공시 우선특권은 거의 존재하지 않으며, 따라서
우리 법제에서와 같은 문제는 발생할 여지가 없다(Bötticher, *Gesetz über die
Zwangsversteigerung und die Zwangsverwaltung*, 3. Aufl., 2000, § 114 Rn. 17ff.
이하의 고려되는 권리 목록을 참조하라; 예컨대 임금채권은 기본적으로 도산채권
이며, 다만 도산절차 개시 3개월 전의 임금채권에 대해서는 노동청(Arbeitsamt)이
이를 보장한다, Hanau/Adomeit, *Arbeitsrecht*, 14. Aufl., 2007, Rn. 876f.). 이러한
비교에서 나타나는 바와 같이, 절차적 관점에서 본 법적 안전성이라는 논거가 당
연한 설득력을 가지고 있는 것은 아니다. 이후 추가적인 연구가 필요하다고 생각
된다.

영향이 없어야 한다. 다만 추심에 의하여 발생된 결과가 제3채무자의 보호를 위하여 물상대위권의 소멸을 발생시킨다는 점 때문에(제342조 단서) 저당권자는 더 이상 물상대위를 행사할 수 없을 뿐이다. 그렇다면 배당요구의 종기가 도과되었다는 사정이 물상대위권에 기한 부당이득반환을 배제한다고 단정할 수는 없을 것이다. 임금채권이나 보증금반환채권의 경우 이들은 오로지 배당절차에서 배당요구에 의해서 우선변제를 받을 수 있는 권리로서, 절차가 부여하는 배당요구를 하지 않는 한 실권하였다고 볼 여지가 있을지도 모른다. 그러나 물상대위권은 원래 등기된 저당권을 기초로 하는 우선변제권으로 만족방법도 원래 배당요구에 한정되지 아니하고, 오히려 압류·전부명령에 의한 환가도 할 수 있는 물권적 지위이다. 그리고 이러한 할당내용에 기하여 물상대위를 하는 저당권자는 다른 채권자의 전부명령의 효력도 좌절시킬 수 있다. 이러한 물상대위권이 배당요구의 종기를 도과한 때 소멸하는 이유는 (전부명령이 있었던 사안과 비교할 때) 집행절차에 의하여 권리가 소멸한다는 사정에 의한 것이라기보다는, 배당요구 종기의 도과가 "지급 또는 인도"(제342조 단서)에 준하는 사정이기 때문이다. 그렇다면 종래 임금채권이나 보증금반환채권 등을 전제로 하여 형성된 판례가 저당권의 물상대위에 대하여 그대로 타당하다고 말할 수는 없다.

그렇다면 물상대위권자의 배당요구 없이 집행절차가 종료하였다는 사정이 배당을 받은 채권자에게 법률상 원인을 제공한다고 말할 수는 없다고 할 것이다. 즉 그러한 경우 제3채무자의 신뢰보호 때문에 저당권자는 더 이상 물상대위권을 행사할 수는 없지만(제342조 단서), 이로써 그의 담보권은 제3채무자에 대한 관계에서만 실효한다. 대위목적채권이 추심되어 그로부터 만족을 받은 일반채권자들은 이익상황에 있어서 양수인이나 전부채권자와 달리 취급할 이유가 없다(본장 Ⅲ. 2. (2) 및 (3) (나) 참조). 따라서 저당권자는 물상대위권의 침해를 이유로 배당을 받은 채권자들에 대하여 부당이득을 청구할 수 있다고 해석하는 것이 타당하다고 생각된다.124) 이 점에서 大判 2002.10.11. (본장 Ⅰ. 2. (2) (나))의 결론에는 동의하기 어렵다.

---

124) 본문과 같이 해석한다면 물상대위권자의 지위는 판례가 말하는 배당요구가 필요 없는 우선변제권자(예컨대 저당권자)와 배당요구가 필요한 우선변제권자(예컨대 임금채권자, 주택임차인)의 중간유형에 해당한다. 즉 배당절차에서 우선변제를 받기 위해서는 배당요구가 필요하다는 점에서 후자와 같지만, 우선변제 없이 절차가 종료한 경우 부당이득을 청구할 수 있다는 점에서는 전자와 같다. 이는 물상대위권자의 지위가 일종의 담보권으로 추급력 등 대세적 효력이 있어 법정책상의 우선특권이 인정되는 일반채권(후자)보다는 강하지만, 원래의 저당권(전자)보다는 약한 효력을 가지고 있다는 사실(지급 또는 인도가 있으면 만족이 없어도 우선변제권 자체는 소멸)에 부합한다.

제 4 장
용익과 환가(1): 일괄경매청구권의 쟁점

Ⅰ. 도입

1. 문제의 제기

(1) 우리 법제에서는 건물이 토지에 부합하여 본질적인 구성부분이 되는 것이 아니라 별도의 독립한 부동산으로 존재한다. 그러므로 건물과 토지가 경제적으로 단일체를 이루어 기능하는 경우에도, 법적인 또는 사실적인 이유로 건물이나 토지 어느 하나에만 저당권이 설정되어 경매로 처분될 가능성이 있다. 건물과 토지에 공동저당이 설정되었더라도, 그 중 어느 하나만 실행될 수도 있을 뿐만 아니라(제368조 제2항 참조) 동시에 실행된다고 하여도 각각 다른 매수인이 취득하는 사안이 발생할 수 있으므로 사정은 다르지 않다. 이렇게 경매에 의해 건물과 토지가 서로 다른 소유자에게 귀속하게 되는 과정에서 건물의 존립이 위태롭게 되는 사안이 나타날 수 있다. 민법은 이러한 사안을 염두에 두고 제365조에서 일괄경매청구권을, 제366조에서 법정지상권[1]을 규정하여 이 문제를 대처하고 있다.

---

1) 법정지상권의 법률관계에 대해서는 양창수·김형석, 민법 Ⅲ: 권리의 보전과 담보, 제3판, 2018, 431면 이하 참조.

일괄경매청구권에 의해서 토지의 저당권자는 저당권의 객체가 아닌 지상건물에 대해서도 환가권을 행사할 수 있다(제365조 본문). 그러나 저당권자는 건물의 매각대금으로부터 우선변제를 받을 수는 없다(동조 단서). 따라서 제365조는 저당권의 효력과 관련해 토지에 저당권이 설정된 이후 축조된 지상건물에 대해 예외적으로 토지 저당권자의 환가권을 미치게 하면서 우선변제권은 미치지 않게 하는 규범으로서 의미를 가진다.

(2) 그동안 학계와 실무계는 법정지상권과 일괄경매청구권을 둘러싸고 제기되는 문제들을 해결하기 위해 많은 노력을 기울여 왔다. 특히 일괄경매청구권과 관련해 오랫동안 통설과 판례는 대체로 이견이 별로 없는 균질적인 모습을 보이고 있었으나, 최근에는 그 적용범위를 확대할 것을 제안하는 견해들도 유력하게 개진되고 있다. 이러한 논의 상황을 배경으로 본장은 일괄경매청구권과 관련해서 제기되는 몇 가지 문제들을 비판적으로 검토하는 것을 목적으로 한다. 일괄경매청구권의 해석론과 관련되어 제기될 수 있는 쟁점들을 차례로 검토하고, 그에 대해 주장되어 온 종래 통설과 판례의 입장이 견지될 수 있는지를 살펴본다. 그리고 그 과정에서 종래 결론을 받아들이더라도, 이를 새로운 관점에서 조명할 수 있는지도 탐구하고자 한다. 이러한 과정을 통해 이후 일괄경매청구와 관련된 논의가 보다 활발히 이루어지기를 희망한다.

2. 본장의 구성

아래 우선 일괄경매청구권의 연혁 및 입법취지를 탐색하며(Ⅱ.), 특히 법정지상권과의 관계를 언급한다. 그 다음 일괄경매청구권의 요건에 대한 종래의 이해를 비판적으로 검토한다(Ⅲ.). 특히 여기서는 종래 통설과 판례가 확고하게 유지하고 있는 "설정자가 건물을 축조하고 소유하고 있을 것"이라는 도그마에 대해 의문을 제기한다. 이후

일괄경매청구권의 내용을 살펴보며, 특히 그 권리성과 의무성에 대해
서술한다(Ⅳ.).

Ⅱ. 일괄경매청구권의 연혁과 입법목적

1. 일괄경매청구권 규정의 성립

(1) 제364조는 기본적으로 민법 제정 이전에 적용되던 의용민법
제389조를 받아들인 규정이다. 건물이 토지에 부합하여 본질적 구성
부분으로 되는 서양의 법제에서는 이에 상응하는 규율을 발견할 수
없다. 물론 거기서도 예를 들어 별도의 권원에 기초해 축조하는 경우
에는 건물이 토지에 부합하지 않을 수도 있지만(예컨대 독일 민법 제95
조 제1항, 프랑스 민법 제553조; 우리 민법 제256조 단서 참조), 그 경우 건
물은 토지의 구성부분이 아닌 동산으로 취급되어 저당권을 설정할 수
있는 대상이 되지 못하므로,[2] 우리 법제에서와 같은 위상을 가지는
문제는 제기되지 않는다. 반면 지상권을 설정한 다음 건물을 축조한
때에는 건물은 지상권의 본질적 구성부분으로 간주되므로(예컨대 독일
지상권법 제12조 참조) 지상권에 저당권을 설정하는 형태로 건물을 부
동산처럼 취급할 수 있게 되나,[3] 이때 건물의 존속은 저당권과 지상
권의 우열에 의해 결정될 것이므로[4] 역시 별도의 법률문제는 생기지
않는다.

(2) 의용민법의 제정과정에서 초안 기초자들은 서양의 법제에서

---

2) Mansel in Jauernig, *Bürgerliches Gesetzbuch*, 15. Aufl., 2014, §93 Rn. 4 참조.

3) 예컨대 독일 지상권법 제11조 제1항 및 Marty, Raynaud et Jourdain, *Les Biens*,
1995, n° 178 참조. 실무상 의의를 쉽게 생각하기 어려운 지상권에 대한 저당권
설정을 규정하는 우리 제371조에 그러한 법제의 "흔적"이 남아 있는 것으로 추측
된다.

4) 물론 독일 지상권법은 지상권은 제1순위로만 설정되도록 요구하여(동법 제10조),
지상권이 저당권의 후순위로 되는 결과 건물이 철거되는 것을 방지한다.

처럼 원칙적으로 건물이 토지에 부합하여 토지와 함께 경매되는 것으로 구상하였다고 한다.[5] 즉 富井政章는 건물을 부동산으로 정하는 규정(일본 민법 제86조 제1항)과 관련해 그 법률적 운명을 토지와 함께 한다고 이해하고 있었고("일체를 구성하는 물건"), 梅謙次郎는 건물을 토지의 부가일체물(일본 민법 제370조 참조)로 보아 다른 의사표시가 없으면 토지 저당권의 효력이 그에 미치는 것으로 입안하고 있었던 것이다. 그러나 초안 심의를 담당한 법전조사회의 다수의견은 종래 일본의 관습과 토지와 건물에 별도의 등기부가 존재함을 들어 이러한 구상에 반대하였고, 이로써 건물은 독립한 물건으로 취급되기에 이르렀다고 한다. 이러한 태도 변경으로 건물과 토지가 다른 소유자에게 귀속함으로써 발생할 수 있는 난점이 제기될 수밖에 없었는데, 이에 저당법 담당 기초자인 梅謙次郎는 경매의 결과 토지와 건물이 다른 소유자에게 귀속하게 되는 경우 건물을 철거하게 하면 건물 소유자에게 큰 불이익이 발생하지만 반대로 건물 존속을 위해 지상권을 성립하게 하면 토지의 담보가치가 감소하여 토지 소유자에게 불리하므로, 건물이 축조된 시점을 묻지 않고 언제나 토지와 지상건물을 일괄경매하여 처리할 것을 제안하였다. 그러나 이러한 제안은 실질적으로 건물이 독립하여 저당권의 객체가 되는 것을 부정하는 결론이라는 이유로 마찬가지로 법전조사회에서 반대에 직면하였다고 하며, 혼선 끝에 결국에는 저당권 설정 이전에 존재하는 건물에 대해서는 지상권을 성립시키고 그 이후에 축조된 건물에 대해서만 일괄경매를 허용하는 내용의 타협이 성립하게 되었다. 이렇게 법정지상권과 일괄경매에 관한

---

5) 이하의 내용에 대해서는 松本恒雄, "抵當權と利用權との調整についての一考察", 民商法雜誌, 第80卷 第3號, 1979, 299면 이하에 의지하였다. 또한 배성호, "법정지상권의 인정범위", 비교사법, 제8권 제2호, 2001, 382면 이하; "민법 제365조의 일괄경매", 인권과 정의, 제304호, 2001, 64면 이하; 이균용, "민법 제365조의 일괄경매를 둘러싼 실무상의 문제", 재판자료, 제109집, 2006, 274면 이하도 참조.

규정은 매우 짧은 기간(22일) 동안 성안된 것으로, "발생할 수 있는 모든 경우까지 충분히 배려하는 문언으로는 되지 못하였다"고 지적된다. 따라서 일본 학설에서는 두 제도를 운영할 때 유연한 확장해석을 제안하는 지적이 있다.6)

이후 일본에서는 2003년 담보 · 집행제도를 개혁하는 과정에서 "저당권 설정 후에 그 설정자가 저당지에 건물을 축조한 때에는"이라는 요건을 "저당권 설정 후에 저당지에 건물이 축조된 때에는"이라고 개정하였다(일본 민법 제389조 제1항). 이는 종래 규정을 넓게 해석하려던 다수설의 경향(본장 Ⅲ. 2., 3. 참조)에도 불구하고 학설에 다툼이 있었던 사항을 입법적으로 명확히 한 것이다.7) 다만 용익권이 저당권에 대항할 수 있는 경우에는 일괄경매청구권은 인정되지 않는다(동조 제2항).

(3) 국회에 제출된 민법 초안 제355조는 "토지를 목적으로 저당권을 설정한 후 그 설정자가 그 토지에 건물을 축조한 때에는 저당권자는 필요한 경우에 한하여 토지와 함께 그 건물에 대하여도 경매를 신청할 수 있다. 그러나 그 건물의 경매대가에 대하여는 우선변제를 받을 권리가 없다"고 정하고 있었다. 이는 의용민법과 비교할 때 "필요한 경우에 한하여"라는 문언이 추가되었다는 점에서 특기할 만하며,8) 아마도 중화민국 민법 제877조를 참고한 것으로 추측된다. 그러나 이에 대해 법제사법위원회 민법안소위는 —용어법의 일관성을 위해 신청을 청구로 변경한 외에— 해당 부분을 삭제하기로 하였다. 그

---

6) 松本 (주 5), 305면.

7) 道垣內弘人 · 山本和彦 · 古賀政治 · 小林明彦, 新しい擔保 · 執行制度, 2003, 78-79면 참조.

8) 민의원 법제사법위원회 민법안심의소위원회, 민법안심의록, 상권, 1957, 219면은 초안에 대해 "현행법 제389조와 동일하다"고 말하고 있다. 이는 착오로 추측되나, 그렇지 않다면 아마도 의용민법에 대한 특정한 해석론을 전제로 하였거나 심의에서 수정된 결과를 상정하여 기록한 내용일 것이다.

이유로는 "이러한 제한이 있으면 법원의 판정을 받아야 할 것이고 또 그렇게 된다면 신속한 담보권의 실행이라는 원칙과 배치하여 도리어 지연을 면하지 못하게 되며 따라서 저당권자를 보호하겠다는 본조의 취지는 유명무실하게 된다"는 점을 들고 있다.[9] 이는 본회의에서도 그대로 수용되었다.[10] 이러한 변경은 일괄경매의 판단에서 지연을 예방하여 저당권자의 이익을 보호하겠다는 입법자 의사의 표현으로서 주목된다.

2. 일괄경매청구권의 입법목적과 법정지상권과의 관계

(1) 이상의 연혁을 배경으로 할 때, 일괄경매청구권의 입법취지는 다음과 같이 설명될 수 있을 것이다.

토지에 저당권이 설정될 때 건물이 아직 존재하지 아니한 사안의 경우, 이후 토지에 대한 경매에서 소유권을 경락받는 매수인에 대해 나중에 축조한 건물의 존립은 주장될 수 없다. 용익권이 없었던 경우는 말할 것도 없지만, 설사 용익권이 존재하였다고 해도 이는 토지 저당권에 후순위이므로 경매절차에서 소멸하여 존립의 기초로 작용할 수 없기 때문이다(민집 제91조 제3항). 게다가 이때에는 토지 저당권자가 건물의 부존재를 전제로 토지의 가치를 평가하였을 수도 있으므로 그에 대한 담보기대를 보장할 필요도 존재한다. 그러나 이렇게 철거할 건물이 존재하는 경우, 이는 토지의 경매절차에서 건물 철거와 관련된 법적·사실적 비용을 고려하는 낮은 가격의 입찰로 이어질 가능성이 있다. 이러한 결과는 저당권자의 만족가능성을 해할 수 있으며, 다시금 부동산 소유자가 저당권 설정으로 받을 수 있는 신용의 액수를 제약하게 된다. 특히 토지 소유자로서는 이후에 건축을 염두에 두고 있더라도 미리 용익권을 확보해 두는 것이 법적으로 불가

---

9) 민법안심의록 (주 8), 219면.
10) 명순구, 실록 대한민국 민법 2, 2010, 480면.

능하므로(제191조, 제507조) 건물의 존립을 전제로 저당권을 설정할 가능성도 부여받지 못한다. 여기서 민법은 저당권자가 건물로부터 우선변제를 받음 없이 토지와 함께 건물의 경매를 청구할 수 있다고 하여 관계인 모두의 이익을 고려한다(제364조). 토지와 건물이 일괄하여 경제적 단일체로서 처분됨으로써 토지 저당권은 그 가치를 충분히 실현하여 토지 소유자와 저당권자의 이익에 기여한다. 그러나 동시에 건물 소유자로서도 어차피 철거해야 할 건물을 처분하여 그 대가를 받는 셈이므로 경제적으로 유리하다. 즉 이 사안유형에서 토지와 건물이 일괄경매됨으로써 관계인 모두의 이익이 증진되는 결과가 관찰된다.

그러므로 일괄경매청구권은 토지에 저당권이 설정된 이후에 건물이 축조된 경우에 법정지상권이 인정되지 않아 철거되어야 할 건물을 토지와 함께 경매하도록 하여 토지 소유자, 건물 소유자, 토지 저당권자 모두의 이익을 도모하는 제도이다. 통설도 기본적으로 같으며, 이러한 내용에 더하여 사회경제적인 이익도 언급하는 것이 일반적인 이해라고 할 수 있다.[11]

(2) 이렇게 이해한다면 일괄경매청구권을 정하는 제365조와 법정지상권을 정하는 제366조는 배타적으로 적용되며, 그 적용범위는 중첩되지 아니한다는 결론이 수반된다. 즉 토지에 저당권을 설정할 때 건물이 존재하였다면 법정지상권의 문제가 되고 일괄경매청구권은 고려되지 않는 반면, 그 시점에 건물이 존재하지 않았다면 법정지상권

---

11) 강태성, 물권법, 개정 제5판, 2015, 1158면; 고상용, 물권법, 2002, 691면; 곽윤직·김재형, 물권법, 제8판, 2015, 471면; 김증한·김학동, 물권법, 제9판, 1997, 536면; 이덕환, 물권법, 2011, 808면; 이상태, 물권법, 9정판, 2015, 526면; 이영준, 물권법, 전정신판, 2009, 906면; 곽윤직 편집대표, 민법주해[VII], 1992, 128-129면(남효순); 김용담 편집대표, 주석 민법 물권(4), 제4판, 2011, 194-195면(김재형). 한편 저당권자의 이익보호가 목적이며 건물철거 방지는 부수적인 효과에 불과하다는 견해로 송덕수, 물권법, 제2판, 2014, 505면.

은 성립할 수 없으며 일괄경매청구권의 문제가 제기되는 것이다.

(가) 그런데 이러한 견해에 대해 일괄경매청구권의 입법목적과 법정지상권과의 관계를 달리 파악하는 다음과 같은 소수설이 주장된다.12) 그에 따르면 저당부동산의 사용·수익의 권한이 설정자에게 있다는 점에 비추어 채권자는 나대지에 저당권을 취득하였다고 하더라도 이후 건축을 예상하여 감수해야 하고, 따라서 토지 저당권 설정 후에 건물이 축조되더라도 법정지상권은 성립해야 한다고 한다. 그러나 이는 토지의 부담이 되어 토지 저당권자에게 불리하므로, 이 결과를 회피하고자 하는 저당권자에게 일괄경매청구권을 부여하면서 다만 우선변제는 토지의 대가로부터만 받도록 한 것이 일괄경매청구권의 취지라는 것이다. 요컨대 법정지상권은 토지 소유자의 사용·수익 권능 보장을 고려하여 언제나 성립하며, 다만 그 성립을 피하고자 하는 저당권자는 일괄경매청구권을 행사하여 건물과 토지를 함께 매각해야 한다. 이 견해에 따르면 저당권자가 토지만의 경매를 청구할 유인이 억제된다는 점에서 일괄경매를 촉진하는 효과가 있으며, 이는 아래에서 보는 바와 같이(본장 Ⅳ. 참조) 일괄경매청구권의 성격을 간접의무로 규정하려는 시도에 큰 이점을 제공한다.

(나) 여러모로 흥미로운 견해이나, 결론적으로는 이에 따르기는 어렵다고 생각된다. 이미 살펴보았지만(본장 Ⅱ. 1. 참조), 일괄경매청구권 규정은 원래 토지 저당권 설정 후 성립한 건물에 법정지상권이 성립할 수 없다는 것을 전제로 성안된 규범이므로13) 이 유력설의 전

<hr/>

12) 柚木馨·高木多喜男, 擔保物權法, 第三版, 1982, 372면; 松本 (주 5), 313-315면; 新版 注釋民法, 改訂版, 2015, 413-414면(生熊長幸); 石田穰, 擔保物權法, 2010, 325면; 박준서, "법정지상권", 사법논집, 제5집, 1974, 119-120면; 김문수, "법정지상권 성립요건으로서의 건물의 존재", 부산판례연구회 판례연구 Ⅱ, 1992, 102면 이하; 김용한, 물권법론, 재전정판, 1993, 574-575면; 김제완, "공동저당의 목적인 건물의 재건축과 법정지상권", 고려법학, 제46호, 2006, 190면 이하; 이현수, "공동저당권의 목적인 건물을 재건축한 경우 법정지상권의 성부", 민사판례연구 [XXⅦ], 2005, 158-159면 등.

제는 우선 역사적으로 정당하지 않다. 그리고 우리 민법이 토지와 그 지상건물의 취급에 대해 제365조, 제366조를 나란히 규정하고 있다는 사실로부터 체계해석의 관점에서 두 규정을 조율하여 이해할 필요가 있다고 할 것인데, 그렇다면 민법은 우선 저당권 설정 이후에 건물이 축조된 경우에 대해 제365조를 규정하고 그 나머지 영역에 대해 법정지상권을 성립하게 하는 제366조를 두었다고 해석하는 것이 자연스럽다.

물론 우리 제366조에 대한 입법과정을 살펴보면 달리 이해할 여지가 존재하는 것은 사실이다. 법정지상권을 정하는 의용민법 제388조는 "토지 및 그 위에 존재하는 건물이 동일의 소유자에 속하는 경우에 그 토지 또는 건물만을 저당으로 한 때에는 저당권설정자는 경매의 경우에 관하여 지상권을 설정한 것으로 간주"하고, "단 지대는 당사자의 청구에 의하여 법원이 이를 정한다"고 규정하고 있었다. 그런데 법전편찬위원회의 「민법전편찬요강」은 저당권에 관한 입법방침의 하나로 "법정지상권의 적용되는 범위를 확장할 것"을 정하고 있었고,[14] 정부가 제출한 민법 초안은 "저당물의 경매로 인하여 토지와 그 지상건물이 각 소유자에게 속한 경우에는 건물소유자는 토지소유자에 대하여 지상권의 설정을 청구할 수 있다"고 정하였다. 이 초안 규정은 한편으로 저당권을 설정할 때 토지에 지상건물이 존재하고 있어야 하고 양자가 동일한 소유자에게 속해야 한다는 부분을 언급하지 않고 있으면서, 다른 한편으로 법률상 당연히 지상권이 성립하는 것이 아니라 건물소유자의 청구에 의하여 성립한다는 규율을 채택한 점에서 특색이 있었다. 이러한 초안 규정에 대해 민의원 법제사법위원회 민법안소위는 주로 효과 부분에 대해서 논의를 진행한 것으로 보인다. 즉 건물소유자의 청구(형성권 행사)를 기다리는 것은 "불편한 절

---

13) 未定稿本 民法修正案理由書, 서울대 도서관 소장본, 319면 참조.
14) 법전편찬위원회, "민법전편찬요강" 12-2 = 양창수, 민법연구, 제1권, 1991, 104면.

차만 더하는 것이 되고 건물소유자와 토지소유자간의 법률관계에서
불명확한 상태를 계속시킴은 타당치 않는 것"이라는 이유로 지상권이
법률상 당연히 성립하는 것으로 변경하였고, 이에 "그러나 지대는 당
사자의 청구에 의하여 법원이 이를 정한다"는 단서를 추가하였다.[15]
초안 및 수정안에 대해 특히 학계에서는 의용민법이 정하고 있었던
두 요건 즉 지상건물의 존재 및 토지와 건물의 동일 소유자 귀속 요
건을 포기하는 것은 저당권자에게 "중대한 압박"을 줄 수 있다는 점
에서 초안 및 수정안에 대해 반대하는 견해도 주장되었다.[16] 그런데
이 주장은 현석호 수정안에 반영이 되지 않아 본회의에서 논의될 기
회는 없었다. 본회의에서는 민법안소위의 수정안이 그대로 가결되어,
현재의 제366조가 성립하였다.[17]

　　이러한 제366조의 성립과정을 살펴볼 때 제기되는 중요한 쟁점은
입법관여자들이 "토지 및 그 위에 존재하는 건물이 동일의 소유자에
속하는 경우"라는 의용민법의 문언을 수용하지 아니한 것이 「민법전
편찬요강」의 방침에 따라 법정지상권의 적용범위를 확대하여 제365
조와 제366조의 중복적용을 허용하고자 한 것이었는지 여부이다. 실
제로 문언의 비교를 통해 그렇게 이해한 동시대 학설이 있었다는 사
실을 고려하면 그 가능성을 전적으로 부정하기는 어렵다. 그러나 현
재 참조할 수 있는 사료를 전제로 할 때 아직 그러한 결론을 내리기
는 어렵다고 보인다. 이는 무엇보다 민법안소위의 심의를 반영한 「민
법안심의록」이 제366조에 대해 "현행법 제388조와 동일하다"고 발언
하고 있는 점을 고려할 때 그러하다.[18] 제366조가 그러한 요건을 언
급하고 있지는 않지만, 그에 앞서 규정된 제365조가 토지에 저당권이

15) 민법안심의록 (주 8), 220면. 전세권과 관련해 185면도 참조.
16) 민사법 연구회, 민법안 의견서, 1957, 125－126면(김증한).
17) 명순구 (주 10), 484면 참조.
18) 민법안심의록 (주 8), 220면.

설정된 이후에 건물이 축조된 경우를 정하고 있으므로 그와의 관계에서 제366조의 적용범위가 나머지 경우로 제한된다고 이해할 여지가 존재하고,[19) 그러므로 문언의 부재만으로 입법자의 의사를 단정하기는 어렵다고 할 것이다. 요컨대 지상건물의 존재 및 토지와 건물의 동일 소유자 귀속에 관한 부분에 대한 구속력 있는 입법자 의사는 탐색하기 어려우며, 이 문제는 해석의 영역에 있다고 하겠다.

    게다가 법정지상권을 정하는 다른 규정과의 관계를 보면 유력설의 주장은 더욱 난점을 노정한다. 예컨대 제305조 제1항 및 「가등기담보 등에 관한 법률」 제10조는 지상건물이 토지에 존재하고 동일 소유자에게 속할 것을 요건으로 명시함에 반해, 제366조 및 「입목에 관한 법률」 제6조는 이를 명시적으로 언급하지 않는다. 과연 입법자가 전자와 후자에 대해 각기 다른 요건을 가진 법정지상권을 규율하려고 했다고 상정하는 것이 합리적인 해석이겠는가? 그렇게 보기 어렵다고 생각된다. 오히려 입법자는 단일한 유형의 법정지상권을 염두에 두었을 가능성이 훨씬 더 높을 것이다. 예컨대 일괄경매청구권을 알지 못하는 「입목에 관한 법률」이 적용될 경우 나대지에 저당권이 설정된 이후에 입목이 조성된 때에도 법정지상권을 인정하여 저당권자에게 불이익을 감수하게 하려는 것이 입법의도라고는 도저히 생각할 수 없으며, 또한 저당권으로서 성질을 가지는 가등기담보가 민법상 저당권과 다른 법정지상권 규율의 적용을 받는다고 상정하기도 어렵다. 결국 여러 법률에 산재한 법정지상권의 요건은 통일적으로 규율되었다

---

19) 이 점에서 법정지상권을 먼저 규정하고 이어서 일괄경매청구권을 정하는 의용민법, 중화민국 민법, 만주국 민법과 차이가 있다. 이로부터 김제완 (주 12), 194면은, 우선적으로 제365조가 적용되고 그 밖에 경매로 소유자가 달라지면 제366조가 적용된다고 설명하여, 제366조의 적용범위가 제365조를 포함하는 것으로 이해한다. 그러나 이러한 설명은 필연적이지 않다고 생각된다. 체계해석상 제366조의 적용범위가 제365조의 적용범위를 포괄한다고 이해할 여지도 있지만, 반대로 제366조의 적용범위는 앞선 제365조의 적용범위를 배제한 나머지라고 이해하는 것도 논리적으로 충분히 가능하기 때문이다.

고 전제해 해석해야 하고, 그렇다면 토지에 저당권이 설정될 시점에 지상건물이 존재하였고 양자가 동일한 소유자에게 속한다는 요건은 포기되기 어렵다고 해야 한다.

(다) 이익형량의 관점에서 보면 이러한 논쟁에는 과연 나대지에 저당권을 설정받은 저당권자로서는 그 토지의 가치를 파악할 때 건물이 없는 것으로 전제해도 무방한지 아니면 언제든지 건축이 될 가능성을 염두에 두고 평가해야 하는지에 관한 관점 대립이 배후에 있다. 종래 통설과 판례는 전자의 관점에 서 있는 반면에, 유력설은 후자의 관점을 채택하는 것이다.[20] 그런데 민법은 이 문제에 대해 명시적인 태도를 취하고 있지는 않다고 생각된다. 또한 담보실무를 관찰할 때 어느 편이 보다 경험칙에 부합한다고 단정할 근거도 없다고 보이며, 이는 토지의 다양한 종류와 성상을 고려할 때 특히 그러하다. 이러한 관찰은 실제로 토지 소유자가 보다 많은 신용을 받기 위해 나대지로서 평가하는 것을 용인하는 경우가 드물지 않다는 사실로부터도 확인된다. 그렇다면 저당권자의 이익이 통상 토지 소유자의 신용액수를 결정한다는 점에서는 양자의 이해관계는 일치하는 경우가 많다. 한편 양자의 이해관계가 정면으로 대립하는 사안은 예컨대 저당권자는 나대지로 토지를 평가하여 신용을 제공하였으나 토지 소유자가 기한이익 상실 특약 등이 없음을 기화로 건축을 단행하는 사안일 것인데, 그러한 경우 건축이 법적으로 허용되는 것은 별론으로 저당권 실행 시점에 건물의 가치를 보존할 이익이 각별히 보호될 이유는 없을 것이다. 그렇다면 이익상황에 비추어 보아도 소수설의 전제를 전적인 해

---

20) 여기서 저당부동산 소유자에게 사용·수익의 권능이 있다는 사실이 반드시 후자를 지지하는 논거가 되는 것은 아니다. 소유자의 사용·수익권은 저당권이 실행되기 전까지 그에게 정상적인 사용·수익이 보장된다는 의미이지, 저당권 실행 시점에 사용·수익의 결과물로 존재하는 건물의 가치가 그대로 보장될 것인지 여부는 그로부터 필연적으로 도출되는 내용이 아니라 바로 제365조의 해석으로 지금 답해야 하는 질문이기 때문이다.

석의 기초로 하기에는 주저된다. 그렇다면 규정들의 유래 및 체계적
해석에 따른 결과를 유지하는 것이 온당하다고 생각된다. 따라서 제
365조와 제366조의 적용범위는 중복되지 않는다는 종래 통설을 따르
는 것이 적절하다. 이는 종래 실무와의 연속성이라는 관점에서도 그
러하다.

Ⅲ. 일괄경매청구권의 요건을 둘러싼 논의

1. 토지에 저당권 설정 당시 지상건물의 부존재

일괄경매청구권이 발생하기 위해서는 나대지에 저당권이 설정되
었어야 한다. 이미 보았지만, 토지에 저당권이 설정될 시점에 이미 건
물이 존재하고 있었던 경우에는, 그것이 설정자의 소유였다면 제366
조의 법정지상권의 성립이 문제되고(본장 Ⅱ. 2. 참조), 그것이 다른 사
람의 소유였다면 그의 토지에 대한 용익권과 저당권의 우열문제로 해
결되므로, 어느 경우에나 일괄경매청구의 쟁점은 제기되지 않는다.

그리고 토지에 저당권이 설정될 당시에 설정자에 의해 지상건물
의 건축이 진행 중이었던 경우에도 일괄경매청구는 가능하지 않다.[21]
저당권자는 건물의 존재를 전제로 토지의 담보가치를 평가하였을 것
이므로 건물 철거에 대해 보호가치 있는 기대가 없고, 또한 건물의 존
속은 법정지상권에 의해[22] 보장될 수 있을 것이기 때문이다

건물이 이미 존재하는 토지에 저당권을 설정한 이후에 건물이 철
거되고 신축되었다면, 새 건물에 대해 일괄경매청구는 가능한가? 제
365조와 제366조가 서로 배타적으로 적용되도록 구상되었다고 이해
하는 한(본장 Ⅱ. 2. 참조), 법정지상권이 성립할 것인지의 여부에 관한
법리와 조율하여 판단해야 한다. 즉 존재하던 건물이 철거된 다음 신

---

21) 大判 1987.4.28., 86다카2856, 집 35-1, 354.
22) 大判 1992.6.12., 92다7221, 집 40-2, 105 참조.

축된 경우에도 판례에 따르면 원칙적으로 구 건물을 기준으로 하여 법정지상권이 성립하므로,[23] 일괄경매청구권은 성립하지 않는다. 그러나 저당권자가 토지뿐만 아니라 건물에도 저당권을 설정하여 공동저당이 성립한 이후에 건물이 철거되고 신축되었다면, 토지와 건물의 경매에서의 대가를 전체로 고려한 공동저당권자의 이익을 고려하여 법정지상권은 인정되지 아니하므로,[24] 일괄경매청구는 허용되어야 한다.[25]

2. 설정자 자신에 의한 건물 축조?

(1) 종래의 설명

토지에 저당권이 설정된 이후 그 지상에 건물이 축조되어야 한다. 제365조는 저당권 "설정자가 그 토지에 건물을 축조한" 경우를 정하고 있다. 이러한 문언으로부터 통설[26]과 판례[27]는 우선 설정자가 건물을 축조하였을 것을 요구하여 제3자가 건물을 축조한 때에는 일괄경매청구를 부정하고, 더 나아가 저당권이 실행되는 시점에 건물이 설정자 아닌 자의 소유가 된 때에는 저당권의 효력이 타인 소유의 물

---

23) 大判 1991.4.26., 90다19985, 공보 1991, 1495.

24) 大判(全) 2003.12.18., 98다43601, 집 51−2, 134.

25) 大決 1998.4.28., 97마2935, 공보 1998, 1481; 大判 2012.3.15., 2011다54587, 공보 2012, 576. 물론 전자의 결정은 주 24의 전원합의체 판결 이전의 재판례로, 이 시기에는 일괄경매 허용 여부에 대해 논란이 있었다. 강동세, "저당지상의 건물에 대한 집행", 재판자료, 제72집, 1996, 498−499면; 민일영, "부동산물권과 경매에 관한 몇 가지 문제", 민사판례연구[XVII], 1995, 419−420면 참조.

26) 고상용 (주 11), 691면; 곽윤직·김재형 (주 11), 472면; 김상용, 물권법, 제2판, 2013, 708면; 송덕수 (주 11), 506면; 이덕환 (주 11), 809면; 이상태 (주 11), 527면; 이영준 (주 11), 907면; 강동세 (주 25), 490−491면; 민법주해[VII] (주 11), 131−132면(남효순); 주석 물권(4) (주 11), 198−199면(김재형). 위계찬, "저당지상 건물에 대한 일괄경매청구권", 법과 정책연구, 제12집 제2호, 2012, 749면 이하는 일괄경매청구권의 적용범위를 확장하는 견해에 동감하면서도 결국에는 제365조의 문언에 부합하지 않는다고 평가한다.

27) 大決 1994.1.24., 93마1736, 집 42−1, 70.

건에 미칠 수는 없다는 이유로 역시 일괄경매청구가 가능하지 않다고 설명한다. 즉 일괄경매청구권이 부여되기 위해서는 저당권설정자＝건물 축조자＝건물 소유자이어야 한다는 것이다. 그러나 이러한 설명은 세부적으로 살펴보면 여러 난점을 노정한다. 구체적으로 검토하면 다음과 같다.

(2) 설정자 아닌 자의 건물 축조

(가) 우선 저당권설정자가 건물을 축조해야 한다는 설명부터 살펴본다. 이는 제365조의 문언에 비추어 보면 일응 자명한 것처럼 보이기는 하지만, 사실은 그렇지 않다. 민법은 많은 규정에서 이후 물권설정자로부터 소유권을 승계한 제3취득자에까지 적용될 규범을 두면서도 그 주체를 "설정자"라고만 정하는 태도를 보이므로, 그 적용범위가 설정자에 한정되는지 아니면 이후 소유권을 취득한 자도 포함하는지 여부는 규범의 취지에 비추어 개별적으로 검토되어야 하기 때문이다. 이는 예컨대 제304조의 전세권설정자는 의미상 전세권이 설정된 부동산의 소유자를 말하며, 마찬가지로 물상대위에서 문제되는 저당권설정자(제342조, 제370조)도 저당부동산 소유자를 말하는 것임을 고려할 때에 명백하다. 따라서 제기되어야 할 질문은 예를 들어 저당권설정자로부터 토지의 소유권을 양수한 제3취득자가 건물을 축조한 경우에 과연 저당권설정자가 건물을 축조한 경우와 이익상황에서 어떠한 유의미한 차이가 존재하는지 여부이며, 결과적으로 이는 부정되어야 한다. 나대지를 기준으로 담보가치를 평가하는 저당권자의 관점에서는 저당권 설정 이후에 건물이 축조되었다는 사정만이 중요하지 그것이 누구에 의한 것인지는 그의 이해관계에 아무런 영향이 없다. 한편 제3취득자 역시 저당권의 부담이 있는 토지를 취득하여 건축을 한 이상 그 철거를 감수한 것이므로 그 지위에서 철거를 감수하고 건축을 한 설정자와 다를 바 없으며, 건물의 가치를 보존 받을 이익을

가진다. 따라서 제3취득자는 이 관점에서 설정자의 지위를 승계한다. 이러한 평가는 민법 예컨대 제482조 제2항이 채무자로부터의 제3취득자는 채무자에 준하여, 물상보증인으로부터의 제3취득자는 물상보증인에 준하여 취급하는 태도로부터도 확인된다.[28] 그러므로 부담 있는 소유권 및 그에 따른 지위의 승계라는 관점에서 제365조의 "저당권설정자"는 물권편의 다른 규정에서와 마찬가지로 "저당부동산 소유자"로 해석되어야 한다. 즉 토지의 소유권을 양수한 자가 건물을 축조하여 소유하는 경우에도 일괄경매청구는 허용되어야 한다.[29]

    (나) 제3자가 저당부동산 소유자로부터 용익권을 설정받아 건물을 축조한 때에는 어떠한가? 이 경우에도 제365조의 입법취지를 고려할 때 일괄경매청구권을 부정하기 어렵다고 생각된다. 저당권은 비점유담보권으로서 저당부동산 소유자에게 용익권능을 남겨두므로, 소유자는 저당부동산을 스스로 사용·수익할 수 있을 뿐만 아니라, 이를 타인에게 용익하게 하고 대가를 수취하는 방법으로 수익하는 것도 허용된다. 즉 소유자가 직접 용익하는지 아니면 타인을 통해 용익하는지 여부는 저당권의 효력이라는 관점에서는 유의미한 차이라고 말하기 어렵다. 그러므로 저당부동산 소유자가 스스로 건축하는 것과 저당부동산 소유자로부터 용익권을 설정받은 용익권자가 건축하는 것은 허용되는 용익으로서 그 평가에 있어 동등하다. 그리고 이는 제365조

28) 이진만, "변제자대위에 있어서 대위자 상호간의 관계" 사법논집, 제27집, 1996, 75면 이하 참조.
29) 이현수 (주 12), 156면; 박득배, "민법 제365조의 일괄경매청구권 행사요건에 관한 일고", 충북대 법학연구, 제25권 제2호, 2014, 89면; 진상욱, "일괄경매청구권의 확대", 재산법연구, 제25권 제2호, 2008, 124면; 최신섭, "저당권설정자가 직접 축조 소유하지 않은 건물의 일괄경매", 토지법학, 제22호, 2006, 39면. 그러나 통설은 문언을 이유로 반대하는 것으로 보인다. 고상용 (주 11), 691면; 곽윤직·김재형 (주 11), 472면; 김상용 (주 26), 708면; 송덕수 (주 11), 506면; 이덕환 (주 11), 809면; 이영준 (주 11), 907면; 민법주해[Ⅶ] (주 11), 131-132면(남효순); 주석 물권(4) (주 11), 198면(김재형).

의 적용이라는 점에서도 마찬가지이다. 나대지를 기준으로 담보가치를 평가한 저당권자로서는 저당권 설정 이후에 건물이 축조되어 환가가 저해된다는 사정만이 중요하지 그것이 누구에 의한 것인지는 그의 이해관계에 아무런 영향이 없으며, 용익권자 역시 자신의 용익권이 저당권의 후순위임을 알고 철거의 위험을 감수한 이상 이익상황이라는 관점에서 건물의 철거를 감수한 설정자·제3취득자와 다를 바 없기 때문이다. 그러므로 제3자가 저당토지의 소유자로부터 용익권을 설정받아 건물을 축조한 경우에도 일괄경매청구는 허용되어야 한다.[30]

판례는 "저당권은 담보물의 교환가치의 취득을 목적으로 할 뿐 담보물의 이용을 제한하지 아니하여 저당권설정자로서는 저당권설정 후에도 그 지상에 건물을 신축할 수 있는데, 후에 그 저당권의 실행으로 토지가 제3자에게 경락될 경우에 건물을 철거하여야 한다면 사회경제적으로 현저한 불이익이 생기게 되어 이를 방지할 필요가 있으므로 이러한 이해관계를 조절하고, 저당권자에게도 저당토지상의 건물의 존재로 인하여 생기게 되는 경매의 어려움을 해소하여 저당권의 실행을 쉽게 할 수 있도록 한 데에 있다는 점"에서 제365조의 입법취지를 구하면서, "저당지상의 건물에 대한 일괄경매청구권은 저당권설정자가 건물을 축조한 경우뿐만 아니라 저당권설정자로부터 저당토지에 대한 용익권을 설정받은 자가 그 토지에 건물을 축조한 경우라도 그 후 저당권설정자가 그 건물의 소유권을 취득한 경우에는 저당권자는 토지와 함께 그 건물에 대하여 경매를 청구할 수 있다"고 하여, 설

---

30) 같은 취지로 강태성 (주 11), 1159면; 이진기, "저당권의 침해와 일괄경매청구권의 확대", 인권과 정의, 제385호, 2008, 78면. 부정하는 견해로 김상용 (주 26), 708면; 송덕수 (주 11), 506면; 이덕환 (주 11), 809면; 이현수 (주 12), 157–158면; 민법주해[Ⅶ] (주 11), 132면(남효순); 주석 물권(4) (주 11), 198면(김재형). 건물 소유자의 동의가 있으면 가능하다는 견해로 김증한·김학동 (주 11), 536면; 김민중, 물권법, 2014, 645면.

정자로부터 용익권을 받은 제3자가 축조한 경우 그 건물의 소유권이 설정자에게 다시 이전된 때에는 일괄경매가 가능하다는 태도를 취한 다.[31]

그러나 저당토지 소유자로부터 용익권을 받아 건물이 축조된 이 상 그 건물의 소유권이 용익권자에게 있는지 아니면 토지 소유자에게 이전되었는지 여부는 일괄경매청구의 허용 여부와 무관하다고 해야 한다. 단적으로 예컨대 건물 소유를 위해 설정자로부터 토지를 임차 한 임차인이 특약으로 임대차가 종료하면 건물 소유권을 설정자에게 이전할 의무를 부담하거나 아니면 적어도 건물의 매수청구를 할 수 있는 경우에(제283조, 제643조, 제652조), 저당권이 임차기간 종료 전에 실행되는지 아니면 그 이후에 실행되는지 여부(이는 예컨대 일반채권자 의 집행 여부에 따라 매우 우연적일 수 있다)에 따라 당사자들의 상황이 완전히 뒤바뀌는 결론이 합리적이라고 할 수 있겠는가? 심지어 대법 원의 논리를 일관한다면 저당권설정자로부터 도급을 받아 토지를 점 유하면서 건물을 축조한 수급인이 건물 소유권을 원시취득한 다음[32] 아직 설정자에게 이전하지 않은 상황에서 저당권이 실행되는 때에도 일괄경매청구가 부정되어야 할 것인데, 과연 타당할 수 있겠는가? 이 두 사례만을 살펴보아도 판례의 논리는 유지될 수 없음이 드러난다. 판례가 언급하는 제365조의 입법취지에 비추어 중요한 점은 철거되어 야 할 건물이 토지와 함께 경매되는 것이 저당권자와 건물 소유자 모 두의 이익을 위해 바람직하다는 사정이다. 여기서 건물 소유권 귀속 은 건물의 매각대금이 누구에게 돌아갈 것인지에만 관련한 것으로 일 괄경매를 할 것인지 여부의 판단과는 직접 관련되지 아니한다. 다만 건물이 토지 소유자의 소유가 아니어서 환가권이 미치지 않는다는 설

---

31) 大判 2003.4.11., 2003다3850, 공보 2003, 1178.
32) 여기서는 일단 판례의 태도를 전제로 한다. 大判 1980.7.8., 80다1014, 공보 1980, 13009 참조.

명이 고려될 수는 있겠으나, 이 역시 본장의 Ⅲ. 3.에서 보는 바와 같
이 설득력이 있다고 할 수 없다.

(다) 그러므로 설정자로부터 소유권을 양수한 제3취득자나 저당
부동산 소유자로부터 용익권을 설정받은 용익권자가 건물을 축조한
경우에도, 제365조에 따른 일괄경매청구권은 인정되어야 한다. 실제
로 2003년 개정 이전의 일본 민법 제389조의 적용과 관련해서 다수설
과 하급심 실무가 이들 사례에서 유추에 의한 일괄경매를 긍정하고
있었다는 사실도 이러한 결론을 지지하게 한다.[33] 그렇다면 제365조
의 문언에서 저당권설정자는 다른 민법 규정에서와 마찬가지로 저당
부동산 소유자를 의미하는 것으로 해석해야 하고, 설정자가 건물을
축조하였다는 것은 저당토지 소유자의 정당한 사용·수익 권능의 범
위 내에서 건물이 축조되었다는 사정을 의미하는 것으로 넓게 이해해
야 한다. 이는 제365조의 확장해석의 범위 내에 있는 내용이라고 생
각된다. 그렇다면 예컨대 용익권 없이 무단으로 저당토지에 제3자가
건물을 축조한 경우에는 "설정자가 그 토지에 건물을 축조한" 것으로
볼 수 없어 일괄경매청구는 허용되지 않는다고 보아야 한다.[34] 무단
으로 불법건축을 한 자에게 건물을 보존하여 그 대가를 귀속시킬 이
유는 없기 때문이다. 저당권자의 환가에 다소 불이익이 있더라도 건
물은 철거되어야 한다.

3. 설정자의 건물 소유?

통설[35]과 판례[36]는 저당권설정자가 건물을 축조하여 경매 시점

---

33) 전거와 함께 新版 注釋民法 (주 12), 409면(生熊) 참조.
34) 같은 취지로 강태성 (주 11), 1159면.
35) 고상용 (주 11), 691면; 곽윤직·김재형 (주 11), 472면; 김상용 (주 26), 708면;
    송덕수 (주 11), 506면; 이덕환 (주 11), 809면; 이상태 (주 11), 527면; 이영준
    (주 11), 907면; 민법주해[Ⅶ] (주 11), 131면(남효순); 주석 물권(4) (주 11),
    198-199면(김재형).

에 그 건물을 소유하고 있을 것을 요구한다. 그래서 설정자가 축조하
였더라도 이를 제3자에게 양도한 경우에는 설정자의 소유가 아니므
로 제365조가 정하는 일괄경매의 대상이 될 수 없다고 한다. 그 이유
로는 설정자 아닌 제3자의 소유물에 대해서는 토지 저당권의 경매청
구권이 미칠 수 없고, 이를 인정하는 것은 환가권의 지나친 확대라
는 점을 든다. 다만 설정자 소유이면 충분하므로, 미등기건물이라는
사정은 무방하다고 한다.37) 한편 이러한 통설을 전제로 하면서도, 건
물 소유자의 동의가 있으면 일괄경매청구가 가능하다는 견해도 주장
된다.38)

　　그러나 이러한 견해는 타당하지 않다고 생각된다. 일단 이익형량
의 관점에서 건물이 설정자의 소유가 아니라는 이유만으로 일괄경매
청구를 부정하는 결론은 설득력을 가지기 어렵다. 판례가 말하는 것
처럼 "저당권의 실행으로 토지가 제3자에게 경락될 경우에 건물을 철
거하여야 한다면 사회경제적으로 현저한 불이익이 생기게 되어 이를
방지할 필요가 있으므로 이러한 이해관계를 조절하고, 저당권자에게
도 저당토지상의 건물의 존재로 인하여 생기게 되는 경매의 어려움을
해소하여 저당권의 실행을 쉽게 할 수 있도록"39) 하기 위한 것이 제
365조의 입법취지라면, 저당토지 소유자 또는 그로부터 용익권을 받
은 자가 축조한 건물을 그대로 소유하고 있는지 아니면 이를 양도하
였는지 여부는 건물을 존속시켜 토지와 함께 매각함으로써 토지의 환
가를 도우면서 건물을 보존한다는 목적에 비추어 중요한 의미를 가지
지 않기 때문이다. 이때 건물을 양수한 제3자는 토지 소유자와의 관
계에서 이용권을 설정받아 건물을 소유하는 상태가 되며, 이러한 관

36) 大決 1994.1.24., 93마1736, 집 42-1, 70; 1999.4.20., 99마146, 공보 1999, 1235.
37) 주석 물권(4) (주 11), 199면(김재형). 大決 1992.12.28., 92그32, 공보 1993, 608;
　　1995.12.11., 95마1262, 공보 1996, 348 참조.
38) 김중한·김학동 (주 11), 536면; 김민중 (주 30), 645면.
39) 大判 2003.4.11., 2003다3850, 공보 2003, 1178.

계는 토지에 저당권이 설정된 후에 제3자가 이용권을 설정받아 건물을 축조한 경우와 이익상황에서 다를 바 없다.[40] 게다가 토지 소유자가 축조한 건물을 양도함으로써 일괄경매청구권이 소멸한다면, 토지 소유자는 양도를 매개로 이미 발생한 저당권자의 권한에 간섭할 수 있는 가능성을 가지게 되는데, 이는 물권으로서의 저당권의 성격에 비추어도 타당하지 않다. 일괄경매청구권이 저당권의 효력으로 인정되는 것이라면, 소유자 변동에 따라 저당권자의 물권적 지위가 변경되는 결과는 부적절하다.[41]

결국 이 경우 일괄경매청구를 부정하는 근거는 저당권의 효력이 저당토지 소유자 아닌 자의 소유물에는 미칠 수 없다는 형식적인 이유만이 남는다. 그러나 이는 결정적인 논거라고는 말하기 어렵다. 왜냐하면 같은 논리가 예컨대 채무자 아닌 설정자 즉 물상보증인이 스스로 축조한 건물을 계속 소유하고 있는 경우에도 그대로 주장될 수 있기 때문이다. 물상보증인은 채무를 지지 않고 스스로 인수한 제한된 특별책임만을 부담하는 것인데, 그렇다면 그가 법률행위로 물적 책임(dingliche Haftung)을 인수하지 아니한 건물에 대하여 도대체 무슨 근거로 토지에 존재하는 환가권이 효력을 미칠 수 있다는 말인가? 그가 건물과 토지를 함께 소유한다는 사정은 이 맥락에서 전혀 충분하지 않다. 일반적인 인적 책임을 수반하는 채무와는 달리, 물적 책임은 특별책임으로서 소유자가 인수한 부분에 대해서만 성립하고 그 외의 재산에는 미치지 않기 때문이다. 만일 여기서 어차피 철거될 건물이 저당권의 환가를 저해한다는 사정을 들어 토지 환가권의 효력이 건물에 미쳐도 무방하다고 말한다면, 이 논리는 그대로 건물이 저당토지 소유자 아닌 자의 소유인 경우에도 적용되어야 한다.

그러므로 설정자가 건물의 소유자이어야 한다는 통설의 설명은

---

40) 新版 注釋民法 (주 12), 410면(生熊).
41) 같은 취지로 이현수 (주 12), 157면; 진상욱 (주 29), 123면; 최신섭 (주 29), 42면.

받아들이기 어렵다.[42] 토지에 저당권이 설정된 이후 토지 소유자의 정당한 용익권한의 범위 내에서 건물이 축조된 이상, 그 건물이 누구의 소유인지는 일괄경매청구권의 성립을 판단할 때 고려할 사항이 될 수 없다. 그리고 이 요건은 제365조의 문언으로부터도 그 근거를 쉽게 찾을 수 없다. 그러므로 용익권자가 건물을 축조하여 소유하고 있는 경우이거나 토지 소유자가 건물을 축조하여 양도한 경우에도 일괄경매청구권은 성립한다. 2003년 개정 이전 일본 민법 제389조의 적용과 관련하여 다수설과 유력한 하급심 실무도 마찬가지로 해석하고 있었다.[43]

Ⅳ. 일괄경매청구권의 내용

1. 의무로서 일괄경매청구?

일괄경매청구권이 성립하여도 그것만으로 일괄경매가 이루어지는 것은 아니다. 저당권자는 제365조가 정하는 대로 경매절차에서 일괄경매를 청구(신청)해야 한다.[44] 통설[45]은 일괄경매청구권은 저당권자의 권리이므로, 이를 행사할 의무를 부담하는 것은 아니라고 한다.

---

42) 같은 취지로 박득배 (주 29), 90면; 이종구, "민법 제365조의 일괄경매의 요건에 관한 해석과 입법론에 관한 연구", 단국대 법학논총, 제36권 제1호, 2012, 657면 이하.

43) 전거와 함께 新版 注釋民法 (주 12), 410면(生熊) 참조.

44) 토지의 저당권자가 토지에 대하여 경매를 신청한 후에도 토지에 관한 매각기일 이전까지는 지상건물에 대하여 일괄경매청구권을 행사하여 일괄매각의 추가신청을 할 수 있으며(민사집행법 제98조 제3항), 이 경우 집행법원은 두 개의 경매사건을 병합하여 일괄매각절차를 진행해야 한다(大決 2001.6.13., 2001마1632, 집 49-1, 475).

45) 강태성 (주 11), 1161면; 고상용 (주 11), 691면; 곽윤직·김재형 (주 11), 472면; 김상용 (주 26), 708면; 송덕수 (주 11), 506면; 이덕환 (주 11), 809면; 이상태 (주 11), 527면; 이영준 (주 11), 907면; 강동세 (주 25), 483면; 진상욱 (주 29), 108면; 민법주해[Ⅶ] (주 11), 132면(남효순); 주석 물권(4) (주 11), 195면(김재형).

판례도 같은 입장으로, 권리남용이 아닌 한 저당권자가 토지에 대해
서만 경매를 신청하여 그 경락으로 소유권을 취득하고 건물의 철거를
구하는 것은 위법하다고 할 수 없다고 한다.46)

그런데 우리 민법이 수용한 의용민법 제389조의 입법과정에서는
토지에 저당권이 설정된 이후 건물이 축조된 경우 토지와 건물이 항
상 일괄경매되는 것으로 의도되었다고 지적되고 있으며,47) 이 문제는
실제로 학설에서도 심하게 다투어지고 있다.48) 일본의 다수설과 판례
도 저당권자가 임의로 일괄경매를 선택할 수 있다고 이해하지만,49)
이에 반대하여 저당권자는 일괄경매를 청구해야 하며 토지에 대해서
만 하는 경매청구는 허용될 수 없다는 견해도 유력하다.50) 특히 후자
의 견해는 제365조의 입법취지가 단순히 저당권자의 이익을 도모하는
것을 넘어서 건물 소유자의 이익 및 사회경제적인 이익도 보호하고자
하는 것인 이상 일괄경매를 할 것인지를 저당권자가 임의로 선택해서
는 안 된다는 점을 이유로 한다. 그러나 그 밖에도 토지에 저당권이
설정된 이후 건물이 축조된 때에도 법정지상권이 성립한다는 것을 전
제로 하여 저당권자는 법정지상권 성립과 일괄경매청구 사이에 선택
을 할 수 있다는 견해가 주장된다는 것은 이미(본장 II. 2. (2)) 보았
다.51)

일괄경매청구권이 저당권자의 권리이며 의무가 아니라는 주장의
근거는 일차적으로 제365조의 문언("청구할 수 있다")이다. 그러나 이

---

46) 大判 1977.4.26., 77다77 (로앤비).

47) 松本 (주 5), 305면 참조.

48) 전거와 함께 자세한 내용은 新版 注釋民法 (주 12), 411－412면(生熊).

49) 예컨대 道垣內弘人, 擔保物權法, 第3版, 2008, 156면; 高橋眞, 擔保物權法, 第2版,
    2010, 159면; 近江幸治, 民法講義 III: 擔保物權, 2004, 185면; 松尾弘·古積健三
    郎, 物權·擔保物權法, 第2版, 2008, 368면 등.

50) 石田文次郎, 擔保物權法, 上卷, 第三版, 1936, 306－307면; 高木多喜男, 擔保物權
    法, 第4版, 2005, 214면 등.

51) 주 12의 문헌.

논거가 반드시 필연적인 것은 아니다. 관점에 따라서는 이를 토지 저
당권의 환가권을 확장하는 내용 즉 건물은 저당권의 객체가 아니지만
그럼에도 저당권자가 "그 건물에 대하여도 경매를 청구할 수 있다"는
환가권능의 규율로 이해할 수도 있기 때문이다. 그러므로 문언만으로
는 결정적인 답을 주기 어렵다고 보인다.

실제로 제365조가 토지 소유자의 정당한 용익권능에 기초해 축조
된 건물의 소유자도 보호하고자 하는 취지라면, 그 판단을 전적으로
저당권자에게 맡기는 것은 문제가 없지 않다. 게다가 사회경제적인
고려까지 배경에 있다면 더욱 그러하다. 저당권자는 피담보채권 전부
의 우선변제가 보장되는 이상 건물까지 경매를 청구한다고 해서 불이
익이 전혀 발생하지 않으며, 그래서 경우에 따라서는 건물에 대한 경
매청구를 거부하는 것이 권리남용(제2조)에 해당할 수도 있다.[52] 물론
저당권자가 스스로 토지를 경락받아 건물을 철거하고 새로 건축을 할
이해관계를 가질 수도 있겠지만, 이러한 이익은 저당권이 보호하는
이익은 아니다. 그러므로 이익상황이라는 점에서 보면, 일괄경매청구
는 원칙적으로 행해져야 한다는 해결이 보다 타당하다.

그런데 이러한 해결의 문제점은 그 위반 시의 제재이다. 건물 소
유자가 토지 저당권자에게 일괄경매를 청구할 것을 직접 소구할 수
있다는 점을 받아들이지 않는 이상, 토지 저당권자가 부담하는 "의무"
는 엄밀한 의미에서 간접의무(자기의무; Obliegenheit)[53]에 지나지 않는
다. 그러므로 저당권자로서는 그 불이행의 경우 일정한 불이익을 받
는 방식으로 강제될 수밖에 없다. 그런데 민법이나 민사집행법이 이
에 대해 특별한 규정을 두고 있지 않는 이상, 그러한 제재로서는 일괄
경매를 집행의 적법요건으로 해석하는 방법밖에 남지 않는다. 즉 일
괄경매청구의 요건이 갖추어졌음에도 토지에만 행해지는 경매신청은

---

52) 大決 1977.4.26., 77다77 (로앤비) 참조.
53) 곽윤직·김재형, 민법총칙, 제9판, 2013, 60면 참조.

부적법하다고 하여 경매를 허용하지 않아야 하며, 경매개시결정이 내려진 경우에도 이의에 의해 다툴 수 있다고 말해야 할 것이다.[54] 그런데 저당권자의 관점에서는 토지 환가권에 더하여 그의 이익을 위해서도 부여되는 일괄경매청구권을 이후 추가로 가지게 되었다는 사정으로부터 원래 가지고 있던 토지의 환가권의 행사가 좌절된다는 결과가 발생하는데, 이는 그의 지위가 추가적인 보호에 의해 더 불리하게 된다는 점에서 균형을 상실한다고 하지 않을 수 없다.[55] 현실적으로는 토지에 대한 환가는 그대로 허용하면서, 집행법원이 직권으로 건물에 대해 경매개시를 할 수 있다거나 건물 소유자가 자기 소유 건물에 경매를 신청하는 예외를 인정한다거나 하는 절차적 특례를 두거나, 일괄경매청구가 없는 때에는 법정지상권이 성립한다고 정하는 불이익을 부여하는 규율(본장 Ⅱ. 2. (2) 참조)이 고려될 수 있을 것이지만, 우리 법제는 이에 대해 규정을 두지 않고 있다. 결국 일괄경매청구를 토지 환가의 적법요건으로 해석하는 것을 환가권에 대한 불균형한 제약이라고 평가하여 받아들이지 않는 이상, 이를 간접의무로 이해한다고 해도 법률에 적절한 제재 규정이 없어 실효적으로 그 이행을 관철하기 어렵다고 생각된다.

그렇다면 원칙적으로 일괄경매청구권은 권리로서 저당권자에게는 선택가능성이 있다고 해석할 수밖에 없다고 보인다. 이러한 해석이 제365조의 문언에 비추어 보다 자연스럽다는 점도 부정하기는 어렵다. 다만 앞서 언급한 바와 같이, 피담보채권의 완전한 만족이 보장되고 그에게 아무런 불이익이 없음을 알고 있음에도 일괄경매를 청구하지 않는 것은 경우에 따라 권리남용(제2조)이 될 수 있다는 점을 시인해야 하며, 건물소유자는 이를 집행에 대한 이의로 주장할 수 있다고 할 것이다. 그리고 이 경우 법원은 권리남용의 판단에서 일괄경매

---

54) 실제로 高木 (주 50), 214-215면.
55) 같은 취지로 배성호 (주 5), 88면.

청구권의 취지를 살릴 수 있도록 탄력적인 태도를 보일 필요가 있다
고 하겠다.

2. 일괄경매의 효과

규정의 취지상 일괄경매청구권의 행사에 의해 지상건물은 토지와
함께 당연히 동일인에게 매각되어야 한다. 이 때 토지 저당권자는 건
물에 대해 환가권만을 행사하며 우선변제권을 가지지 아니하므로, 건
물의 대가로부터는 우선변제를 받을 수 없다(제365조 단서). 그러므로
경매법원은 매각절차에서 각 재산의 대금액을 특정하여 최저매각가격
의 비율을 정해야 한다(민집 제101조 제2항). 여기서 토지 부분의 대가
는 법정지상권의 부담이 없는 토지의 대가이며, 건물 부분의 대가는
토지이용권을 수반하지 아니하는 건물 자체의 대가이다.56) 저당권자
는 토지와 건물에 대한 총매각대금 중 최저경매가격비율에 따라 안분
한 금액에서 우선 변제를 받는다.57)

건물의 대가는 배당받을 채권자가 없는 경우 건물 소유자에게 교
부된다.58) 우리 학설에서는 다른 채권자가 없으면 건물의 경매대금에
서 변제받는다는 서술이 보이나,59) 이는 건물 소유자가 저당권자의
채무자인 때에만 타당할 수 있다. 또한 채권자인 토지 저당권자는 건
물의 경매대가에서 만족을 받기 위해서는 일반채권자로서 요건을 갖
추어 적법한 배당요구를 해야 한다.60)

---

56) 大判 2012.3.15., 2011다54587, 공보 2012, 576; 강태성 (주 11), 1160면; 이종구
    (주 42), 663면; 新版 注釋民法 (주 12), 414면(生熊).
57) 주석 물권(4) (주 11), 200면(김재형).
58) 新版 注釋民法 (주 12), 414면(生熊).
59) 예컨대 김상용 (주 26), 709면; 이덕환 (주 11), 810면; 이영준 (주 11), 907-908
    면; 민법주해[VII] (주 11), 133면(남효순) 등.
60) 大判 2012.3.15., 2011다54587, 공보 2012, 576.

제 5 장
용익과 환가(2):
사용·수익과 방해배제

I. 도입

1. 저당권 침해의 모습

저당권은 저당목적물을 환가하여 그 수익으로부터 우선변제를 받는 권리이다(앞의 제2편 제1장 V. 참조). 그러므로 저당부동산 소유자 또는 제3자에 의해 저당권자가 가지는 환가권과 우선변제권의 원만하고 적법한 행사가 방해를 받는 경우, 저당권의 침해가 존재한다. 이는 예를 들어 저당권이 설정된 건물을 철거하거나 저당권의 효력이 미치는 부합물이나 종물을 제거하는 사안에서처럼 만족의 기초가 되는 저당권의 효력이 미치는 물건을 감소·멸실·훼손함으로써 책임기초의 가치를 저하시켜 저당권자의 만족가능성을 위태화하는 모습으로 나타날 수도 있고, 저당권 실행 경매를 지연하는 방법으로 매각대금을 저하시키거나 부당하게 저당권 등기를 말소하여 저당권 실행을 방해하는 사안에서처럼 저당권의 행사를 법률적으로 방해하여 환가권에 간섭하는 모습으로 나타날 수도 있다. 또는 이러한 침해는 저당물소유

자에 의할 수도 있고 제3자에 의할 수도 있으며, 저당목적물에 대한
사용·수익의 권능을 가진 자에 의할 수도 있고 그렇지 아니한 자에
의할 수도 있다.

그러나 이상과 같은 사정이 있다고 하여 바로 저당권자가 개입할
수 있는 저당권 침해가 존재한다고 단정할 수는 없다. 저당권은 사
용·수익이 저당부동산 소유자에게 유보된 비점유담보권이므로 그의
적법한 사용·수익이 보장되어야 하기 때문이다. 따라서 환가권과
우선변제권에 대한 간섭이 관찰되는 경우에도, 그것이 법질서의 범
위에서 사회관념상 허용되는 사용·수익에서 기인한 경우 그러한 행
위에는 위법성이 없고 저당권자는 수인의무를 부담하여 저당권 침해
가 있다고 말할 수 없다. 이러한 가치평가는 사회관념상 정상적인 사
용·수익을 보장하는 제359조에서 확인된다(앞의 제2편 제1장 II. 3. 참
조). 또한 저당권자가 저당권이 설정된 건물의 철거 및 재건축에 동의
하는 경우처럼, 피해자의 승낙이 있는 경우에도 위법성이 없어 저당
권 침해를 운위할 수 없다.

그러므로 비점유담보권으로서 저당권은 저당부동산 소유자의 사
용·수익에 대한 이익과 저당권자의 환가이익 사이에 적절한 균형을
창출해야 한다. 이는 한편으로 저당부동산 소유자에게 통상의 용법에
따른 정당한 사용·수익을 보장하면서도, 다른 한편으로 그러한 한계
를 넘어 환가 기초를 위태롭게 하는 경우 그러한 간섭에 반작용할 수
있는 구제수단을 저당권자에게 부여해야 하는 것을 의미한다. 따라서
저당권 침해를 이유로 하는 저당권자의 구제수단을 적절히 해석·적
용하는 작업은 이러한 두 이익을 가능한 최적화하여 조화시켜야 한다
는 과제에 직면한다.

2. 사용·수익과 방해배제

저당부동산 소유자의 사용·수익과 저당권자의 원만한 만족을 조

화시킨다는 이러한 과제는 저당권자의 물권적 방해배제청구권를 해석·적용하는 과정에서 특히 첨예하게 제기된다.

저당권자는 저당권을 방해하는 자에 대하여 방해의 제거를 청구할 수 있고, 저당권을 방해할 염려 있는 행위를 하는 자에 대하여 그 예방이나 손해배상의 담보를 청구할 수 있다(제370조, 제214조). 저당권자가 가지는 여러 구제수단 중에서 방해배제청구권은 저당권이 물권으로서 보장된 그대로의 효력을 발휘할 수 있도록 한다는 점에서 특히 중요한 의의를 가진다. 즉 저당권자는 현재 진행 중인 침해상태나 침해행위를 배제하거나 임박한 침해를 예방함으로써 저당권의 효력을 그대로 보장하게 하는 수단이 필요하며, 이를 위해 민법은 제370조에서 제214조를 준용하는 방식으로 저당권자에게 물권적인 방해배제청구권을 인정하고 있는 것이다. 이로써 저당권자는 대세적으로 저당권을 방해하는 자를 상태로 그 방해를 배제할 수 있는 권능을 가지며, 이로써 저당권의 효력이 원만하게 보장된다.

그런데 민법은 저당권자의 물권적 청구권으로 방해배제청구권만을 인정하고 저당부동산의 반환을 청구할 수 있는 물권적 청구권은 인정하지 않는다. 제370조는 제213조를 준용하지 않는다. 입법자는, 비점유담보권인 저당권의 경우 점유 및 그에 수반하는 사용·수익의 권능은 저당부동산 소유자에게 있으므로, 저당부동산의 점유가 박탈되는 형태의 방해에 있어서는 소유자의 소유물반환청구권에 의해 해결되어야 하고 환가에 방해를 받지 않는 저당권자가 자신에게 목적물의 반환을 청구하는 것은 저당권의 취지에 반한다고 생각하였던 것으로 추측된다.[1] 이러한 태도는 제358조, 제359조에서 저당부동산 소유

---

[1] 민법 초안은 저당권자의 방해배제청구권에 대해서는 아무런 규정을 두지 않고 있었고, 법제사법위원회 민법안소위의 심의에서도 이에 대해 특별한 언급이 이루어지지 않았다. 이에 대해 민사법 연구회의 「민법안 의견서」는 준용 규정에 방해배제청구권에 관한 규정을 포함시킬 것을 제안하였다. "저당권은 점유를 수반하는 권리가 아니므로 저당권에 기한 반환청구권이라는 것은 있을 수 없으나, 저당권의

자에게 통상의 용법에 좇은 사용·수익을 허용하는 것(앞의 제2편 제1
장 Ⅱ. 3. 참조)과 함께 입법자가 저당권자와 소유자의 이익을 형량하
면서 기초로 한 가치평가를 나타내 보인다. 이는 방해배제청구권의
인정 여부를 판단할 때 목적적으로 고려되어야 한다.

Ⅱ. 저당부동산 소유자의 용익권한과 위법성 판단

일반적으로 인정되는 바와 같이, 저당권자가 방해배제청구권(제
370조, 제214조)을 행사할 수 있기 위해서는 저당권에 대한 방해가 위
법해야 한다. 이는 저당권자가 그러한 방해를 수인할 의무가 없음을
의미한다. 그러므로 저당권자에게 방해를 수인할 의무가 있는 때에는
방해행위는 위법하지 아니하므로 방해배제청구권은 발생하지 않는다.
그런데 비점유담보권인 저당권에서는 부동산 소유자에게 정상적인 사
용·수익의 권능이 보장되고 있으므로, 이로부터 발생하는 수인의무
의 해석이 특히 문제된다. 이 경우 어느 정도까지의 사용·수익을 허
여할 것인지가 저당권자의 담보이익과 상충할 수 있으며, 법률의 취
지 및 제반사정을 고려한 이익형량이 필요하다.

비점유담보권인 저당권에서 사용·수익의 권능은 저당부동산 소
유자에게 유보되어 있으므로, 저당부동산 소유자는 저당부동산을 사
용·수익할 권한이 있다. 따라서 소유자 또는 그로부터 적법하게 용익
권을 설정받은 제3자의 사용·수익으로 인하여 저당부동산의 가치 감

침해에 대하여 물권적 청구권으로서 방해제거 및 방해예방 청구권을 인정하여야
함은 물권으로서 당연한 일이며, 현행법의 해석에 있어서도 이론이 없는 바"이므
로, 초안이 저당권에 준용할 조문 중에서 방해배제청구권에 관한 규정을 언급하지
아니하고 있는 것은 "명백한 실수"라는 것이다(민사법 연구회, 민법안 의견서,
1957, 128면(김증한); 이것이 의용민법 시절 지배적인 견해이기도 하였다, 我妻榮,
擔保物權法, 1936, 273면 참조). 이러한 제안은 현석호 수정안으로 제출되었으며
본회의에서 가결되었다(명순구, 실록 대한민국 민법 2, 2010, 496면).

소가 발생한다고 하더라도, 그것만으로 그의 사용 · 수익을 금지해서
는 안 된다. 이는 저당제도의 근본목적에 반하기 때문이다. 여기서 저
당부동산 소유자에게 허용되는 사용 · 수익의 경계를 획정하는 과제가
제기되는데, 민법은 판단의 단초를 제공하는 규정을 두고 있다. 즉 한
편으로 제370조는 제213조를 준용하지 않음으로써 저당권자에게는
점유할 권리가 없음을 명백히 하면서, 제358조, 제359조에서 저당권
자의 정상적인 사용 · 수익을 보장한다(앞의 제2편 제1장 Ⅱ. 3. 참조).
그러므로 저당부동산의 정상적이고 통상적인 용법 또는 경영에 따라
발생하는 가치저하에 대해서는 저당권자는 수인의무를 지며, 그 범위
에서는 위법성이 없어 방해배제는 허용되지 않는다. 그러나 반대로
설정자가 저당부동산을 정상적이고 통상적인 용법을 넘어서 사용 · 수
익하여 가치저하를 야기하는 경우, 그러한 용익은 저당권자에 대한
관계에서 위법하게 되어 방해배제의 대상이 된다.

　더 나아가 소유자 기타 용익권자의 사용 · 수익이 그 권한 범위
내에 있는 것으로 보이는 사안에서도 그 사용 · 수익이 고의로 저당권
자의 만족을 저해하기 위한 목적을 가지고 행해진다고 평가되는 때에
는 방해의 위법성이 인정될 수 있다. 사용 · 수익에 따른 이익이 거의
없으면서 오로지 저당권 침해만을 목적으로 하는 경우에 바로 시카네
로서 권리남용(제2조)이 인정됨은 의문이 없으나, 더 나아가 소유자
기타 용익권자에게 이익이 전혀 없다고 단정할 수 없는 사안에서도
저당권 방해가 일차적이고 주된 목적으로 전면에 드러나는 경우에는
개별사안의 구체적인 이익형량을 통해 권리남용을 인정해 저당권자에
게 수인의무가 있다고 하기 어려운 사안이 있을 수 있다.[2] 법질서가
권리자에게 마냥 고의의 권리침해를 용인할 것을 기대할 수는 없기

---

[2]　방해배제청구권 일반에 대해 大判 1973.8.31., 73다91, 공보 1973, 7423; 2010.
　12.9., 2010다59783, 공보 2011, 111; 2014.10.30., 2014다42967, 공보 2014, 2259
　참조.

때문이다(형 제323조 참조).3) 그래서 예컨대 소유자가 고려할 만한 이익 없이 저당권의 방해를 주된 목적으로 하여 건물을 개축하거나 신축하는 경우, 소유자가 저당권을 방해할 목적으로 용익권(예컨대 최우선변제권 있는 주택임대차)을 설정하는 경우 등이 이에 해당할 것이다.

요컨대 저당부동산 소유자 또는 그로부터 적법하게 용익권을 설정받은 제3자의 사용·수익은 원칙적으로 허용되지만, 예외적으로 저당권에 대한 위법한 침해로 평가될 수 있는 경우가 있을 수 있다. 이는 ① 사용·수익이 통상의 용법을 넘어 부동산의 가치를 현저하게 감소시키는 비정상적인 방법에 의한 것이거나, ② 저당부동산 소유자나 기타 용익권자의 주관적인 행태 즉 고의의 방해 목적을 가진 사용·수익을 이유로 그들의 사용·수익이 위법하다고 평가받을 수 있는 경우에 그러하다. 아래에서 살펴보겠지만, 판례도 기본적으로 이러한 시각에 입각하고 있다고 보인다.4)

저당권자에게 수인의무가 없다고 인정되는 이러한 예외적인 경우 저당권자는 소유자 기타 용익권자를 상대로 방해행위의 중지를 청구할 수 있고, 방해의 결과가 현존하는 때에는 그 제거도 청구할 수 있다. 예컨대 소유자가 오염물질을 지속적으로 매립하여 저당토지의 가치가 저하하고 있는 경우, 저당권자는 그러한 행위를 장래에 중단할 것을 청구하면서 매립된 오염물질의 제거를 청구할 수 있다. 한편 소유자의 용익권 설정이 방해 목적으로 이루어져 저당권자의 우선변제에 부정적 영향이 있을 경우, 저당권자는 용익권자를 상대로 저당부동산을 소유자에게 반환할 것을 청구할 수도 있을 것이다(제207조 제2항 참조).

후자의 예에서, 소유자가 인도를 받을 수 없거나 받기를 거절하

---

3) 방해배제청구권과 관련해 방해자의 지속적·반복적 행위를 이유로 하는 행위책임이 문제되는 경우 물권자의 인용의무 판단에 당해 행위의 위법성 판단이 기준이 된다는 점에 대해 Larenz/Canaris, *Lehrbuch des Schuldrecht*, Band Ⅱ/2, 13. Auf., 1994, §86 Ⅳ 1 b 참조.

4) 大判 2007.10.25., 2007다47896(종합법률정보) 참조.

는 경우 또는 소유자의 적절한 관리를 기대할 수 없는 경우, 저당권자
가 자신에게 인도할 것을 청구할 수 있는가? 일본의 판례는 이를 긍
정한다.[5] 저당권자에게는 점유할 권리가 없으므로 무리한 해석으로
보일 수도 있으나, 그러한 사정에도 불구하고 소유자에게 반환하게
하는 것은 현실적으로 불가능하거나 다시 저당권 침해로 나아갈 위험
이 크기 때문에 부득이하지만 이를 시인해야 한다. 그 한도에서 제
207조 제2항을 유추할 것이다. 다만 이때 저당권자는 당연히 저당부
동산을 사용·수익할 수는 없으며, 유지관리에 필요한 최소한의 조치
를 취함에 그쳐야 한다.[6] 또한 소유자가 적법하게 점유를 할 용의를
밝히면 즉시 그에게 저당부동산을 반환해야 한다.

Ⅲ. 재판례에 나타난 몇 가지 사안유형

아래에서는 이상의 내용을 대법원의 재판례에 나타난 사안유형에
비추어 구체적으로 살펴보기로 한다.

1. 환가목적물에 대한 침해

저당권은 저당부동산과 그 효력이 미치는 일정한 물건을 환가하
여 우선변제를 받는 권리이다. 그러므로 그러한 책임기초를 구성하는
환가목적물인 저당부동산 기타 저당권의 효력이 미치는 대상(부합물,
종물, 저당권의 효력이 미치는 과실 등)을 멸실·훼손시키는 행위나 그 처
분을 통해 저당권의 효력을 소멸시킬 가능성이 있는 행위가 행해지는
경우, 저당권자는 그러한 행위의 배제를 청구할 수 있다. 즉 그는 그

---

5) 日最判 2005(平17).3.10., 民集 59-2, 356. 일본 판례의 전개에 대해서 상세한 내
   용은 배성호, "저당권에 기한 방해배제청구의 허용범위", 민사법학, 제28호, 2005,
   78면 이하 참조.
6) 道垣內弘人, 擔保物權法, 第4版, 2017, 183-184면.

러한 행위의 중단을 청구할 수 있고,[7] 방해가 현재 지속하고 있는 때에는 방해행위의 반대행위(actus contrarius)에 해당하는 적극적 행위도 청구할 수 있다.[8] 판례도 같은 취지로, 공장저당권의 목적 동산이 저당권자의 동의를 얻지 아니하고 설치된 공장으로부터 반출된 경우에는 저당권자는 점유권이 없기 때문에 설정자로부터 일탈한 저당목적물을 저당권자 자신에게 반환할 것을 청구할 수는 없지만, 저당목적물이 제3자에게 선의취득되지 아니하는 한 원래의 설치 장소에 원상회복할 것을 청구함은 저당권의 성질에 반하지 아니함은 물론 저당권자가 가지는 방해배제권의 당연한 행사에 해당한다고 한다.[9] 저당권자가 반출된 종물을 자신에게 반환청구하는 것은 제370조에 반할 것이지만,[10] "원래의 자리" 즉 소유자가 정상적인 사용·수익을 할 수 있도록 반환시키는 것은 소유자의 사용·수익에 개입하는 것이 아니라 자신의 책임기초 감소행위에 대해 반작용하는 것에 지나지 않아 법률의 취지에 반하지 않는다.

2. 소유자 또는 용익권자의 건축

소유자 기타 용익권자가 사용의 방법으로 나대지에 건물을 건축하는 경우, 그러한 건축도 정상적이고 통상적인 사용·수익으로 볼 수 있는가?

(1) 판례는 원칙적으로 그러한 건축을 용익권한에 기초해 적법한 것으로 평가하는 것으로 보인다. 한 사안에서 갑은 나대지를 매수하

---

7) 김용담 편집대표, 주석 민법 물권(4), 제4판, 2011, 311면(김재형).

8) 김형석, "소유물방해배제청구권에서 방해의 개념", 서울대 법학, 제45권 제4호, 2004, 419면 이하 참조.

9) 大判 1996.3.22., 95다55184, 공보 1996, 1353. 이 판결은 지금은 폐지된 공장저당법 제9조가 적용된 것이지만(현행 공저 제7조 참조), 동일한 법리가 그대로 일반저당권에도 적용될 수 있다.

10) 김증한·김학동, 물권법, 제9판, 1997, 547−548면; 강태성, 물권법, 제5판, 2015, 1184면.

면서 이를 을에게 임대하였다. 동시에 그는 병을 채무자로 하여 원고에게 금전을 차용하여 잔대금을 지급하였고, 소유권 등기를 이전받으면서 원고에게 근저당권을 설정해 주었다. 갑과 병은 저당권을 설정하면서 토지에 건물을 신축할 경우에는 저당권자의 사전 동의를 받고, 건물이 완공되면 공동담보로 제공하겠다고 원고와 약정하였다. 을의 배우자인 피고는 이 토지에 건물을 신축하였다. 약 2년 후 원고는 저당권을 실행하면서 이 건물의 철거를 청구하였다. 대법원은 일반론으로 "담보로 제공된 부동산 소유자로부터 점유권원을 설정받은 제3자가 통상의 용법에 따라 부동산을 사용·수익하는 한 저당권을 침해한다고 볼 수 없다"고 하면서도 "점유권원을 설정받은 제3자의 점유가 저당권의 실현을 방해하기 위한 것이고, 그 점유에 의해서 저당권자의 교환가치의 실현 또는 우선변제청구권의 행사와 같은 저당권의 실현을 방해하는 특별한 사정이 있는 경우에는 저당권의 침해로 인정될 수 있"다고 설명한 다음, "피고가 갑으로부터 이 사건 각 대지에 대한 점유권원을 설정 받은 시기와 경위, 이 사건 각 대지에 대한 임의경매신청 시기에다가 피고가 위 확약서의 존재를 알았다고 볼만한 뚜렷한 사정이 없는 점 등을 종합해보면 피고가 원고의 근저당권의 실현을 방해하기 위하여 이 사건 각 대지 중 일부에 이 사건 건물을 신축하여 점유한 것이라고 단정하기는 어렵다고 할 것이므로, 위와 같은 피고의 점유를 저당권 침해에 해당하는 것으로 평가할 수는 없다"는 원심을 시인하였다.[11]

이러한 태도는 타당하다고 보인다. 민법은 저당권을 비점유담보권으로 규정함으로써, 저당부동산을 사용·수익하여 저당채무를 변제할 수 있는 기초로 활용할 수 있는 경제활동의 자유를 저당부동산 소

11) 大判 2007.10.25., 2007다47896(종합법률정보). 이 판결에 대해 김창보, "토지저당권에 기한 방해배제청구권의 행사로서 지상건물에 대한 철거청구", 민사재판의 제문제, 제16권, 2007, 576면 이하 참조.

유자에게 보장하고 있다. 따라서 특별한 사정이 없는 한 토지 소유자가 스스로 건물을 건축하거나 또는 건축을 목적으로 하는 타인에게 토지를 임대하는 등의 방법으로 토지를 활용하는 것은 허용된다고 해야 한다.12) 앞의 사건에서 원고가 갑과 병에게 채무불이행 책임을 묻는 것은 별론, 그 약정의 당사자가 아닌 임차인의 적법한 사용·수익의 결과 성립한 건물에 대해 철거를 청구할 수는 없다고 하겠다.

　　물론 그러한 건물은 법정지상권(제366조)이 인정되지 않아 철거될 수 있는 건물로서 저당권자의 일괄경매청구(제365조)의 대상이 되기는 한다(제2편 제4장 참조). 그러나 이들 규정의 취지는 오히려 특별한 사정이 없는 한 소유자의 건축이 통상의 사용·수익에 포함된다는 것을 보이고 있다. 즉 그에 따르면 토지 저당권 설정 후 건축된 건물은 **저당권 실행의 장면에 이르러야 비로소** 존속을 보장받을 수 없다는 것이며, 이로부터 특별한 사정이 없는 한 건축 자체는 정당한 사용·수익으로 허용된다는 평가를 간취할 수 있는 것이다. 요컨대 이들 규정에 의해 민법은 저당권자의 나대지에 대한 담보가치 기대를 보장하면서도, 저당권이 실행될 때까지 건물은 적법하게 건축되어 존속할 수 있고 또한 피담보채무가 변제되는 한 이후에도 계속해서 적법하게 존속할 수 있도록 하는 방향의 규율을 채택하고 있다. 그리고 실제로 실무에서는 소유자와 저당권자 사이에 건축하지 않을 약정이 행해지거나 그러한 가능성을 배제하기 위해 저당권자가 지상권을 설정받는 관행이 존재하는데, 이 역시 소유자의 건축을 가능한 것으로 보는 거래계의 이해를 보여주고 있으며, 이를 배경으로 할 때 그러한 방법으로 건축에 대비한 저당권자과 그렇지 않은 저당권자를 일률적으로 동일 취급할 수 없다는 점도 고려되어야 한다.

　　그러므로 건축을 하지 않을 소유자의 의무는 소유자와 저당권자

---

12) 김증한·김학동 (주 10), 531면; 양창수, "2006년도 민사판례 관견", 민법연구, 제9권, 2007, 368면.

사이에 그에 대한 계약이 있는 경우에만 인정된다. 즉 특별한 약정이 없는 한 저당토지 소유자는 정상적인 사용·수익의 방법으로 건축을 할 수 있으며, 저당권자는 건축에 따른 통상적인 가치하락의 범위에서는 이를 수인해야 할 것이다.[13] 반대로 건축을 금지하는 계약이 있는 때에는 소유자의 건축은 위법하며 저당권자의 방해배제의 대상이 된다. 또한 문제의 건축이 통상적인 건축에 수반하는 가치하락을 상회하여 비정상적인 가치하락을 수반하는 경우이거나 저당권 방해를 주된 목적으로 하여 행해지는 등 주관적으로 비난가능한 행태가 있는 경우에 예외적으로 저당권자의 수인의무가 부정되어 방해배제청구가 가능함은 물론이다.

---

13) 대부분의 외국 법제는 건물을 토지의 구성부분으로 취급하므로 이 문제에 대한 비교법적 자료를 찾기는 쉽지 않다. 그럼에도 프랑스 민법에서 저당권 설정 이후 소유자가 행한 임대차(bail)의 효력에 관한 논의가 참조가 된다. 즉 프랑스 민법에서는 저당권 설정 이후 소유자가 설정한 임대차라도 저당권자에게 대항할 수 있어 경락인에게 승계되는데(동법 제1743조 제1항 참조), 그러한 임대차가 상당한 장기인 때에는 경락인이 토지를 사용·수익할 가능성을 제한받아 토지 가치가 저하한다는 점에서(Cabrillac, Mouly, Cabrillac et Pétel, *Droit des sûretés*, 9ᵉ éd., 2010, nᵒ 970) 우리의 경우 건축의 사례와 비교할 만한 부분이 있기 때문이다(물론 차이도 없지 않은데, 우리의 경우 경락인은 건물 철거에 해당하는 불이익을 받는 대신 건물 없는 토지를 소유하게 되나 프랑스의 경우 경락인은 임대차를 인수하는 불이익을 받지만 남은 기간 차임을 청구할 권리를 가지게 된다). 프랑스 민법은 처음에는 소유자의 관리권한에 비추어 그러한 임대차의 효력을 제한 없이 인정하였던 것으로 보인다. 그러나 그러한 결과가 저당권자에게는 불리하므로, 1855년 이후 입법(1855년 3월 23일 법률 제2조 제4호; 현재는 1955년 1월 4일 데크레 제28조 제1호 b)을 통해 일정 기간(현재는 12년)을 기준으로 그보다 단기의 임대차는 저당권 설정 이후의 것이더라도 그 실행 전에 성립하였다면 등기 없이 대항할 수 있도록 하고(일정한 강제갱신의 경우도 포함), 12년 또는 그보다 장기의 임대차는 저당권보다 먼저 등기된 때에만 그 기간을 인정하고 저당권보다 이후 등기된 때에는 12년의 효력만을 인정하는 것으로 하였다. 그 내용은 우선 Cabrillac, Mouly, Cabrillac et Pétel (주 13), nᵒ 970 참조. 이러한 외국의 경험을 살펴본다면, 저당권자에게 상당한 불이익을 주는 소유자의 사용·수익 권한 행사도 그것이 정상적인 용법에 부합하는 이상 허용되어야 하고, 그 제한에는 특별한 입법이 필요함을 알 수 있다.

(2) 그런데 재판례 중에서는 앞서 살펴본 것과는 다른 관점에서 판단한 것으로 보이는 것도 발견된다. 여기서는 토지 소유자가 저당권을 설정한 대지상에 20층 규모의 오피스텔을 신축한 지 1년 여 만에 지하층의 공사를 한 상태에서 부도를 내자, 제3자가 건축사업 시행권을 양수하고 공사를 속행하였고 이후 저당채권자의 신청에 의하여 임의경매절차가 개시되었음에도 공사를 강행한 사안이 문제되었다. 앞서 살펴본 사건과 구별되는 사실관계의 특징은 이미 경매개시결정이 있음에도 건축이 행해지고 있다는 것이라고 말할 수 있다.

대법원은 일반론으로 "저당부동산의 소유자 또는 그로부터 점유권원을 설정받은 제3자[…]가 저당부동산을 점유하고 통상의 용법에 따라 사용·수익하는 한 저당권을 침해한다고 할 수 없다"고 하면서도, "저당권자는 저당권 설정 이후 환가에 이르기까지 저당물의 교환가치에 대한 지배권능을 보유하고 있으므로 저당목적물의 소유자 또는 제3자가 저당목적물을 물리적으로 멸실·훼손하는 경우는 물론 그 밖의 행위로 저당부동산의 교환가치가 하락할 우려가 있는 등 저당권자의 우선변제청구권의 행사가 방해되는 결과가 발생한다면 저당권자는 저당권에 기한 방해배제청구권을 행사하여 방해행위의 제거를 청구할 수 있다"고 하면서 "대지의 소유자가 나대지 상태에서 저당권을 설정한 다음 대지상에 건물을 신축하기 시작하였으나 피담보채무를 변제하지 못함으로써 저당권이 실행에 이르렀거나 실행이 예상되는 상황인데도 소유자 또는 제3자가 신축공사를 계속한다면 신축건물을 위한 법정지상권이 성립하지 않는다고 할지라도 경매절차에 의한 매수인으로서는 신축건물의 소유자로 하여금 이를 철거하게 하고 대지를 인도받기까지 별도의 비용과 시간을 들여야 하므로, 저당목적 대지상에 건물신축공사가 진행되고 있다면, 이는 경매절차에서 매수희망자를 감소시키거나 매각가격을 저감시켜 결국 저당권자가 지배하는 교환가치의 실현을 방해하거나 방해할 염려가 있는 사정에 해당한다"

고 하였다.[14)]

이 판결의 이유제시는 명확하지 못해 여러 가지 의문을 발생시킨다. 우선 ① 이 판결은 통상의 용법에 따른 사용·수익의 경우 위법성이 없음을 밝히면서도 바로 이어서 객관적으로 우선변제권의 행사가 방해받으면 그 방해의 제거를 구할 수 있다고 단언하여, 과연 양자의 관계를 어떻게 파악하는지 쉽게 알 수 없다. 객관적으로 우선변제권의 행사가 방해받으면 일반적으로 통상의 용법에서 벗어난다는 것인가 아니면 단지 이 사안에서 그러하다는 것인가? 또한 그러한 모호성 때문에 추가적인 의문도 발생한다. ② 저당권 실행이 임박하였거나 실행 중이라는 사실을 강조하여 그러한 경우에 예외적으로 철거를 허용한다는 것인가? 아니면 경매가 임박하거나 신청되지 아니한 경우에도 "경매절차에서 매수희망자를 감소시키거나 매각가격을 저감시켜 결국 저당권자가 지배하는 교환가치의 실현을 방해하거나 방해할 염려가 있는 사정"이 있으면 건축이 불허될 수 있다는 것인가? 이 점도 반드시 명확한 것은 아니다. 그리고 ③ 대법원의 다른 재판례들과는 달리 주관적 비난가능성의 요건 즉 통상적인 용법에 따른 것으로 보이더라도 방해 목적이 전면에 있는 때에는 그 배제가 가능하다는 점에 대한 언급이 없이 오로지 객관적인 기준만을 언급하고 있다는 것도 이 판결의 특징이다.

이 판결에 대해서는 찬반양론이 나뉜다. 긍정하는 견해는, 소유자에게는 담보가치유지의무가 있고, 저당권 실행 이후에는 저당권자의 이익이 보다 보호될 상황이며, 어차피 경매가 진행되면 소유자 또는 제3자는 경락인에 대하여 점유를 대항할 수 없으므로 어차피 철거될 건물의 건축을 계속하여 저당권자의 우선변제를 방해하는 것은 허용될 수 없고, 일괄경매청구(제365조)는 건물 완성 전에는 사용할 수 없을 뿐 아니라 그 행사는 저당권자의 권리이지 의무가 아니므로 이

---

14) 大判 2006.1.27., 2003다58454, 공보 2006, 316.

로써 문제를 해결할 수 없다는 이유를 든다.[15) 그러나 소유자는 저당
권 설정 이후에도 사용·수익의 권능을 보유할 뿐만 아니라, 저당권자
는 대지가 통상적인 용익권 범위 내에서 활용될 가능성을 감수하고
담보가치를 확보하고 있으므로 저당권자에게 철거 및 퇴거청구를 인
정하게 되면 실질적으로 소유자의 권능을 감축하는 것으로 부당하며,
원래 적법하던 행위가 경매신청이 있다고 위법하게 될 이유도 없다는
반론도 주장된다.[16)

    앞서 보았지만(바로 위의 (1) 참조), 특별한 약정이 없는 한 소유자
의 건축행위는 정상적인 사용·수익으로 허용되어야 하므로, 문제는
경매가 임박하였거나 신청된 경우라면 저당부동산의 객관적인 가치저
하만으로 방해배제가 가능하다고 예외를 설정할 수 있을지 여부이다.
이 역시 법률이 당해 문제에 대해 결단한 가치평가에 기초해 판단해야
한다. 그런데 저당권 실행에 따른 부동산의 압류가 소유자의 사용·수
익권능에 미치는 영향에 대한 법률은 어떠한 태도를 보이는가? ① 우
선 압류는 부동산에 대한 소유자의 관리·이용에 영향이 없고(민집 제
268조, 제83조 제2항), ② 압류 이후에 소유자가 수취하는 과실은 일단
그에게 귀속한 다음 이후 경매에 의하여 경락인에게 이전한다(제359
조). 이를 종합한다면, 저당권의 실행은 소유자(또는 그로부터 용익권을
설정받은 제3자)의 수익의 권한만을 그것도 수익 자체는 허용하되 그
결과물이 경매의 대상이 되는 방법으로 제한할 뿐이며, 소유자의 사

---

15) 김재형, "저당권에 기한 방해배제청구권의 인정범위", 민법론 Ⅲ, 2007, 168면 이
    하; 윤진수, "2006년도 주요 민법 관련 판례 회고", 민법논고 Ⅲ, 2008, 728면 이
    하; 민유숙, "저당권에 기한 방해배제청구로서 저당목적토지상의 건물건축행위를
    중지시킬 수 있는지 여부", 판례실무연구 Ⅷ, 2006, 342면; 김미경, "저당권에 기
    한 방해배제청구", 재판과 판례, 제15집, 2007, 368면 이하; 배성호, "저당권에 기
    한 방해배제청구의 허용범위", 민사법학, 제28권, 2005, 102면; 김창보 (주 11),
    595 – 596면.
16) 양창수 (주 12), 367면 이하; 오현규, "저당권에 기한 방해배제청구권과 건물신축
    행위의 중지청구", 민사판례연구[XXIX], 2007, 555면 이하.

용권한과 관리권한에는 아무런 영향을 주지 않는다는 것이 명백히 표현되어 있다(제2편 제1장 Ⅱ. 3. (4)도 참조). 그렇다면 저당권의 실행이라는 사태가 소유자의 사용·수익에 어떠한 영향을 미친다는 결론은 법률의 해석으로는 인정되기 어렵다고 생각된다. 앞서 언급한 법률규정에 비추어 보면 소유자의 사용권한에 따른 건축이 저당권 실행이라는 사정만으로 위법하게 될 근거를 찾을 수는 없기 때문이다. 이러한 결과는 경매절차가 종료하기 이전에 채무가 변제될 법적인 가능성이 —그것이 현실적으로 아무리 경미한 것이더라도 적어도 법률적으로— 존재한다는 사실(민집 제49조 제3호, 제4호 참조) 및 소유자로서는 건축과 관련된 투자자 등 이해관계인의 경락을 기대할 수 있다는 사정을 고려해도 그러하다. 즉 이후 피담보채권이 변제되어 경매가 개시하지 않거나 개시하여도 중단될 가능성이 존재하는 이상, 그리고 건축을 진행하는 소유자가 경락 이후 존속을 기대할 만한 이해관계가 충분히 존재할 수 있는 이상, 법률에 근거가 없는 사용권한 제한에는 신중할 필요가 있는 것이다. 또한 소유자와 특약을 하거나 지상권을 설정하는 등 건축 가능성을 배제하는 조치를 취한 저당권자와 그렇지 아니한 저당권자를 동등하게 취급하는 것 역시 형평에 부합한다고 하기는 어려울 것이다. 그러므로 소유자 또는 적법한 용익권자의 건축이 저당권 실행 이후에 방해배제의 대상이 될 수 있기 위해서는, 다른 재판례에서 대법원이 선언한 법리에 따라 소유자 또는 용익권한 있는 자의 건축이 저당부동산의 가치를 감소시킨다는 사정뿐만 아니라 그것이 통상적이지 아니한 과도한 가치저하를 수반한다는 사정 또는 저당권을 방해하기 위한 목적으로 건축이 진행되고 있다는 사정도 존재하는 때에만 저당권자의 수인의무가 부정되어 방해배제청구권이 허용된다고 하겠다(본장 Ⅱ. 참조).[17] 예컨대 저당권이 실행되어 경매가 개

---

17) 이에 대해서 윤진수 (주 15), 729면 주 84는 방해배제청구권은 귀책사유를 요건으로 하지 아니하므로 이러한 주관적 요건을 도입하는 것은 바람직하지 아니하고 적

시한 이후에 새삼 사용·수익 방법을 바꾸어 완결될 수 없는 건축을 시작하는 경우라면 그러한 방해 목적이 인정되기 쉬울 것이지만, 기존에 진행되고 있던 건축이라면 당사자들의 이해관계 기타 제반사정을 고려하여 그러한 방해 목적 유무를 심사해야 한다. 그 밖에 집행법상의 구제수단(가령 민집 제268조, 제83조 제3항)이 고려될 수 있음은 물론이나, 여기서도 제370조, 제214조의 가치평가는 마찬가지로 타당할 것이다.

3. 제3자의 불법점유

제3자가 권한 없이 저당부동산을 점유하고 있는 경우, 저당권자는 방해배제청구권을 행사하여 목적물의 반환을 청구할 수 있는가? 종래 그러한 불법점유는 경락인에게 주장할 수 없어 어차피 퇴거될 운명이므로 저당권의 효력범위에는 아무런 영향이 없어 침해를 인정하기 어렵다는 견해[18]와 반대로 그렇다고 하더라도 불법점유의 존재는 실질적으로 경락인의 출현을 저해하거나 경매대금을 하락시킨다는 이유로 저당권 침해가 있다고 하여 퇴거청구를 인정하는 견해[19]가 주

용에서 불확실성을 증가시킨다고 비판한다. 그러나 방해 목적의 고려는 이미 앞서 서술한 바와 같이 귀책사유 요건이 아니라 위법한 방해 판단의 요소로서 저당권자의 수인의무를 구체화하는 기준이다. 예컨대 제3자에 의한 채권침해의 경우 위법성의 전제로 가해자의 강화된 주관적 행태를 요구한다고 해서(예컨대 大判 2003.3.14., 2000다32437, 공보 2003, 965; 2001.5.8., 99다38699, 집 49-1, 319) 이를 추가적인 귀책사유 요건이라고 하지 않는 것과 다를 바 없다. 그리고 이렇게 수인의무를 구체화할 때 당사자들의 행태에 대한 고려가 불가결함은 부정하기 어려울 것이다. 또한 방해배제청구권에서 수인의무를 구체화할 때 일정 부분 판단의 불확실성이 존재함은 피할 수 없는 것일 뿐만 아니라, 사안에서 방해 목적을 보이는 사정이 충분히 드러나지 아니하는 때에는 원칙으로 돌아가 통상적인 사용·수익으로 저당권자는 이를 수인해야 한다고 판단해야 할 것이므로 각별히 불확실성이 증가한다고 말하기도 어렵다.
18) 김증한·김학동 (주 10), 547면.
19) 이영준, 물권법, 전정신판, 2009, 913면.

장되었다.

　판례에서는 점유자의 점유할 권리가 다투어지는 사안에 대한 대법원 판결이 이 유형에 속한다고 볼 수 있다. 대법원은 일반론으로 "저당부동산에 대한 점유가 저당부동산의 본래의 용법에 따른 사용·수익의 범위를 초과하여 그 교환가치를 감소시키거나, 점유자에게 저당권의 실현을 방해하기 위하여 점유를 개시하였다는 점이 인정되는 등, 그 점유로 인하여 정상적인 점유가 있는 경우의 경락가격과 비교하여 그 가격이 하락하거나 경매절차가 진행되지 않는 등 저당권의 실현이 곤란하게 될 사정이 있는 경우에는 저당권의 침해가 인정"될 수 있어 방해배제로서 퇴거를 구할 수 있다고 하면서, 다만 점유권원인 매매의 존재를 입증하지 못한 다세대주택의 한 구분부분의 점유자에 대한 퇴거청구에 대하여 부적절한 용익이나 경매지연 등의 우려가 없다고 하여 청구를 기각하였다.20) 물론 이 판결의 사실관계에서 점유자의 매수인 지위가 인정되는 때에는 저당권자는 방해배제를 할 수 없게 될 것이어서 이 점에 대해 원심에서 심리가 속행되어야 할 것이었다. 그러나 대법원은 매매가 부정된다고 하여도 피고의 점유가 주택의 점유로서는 적정하지 않다거나 경매절차의 진행이나 경락을 곤란하게 하여 정상적인 경락가격보다 교환가치를 하락시켰다고 볼 수 없다는 이유로 방해배제의 관점에서도 청구를 받아들이지 않았다. 요컨대 여기서는 구체적으로 객관적 방해사실조차 부정된 것이라고 말할 수 있다. 이 서술에서는 비정상적인 사용·수익 또는 방해목적이 별도의 요건이라기보다는 객관적 방해사실의 예시인 것처럼 서술되어 이들 사이의 관계가 모호하지만, 이후 재판례21)의 판시를 고려할 때 별개의 요건으로 보는 것이 타당하다. 즉 환가권과 우선변제권에 대한 간섭이 있으면 방해가 존재하고, 점유가 통상의 용법을 벗어나거

---

20) 大判 2005.4.29., 2005다3243, 공보 2005, 837.
21) 大判 2007.10.25., 2007다47896 및 2008.1.17., 2006다586(모두 종합법률정보).

나 방해 목적이 있는 때에 저당권자의 수인의무가 없어 방해가 위법하게 된다는 의미로 이해해야 한다.

그러나 제3자의 불법점유에 의해 경매 대가가 저하하는 등 우선 변제에 대한 간섭이 확인되는 경우에는, 점유자의 주관적인 방해 목적의 고려 없이 바로 방해배제를 청구할 수 있다고 해석하는 것이 타당하다고 생각된다. 왜냐하면 정당한 권한 없이 타인 물건을 점유하는 행위가 그 물건의 정상적이고 통상적인 용법에 따른 사용이라고 말하기는 어렵기 때문이다. 그러한 경우에는 소유자도 물권적 반환청구권을 가질 것이므로,[22] 저당권자가 자신의 방해배제청구권을 행사해 저당부동산을 소유자 기타 적법한 용익권자의 정상적인 점유와 사용·수익으로 돌리는 것은 비점유담보권으로서의 성질에 반하지 않는다고 해야 한다. 따라서 제207조 제2항을 유추하여 우선변제권의 간섭을 받는 저당권자는 불법점유자에게 저당부동산을 소유자 기타 적법한 용익권자에게 반환할 것을 청구할 수 있고, 그러한 반환이 불가능하거나 기대할 수 없을 때 자신에게 반환할 것을 청구할 수 있다. 이때 저당권자가 저당부동산을 사용·수익할 수는 없으며 유지관리에 필요한 최소한의 조치를 취함에 그쳐야 함은 물론이다.

---

[22] 그러므로 저당권자가 소유자의 소유물반환청구권(제213조)을 대위행사하는 것(제404조)도 가능하다. 日最判 1999.11.24., 民集 53-8, 1899 참조.

제6장
환가권과 구상권의 조정:
공동저당의 법률관계

I. 도입

1. 공동저당의 의의

　동일한 채권의 담보로 여러 개의 부동산에 저당권이 설정된 것을 공동저당이라고 한다(제368조 제1항). 이러한 공동저당은 무엇보다도 다수의 부동산의 담보가치를 집적하고 또 목적물 중 하나에 일어날 수 있는 가치하락의 위험을 다른 목적물에 의하여 회피함으로써 피담보채권의 만족가능성을 높이는 기능을 한다.[1] 이는 예컨대 파편화 등을 이유로 개별 부동산의 가치가 크지 않은 경우에 의미를 가진다. 특히 거래에서 한꺼번에 거래되는 토지와 그 지상 건물이 우리 법에서는 별개의 부동산으로 다루어지므로, 이들을 공동저당의 목적으로 함으로써 그 각각의 가치를 제대로 평가받을 수 있고 나아가 매각이 용

---

[1] 양창수·김형석, 민법 III: 권리의 보전과 담보, 제3판, 2018, 478면; 곽윤직·김재형, 물권법, 제8판, 2015, 483-484면; 김용담 편집대표, 주석 민법 물권(4), 제4판, 2011, 236-237면(김재형).

이하게 되는 이점이 있다. 또한 공동저당권자는 자신의 임의적인 판단에 의하여 그 실행이 용이한 부동산으로부터 자기 채권의 회수를 도모할 수 있는 이점도 있다.

그런데 이러한 저당권자의 관점에서의 이익은 저당부동산 소유자 및 후순위권리자에 대하여 불이익으로 작용할 위험을 수반한다. 공동저당권자는 어떤 부동산을 어떤 순서로 실행할 것인지 아니면 동시에 저당권 전부를 실행할 것인지를 자유로이 결정할 수 있다는 점에서 자유선택권을 가진다(본장 Ⅲ. 1. 참조). 그런데 저당권자가 여러 부동산의 담보가치를 집적하면서 그 중 실행할 부동산을 임의로 선택할 수 있다고 한다면, 전적으로 그의 판단에 따라 소유권을 보전하는 자와 상실하는 자 그리고 만족을 받는 자와 받지 못하는 자가 결정될 것이다. 공동저당권자의 자의에 따라 당사자들의 손익이 현격하게 달라지는 이러한 결과는 합리적이라고 하기 어려울 뿐만 아니라, 저당부동산 소유자 및 후순위권리자로 하여금 공동저당권자와의 공모를 통해 불이익을 타인에게 전가할 유인을 발생시킨다.[2] 이러한 상황은 정책적으로 만족스럽다고 말하기 어렵다.

2. 민법의 규율

이상에서 발생하는 문제를 회피하기 위해서는 공동저당이 설정된 각 부동산에 공동저당권자를 만족시킬 분담액을 지정하는 것이 합목적적이다. 이러한 방향으로 나아갈 때 입법적으로는 공동저당권자가 각 부동산으로부터 분담액의 한도에서만 만족을 받을 수 있도록 하는 방법이 우선 고려 가능하다. 그러나 이는 공동저당권자의 자유선택권과 충돌하며 공동저당의 이점을 상당부분 감퇴시킬 우려가 있다. 이에 대해 분담액을 전제로 하면서도, 공동저당권자는 자유로이 저당권을 실

---

2) Baur/Stürner, *Sachenrecht*, 18. Aufl., 2009, § 43 Rn. 5.

행할 수 있으나 그 분담액을 기준으로 관계인이 그 지위를 대위하도록 하여 결과에 있어 분담액이 관철되도록 하는 방법도 존재한다.[3]

우리 민법은 마지막의 방법을 채택하여 제368조에서 공동저당의 경우 공동저당권자와 후순위저당권자의 이해관계를 조정하는 규정을 두고 있다. 이 규정은 한편으로는 피담보채권의 만족을 받을 목적물을 자유롭게 선택할 공동저당권자의 권한을 인정하면서도, 다른 한편으로는 그로 인하여 후순위저당권자가 불이익을 받지 않도록 배려하는 대위를 정하고 있다. 이에 의하면 동시배당의 경우에는 공동저당의 목적인 각 부동산의 경매대가에 비례하여 공동저당권자의 채권의 분담을 정하도록 하고(동조 제1항), 이시배당의 경우에는 그 경매한 부동산의 후순위저당권자가 동시배당의 경우 선순위저당권자가 다른 부동산의 경매대가에서 변제를 받을 수 있는 금액의 한도에서 선순위저당권자를 대위하여 저당권을 행사할 수 있도록 한다(동조 제2항).

3. 본장의 과제

그런데 종래 제368조의 적용과 관련해서는 많은 논란이 있었다. 그 중 상당부분은 최근 학설과 판례의 노력에 의해 비교적 만족할 만한 수준으로 해명되고 있으나, 여전히 이론적·실무적으로 논의가 필요한 쟁점이 존재함은 부정하기 어렵다.

이러한 상황에서 본장은 민법 제368조를 포괄적으로 고찰하는 것을 목적으로 한다. 우선 본장은 이 규정의 위상을 연혁적으로 그리고 비교법적으로 살펴보고, 그로부터 우리 민법의 해석에 대한 시사점을

---

3) 역사적·비교법적으로 공동저당의 금지 여부 및 공동저당권자의 자유선택권의 인정 또는 제한 여부와 관련해 다양한 입법례가 관찰된다. Marcusen, "Die Correal-hypothek im modernen Rechte", *Zeitschrift für vergleichende Rechtswissenschaft*, Band 13, 1898, 220ff. 참조. 또한 佐久間弘道, 共同抵當の理論と實務, 1995, 18면 이하; 조성민, "공동저당권에 있어서의 문제점", 부동산법학의 제문제(김기수 교수 화갑기념), 1992, 507-508면도 참조.

탐색한다. 이어지는 분석은 제368조의 적용범위와 규범내용을 대상으로 한다. 즉 동조의 적용과 제기될 수 있는 실무적 쟁점들을 해석론의 관점에서 개별적으로 상세히 검토하는 한편, 그에 대해 이론적으로 만족할 수 있을 만한 설명을 부여하고자 한다. 그 과정에서 종래 이루어지는 설명을 보다 새로운 관점에서 볼 수 있을 가능성을 제시하면서 몇 가지 문제와 관련해서는 이전과는 다른 해결방법을 채택할 것을 주장하고자 한다. 이로써 공동저당과 관련한 이론과 실무에 부족하나마 기여를 할 수 있기를 희망한다.

Ⅱ. 규정의 연혁과 비교법

1. 출발 사례

민법 제368조의 역사적·비교법적 위치를 살펴보기 위해서는 우선 그것이 예정하고 있는 분쟁 유형이 어떤 것인지를 인식할 필요가 있을 것이다. 아래에서(본장 Ⅲ. 참조) 해석론으로 상세하게 다루어질 것이지만, 규정의 연혁과 비교법을 이해하기 필요한 한도에서 핵심적인 쟁점을 간단히 언급하기로 한다.

주지하는 바와 같이, 공동저당의 목적물의 일부가 채무자가 아닌 물상보증인의 소유일 때, 이시배당의 경우 후순위저당권자의 대위(제368조)와 물상보증인의 변제자대위(제481조)의 충돌이라는 문제가 발생한다. 공동저당권자가 행사하지 아니한 나머지 저당권들이 각각의 대위의 목적이 되기 때문이다. 즉 간단한 예로 채권자(G)가 채무자(S) 소유 甲 부동산과 물상보증인(K) 소유 乙 부동산에 각각 1순위 공동저당권을 가지고 있고 후순위저당권자(N)가 甲 부동산에 2순위 저당권을 가지고 있는 경우,[4] ① 선순위인 공동저당권자(G)가 이시배당에

---

4) 간단하게 도표로 나타내면 다음과 같다.

의하여 甲 부동산으로부터 만족을 받은 경우 동시배당에 비하여 불이
익을 받은 후순위저당권자(N)가 乙 부동산에 설정된 공동저당권자(G)
의 저당권에 대위를 할 수 있는지 아니면 대위할 수 없어 물상보증인
(K) 소유 부동산의 부담은 그 한도에서 소멸하는지, 아니면 ② 선순위
인 공동저당권자(G)가 이시배당에 의하여 乙 부동산으로부터 만족을
받은 경우 물상보증인(K)이 구상권 확보를 위하여 공동저당권자(G)의
甲 부동산에 대한 저당권에 변제자대위를 할 수 있는지 아니면 그 저
당권은 만족을 받은 한도에서 소멸하여 후순위저당권자(N)의 이익으
로 돌아가야 할 것인지 여부가 문제되는 것이다. 여기서 단순하게 각
각 제368조와 제481조를 적용한다면 선순위인 공동저당권자의 선택
에 따라 후순위저당권자(N)와 물상보증인(K)의 지위가 정면으로 충돌
하므로 해석상 이를 조정할 필요가 있다.

더 나아가 후순위저당권자의 대위와 변제자대위의 충돌은 乙 부
동산이 채무자(S) 또는 물상보증인(K)으로부터 소유권을 취득한 제3
취득자(D)의 소유인 경우에도 나타날 수 있어서, 문제를 더욱 복잡하
게 한다.

2. 민법 제368조의 유래와 비교 입법례

(1) 일본 민법에서 이탈리아 민법으로

우리 민법 제368조는 그 내용에 있어 일본 민법 제392조를 거의
그대로 계수한 것이다. 따라서 제368조의 연원을 알기 위해서는 이규
정의 연혁을 살펴볼 필요가 있다.

(가) 일본 민법의 입법관여자에 의하면 동법 제392조는 일본 구

	甲 (S 소유)	乙 (K 소유)
제1순위	G	G
제2순위	N	

민법 채권담보편 제242조에 단순히 의미를 명확하게 하는 자구수정만
을 가한 것이다.5) 실제로 구민법 채권담보편 제242조의 제1항, 제2항
은 내용상 현행 일본 민법 제392조의 제1항, 제2항에 서로 대응한다.

구민법의 편찬자인 보아소나드에 의하면 이러한 구민법의 규정은
프랑스 민법에는 존재하지 아니하는 것으로, 이탈리아 구민법 제2011
조로부터 받아들인 것이라고 한다.6) 보아소나드는 공동저당권자에게
자유로이 환가를 시도할 자유를 인정할 경우 나타나는 후순위저당권
자의 불이익을 언급하면서, 동시배상의 경우 각 부동산 가액에 따른
분담 및 이시배당의 경우 후순위저당권자의 대위를 정당화한다.7)

(나) 이탈리아 구민법 제2011조는 다음과 같은 내용의 규정이다.

---

5) 未定稿本 民法修正案理由書, 서울대 도서관 소장본, 321면.

6) Boissonade, *Projet de code civil*, tome 4e, 1891, p. 491 – 492.

7) Boissonade (주 6), p. 492. 여기서 보아소나드는 변제자대위의 취지로부터 같은
   결론이 나올 수 있다고 생각하며(*Code civil de l'empire du Japon accompagné
   d'un exposé des motifs*, tome 3, 1891, p. 262 – 264도 참조: "본조의 규정은 법정
   대위의 새로운 유형이다. […] 이러한 법정대위는 […] 재산편 제482조 제2호에
   서 표현되어 있는 것과 같은 성질을 가지는 법이 부여하는 특권이다"), 특히 프
   랑스 민법에서도 동법 제1251조 제1호의 해석으로 이것이 가능할 것이라고 생각
   한다. "어느날 프랑스 판례가 이탈리아 법률로부터 영감을 받아 제1251조 제1호
   의 적용만으로 같은 결론에 도달한다고 하여도 우리는 놀라지 않을 것이다"(주 6,
   p. 493). 그러나 프랑스 민법 제1251조 제1호는 후순위저당권자가 자신의 권리를
   보전하기 위하여 선순위권리자의 채무를 변제한 경우를 전제하므로 해석상 이로
   부터 후순위저당권자의 대위를 인정하기는 어려울 것이고, 프랑스 학설이나 판례
   도 그러한 방향으로 나아가지는 않은 것으로 보인다. 프랑스 판례는 프랑스 민
   법 제1251조 제1호를 ―제3호와는 달리― 엄격하게 적용하고 있다고 하며, 그 결
   과 후순위저당권자가 선순위권리자에게 직접적인 변제를 한 경우에만 적용되고 선
   순위권리자가 채무자 자신에게 속하는 재산으로부터 만족을 받았다는 사정만으로
   는 충분하지 않다고 한다. Savaux, "Subrogation personelle", *Répertoire de droit
   civil*, tome X, 1998, nos 91, 93, 97 참조. 藤原明九, ボワソナード抵當法の硏究,
   1995, 146 – 148면에 의하면 변제자대위에 기하여 후순위저당권자의 대위를 인정
   하는 견해가 1826년 3월 14일의 루앙(Rouen) 항소법원 판결에 의하여 받아들여
   진 바 있으나, 이후 학설에 의해 거부되었다고 한다.

제2011조 ① 하나 또는 다수의 부동산에 저당권을 가지고 있는 채권
자가, 이들 부동산의 대금이 다른 물건에 대해서도 저당권을 가지
고 있는 순위에 앞서는 채권자의 변제에 사용되었기 때문에 만족을
받지 못한 경우, 만족을 받은 채권자의 저당권을 당연히 대위하고,
이들 물건에 대하여 저당소권을 행사하고 그의 등기보다 후순위 채
권자들보다 우선변제를 받기 위하여 제1994조가 정하는 부기등기
를 신청할 수 있다. 앞서의 대위의 결과 만족을 받지 못한 채권자
에 대해서도 같은 권리가 인정된다.
② 전항의 규정은 제1962조가 정한 선취특권을 이유로 하여 만족
을 받지 못한 채권자에 대해서도 적용한다.

이 규정은 사르디니아 민법 제2350조로부터 받아들인 것으로, 그
입법취지는 다수의 부동산 저당권을 가지고 있는 채권자와 채무자가
공모하여 후순위저당권자가 존재하는 부동산에 대하여 우선변제권을
행사하는 것을 저지하고자 도입한 규정이라고 한다.[8] 이후 이 규정을
승계한 신민법의 해석론에 비추어 본다면, 후순위저당권자는 공동저
당권자의 저당권에 당연히 대위하는 것은 아니고 부기등기를 함으로
써 비로소 대위할 수 있는 것으로 이해되지만,[9] 기본적인 구조는 우
리 제368조와 동일하다고 할 것이다.

이에 대해서는 다음의 두 가지 사항을 언급할 만하다.

첫째, 후순위저당권자의 대위의 법리는 단순한 공동저당의 사안
뿐만 아니라 선순위저당권자가 일반저당권을 가지고 있고 후순위저당
권자가 특별저당권을 가지고 있는 경우에도,[10] 더 나아가 선순위권리

---

8) 피사넬리(Pisanelli) 초안 이유서를 인용하는 *Code civil italien* traduit par Henri
Prudhomme, 1896, p. 437 note 1 참조.

9) Cian e Trabucchi, *Commentario breve al codice civile*, 4ª ed., 1992, Artt.
2856 - 2857, n. Ⅳ. 현재 통설은 후순위저당권자의 대위를 변제자대위도 아니고
물상대위도 아닌 독자적인 특징을 가진 이례적 제도("una figura anomala")로 이
해한다(Barbara Cusato, *L'ipoteca*, 2007, p. 180).

자가 저당권자가 아닌 선취특권자인 경우에도 인정된다(동조 제2항). 이는 우리 판례가 근로자의 임금채권에 기한 우선특권이나 조세우선 변제권이 행사된 경우 제368조를 유추하여 후순위저당권자의 대위를 인정하는 태도[11]를 연상시킨다.

둘째, 규정의 취지가 채무자와 다수의 부동산에 저당권을 가진 채권자의 공모하여 후순위저당권자를 해하는 것을 예방하기 위한 것이라면, 공동저당의 목적물들은 채무자의 소유라는 것을 함축할 가능성이 있다. 그러한 경우에 채무자는 공동저당권자로 하여금 높은 채권액을 보유한 후순위저당권자의 저당권이 존재하는 부동산을 경매하게 하여 자신의 다른 부동산에 대한 부담을 감소시킬 수 있기 때문이다. 그러나 공동저당과 관련하여 물상보증인이 있는 경우에도, 채무자가 자신의 소유의 여러 부동산에 공동저당을 설정한 경우에는 여전히 공동저당권자와 공모할 실익이 있으므로, 앞서의 추측이 반드시 필연적인 것이라고 할 수는 없을 것이다.[12]

그러므로 후순위저당권자의 대위와 물상보증인의 대위의 충돌에 대해서는 결국 이탈리아 구민법에 관한 학설·판례를 참조할 수밖에 없을 것이지만, 이에 대해서 필자로서는 충분한 자료를 찾기 쉽지 않았다. 그러나 이 규정의 내용에 대해서는 그 취지나 이후 학설·판례에 의한 해석을 짐작하게 하는 유력한 자료가 있다. 그것은 이 규정을 승계한 이탈리아 신민법 제2856조, 제2857조이다.

(다) 이탈리아 신민법 제2856조, 제2857조를 살펴보면 다음과 같다.

---

10) M. Th. Huc, *Le code civil italien et le code Napoléon*, tome 1er, 1868, p. 353.

11) 大判 1998.12.22., 97다9352, 집 46－2, 340; 2001.11.27., 99다22311, 공보 2002, 136 등.

12) 예를 들어 구민법에 대한 이탈리아 법무부의 주석을 소개하고 있는 大島俊之, "イタリア法との關係", 椿壽夫 編, 擔保法理の現狀と課題, 1995, 309면은 이를 공동 저당권자와 다른 후순위저당권자의 공모의 관점에서 설명한다.

제2856조 만족을 받지 못한 채권자의 대위 ① 하나 또는 다수의 부동산에 저당권을 가지고 있는 채권자가, 그 대금으로부터 동일한 채무자의 다른 물건에 대해서도 저당권을 가지고 있는 순위에 앞서는 채권자가 전부 또는 일부의 만족을 받았기 때문에, 만족을 받지 못한 경우, 그는 만족을 받은 채권자를 위하여 등기(謄記)된[13] 저당권을 그의 등기(謄記)보다 후순위인 채권자들에 대하여 당해 물건에 대해 저당소권을 행사하기 위해 대위한다. 대위로 인하여 만족을 받지 못한 채권자들에 대해서도 같은 권리가 있다.
② 이 규정은 부동산 선취특권(제2770조 이하)을 이유로 하여 만족을 받지 못한 채권자에도 적용한다.

제2857조 대위의 한계 ① 대위는 제3자가 저당권 설정을 위해 제공한 물건이나 채무자가 양도한 물건으로 그 양도가 만족을 얻지 못한 채권자의 저당권 등기(謄記) 전에 등기(登記)된 것에 대해서는 행사될 수 없다.
② 채무자가 앞서 언급한 저당권등기(抵當權謄記) 후에 취득한 물건의 경우, 만족을 받지 못한 채권자는 만족을 받은 채권자가 그의 사법저당권(司法抵當權)을 그 물건에 미친 경우에는 그 물건에 대해서도 대위할 수 있다.
③ 대위의 권리를 행사하기 위해서는, 만족을 받은 채권자의 저당권에 부기등기를 해야 한다. 부기등기를 위해서는 만족을 받지 못했다는 사실이 나타나는 순위들의 사본을 등기관에게 제시해야 한다.

우리의 관심을 끄는 사항은 이탈리아 신민법 제2856조가 구민법 제2011조를 승계하면서도 대위를 제한하는 제2857조를 부가하고 있

---

[13] 이탈리아 민법에서 대항관계에서 의미를 가지는 선언적 등기를 登記(trascrizione)라고 하는데, 이는 물권법상 등기의 원칙적인 것으로 권리변동을 발생시키는 창설적 등기와 구별된다. 그러나 물론 창설적 등기도 존재하는데, 그 대표적인 예가 바로 약정저당권을 설정하는 등기이며 이를 謄記(iscrizione)라고 표현한다. Troiano in Grundmann/Zaccaria (Hrsg.), *Einführung in das italienische Recht*, 2007, S. 345f., 365 참조.

다는 것이다. 여기서는 다음과 같은 점들이 주목을 끈다.

첫째, 이탈리아 신민법은 명시적으로 물상보증인이 제공한 부동산에 대해서는 후순위저당권자가 대위할 수 없다고 정한다(동조 제1항: "대위는 제3자가 저당권 설정을 위해 제공한 물건…에 대해서는 행사될 수 없다"). 그 이유는 물상보증인이야말로 신민법 제1203조(제3호)에 따른 변제자대위에 의하여 만족을 받은 채권자의 저당권을 대위할 지위에 있는 자이기 때문이라고 한다.[14] 즉 이탈리아 신민법의 해석으로도 물상보증인의 변제자대위에 기한 구상권을 이유로 후순위저당권자의 대위가 제한되는 것이다. 그러나 원래 물상보증인의 소유였다고 하더라도 공동저당권의 실행시점에 채무자의 소유로 이전된 때에는 후순위저당권자는 대위를 할 수 있다고 한다.[15]

둘째, 이탈리아 신민법은 채무자로부터의 제3취득자가 있는 경우에 대해서도 규정을 두고 있다(동조 제1항: "대위는 […] 채무자가 양도한 물건으로 그 양도가 만족을 얻지 못한 채권자의 저당권 謄記 전에 登記된 것에 대해서는 행사될 수 없다"). 즉 채무자로부터의 제3취득자의 대위(신민법 제1203조 제2호)와 후순위저당권자의 대위의 우열은 그 등기의 선후에 따른다. 즉 제3취득자의 소유권이전등기가 후순위저당권자의 저당권등기보다 앞선 때에는 물상보증인과 유사한 지위에 있는 것으로 평가되어 후순위저당권자가 대위할 수 없다. 이는 반대해석으로 후순위저당권자의 저당권등기가 이미 있었다면 아직 부기등기가 없더라도 그 이후의 제3취득자에 대해 대위할 수 있다는 것을 의미한다.[16]

셋째, 구민법에서와 마찬가지로 이러한 후순위저당권자의 대위는 공동저당권뿐만 아니라 선취특권의 행사에 의해서 후순위저당권자가 불이익을 받은 때에도 인정된다. 학설과 판례는 이를 유추하여 보다

---

14) Pietro Perlingieri, *Codice civile annotato con la dottrina e la giurisprudenza*, Lib. 6, 1991, Art. 2857, p. 429.

15) Cian e Trabucchi (주 9), n. Ⅰ. 3.

16) Perlingieri (주 14), *op. cit.*,

많은 객체를 대상으로 하는 선순위 선취특권의 행사에 의하여 그들
중 일부인 보다 적은 객체를 대상으로 하는 후순위 선취특권자가 불
이익을 입은 경우에도 후자를 위해 대위를 인정한다고 한다.17)

(2) 비교를 위하여: 오스트리아 강제집행법

(가) 이상에서 후순위저당권자의 대위와 관련하여 우리 민법이
소급한다고 할 수 있는 이탈리아 민법이 우리 판례와 유사한 내용(상
세한 내용은 아래 Ⅲ. 3. (1), 5. (2) 참조)의 규정에 기초해서 이 문제에
접근하고 있는 것을 확인하였다. 여기서 이러한 입법과 비교할 만한
다른 나라의 입법이 존재하는지 의문이 제기될 수 있는데, 필자가 조
사한 바에 의하면 오스트리아법이 유용한 참고가 된다.

이에 대하여 규정하고 있는 것은 오스트리아 강제집행법(Exe-
kutionsordnung) 제222조이다.18) 이 규정은 문언이 난삽해서 그대로
직역하는 것에는 다소 어려움이 있으므로, 그 내용을 풀어서 살펴보
기로 한다.

우선 공동저당의 피담보채권은 매각대금으로부터 지급하여 변제
되어야 한다(동조 제1항). 여기서 공동저당의 목적물인 부동산 전부가
경매되는 경우("채권에 대하여 불가분적으로 책임을 지는 부동산 전부가 경
매되는 경우")에는, 각 부동산의 매각대금에서 선순위채권을 변제하고
남은 금액이 전체 매각대금에 대하여 가지는 비율을 산출하고 그 비
율에 따라 배당액을 안분한다(동조 제2항).

그런데 공동저당권자인 "채권자가 그와는 다른 비율의 변제를 청

---

17) Cian e Trabucchi (주 9), n. Ⅱ. 2.
18) 1868년의 오스트리아 구파산법은 이와 유사한 규정을 이미 가지고 있었는데(동법
    제37조), 실무는 이 규정을 파산절차가 아닌 경우에도 유추적용하였다고 한다
    (Marcusen (주 3), 269). 판례에 의한 유추적용의 결과 오스트리아 입법자는 강제
    집행법(1898)을 제정할 때 이를 동법에 수용하였고 이후 파산법의 규정을 삭제하
    였다. 자세한 내용은 Hans Hoyer, *Die Simultanhypothek*, 1973, S. 11ff. 참조.

구하는 경우" 그것이 부정되는 것은 아니다(이 점에서 우리 민법과 다르
다). 다만 그 결과로서 불이익을 받게 되는 후순위저당권자는 이로써
만족을 받지 못하게 되는 금액만큼 공동저당의 다른 매각대금으로부터
배당받을 것을 청구할 수 있다(동조 제3항). 즉 후순위저당권자에게는
보상청구권(Ersatzanspruch)이 인정되고 그는 이 권리에 기해 다른 부동
산의 매각대금으로부터 배당을 받을 수 있게 된다(보상배당, Ersatz-
zuweisung).

   그러나 모든 부동산이 경매되지 아니하는 경우 즉 이시배상의 경
우에는, 부동산 전부가 경매되는 것은 아니므로 후순위권리자의 불이
익을 산정함에 있어서 실제 매각대금을 기준으로 할 수는 없고 공동
저당의 모든 목적물의 통일가격(이는 재화의 단위당 일반적으로 통용되거
나 확정된 가격을 말한다)을 기준으로 해야 하며(동조 제4항 제1문), 세무
서는 통일가격에 대한 정보제공 의무가 있다(동항 제2문). 이 때 후순
위권리자의 보상청구권은 공동저당의 목적물이지만 경매되지 아니한
부동산에 (전부 또는 일부의 만족을 받은) 공동저당권자의 채권의 순위
로 등기되어야 한다(동항 제3문). 이 등기는 신청에 의하여 법원이 명
한다(동항 제4문). 요컨대 오스트리아 강제집행법은 우리의 이시배당
의 경우에 동시배당에서보다 불이익을 받는 후순위저당권자에게 보상
청구권을 인정하면서 그 담보를 위하여 보상저당권(Ersatzhypothek)을
신청하여 공동저당권자의 저당권을 대위할 가능성을 인정하는 것이
다.19) 구상청구권을 인정하고 보상저당권 설정에 신청이 필요하다는
점에서 우리 민법에서와 같이 당연히 공동저당권자의 저당권에 대위
하는 효과를 부여하는 것은 아니지만, 대체로 동일한 기능을 수행한
다고 할 수 있을 것이다.

   (나) 오스트리아 강제집행법의 이 규정에서는 다음과 같은 점이

---

19) Angst/Jakusch/Pimmer, *Exekutionsordnung*, 15. Aufl., 2009, S. 425.

주목된다.

첫째, 우리 통설과 실무가 제368조의 "각 부동산의 경매대가"를 매각대금에서 당해 부동산이 부담할 경매비용과 선순위채권을 공제한 잔액이라고 이해하는 것[20]과 마찬가지의 내용이 법률상 확인되어 있다(동조 제2항).

둘째, 이시배당의 경우 대위할 액수 등의 산정에 불명확이 발생하는데, 오스트리아 강제집행법은 이를 각 부동산의 통일가격에 의하도록 법률의 명문으로 정한다. 이러한 규정이 없는 우리 민법의 해석에서 논의가 있음은 주지하는 바이다.[21]

셋째, 후순위저당권자의 대위와 물상보증인의 변제자대위의 충돌 문제에 대해는 이탈리아 민법과는 달리 법률이 명시적으로 언급하고 있지 않다. 그러나 오스트리아 민법 역시 우리와 유사한 형태의 변제자대위를 알고 있으므로(동법 제1358조 참조), 그러한 문제가 발생할 가능성은 존재한다.[22] 이에 대해서 오스트리아 학설과 판례는 물상보증인의 변제자대위가 우선한다는 입장을 취하여, 물상보증인은 변제자대위에 의하여 공동저당권을 대위할 수 있지만 후순위저당권자는 물상보증인 소유 부동산에 설정된 공동저당권에 상응하는 보상저당권을 취득할 수 없다고 한다.[23]

---

20) 법원행정처, 법원실무제요 민사집행[Ⅱ], 2003, 681-682면 참조.

21) 양창수, "후순위저당권자 있는 공동저당 부동산에 대한 경매와 물상보증인의 지위", 민법연구, 제4권, 1997, 314면 참조.

22) 이 문제는 오스트리아 강제집행법 입법자에 의하여 간과된 것으로 보인다. 구파산 법에서는 파산채무자에 대한 파산절차에서 공동저당의 실행이 문제되는 것이므로 내용상 채무자에 속한 목적물의 환가만이 문제되어 물상보증인의 대위와의 충돌을 고려할 여지가 없었을 수도 있었다. 그러나 동일한 취지의 규정이 강제집행법에 위치함으로써 그러한 문제가 발생할 수 있게 되었지만, 입법자는 이 점에 생각을 미치지 못한 것이다. 이에 대해서 Hoyer (주 18), S. 12, 13, 25f. 참조.

23) Hofmann in Rummel, *ABGB. Kommentar*, 1. Band, 3. Aufl., 2000, § 451 Rn. 14("공동저당의 목적물인 부동산의 소유자가 피담보채권을 만족시킨 경우, 후순위저당권자가 아닌 그가 다른 저당물 소유자에 대하여 그들 사이에 존재하는 채권

(다) 특히 이 문제를 자세하게 논하는 한 문헌에 따라 오스트리아 학설의 논거를 살펴보기로 한다.[24]

(a) 우선 공동저당권자(G)의 저당권 실행에 직면하여 물상보증인 (K)이 자신의 소유권을 보전하기 위하여 자발적으로 제3자로서 채무자의 채무를 이행한 경우, 그는 변제자대위에 의하여(오스트리아 민법 제1358조 이하) 공동저당권자가 가지는 권리를 승계한다. 그러므로 채무자에 대하여 구상을 할 수 있고, 공동저당권자가 가지는 다른 담보를 일정한 비율(우리 민법 제482조 제2항과 유사한 내용이 해석상 인정된다[25]))에 따라 행사할 수 있다. 물상보증인은 자신의 부동산에 대해서는 소유자저당권을 취득하는데, 후순위저당권자(N)는 이에 보상저당권을 신청하여 취득할 수는 없다. 이러한 결과는 타당하다. 후순위저당권자는 물상보증인이 자신의 부동산의 경매를 피하기 위해 다른 원천으로부터 조달한 자금에 대하여 어떠한 권리도 가지고 있지 않았기 때문에, 물상보증인이 부동산에 투자한 이 자금을 다시 그로부터 회수해 가는 결과를 용인해야만 하는 것이다.[26]

법적 관계 또는 강제집행법 제222조를 고려한 제896조, 제1359조에 따라 구상권을 가진다"); Hinteregger in Schwimann, *ABGB. Praxiskommentar*, 3. Aufl., Band 2, 2005, § 451 Rn. 23 ("채권자가 예를 들어 주채무자의 부동산을 집행하지만 보증인이나 물상보증인의 부동산은 집행하지 않은 경우, 주채무자의 후순위저당권자는 보상청구권을 가지지 아니 한다"); Koch in Koziol/Bydlinski/Bollenberger, *Kommentar zum ABGB*, 2005, § 451 Rn. 12; Gschnitzer, *Österreichisches Sachenrecht*, 2. Aufl., 1985, S. 222f. 및 인용 재판례 참조. 그 밖에 Hoyer (주 18), S. 27 주 11, 12에 인용된 재판례도 참조.

24) Hoyer (주 18), S. 36ff. 아래에서도 다음과 같은 관계를 상정해서 논의를 진행하기로 한다.

	甲 (S 소유)	乙 (K 소유)
제1순위	G	G
제2순위	N	(P)

25) Hoyer (주 18), S. 32ff.
26) Hoyer (주 18), S. 41f.

그렇다면 공동저당권자가 물상보증인의 부동산에 먼저 저당권을
실행하여 만족을 받은 경우, 마찬가지로 물상보증인은 공동저당권자
의 권리를 대위한다고 해석해야 한다. 변제가 임의로 행해졌는지 아
니면 집행에 의해 행해졌는지 여부에 따라 물상보증인의 구상권의 존
부에 영향이 있다고 해석하는 것은 부당하기 때문이다. 그 결과 물상
보증인은 공동저당권자가 가지는 저당권을 대위하여 구상권을 확보할
수 있다. 그런데 여기서 물상보증인의 부동산에 후순위저당권자(P)가
있었다고 상정해 보자. 그러한 경우 물상보증인이 아무런 제한 없이
구상을 할 수 있다고 생각한다면 실질적으로 후순위저당권자(P)에 대
한 부담이 소멸하는 결과가 되어 타당하지 않다. 그러므로 후순위저
당권자(P)는 이 경우 보상저당권을 신청하여 물상보증인이 취득한 선
순위의 소유자저당권을 취득할 수 있다고 해석해야 한다.27) 이는 물
상보증인이 소유한 부동산의 후순위저당권자(P)가 물상보증인(K)의
구상권 및 이를 담보하는 저당권에 대하여 일종의 전질권(Afterpfand)
을 취득하는 것으로 이해하거나 아니면 일종의 물상대위로 이해할 수
있다.28)

(b) 이렇게 살펴본다면 후순위저당권자의 '대위' 즉 보상저당권
취득도 저당부동산소유자의 구상청구권 및 그 담보인 저당권에 대한
전질권 내지 물상대위권의 취득으로 이해할 수 있다.29)

공동저당의 목적부동산이 모두 한 사람의 소유자에게 귀속하는
경우에는, 물론 엄밀한 의미의 구상을 운위할 수는 없다. 그러나 그

---

27) 물상보증인의 후순위저당권자가 절차에서 보상저당권을 신청하지 못한 경우에도, 그
는 물상보증인이 가지는 구상권을 양도받거나 전부받을 수 있다고 한다. KBB/Koch
(주 23), §451 Rn. 12.
28) Hoyer (주 18), S. 42("대위된 청구권의 물적 부담도 대위된다"). 이러한 설명은
大判 1994.5.10., 93다25417, 집 42-1, 344가 물상보증인 소유 부동산의 후순위
저당권자에게 물상보증인이 대위한 권리에 물상대위를 인정하는 태도를 상기시
킨다.
29) Hoyer (주 18), S. 42-44.

경우에도 관념적으로 각 부동산의 소유자의 지위를 구별하여 생각해 본다면 사태는 간이하다. 공동저당이 설정된 부동산 중 어느 하나의 집행으로 다른 부동산의 부담이 소멸하는 결과가 발생하는 경우, 변제자대위 법리에 준하여 구상청구권 및 대위된 저당권이 집행을 받은 '소유자'에게 인정되고 그는 다른 부동산에 대해서 각 가액의 비율에 따라 저당권을 행사할 수 있을 것이다. 실행된 부동산의 후순위저당권자는 바로 그러한 구상청구권과 저당권에 대하여 전질권을 가지는 것이고, 그것이 강제집행법 제222조가 인정하는 보상저당권이라는 것이다.

그러므로 동시배당의 경우 부동산 가액에 따라 부담을 안분하고, 이시배당의 경우 그 비율에 따라 보상저당권을 인정하는 강제집행법 제222조의 규정은 공동저당이 설정된 부동산의 소유자가 동일한 사람인 경우에만 의미를 가진다. 그러한 경우에만 각 부동산의 가액비율에 따른 분담을 상정할 수 있기 때문이다. 반면 공동저당이 설정된 부동산의 소유자가 다른 경우에는, 후순위저당권자들의 지위는 저당부동산소유자들 사이의 구상관계에 따라 결정된다. 후순위저당권자의 대위권이 결국 저당부동산소유자가 대위로 취득하는 구상권과 대위권에 대한 전질권(또는 물상대위권)이라면, 그들 사이에 어떠한 구상관계가 존재하는지 여부에 따라 후순위저당권자가 대위할 수 있는지 여부가 판단되어야 하는 것이다. 채무자(S) 소유 부동산(甲)과 물상보증인(K) 소유 부동산(乙)에 공동저당이 설정된 경우, 물상보증인은 채무자에 대하여 전액을 구상할 수 있으므로 甲의 후순위저당권자(N)는 대위를 할 수 없지만 乙의 후순위저당권자(P)는 물상보증인의 채무자에 대한 구상권을 매개로 하여 甲에 설정된 저당권을 대위행사할 수 있는 것이다.

(c) 요컨대 결과는 "부동산소유자들 사이의 법률관계에 의하여 좌우된다."[30] 공동저당이 설정된 담보목적물의 소유자가 한 사람이라

면, 후순위권리자들 사이의 이익조정은 변제자대위에서 물상보증인들 사이의 이익조정과 마찬가지로 부동산 가액비율에 의하는 것이지만, 그 밖의 경우에는 담보목적물 소유자들 사이에 존재하는 내부적 구상 관계에 따라 물상보증인의 대위·후순위저당권자의 대위 여부 및 그 범위가 결정된다.[31] 이러한 결과는 오스트리아 강제집행법 제222조의 문언과는 다소 부합하지 않는 면이 있는 것으로 보이지만, 실제로 이 규정이 (공동저당 부동산의 소유자가 파산채무자 한 사람을 전제로 하였던) 구파산법 제37조를 그대로 승계하면서 특수성을 고려하지 못하였다 는 역사적 해석 및 앞서 살펴본 목적론적 해석에 의해 정당화된다.[32]

3. 우리 민법에 대한 시사

(1) 우순위저당권자의 대위와 물상보증인의 변제자대위

제368조의 연원을 추적하는 과정에서 살펴본 이탈리아 민법과 오 스트리아 강제집행법의 규정 그리고 이들 해석론은 어느 것이나 변제 자대위 우선설적인 입장에 기초하고 있음을 확인할 수 있었다. 이들 나라에서 후순위저당권자의 대위는 공동저당권이 채무자 소유인 경우 (이탈리아) 또는 부동산 소유자가 동일인인 경우(오스트리아)에 한하여 가능한 것으로 이해되고 있는 것이다. 이러한 일치는 사안유형에 내 재하는 이익형량의 결과를 반영하는 것으로 생각되므로 쉽게 간과해 서는 안 될 것이다. 이탈리아나 오스트리아 학설 모두 물상보증인이 설정한 저당권에 후순위저당권자의 대위를 제한하는 근거는 물상보증 인이 가지고 있는 구상권 및 그에 따른 변제자대위의 가능성이었다. 그렇다면 우리 판례가 변제자대위우선설을 취하면서 "물상보증인은 다른 공동담보물인 채무자 소유의 부동산의 담보력을 기대하고 자기

---

30) Hoyer (주 18), S. 44.
31) Hoyer (주 18), S. 46f.
32) Hoyer (주 18), S. 47.

의 부동산을 담보로 제공하였으므로, 그 후에 채무자 소유의 부동산에 후순위저당권이 설정되었다는 사정에 의하여 그 기대이익을 박탈할 수 없"다는 점을 근거로 들고 있는 것은 이러한 맥락에서 충분히 수긍할 수 있는 것이라고 생각된다.[33)]

　　그러므로 후순위저당권자의 대위를 부동산소유자의 구상권에 대한 전질권 내지 물상대위권으로 파악하여 변제자대위를 전제로 하는 제도로 이해하는 오스트리아 학설의 이해는 우리 민법의 해석에도 시사하는 바가 적지 않다고 보인다. 이러한 해석은, 오스트리아의 학설이 적절하게 지적하는 바와 같이, 저당부동산들 사이의 내부적 구상관계에 따라 대위가 행해진다는 것(그리고 그에 따라 채무자 무자력 위험의 분배가 행해진다는 것)을 의미한다. 이러한 이해에 따를 때 제368조가 전제하는 가액별 안분이 의미를 가지는 사안은 공동저당 부동산이 모두 한 사람의 소유자에게 귀속하고 있는 경우에 한정된다.[34)] 따라서 제368조는 오로지 그러한 사안에 한정되어 적용되는 것으로 목적론적으로 축소해석해야 한다. 이에 대한 상세한 내용은 아래(본장 Ⅲ. 3. (1) 참조)에서 살펴보기로 한다.

(2) 제3취득자가 있는 경우

　이탈리아 민법은 공동저당이 설정된 부동산이 모두 채무자 소유

---

33) 大判 1994.5.10., 93다25417, 집 42−1, 344. Hoyer (주 18), S. 26: "강제집행법 제222조만을 근거로 하여 후순위저당권자에게 추가적인 책임재산이 귀속된다는 것인가? 이는 물상보증인이 주채무자 자신에 대하여 구상의무가 있다고 하는 것만큼이나 불합리하다. [⋯] 공동저당의 피담보채권이 임의로 변제되는지 아니면 강제로 변제되는지의 우연한 사정이 그러한 실체법적 차이를 정당화할 수 있을 것인가?"

34) 이탈리아 민법은 공동저당이 설정된 목적부동산이 모두 채무자 소유인 사안만을 상정하여 규정하고 있는데, 이는 그러한 사안이 부동산들이 모두 한 사람의 물상보증인 소유인 경우보다 훨씬 자주 나타나는 대표적인 예이기 때문에 그런 것으로 추측된다.

인 경우를 전제로 하여 그 중 일부의 소유권을 취득한 제3취득자가
있는 경우를 규율하면서, 후순위저당권자의 대위와 제3취득자의 변제
자대위의 우열을 각각의 등기의 선후에 따라 판단하도록 하고 있다.
이러한 규정은 관계인의 구상의 기대를 기준으로 한 것이다. 이러한
관점이 우리 민법에서도 타당성을 가질 수 있는지는 그러한 구상의
기대가 우리 민법 규정에 비추어서도 보호가치 있는 것으로 나타나는
지에 따라 결정될 것이다. 이에 대한 상세한 내용 역시 아래(본장 Ⅲ.
5. (2) 참조)에서 다루기로 한다.

(3) 우선특권의 경우 유추적용

이탈리아 민법은 보다 많은 목적물을 파악하고 있는 선순위 선취
특권의 행사에 의하여 만족을 받지 못한 후순위저당권자에게도 대위
를 인정하고 있다. 이러한 규정에 비추어 볼 때 임금채권이나 조세채
권의 행사에 의하여 만족을 받지 못한 후순위저당권자에게 민법 제
368조를 유추하여 대위를 인정하는 우리 판례(주 11)의 태도는 연혁
적ㆍ비교법적으로 정당화될 수 있는 측면이 있다고 생각된다.

다만 주의할 것은 이탈리아 민법에서 대위를 발생시킬 수 있는
선순위 선취특권은 후순위저당권보다 먼저 성립한 특별선취특권(특정
한 목적물에 대해서 성립하는 선취특권)이라는 사실이다(동법 제2747조 참
조). 반면 이탈리아 민법에서 채무자의 총재산에 대하여 성립하는 일
반선취특권은 특정 목적물에 대한 권리자에 대해서는 후순위이기 때
문에35) 후순위저당권자의 대위의 문제는 발생할 여지가 없다. 예를
들어 일반우선특권인 임금우선특권(동법 제2751조의2 제1호)이 행사된
경우에도 후순위저당권자에 우선하여 만족을 받을 수는 없으므로 대
위는 고려될 여지가 없는 것이다. 그러므로 우리 현행법에서처럼 우
선특권자가 사용자의 총재산으로부터 동시배당을 받는다고 가정할 때

---

35) Troiano (주 13), S. 361.

다른 재산으로부터 변제받을 수 있는 금액을 실무상 확정하기 어렵다
는 난점36)은 발생할 여지가 없을 것이다.

　　그러나 이러한 비교법적 관찰에 기초하여 우리 판례의 태도에 대
하여 의문을 가질 이유는 없다고 생각된다. 중요한 것은 보다 많은 목
적물을 파악하고 있는 선순위 우선변제권에 의하여 후순위저당권자가
불이익을 받은 경우 그에게 대위를 인정한다는 이탈리아 민법의 이익
형량이 우리 판례의 입장과 상통한다는 사실이다. 그렇다면 일반우선
특권에 대하여 이탈리아 민법과는 다른 내용의 우선순위를 정하는 우
리 현행법에서 동일한 결론이 나올 수 없다는 것은 오히려 당연한 것
이라고 하겠다. 이는 이탈리아 구법상 일반저당권의 행사에 의하여
후순위저당권자가 불이익을 받는 경우에도 동일한 법리가 적용되었다
는 사실(주 10 참조)을 상기한다면 쉽게 확인되는 바이기도 하다.

Ⅲ. 공동저당의 실행에 따른 이해관계의 조정

1. 공동저당권자의 자유선택권과 그 조정

　(1) 공동저당권자는 피담보채권의 만족을 받기 위해서 공동저당
을 구성하는 저당권을 모두 동시에 실행할 것인지 아니면 그 중 일부
만을 실행할 것인지에 대하여 자유로운 선택권을 가진다. 채권자는
만족을 받을 때까지 저당권의 전부 또는 일부를 동시에 또는 순차적
으로 행사할 수 있는 것이다. 우리 민법은 이 점을 명문으로 확인해
주고 있지는 아니하지만, 제368조는 이를 자명한 것으로 전제하고 있
다. 판례도, 공동저당권자가 공동저당물 중 일부에 대해서만 저당권
을 실행하는 것은 저당권자의 권리에 속하는 것으로 권리남용에 해당
하지 아니하는 한 정당하므로, 공동저당물인 토지와 건물 전부에 대

---

36) 양창수, "우선변제권 있는 임금채권의 만족으로 인한 후순위권리자의 법적 지위",
　　민법산고, 1998, 153 – 154면 참조.

하여 경매절차를 진행하던 중 건물에 대한 경매신청을 취하하고 토지
에 대해서만 경매를 실행하여 토지 소유자가 그에 대한 소유권을 상
실하였다고 하더라도 불법행위가 되는 것은 아니라고 한다.37) 또한
공동저당권자는 공동저당의 목적인 수개의 부동산 중 어느 것이라도
먼저 저당권을 실행하여 피담보채권의 전부나 일부를 자유롭게 우선
변제받을 수 있는 것이므로, 공동저당권자가 위 수개의 부동산 중 먼
저 실행된 부동산에 관한 경매절차에서 피담보채권액 중 일부만을 청
구하여 이를 배당받았다고 하더라도, 이로써 나머지 피담보채권액 전
부 또는 제368조 제1항에 따른 그 부동산의 책임분담액과 배당액의
차액에 해당하는 채권액에 대하여 아직 경매가 실행되지 아니한 다른
부동산에 관한 저당권을 포기한 것으로 볼 수 없다고 한다.38)

　공동저당권자가 설정자와 설정계약에서 실행방법을 약정하였다
고 하더라도, 공동저당권자는 설정자에 대해 그에 따를 의무를 부담
할 뿐 공동저당을 자유로 실행할 권한을 제약받지는 않으며, 설정자
에게 손해가 있는 경우 배상의무를 부담할 뿐이다(제390조). 의무부담
행위에 의해서 물권적 권능을 대세적으로 제약할 수는 없기 때문이다
(제185조). 또한 설정자들 사이에서 분담관계에 대한 약정이 있더라도
그것이 공동저당권자의 선택권 행사를 구속하는 것도 아니다. 그러나
물론 공동저당권자가 개별 저당권을 포기하여 소멸시킴으로써(제186
조) 부동산을 공동의 책임에서 벗어나게 하는 것은 가능하다(그 제한에
대하여는 본장 Ⅲ. 2. (2) (바) 참조).

　(2) 이미 살펴본 바와 같이(본장 Ⅰ. 1. 참조), 이러한 공동저당권
자의 자유선택권은 후순위권리자와 저당부동산 소유자의 이해관계에
현저한 영향을 미칠 수 있다. 즉 저당권자가 이렇게 자유로이 만족을

---

37) 大判 1983.3.22., 81다43, 공보 1983, 727. Fournier, "Hypothèque", *Répertoire de
　　droit civil*, 2007/2015, n° 127 참조.
38) 大判 1997.12.23., 97다39780, 공보 1998, 377.

받을 부동산을 선택한다면, 그의 자의에 의하여 저당부동산 소유자 및 후순위저당권자의 지위가 불리하게 변경될 수 있기 때문이다. 이후 서술을 위해 다음의 사례를 출발점으로 삼는다. 채무자 S가 자신의 甲(가액 6천만 원), 乙(가액 4천만 원) 두 부동산에 G에 대한 5천만 원의 채무를 담보하기 위해 각각 1번 저당권을 설정하고, X에 대한 4천만 원의 채무를 담보하기 위해 甲에 2번 저당권을 설정한 사안을 생각해 보도록 한다. 부동산의 경매대가는 그 가액과 일치한다고 가정하며, 경매비용은 고려하지 않는다.

	甲不動産(S 소유, 6천만)	乙不動産(S 소유, 4천만)
1번	G 5천만	G 5천만
2번	X 4천만	

만일 G가 甲 부동산을 선택하여 경매를 신청한다면 G는 자신의 채권 전액의 만족을 받게 되지만, X는 1천만 원만을 변제받게 된다. 그러나 G가 먼저 乙 부동산을 선택하여 경매를 신청한다면, G는 그로부터 4천만 원을 배당받게 되고, 이후 甲 부동산의 경매로부터는 잔액인 1천만 원을 배당받게 된다. 그 결과 X는 채권 전액인 4천만 원을 배당받을 수 있게 된다. 결국 공동저당의 경우 채권자에게 경매를 실행할 부동산을 선택할 자유를 인정하면, 그의 선택에 따라서 후순위저당권자와 저당부동산 소유자 지위는 현저하게 달라진다.

이러한 이유로 민법은 관계인들의 이해관계를 원만하게 조정하기 위한 법기술을 도입하고 있다. 이는 공동저당이 설정된 부동산에 분담액을 정한 다음, 공동저당권자의 실행으로 이 분담관계에서 벗어남으로써 불이익을 입게 될 자는 대위의 방법으로 공동저당권자의 지위를 취득하여 이를 상쇄하도록 하는 것이다(본장 I. 2. 참조). 그런데 입법자는 한편으로 제368조에서는 후순위저당권자의 대위를 전제로 하여 분담관계를 정하면서, 다른 한편으로 제482조에서 채무자,

물상보증인, 제3취득자의 대위를 전제로 하여 분담관계를 정하고 있
는데, 그 적용과정에서 양자 사이에서 발생할 수 있는 불일치를 조율
하는 규율은 상정하지 않고 있다. 이로부터 여러 복잡한 문제가 발생
한다.

(3) 아래에서는 제368조와 제482조의 적용범위와 내용을 확정하
는 과정에서 발생하는 법률문제를 상세하게 고찰한다. 이러한 작업을
수행하는 경우, 획일적인 고찰보다는 사안유형을 나누어 개별적인 이
익상황을 배경으로 법률의 내용을 해석한 다음 이를 종합하는 원리
및 법률구성으로 나아가는 것이 바람직할 것이다. 그러므로 아래에서
는 공동저당 부동산의 소유관계에 따라 사안유형을 나누어 살펴보기
로 한다. 즉 구체적으로는 공동저당 부동산이 ① 모두 채무자 소유인
경우, ② 채무자 및 물상보증인 소유인 경우, ③ 모두 물상보증인 소
유인 경우, 그리고 ④ 그 중 제3취득자가 있는 경우로 구별하여 논의
를 진행한다.

이러한 소유관계는 동시배당 또는 이시배당의 시점에 존재하는
것을 기준으로 한다. 공동저당 성립 시의 소유관계는 고려하지 않는
다. 물론 공동저당 성립 시의 소유관계를 기초로 대위의 기대를 가지
는 후순위저당권자가 이후 소유관계 변동에 의해 대위의 이익을 상실
하게 되는 경우가 있을 수 있다(예컨대 아래 Ⅲ. 3. (1)의 변제자대위 우
선설을 전제로 할 때 물상보증인이 자신의 부동산을 채무자에게 양도하여 공
동저당 부동산 전부가 채무자 소유가 된 경우 양도된 부동산의 후순위저당권
자가 그러하다). 그러나 규범의 내용상 제368조는 경매의 시점을 기준
으로 부동산 가액에 따른 분담을 예정하고 있고, 제481조 및 제482조
는 변제의 시점에 발생하는 당사자들의 구상관계를 전제하고 있으므
로, 그러한 시점 이전에 발생한 관계인의 기대를 제368조, 제481조,
제482조의 해석상 고려하기는 어렵다고 생각된다. 소유관계 변동으로
불이익을 받은 후순위저당권자는 저당권 침해의 법리에 따라 구제를

받을 수밖에 없다.[39]

2. 공동저당 부동산이 모두 채무자 소유인 경우

(1) 동시배당의 경우

(가) 공동저당에서 "그 부동산의 경매대가를 동시에 배당하는 때에는 각 부동산의 경매대가에 비례하여 그 채권의 분담을 정한다."(제368조 제1항). 이렇게 공동저당이 설정된 여러 부동산의 경매대가가 하나의 배당절차에서 동시에 배당되는 경우를 동시배당이라고 한다. 민법은 동시배당의 경우에는 각 부동산의 경매대가에 비례하여 분담하여 피담보채권을 만족시킬 것을 정하고 있다.

공동저당이 설정된 부동산의 대가가 동시에 배당되면 충분하며, 경매절차가 저당권자의 신청에 의한 것인지 아니면 일반채권자의 강제집행 절차에 따른 것인지 여부는 중요하지 않다. 경매신청이 동시일 필요도 없으며 함께 배당이 이루어지면 충분하지만, 동시에 경매신청이 되었어도 다른 시점에 배당이 되면 제368조 제1항은 적용되지 않는다.[40] 또한 공동저당의 목적물이 모두 경매된 경우뿐만 아니라 그 중 일부만이 경매된 경우에도 그 일부 부동산들의 경매대가를 동시에 배당하는 이상, 그들 사이에서는 제368조 제1항에 따라 피담보채권 전부에 따른 분담이 이루어진다.[41] 또한 추가적 공동저당의 경우 원래는 분담을 기대할 수 없었던 기존 저당부동산의 후순위권리자를 위해서도 제368조 제1항이 적용된다.[42]

앞서의 예로 돌아가서(본장 Ⅲ. 1. (2) 참조), 채무자 S가 자신의 甲

---

39) 자세한 내용은 佐久間 (주 3), 560면 이하 참조.
40) 柚木馨·高木多喜男 編, 新版 注釋 民法(9), 改訂版, 2015, 432면(高木多喜男).
41) 주석 물권(4) (주 1), 255면(김재형); 법원행정처, 법원실무제요 민사집행[Ⅱ], 2014, 782면.
42) 大判 2014.4.10., 2013다36040, 공보 2014, 1030; 강태성, 물권법, 개정5판, 2015, 1210면.

(가액 6천만 원), 乙(가액 4천만 원) 두 부동산에 G에 대한 5천만 원의 채
무를 담보하기 위해 각각 1번 저당권을 설정하고, X에 대한 4천만 원
의 채무를 담보하기 위해 甲에 2번 저당권을 설정하였다고 상정한다.

	甲不動産(S 소유, 6천만)	乙不動産(S 소유, 4천만)
1번	G 5천만	G 5천만
2번	X 4천만	

이 예에서 甲, 乙 부동산에 대하여 동시에 경매가 진행되어 동시
배당이 행해지면, 경매대가의 비율은 3:2이다. 따라서 G는 甲 부동산
으로부터 3천만 원, 乙 부동산으로부터 2천만 원을 배당받게 되고, 그
결과 X는 甲 부동산으로부터 3천만 원을 배당받게 된다. 또한 예를
들어 앞의 사안에서 乙 부동산의 경매대가가 5천만 원이어서 G가 乙
부동산으로부터 채권 전부의 만족을 받을 수 있고 그 결과 X가 甲 부
동산으로부터 전부의 만족을 받을 가능성이 있더라도, X가 스스로 확
보한 권리 범위 및 다른 일반채권자들의 이해관계를 고려하여 마찬가
지로 분담이 행해져야 한다.[43]

(나) "부동산의 경매대가"를 산정할 때에는 공동저당권자의 선순
위권리자(예컨대 선순위저당권자)가 배당받는 금액 및 집행비용은 이를
공제하고 산정해야 한다(오스트리아 강제집행법 제222조 제2항; 본장 II.
2. (2) (나) 참조).[44] 요컨대 부동산의 매각대금에서 공동저당권자가 담
보가치로 파악할 수 있는 액수가 여기서 제368조 제1항이 말하는 경
매대가가 된다.[45]

---

43) 新版 注釋 民法(9) (주 40), 432면(高木).
44) 大判 2003.9.5., 2001다66291, 공보 2003, 2004; 주석 물권(4) (주 1), 256-257면
   (김재형); 법원실무제요 민사집행[II] (주 41), 783면. 경매비용의 산정에 대해서
   는 정충령, "공동저당에 있어서 후순위저당권자의 대위와 물상보증인의 변제자대
   위와의 관계", 광주지법 재판실무연구, 2000, 258면 참조.
45) 佐久間 (주 3), 413-414면.

(a) 예컨대 앞서 Ⅲ. 2. (1) (가)의 예에서 甲 부동산에 G보다 앞서는 선순위저당권자 V가 2천만 원의 피담보채권을 가지고 있었다면, 각 부동산의 경매대가의 비율은 1:1이 되어 G는 甲, 乙 부동산으로부터 각각 2천5백만 원을 배당받고, X는 甲 부동산으로부터 1천5백만 원을 배당받게 된다. 그런데 공제해야 할 선순위저당권자도 공동저당권자인 사안이 있을 수 있다. 예컨대 A가 丁, 戊, 己 부동산에 공동저당권을 가지고 있는 상태에서 丁과 戊 부동산으로부터 동시배당을 하는데, 선순위저당권자로서 丁과 己에 공동저당권을 가지고 있는 B가 있는 경우, 己 부동산에 경매가 진행되지 않아 丁 부동산이 B를 위해 분담할 금액을 확정할 수 없다는 난점이 있다. 결국 평가로 이를 정할 수밖에 없을 것이다.[46]

(b) 다른 문제는 서로 다른 공동저당이 부동산별로 서로 교차하여 순위의 선후를 달리하는 경우의 공제방법이다. 예컨대 G가 甲 부동산에 대해 1순위 및 乙 부동산에 대해 2순위 저당권을 가지고 있는 반면, F가 甲 부동산에 대해 2순위 및 乙 부동산에 대해 1순위 저당권을 가지고 있는 경우가 그러하다. 이러한 경우의 취급에 대해서는 학설의 다툼이 있다.[47] 하나의 견해는 시간적으로 먼저 설정된 공동저당을 기준으로 각 부동산의 책임분담액을 정하고 추가적으로 설정된 공동저당에 대해서는 책임분담을 행하지 않는다고 해석한다.[48] 다른 견해는 각 공동저당권자의 관점에서 상대방의 저당권을 공동저당권이 아닌 개별적인 저당권인 것처럼 취급하여 부동산에 대해 책임분담액을 정해야 한다고 설명한다(구체적으로 아래 예시 참조).[49]

---

46) 我妻榮, 新訂 擔保物權法, 1968, 437면; 新版 注釋 民法(9) (주 8), 434면(高木).
47) 법원실무제요 민사집행[Ⅱ] (주 41), 789－790면.
48) 곽윤직 편집대표, 민법주해[Ⅶ], 1992, 187－188면(조대현). 일본에서 주장되는
    견해이다. 佐久間 (주 3), 459－460면 참조.
49) 이재홍, "부동산경매와 공동저당권", 재판자료, 제36집, 1987, 253면; 주석 물권
    (4) (주 1), 260면(김재형).

후자의 견해는 제368조 제1항을 모든 공동저당권자의 관점에서 각각 개별적으로 적용하는 것으로, 민법에 명시적인 규정이 없는 이상 자연스럽게 고려해 볼 수 있는 해법인 것은 사실이다. 그러나 이 방법에 따를 때에는 불합리한 결과가 생길 수 있다. 예컨대 다음 사안을 생각해 본다.

	甲不動産(S 소유, 6천만)	乙不動産(S 소유, 4천만)
1번	G 5천만	F 5천만
2번	F 5천만	G 5천만

이 경우 후자의 견해에 따르면 G는 乙 부동산의 경매대가에서 F의 5천만 원을 선순위채권으로 공제해야 하므로 甲으로부터 5천만 원(비율 1), 乙로부터 0 원을 배당받으며(비율 0), F는 甲 부동산의 경매대가에서 G의 5천만 원을 선순위채권으로 공제해야 하므로 甲으로부터 1천만 원(비율 1/5), 乙로부터 4천만 원(비율 4/5)을 배당받게 된다. 이로써 G, F는 각각 5천만 원을 전부 배당받게 된다. 그런데 이 사안에서 F의 채권액을 1억 원으로 조정하면 어떠한가? 그 경우에도 G, F가 배당받게 되는 금액은 변화 없이 동일하다. 이러한 결과는 불합리하다고 생각된다. 甲, 乙의 가치 및 G의 현재 지위가 이상의 특정 조합으로 나타나는 이상, F는 일정한 피담보채권액의 구간에서 아무리 채권액이 상승해도 배당액은 동일하다는 결과가 도출되기 때문이다. 여기서 G가 무슨 근거로 일종의 우선적 지위를 누리는지에 대한 정당화를 찾을 수 없다. 이러한 예시에 비추어 보면 이 견해는 타당하기 어렵다고 보인다. 그렇다면 처음 성립한 공동저당권자의 기대를 기준으로 처리한다는 점에서 전자의 견해가 타당할 것이다. 물권 사이에서 효력의 우선은 먼저 성립한 것을 기준으로 한다는 대원칙(*prior tempore potior iure*)에 비추어 볼 때 충돌하는 공동저당 사이의 우열은 등기부에 따른 성립 시점을 기준으로 하는 것이 정당하다고 생각되기

때문이다. 또한 이 견해가 간명한 처리를 가능하게 한다는 장점이 있음도 부정하기 어렵다.[50]

(c) 한편 이상의 내용은 후순위저당권자가 공동저당권자인 경우에도 마찬가지이다. 예컨대 본장 Ⅲ. 2. (1) (가)의 예에서 X가 乙 부동산에 대해서도 2번 저당권을 가지고 있는 경우, G에 대해서 경매대가의 비율로 안분을 한 다음, X에게 남겨진 경매대가를 가지고 다시 비율을 정하여 甲, 乙 부동산의 분담액을 정해야 한다.[51]

(d) 또한 같은 법리가 어느 저당권에 동순위의 저당권이 있는 경우에도 적용된다. 저당권설정 전의 가압류가 있는 경우 등이 해당할 것이지만, 더 나아가 공동저당을 구성하는 저당권들이 서로 피담보채권액을 달리하는 경우 중첩되지 아니하는 초과부분을 담보하는 저당권도 동순위이므로 같은 내용이 타당하다(바로 아래 (e) 참조). 여기서도 공동저당권자가 담보가치로 파악할 수 있는 액수만이 분담을 결정하는 경매대가가 된다. 즉 부동산의 경매대가를 산정할 때 동순위의 저당권에 안분된 금액을 매각대금으로부터 공제하고 남은 액수가 제368조 제1항의 경매대가에 해당하게 된다.[52] 예컨대 본장 Ⅲ. 2. (1) (가)의 예에서 V가 甲 부동산에 동순위로 5천만 원을 담보하는 1번 저당권을 가지고 있었던 경우에는, 그에게 안분될 3천만 원을 공제한 나머지 3천만 원이 甲 부동산의 G에 대한 경매대가로 파악된다(V와 G의 채권액은 5천만 원으로 동일하므로 안분 비율은 1:1). 그렇다면 G의 피담보채권(5천만 원)은 甲 부동산에 (반올림하여) 2,143만 원이 분담되고(3/7), 乙 부동산에 2,857만 원(4/7)이 분담된다.

---

50) 佐久間 (주 3), 458면.
51) 佐久間 (주 3), 418–419면. 물론 일반채권자 등 다른 이해관계인이 없다면, 굳이 분담을 하지 않고 두 부동산의 경매대가를 합쳐 먼저 1순위 공동저당권자에게 배당하고 나머지를 2순위 공동저당권자에게 배당하여도 결과는 마찬가지이다. 新版 注釋 民法(9) (주 40), 432면(高木) 참조.
52) 주석 물권(4) (주 1), 262면(김재형); 佐久間 (주 3), 413면.

그런데 이상의 해석에 대해 일본에서는 다른 견해도 주장되고 있다. 즉 경매대금에서 동순위저당권자에 대한 안분을 하지 않은 상태로 우선 그 전체의 비율에 따라 공동저당권의 피담보채권액을 안분하여 이른바 「행사채권액」을 구한 다음, 이 행사채권액을 가지고 동순위저당권자와 안분을 해야 한다는 것이다.[53] 앞서 예에서, 부동산의 경매대가의 비율에 따라 G는 甲에 대해 3천만 원, 乙에 대해 2천만 원의 행사채권액을 가지게 되고, 이제 G는 甲의 가치인 6천만 원을 자신의 행사채권액(3천만 원)과 V와 행사채권액(5천만 원)의 비율인 3:5의 비율로 안분하여 배당을 받는다는 결과가 된다. 그렇다면 G의 피담보채권은 일단 甲 부동산으로부터 2,250만 원을 배당받고(6천만 ×3/8), 乙 부동산으로부터 2천만 원을 배당받는 것으로 안분되나, 甲 부동산에 관하여 행사채권액과 비교할 때 750만 원의 부족이 발생하므로 이는 乙 부동산으로부터 추가로 배당을 받는다고 한다.[54] 요컨대 종래 통설은 동순위저당권이 존재하는 부동산에 관하여 우선 부동산가액을 동순위저당권의 채권액으로 안분한 다음 그 안분 후의 부동산가액과 다른 저당부동산의 가액을 가지고 공동저당권의 채권액을 안분하는 것에 대해, 이른바 행사채권설은 우선 각 공동저당 부동산의 부동산가액을 가지고 공동저당권의 채권액을 안분한 다음 그 안분 후의 채권액을 가지고 동순위저당권이 존재하는 부동산의 가액을 안분한다는 점에서 차이가 있다.[55]

종래 다수설이 타당하다고 생각된다. 제368조 제1항에서 공동저당권자의 선순위권리자가 배당받는 금액 및 집행비용을 공제한 액수 즉 부동산의 매각대금에서 공동저당권자가 담보가치로 파악할 수 있

---

53) 이는 도쿄 지방재판소의 실무연구회 차원에서 개진되고 있는 견해라고 한다. 그 내용은 佐久間 (주 3), 437면 이하의 소개 참조.
54) 佐久間 (주 3), 439면.
55) 佐久間 (주 3), 440면.

는 액수가 "부동산의 경매대가"라고 이해하는 입장에 서는 이상(본장
Ⅲ. 2. (1) (나) pr. 참조), 동순위권리자가 있는 경우에 달리 판단한다는
것은 논리적으로 일관성을 결여한다고 보이기 때문이다. 즉 위의 예
에서 행사채권설에 따를 때 G는 甲 부동산과 관련해 자신의 우선변
제권이 미치지 아니하는 부분까지 포함하는 부동산가액 전액으로 피
담보채권을 안분하여 행사채권액을 먼저 구하게 되는데, 이는 G가 파
악하지 아니하는 가치를 제외하지 않고 경매대가에 포함시켜 피담보
채권을 안분하는 결과가 되어 제368조 제1항의 취지에 반한다고 해야
한다.56)

　　(e) 공동저당은 여러 개의 부동산에 설정된 저당권이 "동일한 채
권의 담보"(제368조 제1항)를 위한 것이어야 한다. 즉 저당권의 피담보
채권은 서로 중첩되어 있어야 한다. 그래서 피담보채권의 범위가 서
로 상이한 경우 그것이 중첩하는 범위에서만 공동저당이 성립한다.57)
즉 동일한 채권에 대해 담보될 액수를 달리하여 저당권을 설정한 경
우, 그 작은 액수를 기준으로 공동저당이 성립하며, 나머지 부분의 저
당권은 동순위의 개별 저당권으로서 존속한다. 이때에도 앞서 (d)에서
설명한 동순위저당권과의 관계에서의 분담 법리가 적용되어야 한다.
특별한 이유제시 없이 이 사안유형에 대해서는 행사채권설에 상응하
는 해결이 타당하다는 견해도 있으나,58) 어느 경우나 결국 동순위저
당권자의 취급에 관한 문제로서 이익상황이 동일하여 취급을 달리할
이유를 발견하기 어렵다.

　　(다) 제368조 제1항은 부동산에 관하여 후순위저당권자가 있는지
의 여부를 불문하고 적용된다. 이 규정은 저당부동산 소유자나 일반
채권자의 보호도 그 목적으로 하고 있기 때문이다.59) 예컨대 본장 Ⅲ.

---

56) 佐久間 (주 3), 442면.
57) 주석 물권(4) (주 1), 238, 247면(김재형).
58) 김석우, "공동근저당에 관한 소고", 법조, 제25권 제2호, 1976, 9면; 주석 물권(4)
　　(주 1), 263면(김재형).

2. (1) (가)의 예에서 乙 부동산의 경우 S의 일반채권자들은 대가의 안분비율에 따라 배당이 이루어지는 것에 대하여 이해관계가 있다. 또한 공동저당물이 추가되기 전에 기존 저당물에 관하여 후순위저당권자가 있었던 경우에도 다르지 않다.[60]

(2) 이시배당의 경우

(가) 이시배당의 경우 즉 여러 개의 부동산 중 일부의 경매대가만 배당하는 경우, 민법은 공동저당권자의 자유선택권을 존중하여 피담보채권 전액을 행사할 수 있게 하면서도 그로 인하여 발생하는 저당부동산 분담액의 교란은 후순위저당권자에게 선순위저당권자를 대위할 수 있게 하여 정정한다. 즉 "저당부동산 중 일부의 경매대가를 먼저 배당하는 경우에는 그 대가에서 채권전부의 변제를 받을 수 있다. 이 경우에 그 경매한 부동산의 차순위 저당권자는 선순위저당권자가 전항의 규정에 의하여 다른 부동산의 경매대가에서 변제를 받을 수 있는 금액의 한도에서 선순위권리자를 대위하여 저당권을 행사할 수 있다."(제368조 제2항).

이미 언급한 사례(본장 Ⅲ. 2. (1) (가) 참조)를 통해 살펴본다.

	甲不動産(S 소유, 6천만)	乙不動産(S 소유, 4천만)
1번	G 5천만	G 5천만
2번	X 4천만	

G가 甲 부동산에 대해서만 경매를 신청하는 경우, G는 "그 대가에서 채권 전부의 변제를 받을 수 있다." 즉 G는 5천만 원을 전부 배

---

59) 강태성 (주 42), 1209; 고상용, 물권법, 2002, 698면; 곽윤직 · 김재형 (주 1), 487면; 김상용, 물권법, 제2판, 2013, 721면; 송덕수, 물권법, 제2판, 2014, 523면; 이덕환, 물권법, 2011, 827면; 이상태, 물권법, 9정판, 2015, 546면; 이영준, 물권법, 전정신판, 2009, 928-929면.

60) 大判 2014.4.10., 2013다36040, 공보 2014, 1030.

당받게 된다. 이로써 X는 동시배당의 경우에 비하여 불이익을 받게
되는데, 이러한 불이익을 회복하기 위하여 민법은 후순위저당권자인
X에게 대위를 인정한다. X는 G가 동시 배당의 경우 "다른 부동산의
경매대가에서 변제를 받을 수 있는 금액의 한도에서 선순위권리자를
대위하여 저당권을 행사할 수 있다." 즉 X는 乙 부동산에 G가 가지고
있던 1번 저당권을 G가 동시배당의 경우 변제를 받았을 금액인 2천
만 원의 한도에서 대위할 수 있다. 그러므로 X는 乙 부동산으로부터
2천만 원을 배당받아, 총 3천만 원의 변제를 받게 된다.

    제368조 제2항에 의한 대위는 공동저당이 설정된 부동산의 일부
에 대해 경매가 진행되는 경우에 적용된다. 예컨대 甲, 乙, 丙 세 개
의 부동산에 대해 공동저당이 설정된 상태에서, 甲과 乙에 대해 배당
이 이루어지는 경우, 甲과 乙 사이에서는 동시배당에 관한 규율이 적
용될 것이지만(본장 Ⅲ. 2. (1) (가) 참조), 甲·乙과 丙 사이에서는 이시
배당에 관한 규율이 적용된다.61) 그리고 앞서 살펴본 것처럼(본장 Ⅲ.
2. (1) (가) 참조), 동시에 경매가 신청되었더라도 동시에 배당이 이루
어지지 아니하는 때에는 이시배당에 해당하며, 후순위저당권자의 대
위가 일어난다.62)

    (나) 이상과 같은 대위에 의해 선순위의 공동저당권자에게 자유
선택권을 인정함으로써 후순위저당권자에게 발생할 수 있는 불이익은
회피된다. 그러나 여기서 주의할 점은 이시배당에서 후순위저당권자
에게 대위가 인정된다고 하여도 언제나 동일한 결과에 도달하는 것은
아니라는 사실이다. 그것은 공동저당 부동산의 일부에만 후순위저당
권자가 있는 경우에 그러하다.

    예컨대 위 사안에서 乙 부동산이 먼저 경매가 되는 경우 G는 乙
부동산에서 4천만 원, 甲 부동산에서 1천만 원을 변제받게 될 것이고,

---

61) 大判 2002.12.10., 2002다48399, 집 50-2, 362 참조.
62) 주석 물권(4) (주 1), 265면(김재형) 참조.

그 결과 X는 甲 부동산으로부터 4천만 원 전액의 변제를 받을 수 있게 된다. 즉 후순위저당권자의 대위는 적어도 동시배당과 같은 결과에 도달한다는 점에서 보호를 받게 되지만, 모든 이시배당의 경우 동일한 결과가 보장되지는 아니한다.63) 이는 동시배당의 경우에는 乙 부동산에 후순위권리자가 없어도 안분배당이 행해지기 때문에 X로서는 乙 부동산의 경매대가 전부를 G의 채권에 충당할 것을 요구할 수 없다는 사정으로부터 발생하는 귀결이다.

(다) 요컨대 후순위저당권자의 대위는 동시배당의 경우 책임분담액을 기준으로 하여, 이시배당으로 공동저당권자가 이를 초과하여 만족을 받은 경우 해당 부동산의 후순위저당권자에게 인정된다.

(a) 그러므로 대위의 범위에 관해서 본다면, 후순위저당권자는 동시배당을 기준으로 자신이 배당받지 못한 금액의 범위에서 선순위저당권자의 다른 저당권을 대위할 수 있다. 이시배당이 행해지더라도 동시배당과 같은 액수의 배당을 받은 후순위권리자에게 대위는 인정되지 않는다. 즉 대위의 범위는 한편으로 선순위저당권자가 동시배당의 경우 다른 부동산의 경매대가로부터 배당받을 수 있는 금액 및 후순위저당권자가 동시배당의 경우와 비교할 때 받은 배당상 불이익 액수를 한도로 한다.

이러한 내용은 대위하는 후순위권리자가 다수인 경우에도 다를 바 없다.64) 다만 대위하는 후순위저당권자들 사이에 순위의 우열이

---

63) 道垣内弘人, 擔保物權法, 第3版, 2008, 204-205면.
64) 백경일, "공동저당에 있어서 후순위저당권자의 대위범위에 관한 고찰", 부산대학교 법학연구, 제53권 제1호, 2012, 19면 이하는 대위범위를 "대위저당부동산의 책임분담액에 각 대위권자의 안분비율을 곱한 금액의 한도"라고 해석하는데, 이는 동시배당을 기준으로 하여 배당불이익액만큼 대위한다는 통설과 결과에서 일치할 것이다. 그렇다면 바로 배당불이익액을 대위범위로 인정하지 않고, 우회하여 전체 대위금액에 안분비율을 곱하여 산정할 필요는 없다고 생각된다. 게다가 이 견해가 상정하는 예외적인 경우의 취급(21면 이하)도 통설에 의하면 자연스럽게 해결되므로 우회의 필요성은 더욱 없다고 보인다.

있는 경우, 이들은 선순위저당권자를 대위한다는 점에서는 대외적으
로 동순위이지만, 나중에 배당절차에서 부동산별로 순위에 따라 배당
액이 차등되어야 함은 물론이다.

(b) 공동저당권자가 이시배당으로 받은 금액이 부동산의 분담액
을 초과하는 이상, 공동저당권자가 일부의 만족을 받은 경우에도 대
위는 일어난다.[65] 그 경우 배당되지 아니한 저당권에 대해 선순위저
당권자는 만족받지 못한 범위에서 여전히 저당권을 보유하지만, 나머
지 부분은 후순위저당권자가 불이익을 받은 범위에서 그에게 이전되
어, 양자는 동순위의 저당권이 된다. 그런데 이때 후순위저당권자의
이익을 위해 이전되는 권리를 정지조건부 저당권으로 이해하여 공동
저당권자 완제 시점에 행사할 수 있다는 견해가 통설이다.[66] 이는 종
래 일본 판례이론으로,[67] 그에 따르면 대위는 부기가등기에 공시되어
야 한다고 설명된다. 그러나 이에 대해 저당권은 바로 현실적으로 이
전한다고 해석하여 부기등기를 해야 한다는 견해도 유력하다.[68] 우리

65) 강태성 (주 42), 1212면; 고상용 (주 59), 700면; 곽윤직·김재형 (주 1), 488면;
김상용 (주 59), 722면; 김증한·김학동, 물권법, 제9판, 1997, 559면; 송덕수 (주
59), 525면; 이덕환 (주 59), 829면; 이상태 (주 31), 547면; 이영준 (주 31), 930
면; 이은영, 물권법, 제4판, 2006, 825면; 이재홍 (주 49), 256면; 주석 물권(4) (주
1), 267면(김재형); 조성민 (주 3), 511－512면; 최창렬, "공동저당 대위에서의 이
익조절 법리", 토지법학, 제29－2호, 2013, 101－102면; 오시정, "선순위 공동저
당 부동산상의 후순위 권리자 보호", 경영법무, 제136호, 2008, 13면; 김인섭, "공
동저당에 관한 연구", 관동대 사회과학논총, 제10권 제2호, 2004, 42면; 김형수,
"공동저당에 관한 연구", 토지법학, 제15호, 2000, 71면.
66) 강태성 (주 42), 1212면; 고상용 (주 59), 699－700면; 곽윤직·김재형 (주 1), 489
면; 김상용 (주 59), 722면; 김증한·김학동 (주 65), 560면; 송덕수 (주 59), 525
면; 이덕환 (주 59), 829면; 이상태 (주 59), 547면; 이영준 (주 59), 930면; 이은
영 (주 65), 825－826면; 최창렬 (주 65), 102면; 오시정 (주 65), 13면; 김인섭
(주 65), 42면; 조성민 (주 3), 512면; 김형수 (주 65), 71면; 염규석, "공동저당에
있어서 후순위저당권자의 대위권", 법이론과 실무, 제3집, 1999, 53－54면; 민법
주해[VII] (주 48), 196면(조대현).
67) 日大判 1926.14.8., 民集 5, 575. 또한 新版 注釋 民法(9) (주 40), 436면(高木) 및
인용된 전거 참조.

판례의 태도는 반드시 명확한 것은 아닌데, 차순위저당권자의 대위권은 일단 배당기일에 그 배당표에 따라 배당이 실시되어 배당기일이 종료되었을 때 발생한다고 하면서도,[69] 대위를 이유로 부기가등기가 아닌 부기등기를 할 수 있다고 한다.[70]

현실적으로 직접 이전한다는 견해가 타당하다고 보인다. 본장 Ⅲ. 2. (2) (라)에서 보겠지만 대위에 의해 선순위저당권자의 저당권은 후순위저당권자에게 이전하여 후자의 피담보채권을 담보하게 된다. 그런데 만일 선순위저당권자의 완제를 정지조건으로 하여 대위를 할 수 있다면 후순위저당권자는 자신의 저당권 실행시기가 도래하여도 이를 실행할 수 없다는 불리한 결과에 직면하게 된다. 물론 여기서 선순위에 있는 저당권자의 지위가 우선한다고 생각할 여지도 없지는 않다. 그러나 우리 민사집행법은 선순위저당권자의 환가 주도권을 보장하지 않는다(민집 제91조 제2항 참조). 그러므로 예컨대 다른 모든 일반채권자의 집행을 감수해야 하는 선순위저당권자가 오로지 대위한 후순위저당권자에 대한 관계에서 아직 완제가 없다는 이유로 대위행사를 저지할 수 있다는 결과는 균형을 상실한다고 하지 않을 수 없다. 오히려 이시배당의 대상이 된 부동산에서 환가권한을 가지고 있던 후순위저당권자가 이제 일체 경매신청을 할 수 없게 되는 결과가 저당권자의 본질적 환가권한을 침해하는 것으로 부당하다고 생각된다.[71]

68) 我妻 (주 46), 452면; 道垣內 (주 63), 205면.
69) 大判 2006.5.26., 2003다18401, 공보 2006, 1126.
70) 大判 1994.5.10., 93다25417, 공보 1994, 1638.
71) 道垣內 (주 63), 205면. 이에 대해 대위하는 후순위저당권자는 새로 취득하는 선순위저당권에는 환가권능이 없었으므로 반드시 부당하다고 볼 수 없다는 반론이 제기될 수도 있다. 그러나 법률에 공동행사를 정하는 아무런 제한이 없는 이상, 후순위저당권자가 자신의 피담보채권의 담보를 위해 선순위저당권을 대위하였다면 그는 선순위저당권자의 권능을 그대로 승계한 것이므로 저당권자로 환가권능을 가져야 한다. 그렇지 않으면 본문에서 설명한 것처럼 특히 집행과 관련해 일반채권자보다 불리하게 되는 결과가 되는데, 이는 납득하기 어렵다.

그러므로 선순위저당권자가 완전히 만족받지 못한 경우에도 저당권은 후순위저당권자에게 현실적으로 이전된다고 보아야 한다.

(c) 더 나아가 후순위저당권자는 동시배당의 경우와 비교하여 불이익을 입은 모든 후순위의 저당권자를 의미하며, 차순위저당권자만 해당하는 것은 아니다.[72] 또한 동순위 저당권자도 배당상의 불이익을 입은 때에는 당연히 이에 포함된다.[73] 더 나아가 경매절차에서 저당권에 준하여 취급되는 지위인 가등기담보권(가담 제13조, 제14조), 전세권(제303조 제1항, 제318조)의 경우 그것이 공동저당의 후순위인 때에는 그 권리자에게 대위가 인정되어야 한다.[74] 반면 후순위의 우선변제권 있는 임차권(주임 제3조의2 제2항, 상임 제5조 제2항)의 경우는 어떠한가? 임차권 역시 매각대금에서 우선변제를 받을 수 있는 지위로서 배당이 이루어지는 이 맥락에서 달리 취급할 이유가 없고, 임차권자가 공동저당권자의 선택에 따라 불이익을 받아서는 안 된다고 하여 대위를 인정할 가능성도 없지는 않다. 그러나 임차권자의 우선변제권은 점유 및 주민등록으로 대항력을 유지하는 임차목적물에 대해 인정되는 권리로서, 만일 대위를 인정하게 되면 점유나 주민등록조차 요구되지 아니하는 비공시 우선특권을 인정하는 결과가 발생한다. 이는 임대차 보호법제의 체계에 비추어 문제가 있을 뿐만 아니라 거래의 안전도 해칠 우려가 있다. 그러므로 후순위 우선변제권 있는 임차인은 이시배당에 의해 불이익을 받더라도 다른 공동저당 부동산에 대위를 할 수는 없다고 하겠다.

(d) 한편 A가 1순위 공동저당권을 가지는 丁, 戊, 己 부동산 중

---

72) 강태성 (주 42), 1212면; 고상용 (주 59), 700면; 곽윤직·김재형 (주 1), 488면; 김증한·김학동 (주 65), 559면; 송덕수 (주 59), 523–524면; 이덕환 (주 59), 828면; 이영준 (주 59), 929면; 민법주해[Ⅶ] (주 48), 195면(조대현).

73) 이영준 (주 59), 929면; 이재홍 (주 49), 255면; 주석 물권(4) (주 1), 268면(김재형); 김인섭 (주 65), 42면; 염규석 (주 66), 49면; 민법주해[Ⅶ] (주 48), 195면(조대현).

74) 주석 물권(4) (주 1), 268면(김재형) 참조.

丁 부동산에 2순위 저당권자인 B가 있는 사안에서, A가 이시배당으로 丁 부동산으로부터 전부 만족을 받은 결과 B가 戊와 己 부동산에 있는 A의 저당권에 대위하는 경우, B는 공동저당권자로서 대위하는가 아니면 분담비율에 따라 각각 분할된 저당권을 취득하는가? 두 가지 견해 우리 민법의 해석으로 주장될 여지가 존재하지만, 분할된 저당권을 취득한다는 견해가 보다 타당하다고 생각된다.[75] 공동저당을 인정하면 다시 B를 기준으로 제368조의 적용에 따른 문제가 반복될 것이다. 그런데 우리 민법은 구상의 부담을 분담하기 위해 대위의 방법을 사용하는 변제자대위에서 대위의 순환을 반복하기 위해 최초의 대위로 관계인들이 분할하여 책임을 부담하는 것으로 정하고 있으며(제482조), 이러한 사고방식은 대위로 부동산의 분담을 정하는 공동저당의 경우에도 존중할 만한 내용이라고 생각된다. 그러므로 다수의 저당권을 대위하는 후순위권리자는 제368조 제1항의 취지에 따라 분담된 비율에 따라 선순위저당권을 분할하여 취득한다고 해석하는 것이 보다 간명하고 민법의 정신에 부합할 것이다.

　(e) 마지막으로 후순위저당권자의 대위의 범위는 어느 시점에 결정되어야 하는가? 이는 선순위저당권자가 일부의 부동산으로부터 이시배당으로 만족을 받는 경우 경매되지 아니하는 공동저당 목적부동산의 가액을 확정할 수 없기 때문에 발생하는 문제이다. 현재 우리나라에서는 이시배당에서 제외된 저당부동산의 경매를 기다려서 후순위저당권자의 대위액을 정해야 한다는 견해가 주장되며,[76] 타당하다고 하겠다. 불확실한 사전적 평가에 의지하는 것보다는 현실의 경매 결과를 기다려 그 가액을 기초로 대위 범위를 판단하는 것이 적절하며 후순위저당권자에게 경매절차에서 불복의 기회를 부여한다는 점에서

---

75) 같은 취지로 주석 물권(4) (주 1), 273면(김재형); 백경일 (주 64), 18면.
76) 양창수 (주 21), 314면; 염규석 (주 66), 60면; 민법주해[Ⅶ] (주 48), 196–197면 (조대현).

도 공정하다고 보이기 때문이다. 또한 부동산등기법 제80조도 부기등기에서 대위범위의 확정을 요구하지 아니하므로 그러한 입장에 서 있다고 말할 수 있을 것이다. 판례도 후순위저당권자가 물상보증인의 변제자대위에 물상대위하는 하는 방식으로 선순위저당권을 취득하는 경우에 그러한 전제에 기초해 판단한 바 있다.77)

　　(라) 제368조 제2항의 대위에 의해 공동저당권자가 가지고 있던 선순위의 저당권이 후순위저당권자에게 이전한다. 피담보채권액이 소멸한 범위에서 공동저당권자가 가지고 있던 저당권이 내용을 변경하여 이제 후순위저당권자의 채권을 담보하게 되며, 이는 피담보채권의 교체(Forderungsabwechslung)에 해당한다.78) 대위에 따른 저당권의 이전은 법률에 의한 물권변동이므로 등기 없이 효력이 발생한다(제187조 본문). 판례에 따르면 대위는 배당기일에 배당표에 따라 배당이 실시되어 배당기일이 종료한 시점에 행해지며, 배당표의 확정을 기다릴 필요는 없다.79)

　　후순위저당권자가 대위를 하는 경우, 그는 이를 부기등기할 수 있다(등기사항에 대해 부등 제80조 참조). 그러나 이로써 대위의 효력이 발생하는 것은 아니며, 이미 발생한 대위의 효력을 등기에 반영하는

---

77) 大判 1994.5.10., 93다25417, 공보 1994, 1638면: "그 구체적인 액수는 […] 부동산이 경매되어야 확정될 것이다".
78) 大判 2009.11.12., 2009다53017,53024, 공보 2009, 2094면: "후순위 저당권자의 대위권은 임금채권에 붙어 있는 법정담보물권적 성격을 가진 우선변제권을 공동저당과 유사한 관계에 있는 다른 부동산에 대위하여 행사하도록 허용하여 후순위저당권자나 다른 채권자 등의 이해관계를 조절하려는 것에 불과한 것이지 임금채권 자체를 대위하는 것은 아니다". 또한 大判 2015.3.20., 2012다99341, 공보 2015, 592: "후순위저당권자의 대위의 경우에는 채권이 이전되지 아니한다". 반면 저당권부 채권의 이전으로 보는 견해로 강태성 (주 42), 1216면. 피담보채권의 교체로 보는 것에 대해서는 부종성의 입장에서 의문이 제기될 여지도 있으나, 부종성은 법률에 의해 그 내용이 정해지는 성질이므로 법률이 그 예외를 정하는 것도 당연히 가능하며, 이 경우가 그에 해당한다.
79) 大判 2006.5.26., 2003다18401, 공보 2006, 1126.

정정적 등기에 지나지 않는다. 적어도 이론적으로는 부기등기가 없더라도 대위를 입증하는 이상 저당권의 행사에는 영향이 없다. 이후 그 부동산에 이해관계를 취득하는 제3자가 있더라도 그는 "저당권이 유효하게 존재함을 알거나 적어도 저당권이 공동저당권으로서 공시되어 있는 상태에서 이를 알면서 해당 부동산을 취득할 것이므로 저당권의 이전과 관련하여 제3취득자를 보호할 필요성은 적다"고 말할 수 있기 때문이다.[80]

(마) 그런데 후순위저당권자가 대위한 저당권에 부기등기를 하기 전에 선순위저당권자에 의해 그 저당권등기가 말소되어 저당권이 대위되어 있음을 확인할 수 없는 상태에서 그 부동산에 소유권이나 저당권 등 새로운 이해관계를 취득한 사람(제3취득자)이 있는 경우에도 후순위저당권자는 대위를 주장할 수 있는가? 저당권의 이전은 이미 법률의 규정에 의해 이루어졌으므로(제187조) 등기 말소만으로는 저당권이 소멸할 이유가 없고 이해관계인은 등기부에서 대위를 인식할 수 있을 것이라는 이유로, 후순위저당권자가 여전히 대위를 주장할 수 있다는 견해가 주장된다.[81] 이에 대해 종래 다수설은 거래의 안전을 이유로 대항할 수 없다고 설명하고 있었다.[82] 판례는 변제 이후 권리 소멸을 신뢰할 제3취득자의 보호를 위한 (변제자대위에 관한) 제482조 제2항 제1호 및 제5호의 취지가 여기서도 타당하므로 이를 유추하여 그러한 제3취득자에 대해 후순위저당권자는 제368조 제2항에 따른 대위를 주장할 수 없다고 한다.[83] 물론 그는 등기말소에 관여한 선순

---

80) 大判 2015.3.20., 2012다99341, 공보 2015, 592.
81) 강태성 (주 42), 1217-1218면; 이영준 (주 59), 931면; 이상태 (주 59), 548면; 송덕수 (주 59), 526면; 윤철홍, 물권법, 개정판, 2013, 523면; 염규석 (주 66), 57면.
82) 곽윤직·김재형 (주 1), 489면; 김상용 (주 59), 723면; 이덕환 (주 59), 829-830면; 오시정 (주 65), 14면; 조성민, "공동저당상 이해당사자의 조절", 고시계, 제48권 제6호, 2003, 213면; 정충령 (주 44), 263면.
83) 大判 2015.3.20., 2012다99341, 공보 2015, 592.

위저당권자와 저당물소유자에게 귀책사유가 있는 경우 이들을 상대로 손해배상을 청구할 수 있을 것이다(제750조).[84]

소수설이 지적하는 바와 같이 특별한 규정이 없는 이상 논리적으로 이전한 저당권이 말소등기만으로 소멸할 이유는 없다고 할지도 모른다. 그러나 이 경우와 이익상황이 유사한 제3취득자에 대한 변제자대위에서 민법이 대위에도 불구하고 권리 소멸을 신뢰할 수 있었던 제3취득자를 보호하는 규율을 두고 있는 이상, 이를 유추할 가능성은 충분히 고려된다. 이때에도 논리적으로는 이전한 채권 및 담보권이 소멸할 이유가 없음에도 민법은 이해관계를 맺은 제3취득자를 배려하고 있기 때문이다. 또한 소수설은 등기로부터 대위 사실을 알 수 있을 것이라고 하지만, 후순위저당권이 변제로 소멸하였기에 대위가 없었다고 신뢰할 가능성이 있는 이상 등기만으로는 이해관계인이 충분히 보호된다고 말하기 어려우며, 거의 유사한 사안에 대해 제482조 제2항 제1호 및 제5호는 부기등기를 할 때에만 대항할 수 있다고 규정하고 있다. 그렇다면 이렇게 거의 동일한 이익충돌이 문제되고 있음에도 다른 결과를 인정하는 것이 법률의 취지에 부합한다고는 쉽게 상정하기 어렵다. 이익상황에 비추어 제482조 제2항 제1호 및 제5호의 유추가 보다 설득력 있다고 생각된다.

(바) 이상의 내용에 따를 때, 공동저당이 설정된 경우 후순위저당권자는 선순위저당권자의 다른 저당권에 대위하여 만족을 받을 수 있다는 점에 대해 정당한 기대를 가진다. 그러므로 공동저당권자가 다른 부동산에 대한 저당권을 포기한 다음 후순위저당권자가 있는 부동산에 대해 저당권을 실행하여 만족을 구하는 경우, 후순위저당권자로서는 제368조 제2항이 부여하는 대위의 이익을 받지 못하는 결과가 발생할 수 있다.

---

84) 大判 2015.3.20., 2012다99341, 공보 2015, 592.

(a) 이 문제에 대해서 종래 학설에서는 후순위저당권자의 동의가 없으면 포기할 수 없다거나 대항할 수 없다고 해석하는 견해가 주장된다.85) 그러나 판례는 접근을 달리하여, "후순위저당권자의 […] 대위에 관한 정당한 기대는 보호되어야 할 것이므로, 선순위 공동저당권자가 피담보채권을 변제받기 전에 공동저당 목적 부동산 중 일부에 관한 저당권을 포기한 경우에는, 후순위저당권자가 있는 부동산에 관한 경매절차에서, 저당권을 포기하지 아니하였더라면 후순위저당권자가 대위할 수 있었던 한도에서는 후순위저당권자에 우선하여 배당을 받을 수 없다고 보아야 할 것"86)이라고 한다.87)

판례가 타당하다고 생각된다. 후순위저당권자의 동의가 없으면 포기의 효력을 부정하는 견해에 따르면 말소 등기에도 불구하고 저당권이 존속한다는 결과를 인정하는 것이다. 그러나 이는 이후 해당 부동산이 양도되거나 새로 저당권이 설정되는 경우 거래의 안전의 문제를 발생시킨다. 또한 후순위저당권자로서는 등기가 말소된 부동산에 대해 경매를 신청하거나 그 경매절차에서 저당권을 주장해야 할 것인데, 이는 현실적으로 상당한 난점을 수반하며, 결국 별도로 회복등기의 소를 제기하는 등의 절차적 번거로움을 감수할 수밖에 없다. 이러한 문제는 동의가 없으면 후순위저당권자에게 대항할 수 없다는 견해에서도 (그 취지가 반드시 명백한 것은 아니지만 표현 그대로 후순위저당권

---

85) 김중한·김학동 (주 65), 560면; 이영준 (주 59), 931면; 최창렬 (주 65), 103면; 오시정 (주 65), 14면. 한편 아예 포기가 불가능하다는 견해로 강태성 (주 42), 1213면.

86) 大判 2009.12.10., 2009다41250, 공보 2010, 93; 2011.10.13., 2010다99132, 공보 201, 2335.

87) 판례를 지지하는 견해로 박용석, "공동저당의 실행상의 문제점", 토지법학, 제29-2호, 2013, 82-83면; 이종기, "공동저당권자의 저당권 일부 포기 및 혼동으로 인한 소멸", 민사판례연구[XXX-上], 2011, 385면 이하; 이정일, "공동저당에 있어서 후순위저당권자의 대위의 기대에 대한 보호", 부산판례연구회 판례연구, 제22집, 2011, 567면.

자가 그 포기의 효력을 부정할 선택지를 가진다는 의미라고 이해한다면) 마
찬가지로 발생한다. 게다가 여기서는 상대적 법률관계가 발생하는데
다가 후순위저당권자의 의사에 따라 상당기간 유동적 상태가 지속하
여 더욱 법률관계를 불안정하게 한다. 결국 이들 견해는 후순위저당
권자에게 강한 지위를 인정하는 것처럼 보이지만 실제 그의 이익으로
작용하는 효과는 크지 않으며 거래의 안전에는 불안요소로 작용한다.
그러므로 이때에도 변제자대위와 관련해 유사한 이익상황을 규율하는
제485조의 취지가 유추적용되는 것이 바람직하다.[88] 이 규정은 포기
자체의 효력을 인정하면서도 적법한 대위 기대를 침해하는 한도에서
채권자에게 권리상실이라는 불리한 효과를 규정한다. 이러한 고려는
제368조의 적용과 관련해서도 포기 의사표시의 효력을 존중하면서도
대위자를 보호한다는 점에서 비교적 간명하게 법률관계를 처리하는
장점이 있다. 명시적으로 이 점을 언급하지는 않지만, 판례는 같은 고
려에 서 있다고 생각되며, 정당하다.[89]

   (b) 한편 공동저당권자가 공동저당 부동산의 소유권을 취득하는
경우 저당권이 혼동에 의해 소멸하게 되면 후순위저당권자의 대위 기

---

88) 같은 취지로 이정일 (주 87), 387 – 388면.
89) 이에 대해 일본에서는 비판도 없지 않다. 즉 본문에서와 같은 견해에 따른다면, 저
   당권을 포기한 부동산과 저당권이 남아 있는 부동산의 소유자가 다른 경우 후자의
   부동산 소유자의 일반채권자에게 불이익이 발생할 수 있다는 것이다. 즉 공동저당
   권자는 포기를 이유로 후순위저당권자에 대해서만 우선변제권을 대항할 수 없으
   므로, 원래 공동저당권자에게 배당되었을 금액 중 후순위저당권자에게 배당되어
   부족이 발생한 부분은 결국 일반채권자에게 배당될 금액으로부터 충당되어야 하
   기 때문이다(자세한 내용은 鈴木祿彌, 抵當制度の研究, 1968, 239면 이하 참조).
   그러나 이 비판은 그 내용에서 명백하듯 공동저당 부동산이 서로 다른 소유자에게
   속하는 경우에도 제368조가 적용된다는 견해(후순위저당권자 우선설; 본장 Ⅲ. 3.
   (1) (나) 참조)를 전제로 하므로, 이를 좇지 않는 이상 설득력이 없다. 소유자가
   다른 이상 부동산 사이 분담은 변제자대위 규정에 의하며, 결국 제485조가 적용될
   것이기 때문이다. 그러나 후순위저당권자 우선설에 따른다고 하더라도, 일반채권
   자에게는 배당액에 대한 보호가치 있는 신뢰가 없으므로 그러한 비판은 타당하지
   않다고 생각된다(道垣內 (주 63), 206면 참조).

대가 좌절될 우려가 있다. 앞서 살펴본 고려에 비추어 본다면, 그러한
기대는 혼동의 경우에도 보장되어야 한다. 그러한 의미에서 공동저당
권자가 공동저당 부동산의 소유권을 취득하여도 저당권은 혼동으로
소멸하지 않는다는 견해도 있으나(제191조 제1항 단서),[90] 포기에서와
마찬가지로 선순위 공동저당권자에게 우선변제권을 부정하는 방법이
타당하다는 견해도 주장된다.[91] 어느 편이나 후순위저당권자 보호에
큰 차이가 없다고 보일 수도 있지만, 예컨대 혼동을 이유로 저당권 등
기가 말소된 사안에서는 역시 후순위저당권자는 말소된 부동산에 대
한 권리 행사에 있어 어려움에 직면할 수 있고 거래안전의 문제도 발
생하므로, 선순위저당권자의 우선변제권을 제한하는 방법으로 접근하
는 것이 보다 간명할 수 있다. 또한 선순위저당권자가 먼저 저당권을
포기한 다음 그 소유권을 취득하는 경우와 소유권을 먼저 취득하여
혼동으로 저당권이 소멸하는 경우를 평가적으로 달리 취급할 이유가
있는지도 의문이다. 그리고 처리의 일관성이라는 관점도 무시할 수
없을 것이다. 그러므로 후자의 견해가 타당하다고 생각된다.

3. 공동저당 부동산이 채무자 및 물상보증인 소유인 경우

제368조의 적용범위에 관하여 어려운 문제는 공동저당이 설정된
부동산이 채무자 및 물상보증인에 의하여 제공된 경우에 발생한다.[92]
서술의 편의상 이시배당의 경우를 먼저 살펴본다.

(1) 이시배당의 경우

(가) 예를 들어 채무자 S 소유의 甲 부동산(가액 6천만 원) 및 물상

---

90) 강태성 (주 42), 1214면; 김상용 (주 59), 723면; 이영준 (주 59), 931면; 이상태
    (주 59), 547면; 최창렬 (주 65), 103면.
91) 이종기 (주 87), 393면; 이정일 (주 87), 569면; 박용석 (주 87), 83면.
92) 회생절차에서의 취급에 관한 논의는 양형우, "회생절차에서의 공동저당권", 연세
    대 법학연구, 제18권 제1호, 2008, 109면 이하 참조.

보증인 L 소유의 乙 부동산(가액 4천만 원)에 S의 G에 대한 5천만 원의 채무를 담보하기 위해 각각 1번 저당권이 설정되었고, 이후 S의 X에 대한 4천만 원의 채무를 담보하기 위해 甲 부동산에 2번 저당권이 설정된 사안을 상정한다.

	甲不動産(S 소유, 6천만)	乙不動産(L 소유, 4천만)
1번	G 5천만	G 5천만
2번	X 4천만	

G가 乙 부동산으로부터 먼저 만족을 받게 된다면, L은 제481조에 따라 4천만 원의 범위에서 甲 부동산에 설정된 G의 저당권을 대위한다. 이후 甲 부동산이 경매되는 경우, G가 1천만 원, L이 4천만 원을 선순위로 배당받게 되고,[93) X는 1천만 원을 배당받음에 그친다. 결과적으로 L은 부동산의 소유권은 상실하지만 그 가액의 전부를 구상으로 회복할 수 있게 된다. 그러나 甲 부동산에 대하여 먼저 경매가 개시된다면, G는 5천만 원 전액을 만족받는 동시에 X는 제368조 제2항에 따라 2천만 원의 한도에서 乙 부동산에 설정된 G의 저당권을 대위하게 된다. 이로써 X는 乙 부동산으로부터 2천만 원을 배당받을 수 있어 모두 3천만 원의 변제를 받는 반면, L은 乙 부동산으로부터 3천만 원만을 돌려받아 앞의 경우와 비교할 때 2천만 원에 해당하는 구상이익을 상실한다.

이러한 결과는 합리적이지 않다. 변제자대위 및 후순위권리자의 대위 제도의 취지가 선순위 채권자의 행사할 권리 선택에 따라 이해관계인의 지위가 달라지지 않도록 하기 위한 것임에도, 조정 없이 적

---

93) 경매대가가 G와 L을 모두 만족시키지 못하는 경우 G의 우선 여부에 대해서는 주지하는 바와 같이 논의가 있다. 우선 송덕수, 채권법총론, 제2판, 2015, 430－431면 참조. 판례(大判 1988.9.27., 88다카1797, 집 36－2, 175 등)는 대위변제자에 대한 채권자의 우선변제를 긍정한다.

용할 때 바로 제도가 예방하고자 하는 결과가 그대로 실현될 우려가
있기 때문이다.94) 그러므로 여기서 채무자 및 물상보증인의 부동산에
공동저당이 설정된 경우 물상보증인의 변제자대위를 우선시킬 것인지
아니면 후순위담보권자의 대위를 우선시킬 것인지의 문제가 발생한
다. 이는 결과적으로 물상보증인의 구상에 대한 이해관계와 후순위저
당권자의 담보 이해관계 사이에서 어떤 것을 보다 더 보호할 것인지
에 관한 물음이라고 말할 수 있다.

　(나) 이에 대해서는 주지하는 바와 같이 변제자대위 우선설과 후
순위저당권자대위 우선설이 대립한다.

　(a) 물상보증인의 변제자대위가 우선해야 한다는 견해는 다음과
같이 설명한다.95) 물상보증인은 자신의 부동산 및 채무자 소유의 부
동산에 공동저당이 설정되는 경우, 자신의 구상권이 채무자 소유 부
동산에 설정된 저당권으로부터 담보될 것이라는 기대를 가지게 될 것
이므로, 이러한 기대를 보호할 필요가 있다고 한다. 특히 공동저당 성
립 이후에 채무자가 자신의 소유의 부동산에 후순위저당권을 설정하
였다는 사정에 의하여 그러한 기대에 반하여 물상보증인의 구상을 좌
절시킬 이유가 없다는 것이다. 반면 공동저당이 설정된 채무자 소유
부동산의 후순위저당권자는 물상보증인이 제공한 부동산이 공동저당
목적물로 있는 경우 그에 자신의 대위가 관철될 수 없음을 계산하고

---

94) 본장 I . 1., 2. 및 김형석, "변제자대위 제도의 연혁에 관한 소고", 사법연구, 제8
　　집, 2003, 9면 참조.

95) 고상용 (주 59), 701면; 강태성 (주 42), 1221면; 곽윤직·김재형 (주 1), 490－492
　　면; 김증한·김학동 (주 65), 561면; 송덕수 (주 59), 529면; 양창수 (주 21),
　　311－312면 이하; 이덕환 (주 59), 833면; 이은영 (주 65), 826면; 제철웅, 담보법,
　　개정판, 2011, 418면; 홍성재, 물권법, 개정판, 2010, 569면; 주석 물권(4) (주 1),
　　277, 280－281면(김재형); 이정일 (주 87), 564면; 오시정 (주 65), 16면; 조성민
　　(주 3), 515－516면; 김상수, "공동저당의 실행", 고시연구, 제30권 제7호, 2003,
　　134면; 김형수 (주 65), 77－78면; 정총령 (주 44), 274면; 서기석, "공동저당에
　　있어서 후순위근저당권자의 대위와 물상보증인의 변제자대위의 충돌, 법조, 제44
　　권 제1호, 1995, 132면 이하.

담보를 취득할 수밖에 없으며, 물상보증인이 제공하는 담보가 후순위 저당권자 등장 이후에 제공된 때에는 애초에 대위의 기대조차 없었으므로, 후순위저당권자는 보호가치 있는 신뢰가 없다고 한다. 그러므로 보호가치 있는 대위 기대가 없는 후순위저당권자보다는 정당한 구상의 기대가 인정되는 물상보증인이 대위에서 우선하는 것이 정당하다고 한다. 판례도 물상보증인의 변제자대위가 우선한다는 입장이다.[96]

    이에 대해 후순위저당권자의 대위가 우선해야 하는 견해는 다음과 같이 설명한다.[97] 타인의 채무를 담보하기 위하여 물상보증을 한 자는 적어도 각 담보부동산의 가액에 비례한 범위에서는 책임질 것을 각오한 자이므로 그 한도 내에서는 후순위저당권자에게 우선하지 않는 것으로 해석하는 것이 타당하다고 한다. 그리고 물상보증인과 후순위저당권자의 공평한 보호 및 부동산의 담보가치의 충분한 활용이라는 면에서 후순위저당권자의 대위를 우선시켜야 한다는 것이다. 특히 판례에 대해서는, 저당권은 저당물이 가지고 있는 교환가치에 대한 직접지배를 내용으로 하는 담보물권으로서 저당물의 소유자가 누구인가에 따라 효력내용이 달라지는 것이 아니기 때문에 판례는 물권으로서의 저당권의 본질을 변형시키고 있고, 더 나아가 제368조는 저당물의 소유자가 누구인가에 대한 명시적 구별을 하고 있지 않으므로 실정법적 근거가 희박하다는 비판이 있다.[98] 또한 변제자대위 우선설

---

96) 大判 1994.5.10., 93다25417, 집 42-1, 344.
97) 김상용 (주 59), 724면; 이영준 (주 59), 933면; 이상태 (주 59), 549면; 윤철홍 (주 81), 526면; 최창렬 (주 65), 115-121면; 박용석 (주 87), 79-80면; 김규완, "공동저당과 후순위권리자들의 이익교량", 고려법학, 제49호, 2007, 470면 이하; 김인섭 (주 65), 39, 45-46면; 염규석 (주 66), 68면 이하; 어인의, "공동저당", 고시계, 제38권 제11호, 1993, 53면.
98) 명순구, "공동저당에 있어서 후순위저당권자와 물상보증인의 대위권", 고려대 판례연구, 제8호, 1994, 262면 이하. 이 견해는 일률적 해결을 지양하고, 변제로 인한 구상권자의 법적 이익과 공동저당물의 일부에 대한 후순위저당권자의 법적 이익이 서로 조정되어야 할 문제로 접근해야 한다고 한다(271면 이하).

이 물상보증인의 대위 기대를 강조하지만 이는 제368조가 적용되지 않는다는 결과를 부당전제하고 있다고 지적한다.[99]

  (b) 변제자대위를 우선하는 견해 및 판례가 타당하다. 후순위저당 권자 우선설은 물상보증인이 책임을 인수하였음을 근거로 하지만, 그는 어디까지나 민법이 인정하는 구상가능성에 따른 분담을 염두에 두고 그러한 책임을 인수한 것이다. 그러므로 물상보증인이 책임을 인수하였음을 이유로 그의 구상가능성을 박탈하는 해석은 서로 다른 두 가지 모멘트를 혼동하고 있을 뿐만 아니라 물상보증인의 이익상황을 결정적으로 간과하는 난점을 노정한다. 변제자대위 우선설이 말하는 대로, 창설적 공동보증의 경우 물상보증인은 언제나 후순위저당권자 보다 앞서 변제자대위에 따른 구상가능성을 확보하는 한편, 추가적 공동저당의 경우 후순위저당권자가 애초에 기대할 수 없었던 대위 이익을 부여할 필요가 없으므로, 물상보증인의 대위 기대가 보다 우선적으로 보호할 필요가 있다고 할 것이다. 물론 이에 대해서는 이러한 결론이 이미 제368조의 부적용을 전제하므로 순환논법이라고 말할 수도 있다. 그러나 이는 후순위저당권자 대위를 우선하는 견해에 대해 동일하게 돌아가는 비판이다. 왜냐하면 이 견해는 같은 방식으로 제481조, 제482조의 부적용을 전제로 하는 순환논법을 사용하고 있기 때문이다. 문제는 서로 양립할 수 없는 두 대위 기대 사이에 어느 것이 보다 중하게 평가될 것인지 여부이며, 기대 형성의 선후를 생각하면 이익형량에 있어 후순위저당권자의 기대가 우선한다고 말하기는 어렵다고 생각된다.

  또한 이상과 같은 해석은 변제자대위에 관한 제482조 제2항의 취지를 끝까지 생각해 보면 자연스럽게 도출되는 내용이다. 제482조 제2항에 의하면 기본적으로 보증인은 채무자로부터의 제3취득자[100]에

---

99) 김규완 (주 97), 452면 이하.
100) 물상보증인으로부터의 제3취득자는 물상보증인에 준하여 취급할 것이어서, 제

대해서 변제자대위를 할 수 있지만(제1호), 반대로 채무자로부터의 제
3취득자는 보증인에게 변제자대위를 할 수 없다(제2호). 그리고 물상
보증인은 이 맥락에서 보증인에 준하여 취급되는 것으로 해석되므로
(제341조 참조),[101] 채무자로부터의 제3취득자에 대해 물상보증인은
변제자대위를 할 수 있지만 그 역은 성립하지 않는다. 이에 따르면 채
무자와 물상보증인의 부동산에 공동저당이 설정된 경우 채무자로부터
저당부동산 甲의 소유권을 취득한 제3취득자는, 공동저당권자가 甲
부동산의 저당권을 실행한 경우 물상보증인에게는 구상을 할 수 없어
(채무자에게 담보책임을 묻는 외에는) 그 부담을 단독으로 지는 것이지
만, 반대로 乙 부동산의 저당권이 실행된 경우 물상보증인은 제3취득
자에 대하여 구상채권 전액에 대하여 공동저당권자의 저당권을 대위
할 수 있다. 이렇게 우리 민법은 채무자로부터 부동산의 소유권을 취
득한 제3취득자에게 변제자대위에 의한 구상가능성을 차단하고 있다.
이는 제3취득자와 물상보증인 사이에서 채무자의 무자력 위험은 제3
취득자가 부담할 것을 민법이 예정함을 의미한다. 이는 왜 그러한가?
해당 규정이 연원한 프랑스 민법에서 학설은, 보증인이 변제자대위로
채권자의 저당권을 전액 행사할 수 있는 권한이 채무자의 양도로 침
해되어서는 안 되기 때문에 그에게 전부 대위가 보장되어야 하고, 이
를 위해서는 제3채무자의 보증인에 대한 대위가 부정되어야 한다고
설명한다.[102] 우리 민법에서도 제3취득자의 대위가 부정되고 있는 이
유를 이렇게 이해한다면, 같은 내용이 후순위저당권자의 대위에 대해
서도 그대로 인정되어야 할 것이다. 즉 채무자가 자신의 부동산 소유
권을 처분함으로써 제3취득자의 변제자대위를 가능하게 하여 물상보

482조 제2항이 말하는 제3취득자는 채무자로부터의 제3취득자만을 말한다고 이
해할 것이다. 이진만, "변제자대위에 있어서 대위자 상호간의 관계", 사법논집,
제27집, 1996, 80-81면 참조.

101) 이진만 (주 100), 83면 참조.
102) Mestre, *La subrogation personnelle*, 1979, n° 154.

증인의 구상가능성을 좌절시킬 수 없어야 한다면, 마찬가지로 채무자가 자신의 부동산에 후순위저당권을 설정함으로써 제368조 제2항의 대위를 가능하게 하여 물상보증인의 구상가능성을 좌절시킬 수 없어야 함은 당연한 것이기 때문이다. 채무자의 부동산에 포괄적인 물권인 소유권을 취득한 자도 방해할 수 없는 물상보증인의 구상 이익을 제한물권인 저당권을 취득한 후순위저당권자(말하자면 내용적으로 제한된 부분적 제3취득자)가 방해할 수 있다고 하여 제482조 제2항이 예정하는 무자력 위험분배에 다른 결과를 가져오는 것은 균형을 상실하며 허용될 수 없다고 해석해야 한다.103) 즉 제482조 제2항 제2호의 취지에 비추어 보면 물상보증인이 제공한 부동산에 있는 저당권에 대해 후순위저당권자는 제368조 제2항에 기초해 대위할 수 없다.104) 그렇

---

103) 그러한 의미에서 가령 후순위저당권자와 물상보증인 사이의 관계를 변제자대위에 있어 물상보증인들 사이의 관계와 유사한 것으로 이해하는 명순구 (주 98), 274－275면은 제482조 제2항의 취지를 오해하는 입장으로 쉽게 동의하기 어렵다.

104) 관련하여 주의할 점이 있다. 본문의 서술은 제482조 제2항 제2호의 취지에 따를 때 후순위저당권자가 자신의 저당권이 만족 없이 상실됨을 이유로(이 점에서 소유권을 취득한 제3취득자와 유사한 지위에 있다) 물상보증인 소유 부동산에 있는 저당권에 대위할 수 없다는 것뿐이다. 그가 만일 선순위저당권자의 피담보채권을 변제하고 이로써 선순위저당권에 변제자대위를 하는 경우, 이는 자신의 후순위저당권을 유지하면서 선순위저당권을 대위로 취득한 다음 행사하는 것이며, 이는 당연히 허용된다(이 점에 대해 이미 제1편 제1장 IV. 2. (2) (d) 참조). 즉 제482조 제2항 제2호는 제3취득자 그리고 그에 준하는 자가 자신의 권리상실 또는 이에 준하는 변제를 이유로 채권자의 권리에 대위하는 것을 차단하고 있는 것에 그친다(법제사적으로 beneficium cedendarum actionum의 영역; 김형석 (주 94), 9면 이하 참조). 반면 자신의 후순위저당권을 유지하면서 추가적인 출연으로 선순위저당권자를 만족시키고 그의 저당권에 변제자대위하는 경우는 분담조정의 문제가 없어 제482조 제2항의 적용이 예정되어 있지 아니하므로, 변제자대위의 일반 법리에 따른 대위 가능성을 부정할 이유가 없다(법제사적으로 ius offerendi의 영역; 김형석 (주 94), 15면 이하 참조). 두 사안유형의 구별에 대해 Mestre (주 102), nº 157 참조. 공동저당의 경우 양자의 차이는 더욱 분명하게 나타난다. 전자의 경우 대위가 허용된다면 채무자 소유 부동산의 후순위저당권자는 물상보증인 소유 부동산에 존재하는 선순위저당권자의 저당권에만 대위할 것이지만, 대위가 허용되는 후자의 경우 후순위저당권자는 선순위저당권자의 공동저당 전체를

다면 제368조의 문언이 저당부동산의 소유자를 구별하지 않는다는 비판도 설득력을 상실한다. 제482조 제2항을 고려하여 체계적이고 목적론적으로 해석할 때 제368조의 적용범위가 공동저당 부동산이 동일인 소유인 경우로 자연스럽게 획정되기 때문이다(본장 Ⅳ. 2. 참조).

그리고 비교법적으로 변제자대위를 우선하는 결과는 우리와 비슷한 제도를 가지고 있는 이탈리아 민법의 규정(동법 제2857조 제1항 참조) 및 오스트리아 강제집행법 제222조의 해석으로도 인정되고 있다(본장 Ⅱ. 2. 참조). 이러한 일치는 사안유형에 내재하는 이익형량의 결과를 반영하는 것으로 생각되므로 쉽게 간과해서는 안 될 것이다.

(c) 그리고 이러한 결론은 채무자 소유의 부동산에 후순위저당권이 설정된 이후에 물상보증인이 저당권을 설정하여 공동저당이 성립한 경우에도 다를 바 없다고 할 것이다.[105] 그렇지 않으면 후순위저

대위하게 되기 때문이다.

같은 이유에서 제3취득자에게 인정되는 소멸청구(제364조)가 후순위저당권자에게 인정되지 않는다는 판례(大判 2006.1.26., 2005다17341, 공보 2006, 312)와 통설(예컨대 곽윤직·김재형 (주 1), 473면; 이영준 (주 59), 909면; 송덕수 (주 59), 508면 등)도 본문에서의 서술과 모순되지 않는다. 후순위저당권자가 제482조 제2항의 취지상 대위를 할 수 없다는 것은 전자의 영역과 관련된 문제임에 반해 제364조에 따른 소멸청구를 할 수 없다는 것은 후자의 영역과 관련된 문제이기 때문이다.

그러한 의미에서 이 두 사안유형을 혼동하여 극히 혼란스러운 논증을 방론으로 제시하고 있는 大判 2013.2.15., 2012다48855, 공보 2013, 466의 설명은 이론적으로는 부당하다(앞서 제1편 제1장 Ⅳ. 2. (2) (d) 참조). 후자의 영역에서의 해석론에 전자의 영역을 규율하는 제482조 제2항을 원용하고 있기 때문이다. 그러나 결론에 있어 후자의 경우 후순위저당권자의 대위 가능성을 긍정한 것 자체는 정당하다. 한편 이 판결에 반대하는 평석인 백경일, "보증인과 후순위저당권자 간의 변제자대위", 민사법학, 제64호, 2013, 258면 이하도 두 사안유형을 구별하지 않고 전자의 경우의 이익형량을 들어 후자의 경우의 변제자대위를 부정하는데, 위에서 서술한 이유에 비추어 타당하지 않다고 생각된다. 양자를 구별해야 함은 실제로 프랑스 민법의 해석에서 제482조 제2항과 같은 대위의 제한은 전자의 사안유형에 적용되는 동법 제1251조 제3호와 관련해서만 논의되고 있으며 후자의 사안유형을 규율하는 동조 제1호에 대해서는 그러한 논의가 없다는 사실에서도 그대로 확인된다. Mestre (주 102), n°ˢ 471-474, 541 sqq. 참조.

105) Hoyer (주 18), S. 26: "강제집행법 제222조만을 근거로 하여 후순위저당권자에

당권자는 채무자 소유의 부동산 가액에서 선순위저당권의 피담보채권액을 제외한 금액만큼을 담보가치로서 파악하여 담보를 취득하였음에도 불구하고, 이후 선순위저당권자가 추가로 물상보증인 소유 부동산에 저당권을 취득하였다는 사정에 의하여 자신도 추가로 담보를 취득한다는 결과가 되는데, 이를 정당화할 근거는 찾기 어렵다. 물상보증인이 그러한 후순위저당권자의 존재를 알면서 공동저당을 성립시켰다고 하더라도, 그가 변제자대위의 법리에 따라 채무자에 대한 구상을 할 수 있는 이상 물상보증인의 구상의 기대를 보호해야 한다는 점에서는 어떠한 차이를 인정할 수는 없다. 이는 제482조 제2항 제2호에서 제3취득자는 취득의 선후를 불문하고 물상보증인에게 대위할 수 없다는 취지에 비추어도 당연하다고 할 것이다. 판례도 같은 입장이다.106)

　(다) 그런데 물상보증인이 담보로 제공한 부동산에 후순위저당권자가 있는 경우에는 어떠한가? 앞서의 사례에서 乙 부동산에 피담보채권 3천만 원의 후순위저당권자 Y가 존재한다고 가정한다.

	甲不動産(S 소유, 6천만)	乙不動産(L 소유, 4천만)
1번	G 5천만	G 5천만
2번	X 4천만	Y 3천만

　乙 부동산이 먼저 경매되는 경우, L은 4천만 원의 한도에서 甲

게 추가적인 책임재산이 귀속된다는 것인가? 이는 물상보증인이 주채무자 자신에 대하여 구상의무가 있다고 하는 것만큼이나 불합리하다. […] 공동저당의 피담보 채권이 임의로 변제되는지 아니면 강제로 변제되는지의 우연한 사정이 그러한 실체법적 차이를 정당화할 수 있을 것인가?" 그러나 반대 견해로 예컨대 김제식, "공동저당에 있어서 후순위저당권자의 대위와 물상보증인의 변제자대위와의 관계 및 물상보증인 소유 부동산의 후순위저당권자의 지위", 대구판례연구회 재판과 판례, 제14집, 1995, 58-59면("물상보증인과 제3취득자의 변제자대위권은 후순위저당권자와 사이의 등기의 선후관계에 따라 […]").
106) 大判 2014.1.28., 2013다207996, 공보 2014, 482.

부동산에 설정된 G의 저당권을 대위한다. 그렇다면 L은 4천만 원 전액을 구상받게 된다. 이러한 결과는 타당하지 않다. 乙 부동산의 후순위저당권자 Y는 L이 담보로 제공한 부동산으로부터 만족을 받도록 되어 있음에도 불구하고, L이 Y에 우선하여 4천만 원을 보유하게 되는 결과는 인정할 수 없기 때문이다. 물상보증인은 구상으로 회복할 가능성이 있는 부동산 가치 부분도 후순위저당권자에게 담보로 제공한 것이므로, 이를 물상보증인이 종국적으로 보유하는 것은 부당하다. 그러므로 이 경우 판례는 Y가 L이 변제자대위에 의하여 취득하는 甲 부동산의 저당권을 물상대위(제370조, 제342조)에 의하여 행사할 수 있다고 하여 문제를 해결한다.[107] 그리고 이때 등기에 의하여 객체의 특정성이 유지되고 있으므로 제370조, 제342조가 정하는 압류는 필요하지 않다고 해석되고 있다.[108] 즉 Y는 L이 변제자대위한 저당권으로부터 3천만 원을 우선변제 받고, L은 나머지 1천만 원만을 배당받게 된다. 다만 L과 Y가 甲 부동산에 대한 1번 저당권에 부기등기를 하지 않고 있다가 경매가 진행되어 부동산이 매각된 때에는 제3취득자에 해당하는 경락인에게는 대항할 수 없을 것이다(제482조 제2항 제1호).[109]

(라) 그런데 현실에서는 물상보증인이 실질적으로 채무자이고 채무자가 실질적으로 물상보증인인 상황에서 공동저당이 설정되는 경우가 있다. 이때에는 당사자들의 약정에 따라 L은 S에 대해 구상권을 가지지 못하고, 그에 따라 변제자대위도 할 수 없다(제482조 제1항). 그렇다면 Y는 물상대위할 대상이 없으므로 채무자 소유의 부동산에 대

107) 大判 1994.5.10., 93다25417, 집 42−1, 344. Hoyer (주 18), S. 42 및 앞의 II. 2. (2) (다) 참조.
108) 양창수 (주 21), 315면 참조.
109) 大判 2011.8.18., 2011다30666,30673, 공보 2011, 1910. 이 사안에서는 甲 부동산에 존재하는 자신의 저당권설정등기를 부당하게 말소해 부기등기를 방해한 G에게 불법행위책임이 인정되었다.

한 선순위저당권자의 저당권에 대해 물상대위를 할 수 없게 된다.[110] Y의 입장에서는 일견 가혹하게 보일 수도 있지만, 그는 어디까지나 물상보증인의 구상권 범위에서만 담보가치를 확보한 것이어서 그 한도에서 대위가 가능하다는 것을 감수하는 지위에 있으므로(본장 Ⅳ. 2. 도 참조) 특별히 보호가치가 있다고 할 수는 없을 것이다. 그는 등기에 대한 신뢰를 주장할 수도 없는데, 구상권은 등기에 의해 공시되는 내용이 아니기 때문이다. 또한 저당권 등기가 저당물의 가치를 보장하는 것도 아니며, 그 평가는 담보권자가 될 채권자의 일이다. 결국 후순위저당권자는 가치 없는 담보를 제공한 것을 이유로 물상보증인을 상대로 담보제공의무 등의 불이행으로 인한 책임을 묻는 것에 그친다. 잘못된 채무자를 선택한 위험은 원칙적으로 채권자에게 돌아가는 것이다.

(2) 동시배당의 경우

(가) 이상에서 채무자 및 물상보증인 소유의 부동산에 공동저당이 성립한 경우, 이시배당에 관한 제368조 제2항 제2문은 적용되지 않고, 물상보증인의 변제자대위가 언제나 우선함을 보았다. 그런데 이러한 해석은 동시배당의 경우에도 영향을 미치지 않을 수 없다. 동일한 사안유형에서 동시배당의 경우에 제368조 제1항을 그대로 적용한다면, 동시배당과 이시배당의 경우 물상보증인 및 관계인의 지위가 달라지는 문제점이 발생하기 때문이다. 예컨대 본장 Ⅲ. 3. (1) (다)의 사안에서 동시배당의 경우 제368조 제1항을 적용하면, X는 3천만 원, Y는 3천만 원을 배당받았을 것이다. 이는 이시배당과는 다른 결과가 발생하는 것으로 그대로 인정하기 어렵다.

따라서 채무자 및 물상보증인 소유의 부동산에 공동저당이 성립

---

110) 大判 2015.11.27., 2013다41097,41103, 공보 2016, 26.

한 경우, 이시배당에서 인정될 결과가 동시배당에서도 마찬가지로 보장되어야 한다. 즉 물상보증인이 이시배당의 경우 언제나 변제자대위를 통해 그 부담을 채무자 부동산에 전가할 수 있다면, 그는 동시배당의 경우에도 변제의 부담을 채무자 부동산에 전가할 수 있어야 한다. 이는 동시배당의 경우 우선 채무자 소유 부동산의 경매대가를 우선변제에 충당해야 함을 의미한다.[111] 판례도 "공동저당권이 설정되어 있는 수개의 부동산 중 일부는 채무자 소유이고 일부는 물상보증인의 소유인 경우 위 각 부동산의 경매대가를 동시에 배당하는 때에는, […] 제368조 제1항은 적용되지 아니 한다"고 하며, "이러한 경우 경매법원으로서는 채무자 소유 부동산의 경매대가에서 공동저당권자에게 우선적으로 배당을 하고, 부족분이 있는 경우에 한하여 물상보증인 소유 부동산의 경매대가에서 추가로 배당을 하여야 할 것"이라고 하여 같은 태도이다.[112] 그 결과 동시배당의 경우 물상보증인 책임에 대해 일종의 보충성이 인정된다. 그러한 결과는 물상보증인이 채무자에 대한 연대보증인의 지위를 겸하고 있다고 하여도 마찬가지이다.[113]

그러므로 앞의 사안에서 동시배당이 되는 경우, 甲 부동산으로부터 G에게 5천만 원, X는 1천만 원, 乙 부동산으로부터 Y에게 3천만 원을 배당해야 한다. 이로써 이시배당의 결과가 동시배당과 일치하게 된다.

---

111) 양창수 (주 21), 316-318면; 송덕수 (주 59), 529면; 이광영, "공동저당권의 목적물인 채무자 소유의 부동산과 물상보증인 소유의 부동산이 함께 경매되어 그 경매대가를 동시에 배당하는 경우, 민법 제368조 제1항이 적용되는지 여부 및 그 경우의 배당 방법", 특별법연구, 제10권, 2012, 968면 이하; 정총령 (주 44), 281-282면.

112) 大判 2010.4.15., 2008다41475, 공보 2010, 874; 담보신탁의 경우에 대해 大判 2014.2.27., 2011다59797,59803, 공보 2014, 691도 참조.

113) 大判 2016.3.10., 2014다231965, 공보 2016, 573.

4. 공동저당 부동산이 모두 물상보증인 소유인 경우

이상의 서술(본장 Ⅲ. 3. 참조)로부터 채무자 및 물상보증인 소유의 부동산에 공동저당이 성립한 경우 제368조는 적용되지 않는다는 결과가 확인된다. 그런데 공동저당이 성립한 부동산이 모두 물상보증인 소유인 경우에는 어떠한가?

(1) 동일한 물상보증인 소유인 경우

공동저당이 성립한 부동산 전부가 동일한 물상보증인 소유인 경우, 그는 구상을 통해 다른 부동산에 분담을 전가한다는 것을 기대할 수 없다. 그러므로 이러한 사안유형에서 물상보증인은 변제자대위의 기대를 가지지 않는다. 반면 후순위권리자의 이해관계를 위해 공동저당 부동산 사이에서 책임을 분담할 필요는 그대로 인정된다. 그러므로 공동저당 부동산이 모두 동일한 물상보증인 소유인 경우, 그의 이익상황은 채무자 소유의 부동산에 공동저당이 설정된 경우와 동일하다. 그러므로 이때에는 제368조가 그대로 적용된다. 예컨대 물상보증인 소유 甲, 丙 부동산과 채무자 소유 乙 부동산에 공동저당이 성립하고 공동저당권자가 甲, 乙 부동산으로부터 먼저 배당을 받은 경우,[114] 甲 부동산의 후순위권리자는 丙 부동산이 동일한 물상보증인의 소유이므로, 제368조 제2항에 따라 丙 부동산의 선순위저당권에 대위할 수 있다. 물론 乙 부동산의 후순위저당권자가 있었더라면 그는 甲, 丙 부동산에 대위할 수 없을 것이다.

(2) 서로 다른 물상보증인의 소유인 경우

반면 공동저당이 성립한 부동산이 서로 다른 물상보증인 소유인

---

114) 大判 2015.3.20., 2012다99341, 공보 2015, 592의 사안.

경우, 이들은 서로 제482조 제2항 제3호, 제4호에 따라 가액의 비율로 책임을 분담할 구상의 기대를 가진다. 그러므로 이때에는 제368조가 적용될 수 없고, 제482조 제2항 제3호, 제4호 따라 변제자대위 법리에 따라 각 부동산의 부담을 정해야 한다. 그 분담비율에 따라 변제자대위가 일어나고, 후순위저당권자들은 그에 물상대위를 함으로써 만족을 받는다. 판례도 같은 태도이다.[115]

본장 Ⅲ. 3. (1) (다)의 사례에서 甲 부동산이 물상보증인 K의 소유라고 상정한다.

	甲不動産(K 소유, 6천만)	乙不動産(L 소유, 4천만)
1번	G 5천만	G 5천만
2번	X 4천만	Y 3천만

甲 부동산에 대하여 경매가 먼저 개시되면 G는 5천만 원, X는 1천만 원을 배당받는다. 이와 동시에 K는 G가 乙 부동산에 대하여 가지는 저당권을 2천만 원 범위에서 변제자대위한다. X는 K의 저당권에 대하여 물상대위권을 행사할 수 있어, 이로부터 2천만 원을 변제받을 수 있다. 그 결과 G는 5천만 원, X는 3천만 원, Y는 2천만 원을 배당받는다. 이러한 결과는 동시배당의 경우에도 그대로 인정되어야 한다.

5. 제3취득자가 존재하는 경우

제3취득자가 있는 경우는 어떠한가? 이 경우에도 변제자대위자 상호간의 관계를 정하는 법리에 따라 제3취득자가 가질 수 있는 구상기대를 기준으로 하여 제3취득자 및 후순위저당권자의 대위가능성을 판단해야 한다.

---

115) 大判 1994.5.10., 93다25417, 집 42-1, 344.

(1) 공동저당이 서로 다른 소유자의 부동산에 성립했던 경우

공동저당이 채무자 및 물상보증인 소유인 부동산에 성립한 경우 또는 서로 다른 물상보증인들의 소유 부동산에 성립한 경우, 이에 대해서는 제482조 제2항이 분담관계를 정하고 있다. 그러므로 이때에는 제482조 제2항에 따라 제3취득자가 가지는 구상기대를 기준으로 대위 여부를 판단한다. 앞서 이미 보았지만(위의 III. 3. (1) (나) (b) 참조), 제482조 제2항에서 보증인은 채무자로부터의 제3취득자에 대해서 변제자대위를 할 수 있지만(제1호), 반대로 채무자로부터의 제3취득자는 보증인에게 변제자대위를 할 수 없다(제2호). 그리고 물상보증인은 이 맥락에서 보증인에 준하여 취급되는 것으로 해석된다(제341조 참조).[116] 그러므로 제3취득자는 전 소유자 즉 자신이 승계한 자의 법률상 지위에 따른다. 즉 채무자로부터의 제3취득자는 채무자에 준하여 취급하고, 물상보증인으로부터의 제3취득자는 물상보증인에 준하여 취급한다.[117]

예컨대 甲 부동산이 채무자 S, 乙 부동산이 물상보증인 L 소유인 경우, 채무자 S로부터의 제3취득자는 물상보증인의 전면적 변제자대위 기대를 침해할 수 없으므로 채무자와 같이 취급되어야 하지만(제482조 제2항 제1호, 제2호), 물상보증인 L로부터의 제3취득자는 반대로 그러한 전면적 변제자대위를 기대할 수 있었고 채무자는 제3취득의 사실로부터 이익을 받을 이유가 없으므로 여기서 제3취득자는 물상보증인과 같이 취급되어야 한다(제482조 제1항 참조). 반면 甲 부동산이 물상보증인 K, 乙 부동산이 물상보증인 L 소유인 경우, 물상보증인인 K 또는 L로부터의 제3취득자는 물상보증인과 동등한 구상기대를 가지고 있고, 다른 물상보증인 역시 제3취득의 사실로부터 이익을 받을 이유가 없으므로, 제3취득자는 다른 물상보증인들과의 사이에서 물상

---

116) 이진만 (주 100), 80－81 83면 참조.
117) 제철웅 (주 95), 421면.

보증인으로 취급되는 것이다(제482조 제2항 제4호 참조).

　(2) 공동저당 부동산이 모두 채무자 또는 물상보증인 소유였던 경우
　저당목적 부동산이 모두 동일 채무자 또는 동일 물상보증인의 소
유였던 경우는 어떠한가?

　(가) 종래 다수설은 이 경우 제3취득자가 소유권을 취득하여 물상
보증인과 비슷한 지위를 가지게 된 시점과 후순위저당권자가 저당권
을 취득한 시점의 선후에 따라 살펴보아야 한다고 설명한다(이탈리아
민법 제2857조 제1항; 본장 Ⅱ. 2. (1) (다), Ⅱ. 3. (2) 참조).[118] 제3취득자
가 먼저 등장한 경우, 그는 채무자 소유 부동산에 설정되어 있는 저당
권에 변제자대위하여 구상할 기대를 가지므로 후순위저당권의 설정으
로 그 기대가 좌절되어서는 안 된다고 한다. 반대로 후순위저당권자
가 먼저 등장한 경우에는, 그는 공동저당 부동산 사이에 분담을 전제
로 하여 대위의 기대를 가질 것이므로(제368조) 나중에 나타난 3취득
자가 변제자대위를 주장하여 만족을 저해하는 결과는 허용될 수 없다
고 한다.

　이에 따라 법률관계를 살펴본다. 예컨대 본장 Ⅲ. 2. (1) (가)의
사례에서 채무자 S가 乙 부동산을 제3취득자 T에게 양도한 경우를 상
정한다.

	甲不動産(S 소유, 6천만)	乙不動産(S→T 소유, 4천만)
1번	G 5천만	G 5천만
2번	X 4천만	

---

118) 고상용 (주 59), 703면; 양창수 (주 21), 318－320면; 송덕수 (주 59), 529면;
　　제철웅 (주 95), 420면; 홍성재 (주 95), 569면; 주석 물권(4) (주 1), 280－281
　　면(김재형); 이정일 (주 87), 564면; 오시정 (주 65), 17면; 김형수 (주 65), 78
　　면; 정총령 (주 44), 274면 등 참조. 물론 후순위저당권자의 대위를 언제나 우선
　　하는 견해도 주장되나(본장 주 97), 이미 본장 Ⅲ. 3. (1)에서 보았듯이 타당하
　　기 어렵다.

우선 ① 후순위저당권자 X가 甲 부동산에 후순위저당권을 취득한 이후에 채무자 S로부터 T가 乙 부동산을 취득하였다면, 후순위저당권자 X로서는 저당권을 설정받은 시점에서 제368조 제2항에 따른 대위를 기대할 수 있었으므로 이러한 기대를 존중하여 그의 대위가 제3취득자 T의 변제자대위에 우선한다고 해석한다.[119] 이 경우 X는 S 소유로 있는 乙 부동산에 대하여 자신의 대위가 미칠 것을 예상할 수 있으므로, 이후에 그 소유권이 제3자에게 양도되었다고 해서 사정이 달라질 이유가 없다는 것이다.[120] 그러므로 동시배당을 할 때에는 제368조 제1항에 따라 경매대가에 비례하여 甲, 乙의 분담을 정한다. 이시배상의 경우 甲 부동산이 경매되면 X는 乙 부동산의 저당권에 2천만 원의 범위에서 대위를 할 수 있고(제368조 제2항), 乙 부동산이 경매되면 T는 X의 제368조에 따른 기대를 해치지 않는 범위에서 즉 甲 부동산의 저당권에 3천만 원의 한도에서 변제자대위를 할 수 있다(제482조 제1항).[121]

반면에 ② 제3취득자 T가 채무자 S로부터 공동저당이 설정된 乙 부동산의 소유권을 이전받은 이후에 후순위저당권자 X가 공동저당이 설정된 채무자 소유의 甲 부동산에 후순위저당권을 취득하였다면, 이러한 사후의 후순위저당권 설정이 T의 채무자에 대한 전면적인 변제자대위 기대를 침해할 수는 없다고 한다(제481조, 제482조 제1항).[122] 이 한도에서는 물상보증인의 변제자대위를 우선하기 위해서 든 논거가 그대로 제3취득자에게 대해서도 타당하다는 것이다. 이때에는 제3취득자는 물상보증인과 같이 취급되어야 하며, 그의 변제자대위가 후

---

119) 大判 2011.10.13., 2010다99132, 공보 2011, 2335.
120) 양창수 (주 21), 318면. 이러한 점에서 후순위저당권 설정 이후 물상보증인이 저당권을 설정하여 공동저당을 성립시키는 사안과 구별된다. 물상보증의 경우에는 후순위저당권자가 파악하지 아니한 새로운 담보가 추가되는 것이기 때문이다.
121) 道垣內 (주 63), 210면; 佐久間 (주 3), 523-524면.
122) 양창수 (주 45), 319면; 佐久間 (주 3), 511-512면.

순위저당권자의 대위에 우선한다고 해석한다.[123] 이에 따르면 T는 물상보증인과 같이 취급되어야 하므로, 이시배당의 경우 X는 대위할 수 없으나 T는 변제자대위 할 수 있고, 동시배당의 경우 S 소유의 甲 부동산이 먼저 충당되어야 한다.

(나) 이상의 견해는 타당한가? 요컨대 다수설에 따르면 후순위저당권자가 먼저 등장한 경우에는 제3취득자와의 사이에서 부동산 가액에 따른 분담이 이루어지지만(①), 반대로 제3취득자가 먼저 등장한 경우에는 그는 물상보증인과 같이 취급되어 분담이 일어나지 않고 제3취득자만이 변제자대위할 수 있다는(②) 것이다. 그러나 이러한 해석에는 동의하기 어렵다. 결론을 먼저 말한다면 ①의 경우 분담을 인정하는 결과는 타당하지만, ②의 경우 분담을 부정하는 결과는 부당하다. 오히려 다수설이 설명하는 바와 같이 제3취득자의 변제자대위에 대한 기대를 기준으로 접근한다면, 제3취득자가 먼저 등장한 ②의 경우에도 가액에 따른 분담이 이루어져야 한다.

물상보증인이 있었던 사안유형에서와 마찬가지로, 이러한 결과는 제3취득자의 변제자대위의 범위를 정하는 제482조 제2항의 내용으로부터 도출된다. 제482조 제2항 제3호는 제3취득자들 사이의 관계에 대해 가액에 비례해 부담을 분담하여 대위할 것을 정한다. 이는 예컨대 채무자가 공동저당이 설정된 자기 소유 부동산 甲과 乙을 순차로 각각 A와 B에게 양도하는 경우, 乙 부동산에 전부 대위를 할 수 있어 부담을 전액 채무자에게 돌릴 수 있다고 신뢰하는 최초 제3취득자 A의 기대가 완전히 보호받지는 못한다는 것을 의미한다. 민법은 명시적으로 그의 변제자대위의 기대를 오로지 가액에 비례한 분담액 한도에서만 보호하고 있기 때문이다(제482조 제2항 제3호). 이는 최초의 제3취득자는 이후 변제자대위를 할 수 있는 다른 제3취득자의 등장으로

---

123) 大判 2010.12.23., 2008다25671, 공보 2011, 194 참조.

전액구상에서 가액에 따른 분담으로 구상이 축소될 가능성을 언제나 감수해야 한다는 것을 의미한다. 그렇다면 이러한 취지는 채무자가 乙을 양도하는 것이 아니라 그에 후순위저당권을 설정하는 경우에도 다를 바 없다고 해야 한다. 새로운 이해관계인의 대위를 매개로 최초 제3취득자의 전부 대위에 영향을 미칠 수 있는 처분이라는 점에서 양자는 차이가 없을 뿐만 아니라, 저당권 설정 역시 결과적으로 경매를 통해 경락인의 형태로 두 번째 제3취득자를 발생시키므로 종국에서는 최초 제3취득 후 양도의 경우와 이익상황에서 구별할 이유를 쉽게 발견할 수 없기 때문이다. 그러므로 제3취득자의 보호가치 있는 변제자대위 기대는 전부 대위가 아니라 오로지 부동산 가액 비례에 따른 대위만을 내용으로 하며, 나중에 등장한 후순위저당권자 역시 그러한 변제자대위만을 고려하면 충분하다. 그렇다면 이 경우에도 제3취득자와 후순위저당권자는 제482조 제2항 제3호의 유추적용에 따라 가액에 비례하여 부담을 분담하고 대위한다고 해석해야 한다. 이러한 해법은 시간적 선후에 전부 또는 전무의 엄격한 판단을 하는 대신 가액에 따른 분담을 하도록 하여 제3취득자와 후순위저당권자 사이의 이익을 원만하게 조정할 수 있을 뿐만 아니라, 그 과정에서 최초의 제3취득자 및 후순위저당권자가 법률(제368조 제2항, 제482조 제2항 제3호)에 따라 가지는 보호가치 있는 대위 기대를 그대로 보장하는 장점이 있다.[124]

---

124) 물론 이에 대해 최초의 제3취득자의 전부 대위 기대가 감축되는 것은 오로지 소유권을 취득한 제2의 제3취득자에 대한 관계에서이고 나머지 이해관계인과의 관계에서는 그렇지 않다고 해석하여, 후순위저당권자에 대한 관계에서는 전부 대위의 기대를 가진다고 주장할 여지는 존재한다. 그러나 이는 그렇지 않다. 우리나라에서는 잘 논의되지 않는 문제이나, 채무자가 용익물권을 설정한 경우 용익물권자도 경매로 인해 그 용익물권을 상실하거나 그에 상응하는 변제를 한 경우 제3취득자로서 변제자대위를 할 수 있다고 해석되기 때문이다(프랑스 민법의 해석으로 Mestre (주 102), nº 158; 우리 민법 제359조 단서, 제364조도 참조). 그렇다면 최초의 제3취득자가 일반적인 전부 대위의 기대를 가진다고 말하기는 어렵다

이는 결과적으로 후순위저당권자가 먼저 등장한 ①의 경우와도 같은 결론이며, 여기에서 제3취득자가 가액 비례로 분담하는 것과 균형을 이룬다. 이때에도 먼저 등장한 후순위권리자는 처음부터 제368조에 따라 가액에 비례하는 분담 및 대위만을 기대하고 있었으므로 그것을 보호하는 것으로 충분하다. 또한 나중에 등장한 제3취득자는 후순위저당권자가 제368조에 따라 가지는 대위 기대를 존중해야 할 뿐만 아니라, 제482조 제2항 제4호의 관점에서도 제3취득자와 유사한 지위에 있는 후순위권리자가 있는 부동산에 대해 가액 분담 이상으로 구상할 수 없음을 감수해야 한다. 따라서 이때에도 부동산의 가액에 비례하여 분담을 정하는 것이 정당화되는 것이다.

이상의 설명이 타당함은 채무자 소유 공동저당 부동산이 모두 제3취득된 다음과 같은 사례를 생각해 보면 더욱 분명하게 드러난다.

	甲不動産(S→P 소유)	乙不動産(S→Q 소유)
1번	G	G
2번	X	Y

여기서 X, Y에 대한 후순위저당권 설정 시점 및 P, Q에 대한 양도시점의 선후를 개별적으로 따져서 우열을 결정하는 것은 번잡할 뿐만 아니라, 때로는 우연적인 사정에 따라 다른 결과를 인정하는 것이 되어 타당하지 않다. 당연히 이때에는 제3취득자인 P와 Q의 분담 관계가 제482조 제2항 제3호에 따라 결정되어야 하고, X와 Y에 그에 따른 변제자대위에 물상대위를 하는 방법으로 만족을 받아야 한다.125) 그것이 물상보증인이 있는 경우 판례 법리와도 부합할 뿐 아니라, 간명하고 합리적이다. 이 장면에서도 제482조 제2항이 정하는

고 생각된다. 게다가 민법이 명시적으로 대위의 이익을 부여하는 후순위저당권자에 대한 관계에서는 더욱 그러할 것이다.
125) 生熊長幸, 擔保物權法, 2013, 114면 참조.

분담관계가 우선적인 의미를 가지고 있음이 잘 나타난다(본장 Ⅳ. 2. 참조).

그러므로 채무자로부터의 제3취득자가 있는 경우, 그와 후순위저 당권자 사이에서는 제368조 제2항, 제482조 제2항 제3호의 취지에 따라 부동산 가액에 비례하여 분담을 정해야 한다. 즉 동시배당의 경우 경매대가의 비율에 따라 배당액을 정해야 하고, 이시배당의 경우 그 분담액수의 범위에서 서로 대위할 수 있다.[126) 제3취득과 후순위저당 권 설정의 선후는 판단할 필요가 없다. 결과적으로 이때에도 제3취득 자는 채무자의 지위를 승계하는 것이라고 할 수 있다.

(다) 물론 이상의 논의는 제3취득자가 양도인인 채무자에 대하여 매매계약 등을 이유로 구상을 할 수 있다는 것을 전제로 한다.[127) 만 일 제3취득자가 피담보채무의 변제를 인수하는 등으로 채무자에 대해 구상을 할 수 없는 지위에 있다면, 그는 변제자대위를 할 수 없을 것 이고(제482조 제1항 참조) 경매에 따른 소유권 상실을 감수해야 한다. 또한 내부적 분담에 따라 채무자가 제3취득자에게 변제자대위를 할 수 있는 경우라면 후순위저당권자는 그에 물상대위하여 만족을 받을 수 있을 것이다.

(라) 이상의 내용은 공동저당이 설정된 부동산 전부가 동일한 물 상보증인의 소유인 상황에서 제3취득자가 발생한 경우에도 마찬가지 로 적용될 것이다.[128)

---

126) 소략하지만 같은 취지로 보이는 松岡久和, "辨濟による代位", 內田貴·大村敦志 編, 民法の爭点, 2007, 186면 참조.
127) 본장 Ⅳ. 2. 및 물상보증의 경우에 대한 대판 2015.11.27., 2013다41097,41103, 공보 2016, 26 참조. 또한 佐久間 (주 3), 502−504면도 참조.
128) 道垣內 (주 32), 210면.

Ⅳ. 총괄적 분석

1. 본장의 요약

지금까지 공동저당에서 나타날 수 있는 여러 사안유형을 배경으로 제368조의 적용범위 및 규범내용을 상세히 살펴보았다. 이를 요약하면 다음과 같다.

(1) 제368조의 적용범위

제368조는 공동저당이 설정된 부동산들이 한 사람의 채무자 또는 물상보증인에게 귀속하는 경우에 한해서 적용된다.

(2) 공동저당 부동산이 채무자 및 물상보증인 소유인 경우

(가) 이시배당의 경우, 물상보증인은 변제자대위할 수 있지만(제481조, 제482조 제1항) 채무자 부동산의 후순위저당권자는 제368조 제2항의 대위를 할 수 없다. 같은 이유에서, 동시배당의 경우 채무자 소유의 부동산으로부터 발생한 매각대금을 공동저당권자의 만족에 먼저 충당한다(물상보증인의 보충적 책임).

(나) 물상보증인들 사이의 관계는 변제자대위에 의해 결정된다(제482조 제2항 제3호, 제4호).

(다) 물상보증인 소유 부동산의 후순위저당권자는 물상보증인의 변제자대위에 물상대위를 함으로써(제370조, 제342조) 만족을 받는다.

(3) 제3취득자가 있는 경우

채무자로부터의 제3취득자는 채무자에 준하여 취급하고, 물상보증인으로부터의 제3취득자는 물상보증인에 준하여 취급하여, (1)과 (2)의 내용이 적용된다.

2. 원리적 고찰

이상의 요약으로부터 민법 제368조를 둘러싼 논의가 최종적으로
는 비교적 간이한 결과로 종합될 수 있음을 확인할 수 있다. 그렇다면
이러한 결과를 합리적으로 설명할 수 있는 내재적 원리 또는 내적 체
계는 존재하는가?

본론의 논증과정에서 일관하여 드러난 바이지만, 이는 공동저당
에서 관계인 사이의 대위 여부는 "부동산소유자들 사이의 법률관계에
의하여 좌우된다"[129]는 것임을 알 수 있다. 즉 일차적으로 제482조
제2항에 의해 담보목적물 소유자들 사이에 존재하는 내부적 구상관계
에 따라 부동산의 책임분담이 정해지고, 그 분담의 범위에서 변제자
대위가 일어난다. 후순위저당권자는 자신이 저당권을 취득한 부동산
소유자가 다른 선순위저당권에 대해 변제자대위를 하는 것에 물상대
위를 함으로써 채권의 만족을 받을 수 있다.[130] 그런데 공동저당 부
동산이 한 사람의 소유에 속하는 경우, 이때에는 제482조 제2항이 적
용될 수 없어 공동저당 부동산들 사이의 분담을 정할 수 없고 그 결
과 물상대위도 불가능하다. 그러므로 민법은 후순위저당권자를 위해
제368조를 두어 그러한 경우 내부적으로 분담관계를 창출한다.[131] 물
론 공동저당의 목적부동산이 모두 한 사람의 소유자에게 귀속하는 경
우에는, 엄밀한 의미의 구상을 운위할 수는 없다. 그러나 그 경우에도
관념적으로 각 부동산의 소유자의 지위를 구별하여 생각해 본다면 사
태는 간이하다(본장 Ⅱ. 2. (2) (다) (a) 참조). 공동저당이 설정된 채무
자 소유 甲 부동산과 乙 부동산 중 甲의 경매로 乙의 부담이 소멸하

---

129) 제368조와 유사한 법리를 정하는 오스트리아 강제집행법 제222조에 대해 Hoyer
　　(주 18), S. 44. 앞의 Ⅱ. 2. (2) (다) 참조.

130) Hoyer (주 18), S. 42.

131) 佐久間 (주 3), 319면도 참조.

는 결과가 발생하는 경우, 채무자가 甲 소유자의 자격에서 乙에 설정된 저당권을 대위행사함으로써 채무액을 각 부동산에 분담해야 한다고 상정할 수 있다면(일종의 「자기대위」), 甲의 후순위권리자는 그러한 대위에 물상대위하여 만족을 받을 수 있을 것이다. 제368조 제2항이 정하는 후순위저당권자의 대위가 바로 이것에 다름 아니다. 그러므로 제368조는 변제자대위를 전제로 하여 제482조 제2항에 따라 공동저당 부동산 사이에 분담관계가 정해지지 아니하는 경우 즉 공동저당 부동산 전부가 동일한 소유자에게 속하는 경우에만 적용되는 규범이라는 점이 분명해진다. 이로써 변제자대위와 후순위저당권자의 대위는 하나의 관점에서 일관된 내용으로 설명될 수 있다. 이렇게 본다면 실제로 제368조가 적용되는 과정에서 변제자대위 규정의 유추가 설득력 있는 결과로 나아가는 현상도 우연은 아닐 것이다(본장 Ⅲ. 2. (2) (마) 및 (바) 참조).

동산 · 채권의 담보: 담보대상의 확장과
채권자평등 사이의 긴장

제 1 장

"총체적 동원":
집합동산·집합채권 양도담보의 설정

I. 도입

앞서 언급한 바와 같이(서론 I. 2. (1) 참조), 자본주의 경제에서 영업적으로 활동하는 자는 자신의 경제적 활동의 확장을 위해 항상적인 신용의 확대를 필요로 하며, 그러한 수요에 상응하여 신용을 공여하는 자는 그에 대한 대가와 아울러 이후의 만족을 확실한 것으로 보장하는 담보를 요구하게 된다. 그런데 수수하는 신용에 상응해 담보를 제공하려는 채무자는 어느 순간 영업 외부에 존재하는 재산만으로 담보를 제공해서는 한계에 봉착하기 쉽고, 이로써 자신의 영업 자체를 담보로 제공하는 것에 관심을 가지게 된다. 그러한 재산으로는, 물론 영업의 기초가 되는 부동산이 고려되는 경우도 있겠지만, 더 나아가 생산 설비, 비품, 원재료, 생산된 상품, 매출채권, 이용료채권 등이 현저한 의미를 가질 수 있다. 이러한 동산이나 채권은 개별적으로는 가치가 크다고 하기 어렵고, 영업 내에서 출입과 생멸의 상시적인 유동 상태에 머물러 있다. 그러나 이러한 개별 동산이나 채권 전부를 전체적으로 파악하는 경우, 그 재고의 내용은 변동하지만 통상 일정한 수량 이상이 유지되고 그 가치는 상당한 금액에 이른다.[1] 그 결과 보다 많은 신용을 제공하고 수수하는 것에 이해관계를 가지는 채권자와 채무자는 증가된 담보 수요를 충족하기 위해 이러한 집합동산과 집합채권을 전체로서 담보로 파악하는 것에 관심을 가지게 된다. 이러한 목적을 위해 종래 집합동산과 집합채권에 대한 양도담보가 활용되고 있으며, 학설과 판례는 기본적으로 그 유효성을 전제로 상세한 해석론을 전개하고 있다.[2]

그런데 이러한 집합동산과 집합채권의 양도담보는 민법이 명시적으로 규율하고 있지 않은 양도담보로서, 채권자와 채무자는 계약실무에 의해 담보대상을 확장하는 과정에서 비공시담보 및 환가주도권에 관한 자신들의 이익을 관철시키고자 한다. 이에 대하여 채무자의 일반채권자들은 공시담보 및 도산 효율성에 대한 요청으로 그와 대립한다. 이러한 예민한 이익충돌은 여러 어려운 해석상의 쟁점을 불러 일으킨다. 본장에서는 집합동산 및 집합채권에 대한 양도담보의 설정을 중심으로 그러한 문제를 개관하기로 한다.

Ⅱ. 집합동산의 양도담보

1. 점유개정과 특정의 원칙

동산을 담보로 신용을 공여받아야 하는 담보제공자는 종종 물건의 출입에 의해 구성내용이 변동하는 동산 집단을 담보로 제공해야 하는 상황에 직면한다. 이는 자신이 관리하는 원료나 제조물 외에는 담보로 제공할 자산이 없는 기업에서 종종 그러하다. 이러한 동산 집단은 그 구성요소인 개별 물건의 가치는 크지 않더라도 그 전체로서 통상 일정한 가치를 유지하기 때문에, 그 전체를 담보로 파악하는 것

---

1) 양창수·김형석, 민법 Ⅲ: 권리의 보전과 담보, 제3판, 2018, 538면.
2) 양창수·김형석 (주 1), 539면 이하 참조.

에 대해 채무자와 채권자 모두 이해관계를 가진다. 그런데 동산 양도
담보는 동산 소유권 이전에 관한 일반적인 규정 특히 점유개정에 의
한 소유권 양도(제189조)의 방법으로 설정되므로, 그러한 양도행위가
유효하기 위해서는 물권법상 양도의 객체가 특정되어야 한다는 특정
의 원칙이 준수되어야 한다. 이는 집합동산 특히 그 구성부분이 변동
하는 집합동산의 양도담보(이른바 유동집합동산 양도담보)에서도 다르지
아니하다.

　그러므로 집합동산의 양도담보의 설정단계에서는 양도행위가 양
도 목적물을 특정하고 있는지 여부가 중요한 쟁점으로 부각된다. 이
러한 특정은 담보약정에 합의된 사항에 의하여(즉 담보약정에서 정하지
않은 사항을 동원하지 아니하고) 어느 시점에라도 채권자의 소유에 속하
는 물건을 확정할 수 있는 경우에 인정될 수 있다. 이러한 문제는 구
성부분이 변동하지 아니하는 집합동산의 경우에도 나타나지만,3) 구성
부분이 변동하는 유동집합동산의 양도담보에서 보다 빈번하고 또 예
민하게 제기된다. 이에 대해 대법원은 양만장에 있는 모든 뱀장어,4)
특정 창고에 보관된 의류 전부,5) 특정 돈사에 있는 돼지들 전부6) 등
으로 양도 목적물이 특정되어 있는 경우, 특정이 원칙이 충족되는 것
으로 볼 수 있다고 하여, 유동집합동산의 담보가능성을 인정한다. 이
에 의하면 "담보목적물은 담보설정자의 다른 물건과 구별될 수 있도
록 그 종류, 소재하는 장소 또는 수량의 지정 등의 방법에 의하여 외
부적·객관적으로 특정되어 있어야" 한다.

---

3) 유동집합동산 양도담보를 둘러싼 계약해석 문제에 대해 大判 2016.4.28., 2015다
　221286, 공보 2016, 686 참조.
4) 大判 1990.12.26., 88다카20224, 집 38-4, 215.
5) 大判 1999.9.7., 98다47283, 공보 1999, 2069.
6) 大判 2003.3.14., 2002다72385, 공보 2003, 992; 2004.11.12., 2004다22858, 공보
　2004, 2029.

2. 분석론과 집합물론

이렇게 집합물의 내용이 증감·변동하는 양도담보에서 핵심적인 과제는 그러한 증감·변동 과정에서 영업에 좇은 물건의 반출이 허용될 뿐만 아니라 새로 유입되어 특정의 기준을 충족하는 물건이 계속 채권자에게 양도되어 담보로 기능할 수 있도록 해야 한다는 것이다.

이를 설명하기 위해 판례는 이른바 집합물설을 따르고 있다. 이에 의하면 다수의 집합물을 장소, 종류, 수량에 있어서 특정하면 그 집합물은 하나의 물건으로 취급되어 그 내용의 증감변동에 의하여 동일성을 상실하지 아니하여 양도담보가 유지된다는 것이다.[7] 다만 양도담보권설정자가 양도담보권설정계약에서 정한 종류·수량에 포함되는 물건을 계약에서 정한 장소에 반입하였더라도 그 물건이 제3자의 소유라면 담보목적인 집합물의 구성부분이 될 수 없고 따라서 그 물건에는 양도담보권의 효력이 미치지 않는다고 한다.[8] 이를 지지하는 견해도 유력하다.[9]

그러나 이러한 판례와 다수설에 대해 이는 일물일권주의에 반하므로 거부되어야 한다는 비판도 주장되고 있다.[10] 그에 따르면 유동집합

---

7) 大判 1988.12.27, 87누1043, 공보 1989, 244 참조.

8) 大判 2016.4.2., 2012다19659, 공보 2016, 667.

9) 김재협, "집합동산양도담보", 사법연구자료, 제16집, 1989, 84면 이하; 김여회, "집합동산의 특정과 공시", 비교사법, 제10권 제3호, 2003, 132−133면; 박강회, "집합동산양도담보의 효력", 민사법연구, 제13집 제2호, 2005, 22−23면; 신봉근, "유동집합동산 양도담보의 법리", 인권과 정의, 제353호, 2006, 98−99면; 장창민, "유동집합동산의 담보제도에 관한 연구", 성균관법학, 제18권 제3호, 2006, 310면; 고상용, 물권법, 2001, 798면; 김증한·김학동, 물권법, 제9판, 1997, 599면; 이은영, 물권법, 제4판, 2006, 746−747면; 김용담 편집대표, 주석 민법 물권(4), 제4판, 2011, 524−526면(오영준) 등.

10) 양창수, "내용이 변동하는 집합적 동산의 양도담보와 그 산출물에 대한 효력", 민법연구, 제5권, 1999, 418면 이하; 강동욱, "집합적 동산의 담보", 민사판례연구 [XXVI], 2004, 711면 이하; 김재형, "담보법에서 담보목적물의 확장문제", 민법론

동산 양도담보의 설정은 당사자들 사이의 사전점유개정의 약정에 의해 쉽게 설명될 수 있는데, 장래에 창고 등에 반입되는 물건에 대하여 미리 점유매개관계를 합의하는 사전점유개정(antizipiertes Besitzkonstitut) 약정을 하여 반입과 동시에 소유권이 채권자에게 이전되도록 하면서, 담보약정에서 채권자는 설정자에게 처분수권(Verfügungsermächtigung)을 하여 설정자가 영업의 과정에서 유효하게 물건을 처분할 수 있도록 한다는 것이다.

3. 평가와 비판

(1) 그런데 후자의 견해(이른바 분석론)와 집합물설(이른바 집합물론)이 일반론적인 법률구성의 차원에서 개진한 근거들은 그 자체만으로는 결정적이라고 말하기 어렵다. 예컨대 집합물론은 분석론에 대해 기교적인 구성이며 사회경제적 요청이나 당사자 의사를 무시한다고 비판하고 있으나, 이는 자신의 결론을 전제로 하는 선결문제 요구의 논거에 지나지 않는다. 집합물 개념도 이미 그 자체로 충분히 인공적이고 기교적일 뿐만 아니라, 지금 다투어지는 쟁점 자체가 당사자 의사를 어떻게 해석해야 하고 그것으로 어떠한 사회경제적 결과에 도달할 것인지 여부이기 때문이다. 반대로 분석론은 집합물론에 대해 일물일권주의를 근거로 비판하지만, 바로 쟁점은 유동집합동산 양도담보에서 그러한 일물일권주의에 예외를 인정할 만한 합리적 사정이 있는지 여부이다. 그러므로 법률구성 자체로부터의 추론이 아니라, 구체적인 사안유형을 법률에 비추어 해석한 결과로부터 법률구성의 타당성을 음미하는 작업이 필요하다.[11]

(2) 두 견해의 차이는 예컨대 다음의 경우 나타날 것이다. ① 설

I, 2004, 397면; 강태성, 물권법, 제5판, 2015, 1404-1405면; 송덕수, 물권법, 제3판, 2017, 603면 등.

11) 양도담보의 법률구성과 관련해 제3편 제2장 Ⅱ. 3. 참조.

정자의 채권자가 집합물 전체가 아니라 이를 구성하는 개별 동산을 압류하거나 침해하는 경우 또는 설정자가 그러한 개별 동산을 허용되지 않는 방법으로 처분하거나 가공하는 등의 행위를 하는 경우, 분석론에 의할 때 이는 담보침해에 해당하므로 양도담보권자는 소유자로서 그에 대응할 수 있을 것이지만, 집합물론에 의할 때에는 집합물에 대한 양도담보가 그대로 유지되고 있으므로 그러한 권리행사는 가능하지 않을 것이다. ② 채권자취소권이나 부인권의 판단에 있어서, 분석론은 양도담보 설정시점을 개별 물건이 양도되는 시점으로 파악하므로 재정악화 이후에 유입된 동산이 양도담보권자에게 양도되는 경우 원칙적으로 채권자취소권이나 부인권의 대상이 될 수 있지만, 집합물론에 의하면 최초 집합물이 구성되어 양도담보가 설정된 시점이 양도담보 설정시점이므로 채권자취소권이나 부인권은 아예 문제되지 않을 것이다.

(가) 두 경우 모두 집합물론은 타당하지 않은 결과에 도달한다고 보아야 한다. 우선 양도담보권자가 개별 동산에 대한 그러한 간섭에 대응할 수 없다면, 그는 설정자와 제3자가 행하는 전략적이고 단계적인 담보침해에 대해 속수무책의 무기력 상태에 처할 수밖에 없다. 양도담보의 실행 이전에 반출된 목적물에 대해 반환청구를 할 수 없고, 일반채권자가 일부 동산을 압류한 때에도 제3자이의를 할 수도 없으며, 집합동산의 상당부분이 멸실된 경우 손해배상도 청구할 수 없다는 결과는 담보목적에 정면으로 반하며 받아들이기 어렵다.

(나) 게다가 채무자가 위기상황에 도달하여 채권자취소권이나 부인권이 기능해야 하는 상황이 도래하였음에도 집합물이라는 개념 조작으로 실정법률의 적용을 원천 배제하는 해석은 채권자취소와 도산법의 취지에 반하여 도저히 허용하기 어렵다고 생각된다. 오히려 분석론에 따라 원칙적으로 채권자취소와 도산법의 적용을 전제로 하면서, 개별 요건을 음미함으로써 적절한 결과에 도달하는 해석이 보다

타당할 것이다. 그래서 예컨대, 채무자가 채무초과 상태가 되었더라
도 이미 이전에 체결된 담보약정의 이행으로 새로 유입되는 목적물의
소유권이 채권자에게 이전되는 경우에는, 채무자에게 부여된 신용에
상응하는 범위 즉 담보약정에서 예정되었던 피담보채권을 합리적으로
담보하는 수준에서 담보가 유지되고 있는 이상 이는 사해의사 없는 본
지행위로 취소할 수 없다고 해야 하지만, 채무자와 담보권자가 공모를
통해 신용에 상응하지 않는 신규담보를 제공하는 등 재산이탈을 가속
화하는 경우에는 반대로 사해행위가 인정될 것이다.12) 마찬가지로 도
산법에서도 「채무자회생 및 파산에 관한 법률」 제100조, 제391조의
요건을 구체적으로 음미해서 판단하면 충분하다. 그에 따르면 담보약
정의 이행인 통상적인 양도담보 설정의 경우 고의부인은 예외적인 사
정 하에서만 가능할 것이고(앞서 채권자취소권에서와 대체로 다르지 않을
것이다), 위기부인은 채권자가 지급정지 등에 대해 악의인 이후에만 가
능하겠지만, 반대로 신규 신용 없이 양도되는 동산을 증가시키는 행위
는 고의행위나 비본지행위로 부인가능성이 높을 것이다.13) 그러므로
채권자취소와 도산법의 취지를 고려하는 적절한 해결은 분석론에 따를
때 가능하며, 집합물론에 따라 개념조작으로 그 적용을 배제하는 해석

---

12) 이러한 내용은 본지행위는 원칙적으로 사해행위에 해당하지 않으나(大判 2001.
4.10., 2000다66034, 공보 2001, 1113) 편파를 내용으로 하는 공모가 있는 경우에
는 사해행위에 해당하고(大判 2001.4.10. 및 2004.5.28., 2003다60822, 공보 2004,
1065; 2005.3.25., 2004다10985,10992, 공보 2005, 654), 대물변제적 성격의 담보제
공은 원칙적으로 사해행위에 해당하나(大判 2008.2.14., 2005다47106,47113,47120,
공보 2008, 360; 2000.4.25., 99다55656, 공보 2000, 1269), 신규 신용과 결부된
담보제공은 그렇지 않다(大判 2001.5.8., 2000다66089, 공보 2001, 1350; 2011.
1.13., 2010다68084, 공보 2011, 338; 2009.3.12., 2008다29215, 공보 2009, 448;
2010.4.29., 2009다104564, 공보 2010, 1009 등)는 판례를 고려할 때 정당화된다.
또한 최준규, "정지조건부 채권양도의 사해성 판단기준", 민사법학, 제84호, 2018,
44면도 참조.
13) 이상의 내용은 분석론에 따라 유동집합동산 양도담보를 이해하는 독일의 경우에
도 마찬가지이다. 우선 Reich, *Die Sicherungsübereignung*, 1970, S. 114ff. 참조.

은 일반채권자의 보호를 무시할 수밖에 없어 부당하다.[14]

　(다) 나아가 ③ 집합물론에 따르면 양도담보를 실행하기 위해서는 개념상 집합물을 집행가능한 개별 물건으로 전환시키는 절차가 필요하다(이른바「고정화」).[15] 그에 따르면 실행의 통지 이후에는 양도담보 약정이 정하는 기준에 따른 새로운 동산이 유입되더라도 이는 담보목적물로 파악되지 아니하고, 이제 설정자는 고정된 목적물을 처분할 수 없다고 한다. 그러나 채권자의 만족이 없는 상태임에도 단지 실행의 통지만이 있다는 이유로 담보약정에 부합하는 물건의 유입이 있음에도 담보로 파악되지 않는다는 결과는 채권자의 의사나 담보목적에 부합한다고 보기 어렵다. 게다가 고정화 이후 시점에 유입된 물건과 그렇지 않은 물건을 구별하여 집행하는 것은 많은 경우 현실적으로 극히 어려울 뿐만 아니라,[16] 예컨대 실행의 통지 이후 담보침해가 발생해 고정화된 목적물이 상실된 경우에 새로 유입된 동산이 있더라도 담보로 기능하지 못하는 결과가 발생한다. 반면 분석론에 따르면 양도담보권자가 실행을 통지해 인도를 청구한 이후에 양도담보 실행으로 인도가 이루어지는 시점까지 유입되는 목적물은 담보로서 기능

---

14) 그래서 예컨대 집합물론을 주장하는 주석 민법 물권(4) (주 9), 525면(오영준)은 일본의 학설을 따라(예컨대 道垣內弘人, 擔保物權法, 第4版, 2017, 336면 등) "당초의 약정내용보다 혹은 재정적 위기 전의 피담보채권의 담보부족액보다 과다한 재고재산이 유입되었을 경우"에 예외적으로 채권자취소권이나 부인권 행사를 허용해야 한다고 한다. 그러나 이러한 해석은 집합물론을 전제로 할 때 그와 일관되지 아니하는 예외를 인정하는 것일 뿐만 아니라, 실정 도산법 규정의 해석으로 정당화되기도 어렵다.

15) 실제로 집합물론을 알지 못하는 독일의 해석론에서「고정화」의 문제의식은 전혀 찾아볼 수 없다. 양도담보권자는 양도된 개별 동산 전부를 환가의 대상으로 할 수 있다. Wiegand in Staudinger, *Kommentar zum Bürgerlichen Gesetzbuch*, Anh zu §§ 929ff., 2004, Rn. 232 참조.

16) 특히 판례(大判 2004.11.12., 2004다22858, 공보 2004, 2029)에 따라 양도담보의 효력이 미치지 않음을 주장하는 자가 그에 대해 증명책임을 부담한다고 해석하면 더욱 그러하다.

할 수 있다.17) 이때 설정자는 채무불이행만으로 통상적 영업에 따른 처분권한을 상실하는 것은 아니지만(양도담보권자는 채무불이행에도 불구하고 영업에 따른 처분을 기다려 그 대금으로 만족받는 방법을 선택하는 것이 합리적일 수도 있다), 실행통지에 따른 인도청구가 있으면 그의 처분권한은 담보약정에 따라 소멸하므로 설정자는 이제 통상적인 영업에 따르더라도 목적물을 처분할 수 없게 된다. 이로써 집합물론에 따른「고정화」의 설명은 이론적으로 불필요하며, 실제 결론에 있어서도 타당하지 않음을 알 수 있다.

(3) 이상에서 분명하게 되었지만, 일물일권주의는 우리 법률이 법률관계 내지 권리행사의 대상을 구체적이고 개별적인 물건으로 전제하고 있기 때문에 도출되는 법원리이다. 집합물론은 법률에 근거가 없이 개별적인 물건이 아닌 물건집단에 법률효과를 연결함으로써, 인위적이고 기교적인 개념조작으로 담보침해나 채권자취소·부인의 경우 법률이 인정하는 당사자들의 권리를 부당하게 배제하는 결과로 귀결하며, 또한 실행의 단계에서 집합물을 개별 물건으로 돌리는 부자연스러운 절차를 요구할 수밖에 없다. 이러한 해석이 법률에 부합한다고 보기는 어려울 것이다. 사전점유개정 및 가공조항의 해석으로 유동집합동산의 양도담보를 이해하는 해석이 타당하다.

Ⅲ. 집합채권의 양도담보

1. 문제의 소재

채무자가 담보로 제공할 수 있는 자산이 매출채권 등 다수의 소액채권으로 구성되어 있는 경우, 실무에서 집합채권의 양도담보가 종종 사용된다. 이는 다수의 소액 대여금 채권, 서비스료 채권, 매출 채

---

17) 양창수·김형석 (주 1), 545－546면 참조.

권의 흐름만을 자산으로 가지고 있는 기업에서 특히 그러하다. 그런데 이러한 채권들은 일정한 시간에 걸쳐 발생과 소멸을 반복하는 것이 통상이므로, 채무자에게 영업의 자유를 보장하면서도 이 채권들을 모두 효율적으로 담보로 획득하는 법적 수단이 요구된다. 이는 한편으로 장래채권의 양도가능성의 문제로, 다른 한편으로 채권양도 대항요건(제450조)의 취급이라는 문제로 제기된다. 그리고 이들 쟁점에서 일반채권자는 공시담보의 요구와 도산 효율성이라는 이익으로 대립한다.

2. 장래채권의 특정과 발생 개연성

유동집합채권의 양도담보가 적절히 기능하기 위해서는 아직 발생하지 아니한 장래채권의 양도가 가능해야 한다. 조건부 채권, 기한부 채권[18] 또는 장래의 법률행위로부터 발생할 채권 등의 양도가 그 예이다. 조건부·기한부 채권의 경우에 양도가 가능하다는 점은 의문이 없으나(제149조, 제154조), 그 밖의 장래채권에 대해서는 논의가 있다. 대법원은 "장래의 채권도 양도 당시 기본적 채권관계가 어느 정도 확정되어 있어 그 권리의 특정이 가능하고 가까운 장래에 발생할 것임이 상당 정도 기대되는 경우에는 이를 양도할 수 있다"[19]는 입장을 취하고 있다. 따라서 수급인이 장래에 취득하게 될 보수청구권,[20] 계속적 물품공급계약에서 발생하게 될 매매대금 청구권은 이를 양도할 수 있다고 한다.[21] 반면 계약해제가 있으면 발생하게 될 원상회복 청구권은 통상 이러한 요건을 충족하지 못한다고 하나,[22] 해제의 가능

---

18) 양창수, "장래채권의 양도", 민법연구, 제7권, 2003, 243면 참조. 이는 성립에 기한이 있는 채권을 말하며, 이미 성립하였으나 단지 이행의 기한 즉 변제기가 있는 채권과는 구별해야 한다. Stürner in Jauernig, *Bürgerliches Gesetzbuch*, 15. Aufl., 2014, § 398 Rn. 9 참조.

19) 大判 1996.7.30., 95다7932, 공보 1996, 2621.

20) 大判 1996.7.30. (주 19).

21) 大判 1991.6.25., 88다카6358, 집 39-3, 66.

22) 大判 1982.10.26., 82다카508, 집 30-3, 179. 사안은 가압류에 대한 것이다.

성이 높아 이를 예상할 수 있는 경우에는 양도할 수 있다고 한다.23) 종래 다수설도 같은 입장이다.24)

　　채권이 양도될 수 있기 위해서 구체적으로 특정되어야 하는 것은 처분행위에 관한 특정의 원칙에 따라 자명하다. 문제는 판례가 추가적으로 요구하는 '발생의 상당한 개연성'이라는 기준이 과연 타당한지 여부이다. 이러한 요구에 대해서는 최근 비판이 유력하다.25) 즉 채권 발생의 상당한 개연성이라는 개념은 매우 모호하여 실제로 의미 있는 기준이 될 수 없으며, 법적 명확성은 이미 특정성을 요구함으로써 충족된다는 것이다. 이러한 관점이 타당하다고 생각된다. 양도될 장래의 채권이 특정성의 요구를 충족하는 이상 법률관계를 명확하게 할 법질서의 요구는 충족되며, 당사자들은 장래채권이 발생하지 않은 사실상의 가능성에 대해 리스크를 부담할 뿐이다. 그러므로 그 양도를 부정할 이유는 없으며, 양도된 채권이 이후 발생하지 않은 사안은 채권양도의 법률상 원인인 법률관계에 의하여 처리하는 것으로 충분하다. 그러한 의미에서 양도의 효력을 판단하는 단계에서는 "기본적 채권관계가 어느 정도 확정"되어 있을 필요는 없으며, "발생의 개연성"이 있어야 하는 것도 아니다(물론 그러한 관점이 도산절차에서 고려될 수 있는지는 다른 문제이다; 본장 Ⅲ. 3. 및 특히 주 38 참조). 물론 장래 채권의 양도의 효력은 그 채권이 발생한 시점에 비로소 발생한다.

3. 장래채권의 양도와 양도인 도산

　　(1) 장래채권이 양도된 이후 채권이 실제로 성립하는 경우, 이는 논리적 순간에 양도인에게 발생하였다가 양수인에게 이전하는가(경유

---

23) 大判 1997.7.25., 95다21624, 공보 1997, 2653.
24) 전거와 함께 곽윤직 편집대표, 민법주해[Ⅹ], 1995, 559면(이상훈) 참조.
25) 양창수(주 18), 264-265면; 김재형, "근저당권부채권의 유동화에 관한 법적 문제", 민법론 Ⅰ, 2004, 473면; 김용담 편집대표, 주석 민법 채권총칙(3), 제4판, 2014, 335면(최수정).

취득) 아니면 바로 양수인에게 발생하는가(직접취득)? 이는 예전부터 독일에서 다투어지는 문제로,[26] 특히 양도행위가 행해진 이후 장래채권이 발생하기 이전에 양도인에게 도산절차가 개시한 사안을 어떻게 취급할 것인지의 문제와 연동하여 논의되는 경우가 많다.[27] 그러나 전자의 문제에 대해 어떻게 답을 하더라도, 후자의 해결이 그에 필연적으로 결부될 이유는 없다. 오히려 적용이 문제되고 있는 도산법의 취지에 좇아 해석되어야 하며,[28] 이는 예컨대 직접취득을 인정하더라도 마찬가지이다(본장 주 34 참조).

(2) 이 쟁점은 얼마 전 대법원의 한 판결에 의해 우리나라에서도 본격적으로 제기되었으며, 제2금융권의 대출실무에 상당한 영향을 주었다. 여기서 의사 甲이 병원설비를 이유로 乙 은행으로부터 대출을 받으면서 자신의 국민건강보험공단에 대한 향후 의료비 등 채권을 담보목적물로 한 채권양도담보계약을 체결하였는데, 은행이 담보목적물 중 일부인 그 당시 현존 의료비 등 채권에 대하여 담보권을 실행하여 공단으로부터 채권 일부를 회수한 후 甲에 대하여 회생절차가 개시된 사안이 문제되었다. 대법원은, 은행이 피담보채권인 대출금채권 전액의 만족을 얻지 아니한 이상 담보권 실행 후 발생하는 의료비 등 채권에 대해서도 담보권을 실행할 수 있고, 담보권 실행으로 인하여 그 후 발생하는 의료비 등 채권에 대하여 담보권의 효력이 미치지 아니하게 되는 것은 아니지만, 담보권 실행 후 甲에 대한 회생절차개시 당시까지 담보목적물인 채권이 남아 있지 아니하였고, 회생절차개시 후에 의료비 등 채권이 추가로 발생하였더라도 그러한 채권에 대해서는 더 이상 담보권의 효력이 미치지 아니하기 때문에, 乙 은행의 잔존 대

---

26) 상세한 내용은 서민, 채권양도에 관한 연구, 1985, 104면 이하 참조.
27) 예컨대 이연갑, "장래채권 양도담보와 회생담보권의 효력이 미치는 범위," 법조, 제695호, 2014, 198–199면; 한민, "자산금융과 최근의 도산법 쟁점", BFL, 제90호, 2018, 86면 주 60이 그러하다.
28) Roth in *Münchener Kommentar zum BGB*, 6. Aufl., 2012, §398 Rn. 84.

출금채권은 담보목적물이 존재하지 아니하는 회생채권이라고 판시하
였다. 여기서 "장래 발생하는 채권이 담보목적으로 양도된 후 채권양
도인에 대하여 회생절차가 개시되었을 경우 […] 회생절차가 개시된
후 발생하는 채권은 채무자가 아닌 관리인의 지위에 기한 행위로 인
하여 발생하는 것으로서 채권양도담보의 목적물에 포함되지 아니하
고, 이에 따라 그러한 채권에 대해서는 담보권의 효력이 미치지 아니
한다"는 것이 근거로 제시되었다.[29] 이 판결을 계기로 학설에서 장래
채권의 양도와 도산절차의 효력에 관한 논의가 본격적으로 이루어졌
다.[30]

---

29) 大判 2013.3.28., 2010다63836, 공보 2013, 733. 이 판결에 대해 이상주, "집합채
　　권양도담보에서의 담보권실행의 효력과 회생절차가 개시된 후 발생하는 채권에
　　대해서도 담보권의 효력이 미치는지 여부", 대법원판례해설, 제95호, 2013, 621면
　　이하 참조.

30) 본문에서 인용된 것처럼, 이 판결은 양도담보권자의 이전의 실행으로 담보목적채
　　권이 「고정화」되는지의 논점을 다루면서 이를 부정하고 있다(「고정화」에 대해서
　　는 앞의 Ⅱ. 3. (2) (다) 참조). 관련해서 우리 학설은 일본 학설에 따라 이 사건과
　　같이 채무자가 추심권을 상실하고 계속 채권자에게 이전되어 그때그때 만족에 봉
　　사하는 유형을 「누적형」집합채권 양도담보라고 하면서 이 경우 「고정화」는 있을
　　수 없다고 설명한다(주 29, 31의 문헌 참조). 위 판결 역시 그러한 관점에 따른 것
　　으로 보인다. 그러나 이는 이론적으로 정확한 설명이라고 말하기는 어렵다. 「누적
　　형」집합채권 양도담보라는 용어를 사용하는 것에 반대할 이유는 없으나, 엄밀하
　　게 이는 법적 개념에 따른 양도담보로 파악될 수 없기 때문이다. 주지하는 바와
　　같이 다른 채권의 만족을 위해 채권이 양도되는 경우, 그 원인되는 목적관계는 논
　　리적으로 세 가지가 존재할 수 있다(大判 2010.12.23., 2010다44019, 공보 2011,
　　216). ① 대물변제를 위한 양도, ② 변제를 위한(erfüllungshalber) 채권양도, ③
　　담보를 위한(sicherungshalber) 채권양도. 여기서 특히 ②와 ③의 차이는 채권자
　　가 양도된 채권으로부터 우선적으로 채권의 만족을 받도록 노력할 의무를 부담
　　하고 그렇지 아니한 한에서만 원래의 채권을 행사할 수 있는 것인지("변제를 위
　　하여") 아니면 양도된 채권은 만족의 강화를 위한 것이므로 채무불이행에 직면
　　한 채권자는 원래의 채권과 새로운 채권을 선택적으로 행사할 수 있는지("담보
　　를 위하여") 여부이다(大判 1996.11.8., 95다25060, 공보 1997, 713; Köhler, "Die
　　Leistung erfüllungshalber", WM 1977, 242 참조). 이른바 「누적형」의 경우 채권
　　자는 이전되는 채권으로부터 우선적으로 피담보채권을 충당할 의무를 담보계약으
　　로부터 부담하므로, 이는 당사자들이 이를 지칭한 용어와 무관하게 법적 구조에서

이 판결에 대해서는 찬반이 나뉘고 있다.[31] 비판하는 견해는 판
례가 논거로 제시하는 관리인 지위에 기한 행위의 특별취급에 의문을
제기하면서, 채권양도의 대항요건이 갖추어진 이상 도산절차 개시 전
에 행해진 양도의 효력을 부정할 수 없고, 채무자회생 및 파산에 관한
법률 제340조 제1항이 장래의 차임채권에 대해서만 규율하고 있는 것
에 비추어 장래채권을 담보목적물에서 일괄제외할 수 없다고 비판한
다. 반면 판례를 지지하는 입장은 회생절차의 실효성 보장이라는 목
적과 아울러 동법 제65조 제1항, 제330조, 제580조 제1항 제1호에 따
라 그러한 양도의 효력은 부정되며, 회생절차는 채권자 지위를 회생
절차 개시시점에 확정되는 것으로 하고 있다는 이유를 들고 있다.

(3) 어느 견해나 일반채권자나 담보권자의 이익을 일방적으로 우
선하여 사태의 적절한 해결에 기여하지 못한다고 생각된다. 보다 상
세한 연구가 필요한 쟁점이나, 우선 다음과 같이 해석해야 할 것이다.

(가) 해석의 출발점은 도산절차가 개시한 이후 채무자가 취득한
재산의 이탈을 저지하는 「채무자회생 및 파산에 관한 법률」 제64조,
제65조, 제329조, 제330조, 제580조 제1항이다. (아래에서는 논의의 편
의를 위해 도산절차의 기본형인 파산절차를 기준으로 살펴본다.) 동법 제
329조, 제330조의 규정은 한편으로 채무자의 법률행위를 파산채권자

는 변제를 위한 채권양도에 해당한다고 보아야 한다. 그러므로 집합채권 양도담보
의 구성에서 집합물론적인 관점에 따르더라도, 담보를 위해 채권이 양도된 경우에
문제될 「고정화」는 이 사안에서 당사자들 약정내용에 비추어 처음부터 문제될 여
지가 없다.

31) 세부적인 차이는 있으나 기본적으로 지지하는 문헌으로 김재형, 민법판례분석,
2015, 159–161면; 오영준, "집합채권양도담보와 도산절차의 개시", 사법논집, 제
43집, 2006, 368면 이하; 최준규, "장래채권 양도의 도산절차상 효력", 사법, 제32
호, 2015, 235면 이하; 정소민, "도산법상 채권담보권자의 지위에 관한 연구", 법
학논총, 제33집 제1호, 2016, 242면; 반대하는 문헌으로 박진수, "회생절차개시결
정과 집합채권양도담보의 효력이 미치는 범위", 민사판례연구[XXXVI], 2015, 595
면 이하; 이연갑 (주 27), 178면 이하. 절충적인 입장으로 한민, "자산금융과 최근
의 도산법 쟁점", BFL, 제90호, 2018, 86면 이하.

에게 대항할 수 없도록 하는 한편, 채무자의 법률행위가 매개되지 아
니한 경우에도 채무자로부터의 권리 취득을 파산채권자에게 대항할
수 없도록 한다. 이는 일본 구파산법을 매개로[32] 독일 구파산법 제7
조, 제15조를 계수한 것인데, 그 취지는 파산절차가 개시한 이후에 채
무자가 취득하였을 일체의 재산을 파산재단에 속하도록 하는 취지이
다. 특히 제330조는 채무자의 행위가 매개되지 않는 경우에도 모든
권리취득을　빠짐없이　파악할　수　있게　하는　포괄규정
(Auffangtatbestand)으로 의도된 규율이다.[33] 그러므로 이들 규정에 따
르면 일단 대항요건을 갖추고 사전양도된 장래채권이라도 파산절차
개시 이후 발생한 이상 원칙적으로는 파산재단에 속해야 한다는 결론
이 도출된다.[34]

　(나) 그러나 이러한 내용에도 불구하고 일정한 예외를 두는 것은
불가피하다. 이는 일정한 장래채권 양도의 경우 그 이익상황이 현존

---

32) 1925년 제정된 일본 구파산법이 독일 파산법을 계수한 사정에 대해 齊藤秀夫·麻
上正信·林屋禮二 編, 注解 破産法, 上卷, 第三版 1998, 15면(齊藤秀夫) 참조. 회생
절차와 관련된 규율은 일본의 회사갱생법을 거쳐 미국의 제도를 도입한 것이지만,
본문에서 문제되는 규정들은 이미 일본에서 기존에 시행되던 파산법을 고려하여
내용적으로 동일하게 조율되었으므로, 본문의 논의는 회생절차에 대해서도 마찬
가지로 타당하다.
33) 구파산법 제15조를 승계한 독일 도산법 제91조에 대해 Mock in Uhlenbruck,
Insolvenzordnung. Kommentar, 14. Aufl., 2015, §91 Rn. 1 참조.
34) Uhlenbruck/Mock (주 33), §91 InsO Rn. 15 참조. 차임채권의 사전양도에 대한
도산법 제340조는 그 특칙에 해당하게 된다(Bork, Einführung in das Insolvenz-
recht, 8. Aufl., 2017, Rn. 176). 관련하여 채권은 이미 유효하게 양도되었고 그것
이 발생하는 시점에 양수인에게 직접취득되었다는 개념적인 설명만으로는 이 결
론을 바꿀 수 없다고 생각된다. 사전채권이 양도된 경우 양수인은 특정승계의 취
지상 그 채권이 양도인에 발생하였을 경우와 비교해서 유리하게 취급될 이유가 없
기 때문이다. 결국 그는 장래채권이 양도인에게 발생하였다면 존재하였을 이익상
황을 기준으로 이를 취득한다. 이는 양수인으로서는 당해 채권이 파산재산에 속함
을 수인할 수밖에 없음을 의미한다. Nörr/Scheyhing/Pöggeler, Sukzessionen, 2.
Aufl., 1999, S. 119. 그러한 의미에서 이러한 이익상황을 고려하지 않고 경유취득
/직접취득의 관점에 기초한 이연갑 (주 27), 199면 주 61의 비판은 의문이다.

하는 채권의 이익상황과 구별하기 어려워 이와 달리 취급하는 것이 부당한 경우가 있기 때문이다. 현존채권 양도와 달리 장래채권 양도의 경우 그것이 파산재단에 속해야 하는 중요한 이유는 양도에 의해 양수인이 가지게 되는 이해관계가 불확실하다는 사정에 있다. 현존채권의 경우 대항요건을 갖춘 유효한 양도에 의해 이미 그 시점에 양수인의 이익이 확정되고 이로써 법질서의 보호를 요청한다. 이에 반해 장래채권은 그것이 유효하게 양도된 때에도 그것의 장래 발생이 불확실하기 때문에 양수인이 가지게 되는 이해관계 역시 불확실하다.[35] 그의 이해관계는 비로소 채권이 발생한 시점에 확정된다. 따라서 그 발생 시점에 이미 파산절차가 개시되었다면 양수인이 확정된 이해관계를 가지게 되는 동시에 일반채권자도 효율적 도산의 이해관계를 가지게 된다. 여기서 도산절차의 목적상 무조건적으로 전자를 우선할 수 없게 되며, 이로써 파산절차의 구속이 정당화되는 것이다. 그런데 일정한 장래채권의 경우에는 이미 사전양도의 시점에 양수인의 이익이 현존채권의 양도와 비슷한 수준으로 확정되었다고 보아야 하는 경우가 있다.[36] 예컨대 채권 성립에 기한이 있는 사안을 생각해 본다. 이 경우 양수인은 채권의 성립과 양수를 이미 양도시점에 당연한 것으로 전제하고, 그에 확정된 이익을 가지게 된다고 말해도 좋지 않겠는가? 이는 발생에 기한이 있는 채권과 발생하였으나 변제기가 있는 채권의 이익상황이 본질적으로는 구별되기 어렵다는 점을 환기해 보면 쉽게 납득할 수 있으며, 법률도 장래채권의 양도가 아닌 현존 기한부 채권의 양도로 파악함으로써 이러한 태도를 확인해 주고 있다(제154조). 그런데 이러한 관점은 정지조건부 채권의 경우에도 마찬가지이다. 정지조건은 발생이 불확실한 장래의 사정이기는 하지만, 그 발

---

35) Nörr/Scheyhing/Pöggeler (주 34), S. 113 참조.
36) 이 문제와 관련한 독일 학설에 대해 포괄적으로 Haller, *Die gesicherte Rechtsposition im Rahmen des §91 InsO*, 2016, S. 151ff. 참조.

생은 통상 당사자의 행위로부터 독립되어 있으며 이후 그 사정이 발생하는 이상 권리취득은 확실한 것으로 전제된다. 그러므로 양수인은 이미 양도시점에 확정된 이해관계를 가진다고 말할 수 있으며, 이러한 가치평가는 조건부 채권과 기한부 채권의 양도를 동등하게 취급하는 민법의 규정에 반영되어 있다(제149조, 제154조).[37]

(다) 그렇다면 장래채권이 양도되었고 파산절차 이후에 발생하였다고 하더라도, 파산절차 개시 시점에 이미 채권발생의 원인되는 법률관계가 존재하였고 그로부터 그 성립이 채무자의 행위로부터 독립하여 예정되어 있었던 장래채권이라면, 그것에 대한 양수인의 이해관계는 조건부·기한부 채권과 다르지 않다고 해야 한다. 그러므로 발생의 원인되는 법률관계가 존재하여 채무자의 행위와 무관하게 그 성립이 예정되어 있었던 장래채권이 양도된 경우에는, 그것이 파산절차 개시 이후에 발생하였더라도 양수인은 제약 없이 이를 취득한다고 해석하는 것이 타당하다.[38] 예컨대 임대차에서 보증금반환채권이나 금

---

37) 관련해 최준규 (주 12), 45면 주 15는 우리 민법에서 채권양도는 확정일자 있는 통지·승낙이 있어야만 제3자에 대항할 수 있으므로 정지조건부 양도라는 사실만으로 확정된 지위를 획득할 수 없다고 지적한다. 그러나 이는 일률적으로 단정하기는 어렵다. 예컨대 정지조건 성취 후에 채무자의 통지로 대항요건이 갖추어지는 채권양도에는 그렇게 판단할 여지가 존재하겠지만, 실무상 행해지는 장래채권의 양도담보 사안유형에서처럼 채권자에게 채권의 목록이 교부되고 통지의 대리권이 수여되는 사안에서는 그렇게 말하기 어렵다고 생각된다. 채권자는 독자적으로 양도된 채권을 관철할 권능을 가지고 있어 그의 지위는 확정되었다고 보아야 하기 때문이다.

38) Larenz, *Lehrbuch des Schuldrechts*, Band Ⅰ, 14. Aufl., 1987, S. 584f. 이래 독일의 다수설이다. Adolphsen in Gottwald, *Insolvenzrechts-Handbuch*, 5. Aufl., 2015, §40 Rn. 25; *MünchKomm*/Roth (주 28), §398 Rn. 85; Bork (주 34), Rn. 176 참조. 독일 학설은 이 경우 이익상황에 비추어 양수인의 지위는 장래채권을 압류한 채권자의 지위와 동일하게 판단하는 것이 적절하다고 지적한다. 실제로 우리나라에서 장래채권 양도의 요건으로 발생기초의 존재 및 발생 개연성을 요구하지 아니하는 학설도 장래채권의 압류의 경우에는 그러한 요건이 요구된다고 설명하고 있는 것(양창수 (주 18), 264면 참조)은 시사적이다.

전소비대차에서 지분적 이자채권이 사전양도된 경우에 그러하다. 그러나 반대로 발생의 원인되는 법률관계가 존재하지 않았거나, 존재하였더라도 채무자의 행위를 매개로 해서야 비로소 성립할 장래채권의 경우에는 그 발생시점에 비로소 이해관계가 확정되므로 원칙으로 돌아가 파산재단에 속한다고 해야 한다. 예컨대 교섭 중인 장래 매매대금 채권이 미리 양도되었으나 파산이 선고된 이후 파산관재인이 매매계약을 체결한 경우, 기본계약이 존재하였더라도 이후 그에 기초해 개별계약이 체결되어야 비로소 발생할 장래채권이 양도된 경우가 그러하다.[39)]

(라) 다소 까다로운 문제는, 이상의 내용에 따라 파산절차의 구속을 받지 않을 장래채권이 양도되기는 하였으나, 그 발생의 원인되는 관계가 미이행쌍무계약으로 견련관계의 제약을 받고 있었고 그에 따라 파산관재인이 계약의 존속을 선택한 경우에도(도산 제335조) 양수인이 절차 개시 이후 발생한 장래채권을 취득할 수 있는지 여부이다. 예컨대 계속적 공급계약에 따른 장래의 반대급부 채권이 포괄적으로 사전양도되었고 공급자의 파산관재인이 계약의 존속을 선택한 경우가 그에 해당한다. 여러 고려가 가능하겠지만, 양수인의 이해관계는 파산관재인의 계약유지 선택과 그에 따른 반대급부 이행을 전제로 하므로 파산절차 개시 이후에 확정된다고 보아야 하는 점 그리고 파산관재인이 파산재단을 위해 존속을 선택한 미이행쌍무계약이 파산재단에 부담만을 발생시켜서는 안 된다는 규정(도산 제335조)의 목적을 고려한다면, 그러한 채권은 파산재단에 속해야 한다고 생각된다.[40)] 그리고 이상의 내용은 회생절차나 개인회생절차에서도 회생담보권이 성립

---

39) 大判 2013.3.28. (주 29)의 사안이 기본적으로 이 경우에 해당한다고 보인다.

40) Uhlenbruck/Mock (주 33), § 103 InsO Rn. 149 참조. 독일에서는 이 문제에 대해 많은 논의가 있다. 우선 和田勝行, 將來債權讓渡擔保と倒産手續, 2014, 59면 이하의 소개 참조.

하는지 문제와 관련해 기본적으로 타당할 것이다(주 32 참조).

4. 집합채권의 양도담보와 대항요건

(1) 그런데 장래채권을 담보를 위해 양도하는 경우, 채무자인 설정자와 채권자인 양도담보권자의 이해관계를 고려할 때 대항요건과 관련해 다음의 과제가 제기된다. 즉 한편으로 담보권자는 자신이 양도받은 채권을 관철하기 위해서는 채권양도의 대항요건(제450조)을 충족해야 하는 문제가 있다. 채권양도 자체는 설정자와 채권자의 합의에 의해 효력이 발생하더라도(제449조), 이후 채권자가 양도담보에 기해 우선변제를 받기 위해서는 제3채무자에게 채권양도를 대항할 필요가 있기 때문이다. 그러나 다른 한편으로 설정자로서는 가능한 한 대항요건의 충족을 늦추고자 하는 정당한 이해관계를 가진다. 유동집합채권 양도담보의 경우, 변동하는 다수의 개별채권에 대하여 일일이 대항요건을 구비하는 것은 설정자에게 과도한 비용을 부담하게 하며, 특히 장래에 발생할 채권의 경우에는 아직 제3채무자가 특정되어 있지도 않으므로 양도행위의 시점에 대항요건을 갖추는 것이 가능하지도 않다. 뿐만 아니라 채권양도의 통지에 의하여 채무자의 자산상태가 악화되었다는 점이 시장에 알려지게 되어, 채무자는 추가적인 자금융통에 어려움을 가지게 될 수도 있다. 게다가 담보권 실행시기가 도래하기 전에는 통상의 영업에 좇아 설정자가 (양도담보권자의 수권에 기초해) 자신의 고객들과의 관계에서 정상적으로 채권을 추심해야 할 이해관계도 가지고 있다.

(2) 따라서 실무에서는 계약에 의해 설정자가 가능한 한 영업을 지속하면서 대항요건 충족을 늦추지만 채권자가 "위기"가 도래하는 시점에 대항요건을 구비하려는 시도가 행해지고 있다. ① 우선 양도담보를 설정하는 시점에 설정자로부터 제3채무자, 채무내용 등이 백지인 채권양도 통지서를 받아두고서, 채무자의 경영이 악화되면 백지

를 보충하여 제3채무자에게 통지를 하는 방법이 있을 수 있다("통지유보형 집합채권 양도담보"). 이를 위해서 채권자는 설정자가 보유하는 채권의 현황을 알고 있을 필요가 있으므로, 여기서는 통상 설정자가 정기적으로 채권자에게 채권목록을 교부한다는 약정이 행해진다. 그런데 통지유보형의 경우 원인행위가 있은 이후에 상당한 시간이 흐른 위기의 시점에 근접하여 대항요건을 구비하게 하므로, 채권자취소권 (제406조) 내지 부인권(도산 제100조 이하, 제391조 이하)의 공격을 받을 가능성이 높다.[41] ② 이러한 채권자취소권이나 부인권의 문제를 회피하기 위해서 처음에는 채권양도담보의 예약만을 하여 채권자가 예약완결권을 보유하고 있는 상태에서, 이후 채무자의 자산상태가 악화되면 예약완결권을 행사하여 양도담보를 성립시키고 (통지유보형과 같이 제공받은 채권목록과 백지통지서 등을 활용하여) 대항요건을 갖추는 방법이 있을 수 있다("예약형 집합채권 양도담보"). 우리나라에서도 이러한 방법을 사용하는 사례가 나타나고 있다.[42] 대법원도 이를 대물변제의 예약이 아닌 집합채권 양도담보로 추정한다.[43] 이 방법은 아직 채무자의 재산상태가 악화되기 전에 양도담보설정계약이 있으면서 양도담보의 효력은 위기 시에 발생할 뿐만 아니라 채무자의 행위를 매개로 하지 않으므로, 사해행위취소나 부인권의 공격을 회피할 여지를 둔다는 점에서 장점이 있다. ③ 더 나아가 채무자의 "위기"의 징후(파산절차개시 신청, 지급정지 등)를 정지조건으로 하여 양도담보를 하고 조건이 성취되면 대항요건을 구비하는 사례도 있다("정지조건형 집합채권 양도담보").[44] 정지조건형은 예약완결권의 행사 없이 바로 정지조건성

---

41) 다만 大判 2012.8.30., 2011다32785,32792, 공보 2012, 1595는 양도통지 자체는 채권자취소의 대상이 될 수 없다고 한다.

42) 大判 2002.7.9., 2001다46761, 공보 2002, 1910; 2016.7.14., 2014다233268, 공보 20169, 1137.

43) 大判 2003.9.5., 2002다40456, 공보 2003, 2015.

44) 大判 2013.6.28., 2013다8564, 공보 2013, 1329.

취로 채권양도가 효력을 발생한다는 점을 제외하면 그 구조에 있어 예약형과 유사하다.

(3) ②와 ③ 형태의 채권양도담보에서도 채무자의 "위기"가 발생한 상태에서 다수의 채권을 한 사람의 채권자가 담보로 취득하는 것은 다수의 일반채권자에 대하여 불이익하므로, 과연 어느 한도에서 채권자취소권(제406조) 및 부인권(도산 제100조 이하, 제391조 이하 참조)의 대상이 되는지 논의가 필연적으로 발생한다. 판례는 위기부인(구 회사정리법 제78조 제1항 제2호, 도산 제100조 제2호)이 문제된 사건에서 예약형 양도담보에서 예약완결권의 행사는 이미 행해진 양도담보의 대항요건 구비행위로서 부인의 대상이 되는 채무자의 행위라고 볼 수 없다는 이유로 부인권 행사를 부인하였다.[45] 즉 원인행위는 위기 이전에 존재하고, 위기 이후에 행해진 예약완결권 행사는 채무자의 행위가 아니므로 위기부인의 대상이 되지 않는다는 것이다. 판례는 채권자취소가 문제되었던 예약형 양도담보[46] 및 정지조건형 양도담보[47]에서 같은 결론을 유지하였다. 한편 판례는 대항요건 부인과 관련해(구 회사정리법 제80조 제1항, 도산 제103조 제1항) 15일 기산의 기준이 되는 "권리의 설정 · 이전 또는 변경이 있은 날"은 원인행위 시점이 아니라 예약완결권이 행사된 시점이라고 보아 부인권을 부정한다.[48] 더 나아가 대항요건 부인이 부정될 때 양도통지만을 별도로 위기부인할 수 있는지 여부에 대해서는 "권리변동의 대항요건을 구비하는 행위는 같은 법 제80조 소정의 엄격한 요건을 충족시키는 경우에만 부인의 대상이 될 뿐이지, 이와 별도로 같은 법 제78조에 의한 부인의 대상이 될 수는 없다"고 보아(채권자취소에 대해 주 41 참조) 채권자의

---

45) 大判 2002.7.9. (주 42).
46) 大判 2016.7.14. (주 42).
47) 大判 2013.6.28. (주 44).
48) 大判 2004.2.12., 2003다53497, 공보 2004, 448.

통지행위는 "예약완결권의 행사로 효력이 발생한 매출채권의 양도사실을 통지하여 그 채권양도의 대항력을 갖추는 행위이므로 그 행위 자체는 원인행위인 이 사건 약정과 분리하여 독자적으로 회사정리법 제78조에 의한 부인의 대상이 되지 않는다"는 원심의 판단을 시인하였다. 이로써 판례는 대체로 집합채권 양도담보에 대한 부인권 행사를 부정하는 경향을 보인다.[49]

대법원이 원용하고 있는 도산법 규정의 문언에 비추어 본다면, 판례의 태도가 적어도 형식적으로는 법률에 근거하고 있음을 부정하기는 어렵다. 그러므로 판례에 대한 문제제기는 이상의 집합채권 양도담보 관행이 도산절차의 규범목적에 반하는 탈법행위라는 점을 지적함으로써 행해진다. 실제로 이러한 판례에 대해서는 학설에서 도산법의 취지가 잠탈된다는 비판이 많다.[50] 특히 이와 관련해 정지조건형 채권양도담보에 대해서 이는 "파산법[…]의 취지에 반하여 그 실효성을 상실하게 하는 것으로, 그 계약내용을 실질적으로 본다면 상기계약에 관계한 채권양도는 채무자에게 지급정지 등의 위기시기가 도래한 후에 행해지는 채권양도와 동일시해야 할 것"이라는 이유로 부인의 대상이 된다고 해석하는 일본의 판례가 참조된다.[51] 그러나 적어도 대법원이 앞서의 판결을 선고할 시점에서 부인권 행사를 부정한 태도는 수긍할 만한 점이 있다고 생각된다. 일본 판례의 배후에는

---

49) 물론 사실관계의 특수성을 고려해 부인이 인정된 재판례도 존재한다. 大判 2011. 10.13., 2011다56637, 공보 2011, 2351 참조. 이 사건은 기본계약인 채권양도담보 약정 자체가 (정상적인 영업 활동이 아니라) 위기 시점에 행해져서 그 자체부터 편파행위로 부인의 대상이 되었고, 관련 정황상 채권자의 공모가 인정되어 채무자의 행위로 동일시될 수 있다는 특수성이 있다. 이 점에서 기존 판례와 충돌이 있다고 하기는 어려울 것이다.

50) 이진만, "통합도산법상의 부인권", 민사판례연구[XXVIII], 2006, 910−911면. 오영준 (주 31), 325면; 김건호, "도산절차상 부인의 대상과 효과", 충북대 법학연구, 제21권 제1호, 2010, 23면 등.

51) 日最判 2004.7.16., 民集 58−5, 1744.

특별법(「동산 및 채권의 양도의 대항요건에 관한 민법의 특례 등에 관한 법률」을 말한다)에 따른 채권양도등기 방법을 이용하여 대항요건을 구비하여 보다 합리적으로 목적을 달성할 수 있으므로, 민법의 대항요건을 조작하는 방법으로는 도산법의 취지를 회피하지는 말라는 판단이 존재한다.52) 그러나 앞서 판결이 선고되는 시점에 우리나라에서는 그러한 대안적인 방법이 존재하지 않았다. 따라서 탈법행위를 이유로 이들 채권양도에 채권자취소나 부인을 허용하는 것은 실질에서 집합채권 양도담보를 전면금지함으로써 다수의 소액채권만을 자산으로 가지는 상당수 기업에 신용을 차단하는 효과를 가질 수밖에 없었을 것이어서, 해석론으로 선뜻 받아들이기 어려웠을 것이다. 결국 집합채권 양도의 효력을 인정하되, 도산절차가 개시된 이후 발생한 채권에 대해서는 앞서 설명한 제한에 따라(본장 Ⅲ. 3. (3) 참조) 도산절차에 구속된다고 해석하는 것이 온당한 해석이었을 것이라고 생각된다.

　(4) 한편 이와는 다른 문제는 이제 집합채권에 대한 등록담보권 설정이 가능하므로 이러한 법제의 변화를 고려해 민법의 대항요건을 이용해 행해지는 예약형 또는 정지조건형 채권양도담보가 채권자취소나 부인의 대상이 된다고 볼 것인지 여부이다. 충분히 생각해 볼 수 있는 입장이기는 하나, 「동산·채권 등의 담보에 관한 법률」이 입법적으로 기존의 담보제도의 온존을 의도하고 있으므로(제3편 제5장 Ⅰ. 2. (3) 참조) 그렇게 해석하는 것은 주저된다. 그러나 만일 부인권의 대상이 된다고 해석하는 경우에는, 앞서 유동집합동산의 양도담보와 관련해 분석론의 관점에서 서술한 내용이 마찬가지로 타당할 것이다(본장 Ⅱ. 3. (2) (나) 참조).

---

52) 오영준 (주 31), 325면; 内田貴, 民法 Ⅲ, 第3版, 2008, 220면 참조.

제 2 장

위기의 도래(1):
양도담보와 강제집행·도산절차

Ⅰ. 도입

1. 신용의 제공은 현대사회의 거래생활을 움직이게 하는 중요한 요소의 하나이다. 신용은 한편으로 매도인이 대금을 수수하지 않은 채로 물건을 인도하거나 그 소유권을 이전하는 물적 신용의 형태로 행해질 수도 있으나, 다른 한편으로 금전의 소유자가 신용을 필요로 하는 사람에게 금전의 소유권을 이전하고 이후 그 소유권을 회복하는 방법의 금전신용의 형태로 행해질 수도 있다. 어느 경우에나 여신자는 상대방의 무자력에 대비하여 자신의 채권을 담보할 필요가 있다. 그런데 쌍무계약에 내재하는 동시이행의 메커니즘을 활용할 여지가 존재하는 물적 신용[1]과 비교할 때, 금전신용의 제공자는 자신의 의무

---

1) 예를 들어 동산 매도인이 소유권유보약정에 의하여 소유권을 유보한 경우, 그는 쌍무계약에서 예정된 동시이행의 항변의 담보적 기능을 활용하여 자신의 채권적 지위를 담보한다. 매도인은 매매계약상의 급부의무 중에서 인도의무만을 이행하고 소유권이전의무는 상대방의 반대급부의무인 매매대금 지급의무와 연동하게 함으로써, (인도와 관련하여) 부분적으로는 동시이행을 포기하지만 계약 전체의 이행에 있어서는 동시이행을 관철시킨다. 따라서 그는 계약법상의 메커니즘에 의하

와 관련하여 완전한 선이행(장래의 이자수취를 대가로 하는 원본 금전소유권이전)을 해야 하므로 상대방의 무자력 위험에 대비하기 위해서는 민법이 정하는 담보제도에 의지해야 할 필요성이 보다 절실하다.

여신자가 동산에 대하여 담보물권을 취득하고자 하는 경우, 그는 원칙적으로 질권을 설정받아야 한다(제329조). 그런데 민법은 질권을 설정하기 위해서는 설정자가 질물을 인도하여야 하고(제330조), 이후 설정자의 직접점유는 금지된다는(제332조) 점유질원칙을 채택하고 있다. 그 결과 설정자가 동산의 사용·수익에 대하여 이해관계를 가지고 있는 경우, 질권의 설정은 당사자들에게 적정한 담보제도로서 기능할 수 없다. 이러한 점유질원칙을 회피하기 위하여 거래계는 동산의 소유권을 채권자에게 신탁적으로 이전하는 법형식의 양도담보를 발전시켜왔다.[2]

2. 동산에 대하여 양도담보가 설정된 경우, 당사자들 사이의 담보계약에 의하여 동산의 직접점유는 통상 설정자에게 있게 된다. 그런데 이러한 사정은 양도담보로 제공된 동산에 대하여 설정자의 채권자들이 공취할 가능성을 발생시킨다. 왜냐하면 동산의 압류는 채무자의 '점유'(민집 제189조 제1항) 즉 사실상의 직접지배 상태인 소지(Gewahrsam)를 기준으로 하여 행해지기 때문이다.[3] 마찬가지 이유로 설정자가 파산한 경우 양도담보로 제공된 동산이 파산재단을 구성한다고 볼 것인지의 문제가 발생한다(도산 제382조 제1항 참조). 따라서

여 담보된다. 이는 매도인의 구제수단이 기본적으로 계약해제와 결부된 소유물반환이라는 점, 그 결과 소유권유보상의 반환청구와 매매대금채권을 동시에 행사할 수는 없다는 점(할부 제8조 제3항 참조)을 고려할 때 분명하다. 그러므로 소유권유보는 그 구조와 기능에 있어 (결과적으로 비점유질권을 창출하는) 양도담보와 구별된다. 상세한 내용은 제3편 제3장 참조.

2) 양창수·김형석, 민법 III: 권리의 보전과 담보, 제3판, 2018, 496-498면 참조.
3) 우선 이시윤, 신민사집행법, 제3판, 2006, 344면 참조.

설정자의 채권자가 양도담보로 제공된 동산에 강제집행을 시도하거나 설정자에 대하여 파산절차가 개시된 경우, 양도담보권자는 강제집행이나 파산절차에서 어떠한 권리를 행사할 수 있는지의 문제가 제기된다.

설정자에게 회생절차가 개시되는 경우, 입법자는 양도담보권이 회생담보권으로 취급되도록 규정함으로써 이를 입법적으로 해결하였다(도산 제141조). 그러나 강제집행 절차에서 양도담보권자가 제3자이의의 소(민집 제48조)를 행사할 수 있는지 아니면 배당요구(민집 제217조)에 만족해야 하는지, 아니면 설정자 파산의 경우 환취권(도산 제407조)을 행사할 수 있는지 아니면 별제권(도산 제411조)을 행사함에 그치는지에 대해서는 법률의 명시적인 규정이 없어 해석으로 처리될 수밖에 없다.

3. 필자는 이전에 이 문제에 대한 해석론적 작업을 행한 바 있다.[4] 그런데 당시의 서술은 이후 민사집행법(2002)과 채무자 회생 및 파산에 관한 법률(2005)의 제정 이전의 법상황을 전제로 한 것이어서, 지금 시점에서는 현실성을 상당 부분 상실하였다. 아래에서는 이전의 논의를 이어 이 문제에 대한 학설과 판례를 개관·평가하고, 타당하다고 생각되는 해석론을 모색하기로 한다.[5] 우선 먼저 강제집행·파산절차에서 동산 양도담보권자의 지위에 대한 학설과 판례의 동향을 개관하면서(Ⅱ. 1.), 종래 논의의 문제점을 지적하고(Ⅱ. 2.), 그 다음 이러한 평가에 기반하여 개별 문제들을 논의한다(Ⅲ). 서술은 기본적으

---

4) 김형석, 강제집행·파산절차에 있어서 양도담보권자의 지위에 관한 연구, 서울대학교 대학원 석사학위 논문, 1998.

5) 동산 양도담보의 경우에는 채권자에 대한 강제집행이 시도되거나 도산절차가 개시되어도 특별한 법률문제가 발생할 여지가 거의 없다. 그러한 문제는 부동산 양도담보의 경우 나타날 수 있는데, 그에 대해서는 우선 김형석 (주 4), 102면 이하 참조.

로 동산 양도담보를 전제로 하지만, 아울러 채권 양도담보의 경우 발생할 수 있는 문제에 대해서도 언급하기로 한다(Ⅳ).

Ⅱ. 논의상황의 개관과 평가

1. 학설 상황

학설은 부동산 양도담보에 대한 입법적인 개입을 포함하고 있는 「가등기담보 등에 관한 법률」의 시행을 전후하여 동산 양도담보의 법률관계에 대해서도 서로 다른 이해를 보인다.

(1) 「가등기담보 등에 관한 법률」의 제정 이전에 학설은 양도담보의 법률적 구성에 관하여 대립하고 있었다. 다수설이었던 신탁적 양도설은 양도담보가 담보라는 경제적 목적을 위하여 설정자가 담보 목적물의 소유권 기타 재산권을 이전하는 법형식을 취하는 신탁적 양도라고 이해하고 있었으나,[6] 유력한 소수설은 일본의 이른바 담보권적 구성을 수용하여 양도가 '담보'를 위한 것이라는 사실을 중시함으로써 "양도담보에 있어서 담보권자가 가지는 권리는 일종의 관습법상의 담보물권이며 설정자는 이러한 담보물권을 부담하는 소유권을 유보하는 것"이라고 파악하였다.[7]

이러한 법률구성을 배경으로 강제집행·파산절차에 있어서 동산 양도담보의 취급이라는 문제에 대하여 다수설은 신탁적 양도설에 따라 양도담보권자에게 제3자이의의 소(구민소 제509조)를 인정하고 있었다.[8] 그러나 이에 반대하는 견해도 없지 않았다. 양도담보가 유질

---

6) 곽윤직, 물권법, 전정증보판, 1980, 629면 이하; 김기선, 한국물권법, 개정판, 1972, 533면 이하; 김현태, 신물권법(하), 1975, 232-233면; 최식, 신담보물권법, 1959, 204-205면 등.
7) 김용한, 물권법론, 1975, 618면.
8) 곽윤직 (주 6), 644면; 김기선 (주 6), 541면; 김증한, 물권법, 개정판, 1983, 559면; 김현태 (주 6), 239면 등. 제한물권설을 취하는 소수설도 같은 별다른 언급 없

적 내용을 가지는가 청산적 내용을 가지는가를 구별하여 전자에는 제
3자이의의 소를 인정하지만 후자의 경우에는 우선변제의 소(구민소 제
526조)에 의하여야 한다는 견해가 주장되고 있었고,9) 명시적으로 입
장을 밝히는 것은 아니지만 우선변제의 소를 인정하는 방향으로 기울
어져 있는 일본의 담보권적 구성의 학설들을 자세하게 소개하면서 호
의적인 평가를 보이는 문헌도 있었다.10)

　　마찬가지로 설정자가 파산한 경우 다수설은 신탁적 양도설의 입
장에서 환취권(구파산 제79조)을 인정하여야 한다고 하였으나,11) 제한
물권설의 관점에서 일반채권자 보호를 근거로 별제권(구파산 제84조)
을 인정해야 한다는 견해도 주장되고 있었다.12)

　　(2) 그러나 「가등기담보 등에 관한 법률」 제정 이후 학설은 일전
하여 동산 양도담보에 대해서도 담보물권설을 채택하고, 강제집행·
파산절차에 있어서 양도담보권자의 지위에 대하여 이전과는 다른 결
론을 내리고 있다. 즉 동법이 부동산 양도담보를 일종의 담보물권으
로 구성한 이후,13) 다수설은 담보목적물에 따라 법률구성을 달리하는
것이 불합리하다는 이유로 동산 양도담보도 마찬가지로 일종의 제한
물권이고, 그 결과 설정자는 담보권의 부담이 있는 소유권을 여전히
보유한다고 파악하는 담보물권설 내지 제한물권설을 지지하고 있
다.14) 그리고 이로부터 다수설은 강제집행·파산절차에 있어서 양도

　　　이 같은 견해를 취하고 있었다. 김용한 (주 7), 626면.
　9) 방순원, 민사소송법(하), 증정판, 1981, 135면.
　10) 이영섭 편집대표, 주석 강제집행법(상), 1985, 251－253면(박우동); 김석우, "양도
　　　담보의 대외적 효력", 법정, 제6권 제1호, 1976, 38－39면.
　11) 곽윤직 (주 6), 644면; 김기선 (주 6), 541면; 김현태 (주 6), 239면.
　12) 김용한 (주 7), 626면.
　13) 동법의 입법경과 및 평가에 대해서는 양창수, "「가등기담보 등에 관한 법률」의 현
　　　황과 문제점", 민법연구, 제1권, 1991, 281면 이하 참조.
　14) 고상용, 물권법, 2002, 773－774면; 곽윤직, 물권법, 제7판, 2002, 408－409면; 김
　　　증한·김학동, 물권법, 제9판, 1997, [933]; 김용한, 물권법론, 재전정판, 1993,
　　　632－634면; 김상용, 물권법, 전정판증보, 2003, 834－835면; 권오승, "양도담보

담보의 취급에 관한 결론을 도출한다. 즉 설정자의 일반채권자가 강제집행을 시도하는 경우 양도담보권자는 소유자가 아닌 담보물권자이므로 제3자이의의 소(민집 제48조)를 제기할 수는 없으며 배당요구(민집 제217조)를 하여 우선변제를 받아야 한다고 해석한다.15) 그리고 설정자에게 회생절차가 개시한 경우 양도담보가 회생담보권으로 취급되어야 하는 것과 마찬가지로(도산 제141조), 설정자가 파산한 경우 양도담보권자는 환취권(도산 제407조)이 아닌 별제권(도산 제411조)만을 행사할 수 있다고 한다.16)

그러나 「가등기담보 등에 관한 법률」의 입법적인 기초에 대한 의문에서 출발하여 동법이 적용되지 아니하는 부동산 양도담보에서나 동법이 적용될 여지가 없는 동산 양도담보에서 여전히 신탁적 양도설에 의하여 양도담보를 파악하는 견해도 유력하다.17) 이 견해는 설정

의 법적 구성", 민법특강, 1994, 226 – 227면; 이은영, 물권법, 제4판, 2006, 737면; 박준서 편집대표, 주석 민법 물권(4), 제3판, 2000, 406면(박종찬) 이하; 김천수, "양도담보 법리의 기본적 고찰 —동산양도담보의 이중설정을 중심으로—", 민사판례연구[XXVIII], 2006, 164면 이하; 이채문, "동산에 관한 이중 양도담보의 효력", 부산판례연구회 판례연구, 제17집, 2006, 152 – 153면 등.

15) 곽윤직 (주 14), 417면; 김증한·김학동 (주 14), [946]; 김상용 (주 14), 844면. 구 민사소송법에 대하여 우선변제의 소에 의할 것을 주장하는 강태성, "양도담보권의 성질과 대외적 효력", 법학논고, 제10집, 1994, 85면; 정동윤, "동산양도담보권자의 제3자 이의소권", 법률신문, 제2367호, 1994, 14 – 15면도 참조.

16) 고상용 (주 14), 781면; 곽윤직 (주 14), 417면; 김증한·김학동 (주 14), [947]; 김상용 (주 14), 844면; 강태성 (주 15), 85면.

17) 양창수, "내용이 변동하는 집합적 동산의 양도담보와 그 산출물에 대한 효력", 민법연구, 제5권, 1999, 410면; 제철웅, "신축건물의 양도담보에서의 법률문제", 법조, 제51권 제3호, 2002, 154면 이하.; 명순구, "점유개정에 의한 동산의 이중양도담보", 고려법학, 제40호, 2003, 230 – 231면; 강동욱, "집합적 동산의 담보", 민사판례연구[XXVI], 2004, 684면 이하. 더 나아가 「가등기담보 등에 관한 법률」이 적용되는 부동산 양도담보에 대해서도 동법 제4조 제2항이 대내적 관계에 한정되는 것으로 이해하여 종래의 판례이론과 같이 관계적 소유권이론을 전제로 하는 신탁적 양도설을 채택하는 입장도 존재한다. 이영준, 한국민법론[물권편], 신정2판, 2004, 913 – 914면; 박홍래, "동산의 양도담보", 법조, 제54권 제12호, 2005, 286 – 288면.

자에 대한 강제집행이 있는 경우 양도담보권자의 제3자이의의 소를
정당한 것으로 시인한다.[18) 그러나 현재 신탁적 양도설을 취하는 견
해도 설정자에게 도산절차가 개시된 경우 양도담보권자에게 환취권을
인정하는 결론을 받아들이지는 않는다. 파산절차의 특수성과 양도담
보의 담보권으로서의 실질을 고려할 때 양도담보권자가 법적으로 소
유자라고 하더라도 별제권을 인정함으로써 그의 이해관계를 충분히
고려할 수 있다는 것을 이유로 한다.[19)

2. 판례

(1) 「가등기담보 등에 관한 법률」의 제정 이전 대법원은 설정자
에 대하여 강제집행이 개시된 경우 신탁적 양도설에 기반하여 양도담
보권자에게 제3자이의의 소를 인정하는 입장을 보이고 있었다. 금전
소비대차의 채권자인 원고의 채권을 담보하기 위하여 채무자가 자신
의 동산을 담보를 위하여 양도하였는데 채무자의 일반채권자인 피고
가 그 목적물을 압류한 전형적인 사안에서, 대법원은 원고의 제3자이
의의 소를 인용한 원심을 시인하였다. 대법원은 청산적 성질을 가진
양도담보권을 가지고 일반채권자들의 강제집행을 배제하는 것은 부당
하므로 원고는 우선변제의 소를 제기하여야 한다는 상고이유에 대하
여, "채권담보의 목적으로 동산에 대한 소유권을 취득한 경우에 그
현실의 점유를 취득하였거나 또는 그 양도담보의 성질이 청산적인 것
이거나 유질적인 것이거나를 구별할 필요 없이 양도담보에 의하여 소
유권을 취득한 사람은 제3자에 대하여 소유권을 취득한 사실을 주장

---

18) 양창수 (주 17), 409-410면; 이시윤 (주 3), 207면; 강동욱 (주 17), 740면. 김형
   석 (주 4), 78면 이하도 이러한 입장이었다.
19) 양형우, "파산절차상의 담보권", 민사법학, 제29호, 2005, 119-120면; 김재형,
   "도산절차에서 담보권자의 지위", 민사판례연구[XXVIII], 2006, 1141-1142면; 양
   창수·최수정·김형석, "민사재판", 사법부의 어제와 오늘 그리고 내일(下), 2008,
   303면. 김형석 (주 4), 96면 이하도 이러한 입장을 취하고 있었다.

할 수 있다 할 것이니, 이른바 약한 의미(청산적)의 양도담보의 경우라
하더라도 그 동산의 양수인은 그 물건을 다른 사람이 압류하였을 때
제3자이의의 소를 제기할 수 있다고 해석함이 상당하다"고 하여 상고
를 기각하였다.20)

대법원은 「가등기담보 등에 관한 법률」이 제정된 이후에도 양도
담보권을 제3자이의의 원인으로 인정하는 판례를 유지하고 있다.
1994년 대법원은 "동산에 관하여 양도담보 계약이 이루어지고 원고가
점유개정의 방법으로 인도를 받았다면 그 청산절차를 마치기 전이라
하더라도 담보목적물에 대한 사용·수익권은 없지만 제3자에 대한 관
계에 있어서는 그 물건의 소유자임을 주장하고 그 권리를 행사할 수
있다고 할 것"이므로 "이 사건 강제집행의 목적물에 관한 양도담보권
자인 원고는 강제집행을 한 피고에 대하여 그 소유권을 주장하여 제3
자이의의 소를 제기함으로써 그 강제집행의 배제를 구할 수 있다"21)
고 하여 담보물권설에 기하여 제3자이의의 소를 기각한 원심을 파기
하였다.

(2) 그런데 양도담보권자에게 제3자이의의 소를 인정하는 판례와
는 별도로 대법원은 양도담보권자가 강제집행을 승낙하는 취지의 공
정증서를 집행권원으로 하여(민집 제56조 제4호) 직접 양도담보물을 압
류하여 환가하는 경우 우선변제권을 인정하고 있다. 1979년에 대법원
은 다음과 같은 사안에 대하여 판단하였다. 매도인인 원고가 소외인
인 매수인에게 자동인쇄기 1대를 매도하고, 그 대금의 수수방법으로

---

20) 大判 1971.3.23., 71다225, 집 19-1, 243. 이 판결과 같은 취지의 의용민법 시절
의 판결로는 大判 1957.4.6., 4290민상86이 있는데, 판결의 전문은 공간되지는 않
은 것으로 보인다. 그 요지는 "채권담보의 목적으로 재산권을 대외관계는 물론 대
내관계에 있어서도 양도 이전한 경우에는 양도인의 다른 채권자가 양도인에 대한
채무명의로써 이를 강제집행할 수 없다"는 것이다(이영준 편, 대한민국 판례대전
(기본육법편), 1975, 314면).
21) 大判 1994.8.26., 93다44739, 공보 1994, 977.

그 매매대금을 매수인이 차용한 것으로 하고 위 인쇄기를 담보 목적으로 원고에게 양도를 하면서 강제집행을 승낙하는 취지의 공정증서를 작성하였다. 그 후 채무불이행이 발생하여 원고가 공정증서를 집행권원으로 하여 강제집행을 하고 경락에 이르렀는데, 채무자의 일반채권자인 피고가 배당요구를 하였고, 이에 원고는 피고에 대하여 자신이 우선변제권이 있다는 내용의 확인의 소를 제기하였다.

이 사건에서 원심은 이 청구를 기각하였고, 대법원도 상고를 기각하여 원심을 확정하였다. 대법원은 "본건 경매추행은 원고가 소외 ○○○의 담보채권자로서 우선변제권을 지키기 위하여 양도담보 물건인 본건 인쇄기를 환가처분(평가청산)한 것이라 하겠으니 그 경락대금으로 피담보채권의 변제에 채울 수 있는 법리라 하겠고 따라서 본건 경매를 일반채권자가 추행하는 강제경매로 볼 수 없으니 다른 채권자의 배당요구도 있을 수 없어 설사 피고의 배당요구라는 이름의 신청은 본래의 뜻대로의 주장으로 인정될 수 없다고 하겠다"고 일반론을 밝힌 후에, "그렇다면 본건 매득금으로 우선변제에 충당하면 될 원고가 다른 길로 우선변제권의 인정을 바라는 것은 유효적절한 방법을 두고 일부러 돌아가려는 것이라 하겠기에 확인의 이익이 없다"[22]고 그 이유를 설시하였다. 여기서 대법원은 양도담보권자의 적법한 강제집행을 전제로 원고인 양도담보권자의 우선변제권을 인정하였으나, 다만 확인의 이익이 없음을 이유로 원고의 청구를 기각한 것이다.

그러므로 대법원은 기본적으로 양도담보권자가 담보목적물에 대하여 일반채권자의 자격으로서 시도하는 강제집행을 적법한 것으로 인정하고 그 배당절차에서 우선변제를 시인한 것으로 평가할 수 있다. 이는 이후의 판례에서 확인되었다. 양도담보권자의 압류와 설정자의 일반채권자의 압류가 경합한 사안에서 원고인 양도담보권자가

---

22) 大判 1979.3.27., 78다2141, 공보 1979, 11897.

우선변제권을 주장하며 제기한 배당이의에 대하여 대법원은 다음과 같이 판시하여 그의 우선변제권을 인정하였다.

"동산을 목적으로 하는 양도담보는 부동산을 목적으로 하는 양도 담보와는 그 사회적 작용에 있어서 큰 차이가 있고 이 사건에서와 같이 동산을 목적으로 하는 양도담보 설정계약을 체결함과 동시에 채무불이행시 강제집행을 수락하는 공정증서를 작성한 경우, 채무자 가 채무를 불이행한 때에는 채권자로서는 위 양도담보권을 실행하기 위하여 담보목적물인 동산을 환가함에 있어서 위 공정증서에 기하지 아니하고 양도담보의 약정 내용에 따라 이를 사적으로 타에 처분하 거나 스스로 취득한 후 정산하는 방법으로 환가할 수도 있지만 양도 담보 목적물을 위 공정증서에 기하여 압류하고 강제경매를 실시하는 방법으로 환가할 수도 있다고 할 것이다.

이 경우 후자의 방법은 형식적으로는 양도담보 목적물의 소유권이 담보권자에게 있으므로 자기 소유 물건에 대하여 강제집행을 실시하 는 것으로 전후가 모순되는 것 같이 보인다. 그러나, 동산에 대한 압 류의 효력문제는 압류채무자가 실제 보관자인가 여부를 기준으로 그 적법 여부를 판별하게 되는 것이므로 양도담보 목적물을 담보권자가 점유하든 채무자가 점유하든 담보권자가 집행채권자가 되어 하는 압 류도 유효하다고 할 것이고, 양도담보권자가 갖는 소유권의 기능은 담보물의 가치를 자기가 담보권을 실행할 때까지 보존하는 것과 담 보목적물을 환가하는 경우에 우선변제를 받는 데 있는 것인데 양도 담보권이 실행단계에 이르게 되면 후자의 기능이 주로 발휘되게 되 어 소유권의 기능은 목적물을 환가한 대금으로부터 피담보채권을 우 선변제 받는 데 필요한 범위에서만 작용하게 되는 것이어서 이 단계 에서의 담보권자의 소유권은 실질적으로 우선변제수령권한만을 갖 게 되는 것이므로, 실질적으로는 양도담보권자의 담보목적물에 대한 환가를 위한 강제경매는 자기 소유물에 대한 강제집행이라고 볼 수 없는 것이고, 따라서 위와 같은 방법의 양도담보권실행을 위한 환가를 허용하여도 동산양도담보의 법리와 모순된다고 할 수도 없다.

그리고, 위의 방법에 의한 경매절차는 제3자가 그 목적물이 양도담보물임을 인식할 수 있었는지에 관계없이 형식상은 강제경매절차에 따르지만 그 실질은 일반 채권자의 강제집행절차가 아니라 동산양도담보권 실행을 위한 환가절차라고 할 것이므로 위 환가를 위한 압류절차에 압류를 경합한 양도담보설정자의 다른 채권자는 양도담보권자에 대한 관계에서는 압류경합권자나 배당요구권자로 인정될 수 없고, 따라서 위 환가로 인한 매득금에서 환가비용을 공제한 잔액은 양도담보권자의 채권변제에 전액 충당함이 당연하고 양도담보권자와 압류경합자 사이에 각 채권액에 따라 안분비례로 배당할 것이 아니다(당원 1979.3.27. 선고, 78다2141 판결 참조)."23)

이러한 입장은 이후 여러 판결에서 확인되고 있어24) 대법원의 확립된 판례라고 말할 수 있을 것이다.

(3) 설정자 파산의 경우 양도담보권자의 지위에 관하여 대법원은 별제권을 부여하는 견해를 채택하고 있다. 방론이기는 하지만 구 회사정리법이 적용되는 사안에서 양도담보권자를 정리담보권자로 취급한 판결25) 이후, 그러한 경향으로 판례가 진전할 것이 추측되는 상황에서, 대법원은 2002년 구 화의법 제44조, 구 파산법 제84조가 적용되는 사안에 대하여 "양도담보권자는 위 각 규정에서 별제권을 가지는 자로 되어 있지는 않지만 특정 재산에 대한 담보권을 가진다는 점에서 별제권을 가지는 것으로 열거된 유치권자 등과 다름이 없으므로 그들과 마찬가지로 화의법상 별제권을 행사할 수 있는 권리를 가지는

---

23) 大判 1994.5.13., 93다21910, 공보 1994, 970.
24) 大判 1999.9.7., 98다47283, 공보 1999, 2069; 2004.12.24., 2004다45943, 공보 2005, 194.
25) 大判 1992.10.27., 91다42678, 공보 1992, 3249.

자로 봄이 상당하다"[26]고 하여 별제권을 부여하였다.

3. 평가

요약한다면, 판례는 비교적 일관된 모습으로 신탁적 양도설에 기초하여 양도담보권자에게 제3자이의의 소와 별제권을 인정하면서 추가적으로 강제집행을 승낙하는 취지의 공정증서에 의한 강제집행에서 우선변제권을 인정하고 있으나, 반면 다수설은 담보물권설을 출발점으로 하여 양도담보권자에게 강제집행절차에서 배당요구만을 할 수 있다는 결론을 주장하고 있다.

그런데 강제집행·파산절차에서 양도담보권자의 지위에 관한 해석론을 모색할 때에는 다음과 같은 점들을 고려할 필요가 있다고 생각된다.[27]

(1) 종래 우리 학설은 양도담보의 개별 문제에 관한 해석론을 양도담보의 법률구성에서 구하고 있다. 즉 양도담보의 본질을 설명하는 법률구성을 제시한 다음 이로부터 개개 문제에 관한 해석론을 도출하고 있다는 것이다. 그런데 학설에서 어떠한 기준에 의하여 이른바 소유권적 구성 내지 담보권적 구성이 채택되는지를 살펴본다면 그것은 일종의 이익형량이다. 즉 '법적 형식'을 중시하여 채권자＝양도담보권자를 보다 더 보호해야 하는가 아니면 '경제적 실질'을 중시하여 채무자＝설정자를 더 보호해야 하는가라는 양자택일에서 양도담보의 "본질"에 대한 결론을 내려 법률구성의 타당성을 판단한 다음에, 선택된 어느 한쪽의 법률구성으로부터 해석론을 연역하는 방식으로 논의가 진행된다. 여기서 행해지는 것은 추상적인 이익형량이다. 구체적인 사안유형의 형량요소를 적출하여 개별적으로 이익의 형량을 하는 것이 아니라, 일반적이고 추상적인 차원에서 채무자 보호 대 채권자 보

---

26) 大判 2002.4.23., 2000두8752, 집 50－1, 특660.
27) 김형석 (주 4), 70면 이하.

호(또는 경제적 실질 대 법적 형식)라는 두 가지 선택지에 따라 보호해야
할 이익을 추상해 낸다. 그러나 오히려 이러한 추상적인 이익형량이
있은 후에는 더 이상 구체적 사안유형의 이익상황을 고려하지 않는
다. 추상적 이익형량에 의하여 결정이 내려진 '법률구성'에 따라 결론
이 연역될 뿐이고, 개별적인 사안유형에 있어서 어떤 당사자가 어떠
한 이해관계를 가지고 있고 어떠한 보호를 받아야 할지에 대하여는
그다지 큰 고려가 행하여지지 않는다.

　　이는 구체적인 해석론을 법률 규정에 내재한 가치평가를 기초로
한 이익형량에 의하여 도출하는 것이 아니라 추상적인 법률구성으로
부터 도출한다는 점에서 (나쁜 의미의) 개념법학적인 태도라고 할 수
있다. 그러므로 강제집행·파산절차에서 양도담보권자가 어떠한 지위
를 가지는지의 문제를 판단함에 있어서는 법률구성에 의한 추상적·
연역적 결론이 아니라, 구체적 사안유형을 전제로 하는 이익형량이
요구된다. 예를 들어 다음과 같은 지적에 귀를 기울일 필요가 있다.

　　"사람들은 여기서 검토되는 강제집행·파산에 있어서 양도담보의
　　운명에 관한 문제들을, 소유자로서(또는 양도된 채권의 권리자로서)
　　형식적 권리 지위가 결정적인가 아니면 모든 사례들에서 권리자에게
　　단지 질권자의 권리만을 인정하는 기능적 고찰방법이 요청되는 것인
　　가 라는 단일한 문제로 환원하려고 시도할지도 모른다. 그러나 이렇
　　게 한다면 사람들은 사태를 지나치게 간단하게 취급하는 것이다. 즉
　　이익상황이 모든 해당 사안들에서 동일하지는 않아서 단순히 '형식
　　적 고찰방법이냐 기능적 고찰방법이냐'라는 조야한 양자택일에 환
　　원시켜서는 안 될 수도 있는 것이다. […] 아마도 획득된 개별 해석
　　론들의 요약으로서 법적인 권리자가 항상 권리자로서 취급되어야 한
　　다거나 아니면 항상 담보권자로만 취급되어야 한다는 통일적인 정식
　　이 주장될 수는 있을 것이다. 그러나 이는 기껏해야 연구의 결과이

며, 연구의 출발점일 수는 없다."[28]

특히 우리의 주제와 관련하여 이익형량에서 고려할 것은 각각 문제되는 개별 절차상 구제수단의 특징이다. 강제집행·파산절차는 각각 고유한 특성과 법리가 있으므로, 양도담보권자의 권리가 그 절차 내에 실현되는 모습에 대하여 각 절차의 특수성을 고려할 필요가 있다. 이는 민사집행법과 도산법의 개별 구제수단에 대하여 보다 주의를 기울일 것을 요구한다. 그동안 강제집행·파산절차에서 양도담보권자의 지위에 대하여 우리 학설은 주로 양도담보의 법률구성에만 관심을 보였고 그것이 절차법적으로 어떻게 관철이 되어야 하는지 그리고 그러한 경우에 당사자들의 이해관계는 어떠한 형태를 취하는지에 대하여는 그다지 큰 주의를 기울이지 않았던 것으로 보인다. 그러므로 우리는 민사집행법과 도산법의 개별 구제수단에서 책임재산의 책임법적 귀속관계(이는 실체법적인 귀속관계와 반드시 일치하는 것은 아니다)가 어떻게 실현되고 있는지 살펴보아야 할 것이다.

이러한 관점에서 출발한다면 신탁적 양도설을 취한다고 하여 양도담보권자에게 반드시 제3자이의의 소와 환취권을 인정해야 하는 것은 아니며, 담보물권설을 취한다고 하여 반드시 배당요구와 별제권을 인정해야 하는 것도 아니다.[29] 법률구성이 이러한 결론을 취하는데 하나의 시사를 주는 부분이 있다고 하여도, 그것이 결정적인 것이 될 수는 없다. 민사집행법과 도산법 제도의 한계 내에서 담보목적이 어

---

28) Grunsky, "Sicherungsübereignung, Sicherungsabtretung und Eigentumsvorbehalt in der Zwangsvollstreckung und im Konkurs des Schuldners", JuS 1984, 498([ ]는 필자의 생략이다. 이하 같다). 담보권적 구성을 채택하면서도 결론을 그로부터 연역하는 것에 주의하는 道垣內弘人, 擔保物權法, 第3版, 2008, 299면도 참조("… 구체적 내용은 개개 문제의 검토로부터 귀납적으로 결정되어야 하는 것").

29) Grunsky (주 28), 498; 田高寛貴, 擔保法體系の新たな展開 — 讓渡擔保を中心として—, 1996, 174-175면 등 참조.

떠한 방법으로 고려되며 당사자들의 이해관계에 적절한 해결을 제공
하는지 여부가 중요하다고 생각된다.

(2) 그리고 동산 양도담보가 동산담보로서 가지는 "담보로서의
실질"을 해석론에서 고려해야 한다는 명제와 동산 양도담보가 하나의
"담보물권"이라는 명제는 직접적인 관련이 없다는 사실을 명백히 인
식해야 한다. 예를 들어 신탁적 양도설에 대해서 흔히 행해지는 비판
의 하나는 그것이 법형식에 집착하여 양도담보가 가지는 담보로서의
실질을 고려하지 않는다는 것이며, 양도담보의 담보로서의 실질을 고
려할 때 이를 담보물권으로 구성하는 것이 타당하다는 것이다.30) 그
러나 양도담보의 담보로서의 실질을 고려해야 한다고 하여 필연적으
로 양도담보를 담보물권으로 이해하는 태도가 정당화되는 것은 아니
다. 양자 사이에 논리필연적인 연관성이 있다고 말하기는 어렵다.

양도담보의 법률관계를 신탁행위이론에 따라 이해하는 경우에도
당사자들의 내부관계에 있어서는 당사자들이 신탁목적으로 정한 담보
목적에 따라 "담보로서의 실질"을 고려할 수 있다. 대외적 관계에서
도 —아래에서 살펴보는 바와 같이— 민사집행법이나 도산법의 개별
제도들의 해석으로 그러한 담보로서의 실질을 고려할 여지가 존재할
뿐만 아니라, 동산 양도담보에서는 양도담보권자의 배신적 처분도 문
제될 여지가 거의 없다.31) 따라서 신탁적 양도설에 의하더라도 당사

---

30) 예컨대 김상용 (주 14), 834면.

31) 양도담보권자가 설정자의 점유에 있는 동산의 소유권을 타인에게 배신적으로 처
분하기 위해서는 반환청구권의 양도에 의해야 한다(제190조). 그런데 담보약정에
서 정한 담보권 실행시기가 도래하지 않는 한 양도담보권자는 설정자에게 인도를
청구할 수 없고, 따라서 그는 장래의 반환청구권을 양도한 것일 뿐이다. 따라서
채권양도는 아직 효력이 없고, 배신적 처분 역시 효력이 없다. 배신적 처분은 이
후 담보권 실행시기가 도래하여 양도담보권자의 담보약정에 기한 인도청구권이
발생한 때에 비로소 효력을 가지게 될 것이지만, 그러한 경우 설정자는 점유의 계
속을 주장할 이유가 없다. 그래서 실제로 양도담보의 경우 배신적 처분이 문제가
되었던 사안은 압도적으로 부동산 양도담보였던 것이다. 그런데 부동산 양도담보
의 경우에도 신탁적 양도설의 입장에서 배신적 처분을 제한할 가능성이 전무(全

자들이 약정한 담보목적을 고려함으로써 대부분의 사안에서 적정한
결론에 도달하는 것이 반드시 어려운 것은 아니다. 담보의 실질을 고
려한다는 이유로 양도담보를 "담보물권"으로 이해할 필연적인 이유는
없다.

　실제로 일본의 담보권적 구성에서도 양도담보를 저당권적인 담보
물권으로 구성하는 견해는 더 이상 지지를 얻고 있지 못하며, 오히려
다수설적인 입장은 법적인 형식과 담보로서의 실질을 함께 고려하여
소유권은 일단 채권자에게 이전하지만 설정자에게 담보적 부분을 제
외한 일정한 물권적 지위(이른바 설정자유보권)가 남아있다는 입장을
보이고 있다.[32] 이러한 후자의 견해는 양도담보를 소유권의 신탁적

　　無)한 것은 아니다. 예를 들어 독일에서는 수탁자의 배신적 처분의 경우 대리권남
　　용의 법리를 유추하여 그 효력을 제한하려는 견해가 유력하다(문헌지시를 포함하
　　여 자세한 것은 Löhnig, *Treuhand*, 2006, S. 699ff 참조). 한편 大判 2008.11.27.,
　　2006도4263, 공보 2008, 1826은 일반론으로 "양도담보권자인 채권자가 제3자에게
　　담보목적물을 매각한 경우, 제3자는 채권자와 채무자 사이의 정산절차 종결 여부
　　와 관계없이 양도담보 목적물을 인도받음으로써 소유권을 취득하게 되는 것이고,
　　양도담보의 설정자가 담보목적물을 점유하고 있는 경우 그 목적물의 인도는 채권
　　자로부터 목적물반환청구권을 양도받는 방법으로도 가능한 것인바, 채권자가 양
　　도담보 목적물을 위와 같은 방법으로 제3자에게 처분하여 그 목적물의 소유권을
　　취득하게 한 다음 그 제3자로 하여금 그 목적물을 취거하게 한 경우 그 제3자로서
　　는 자기의 소유물을 취거한 것에 불과하므로, 사안에 따라 권리행사방해죄를 구성
　　할 여지가 있음은 별론으로 하고, 절도죄를 구성할 여지는 없는 것"이라고 판시한
　　다. 그러나 이 일반론의 전제를 이루는 양도담보권자의 처분의 효력에 대한 설시
　　는 부당하다. 앞서 언급한 바와 같이, 장래의 반환청구권을 양도하는 방식으로 동
　　산의 소유권을 이전하는 경우 물권변동의 효력은 채권양도가 효력을 발생하는 시
　　점 즉 장래의 반환청구권이 유효하게 성립한 시점에 발생한다(제190조의 모범이
　　된 독일 민법 제931조에 대하여 독일의 통설의 견해이기도 하다; Wiegand in
　　Staudinger, *Kommentar zum Bürgerlichen Gesetzbuch*, 2004, § 931 Rn. 26). 그러
　　므로 양도담보권의 실행시기가 도래하기 이전에 양도담보권자가 반환청구권의 양
　　도로 행한 소유권 양도는 아직 효력을 발생하지 아니하고, 이후 피담보채권이 변
　　제되지 아니하여 실행시기가 도래한 시점에 비로소 효력을 발생한다. 따라서 위
　　판결의 사안에서 소유권은 여전히 양도담보권자에게 있다고 해야 한다.
32) 鈴木綠彌, "讓渡擔保", 企業擔保, 1966, 289면; 道垣內 (주 28), 299－300면; 高橋
　　眞, 擔保物權法, 2007, 315면; 內田貴, 民法 Ⅲ : 債權總論·擔保物權, 第3版, 2005,

양도로 이해하면서 개별 법률관계에서 신탁목적인 담보목적을 적극적으로 고려하여 설정자의 지위를 일정하게 물권화하는 독일의 신탁적 양도설[33]과 실질에 있어 크게 다르다고 하기 어렵다.

양도담보를 담보물권 특히 일종의 저당권으로 이해하는 견해[34]는 일본의 학설사를 배경으로 할 때 그 맥락을 이해할 수 있는 단지 하나의 (급진적) 입장에 불과하다. 일본에서는 양도담보에 관한 이론이 전개되기 시작한 초창기에 판례와 학설은 (독일에서 반드시 주류라고는 할 수 없는) 소유권의 관계적 귀속이론과 결부된 신탁행위이론을 수입하여 양도담보의 법률관계를 이해하고 있었다. 이에 의하면 담보목적물은 대외적으로는 양도담보권자에게 귀속하지만 대내적으로는 설정자에게 남아있는 것으로 이해되었다(이른바 외부적 이전형). 그런데 이후 이러한 관계적 귀속이론이 민법의 체계에 부합하지 않다는 비판이 강하게 제기되자, 大審院은 견해를 변경하여 소유권은 원칙적으로 대외적·대내적 모두 채권자에게 이전한다고 파악하기 시작하였다(이른바 내외부이전형). 그런데 일본의 판례는 소유권이 대내적으로도 채권자에게 이전한다는 전제로부터 담보목적을 무시하는 결론을 도출하기 시작하였다. 예컨대 대심원은 양도담보물의 점유관계에 대하여 양도담보권자가 소유자이기 때문에 설정자의 차임 미지급을 이유로 한 양도담보권자의 해지청구를 인용한다든가, (청산형인 외부적 이전형과는 달리) 원칙적인 형태인 내외부이전형은 청산이 필요 없는 유담보형이

523면 등. 그러한 설정자유보권의 내용은 법률구성에 의해 연역적으로 파악될 수 없으며, 개별 문제의 해석에 의하여 귀납적으로 종합될 뿐이다(道垣內 (주 28), 同所 참조).

33) 우선 김형석 (주 4), 27면 이하 참조. 독일법상 담보목적에의 고려에 의한 신탁관계의 대외적 효력 및 설정자 지위강화 문제를 논의하는 Gaul, "Neure 'Verdinglicheungs-' Tendenzen zur Rechtstellung des Sicherungsgebers bei der Sicherungsübereignung", *Festschrift für Rolf Serick zum 70. Geburtstag*, 1992, S. 105ff. 참조.

34) 米倉明, 讓渡擔保の研究, 1976, 44면 이하.

라고 추정하는 등의 판결에 의하여 경직된 태도를 보여 주었다.[35) 이러한 결론의 부당함은 신탁관계이론에서 기인한다기보다는 신탁관계이론에 대한 오해에 기인한 것이다. 이러한 상황에서 我妻榮가 판례이론을 비판하면서 원칙적으로 외부적 이전형을 추정하는 이전의 대심원 판례이론이 당사자들이 경제적으로 추구하는 목적에 보다 적합하며, 양도담보는 원칙적으로 외부적 이전형("약한 양도담보")으로 추정하는 것이 보다 타당한 결론을 이끌게 된다고 판례를 비판한 것[36) 은, 그러한 맥락에서 담보목적에 따른 이익형량을 고려하지 않은 판례에 대한 정당한 반동이었다고도 평가될 수 있는 것이었다.[37)

일본에서의 담보권적 구성의 역사는 이러한 교왕과직(矯枉過直)의 모습으로 나타난다. 초기의 관계적 귀속이론에 따른 외부적 이전형에서 경직적인 내외부이전형의 소유권적 구성의 모델로 변천하고, 我妻의 비판에 의하여 다시 외부적 이전형이 원칙으로 주장되고, 그 과정을 밟아 나아가며 담보권적 구성이 등장한다. 일본의 담보권적 구성이 비판하는 "소유권적 구성"은 독일이나 우리나라의 신탁적 양도설이 아니라 그들이 역사적 유산으로 지고 있는 대심원 판례이론의 신탁적 양도설을 지시한다. 소유권은 채권자에게 이전하지만 담보목적을 고려하여 설정자의 지위는 일정하게 물권적으로 강화된다는 일본의 현재 다수설인 설정자유보권설은 —표현에서의 차이를 논외로 한다면— 그 실질적 내용이나 접근방법에 있어 독일의 신탁적 양도설과 크게 다르지 않다. 이러한 의미에서 담보권적 구성으로서 설정자유보권설은 담보로서의 실질을 고려하는 신탁적 양도설과 반드시 모순된

35) 이상의 내용에 대해서는 田高 (주 29), 136－137면 참조.
36) 我妻榮, "判例賣渡抵當法", 民法硏究 Ⅳ, 1967, 115－118면 및 新訂 擔保物權法, 1968, 602－604면 참조.
37) 실제로 일본의 학설은 이러한 我妻의 비판이 담보권적 구성에의 길을 연 것이라고 평가하고 있다. 淸水誠, "讓渡擔保の意義·效力", 加藤一郎·林良平 編輯代表, 擔保法大系, 第4卷, 1985, 308면 참조.

다고 하기 어렵다. 오히려 담보권적 구성 중 담보물권설은 일본의 양도담보 이론사의 특수성에 기인하는 하나의 극단적 현상으로, 우리나라의 수용에 있어서는 이러한 맥락에 대한 주의가 필요하다.

    그런데 우리나라는 일본과 사정이 다르다. 우리나라는 일찍부터 我妻의 견해에 따른 신탁행위 이론이 강하게 판례에 정착하고 있었다. 즉 대법원은 양도담보를 원칙적으로 약한 양도담보로 추정하면서,[38] (일본 민법에는 존재하지 않는) 제607조, 제608조를 적용하여 항상 청산의무를 인정하고 있었다.[39] 그리고 양도담보권자는 가치를 지배할 뿐이고, 목적물에 대한 사용·수익의 권리는 설정자에게 있으며,[40] 변제 후 소유권이전등기 반환청구권은 소멸시효에 걸리지 않는다고 하였다.[41] 판례의 이러한 결론은 관계적 소유권이론이 가지는 이론적 약점에도 불구하고 ─我妻의 지적대로─ 결과에 있어서 타당한 점이 있었다고 할 수 있다. 그리고 이러한 판례이론은 관계적 귀속이론에 의하지 않고, 일반적인 신탁관계 이론에 의하여서도 설명이 가능하다.[42] 「가등기담보 등에 관한 법률」 제정 이전의 다수설이 판례의 관

---

38) 大判 1955.3.31., 4287민상124, 집 2−1, 14; 1968.10.22., 68다1654, 집 16−3, 111; 1980.7.22., 80다998, 공보 641, 13081 등. 대법원은 실제로 강한 양도담보를 거의 인정하지 않았던 것으로 보인다. 예를 들어 大判 1975.5.27., 75다318, 집 23−2, 110은 "채무자가 정산형의 양도담보조로 채권자에게 소유권이전등기를 하였다면 그 후 환매하기로 약정하였다 하여 기존의 양도담보약정을 재확인하는 이상의 의미를 갖는 것은 아니다"라고 한다.

39) 大判 1970.12.22., 70다2295, 집 20−2, 183; 1977.11.22., 77다1513, 집 25−3, 312; 1983.2.8., 81다547, 공보 701, 492 등. 일본에서도 가등기담보에 대하여 판례가 발전시킨 법리를 수용하여 最判 1968.3.7., 民集 22−3, 509와 最判 1971.3.25., 民集 25−2, 208 이후에는 일반적으로 청산의무를 인정하는 입장이 확정되었다.

40) 大判 1977.5.24., 77다430, 집 25−2, 77; 1979.10.30., 79다1545, 집 27−3, 127.

41) 大判 1979.2.13., 78다2412, 집 27−1, 136.

42) 예를 들어 관계적 소유권 이론에 기한 판례의 명의신탁 이론을 일반적인 신탁관계 이론에 따라 설명하는 양창수, "부동산실명법 제4조에 의한 명의신탁의 효력", 민법연구, 제5권, 1999, 94면 이하 참조. 我妻는 일찍이 관계적 소유권 이론에 근거한 일본의 판례이론에 대하여 "결국은 계약에 의하여 정하여진다고 말하면 충분

계적 귀속이론에 대하여는 비판을 하면서도 판례이론을 기본적으로
지지하고 있었던 것은 이러한 사정에 기인한다고 할 수 있다.[43]

　이러한 학설사의 맥락을 살펴볼 때 「가등기담보 등에 관한 법률」
의 적용이 없는 동산 양도담보에 대하여 선험적으로 담보물권설을 채
택하고 그로부터 결론을 개념법학적으로 연역하는 태도에 대해서는
경계를 할 필요가 있다고 생각된다. 오히려 개별 사안유형에서 당사
자들이 약정한 담보목적과 제3자들의 이해관계를 형량하여 해석론을
모색하는 것이 필요하다. 이러한 작업은 담보권적 구성이라는 표제
하에서도 가능하지만, 종래 판례가 채택해 온 신탁적 양도설의 테두
리 안에서도 가능하다.[44]

　물론 담보목적은 신탁관계의 당사자들 즉 설정자와 채권자가 합
의한 것이므로 원칙적으로 두 사람 사이의 법률관계에서 타당하며 대
외적으로 제3자에 대해서는 영향을 미치지 못한다. 그러나 신탁의 경
제적 기능 즉 신탁의 목적에 대한 고려는 일정한 경우에 제3자에 대
하여 영향을 미칠 수도 있다. 이에 해당하는 대표적인 사안유형이 양
도담보권자의 배신적 처분(주 31 참조), 양도담보권자 또는 설정자가
파산하거나 그에 대하여 강제집행이 행하여지는 경우이다(앞의 Ⅰ. 2.

　한 사항에 관하여 그 계약 취지 중에서 두 개의 큰 유형이 있다는 것을 인정하고
　그것을 설명하기 위한 수단으로서 사용된 관념이고, 비유적인 표현이라고도 볼 수
　있는 것이다"고 말한 바 있다. 我妻 (주 36, 新訂 擔保物權法), 603면.
43) 물론 이러한 서술이 「가등기담보 등에 관한 법률」이 제정될 시점에 양도담보의 법
　리가 전적으로 만족스러운 상태였다고 말하는 것은 아니다. 이는 단지 동법이 기
　존의 판례이론과 통설을 전제로 점진적 문제해결의 방법을 취하지 아니하고, 일본
　학설사의 맥락을 충분히 고려하지 아니한 채로 그 중 하나의 급진적 견해를 수용
　하여 입법을 수행한 것에 대해서 의문이 존재한다는 점을 지적하는 것이다.
44) 中野貞一郎, "讓渡擔保權者と第三者異議の訴", 强制執行·破産の研究, 1971, 124
　면: "이와 같이 상황이 다름에 따라 어떤 때에는 소유권의 이전이라는 법형식을,
　어떤 때에는 담보라는 경제적 목적을 각각 기준으로 하여 취급을 달리하지 않으면
　안 된다는 점에서야말로 신탁행위로서의 양도담보의 특질이 여실히 나타나 있다
　고 말할 수 있는 것이 아닐까".

참조). 여기서는 설정자에 대하여 강제집행이 있거나 설정자가 파산한 사안을 중심으로 구체적인 내용을 살펴보기로 한다.

Ⅲ. 강제집행·파산절차에서 동산 양도담보권자의 지위

1. 개별 강제집행의 경우

양도담보로 제공되어 설정자가 점유하고 있는 동산에 대하여 설정자의 채권자가 강제집행을 시도하는 경우, 양도담보권자의 구제수단으로 한편으로는 제3자이의의 소가, 다른 한편으로는 양도담보권자에게 배당요구를 하도록 하는 방법이 고려된다.

(1) 원칙으로서 제3자이의의 소

(가) 먼저 제기되는 질문은 양도담보권자가 그러한 경우 제3자이의의 소에 의하여 강제집행을 배제할 수 있는지 여부이다. 종래 신탁적 양도설을 취하는 견해는 양도담보권자가 법형식상 소유권자라는 이유로 이를 긍정하고 있었으나, 담보물권설을 취하는 견해는 양도담보권을 일종의 담보물권으로 취급해야 한다는 이유로 배당요구를 해야 한다고 해석하고 있었다(Ⅱ. 1. (2) 참조).

우선 신탁적 양도설에 따라 법률적인 소유권이 양도담보권자에게 있다는 사실을 중시한다면 제3자이의의 소를 인정하는 결론은 당연한 것으로 보일 수도 있다. 그러나 신탁적 양도설에 의한다고 하더라도 소유권의 이전이 채권담보를 위한 잠정적 성격을 가진다는 점을 주목하여 다른 결론을 내릴 가능성이 없는 것은 아니다.[45] 따라서 앞에서

---

45) 예를 들어 독일 학설 중에서 Westermann, *Sachenrecht*, 5. Aufl., 1966, S. 212는 양도담보가 신탁적 관계라는 것을 인정하면서도, 담보로서의 기능을 강조하여 양도담보권자에게 독일 민사소송법상 우선변제의 소(동법 제805조)가 인정되어야 한다고 주장한다.

지적한 바와 같이 이 문제에 대한 결론은 당사자들의 담보목적이나 이익상황을 고려할 때 비로소 정당화될 수 있다.

　　그러나 결론적으로 양도담보권자에게 제3자이의의 소를 인정하는 것이 배당요구만을 인정하는 해법보다 당사자들의 이익상황이나 담보목적에 부합한다고 생각된다. 양도담보권자에게 배당요구만을 인정하는 견해의 논거는 결국 양도담보권은 일종의 담보물권으로서 사적 실행에 의하여 신속하고 편리하게 우선변제를 받는 것을 내용으로 하기 때문에 설정자의 채권자에 의한 강제집행을 배제할 수는 없고 당해 절차에서 우선변제를 받으면 충분하다고 하는 것이다.[46] 그러나 양도담보권자와 설정자는 단순히 우선변제만을 목적으로 양도담보를 설정한 것이라고 할 수는 없다. 독일의 다수설이 지적하는 바와 같이 양도담보권자와 설정자는 자신들의 법률관계(신용관계)가 중도에 좌절되지 않고 당사자들이 의욕한 바대로 실현되는 것에 대해서도 이해관계가 있다.[47] 양도담보권자는 이자의 수수나 비용의 회수 등을 기대하여 신용을 제공한 것이기 때문에 법률관계가 의도에 반하여 조속히 청산되는 것은 그에게 불리하다고 할 수 있다. 게다가 양도담보권자가 배당요구에 의하여 자신의 권리를 행사하여야 한다면, 그는 담보약정에 의하여 인정된 자신의 환가 주도권을 상실하게 되는데 이것은 양도담보권자에게 불리하다.[48] 양도담보권자로서는 우선변제를 넘어

---

46) 예를 들어 竹下守夫, "讓渡擔保と民事執行", 民事執行法の論点, 1985, 213－215면 참조.

47) Schuschke, *Vollstreckung und vorläufiger Rechtschutz*, Bd. I, 1992, § 771 Rn. 16. 이와 관련하여 大判 1994.5.13. (주 23) 참조: "양도담보권자가 갖는 소유권의 기능은 **담보물의 가치를 자기가 담보권을 실행할 때까지 보존하는 것**과 담보목적물을 환가하는 경우에 우선변제를 받는 데 있는 것인데 양도담보권이 실행단계에 이르게 되면 후자의 기능이 주로 발휘되게 되어 소유권의 기능은 목적물을 환가한 대금으로부터 피담보채권을 우선변제 받는 데 필요한 범위에서만 작용하게 되는 것." (강조는 인용자)

48) Baur/Stürner, *Lehrbuch des Sachenrechts*, 17. Aufl., 1999, § 57 Rn. 32; Gerhardt, *Vollstreckungsrecht*, 2. Aufl., 1982, S. 219f.; Jauernig, *Zwangsvollstreckungs- und*

서 당사자들이 합의한 환가시기에 스스로 유리한 조건과 방법으로 환
가하는 것을 목적하였는데, 배당요구에 의한다면 설정자의 채권자에
의한 강제집행을 배제할 수가 없어서 환가시기와 환가방법에 대한 권
리를 담보계약에 반하여 박탈당하는 것이다. 이러한 결론은 양도담보
권자와 설정자의 이익에 반한다.49)

이에 대해서는 당사자들의 그러한 이해관계를 관철시킨다면 강
제집행을 시도한 채권자를 해하게 된다는 비판이 가능할 것이다.50)
특히 양도담보권자의 피담보채권액을 상회하는 잔여 가치가 설정자
의 채권자에게 차단된다는 점을 고려할 때 그러하다.51) 그러나 기본
적으로 설정자에게는 자신의 재산을 처분할 수 있는 자유가 있는 것
이므로 그 처분은 유효한 것이고 설정자에게 다른 압류가능한 재산
이 있는 이상에는 양도담보권자가 강제집행을 배제한다고 하여 집

Insolvenzrecht, 21. Aufl., 1999, S. 60 등.

49) 이와 관련하여 독일의 파울루스가 논하는 양도담보의 '재산보호적 효력'에 관한
설명도 참고가 된다. 그에 의하면 채무자와 채권자가 양도담보를 담보수단으로
선택하는 것은 채무자 자신이 점유를 계속 유지하면서 사용·수익을 할 수 있을
뿐만 아니라, 소유권을 채권자에게 이전하는 방법으로 그 목적물을 책임재산에
서 배제함으로써 다른 일반채권자의 자의적인 공취를 예방하여 자신의 사용·수
익을 방해받지 않고자 하는 목적도 가지고 있다고 한다(Paulus, "Die Behelfe des
Sicherungseigentümers gegen den Vollstreckungszugriff", ZZP 64(1950－1951),
177, 180 및 이 논거를 소개하는 中野 (주 43), 119면 이하 참조; 법제사적인 실증
으로 Hromadka, "Sicherungsübereignung und Publizität", JuS 1980, 93). 양도담
보권자와 설정자의 의사는 당해 목적물을 설정자의 책임재산에서 제외하여 잠정
적이기는 하지만 양도담보권자에게 책임법적으로 귀속시킨다는 것이고, 그러한
목적을 위하여 실체법적인 귀속관계를 변경시킨다는 방법을 채택한다는 것이다.
질권자는 자신의 점유에 의하여, 양도담보권자는 설정자와의 합의에 의한 소유권
의 이전에 의하여 목적물을 책임법적으로 자신에게 귀속시킨다(Gaul (주 32), S.
127ff. 참조). 이러한 합의는 단순히 양도담보권자의 이익에만 봉사하는 것이 아니
라, 경영에 필요한 설비를 채권자의 공취로부터 보호하여 설정자인 채무자의 이익
에도 봉사한다고 한다.

50) 예를 들어 米倉 (주 34), 87면 참조.

51) 김천수 (주 14), 170면 참조.

행채권자에게 심중한 불이익이 있다고 하기는 어렵다. 채무자의 점유를 신뢰하여 그 소지의 재산을 압류한 집행채권자의 신뢰가 항상 보호받는 것은 아니다. 압류한 물건에 대하여 "양도나 인도를 막을 수 있는 권리"(민집 제48조 제1항)를 주장하는 사람이 있는 경우 그러한 신뢰는 보호받을 수 없는 것이며, 집행채권자는 그러한 위험을 일정 정도 부담하면서 채무자에 대한 강제집행을 시도하는 것이기 때문이다. 그러므로 양도담보권자가 충분한 이해관계를 가지고 강제집행을 배제하려고 한다면, 집행채권자로서는 그것을 수인하고 설정자의 다른 재산에 강제집행을 시도하여야 한다. 문제는 설정자에게 집행할만한 다른 재산이 남아 있지 않은 경우인데, 그러한 경우 설정자의 채권자는 담보설정을 사해행위로 취소할 수도 있고(제406조) 설정자의 파산을 신청함으로써 양도담보권자에게 신용관계를 청산하도록 할 수 있으므로(본장 Ⅲ. 2. 참조) 역시 제3자이의의 소를 배제할 만한 절실한 이해관계가 있다고 할 수는 없다(그 밖에 본장 Ⅲ. 1. (1) (d)도 참조).

　　그리고 이러한 결과는 이른바 집합동산의 양도담보에 있어서도 마찬가지로 타당하다고 해야 한다. 양도담보의 목적물인 집합동산의 전부가 설정자의 채권자에 의하여 압류된 경우는 물론이고, 유동하는 집합동산의 일부를 설정자의 채권자가 압류한 경우에도 양도담보권자는 제3자이의의 소를 제기하여 집행을 배제할 수 있다. 후자의 경우에 대하여 의문을 제기하는 견해도 없지는 않지만,[52] 집합동산이 이미 특정성을 갖추어 양도담보권자에게 양도되었다면 이를 특정동산 양도담보와 달리 취급할 이유는 없다(제3편 제1장 Ⅱ. 3. (1) 참조).[53]

---

52) 米倉明, "非典型擔保法の展望(上)", ジュリスト, 제731호, 1981, 95면.

53) 石川明·小島武司·佐藤歲二 編, 注解 民事執行法[上卷], 1991, 410면(伊藤眞); 浦野雄幸 編, 民事執行法, 第五版, 2005, 124면(齊藤秀夫·齊藤和夫) 등 참조.

(나) 그런데 제3자이의의 소를 인정하는 결론이 반드시 신탁적 양도설을 전제로 하여야만 가능한 것은 아니다. 양도담보의 법적 구성에 대하여 담보물권설을 취한다고 하더라도, 즉 양도담보권이 하나의 담보물권이라고 하더라도, 양도담보권자는 설정자에 대한 강제집행에 대하여 제3자이의의 소를 제기할 수 있다고 하여야 한다.

이러한 결론은 제3자이의의 제도의 취지 및 내용을 살펴본다면 자연스럽게 도출될 수 있다. "목적물의 양도나 인도를 막을 수 있는 권리"는 목적물을 채무자의 책임재산으로부터 배제하는 것을 정당화하는 권리를 의미하며,[54] 단순히 절대권에 한하지 않고 일정한 범위의 채권도 포괄한다.[55] 제3자이의의 소의 이러한 취지를 고찰한다면, 비록 양도담보권을 일종의 담보물권으로 구성한다고 하여도 양도담보권자에게 제3자이의의 소를 인정하는 것이 타당하다. 일반적으로 배당요구를 할 수 있는 우선특권자나 압류를 허락한 질권자가 가지는 권리의 할당내용(Zuweisungsgehalt)은 우선변제적 권능에 있다. 그러나 이들 권리와는 달리 양도담보권의 할당내용은 단순히 우선변제에 한정되지 않으며 목적물을 공경매에 의하지 않으며 사적 실행을 할 수 있는 것도 권리의 내용이라고 하여야 한다.[56] 그러므로 이러한 권리의 할당내용(사적 실행+우선변제)이 집행채권자의 강제집행에 의하여 침해되는 양도담보권자는 자신의 법적 지위에 기하여 제3자이의의 소를 제기할 수 있다고 하여야 한다.

이러한 결과는 소유권=제3자이의의 소, 담보물권=배당요구라는 선입견을 탈피하여 제3자이의 제도의 내용을 고찰하면 쉽게 인정

---

54) Henckel, "Grenzen der Vermögenshaftung", JuS 1985, 836 참조.

55) 이시윤 (주 3), 208면 참조.

56) 米倉 (주 34), 72−73, 87면 참조. 물론 이 견해는 설정자의 채권자에 의한 공적 집행과 양도담보권자의 사적 실행이 충돌하는 경우에는 양도담보권자는 사적 실행을 할 수 없다고 한다. 그러나 이미 사적 실행이 '양도담보권'의 할당내용이라는 점을 인정한다면 그러한 결과를 정당화할만한 충분한 근거가 제시되어야 한다.

할 수 있다. 예를 들어 저당권자는 원칙적으로 저당목적물에 대한 강
제집행의 경우 제3자이의의 소를 제기할 수 없다. 왜냐하면 등기부에
등기된 자신의 순위에 기하여 우선적으로 배당을 받을 권리는 강제집
행에 의하여 침해당하지 않기 때문이다. 그러나 예외적으로 저당부동
산의 종물 또는 공장재단에 속하는 기계 등의 동산이 압류된 경우에
는, 저당권자는 제3자이의의 소를 제기할 수 있다.[57] 그러한 경우 저
당권자가 가지는 권리의 할당내용은 강제집행에 의하여 침해되기 때
문에(제359조 참조), 저당권자는 당해 목적물이 설정자의 책임재산에
서 배제되어야 함을 주장할 수 있는 것이다(제2편 제5장 Ⅲ. 1. 참조).
마찬가지로 양도담보권자가 가지는 사적 실행의 권능은 설정자의 일
반채권자가 행하는 강제집행에 의하여 침해되는 것이고, 양도담보권
자가 이러한 침해를 배제하기 위하여서는 제3자이의의 소를 제기하는
방법에 의하여야 한다. 따라서 양도담보가 하나의 담보물권이라고 하
더라도, 양도담보권자는 목적물에 대한 강제집행에 대하여 제3자이의
의 소를 제기할 수 있다고 해석하여야 한다.[58]

(다) 그리고 제3자이의의 소를 인정하는 결론은 양도담보로 제공
된 목적물의 가액이 피담보채권액을 상회하는 경우에도 달리 볼 이유
가 없다. 일본에서는 양도담보권자에게 제3자이의의 소를 인정하는
견해가 판례와 다수설이기는 하지만,[59] 이에 대하여 원칙으로서는 제
3자이의의 소를 인정하면서도 목적물의 가치가 피담보채권을 상회하
는 경우에는 양도담보권자는 제3자이의의 소를 제기할 수는 없고 배

57) 곽윤직 (주 14), 356면; 이시윤 (주 3), 206-207면 등 참조.
58) 同旨: 田高 (주 29), 174-175면. 이러한 점에서 저당권 관련 법리를 동산 양도담
보에 유추하는 것이 부적합하다는 사실이 드러난다. 공시에 있어서의 문제점은 별
론으로 하더라도, 저당권은 우선변제권한만을 할당내용으로 하는 권리인 반면에
양도담보는 우선변제권 외에 사적 실행을 위하여 소유권 이전을 통한 책임법적
귀속의 변경을 그 할당내용으로 하기 때문이다. 지금까지의 저당권설에 기초한 담
보물권설은 이 점을 고려하지 않은 것으로 생각된다.
59) 道垣內 (주 28), 313-314면 참조.

당요구에 의하여 우선변제를 받는 것에 그쳐야 한다는 견해, 일반적으로 배당요구에 의해야 하지만 예외적으로 절차의 지연이 예상된다든가 피담보채권액이 목적물의 가치를 상회하는 경우에는 제3자이의 소가 인정된다고 하는 견해 등도 존재한다.[60]

그러나 목적물 가치와 피담보채권액을 고려하여 결론을 달리하는 견해에는 찬성할 수 없다. 신용제공자는 여러 가지 불명확한 사정들을 고려하여 자신의 피담보채권을 충분히 만족할 수 있을 정도의 담보를 확보하려고 하는 것이 일반적이다. 그런데 담보로 제공된 목적물의 가치는 시세에 따라 변동하며, 특히 영업수단의 경우 그 가치는 기간에 따라 일정 비율로 감소한다. 뿐만 아니라 신용제공자의 피담보채권도 채무자와의 법률관계의 진행에 따라 그 액수가 상당한 정도로 변동할 수 있다. 그리고 이러한 불확실성은 거래관계가 보다 장기가 될수록 증가한다. 그러므로 신용제공자는 이러한 제반사정을 고려하여 피담보채권액을 포괄할 수 있는 정도의 충분한 담보를 확보하려고 하며, 이러한 신용제공자의 의도는 그 자체로 비난받을 만한 것이 아니라 오히려 합리적인 것이라고 해야 한다. 그러므로 목적물의 가치가 피담보채권액을 상회한다는 이유만으로 제3자이의의 소를 부정한다면, 사려 없는 신용제공자는 보호하면서 합리적인 신용제공자에 대하여는 적절한 보호를 박탈하는 것이 되어서 타당하지 않다. 또한 교환관계의 가치 불균형에 대한 시정의 하나의 예시라고 할 수 있는 폭리행위(제104조)의 규정과 판례에 의한 운용[61]에 비추어 보아도, 목적물의 가치가 조금이라도 피담보채권액보다 큰 경우이면 개별 사안의 차이를 생각하지 않고 모두 일률적으로 다루는 것이 되어 타당하다고 할 수 없다.

그러므로 목적물의 가치가 피담보채권액을 상회한다는 이유만으

---

60) 김형석 (주 4), 64면 이하 참조.
61) 예컨대 大判 1963.3.28., 62다862, 집 11-1, 212 참조.

로 양도담보권자의 제3자이의의 소를 부정할 수는 없다고 하여야 한
다.62) 집행채권자는 설정자의 다른 재산에 대하여 강제집행을 시도하
여 자신의 채권의 만족을 도모해야 하고, 다른 재산이 존재하지 않는
다면 파산을 신청하여 청산을 하게 함으로써 양도담보권자가 확보하
고 있는 초과의 가치(Wertspitze)를 복귀시켜야 할 것이다.

(라) 제3자이의의 소에 직면한 집행채권자로서는 양도담보권자의
채권을 제3자의 자격으로 변제함으로써 담보목적물을 설정자의 책임
재산으로 되돌릴 수 있다.63) 그러한 경우 집행채권자는 이해관계 있
는 제3자(제469조 제1항)로서 변제할 정당한 이익이 있는 자이므로 양
도담보를 대위하여 행사할 수 있어(제481조) 자신의 구상권의 범위 내
에서는(제482조 제1항) 우선변제를 받을 수 있고(본장 Ⅲ. 1. (3)도 참조),
나머지 가치부분에 대해서는 일반채권자의 자격으로 자신의 집행채권
에 기하여 배당을 받을 수 있다고 해석해야 할 것이다. 그 밖에 집행
채권자는 설정자가 가지는 장래의 청산금반환채권을 압류하는 방법도
선택할 수 있을 것이지만,64) 이는 즉시의 만족을 보장할 수 없고 이

---

62) 필자는 김형석 (주 4), 87면 이하에서 구 민사소송법을 전제로 Paulus (주 49),
186 및 中野 (주 44), 120－121면을 좇아 목적물의 가치가 피담보채권액을 상회
하고 설정자에게 집행할 다른 재산이 없다면 양도담보권자는 우선변제의 소를 제
기해야 하고, 제3자이의의 소가 제기된 경우에는 일부인용 판결로서 우선변제판
결을 하여야 한다고 주장하였다. 그러나 이 견해는 우선변제의 소가 실무상 거의
활용되고 있지 않았던 당시 사정에 비추어도 관철되기 쉽지 않았을 뿐만 아니라,
이제 민사집행법은 우선변제의 소를 폐지하였으므로 더 이상 주장되기 어려워 포
기하기로 한다. 물론 中野貞一郎, 民事執行法, 增補新訂五版, 2006, 302면은, 여전
히 제3자이의의 소가 제기된 경우 일부인용판결로 우선변제판결을 해야 한다고
하면서, 양도담보권자는 그 정본을 제출하여 배당에 참가할 수 있다고 주장한다.
그러나 우선변제의 소가 폐지된 이상 제3자이의의 소의 일부인용판결로 우선변제
의 판결을 할 수 있는지의 문제는 법률의 근거가 없는 한 쉽게 긍정하기는 어렵다
고 생각된다.

63) 中野 (주 62), 302면. 이 경우 양도담보권자는 기한에 대하여 이익을 가지므로 그
손해를 포함하여 변제가 이루어져야 할 것이다(제153조 제2항).

64) 中野 (주 62), 302면.

후 신용관계의 전개에 좌우된다는 점에서 불확실한 면이 있다.

(2) 양도담보권자의 배당요구

이상에서 살펴본 바와 같이, 양도담보권자는 담보목적물에 대한 강제집행에 대하여 원칙적으로 제3자이의의 소를 제기하여 이를 배제할 수 있다. 이와는 구별해야 할 문제는 양도담보권자가 제3자이의의 소에 의하지 않고 배당요구를 하는 경우에 이를 허용할 것인지의 여부이다. 법률은 "민법·상법, 그 밖의 법률에 따라 우선변제청구권이 있는 채권자는 매각대금의 배당을 요구할 수 있다"(민집 제217조)고 정하고 있어, 양도담보권자가 민법 등 법률상 우선변제청구권 있는 채권자로 평가될 수 있을 것인지에 대하여 답을 할 필요가 있다. 물론 양도담보는 법률이 규정한 담보권은 아니므로 같은 규정이 바로 적용될 수는 없다고 생각할 수도 있다. 그러나 양도담보가 채권자의 우선변제권한을 내용으로 하는 이상, 민집 제217조를 유추하여 배당요구를 허용할 것인지의 문제는 여전히 제기될 수 있다.

우리나라에서는 자세한 이유제시 없이 양도담보권자는 제3자이의의 소를 제기하여야 하고 배당요구는 할 수 없다는 견해가 주장되고 있다.[65] 이는 일본에서 유력설이기도 한데, 이에 의하면 발생원인이 제한적으로 법정되어 있는 우선특권이나 점유와 결부된 질권과는 달리 양도담보의 경우에는 집행기관인 집행관에게 복잡하고 다양한 실체관계의 판단을 강요하는 것이 되어 실무상 무리이고, 양도담보권의 실행방법으로 경매신청이 인정되지 않는다는 사정도 고려되어야 한다고 한다. 결국 배당요구를 인정하면 양도담보계약이 집행권원 형성의 필요를 잠탈하는 수단이 되어 이후 청구이의나 배당이의를 제기할 책임을 채무자·압류채권자에 지우는 결과가 되어 부당하다는 것

---

65) 이시윤 (주 3), 350면; 김상원 外 편, 주석 민사집행법(4), 2004, 341면(김능환).

이다.66)

그러나 이는 동산집행에서 배당요구를 선취특권자와 질권자에 제한하는 일본 민사집행법(동법 제133조)의 해석으로는 타당할 수 있어도 우리 법의 해석으로 반드시 설득력이 있다고는 생각되지 않는다. 우리 민사집행법은 배당요구권자의 범위를 한정하지 아니하고 법률에 기하여 우선변제권이 있는 채권자는 배당요구를 할 수 있다고 규정함으로써 집행관이 복잡하고 다양한 실체관계에 직면할 가능성을 이미 감수하고 있으므로, 민사집행법 제217조를 양도담보에 유추한다고 해서 반드시 부당하다고 말할 수는 없다. 게다가 법률이 인정하는 우선특권의 경우에도 그 실체법적 관계의 판단이 반드시 간명한 것도 아니다. 오히려 제3자이의의 소에 의하여 강제집행절차를 배제할 수 있는 양도담보권자가 배당요구에 의하여 만족을 받고자 한다면, 이는 후순위권리자와 일반채권자의 이익의 관점에서도 바람직하여 이를 억제할 필요는 없다고 생각된다. 물론 양도담보권자가 배당요구를 할 때에는 집행관에게 그 이유를 밝혀야 하는데(민집 제218조) 그 과정에서 부당배당으로 나아갈 소지가 없지 않으며, 그 결과 법률관계의 판단을 집행관에게 맡기는 것에 대하여 의문이 존재할 수 있는 것도 사실이다. 그러나 이는 실무상 일차적으로 양도담보권자의 이유제시에 보다 엄격한 요건을 설정함으로써 대처할 수 있다고 생각된다. 양도담보권자가 공정증서에 의한 집행권원을 확보하고 있는 경우도 존재할 수 있을 뿐만 아니라(본장 Ⅲ. 1. (3) 참조), 그렇지 않은 경우에도 담보를 위하여 소유권이 이전된다는 취지를 명백히 하는 처분문서를 요구한다면 집행관에게 배당요구를 하도록 하여도 부당한 결과는 쉽게 발생하지 않을 것이라고 생각된다.67) 양도담보권자가 이러한 충분

---

66) 中野 (주 62), 302면.
67) 竹下 (주 46), 215－216면 참조. 필자는 김형석 (주 4), 91면 이하에서는 우선변제의 소를 전제로 中野의 견해를 따라 배당요구를 부정하는 입장을 취하고 있었다.

한 이유제시를 할 수 없더라도 그는 제3자이의의 소를 제기하여 다른 입증수단에 의하여 양도담보를 주장할 수 있으므로 배당요구를 위한 이유제시에 엄격한 기준을 요구하여도 부당하다고 할 수는 없다.

(3) 강제집행을 승낙하는 취지의 공정증서에 의한 강제집행

마지막으로 앞서 언급한 大判 1979.3.27., 大判 1994.5.13. 등에서와 같이(본장 Ⅱ. 2. (2) 참조), 양도담보권자가 사전에 확보한 강제집행을 승낙하는 취지의 공정증서를 집행권원으로 하여 양도담보로 제공된 목적물에 강제집행을 시도하는 사안유형을 어떻게 설명할 것인지의 문제가 존재한다.

이러한 판례에 대해서 이는 신탁적 양도설로 설명할 수 없고 담보물권설에 의해서만 이해할 수 있다는 지적도 존재한다.[68] 그러나 이는 타당하지 않다. 왜냐하면 양도담보의 실질을 담보물권이라고 하더라도 담보권 실행절차가 아닌 금전채권을 이유로 하는 강제집행을 시도하는 이상 압류가 경합한 다른 집행채권자의 평등배당을 막을 만한 근거를 실체법적인 담보물권설에서 도출할 수는 없기 때문이다.[69] 따라서 이 판례들에 나타난 사안을 설명하기 위하여서는 민사집행법의 법리로부터 접근하여야 할 필요가 있다.

먼저 이 사안에서 지적되어야 할 것은 '자기 자신의 소유물'에 대한 강제집행이라는 사실에 얽매여서 이 판결이 신탁적 양도설과 모순되는 것으로 생각하여서는 안 된다는 것이다. 왜냐하면 동산 집행에

그러나 주 62에서 서술한 바의 견해가 더 이상 유지되기 어렵다는 점, 그리고 우리 민사집행법의 규정이 일본과는 상이하다는 점 등을 고려하여 견해를 변경하기로 한다.

68) 김천수 (주 14), 157, 177면 참조("담보물권설을 취하게 되면 양도담보물이 자기 소유물이 아니므로 이에 대한 강제집행신청과 이중압류를 통한 배당요구가 논리적으로 모순 없이 가능해진다").

69) 예컨대 물상대위권 실행에 관하여 大判 1990.12.26., 90다카24816, 집 38-4, 270 참조.

있어서 압류는 원칙적으로 채무자의 점유(소지, Gewahrsam)를 기준으로 하여 행하여지기 때문이다(주 3 참조). 따라서 양도담보권자가 '자기 자신의 소유물'에 대하여 강제집행을 시도하는 경우에도 그 압류는 적법한 것이다.[70] 결국 사안은 채무자가 점유하는 제3자의 물건을 압류한 경우와 같다고 할 수 있는데, 여기서는 양도담보권자만이 제3자이의의 소를 제기할 수 있는 자이므로 이러한 강제집행은 저지되지 않고 적법하게 진행될 수 있다. 이러한 결과는 신탁적 양도설이 통설인 독일에서도 의문의 여지없이 인정되고 있다.[71] 대법원이 "동산에 대한 압류의 효력문제는 압류채무자가 실제 보관자인가 여부를 기준으로 그 적법 여부를 판별하게 되는 것이므로 양도담보 목적물을 담보권자가 점유하든 채무자가 점유하든 담보권자가 되어 하는 압류도 유효하다"(大判 1994.5.13., 주 23)고 밝힌 것은 이러한 점을 고려하고 있는 것으로 타당하다.

　그 다음에 제기되는 문제는 적법하게 진행되는 강제집행이라 하더라도 양도담보권자가 다른 집행채권자에 대하여 우선적으로 배당을 받을 권리가 있는지의 여부이다. 우선 그 절차가 담보권 실행을 위한 집행이 아니라 금전채권의 실현을 위한 집행의 형태를 취하고 있다는 점을 중시한다면, 다른 채권자들의 배당요구 및 평등배당을 부인할 수 없다고 생각할 여지도 있기는 하다. 그러나 앞서 지적한 바와 같이 '자기 자신의 소유물'에 대한 강제집행이 적법하게 진행될 수 있는 기

---

70) 법원행정처, 법원실무제요 민사집행[Ⅲ], 2003, 134-135면 참조.
71) Westermann/H.P.Westermann, *Sachenrecht*, Bd. Ⅰ. 6.Aufl., 1990, S. 275, 322; Rimmelspacher, *Kreditsicherungsrecht*, 2. Aufl., 1987, Rn. 374f; Jauernig/Jauernig, *Bügergerliches Gesetzbuch*, 12.Aufl., 2007, §930 Rn. 37; Thomas/Putzo, *Zivilprozessordnung*, 24. Aufl., 2002, §808 Rn. 10 등. 이러한 환가방법은 양도담보와 소유권유보에서 자주 활용된다고 한다. 그러나 이러한 환가방법을 선택하는 경우에 채권자는 설정자가 목적물이 압류금지물을 정하는 독일 민사소송법 제811조(특히 영업의 지속에 필요한 재산을 정하는 제5호)에 해당한다는 항변을 제기할 위험을 감수해야 한다고 한다.

초는 그것이 집행을 배제할 수 있는 자 즉 제3자이의의 소를 제기할 수 있는 양도담보권자가 행하는 강제집행이기 때문이라는 것을 고려한다면, 양도담보의 목적물이 다른 채권자의 만족을 위하여 책임재산으로 봉사하는 것을 저지할 수 있는 양도담보권자가 시도하는 강제경매에서는 양도담보권자가 우선변제를 받는 내용으로 배당이 이루어지는 것이 정당하다. 다른 채권자들이 시도하는 강제집행을 제3자이의의 소에 의하여 배제할 수 있는 양도담보권자가 자신이 시도하는 강제집행에서 다른 채권자에 우선하지 못한다는 것은 부당하다고 할 것이다. 어느 경우에나 당해 양도담보의 목적물은 책임법적으로 양도담보권자에게 귀속하여야 하며, 양도담보에 대하여 책임객체로서 봉사하여야 한다.72) 이러한 관점에서 판례의 입장은 이론구성이나 결론에 있어 모두 타당하다고 생각된다.

2. 설정자 파산의 경우

양도담보 설정자가 파산한 경우에 양도담보권자의 지위에 대하여

---

72) 독일에서는 강제집행에서 우선주의가 인정되므로 양도담보권자가 우선적으로 압류를 한 경우 우선변제를 받을 수 있다. 물론 이 결과를 설명함에 있어 약간의 논의가 있다. 채권자가 동산을 압류하면 그 효과로 압류상태(Verstrickung)가 발생하고 채권자는 압류질권(Pfändungspfandrecht)를 취득하여 이를 기초로 다른 채권자들보다 우선변제를 받을 수 있다. 그런데 채권자가 자기 소유의 물건에 대하여 압류를 하는 경우의 법상태에 대해서는 압류질권의 성질을 어떻게 이해하는가에 따라 논쟁이 있다. 압류상태가 있으면 압류질권이 발생한다고 하는 공법설(öffentlich-rechtliche Theorie)은 일단 유효한 압류가 있으면 압류질권이 발생할 것이므로 채권자는 우선변제를 받을 수 있다. 그에 반하여 다수설인 공사법절충설(gemischte privat-öffentlich-rechtliche Theorie)은 압류상태는 압류질권 발생의 하나의 요건일 뿐이고 다른 절차법적 요건과 실체법적 요건을 충족해야 압류질권이 성립한다고 하지만, 환가의 기초는 압류질권이 아니라 압류상태라고 한다. 이 입장에 따르면 자기 소유물에 대한 압류에 의해서는 압류질권이 발생하지 않지만, 채권자는 압류상태에 기하여 환가를 할 수 있고 다른 채권자들은 채무자의 소유가 아닌 그 압류물에 대하여는 압류질권을 취득할 수 없으므로 결과적으로는 공법설과 같은 결과에 이르게 된다. 자세한 것은 Jauernig (주 48), S. 71ff.; Schilken in *Münchener Kommentar zur ZPO*, 1992, §804 Rn. 4ff. 참조.

우리나라의 다수설은 양도담보의 법률구성에 대하여 어떠한 입장을 취하는지 여부와 무관하게 양도담보권자는 환취권이 아니라 별제권을 행사해야 한다고 한다. 이러한 견해는 타당하다고 생각되며, 담보물권설이 아니라 신탁적 양도설에 입각하는 경우에도 그러하다.

그 근거는 파산절차가 가지는 특수성에서 찾을 수 있다. 파산은 양도담보권자와 설정자의 물권법적 관계뿐만 아니라 그것의 기본이 되는 채권·채무관계를 포함한 모든 법률관계의 청산을 목적으로 한다. 따라서 양도담보권자가 가지는 채권은 파산 선고에 의하여 즉시 변제기에 도달하게 되며(도산 제425조), 이는 양도담보의 환가시기가 도래함을 의미한다. 이 경우 양도담보권자에게 환취권을 인정한다면, 양도담보권자는 목적물을 환취하여 환가를 하여도 파산재단에 대하여는 여전히 담보약정에 기한 정산의무를 부담하여 피담보채권에 충당하고 남은 금액은 파산재단에 반환해야 한다. 그런데 이러한 결과는 양도담보권자에게 별제권을 인정하는 것으로 달성할 수 있다. 별제권의 행사는 파산절차에 의하지 않고 이를 행사하므로(도산 제412조), 양도담보권자는 별제권의 행사를 위하여 파산관재인에 대하여 목적물의 인도를 청구하여 담보약정에 정한 방법으로 환가를 할 수 있다. 이는 양도담보권자에게 환취권을 인정하는 것과 실질적으로 동일한 결과이다. 따라서 양도담보권자에게 별제권을 인정하여도 담보약정에서 추구하는 그의 이해관계는 완전히 고려될 수 있다.

그러므로 환가방법이나 환가 주도권에 있어서 실질적으로 동일한 결과에 도달하는 이상 환취권을 인정할 이유는 없다. 양도담보권자에게 환취권을 인정한다면 양도담보권자가 행하는 환가에 대하여 파산관재인이 적절한 통제를 가할 수 없는 반면에, 별제권을 인정한다면 파산관재인은 양도담보권자의 환가에 대하여 적절한 통제를 가할 수 있다는 점도 고려해야 한다. 즉 파산관재인은 별제권자인 양도담보권자에 대하여 목적물의 제시를 요구할 수 있고 그에 대하여 정당한 평가를 할 수 있으며(도산 제490조), 양도담보권자가 처분을 할 기간을 법원이 정하도록 하여 그 기간 내에 처분하지 아니하는 경우에는 파산관재인이 스스로 민사소송법의 규정에 따라 환가를 할 수 있다(도산 제497조, 제498조 참조).[73] 따라서 파산자의 법률관계의 종국적 청산인 파산절차에서 양도담보권자에게 담보약정에 따른 환가방법과 환가 주도권이 인정되는 이상, 이러한 파산법상의 제약을 인정하는 것이 파산채권자의 균등한 만족이라는 파산법의 이념과 양도담보의 담보목적 모두에 부합하는 것이라고 생각된다. 양도담보권자와 설정자가 합의에 의하여 목적물을 책임재산에서 배제하여 양도담보권자에게 책임법적으로 귀속하도록 한 것은 양도담보권자의 채권의 만족을 위한 잠정적인 귀속이었으므로, 법률관계의 종국적 청산의 경우 이러한 책임법적 귀속을 계속 유지할 필요가 없다.

결국 법률관계의 전반적인 청산인 파산에 있어서는 양도담보가 가지는 담보적 기능이 부각된다고 할 수 있으며 이러한 이유로 파산절차에서 양도담보권자에게는 별제권을 인정하는 것이 타당하다. 이것은 양도담보의 법적 구성과 큰 관련 없이도 파산절차의 기본법리로부터 설명할 수 있으므로, 법적 구성에 관하여 어떤 학설을 취하든지

---

73) 이 경우에 도산 제497조는 바로 적용되지 않고, 본문에서 서술한 바와 같이 도산 제498조 제2항에 의하여 별제권자가 환가권을 상실하는 것을 전제로 하여 적용되어야 한다. 도산 제497조는 민사집행법에 의하여 환가해야 하는 권리를 상정하고 있는 반면에, 양도담보는 "법률에 정한 방법에 의하지 아니하고"(도산 제498조 제1항) 환가를 할 수 있는 권리이므로 도산 제498조가 먼저 적용되어야 하기 때문이다. 같은 취지의 규정을 가지고 있었던 독일의 구 파산법(KO)과 현재 일본 일본 파산법에서도 마찬가지로 해석한다. Selb, "Verwertung sicherungsübereigneter Sachen im Konkurs des Sicherungsgebers", NJW 1962, 1952f.; Jauernig, *Zwangsvollstreckungs- und Insolvenzrecht*, 20. Aufl., 1996, S. 206; Häsemeyer, *Insolvenzrecht*, 1992, S. 372; 伊藤眞, 破産法·民事再生法, 2007, 341, 481면; 宗田親彦, 破産法槪說, 新訂第二版, 2005, 459면 등. 독일의 현행 도산법(InsO)은 도산관재인이 직접점유하는 동산은 관재인이 임의매각하여 환가하는 것으로 정하고 있다(동법 제166조 제1항).

양도담보권자에게는 별제권을 인정할 수 있다.74)

Ⅳ. 강제집행·파산절차에서 채권 양도담보권자의 지위

1. 개별 강제집행의 경우

이상에서 동산 양도담보에 대하여 논의한 사항이 그대로 채권 양도담보에 대하여 타당할 것인지의 문제는 검토를 필요로 한다. 왜냐하면 동산에 대한 강제집행과 채권에 대한 강제집행은 서로 상이한 법적 구조를 가지고 있어서 동산 양도담보에 대한 논의가 그대로 채권 양도담보에 적용될 수 있다고 단정할 수는 없기 때문이다. 즉 동산에 대한 강제집행에서는 압류가 동산의 점유를 기준으로 하여 집행관에 의해 행해지기 때문에 집행채무자의 책임재산에 속하지 않는 재산도 압류가 될 수 있고, 이러한 강제집행 절차의 배제를 위해서는 제3자이의의 소를 제기하는 것이 필요하다. 그러나 채권은 물질적인 실체를 가지고 있지 않기 때문에 법원의 압류명령에 의하여 압류가 이루어지고(민집 제223조) 그 채권이 집행채무자에게 속할 것을 요건으로 한다.75) 따라서 당해 채권이 채무자에게 속하지 않는다면 압류명령은 무효이고, 그 결과 압류명령의 송달 이전에 확정일자 있는 증서에 의한 통지로 채권양도가 이루어졌다면(제450조), 양도담보권자의 지위는 집행채권자의 압류에 의하여 영향을 받지 않는다.

이러한 경우에 양도담보권자가 집행채권자의 압류에 대하여 제3자이의의 소를 제기할 수 있는지 문제될 수 있지만, 이것을 인정하는

---

74) 김재형 (주 19), 1142면은 별제권을 원칙으로 하면서도 양도담보권자가 청산절차를 마친 경우에는 양도담보권자가 소유자로서 환취할 수 있다고 한다. 그러나 이는 환가방법으로 귀속청산이 약정된 경우에만 문제될 뿐만 아니라, 그러한 경우에도 청산 이후 인도청구 자체가 환가방법이므로 이 역시 별제권의 행사로 보는 것이 타당하다.

75) 법원실무제요 민사집행[Ⅲ] (주 70), 292–293면.

것이 일반적이다.[76] 비록 집행채권자에 의한 압류가 무효라고 하여도 압류의 외관에 의하여 진정한 채권자인 양도담보권자의 지위에는 법적으로 불안정한 상태가 발생한다고 말할 수 있으며, 이러한 불안정 상태를 제거하는 것에 대하여 양도담보권자는 이해관계를 가지고 있다. 예를 들면 무효의 전부명령을 받은 자도 채권의 준점유자(제470조)로 평가되기 때문에,[77] 채권 양도담보권자에게는 이러한 외관을 제거할 필요가 있는 것이다. 따라서 이러한 법적 불안정 상태의 배제를 위하여 채권의 양도담보권자도 역시 제3자이의의 소를 제기할 수 있다고 해석해야 한다.

그리고 이러한 결론은 채권 양도담보의 법률구성에 대하여 담보물권설을 취한다고 하여도 마찬가지이다. 예를 들어 입질된 채권이 압류된 경우 그것만으로는 질권자의 추심권에 법률상 장애가 있다고 할 수 없음에도 사실상의 불이익을 이유로 질권자는 제3자이의의 소를 제기할 수 있다고 한다.[78] 그렇다면 채권 양도담보를 제한물권이라고 이해하여도, 집행채권자의 압류에 의하여 양도담보권자는 우선적으로 추심할 권한에 사실상의 불안정이 발생하는 것이고, 이러한 불이익을 이유로 제3자이의의 소를 제기할 수 있어야 할 것이다.

2. 설정자 파산의 경우

파산절차에서 채권 양도담보권자는 동산 양도담보권자와 마찬가지로 별제권을 행사한다. 동산 양도담보의 경우 별제권을 지지하는

---

76) 大判 1997.8.26., 97다4401, 공보 1997, 2821; 법원행정처, 법원실무제요 민사집행 [I], 2003, 291. 일본과 독일의 일반적인 견해도 같다. 鈴木忠一·三ケ月章 編, 注解 民事執行法(1), 1984, 678면(鈴木忠一); Thomas/Putzo (주 71), §771 Rn. 16 등 참조.

77) 곽윤직 편집대표, 민법주해[XI], 1995, 129면(김대휘) 참조.

78) 注解 民事執行法[上卷] (주 53), 407면(伊藤).

논거들(본장 Ⅲ. 2. 참조)은 모두 채권 양도담보에 대해서도 타당하다. 따라서 채권 양도담보에 대하여 어떠한 법률구성을 취하든지 채권 양도담보권자는 별제권에 의하여 자신의 채권의 만족을 구할 수 있다.[79]

---

[79] 문제는 장래 채권이 양도담보로 제공한 경우에 발생할 수 있다. 즉 채무자가 장래에 발생하게 될 채권을 담보를 위하여 사전에 양도한 경우에, 채권이 현실적으로 발생하기 전에 채무자가 파산하고 파산 개시 후에 당해 채권이 발생하였다면 과연 그 채권은 파산재단에 귀속하게 되는지 아니면 채권 양도담보권자에게 귀속하는지의 의문이 제기되는 것이다. 이에 대해서는 우선 김형석 (주 4), 101－102면 및 제3편 제1장 Ⅲ. 3. 참조.

제 3 장

위기의 도래(2):
소유권유보와 강제집행 · 도산절차

Ⅰ. 도입

앞 장에서는 양도담보권자가 강제집행 · 도산절차에서 어떠한 구제수단을 가지는지를 살펴보았다. 동일한 위상의 문제가 매매대금채권과 관련해 매도인의 지위를 담보하는 동산 비전형담보인 소유권유보에서도 제기된다. 소유권유보에서 유보매도인과 유보매수인이 처한 이익상황은 어떠한 모습인가? 동산 비전형담보로서 양도담보와 소유권유보는 그 구조와 기능이라는 관점에서 어떤 점에서 유사하고 또어떤 점에서 구별되는가? 이러한 내용을 배경으로 유보매도인은 소유권유보의 목적물에 대해 강제집행이 시도되거나 유보매수인에게 도산절차가 개시한 경우 어떠한 구제수단을 가지는가? 아래에서는 이러한쟁점들을 살펴보기로 한다.

Ⅱ. 소유권유보의 구조와 기능

1. 학설 상황

소유권유보는 상품신용을 제공하는 매도인의 전형적인 담보수단이다. 매도인은 매도인에게 목적물을 인도하면서도, 매수인이 매매대금을 모두 지급할 때까지 그 소유권을 자신에게 유보한다. 이로써 매도인은 매수인이 대금의 지급을 불이행하는 경우 매매계약을 해제하고 물건을 반환청구함으로써 자신의 매매대금채권을 담보할 수 있다. 종래 다수설[1]과 판례[2]는 이러한 유보매도인의 지위를 설명하기 위해, 매매의 당사자들은 그 이행행위인 소유권이전(물권행위)에 매매대금의 완제라는 정지조건을 부가한 것으로 이해하고 있었다.[3] 이에 따

---

1) 예컨대 곽윤직, 채권각론, 제6판, 2003, 163면; 김상용, 물권법, 제2판, 2013, 837－838면; 김증한·김학동, 채권각론, 제7판, 2006, 311－312면; 송덕수, 채권법각론, 제3판, 2017, 211면; 제철웅, 담보법, 개정판, 2011, 447면.

2) 大判 1999.9.7., 99다30534, 공보 1999, 2088; 2010.2.11., 2009다94278, 공보 2010, 569.

3) 이러한 다수설과 판례에 따를 때 유보매수인의 지위를 이른바 물권적 기대권으로 파악할 것인지 여부(우선 전거와 함께 김형배, 채권각론[계약법], 신정판, 2001, 372면 이하 참조)는 용어법의 문제이며, 법률관계 판단의 실질에 영향을 주는 것은 아니라고 생각된다. 중요한 점은 민법의 여러 규율에 따라 유보매수인의 지위가 타인의 간섭에 의해 좌절될 수 없는 확고한 것이며 따라서 "물권화"된 지위에 해당한다는 사실이다(그 기준에 대해 Canaris, "Die Verdinglichung obligatorischer Rechte", *Festschrift für Flume*, 1978, S. 374ff. 참조). 우선 그는 매매계약의 이행으로 목적물을 인도받았으므로 매매를 기초로 이를 점유하고 사용·수익할 권리가 있으며(제563조, 제587조, 제213조 단서), 목적물을 점유하고 있으므로 대세적으로 점유보호청구권을 행사하여 사용·수익을 방어할 수 있다(제204조 이하). 그는 이러한 조건부 소유권을 양도할 수 있으며(제149조; 인도가 요구될 것이다. 곽윤직 편집대표, 민법주해[Ⅲ], 1992, 352면(민형기) 참조), 타인은 이를 침해해서는 안 되므로(제148조) 이를 침해하는 경우 불법행위가 성립할 것이다(제750조). 유보매도인은 소유권을 가지고 있다고 해서 이를 달리 처분할 수도 없는데, 이를 위해서는 반환청구권을 양도하는 방법밖에 없으나(제190조) 매매가 유효한 이상 그는 아무런 반환청구권을 가지지 않기 때문이다. 그는 매수인의 대

르면 유보매도인의 지위는 소유권자이며,⁴⁾ 이를 기준으로 당사자들의 법률관계가 해명된다. 그러나 이러한 다수설과 판례에 대해서는, 유보매도인이 소유권유보에 의해 매매대금채권을 담보하고 있다는 점에서 소유권이전과 동시에 설정된 양도담보와 다를 바 없으므로, 유보매도인의 지위를 양도담보권에 준하는 담보물권으로 취급해야 한다는 견해도 유력하게 주장되고 있다.⁵⁾

2. 평가와 비판

(1) 단순 소유권유보

그러나 소유권유보와 양도담보를 단순히 동일시하는 견해는 이익상황의 중요한 차이를 무시하고 있어 타당하다고 말하기 어렵다. 이는 무엇보다 소유권유보의 경우 매매대금채권과 유보된 소유권의 이전이 견련관계로 결합되어 있어 서로 강한 구속성을 가지고 있음을 간과한다는 점에서 그러하다.⁶⁾

금채무 불이행을 전제로 해제로 인한 장래의 반환청구권을 양도함으로써 소유권을 양도할 수는 있겠지만, 그 경우 소유권양도의 효력은 장래채권인 반환청구권이 현실적으로 성립한 시점에 발생하므로, 매도인이 대금채무를 불이행하지 않는 이상 매도인의 배신적 처분은 불가능하다(제3편 제2장 주 31 참조). 이러한 확고한 지위를 물권적 기대권이라고 부르는 것에 굳이 반대할 이유는 없으나, 그렇다고 해서 우리에게 어떤 추가적인 인식이 주어지는 것은 아니다. 반대로 개념적 불명확을 이유로 물권적 기대권이라는 용어를 회피한다고 해서, 우리가 소유권유보의 법률관계를 해석하는 것에 어떠한 난점이 발생하는 것도 아니다. 즉 이는 헤크의 용어를 빌면 규범획득(Normgewinnung)의 과제가 아니라 정식화(Formulierung)의 문제에 지나지 않는다. Heck, *Begriffsbildung und Interessenjurisprudenz*, 1932, S. 126ff. 참조.

4) 그러므로 매수인이 자신의 이름으로 목적물의 소유권을 처분하는 경우 이는 타인 물건의 처분으로 무효이다(大判 2010.2.11., 2009다93671, 공보 2010, 565).

5) 예컨대 고상용, 물권법, 2001, 808면; 이은영, 채권각론, 제5판, 2007, 357면; 이상태, 물권법, 9정판, 2015, 612면; 윤철홍, 물권법, 개정판, 2013, 575면.

6) 아래의 내용은 Ulrich Huber, "Der Eigentumsvorbehalt im Synallagma", ZIP 1987, 750 이하의 분석에 따른다. 또한 Serick, *Eigentumsvorbehalt und Siche-rungsübertragung. Neue Rechtsentwicklungen*, 1993, S. 222ff. 아울러 제3편 제2장

양도담보는 금전신용 제공자의 담보수단이다. 그는 신용수수자에게 원본을 공여함으로써 이자부 소비대차를 전부 선이행하는 것이며, 이로써 채무자의 무자력 위험을 완전히 인수한다. 물론 그는 이러한 무자력이 실현되는 것을 회피하기 위해 담보를 확보하고자 하며, 실무상 사용이 거의 불가능한 질권 대신에 비점유담보권으로 기능하는 양도담보를 설정받는다. 그래서 양도담보는 환가담보권이며, 채권자는 목적물을 환가하여 그 대금으로부터 직접 피담보채권에 충당해 만족을 받는다. 반면 상품신용을 담보하는 소유권유보에서는 그렇지 않다. 여기서 매도인은 매수인의 용익을 위해 목적물을 인도하기는 하지만, 소유권의 이전은 매매대금의 지급과 연동시킴으로써 매매계약을 인도에 대해서만 선이행하면서 소유권이전에 대해서는 동시이행의 항변권(제536조)을 관철한다. 따라서 소유권유보는 "동시이행의 항변권의 부분적 행사"로 이해되어야 한다.[7]

그렇기 때문에 소유권유보가 매도인의 만족을 담보하는 방식은 채무불이행 규정을 매개로 간접적으로 이루어진다. 즉 매도인은 원칙적으로 환가권을 가지는 것이 아니라 계약해제와 손해배상이라는 계약책임의 수단을 행사함으로써 간접적으로 자신의 지위를 담보한다. 이로써 양도담보에서 환가를 전제로 발생하는 귀속청산이나 처분청산의 문제도 발생하지 않는다.[8] 그러므로 양도담보의 경우 목적물을 환가함으로 피담보채권이 직접 만족을 받음에 반해, 소유권유보의 경우 매매의 해제로 매매대금 채권이 만족 없이 소멸함으로써(!) 원상회복과 손해배상의 형태로 간접적인 담보가 행해지는 것이다. 그래서 양도담보가 실행되면 그 피담보채권도 함께 행사되어 만족을 받지만,

---

주 1; 양형우, "회생절차에서 소유권유보와 매도인의 지위", 인권과 정의, 제447호, 2015, 149면 이하도 참조.

7) Huber (주 6), 755.

8) 석광현, UNCITRAL 담보권 입법지침 연구, 2010, 763면 주 61도 참조.

소유권유보가 실행되는 경우 매매대금채권은 전혀 행사되지 않는다. 요컨대 매도인은 법적으로는 소유권을 유보함으로써 매매대금채권이 아니라 매매의 해제로 발생하는 원상회복채권(제548조)을 유지·담보 한다.9) 그러한 의미에서 동시이행의 항변에 기초해 채무불이행법을 활용하는 소유권유보는 환가로부터 피담보채권을 충당하는 전형적인 환가담보와는 그 기능과 이익상황을 달리한다.

(2) 연장된 소유권유보와 확장된 소유권유보

그런데 이상의 설명은 이른바「단순」소유권유보에 대해서만 타 당하다. 예컨대 매수인의 경제적 목적을 위해 소유권유보로 공급된 원료를 매수인이 부합·가공하는 방식으로 활용해야 하는 사안이 있 을 수 있다. 이때 부합이나 가공의 결과 유보매도인의 소유권이 상실 되고 매수인이 소유권을 취득하게 되는 경우(제257조, 제259조), 당사 자들은 소유권유보에 이른바 가공조항을 부가하여 매수인의 부합·가 공을 허용하면서도 그 결과물의 소유권은 유보매도인에게 귀속된다고 정한다.

이러한 가공조항의 성질에 대해서는 독일에서 종래 많은 논의가 있으나,10) 우리 민법의 해석으로는 가공조항에 따른 점유매개관계에 기해 유보매수인이 유보매도인에게 가공물의 소유권을 담보를 위해 양도한 것으로 해석해야 한다고 생각된다(사전점유개정). 제257조, 제 259조는 강행규정으로 해석되어야 하기 때문에11) 단순히 당사자 약

---

9) Serick, *Eigentumsvorbehalt und Sicherungsübertragung*, Band Ⅰ, 1963, S. 211.
10) 양형우, "독일의 연장된 소유권유보론의 우리 민법학에의 수용한계에 관한 고찰", 민사법학, 제20호, 2001, 194면 이하 참조.
11) 이에 대해 우리 통설은 복구를 허용하지 않는다는 점에 대해서는 강행규정이나, 새로운 소유자를 정한다는 점에 관해서는 임의규정이라고 해석하고 있다(예컨대 곽윤직·김재형, 물권법, 제8판 보정, 2015, 275면 참조). 그러나 이는 의문이다. 물권법정주의에 따를 때 소유권의 취득방법 역시 강행규정으로 특별한 규정이 없 는 한 당사자의 처분에서 배제되어 있기 때문이다. 이는 부동산 부합을 저지하기

정으로 이를 배제할 수는 없으므로, 이제 소유권을 유보매도인에게 귀속시키기로 하는 약정은 점유개정에 따른 소유권이전(제189조)으로 계약해석해야 하기 때문이다. 이 경우 유보매도인은 외관상 여전히 소유권유보에 따른 지위를 보유하고 있는 것처럼 보이더라도, 이제 그 취급은 양도담보권자에 준하여 이루어져야 한다. 유보매도인이 매매목적물의 가공에 따른 변형을 인정하여 소유권 상실을 감수한 이상 실질에 있어 매매를 선이행한 것과 달리 취급할 이유를 찾을 수 없기 때문이다. 원래 매매계약에 따른 부분적 동시이행은 포기되었고, 이로써 유지되었던 견련관계는 상실되었다. 유보매도인은 자신이 영업상 취급하지 아니하는 가공된 동산을 인도받아 처분하여 그 대금으로부터 만족을 받아야 한다는 점에서 더 이상 원상회복이라 할 수 없으며, 그 지위는 이제 신탁적 환가담보권에 접근한다.[12] 이익상황은 양도담보와 유사하므로 그와 평행하게 취급하는 것이 타당하다. 그리고 이상의 내용은 유보매도인이 유보매수인에게 유보목적물을 사전에 처분할 권한을 부여해 영업상 처분을 가능하게 하면서, 담보의 유지를 위해 처분으로 발생하는 매매대금 채권을 양도받는 경우에도 마찬가지이다.

주지하는 바와 같이 가공조항이나 채권양도와 결부된 처분조항이 있는 소유권유보를 「연장된」 소유권유보라고 한다.[13] 그러므로 요컨

위해 별도의 권원에 의하여 부속할 것을 정하는 제256조 단서에서 명백하다. 즉 당사자들에게 부속과 관련한 별도의 권원이 있어야 부합의 효과가 저지되는 것이지, 단순히 부합을 저지하는 합의만으로 부동산 부합이 배제될 수는 없는 것이다. 첨부와 관련한 소유권 귀속의 명확함을 도모하려는 규율 의도가 이를 임의규정으로 해석함으로써 잠탈되어서는 안 된다. 이렇게 이해한다면, 소유자를 정하는 약정은 첨부의 효과를 전제로 소유권을 이전하는 약정으로 의사해석되어야 한다. 독일의 통설도 같다. 전거와 함께 Berger in Jauernig, *Bürgerliches Gesetzbuch*, 15. Aufl., 2014, §946 Rn. 4, §947 Rn. 4, §950 Rn. 6ff. 참조. 그러나 어쨌든 이 쟁점에 대한 우리 통설에 따르더라도 가공조항에 의해 새로운 소유권이 유보매도인에게 창출되는 것에는 차이가 없으므로 본문의 설명은 마찬가지로 타당해야 한다

12) Serick (주 6), S. 224ff.
13) 우선 양형우 (주 10), 192면 이하; 양창수, 독일의 동산담보개혁논의, 민법연구,

대 연장된 소유권유보에서 가공 또는 처분이 이루어진 경우 이로써 유보매도인 지위의 성질은 달라진다고 말할 수 있다. 이는 소유권유보가 견련관계에 있지 아니한 다른 채권을 담보하기 위해 사용되는 이른바 「확장된」 소유권유보의 경우에도 마찬가지이다. 소유권유보가 다른 채권으로 확장된 범위에서는 견련관계로 지지되지 아니하는 양도담보 유사의 관계가 존재한다.

III. 강제집행·도산절차에서의 취급

1. 강제집행절차

이상의 내용에 따른다면, 유보매수인이 점유하고 있는 목적물에 대해 그의 일반채권자가 압류하여 집행을 시도하는 경우, 유보매도인은 유보된 소유권에 기초해 제3자이의의 소(민집 제48조)를 제기하여 그러한 집행을 배제할 수 있어야 한다. 판례도 이러한 결과를 인정한다.[14] 이는 단순 소유권유보뿐만 아니라 연장된 소유권유보에서도 마찬가지다. 유보매도인의 지위를 양도담보권자에 준하더라도, 그는 제3자이의를 할 수 있어야 하기 때문이다(제3편 제2장 III. 참조).

제7권, 2003, 160 – 161면 참조.

14) 大判 1996.6.28., 96다14807, 공보 1996, 2358. 관련하여 유보매수인이 인도받은 목적물을 다른 사람에게 인도하여 간접점유를 가지고 있는 경우, 그 직접점유자의 채권자가 소유권유보의 목적물에 대해 행하는 강제집행에 대해 유보매수인이 제3자이의를 할 수 있다는 판결(大判 2009.4.9., 2009다1894, 공보 2009, 624)은 앞의 판결과 모순되지 아니한다. 제3자이의의 취지에 비추어 일정한 채권적 청구권을 가지는 자도 제3자이의의 소를 제기할 수 있기 때문이다. 즉 집행의 대상이 되는 재산이 집행채무자의 책임재산에 속하지 않음을 보이는 내용의 채권적 청구권이 주장되는 경우에 제3자이의의 소는 허용된다(상세하게 Gaul/Schilken/Becker-Eberhard, *Zwangsvollstreckungsrecht*, 12. Aufl., 2010, § 41 Rn. 98ff. 참조). 이는 종래 우리 학설도 인정하고 있는 바이며(김능환·민일영 편집대표, 주석 민사집행법(2), 제3판, 2012, 290 – 291면(이승영) 참조), 특히 간접점유자의 지위가 이의 사유에 해당한다고 설명되고 있다(같은 곳 285 – 286면).

2. 도산절차

(1) 반면 소유권유보의 도산절차에서의 취급에 대해 실무는 종래 회생절차에서 이를 회생담보권으로 처리해 오고 있었고,[15] 이로써 미이행쌍무계약에 관한 규정(도산 제119조)을 적용하지 않았다. 최근 대법원도 이러한 태도를 확인하였고,[16] 담보의 실질을 고려한다는 관점에서 찬성하는 견해[17]가 다수이다.

(2) 그러나 앞서 지적한 바와 같이, 단순 소유권유보와 관련해 이러한 해석은 타당하지 않다고 생각된다.[18] 유보매도인은 유보매수인의 동의 하에 의식적으로 동시이행관계를 유지함으로써 간접적으로 자신의 지위를 담보하는 것이므로, 이러한 명백한 견련관계를 무시하면서 회생담보권으로 취급하는 것은 당사자들의 의사와 이익에 부합하지 않는다.

회생담보권을 지지하는 입장에서는 예컨대 "쌍무계약에서 미이행 여부를 판단하는 기준은 분명한 것이 아니"라고 하면서, "매도인이 소유권을 유보하고 있는 이상 소유권을 이전한 것은 아니라는 이유로 무조건 미이행 쌍무계약으로 볼 수 있을지는 의문"이라고 한다.[19] 그러나 이러한 지적은 납득하기 어렵다. 우리 민법에서 급부행위가 완료되었더라도 그에 더하여 급부결과가 달성되어야 변제의 효

15) 서울중앙지방법원 파산부 실무연구회, 회생사건실무(상), 제4판, 2014, 429-430면.
16) 大判 2014.4.10., 2013다61190, 공보 2014, 1033.
17) 김재형, "도산절차에서 담보권자의 지위", 민법론 Ⅲ, 2007, 219-220면; 고원석, "할부계약에 있어서 매수인의 도선과 매도인의 권리", 리스와 신용거래에 관한 제문제(하), 1994, 384면; 우성만, "회사정리법상 담보권자의 지위", 회사정리법·화의법상의 제문제, 2000, 299면; 정소민, "도산법상 소유권유보부 매매의 매도인의 지위", 민사판례연구[ⅩⅩⅩⅦ], 2015, 244면 이하; 노영보, 도산법 강의, 2018, 303면; 한민, "자산금융과 최근의 도산법 쟁점", BFL, 제90호, 2018, 75면.
18) 大判 2014.4.10. (주 16)의 사실관계에서는 단순 소유권유보가 문제되었다. 원심인 대구지판 2012.11.27., 2012가단48272(종합법률정보) 참조.
19) 김재형 (주 17), 219-220면.

과가 발생해 채무가 이행된다는 점은 이론의 여지 없이 인정되는 해석이다.20) 급부행위를 완료하였더라도 급부결과가 발생하지 아니하는 이상 채무가 이행되지 않는다는 점은 변제제공(제460조, 제461조) 및 채권자지체(제400조 이하) 규정에 당연한 내용으로 전제되어 있고, 이는 쌍무계약상 이익의 보호를 도모하는 도산법의 미이행쌍무계약 규율의 해석에서도 이론적으로 달리 볼 이유가 없다.21) 그렇다면 소유권유보부 매매계약 자체가 명백하게 의식적으로 매매대금의 완제와 소유권이전을 연동시키고 있는 이익상황에서, 도대체 어떻게 소유권이전의무의 이행이 있다고 말할 수 있다는 말인가? 또한 "매도인의 의무는 목적물 인도에 의하여 이행이 완료된 것이고 매매대금 전액의 지급이라는 정지조건의 성취에 의해 소유권은 자동적으로 매수인에게 이전된다는 점"에서 미이행쌍무계약으로 볼 수 없다고도 한다.22) 그러나 이는 급부행위만으로 이행이 종료된다는 명제를 아무 논증 없이 부당하게 전제하는 선결문제 요구에 지나지 않는다. 오히려 당사자는 소유권유보 약정에서 소유권이전이라는 급부결과와 대금지급을 연동하였고, 이로써 쌍방이 미이행상태임을 계약상 명백히 정한 것이다.

그리고 도산절차의 특수성을 운위하면서 소유권자인 양도담보권자가 회생담보권자와 별제권자로 취급되는 것과 비교해 소유권유보의 경우도 마찬가지로 취급할 수 있다고 설명하기도 하지만, 이는 이익상황과 작용방식이 전혀 다른 양도담보와 평행하게 취급해야 한다는 주장으로서 설득력이 없다. 양도담보는 환가 담보권이므로 금전에 따

20) 김형배, 채권총론, 제2판, 1999, 644-645면 참조.
21) 상세한 분석은 Serick (주 9), S. 333ff. 참조. 이 점을 명료하게 밝히는 Wegener in Uhlenbruck, *Insolvenzordnung. Kommentar*, 14. Aufl., 2015, §103 InsO Rn. 59: "민법[…]에서와 마찬가지로 이행은 오로지 급부결과를 야기함으로써만 발생한다. 급부행위를 하는 것만으로는 충분하지 않다.". 또한 宮脇幸彦·井關浩·山口和男 編, 注解 會社更生法, 1986, 353면(宗田親彦): "미이행의 이유는 묻지 않는다 […]. 조건미성취이어도 무방하다."
22) 한민 (주 16), 75면.

른 만족이 주어지는 이상 그러한 취급이 부당하지 아니하나 소유권유
보는 원상회복을 목적하는 담보이므로 회생담보권자로 취급하는 경우
담보목적이 좌절된다는 점을 간과하고 있기 때문이다. 게다가 앞서
살펴본 대로 소유권유보는 법적으로 매매대금채권이 아니라 원상회복
채권을 담보하므로(유보된 소유권의 가치는 매매대금에 충당되지 않는다)
매매대금채권을 회생담보권으로 취급하는 것은 소유권유보의 원래 목
적에 반하며, 엄밀하게 말해 소유권유보의 피담보채권인 원상회복채
권은 통상 회생절차개시 당시 아직 성립하고 있지 않아 처음부터 회
생담보권의 요건을 충족하지 못한다고 볼 여지마저 존재한다(도산 제
141조 제1항 참조).

　　한편 경제적인 관점에서 살펴보면, 양도담보권자는 "타인의 물
건"(원래 설정자의 재산으로 담보목적으로 양도받았으나 다시 반환되어야 할
물건)에 대해 담보를 확보하여 그 환가를 목적한다는 점에서 회생담보
권으로 취급하여 만족을 부여하는 것이 타당하지만, 유보매도인은 자
신의 지위를 "자신의 물건"(원래 매도인의 재산으로 계속 소유를 유지하고
있는 물건)을 되찾아 오는 방식으로 담보하는 것이기에 그의 소유권
행사를 강조할 필요가 있음을 고려해야 한다.[23]

　　또한 소유권유보부 매매가 명백히 미이행상태에 있음에도, 관리
인에게 선택권을 박탈하는 해석이 과연 합리적인가? 재산가치인 금전
의 변제만 문제되는 양도담보에서와는 달리, 회생을 위해 유보매수한
영업용 목적물의 필요성을 검토하여 물건을 반환하고 손해배상을 회
생채권으로 취급하는 것(구조조정!)이 유리하다고 판단한 관리인에게
계약해제를 선택할 가능성을 부정하는 것이 과연 회생절차의 취지에
비추어 타당할 수 있겠는가?[24] 이렇게 양도담보와 소유권유보에서

---

23) Serick (주 6), S. 223.
24) 양형우 (주 6), 154-155면도 참조. 이에 대해 최준규, "금융리스와 도산절차", 저
　　스티스, 제183호, 2021, 429면은 이러한 설명에 의문을 제기하면서, 관리인은 도

당사자들의 의사와 이익상황이 명백히 상이함에도, "담보의 실질"이라는 모호한 주문에 전적으로 의지하여(오히려 담보로 기능하기만 하면 그 실질의 차이를 전혀 고려하지 않는다!) 양자를 동일하게 취급하는 것을 바람직한 해석이라고 말하기는 어렵다.

그러므로 사태를 직시하여 소유권유보를 미이행쌍무계약으로 보아 관리인이 계약을 해제하는 경우 유보매도인에게 환취를 인정해야 하며, 관리인이 계약을 존속을 선택한 때에도 대금지급에 지체가 있는 때에는 매도인이 계약을 해제하고 목적물을 환취할 수 있다고 해석해야 한다.[25] 다만 유보매도인이 스스로 회생담보권으로 취급을 구하는 것을 배척할 이유가 없음은 물론이다. 이상의 내용은 리스계약에서 리스이용자에 도산절차가 개시된 경우에도 다르지 않다.[26]

(3) 그러나 가공조항이나 채권양도와 결합한 처분조항이 있는 연장된 소유권유보의 경우에는, 유보매도인의 지위는 견련관계와 분리되었고 실질적으로 선이행이 이루어졌으므로 미이행쌍무계약으로 취급을 받을 이유가 없다. 그의 지위는 환가담보권으로, 그 이익상황에서 양도담보권과 다르지 않다. 그러므로 연장된 소유권유보에서 유보매도인은 가공된 동산이나 양도된 채권과 관련해서 회생담보권자로 취급되어야 한다. 이는 처음부터 견련관계가 없었던 확장된 소유권유보에서는 더욱 그러하다(주 13의 본문 참조).

산재단을 포기할 수도 있고, 조기환가할 수도 있다는 이유를 든다. 이는 리스와 같이 해지가 문제되는 경우에는 그럴지도 모른다. 그러나 관리인이 해제를 통해 채무자가 이미 지급한 반대급부를 원상회복할 수 있는 유형의 쌍무계약이 문제되는 경우, 이러한 선택지가 도산 목적에 훨씬 유리할 수 있음은 명백하다.

25) 김학동, "소유권유보의 법률관계", 민사법학, 제27호, 2005, 508면 이하; 양형우 (주 6), 146면 이하; 김영주, "도산절차상 양도담보계약 당사자의 법적 지위", 사법, 제33호, 2015, 29면.

26) 이연갑, "리스계약과 도산절차", 민사판례연구[XXVIII], 2006, 941면 이하 참조.

제4장

위기의 도래(3):
목적물의 부합과 부당이득에 의한 추급

Ⅰ. 도입

1. 본장은 한 재판례[1]가 제기하는 부당이득 쟁점에 대해 살펴보고자 하는 시론이다. 이 판결(이하 '대상판결'이라고 한다)의 사실관계는 이미 선행 평석에서 상세하게 소개되었으므로[2] 여기서 이를 반복해 서술할 필요는 없다고 보인다. 따라서 판결에 확정된 사실 및 그 밖의 쟁점에 대해 원심[3]과 대법원의 판단을 전제로 하여 문제의 제기에 충

---

1) 大判 2016.4.2., 2012다19659, 공보 2016, 667.

2) 이진기, "부합과 양도담보의 효력", 법조 최신판례분석, 제718호, 2016, 522면 이하; 이새롬, "집합양도담보물에 제3자 소유물이 반입·부합된 경우 부당이득의 문제", 민사판례연구[XL], 2018, 583면 이하; 손호영, "서로 다른 동산양도담보권 각 담보목적물이 부합된 경우 부당이득반환 의무자", 저스티스, 제157호, 2016, 401면 이하; 권준범, "집합물 양도담보의 효력과 부합이 발생하는 경우 민법 제261조에 따른 부당이득반환 의무자", 재판과 판례, 2017, 223면 이하; 윤진호·김제완, "양도담보 목적물에 부합이 발생한 경우 부당이득의 주체", 저스티스, 제172호, 2019, 204면 이하. 또한 권영준, "2016년 민법 판례 동향", 민사법학, 제78호, 2017, 498면 이하; 지원림, "2016년 민사판례 일별", 동북아법연구, 제10권 제3호, 2017, 385면 이하도 참조.

3) 서울高判 2012.1.19., 2011나47031(종합법률정보).

분한 정도로 요약하면 다음과 같다.

조선회사 甲의 선박건조 채권자에 대한 선수금반환 채무에 대해 피고 乙이 보증을 하였고, 구상금 채권의 담보로 사업장 내의 건조 중 선박 및 원자재 일체에 대해 집합동산 양도담보를 설정받았다. 그런데 甲은 다른 거래에 기초한 채무의 담보로 선박에 장착할 카고펌프의 소유권을 그것이 사업장 내에 반입되기 전에 선하증권에 의해 원고 丙에게 양도하였다. 이후 카고펌프는 사업장에 반입되었으나, 이미 원고가 소유권을 취득한 물건이므로 피고는 그에 소유권을 취득할 수 없었다.[4] 그러나 카고펌프는 피고에게 담보로 양도된 선박의 건조과정에서 선박에 부합되었다. 원고는 선박의 양도담보권자인 피고에게 부합을 이유로 부당이득의 반환을 청구한다(제261조).

이러한 원고의 청구는 정당한가? 대상판결의 원심은 "이 사건에서 원고가 이 사건 각 카고펌프에 관하여 먼저 양도담보권을 취득하였음에도, 뒤의 양도담보권자인 피고가 위 각 카고펌프를 이 사건 선박에 부착하여 용이하게 분리할 수 없게 하여 원고로 하여금 양도담보권을 실행할 수 없도록 하는 행위는 원고의 양도담보권을 침해하는 위법한 행위이므로, 피고는 원고에게 민법 제261조에 의하여 부당이득을 반환할 의무가 있다"고 하여 청구를 긍정하였다.

반면 대법원은 다음과 같이 판시하여 청구를 배척하였다. "부당이득반환청구에 있어 이득이라 함은 실질적인 이익을 의미하는바 […], 동산에 대하여 양도담보권을 설정하면서 양도담보권설정자가 양도담보권자에게 담보목적인 동산의 소유권을 이전하는 이유는 양도담보권자가 양도담보권을 실행할 때까지 스스로 담보물의 가치를 보

---

4) 이 쟁점에 대해서는 본장에서 별도로 논의하지 않는다. 이새롬 (주 2), 599면 이하 참조.

존할 수 있게 함으로써 만약 채무자가 채무를 이행하지 않더라도 채
권자인 양도담보권자가 양도받은 담보물을 환가하여 우선변제받는 데
에 지장이 없도록 하기 위한 것이고, 동산양도담보권은 담보물의 교
환가치 취득을 그 목적으로 하는 것이다[…]. 이러한 양도담보권의 성
격에 비추어 보면, 양도담보권의 목적인 주된 동산에 다른 동산이 부
합되어 부합된 동산에 관한 권리자가 그 권리를 상실하는 손해를 입
은 경우 주된 동산이 담보물로서 가치가 증가된 데 따른 실질적 이익
은 주된 동산에 관한 양도담보권설정자에게 귀속되는 것이므로, 이
경우 부합으로 인하여 그 권리를 상실하는 자는 그 양도담보권설정자
를 상대로 민법 제261조의 규정에 따라 보상을 청구할 수 있을 뿐 양
도담보권자를 상대로 그와 같은 보상을 청구할 수는 없다."5)

2. 대상판결은 부당이득의 요건으로서 이득은 '실질적 이익'을 말
한다고 전제하고, 양도담보에 기초해 원고의 소유인 카고펌프가 피고
의 선박에 부합되어 피고의 소유가 되었다고 하더라도, 담보수단으로
서 양도담보의 성격에 비추어 담보물 가치의 증가에 따른 실질적 이
익은 선박 소유자인 양도담보설정자에게 있다고 설명한다.

그런데 종래 판례에서 사용되고 있는 이 설명6) 즉 부당이득 성립
에 '실질적 이익'이 요구된다는 판시는, 이미 학설에서 여러 차례 지
적되고 있는 바와 같이,7) 가장이유(Scheinbegründung)에 지나지 않는
다. '형식적 이익'과 '실질적 이익'이 무엇을 의미하는지를 밝히는 구

5) 생략은 필자에 의한 것이다. 이하 같다.
6) 大判 1979.3.13., 78다2500, 집 27-1, 194; 1992.11.24., 92다25830, 공보 1993,
232; 2011.9.8., 2010다37325,37332, 공보 2011, 2065; 2015.5.29., 2012다92258,
공보 2015, 861 등
7) 양창수, "임대차종료 후 임차인의 목적물 계속점유와 부당이득", 민법연구, 제2권,
1986, 336면; 오대석, "제3채무자가 질권자에게 질권의 피담보채권액을 초과하여
지급하고 질권자가 초과 지급된 금액을 질권설정자에게 반환한 경우 부당이득반환
의무자", 민사판례연구[XXXIX], 2017, 683-684면. 권영준 (주 2), 501면도 참조.

별기준을 제시하지 않는 한, 이는 아무런 내용이 없는 개념을 들어 결론을 정당화하는 것에 지나지 않기 때문이다. 법적인 이유제시에서 "실질적" "직접적" "사실상" 등의 표지를 사용하는 법 개념은 실은 많은 경우 모호한 백지개념으로서 적용자의 평가적 관점을 은폐한다. 실제로 종래 선례에서 '실질적 이익'이라는 개념은 제741조가 적용되어 부당이득이 성립하는 것처럼 보이는 몇몇 사안유형에서 결과적으로 그 성립을 부정하기 위해 요건의 하나인 이득을 배척하는 수단으로 사용되고 있으나, 그것이 무엇을 의미하는지는 명확히 설명되지 않고 있다.[8] 그리고 이는 대상판결에서도 마찬가지이다. 담보가치 보존과 우선변제에 따른 교환가치 보장이라는 "양도담보권의 성격에 비추어" 왜 갑자기 양도담보 목적물의 부합에 따라 "주된 동산이 담보물로서 가치가 증가된 데 따른 실질적 이익은 주된 동산에 관한 양도담보권설정자에게 귀속"되는지에 아무런 설득력 있는 논리적 연결고리도 발견할 수 없는 것이다.

물론 대상판결의 공간 이후 대법원이 '실질적 이익'이라는 개념으로 감추고 있는 평가적 요소를 드러내고자 시도하는 평석들이 존재한다. 이들은 '실질적 이익'이라는 개념을 사용함으로써 대법원이 부당이득에서 형식에 좌우되지 않은 형평적인 고려를 강조하는 것이라고 이해하면서,[9] 소유권이라는 형식에도 불구하고 담보로서 활용되는 양도담보의 특수성을 반영하는 것으로 이해한다.[10]

3. 아래에서는 이러한 평석들을 배경으로 대상판결이 종래 부당이득과 양도담보의 법리에 비추어 정당화될 수 있는지를 검토하고자

---

8) 전거와 함께 오대석 (주 6), 680면 이하 참조.

9) 권영준 (주 2), 502면; 이새롬 (주 2), 615면.

10) 권영준 (주 2), 502면 이하; 이새롬 (주 2), 629면 이하; 지원림 (주 2), 388면; 이원석, "집합물 양도담보와 타인 소유 물건의 반입", 대법원 판례해설, 제107호, 2016, 112면.

한다. 이는 한편으로는 과연 양도담보가 가지는 담보로서의 실질을 고려할 때 대상판결이 정당화될 수 있는지를 검토하고(아래 Ⅱ.), 이어서 부당이득의 관점에서 대상판결과 이전 선례와의 관계를 살펴본다 (아래 Ⅲ.).

Ⅱ. 양도담보의 「담보적 실질」의 고려?

1. 수익자의 이득?

(1) 일부 학설은 양도담보가 형식은 소유권이지만 그 실질은 담보라는 사실에 대한 고려로부터 대상판결의 태도가 정당화될 수 있다고 생각한다(아래에서 편의상 대상판결의 결론을 지지한다는 의미에서 '설정자 반환설'이라고 명명하기로 한다). 즉 양도담보는 형식적으로는 소유권이기는 하지만, 피담보채권의 범위 내에서만 교환가치를 지배하는 담보수단이므로, 분쟁해결에서 그러한 실질이 고려되어야 한다는 것이다. 그래서 대상판결의 사안에서 피고의 경우, 담보 목적물의 가치가 증가한다고 해서 피담보채권이 증가하는 것은 아니어서 만족받는 액이 증가하는 것도 아니며, 다만 원래 양도담보 목적물인 선박의 가치가 피담보채권에 미달했을 때에만 가치증가분이 그에게 이익이 될 뿐이다.11) 그의 이익은 변제기까지만 존속하는 잠정적인 성질이다.12) 반면 설정자의 경우 채무를 이행하면 증가된 가치를 포함하는 담보 목적물을 돌려받게 되는 지위를 가지고, 채무불이행으로 정산이 이루어지면 증가된 가치만큼 변제가 이루어져서 채무에서 벗어나거나 그 부분만큼 되돌려 받게 된다.13) 이러한 이익은 양도담보권자인 피고의 이익과는 달리 어느 경우나 받게 되는 혜택이다. 그러므로 선박의 가

---

11) 권영준 (주 2), 503-504면; 이새롬 (주 2), 631면; 권준범 (주 2), 245면.
12) 이새롬 (주 2), 631면.
13) 권영준 (주 2), 504면; 이새롬 (주 2), 632면.

치 증가로 모두 혜택을 입게 되더라도 수익자를 결정한다면 설정자 쪽이 되어야 한다는 것이다.

그러나 이러한 설명은 우선 적용의 전제가 되어 있는 부당이득 법리에 비추어 의문이다. 설정자 반환설의 문제는 법률해석임에도 불구하고 전혀 자신의 결론을 부당이득의 요건인 「이득」의 확립된 해석론에 비추어 정당화하고 있지 않다는 점이다. 종래 제741조가 정하는 「이득」은 이론 없이 적극재산의 증가 또는 소극재산의 감소라고 해석되고 있다.[14] 그런데 설정자 반환설의 설명은 이러한 법리에 따라 설명될 수 없다.

이 사안에서 피고는 자신의 양도담보 목적물인 선박의 가치가 증가함으로써 양도담보 목적물이라는 적극재산의 증가를 받았다.[15] 여기서 피고가 만족 받을 수 있는 금액이 불변이라는 사정은 그에게 이득이 발생하였다는 판단에 아무런 영향을 주지 않는다. 그의 이득은 양도담보로 취득한 선박의 가치가 증가하였다는 사정에 있기 때문이다. 물론 이는 나중에 정산이 행해지면 설정자에게 반환해야 할 가치일 수도 있다. 그러나 그렇게 반환되어야 한다는 사정은 장래에 발생할 불이익으로서 현재 적극재산의 증가를 부정하는 요소가 될 수 없다. 예컨대 갑이 을에게, 을이 병에게 토지를 순차적으로 매도한 상태에서 갑이 을에게 이를 인도하였으나 갑과 을 사이의 매매가 무효임

---

14) 곽윤직, 채권각론, 제6판, 2003, 351−352면; 김증한·김학동, 채권각론, 제7판, 2006, 709−710면; 김형배, 사무관리·부당이득, 2003, 89, 169면; 송덕수, 채권법각론, 제4판, 2019, 449면 등. 물론 그러한 「이득」이 반드시 재산차액으로 표현될 수 있는 경제적 가치를 가지고 있어야 할 필요는 없다. 부당이득 반환객체인 이득을 대상적으로 파악하는 견해에 따를 때(곽윤직 편집대표, 민법주해[XVII], 2005, 536−537면(양창수) 참조), 재산적인 의미를 가질 수 있는 지위가 획득되는 이상 적극재산 증가에 따른 이득이 있다고 말할 수 있기 때문이다. Lorenz in Staudinger, *Kommentar zum Bürgerlichen Gesetzbuch*, 2007, §812 Rn. 65 참조.

15) 같은 취지로 손호영 (주 2), 423면. 양도담보의 형식을 강조하여 소유권으로 보든 아니면 담보의 실질을 강조하여 담보에 준하여 취급하든 본문의 맥락에서 이러한 관점의 상이는 결과에서 아무런 차이를 가져오지 않는다.

이 밝혀진 경우, 을이 병에게 인도의무가 있어 점유를 넘겨주어야 하는 상황이라고 하더라도 을이 갑으로부터 점유를 이득하였다는 사실은 누구도 부정하지 않는다. 수익자가 받은 이익에 기초하여 장래 발생하게 될 불이익을 그 이익으로부터 공제함으로써 「이득」을 부정할 수 있다면, 도대체 법률은 무엇 때문에 현존이익의 상실이라는 법형상(제748조 제1항)을 규정하고 있다는 말인가?

반면 설정자로서는 부합 당시에는 아직은 아무런 적극재산의 증가 또는 소극재산의 감소를 받은 바가 없다. 설정자 반환설이 자인하듯, 설정자가 무엇인가 얻은 것이 있다면 그것은 장래에 반환받을 목적물의 가치가 증가된다는 가능성 또는 자신의 채무가 증가된 가치만큼 소멸할 가능성 즉 장래에 대한 기대에 지나지 않는다. 그러나 부당이득은 장래의 가능성을 미리 청산하는 제도가 아니라, 과거에 현실적으로 발생한 재산이동을 교정하는 제도이다. 설정자 반환설이 말하는 것 같은 장래의 기대는 —적어도 종래의 해석에 따르면— 부당이득이 요건으로 정하는 이득에 해당하지 않는다. 물론 그러한 장래의 기대가 현재의 시점에서도 확고하다고 인정되어 재산적 가치를 가지고 처분·집행가능한 지위에 해당하는 경우 이른바 물권적 기대권에 해당하여 부당이득법상 이득으로 고려될 수 있을지도 모른다.16) 그러나 대상판결의 사안에서 설정자의 기대가 그러한 수준에 이르지 못하였다는 점은 부정할 수 없다. 여기서 설정자의 기대는 가치증가된 목적물의 반환 또는 보다 많은 면책이라는 택일적인 형태로 나타나므로

---

16) Schwab in *Münchener Kommentar zum Bürgerlichen Gesetzbuch*, Band 6, 7. Aufl., 2017, §812 Rn. 6. 과거 일시적으로 이러한 기대권적 지위를 "사실상의 확고한 취득기대"라고 표현하는 문언도 있었으나(Heimann-Trosien in *Das Bürgerliche Gesetzbuch. RGR-Kommentar*, Band Ⅱ, 5. Teil, 12. Aufl., 1989, §812 Rn. 5), 이는 설정자 반환설이 말하는 바와 같은 장래 가능성이 아니라 현재 독일 통설이 말하는 의미의 기대권을 지칭하는 것이다(Staudinger/Lorenz (주 14), §812 Rn. 65 참조). 기대권 아닌 장래 사실상의 가능성을 이득으로 파악하는 것에 비판적으로 MünchKomm/Schwab (주 16), §812 Rn. 17.

확고한 내용도 가지고 있지 않으며(피고의 피담보채권액에 따라 액수도 가변적이어서 할당내용을 인정할 수 없다), 처분이나 집행도 가능하지 않다(장래에 보다 많은 면책을 받을 이익을 어떻게 처분하고 압류할 수 있겠는가?).

또한 설정자 반환설과 같이 장래의 기대를 이득으로 인정하면 부당이득 금액의 산정과 관련해서도 난점에 직면한다. 대상판결의 사안과 같이 부합으로 인해 처음부터 원물반환이 고려되지 않은 경우, 부당이득은 그 부합 시점의 객관적 가치에 따른 가액반환을 내용으로 한다(제747조 제1항). 그런데 설정자 반환설이 설정자에게 인정하는 이득은 장래의 이득 발생에 대한 불확실한 기대에 불과하여, 그것이 이득 개념으로 파악될 수 있을지 여부부터 불분명함은 별론, 부합의 시점에 그 객관적 가치를 확정적으로 산정할 수가 없다. 설정자 반환설은 부합된 카고펌프의 가치가 당연히 설정자가 장래 취득할 이익에 대한 기대의 가치로 통용된다고 전제하고 있으나, 추가적 논증 없이 그러한 설명은 부당전제(petitio principii)에 지나지 않는다. 그리고 바로 이어서 살펴보듯, 그러한 설명은 전혀 가능하지 않다.

(2) 설정자 반환설은 설정자가 받을 장래 이익이 확실하다는 것 그리고 그 가치가 카고펌프의 가치와 동일하다는 주장을 다음과 같은 서술로 정당화하고 있는 것으로 보인다. 즉 설정자가 부합의 순간에 받는 것은 장래 이익의 가능성뿐이기는 하다. 그러나 나중에 이행기에 이르면 카고펌프 가액만큼 가치가 증가된 목적물을 돌려받을 이익 아니면 가치증가에 따라 채무면책이 증대될 이익 둘 중 하나는 반드시 발생하므로, 그 확실성에 비추어 현재의 이득으로 보아도 무방하다고 말이다.[17] 그러나 이러한 설명은 부당하다.

우선 카고펌프의 부합 당시 가치가 설정자의 이익으로 온전히 실

---

17) 권영준 (주 2), 504면: "어떤 경우이건 받게 되는 혜택". 이새롬 (주 2), 632면도 참조.

현될 것이라는 점은 경제적으로 전혀 자명하지 않다. 거래에 제공되는 물건의 가치는 시세에 따라 변동할 수 있고 또 변동하는 것이 일반적이므로, 카고펌프가 부합되었다고 하더라도 피고에게 양도담보로 제공된 선박의 가치가 이후 카고펌프의 가치를 온전히 반영하여 산정될 수 있을지 여부는 미리 단정할 수 없다. 만일 선박의 수요·공급에 기초한 시장의 평가에 따라 카고펌프 부합에도 불구하고 선박의 가치가 증가되지 않거나 하락한 것으로 평가되는 경우(사건 당시 해운·조선업계의 불황을 고려할 때 충분히 가능한 일이다), 설정자 반환설에 따른다면 설정자에게 발생한 이득인 장래 기대는 무가치하고 설정자는 피고와의 관계에서 반환이나 면책의 형태로 아무런 이득도 받지 못할 것이다. 그렇다면 사후적인 관점에서 원고는 피고와 설정자 중 아무에게도 부당이득을 청구할 수 없는 상태였다는 터무니없는 결과에 도달하게 된다. 이러한 해석이 타당할 수는 없을 것이다.

더 나아가 설령 선박의 가치가 카고펌프의 가치를 그대로 반영하면서 동일하게 유지된다고 하더라도, 설정자 반환설이 말하는 이득은 결코 확고하다고 말하기 어렵다. 예컨대 피고가 양도담도를 실행하기 위해 선박의 인도를 받은 다음 선량한 관리자의 주의를 다하지 않고 염가로 환가를 하거나 아예 청산의무의 이행을 거부하는 경우를 생각해 보라. 이 경우 설정자는 피고를 상대로 손해배상청구권 또는 청산금반환청구권을 가지게 되겠지만, 이들 권리는 일반채권에 불과하다. 설정자는 피고의 다른 채권자와 경쟁해 그의 무자력 위험을 부담해야 한다. 이 경우 손해배상청구권이나 청산금반환청구권의 가치는 피고의 재산상황에 따라 카고펌프의 가치를 반영하지 못할 수 있다. 요컨대 대상판결의 사안에서 설정자가 "어떤 경우이건 받게 되는 혜택"은 결코 그 존재와 크기를 단정할 수 없다.

그러나 결정적으로, 설정자 반환설을 유지하기 위해 백번 양보하여 선박의 가치가 일정하고 피고가 청산의무를 정상적으로 이행한다고 가정하더라도, 수익자의 이득을 주장하는 결론은 논리적으로 또 하나의 부당전제에 해당하기 때문에 설득력이 없다. 이미 본 대로(본 장 Ⅱ. 1. (1) 참조), 설정자 반환설은 설정자가 피고와의 관계에서 이 행기에 이르면 가치증가된 목적물을 반환받거나 보다 많은 면책을 받는 결과를 이득으로 파악한다. 그런데 이는 피고를 상대로 하는 원고의 부당이득 반환청구가 허용되지 않아 카고펌프의 가치가 종국적으로 피고에게 귀속하는 결과를 당연한 전제로 한다. 그래야만 설정자가 피고와의 관계에서 반환 또는 정산을 통해 그러한 「이득」을 받을수 있기 때문이다. 만일 원고의 부당이득 반환청구가 인정된다면, 피고는 아무런 가치증가를 받지 못해 설정자는 피고와의 관계에서 설정자 반환설이 말하는 아무런 이득도 얻을 수 없을 것이다. 이 지점에서 설정자 반환설이 자신이 정당화하고자 하는 결론(원고의 부당이득 반환 청구의 배척)을 암묵적으로 자신의 논거의 필수적 전제로 사용하고 있다는 사실이 명백히 드러난다. 이는 자신의 결론을 선결문제로 전제하는 오류 논증(fallacy of begging the question)에 다름 아니다.

　　설정자 반환설의 논증이 부당전제임은 부당배당에 관한 판례와 비교해 보아도 잘 나타난다. 예컨대 강제집행의 배당절차에서 착오로 선순위자에게 배당될 금액이 후순위자에게 배당되었거나,[18] 배당요구를 한 일반채권자가 부당하게 배당표에서 제외된 경우,[19] 배당에서 제외된 채권자는 부당하게 배당을 받은 채권자를 상대로 받은 이익의 반환을 청구할 수 있다(제741조). 이들 사안에서 배당채권자는 배당의 결과 채무자가 채무 소멸의 이익을 받았으므로 자신이 아니라 채무자가 수익자라는 항변을 할 수 없다. 왜냐하면 그러한 주장은 암묵적으로 행해진 배당이 유효하고 그래서 배당받은 채권자 자신의 채권이

---

18) 大判 1964.7.14., 63다839, 집 12-2, 15; 1988.11.8., 86다카2949, 공보 1988, 1522; 2000.10.10., 99다53230, 공보 2000, 2299.

19) 大判 2001.3.13., 99다26948, 공보 2001, 863.

적법하게 변제되었음을 전제로 할 것인데, 이는 부적법한 배당이라는 출발점과 충돌하기 때문이다. 마찬가지로 설정자 반환설의 설명에 따라 설정자를 수익자로 본다면, 이는 원고의 청구가 배척됨을 전제로 한다. 그리고 이러한 전제는 원고 청구의 당부를 따져보아야 한다는 우리의 출발점과 충돌한다.

(3) 그러므로 —적어도 그 동안— 확립된 부당이득 해석론에 따를 때, 대상판결의 부합에 따른 수익자는 피고이지 설정자일 수는 없다고 생각된다. 이러한 결론을 「담보의 실질」이라는 논거로 번복하고자 하더라도, 부당이득 규정의 적용이 문제되는 이상, 무슨 근거로 현실적인 소유권 취득에 따른 가치증가가 아니라 그 실현이 전혀 확실하지 않을 뿐만 아니라 비현실적 가정과 오류 논증에 의해서만 상정할 수 있는 장래 이득 기대가 부당이득법상 이득으로 파악되어야 하는지에 대한 추가적인 설명이 필요할 것이다. 그리고 그러한 설명은 —그것이 만일 가능하다면— 전통적인 이득 개념에 대한 근본적인 문제제기를 불가피하게 할 것이라고 예상한다.[20]

2. 소유권과 담보권의 차이?

관련해 설정자 반환설은 양도담보가 실질적으로 소유권이 아닌 담보권으로 취급될 수 있다는 관점에 기초해 결론을 정당화하고자 하며, 여기서 「실질」에 대한 고려를 찾고자 하는 것으로 보인다.

(1) 설정자 반환설은 양도담보의 담보수단으로서의 성질을 강조하여, 부당이득의 맥락에서는 피고는 담보물권을 가진 것에 그치고 설정자가 소유자인 것처럼 취급해야 한다고 전제하고, 그 결과로 설

---

20) 그러나 설정자 반환설에서는 자신의 설명이 기존 이득 개념과 잘 들어맞지 않을 수도 있고 그래서 추가적인 정당화가 필요할 것이라는 의식은 발견되지 않는 것으로 보인다. 설정자 반환설에 속하는 문헌에서 이득 개념과 관련해 어떤 문헌도 인용되지 않고 있다.

정자를 수익자로 해석하려는 설명도 제시한다. 즉 저당부동산이나 「가등기담보 등에 관한 법률」이 적용되는 양도담보의 목적물에 동산이 부합된 경우 부당이득의 상대방이 저당권자나 부동산 양도담보권자가 아니라 설정자인 것과 마찬가지로, 대상판결의 사안에서도 양도담보의 담보로서의 실질을 고려할 때 달리 해석할 이유는 없다는 것이다.[21]

그러나 이러한 설명은 설득력이 부족하다고 생각된다. 대상판결이 통설[22] 및 선례[23]에 따라 밝히는 대로 제261조는 법률효과만이 아니라 법률요건도 부당이득에 관한 규정이 정하는 바에 따른다는 의미이다. 그러므로 보상청구권의 상대방은 부합에 따른 "권리변동으로 직접 이익을 받는 사람"(독일 민법 제951조 제1항 참조) 즉 부당이득 일반 법리에 따라 이득을 받는 자로 지정되지 반드시 부합에 따라 권리를 취득한 소유자에 한정되는 것은 아니다. 그래서 예컨대 건물이 독립된 부동산이 아니어서 토지에 부합하는 독일 민법에서, 타인의 토지에 건물을 건축한 경우 통상이라면 토지 소유자가 부당이득의 상대방이겠지만, 그 토지에 장기의 용익권(Nießbrauch)이 설정되어 건물의 이익이 용익권자에게 귀속한다면 토지 소유자가 아닌 용익권자가 상대방이 된다.[24] 그러므로 부당이득에 따른 보상청구권의 상대방을 정하는 기준

---

21) 권영준 (주 2), 504면; 이새롬 (주 2), 633－634, 637－638면; 이원석 (주 10), 113, 115－116면.

22) 전거와 함께 곽윤직 편집대표, 민법주해[Ⅴ], 1992, 509－510면(권오곤) 참조. 이진기 (주 2), 542－543면은 제261조가 무의미하게 된다는 이유로 반대한다. 그러나 제261조와 동일한 취지인 독일 민법 제951조와 관련해 살펴보더라도, 이 규정은 입법과정에서 당연히 부당이득이 적용됨을 전제로 첨부가 법률상 원인이 아니라는 점을 밝히는 확인적 규정으로 의도된 것이었다(Wieling, *Sachenrecht*, Band 1, 2. Aufl., 2006, S. 450 참조). 그 결과 학설에서도 이 조문이 법률요건 준용이라는 것이 일반적인 견해이다. 전거와 함께 Füller in *Münchener Kommentar zum Bürgerlichen Gesetzbuch*, Band 7, 7. Aufl., 2017, § 951 Rn. 3.

23) 大判 2009.9.24., 2009다15602, 공보 2009, 1743.

24) Wieling (주 22), S. 451.

은 부당이득법에 따라 이득이 누구에게 귀속하였는지 여부이지, 상대
방이 소유권자인지 제한물권자인지 여부에 따라 좌우되지 않는다.

예컨대 저당부동산에 동산이 부합된 경우, 보상청구권의 상대방
은 저당권자가 아니라 저당부동산 소유자이다. 부합의 시점에 저당부
동산 소유자는 적극재산 증가의 형태로 이득을 받았지만, 저당권자는
장래의 만족가능성이 높아질 기대를 가지는 것에 그치기 때문이다.
그러나 반대로 대상판결의 사안에서는 그렇지 않다. 부합의 시점에
피고는 양도담보로 제공된 선박에 카고펌프가 부합됨으로써 적극재산
의 증가를 받았지만, 설정자는 —설정자 반환설이 자인하는 바에 따
르면— 피고와의 관계에서 가치가 증가된 목적물을 반환받거나 보다
많은 면책을 받을 장래 기대를 가지는 것에 그친다. 그러므로 부당이
득 법리에 비추어 설정자를 수익자로 볼 수는 없다. 이미 살펴본 대로
(본장 Ⅱ. 1. 참조), 그러한 기대만으로는 확립된 이득 개념에 부합하지
않을 뿐만 아니라, 부당전제의 오류 논증으로 귀결하기 때문이다.

여기서 설정자 반환설이 제시하는 설명이 제261조의 규율 내용에
주의하고 있지 않을 뿐만 아니라, 저당권과 양도담보가 담보수단으로
서 가지는 기능 차이도 고려하고 있지 않다는 사실이 나타난다. 민법
이 저당권에 부여하는 할당내용은 우선변제를 위한 환가권능이지만,
다른 채권자들과의 관계에서 환가주도권은 보장되지 않는다(민집 제91
조 제2항). 이에 반해 계약관행이 창설하고 우리 법질서가 승인한 양
도담보는 단순히 우선변제만을 내용으로 하는 것이 아니라 양도담보
권자가 환가시기·환가방법의 주도권을 확보하는 것도 포함하고 있
고, 바로 이러한 목적을 위해 책임재산 귀속의 변경 즉 소유권 이전이
라는 형식을 갖추는 것이다. 이는 설정자의 다른 채권자가 간섭하는
것을 배제하기 위해 소유권 양도라는 형식을 통해 목적물을 설정자의
책임재산으로부터 양도담보권자의 책임재산으로 이전함을 의미한다
(제3편 제2장 Ⅲ. 1. (1) (가) 참조). 이러한 측면은 저당권에서는, 그리고

동산 등록담보권에서도, 존재하지 않는다.25) 대상판결도 "동산에 대하여 양도담보권을 설정하면서 **양도담보권설정자가 양도담보권자에게 담보목적인 동산의 소유권을 이전하는 이유는 양도담보권자가 양도담보권을 실행할 때까지 스스로 담보물의 가치를 보존할 수 있게 함**으로써 만약 채무자가 채무를 이행하지 않더라도 채권자인 양도담보권자가 양도받은 담보물을 환가하여 우선변제받는 데에 지장이 없도록 하기 위한 것이고, 동산양도담보권은 담보물의 교환가치 취득을 그 목적으로 하는 것"(강조는 인용자; 이하 같다)이라고 밝혀 이 점을 분명히 한다. 이렇게 담보수단이더라도 그 기능과 내용에 차이가 있기 때문에, 대상판결에서와 같이 동산이 부합되는 경우 어느 당사자에게 적극재산의 증가가 발생하고 어느 당사자에게 단순한 장래 기대가 발생하는지 여부가 달라질 수밖에 없다. 그리고 이는 양도담보를 일종의 담보물권으로 파악한다고 하더라도 마찬가지이다. 그렇게 이해할 경우 양도담보권이라는 담보물권은 담보권자의 환가주도권 보장을 위해 목적물과 관련해 책임재산 귀속의 변경이라는 효과를 담보물권의 할당내용으로 하므로,26) 담보 목적물에 대한 부합은 ─그러한 측면이 결여하는 저당권과 등록담보권에서와는 달리─ 양도담보권자의 책임재산 증가 즉 그의 적극재산 증가로 나타나기 때문이다. 설정자 반환설은 이러한 차이를 고려하지 않는 것으로 보인다. 이른바 담보로서의 실질을 강조하는 견해들이 "담보의 실질"이라는 모호한 주문에 전적으로 의지하여, 담보로 기능하기만 하면 정작 그 실질의 차이를 진지하게 고려하지 않는다는 사실27)이 여기서도 확인된다.

---

25) 제3편 제2장 Ⅲ. 1. (1) (가) 및 제3편 제5장 Ⅱ. 4. (3) (마) 참조.

26) 바로 그렇기 때문에 판례는 설정자에 대한 강제집행의 경우 양도담보 목적물이 설정자 책임재산에 속하지 않음을 주장할 수 있도록 양도담보권자에게 제3자이의의 소를 허용하고 있는 것이다(大判 1971.3.23., 71다225, 집 19-1, 243; 1994.8.26., 93다44739, 공보 1994, 977; 주 24 참조).

27) 양도담보와 단순 소유권유보의 기능상 차이와 관련해 이미 제3편 제3장 Ⅱ. 2. (1)

(2) 한편 설정자 반환설은 부합으로 소멸한 권리가 소유권인 경우와 담보권인 경우가 다른 결론에 이를 것이라는 점도 암묵적으로 전제한다. 즉 이 사안에서 원고가 소유자라는 사정을 강조한다면 당연히 그에게 부당이득 반환청구권이 인정될 것이지만, 양도담보가 형식은 소유권이지만 실질은 담보권이라는 사실을 고려한다면 그렇지 않다고 서술하기 때문이다.[28] 그래서 예컨대 원고가 「동산·채권 등의 담보에 관한 법률」에 따른 등록담보권을 사용하였는지 아니면 양도담보를 사용하였는지에 따라 수익자가 달라져서는 안 된다고 한다.[29]

그러나 과연 그러한가? 이는 우리 민법 규정을 살펴보면 그렇지 않은 것으로 나타난다. 민법은 부합과 관련해 소유권 상실을 제256조, 제257조에서 규정하고, 이어서 제260조 제1항에서 "전4조의 규정에 의하여 동산의 소유권이 소멸한 때에는 그 동산을 목적으로 한 다른 권리도 소멸한다"고 정한다. 그리고 이어서 제261조는 "**전5조**의 경우에 손해를 받은 자는 부당이득에 관한 규정에 의하여 보상을 청구할 수 있다"고 밝힌다. 이들 규정에서 명백하지만, 동산의 부합으로 소유권을 상실하는 경우와 그 동산을 목적으로 하는 다른 권리가 소멸하는 경우는 어떠한 구별 없이 평행하게 규율되어 있다. 그러므로 이들 규정에 따르면 동산 부합으로 소유권을 상실한 자이든 아니면 동산에 존재하던 질권 또는 등록담보권을 상실한 자이든 그 부합으로 이득을 받은 자를 상대로 보상을 청구할 수 있다. 즉 민법의 문언에 따를 때 원고의 지위가 소유권인지 담보권인지에 따라 상대방이 달라질 이유는 전혀 발견할 수 없다. 그리고 이미 보았지만(본장 Ⅱ. 1. 참조), 그 상대방이 설정자일 수는 없다.

참조
28) 지원림 (주 2), 388면.
29) 권영준 (주 2), 504면.

예컨대 대상판결의 사안에서 원고가 카고펌프에 양도담보가 아닌 질권이나 등록담보권을 취득한 경우를 상정해 보자. 이 카고펌프가 피고에게 양도담보로 제공된 선박에 부합됨으로써 질권 또는 등록담보권은 소멸한다. 이때 질권자나 등록담보권자는 부합으로 권리를 상실했으므로, 제260조 제1항, 제261조에 따라 부당이득에 따른 보상청구권을 가진다. 그리고 그 상대방은 이미 살펴본 바와 같이(본장 Ⅱ. 1. 참조) 설정자일 수는 없으며, 따라서 선박의 양도담보권자인 피고이다. 민법은 보상청구권과 관련해 소멸하는 권리의 종류를 구별하지 않고 있기 때문이다(제261조: "전5조의 경우"). 이후 법률관계는 원고의 피담보채권의 변제기가 도래하였는지 여부에 따라 달라진다. 부당이득 반환청구의 시점에 원고의 피담보채권의 변제기가 도래하였다면, 그는 그 범위에서 부당이득의 반환을 청구할 수 있다(제353조 제1항, 제2항 참조).[30] 나머지 액수가 존재한다면 이는 설정자에게 귀속할 것이다. 반면 원고의 피담보채권의 변제기가 도래하지 않았다면 해석상의 문제가 발생한다. 원고에게 바로 만족을 주지 않으면서도 담보를 가지는 상황을 창출해 주어야 하기 때문이다. 우리 민법의 해석으로는[31] 동일한 이익상황을 규율하는 제353조 제3항을 유추하는 방법이 적절하다고 생각된다. 즉 권리를 상실한 질권자 또는 등록담보권자는 선박 양도담보권자를 상대로 부당이득에 해당하는 금액의 공탁을 청구할 수 있고, 질권 또는 등록담보권은 그 금전에 존재한다고 해석해야 한다.

그리고 이러한 해석은 기본적으로 양도담보권자에 대해서도 다르지 않다. 양도담보권자 역시 질권자나 등록담보권자와 마찬가지로 우

---

30) 규정 형식이 유사한 독일 민법에서도 마찬가지로 해석된다. Gursky/Wiegand in Staudinger, *Kommentar zum Bürgerlichen Gesetzbuch*, 2017, §951 Rn. 21.
31) 독일 학설에서 제안된 해석에 대해서는 Gursky/Wiegand (주 30), §951 Rn. 21 참조.

선변제를 위한 환가권을 가지고 있는 지위이기 때문이다. 다만 변제기에 따른 구별을 그대로 유지할 것인지의 문제는 남는다. 양도담보의 소유권 이전이라는 형식을 강조하는 경우, 대외적으로 소유자인 원고는 변제기 이전이더라도 일단 카고펌프 가치 전액에 대해 부당이득을 청구하고 담보목적을 초과하는 부분은 설정자와의 사이에서 정산을 해야 한다고 볼 여지도 없지 않다. 그러나 담보수단으로서 기능을 강조하여 질권 또는 등록담보권에서와 동일하게 해석하는 것도 충분히 가능한 해법이다. 어쨌든 대상판결의 사안에서는, 반드시 명백한 것은 아니지만 적어도 사실심 변론종결시까지 변제기가 도래하였을 가능성이 매우 높으므로, 원고는 제261조에 따른 보상청구권을 피담보채권의 범위에서 직접 피고를 상대로 행사할 수 있을 것으로 보인다.

요컨대 양도담보를 소유권이 담보기능에 따라 제약을 받는다고 이해하든 아니면 그러한 할당내용을 가지는 담보물권이라고 이해하든 대상판결에서 부당이득 반환의 상대방은 달라지지 않는다. 이는 양자를 평행하게 규율하는 제260조, 제261조에서 명백하다. 원고 피담보채권의 변제기 도래에 따라 구별을 할 것인지 여부에서 차이가 발생할 여지는 있으나, 아마도 대상판결에서는 결론에 영향을 미치지 않을 것이다. 설정자 반환설의 주장은 타당하지 않다.

3. 형평과 실질의 고려?

(1) 지금까지 살펴본 바에 따르면, 설정자 반환설은 법률 및 그에 대해 확립된 해석론에 의지하여 논의를 전개한다기보다는 「형식은 소유권이지만 실질은 담보」라는 표어에 의지해 형평감각에 호소하는 논거들을 개진하고 있는 것으로 보인다. 이러한 태도는, 이미 인용한 바 있지만(본장 주 9, 10의 본문 참조), 설정자 반환설이 부당이득을 형평적 구제수단으로 이해하는 입장과 일맥상통한다. 그러나 실제로 대상판

결의 사실관계를 배경으로 이익상황을 살펴보면, 설정자 반환설의 결론이 과연 「형평」의 관점에서 적절한 것인지 여부에 대해서도 의문이 제기된다.

부합 직전의 상황으로 되돌아가 보기로 한다. 이 상황에서 피고는 건조 중인 선박에 양도담보를 확보하고 있고, 원고는 카고펌프에 양도담보를 확보하고 있다. 이 순간에 채무자인 설정자가 무자력이라면, 피고는 선박으로부터 그리고 원고는 카고펌프로부터 만족을 받게될 것이고 부족한 부분의 무자력은 각자 부담하게 될 것이다. 그런데이제 카고펌프가 선박에 부합되었다. 이 경우 원고에게 피고를 상대로 하는 부당이득 반환을 허용한다면, 피고는 선박에 양도담보를 동일한 가치로(증가된 가치에서 부당이득 반환이 공제되므로) 보유하고, 원고로서는 피고에 대한 부당이득 반환청구권이 카고펌프에 갈음해 담보로서 기능할 것이며(채권양도담보를 받은 것과 비슷하게 된다), 각자 자신의 담보로부터 만족 받지 못하는 부분의 설정자 무자력은 스스로부담하게 될 것이다. 그러므로 원고의 청구가 받아들여지는 경우, 부합이 있더라도 당사자들의 이익상황은 그대로 유지된다. 반면 대상판결과 같이 원고의 청구를 배척한다고 상정해 보자. 그렇다면 피고는가치가 증가된 양도담보를 보유하게 되고, 원고는 설정자에 대해 부당이득 반환청구권을 취득한다. 그런데 채무자인 설정자는 매우 높은개연성으로 무자력일 것이므로, 원고는 무자력인 설정자에 대해 피담보채권에 더해 부당이득 반환청구권을 취득한다고 해도 아무런 이익을 덧붙이지 못한다. 반면 피고로서는 부합에 의해 원래 자신에게 파악되지 않았던 담보가치를 확보하여 피담보채권이 부합 전 선박의 가치를 초과하는 경우 망외의 추가적 만족을 받게 된다.[32] 원고에게 부당이득 반환청구권이 존속하여 담보로서 기능해야 한다는 측면을 무

---

32) 손호영 (주 2), 423면도 참조.

시하고 미리 담보를 확보하였음에도 그 이익을 박탈함으로써, 원래 피고가 부담해야 하는 무자력 위험 부분을 원고에게 전가하는 해석이 어떤 의미에서 「담보의 실질」에 충실한 해석일 수 있다는 말인가?

설정자 반환설은 설정자가 담보목적물을 점유 하에 두고 관리·지배하므로 법경제학적으로 위험을 쉽게 부담할 수 있는 자로서 그를 상대로 하는 것이 적절하다고 설명한다.[33] 그러나 담보와 부당이득을 배경으로 하는 무자력 위험 분배라는 관점을 고려하지 않은 이러한 설명은 사안의 핵심에서 벗어나기에 설득력이 없다고 생각된다. 대상판결을 원고로부터 부당이득 청구를 당할 위험을 두고 피고와 설정자 사이에 다투는 경우로 파악한다면 이는 경제적 실질을 간과하는 것이다. 부당이득 반환의무를 부담하더라도 설정자는 결국 자신이 이행해야 할 바를 이행하는 것뿐이어서 새로운 위험을 부담한다고 말할 수 없을 뿐만 아니라, 피고 역시 반환의무를 부담하게 되더라도 그 "위험"이란 경제적으로 부합 이전 상태로 회귀하는 것에 불과하다. 누구에게 반환의무를 지우더라도, 경제적으로는 부합 이전 상황과 다르지 않다. 그러한 상황에서 이들 사이 "위험"의 분배를 운위하는 것이 과연 적절한가? 오히려 경제적으로 진지하게 평가되어야 하는 "위험"은 설정자의 무자력 위험이고, 바로 그 분배를 둘러싸고 원고와 피고가 다투고 있는 것이다. 따라서 질문은 다음과 같이 제기되어야 한다. 설정자의 무자력 위험은 원고와 피고 사이에서 어떻게 분배되어야 하는가? 그런데 주지하는 바와 같이 무자력 위험의 분배는 계약으로 먼저 우선적 담보를 확보한 자에게 우선권을 부여하고 나머지 채권자에게 평등하게 배당하는 것을 통해 효율적으로 작동한다는 것이 경제적 분석이 확인해 주는 결과이며,[34] 우리 도산법의 기본적 태도이기도 하

---

33) 권영준 (주 2), 504면; 이새롬 (주 2), 635 – 636면.
34) Schäfer/Ott, *Lehrbuch der ökonomischen Analyse des Zivilrechts*, 5. Aufl., 2012, S. 636ff.

다. 이는 원고와 피고가 각자 먼저 파악한 담보 범위에서 만족을 받아 무자력 위험을 회피하고, 그것으로 흡수되지 않은 설정자의 무자력은 남은 채권액에 안분하여 부담하는 결과가 적절함을 의미한다. 그렇다면 카고펌프에 대해 계약으로 먼저 양도담보권을 확보한 원고에게 바로 그 목적물에 대한 무자력 위험을 전가하는 해석이 어떻게 정당화될 수 있는지 ─적어도 필자로서는─ 쉽게 이해하기 어렵다. 그리고 이러한 의문은 설정자 반환설 자신이 언급하는 기준에 따르더라도 마찬가지로 제기된다. 설정자의 채권자인 원고와 피고는 사전에 담보를 확보하지 못한 채권 부분에 대해서는 채권자평등주의를 감수해야 하는데, 왜냐하면 채권 만족을 대비하는 사전 조치는 원·피고 모두 자신의 계약 상대방인 설정자와의 관계에서 보다 쉽게 할 수 있는 지위에 있었기 때문이다(superior risk bearer!). 법경제학적인 논거를 원용하는 설정자 반환설은 경제적인 실질을 도외시하고 있다고 생각된다.35)

관련해 설정자 반환설에서는 이 사건에서 원고는 카고펌프가 작업장 내에서 부합될 것이라는 사정을 예견하면서 양도담보를 설정받았으므로 보호가치가 없으나, 피고로서는 그것이 원래 담보로 삼으려

---

35) 이 맥락에서 흥미로운 사실은 법경제학적 논거를 개진하는 설정자 반환설이 서술에서 모두 원용하고 있는 윤진수, "부당이득법의 경제적 분석", 서울대학교 법학, 제55권 제3호, 2014, 131면 이하는 정작 이 문제를 카나리스의 유명한 분석(Canaris, "Bereicherungsausgleich im Dreipersonenverhältnis", *Festschrift für Larenz*, 1973, S. 802ff.)과 관련지으며 ─필자와 마찬가지로─ 명시적으로 중간자 무자력 위험 분배의 문제로 서술하고 있다는 점이다. 이러한 접근은 사실 너무나 당연한 것인데, 다수당사자 관계에서 부당이득 당사자의 확정은 기본적으로 중간자 무자력 위험의 분배 문제에 다름 아니기 때문이다(Reuter/Martinek, *Ungerechtfertigte Bereicherung*, 2. Aufl., 2. Teilband, 2016, S. 23 참조). 그러나 이러한 기본적 인식은 설정자 반환설에서 완전히 간과되어 있는 것 같다. 필자가 관찰하기에 최근 우리 문헌에서 (그리고 일부 재판례에서도) 법률이 전제하는 이익상황과 가치평가에 대한 숙고 없이 피상적으로 법경제학적 인식을 원용하는 서술이 드물지 않게 눈에 뜨이는데, 본문의 예도 그에 해당할 수 있다고 보인다.

던 목적이었으므로 망외의 이익이라고 볼 수 없다는 지적도 행해진
다.[36] 그러나 이러한 설명 역시 타당하지 않다. 원고가 실제로 그러한
부합을 예견하였다고 하더라도, 그러한 사정은 원고의 보호가치를 결
코 줄이지 않는다. 원고가 만일 그러한 부합을 예정하면서도 양도담
보를 설정 받았다면, 이는 왜 그러한가? 원고는 설정자가 정상적인
영업을 통해 선박을 건조하고 매각해야만 자금이 순환하고 그 결과
자신의 채권이 변제될 것임을 알고 있기 때문이다. 따라서 그는 정상
적인 영업을 전제로 부합되는 결과를 감수하지만, 그러나 만일의 경
우 설정자에게 정상적인 영업이 어려워 무자력에 이르는 상황이 발생
할 경우를 대비해 부합이 예정된 물건이더라도 담보의 설정을 받는
것이다(예견된 부합을 이유로 담보가 무의미하다면 원고가 현실에서 왜 굳이
양도담보를 설정 받았겠는가 생각해 보라). 그리고 대상판결의 사안에서
원고가 양도담보로 대비하고자 하였던 상황이 도래하였음은 부정할
수 없을 것이다. 자신이 예방하고자 한 상황에 직면해 이를 위해 미리
확보한 담보를 행사하려는 원고에게 무슨 근거로 보호가치가 없다고
쉽게 단정할 수 있겠는가? 실제로 그러한 부합·가공·처분이 예정되
는 집합동산 양도담보나 소유권유보의 경우에 그러한 사정을 예견하
였다는 이유로 담보권자의 보호가치가 없다는 설명은 행해지지 않는
다.[37] 반면 피고의 경우 설령 반입된 카고펌프에 대해 자신이 담보로
취득하고자 하는 의도가 있었더라도,[38] 그것이 타인의 소유에 속하여
소유권을 양도받지 못한 이상 나중에 그 가치를 취득하는 것은 본인
의 주관적 관점에서는 아니더라도 총채권자의 객관적 관점에서는 당

---

36) 이새롬 (주 2), 635면.
37) 그러한 경우 담보권자의 보호가치가 부정되기는커녕, 오히려 설정자의 정상적인
영업과 이를 전제로 하는 채권자의 담보이익을 조화시키는 과제가 제기된다. 양창
수·김형석, 민법 Ⅲ: 권리의 보전과 담보, 제3판, 2018, 539면 참조.
38) 손호영 (주 2), 424면은 이 점에도 의문을 제기하며, 피고와 설정자의 양도담보 계
약은 설정자 소유의 물건에만 양도담보를 설정할 의사였다고 해석한다.

연히 우연적인 망외의 이익이다. 그리고 무자력 위험의 분배에서 유의미한 관점이 전자가 아니라 후자임은 굳이 부연할 필요가 없을 것이다.

(2) 지금까지 살펴본 내용은 설정자 반환설이 출발점으로 삼는 관점 즉 부당이득은 다른 구제수단으로 해결되지 않는 문제를 해결하는 법제도로서 실질적이고 형평에 맞는 판단이 요구된다는 관점에 대한 의문으로도 나아간다.

주지하는 바와 같이 부당이득이 형식적으로는 정당하지만 실질적으로는 부당한 재산이동에서 발생하는 모순을 제거하려는 형평적 구제수단이라는 관점은 20세기 초반 독일의 학설을 일본의 학설이 공평설이라는 모습으로 수용하면서[39] 우리에게도 전해졌다. 그러나 이러한 관점에 대해 그 추상성과 모호성으로 실제 해결에 도움이 되지 못한다는 비판이 행해지고 있음은 주지하는 바이다.[40] 폰 캐머러는 그의 고전적인 서술에서 형식적으로 정당하나 실질적으로 부당한 재산이동의 교정이라는 관점은 형식주의에 지배되던 법발전 초창기 부당이득법에나 타당한 서술이며, 현대 법질서의 상황에는 더 이상 부합하지 않는다고 지적한다. "부당이득법은 보다 높은 단계의 법이 아니다. 잘못된 수령자에게 공급하였거나 청구서를 두 번 지급하였거나 성립하지 아니한 계약에 선급을 한 자의 반환청구권은 소비대차나 담보책임을 이유로 하는 해제로부터 발생하는 반환청구권과 다른 존엄성을 가지고 있는 것은 아니다. 타인이 소비한 재화 소유자의 부당이득 반환청구권은 독일 민법 제823조 제1항에 기한 손해배상청구권과 동등한 차원에 존재한다."[41] 그리고 빌부르크가 지적하듯, "부당이득

---

39) 我妻榮, 事務管理·不當利得·不法行爲, 1937, 27면 이하. 기르케, 헤데만, 슈탐믈러 등이 원용된다.

40) 민법주해[XVII] (주 14), 162면 이하(양창수) 참조.

41) von Caemmerer, "Bereicherung und unerlaubte Handlung", *Gesammelte Schriften*, Band I, 1968, S. 216f.

반환청구권이 항상 그것이 없었더라면 존속하였을 법상태에 대해 작용한다는 사정은 부당이득의 고유한 특성이 아니라, 모든 청구권에 공통적이다. […] 부당이득 반환청구권은 현행법 자체에 근거를 두고 있으며, 그에 반하거나 그 위로 고양될 수는 없다"[42]

대상판결로 되돌아가, 만일 설정자 반환설이 부당이득(제741조)의 이득 개념이나 부합에 따르는 보상(제261조)에 대해 기존에 확립된 해석을 실질과 형평만을 이유로 번복하고자 하는 것이라면, 앞서의 서술에 비추어 그러한 태도는 받아들일 수 없다. 이는 법률에 반하여 법적 안정성을 위태롭게 하려는 시도로 해석론의 과제를 넘어선다고 생각되기 때문이다. 그러나 그것이 아니라 단지 법률을 적용하는 과정에서 실질과 형평을 고려해야 한다는 주장에 그친다면, 이에 반대할 이유는 전혀 없다. 그러나 법률해석에서 실질과 형평을 고려해야 하는 것은 부당이득에 고유한 작업이 아니라 모든 법률해석에서 마찬가지이다. 그렇다면 설정자 반환설은 단순히 담보로서의 실질을 표어로 언급하는 것에 그치지 않고 제261조, 제741조 요건의 해석에서 실질과 형평이 어떻게 반영되는지를 구체적으로 보여야 할 것이다.

4. 사후적 사정에 따른 예외 인정?

한편 원칙적으로 설정자가 수익자라는 설정자 반환설의 주장을 출발점에서는 공유하면서도, 피고의 현실적인 만족을 고려하여 예외를 설정하려는 견해도 주장된다. 우선 이 견해는 대상판결의 사안에서 부합에 의해 원칙적으로 설정자에게 이득이 발생한다고 설명한다는 점에서 이미 타당하지 않다. 설정자에게 이득이 발생한다는 주장의 문제점은 앞서 설정자 반환설을 비판하며 상세히 살펴보았다(본장 Ⅱ. 1., 2., 3. 참조). 그러므로 아래에서는 이 견해가 예외로 설정하는

---

42) Wilburg, *Die Lehre von der ungerechtfertigten Bereicherung*, 1934, S. 21.

내용이 타당할 수 있는지를 살펴본다.

　이 견해는 부합 이후 피고가 양도담보를 실행함으로써 받게 되는 만족의 모습을 고려하여 피고가 반환의무자가 될 수 있음을 긍정한다는 특징을 가진다. 그 중 하나의 견해는, 부합 후 양도담보권자인 피고가 담보목적물인 선박을 환가하여 채권의 만족을 받는 단계에서, 카고펌프가 이 사건 선박에 부합되기 전 이 사건 선박의 가액이 피고의 채권액에 미치지 못하는 상태에서(①) 부합으로 인하여 증가된 가치 상당액만큼 피담보채권을 추가로 변제받은 경우에는(②, ③), 피고가 우선변제를 받아 실질적 이익을 받았으므로 피고가 부당이득의 상대방이 된다고 주장한다.43) 다른 견해도, 원칙적인 반환의무자는 설정자이지만, 피담보채무가 부합 이전의 양도담보물의 담보가치를 초과하고 있었고(①), 부합으로 인하여 담보가치가 증가하였으며(②), 그 실행으로 인하여 양도담보권자가 추가적인 만족을 얻었고(③), 채무자로서는 다른 책임재산이 없는 경우에는(④) 피고가 실질적인 이익을 받았으므로 반환의무자가 되며, 이러한 경우는 민법 제578조와 상황이 유사하므로 이를 유추하여 설정자가 1차적 책임을 부담하되 그가 무자력인 경우 보충적으로 피고를 상대로 청구할 수 있다고 주장한다.44) 뒤의 견해가 설정자의 무자력을 요구하면서 제578조의 유추를 고려한다는 점을 제외하면 두 주장의 기본적인 발상은 동일하다.

　우선 이 견해가 양도담보 실행의 결과 추가적인 만족을 받은 피고를 상대로 원고가 가지게 되는 부당이득 반환청구권이 제257조, 제260조, 제741조를 근거로 성립하는 청구권이라고 이해한다면, 이는 명백히 부당하다. 왜냐하면 그러한 설명에 따르는 경우 부합의 결과 원고가 가지는 부당이득 반환청구권은 카고펌프의 부합 시점에 유효하게 성립하였음에도 불구하고 피고의 양도담보 실행 시점까지는 그

43) 권준범 (주 2), 246면.
44) 윤진호·김제완 (주 2), 221면 이하.

상대방을 확정할 수 없다는 불합리한 결과가 발생하기 때문이다. 예컨대 원고가 피고의 양도담보 실행 이전의 시점에 부당이득을 청구하는 경우, 장래 피고의 피담보채권이 얼마만큼 미리 변제될 것이고 그 결과 피고가 양도담보 실행으로 어느 정도의 이익을 받게 될지(또한 목적물의 시세변동 가능성에 대해서 본장 Ⅱ. 1. (2)도 참조) 그리고 과연 그 시점에 설정자가 무자력일지 여부 등이 불확실하기 때문에 청구의 상대방이 될 반환의무자를 확정할 수 없는 것이다. 물론 이 견해는 「원칙적」으로는 설정자가 수익자라고 하므로 피고의 실행 전까지는 설정자가 상대방이라고 주장할지도 모른다. 그러나 그렇게 해석한다면, 부합의 시점에 이미 유효하게 성립한 부당이득 반환청구의 상대방이 이후 피고의 양도담보 실행의 결과에 따라 설정자에서 피고로 변경될 수 있으며, 그에 상응하여 원고의 청구 시점이라는 우연한 사정에 따라 동일한 부당이득 반환청구권의 의무자가 달라질 수 있다는 이해하기 어려운 결론이 도출된다.[45] 이러한 내용이 타당하다고 말할 수는 없을 것이다.

　　그러나 이 견해를 다음과 같이 이해할 여지도 없지 않다. 즉 원고는 피고의 양도담보 실행 이후에도 설정자에 대해 여전히 제257조, 제260조, 제741조에 따라 부당이득 반환청구권을 가지고 있으나, 설정자가 무자력인 경우 원고에게 그 이익을 반환할 수 없는 상황이므로 원고는 그 반환불능으로부터 이득을 받은 피고를 상대로 또 하나의 부당이득 반환청구권을 취득한다고 말이다.[46] 이렇게 이해할 경우, 이 견해가 원고에게 인정하는 부당이득 반환청구권은 일종의 전용물소권이며, 따라서 그 정당화에 각별한 이유제시가 필요하다. 그런데 부당이득이 무자력을 포함하여[47] 수익자의 반환불능으로 좌절

---

45) 윤진호·김제완 (주 2), 210면 주 14 참조.
46) 특히 권준범 (주 2), 246면을 비판하면서(주 23 참조) 제578조의 유추를 언급한다는 점에서 윤진호·김제완 (주 2), 221면 이하가 이러한 태도라고 보인다.

되는 경우 그로부터 이득을 받은 자에 대한 추가적인 부당이득 청구에 대해서는 이미 제747조 제2항이 지침을 제공하고 있다는 사실을 기억해야 한다. 동항이 바로 부당이득 반환이 좌절되는 경우 특별히 인정되는 전용물소권에 관해 정하는 규정이기 때문이다.[48] 이 규범을 고려한다면, 대상판결에서는 피고가 부합으로 증가된 가치에 해당하는 이익을 설정자의 부당이득 사실을 알면서 무상으로 취득하는 경우에만 그러한 전용물소권이 정당화될 여지가 있다. 그러나 이 사안에서 피고가 실행으로 받게 되는 이익이 유상임은 의문의 여지가 없으며, 따라서 그러한 전용물소권은 섣불리 인정되어서는 안 된다. 그리고 이 맥락에서는 앞서의 견해가 주장하는 것처럼 경매라는 특수한 사안에 적용될 제578조의 유추를 고려할 수도 없다고 할 것이다. 문제의 사안에 직접적인 관련성을 가지는 제747조 제2항의 존재에 비추어 법률의 흠결을 인정할 수 없기에 유추는 가능하지 않다고 보아야 하기 때문이다. 특히 중간자가 무자력이라는 이유로[49] 경매라는 핵심적 요건을 도외시하고서 제578조를 유추할 수 있다면, 많은 유형의 삼면관계에서 직접청구와 전용물소권을 일반적으로 인정하게 되는 체계파괴적 결과로 나아갈 위험이 매우 크다. 왜냐하면 삼면관계에서 직접청구와 전용물소권의 문제는 거의 예외 없이 중간자의 무자력을 전제로 해서만 제기되기 때문이다(주 35 참조).

요컨대 예외적으로 인정되는 부당이득 반환청구권이 제260조, 제741조에 근거한다고 이해하는 경우, 그 전제가 되는 이득이 누구에게 발생하였는지의 문제는 청구권이 성립하는 시점에 이미 확정되어 있어야 함에도, 이 견해는 청구권 성립 이후의 사정을 고려하여 반환의

---

47) 김용담 편집대표, 주석 민법 채권각칙(5), 제4판, 2016, 704-705면(민중기) 참조.
48) 제747조 제2항의 입법에 참고가 되었던(민법주해[XVII] (주 14), 571면(양창수) 참조) 독일 민법 제822조에 대해 Wieling, *Bereicherungsrecht*, 4. Aufl., 2007, S. 84; MünchKomm/Schwab (주 16), §822 Rn. 1 등 참조.
49) 윤진호·김제완 (주 2), 223면.

무자를 정하려고 한다는 점에서 타당하지 않다. 반면 예외적으로 인정되는 부당이득 반환청구권이 피고의 양도담보 실행에 따른 이익의 이동을 근거로 추가적으로 인정되는 부당이득 반환청구권이라면, 이는 일종의 전용물소권으로 바로 그러한 사안유형에 대해 규율하고 있는 제747조의 제2항의 가치평가에 비추어 쉽게 인정할 수 없다. 이 견해는 원칙적인 경우에 설정자 반환설을 따른다는 점에서도 따를 수 없지만, 그에 대해 설정한 예외도 설득력이 있다고 하기는 어렵다. 결론적으로 설정자 반환설을 원칙으로 하여 출발하는 이상 예외적으로도 피고의 반환이라는 해결에는 도달할 수 없다.

Ⅲ. 동산 부합과 부당이득 : 소유권유보와 양도담보

지금까지는 대상판결을 지지하는 평석이 제시하는 논거를 비판적으로 검토하면서 그것이 지지되기 어렵다는 것을 보았다. 아래에서는 다른 관점에서 수익자가 아닌 피고가 부당이득의 상대방이 되어야 한다는 것을 살펴보고자 한다. 이는 무엇보다 부합과 부당이득의 문제를 다루고 있으며 대상판결도 인용하고 있는 선례인 大判 2009.9.24. (주 23)과 대상판결의 관계에 대한 검토를 포함한다. 이 선례와 대상판결의 결론은 충돌한다고 볼 여지가 크기 때문이다.[50]

1. 한 선례의 태도

(1) 大判 2009.9.24. (주 23)은, 원고가 소유권유보 하에 철강제품을 수급인에게 공급하였고, 수급인이 이를 도급인의 공장 건물 증축에 사용하여 부합시킨 사안을 배경으로 한다. 원고가 피고에 대해 부당이득을 청구하는 것에 대해, 원심은 제261조를 적용하여 이를 긍정

---

50) 이진기 (주 2), 543면; 손호영 (주 2), 424-425면.

하였으나, 대법원은 다음과 같은 이유로 이를 파기하였다. 대법원은 우선 제261조가 첨부에 의한 소유권 취득의 경우 부당이득 반환을 지시하는 것은 법률효과만 준용하는 것이 아니라 법률요건까지 준용하는 의미임을 밝히고, 이어서 선례[51]를 인용하여 "계약 당사자 사이에 계약관계가 연결되어 있어서 각각의 급부로 순차로 소유권이 이전된 경우 계약관계에 기한 급부가 법률상의 원인이 되므로 최초의 급부자는 최후의 급부수령자에게 법률상 원인 없이 급부를 수령하였다는 이유로 부당이득반환청구를 할 수 없다"고 한다. 그러나 이 사안의 경우에는 추가적인 고려사항이 있음을 판시한다.

> "이와 달리, 매매 목적물에 대한 소유권이 유보된 상태에서 매매가 이루어진 경우에는 대금이 모두 지급될 때까지는 매매 목적물에 대한 소유권이 이전되지 않고 점유의 이전만 있어 매수인이 이를 다시 매도하여 인도하더라도 제3자는 유효하게 소유권을 취득하지 못하므로[…], 위와 같은 계약관계에 의한 급부만을 이유로 제3자는 소유자의 반환 청구를 거부할 수 없고, 부합 등의 사유로 제3자가 소유권을 유효하게 취득하였다면 그 가액을 소유자에게 부당이득으로 반환함이 원칙이다. 다만, 매매 목적물에 대한 소유권이 유보된 경우라 하더라도 이를 다시 매수한 제3자의 선의취득이 인정되는 때에는, 그 선의취득이 이익을 보유할 수 있는 법률상 원인이 되므로 제3자는 그러한 반환의무를 부담하지 않는다고 할 것이다.
>
> […] 그리고 매도인에 의하여 소유권이 유보된 자재를 매수인이 제3자와 사이의 도급계약에 의하여 제3자 소유의 건물 건축에 사용하여 부합됨에 따라 매도인이 소유권을 상실하는 경우에, 비록 그 자재가 직접 매수인으로부터 제3자에게 교부된 것은 아니지만 도급계약에 따른 이행에 의하여 제3자에게 제공된 것으로서 거래에 의한

---

51) 大判 2003.12.26., 2001다46730, 집 51-2, 375.

동산 양도와 유사한 실질을 가지므로, 그 부합에 의한 보상청구에 대하여도 위에서 본 선의취득에서의 이익보유에 관한 법리가 유추적용된다고 봄이 상당하다.

따라서 매도인에게 소유권이 유보된 자재가 제3자와 매수인과 사이에 이루어진 도급계약의 이행에 의하여 부합된 경우 보상청구를 거부할 법률상 원인이 있다고 할 수 없지만, 제3자가 도급계약에 의하여 제공된 자재의 소유권이 유보된 사실에 관하여 과실 없이 알지 못한 경우라면 선의취득의 경우와 마찬가지로 제3자가 그 자재의 귀속으로 인한 이익을 보유할 수 있는 법률상 원인이 있다고 봄이 상당하므로 매도인으로서는 그에 관한 보상청구를 할 수 없다고 할 것이다.”

(2) 이 판결의 이유제시는 타당하다고 생각된다. 이 판결에 대해서는 이미 그 의미를 해명하고 있는 평석들이 존재하므로,52) 이를 다시 상세히 재론할 필요는 없다고 보인다. 아래에서 대상판결과의 관계를 살펴보기 위해 필요한 범위에서 이를 부연하면 다음과 같다.

대법원의 전용물소권에 관한 판례에 따른다면, 계약상의 급부가 계약의 상대방뿐만 아니라 제3자의 이익으로 된 경우에 급부를 한 계약당사자가 계약 상대방에 대하여 계약상의 반대급부를 청구할 수 있는 이외에 그 제3자에 대하여 직접 부당이득반환청구를 할 수는 없다.53) 또한 지급지시에 관한 선례에 비추어, 여러 당사자들 사이에 계약의 연쇄에 따라 각각의 급부로 순차로 소유권이 이전되는 경우 계약관계에 기한 급부가 법률상의 원인이 되므로,54) 최초의 급부자는

---

52) 이병준, “소유권이 유보된 재료의 부합과 부당이득반환청구”, 자유와 책임 그리고 동행(안대희 대법관 재임기념), 2009, 103면 이하; 안병하, “부합과 부당이득”, 연세대 법학연구, 제25권 제1호, 2015, 157면 이하; 김우진, “소유권유보부매매 목적물의 부합과 부당이득”, 민사판례연구[XXX－1], 2011, 455면 이하.

53) 大判 2002.8.23., 99다66564,66571, 집 50－2, 40.

54) 大判 2003.12.26. (주 51).

최후의 급부수령자에게 법률상 원인 없이 급부를 수령하였다는 이유로 부당이득반환청구를 할 수도 없다. 이러한 원칙에 따른다면, 이 사건에서 원고는 중간자인 수급인에게 매매계약의 이행으로 철강제품을 공급한 것이고 피고인 도급인은 중간자인 수급인으로부터 도급계약의 이행으로 철강제품의 소유권을 취득한 것이므로, 원고는 피고를 상대로 부합을 이유로 하는 부당이득의 반환을 청구할 수 없는 것처럼 보일 수도 있다. 수급인이 도급인에게 소유권을 이전하는 결과가 법률행위에 의한 것인지 아니면 법률 규정에 의한 것인지 여부와 무관하게 소유권 이전이라는 결과로 수급인은 도급인에 대한 의무를 이행한 것으로 볼 수 있을 것이기 때문이다.[55] 대법원이 설명하는 대로, 철강제품은 "도급계약에 따른 이행에 의하여 제3자에게 제공된 것으로서 거래에 의한 동산 양도와 유사한 실질을 가지"는 것이다.

그러나 이상의 설명은 철강제품의 소유권이 원고→수급인→피고의 순서로 순차적으로 유효하게 이전된 경우를 전제로 한다. 그렇지 않은 경우 예컨대 이 사안에서처럼 원고가 소유권유보에 기해 철강제품의 소유권을 가지고 있는 경우에는, 원고는 부합 이전까지는 철강제품의 소유물반환을 청구할 수 있었을 것이다. 그런데 원고가 이렇게 소유물반환을 청구하는 경우, 자재를 공급받아 점유하는 도급인인 피고는 중간자인 수급인과의 도급계약에 기초해 목적물을 수령하였다는 이유로 반환을 거부할 수 없다. 도급계약은 그들 사이의 채권관계에 불과해 소유자인 원고와의 관계에서 점유할 권리(제213조 단서)를 부여할 수 없기 때문이다. 소유권은 계약관계를 가로질러 그 이익을

---

55) 이는 예컨대 매매와 관련해 매도인이 매수인으로 하여금 선의취득으로 소유권을 취득하게 한 경우에도 재산권이전의무를 적법하게 이행한 것으로 취급되는 결과와 비교해도 그러하다(Beckmann in Staudinger, *Kommentar zum Bürgerlichen Gesetzbuch*, 2014, § 433 Rn. 120 참조). 요컨대 계약내용에 따라 소유권이전이라는 급부결과가 중요하며, 채무자가 권리자였는지 여부 그리고 취득의 근거가 무엇인지는 결정적이지 않다.

주장할 수 있게 하는 으뜸패인 것이다. 그렇다면 이 철강제품이 피고의 건물에 부합해 피고가 그 소유권을 취득한다고 해서 원고의 부당이득 반환청구가 배제되어서는 안 된다. 철강제품의 가치는 소유물반환에 의해 원고에게 귀속될 것이었고, 부합으로 그러한 결과가 새삼 달라질 이유는 없기 때문이다. 만일 그렇지 않고 부합에 의해 철강제품의 가치가 피고에게 귀속된다면, 부합은 부당이득에 대해 법률상 원인으로 기능하게 된다. 그런데 이는 법률이 배척하는 바이다. 바로 제261조가 부합이 법률상 원인이 아님을 명시적으로 정하고 있기 때문이다(주 22도 참조). 그러므로 원고가 소유권을 추급할 수 있는 한도에서, 소유물의 가치는 그에게 귀속되어야 하고 부합은 이를 변경할 수 없다. 요컨대 "원인관계의 흠결은 그 당사자들 사이에서 ―그리고 그 당사자들 사이에서만― 부당이득 반환을 발생"시키지만, "물권적 차원에서의 흠결이 있는 경우 원칙적으로 계약연쇄를 가로지르는 '직접청구'가 고려된다."[56]

　다만 이 사안유형에서는 부합의 객체가 동산이므로 선의취득의 가치평가를 고려해야 하는 문제는 남는다. 이는 앞서도 지적하였지만(주 55 및 그 본문 참조), 재산권이전의무의 이행이라는 맥락에서 법률

---

56) Larenz/Canaris, *Lehrbuch des Schuldrechts*, Band Ⅱ/2, 13. Aufl., 1994, S. 200f. 비교법적으로 König, *Ungerechtfertigte Bereicherung*, 1985, S. 210ff., 219f.도 참조. 이러한 관점에서 볼 때 피고가 도급계약에 기초해 급부로 철강제품의 소유권을 취득하였다는 이유만으로 원고의 부당이득 반환을 부정하는 견해(예컨대 박영규, "제3자에 의한 부합과 부당이득 반환의무자", 서울법학, 제18권 제1호, 2010, 227면 이하; 결과적으로 김재형, 민법판례분석, 2015, 293–294면)는 양자의 차이를 간과하고 있다고 보인다. 이렇게 새긴다면 ―이미 본문에서 서술한 대로― 부합은 그 자체로 법률상 원인이 될 것이나, 이는 제261조가 명시적으로 부정하는 바이다. 그리고 박영규, 같은 곳은 직접청구가 차단되는 근거로 제747조 제2항을 근거로 들고 있으나, 이 규정은 카나리스의 구별에 따를 때 전자 즉 물권관계는 유효하나 원인관계에는 흠결이 있는 경우를 전제로 적용되는 규정이다. 독일 민법 제822조와 관련해 MünchKomm/Schwab (주 16), §822 Rn. 9 참조("제822조의 수익자는 권리자로서 처분"). 또한 본장 Ⅱ. 4.도 참조.

행위에 따른 이전과 법률 규정에 따른 이전은 실질에서 유사하여 평행하게 취급될 필요가 있기 때문이다. 그렇다면 "법률행위에 따른 양도행위가 있었는지 아니면 […] 법률의 규정에 따라 소유권이 이전되었는지 여부에 따라 구별한다면, 실제로 극단적인 평가모순을 발생시킬 것이다. 예컨대 공급된 건축자재가 건축주에게 먼저 양도되었는지 아니면 그러한 중간단계 없이 [바로] 건축에 사용되었는지 […] 여부에 따라 서로 상이한 결과에 이르게 될 것이다. 이러한 사안유형에서 정반대로 판단할 실질적 이유를 발견할 수 없기 때문에, 법률행위에 따른 취득이라는 규율모델을 기준으로 해야 한다."57) 그러므로 이 사안에서 피고는 부합으로 소유권을 취득하였지만, 부합 전에 수급인이 그에게 철강제품의 소유권을 이전한 다음 부합한 경우와 동등하게 판단되어야 한다. 즉 부합 시점에 피고가 먼저 소유권을 이전 받은 다음 부합이 이루어졌다고 가정할 때, 그가 선의취득의 요건을 충족할 수 있었다면 철강제품의 소유권을 취득하였을 것이다(제249조). 그렇다면 원고의 소유물 반환은 불가능하며, 원고는 이를 부당이득으로도 반환 청구할 수 없다고 해야 한다. 선의취득이 법률상 원인에 해당한다는 점에는 의문이 없기 때문이다. 그리고 이익상황에 비추어 이는 양도 행위 없이 바로 부합이 바로 행해진 경우에도 다를 바 없어야 한다.58)

---

57) Larenz/Canaris (주 56), S. 213. 따라서 그러한 구별을 하려고 하는 박세민, "양도에 의한 선의취득과 선의취득자의 부당이득", 비교사법, 제18권 제4호, 2011, 1159면의 서술은 이익상황에 비추어 의문이다.

58) 김재형 (주 56), 294면은 선의취득 규정을 유추하는 것을 문제 삼으면서, 그렇게 해석할 경우 건축주에게 소유권유보 여부를 조사해야 할 주의의무를 부과하게 될 것인데 이는 현실과 부합하지 않는다고 한다. 그러나 이는 그렇지 않다. 종래 동산 선의취득에서 무과실의 증명책임 소재에 대해서 논의가 있는 바이기는 하다(곽윤직 편집대표, 민법주해[V], 1992, 461 – 463면(이인재)). 그러나 이 견해도 시인하는 바와 같이(곽윤직·김재형, 물권법, 제8판 보정, 2015, 165면) 건축주가 건설회사의 점유를 신뢰하는 이상 그의 선의·무과실은 추정되는 것이고(제200조), 이를 의심할 만한 특별한 사정이 있는 때에만 주의의무가 발생한다고 해석하는 입장

(3) 소유권유보 목적물의 부합에 관한 대법원 판결을 이상과 같이 이해한다면, 그 배후에 있는 법리는 다음과 같이 일반화할 수 있다. 즉 소유물 반환을 청구할 수 있었던 자는, 나중에 첨부에 의하여 소유권을 상실하더라도, 첨부로 소유권을 취득해 그 가치를 귀속 받은 자를 상대로 부당이득의 반환을 청구할 수 있다. 그렇지 않으면 첨부 규정이 법률상 원인으로 기능할 것인데, 이는 제261조가 부정하고 있는 바이기 때문이다. 이상의 내용은 소유권이 소멸하는 경우 이를 이유로 하는 침해이득 반환청구권은 소유물 반환청구권을 갈음하는 구제수단(이른바 Vindikationsersatz)임을 의미한다.[59] 즉 소유권으로 추급이 가능하였던 범위에서 부당이득에 따른 반환청구권도 미친다. 그래서 예컨대 앞서 사안에서 만일 수급인이 철강제품을 원고로부터 소유권유보부 매매로 공급을 받아 부합시킨 것이 아니라 원고로부터 절취하여 부합시킨 것이라면, 피고는 절취 시점부터 2년 동안은 비록 부합 시점에 선의·무과실이었더라도 부당이득 반환의무를 부담해야 한다. 왜냐하면 2년 동안 원고는 피고로부터 철강제품의 반환을 청구할 수 있었고(제213조, 제249조, 제250조), 부합이 있다는 사정만으로 새삼 그 가치가 피고에게 종국적으로 귀속할 이유는 없기 때문이다.[60]

이 타당하다. 판례도 일반론으로는 무과실이 추정되지 않는다고 판시하지만(大判 1966.3.22., 61다1174,1175, 집 10-1, 244), 실제로 개별 사건에서 과실을 인정할 때에는 주의의무를 성립시킬 사정들을 적극적으로 고려하고 있어(예컨대 大判 1999.1.26., 97다48906, 공보 1999, 342 참조) 실질에서 크게 다르지 않다. 한편 김재형, 同所; 박세민 (주 57), 1160면은 피고가 도급계약에 기해 중간자인 수급인에게 대가를 지급했으므로 이득이 없다는 이유도 든다. 그러나 이 설명 역시 타당하지 않다. 소유권 상실을 이유로 하는 침해이득 반환청구에 대해 수익자 자신이 그 이익을 취득하기 위해 지급한 대가는 현존이익 상실로 주장할 수 없다고 해석하는 것이 일반적이기 때문이다. 민법주해[XVII] (주 14), 584-585면(양창수) 참조.

59) 이에 대해 von Caemmerer (주 41), S. 262; Jakobs, *Eingriffserwerb und Vermögensverschiebung*, 1964, S. 168 등 참조.

60) 절취된 동산이 매도되어 가공된 경우에 대해 유명한 BGHZ 55, 176 ("황소 사건")

2. 대상판결의 경우

(1) 이러한 인식을 대상판결에 적용하면 어떠한가? 원고는 카고 펌프가 설정자의 조선소에 반입되기 전에 담보목적으로 그 소유권을 양도받았다. 그리고 그는 카고펌프가 조선소에 반입되었더라도, 그 소유권을 상실하지 않는다. 설정자는 무권리자로서 피고에게 양도하는 것이므로 그 처분은 무효이고, 인도가 점유개정에 의해 이루어졌기 때문에 피고의 선의취득도 성립하지 않기 때문이다.[61] 물론 이후 카고펌프의 부합에 의해 원고는 소유권을 상실한다. 이 지점에서 피고가 선의취득의 취지에 부합하여 부당이득법상 보호를 받을 수 있는지 여부의 문제가 등장하나, 이는 가능하지 않다. 설정자가 피고에게 먼저 카고펌프의 소유권을 양도하는 행위를 한 다음에 이를 선박에 부합하였다고 하더라도, ―바로 지적한 바와 같이― 그러한 양도행위는 무권리자의 처분으로 무효일 뿐만 아니라 점유개정을 인도방법으로 하므로 선의취득의 요건도 충족하지 못한다. 따라서 피고는 선의취득이 부여하는 보호를 받을 위치에 있지 않다. 소유물 반환을 청구할 수 있었을 원고는 상실된 소유물 반환청구권에 갈음하여 부합으로 적극재산의 증가를 받은 피고를 상대로 침해이득 반환청구권을 취득한다. 그러므로 부합과 부당이득에 관한 선례인 大判 2009.9.24. (주 23)의 법리를 대상판결의 사안에 적용한다면 원고는 피고에게 부당이득 반환을 청구할 수 있어야 한다.

그리고 이러한 결론은 원고의 지위를 소유자가 아닌 담보권자로 취급한다고 해도 달라질 바가 없다. 현재 일반적으로 인정되는 바와 같이 양도담보권이 대외적인 관계에서 설정자가 아닌 양도담보권자에게 목적물반환청구권이 인정되는 이상, 그가 목적물을 추급할 수 있

참조.

61) 전거와 함께 곽윤직·김재형 (주 58), 166면 참조.

는 범위에서 목적물의 가치는 그에게 귀속해야 하기 때문이다. 그가
담보권자의 지위에 있다는 사실은 이미 살펴본 대로 이행기 도래 여
부에 따른 취급에 대해서만 영향을 미친다(본장 Ⅱ. 2. (2) 참조). 요컨
대 중요한 점은 원고가 소유물 반환청구권을 행사하여 목적물을 회수
할 수 있는 지위에 있는지 여부이며, 그가 소유자인지 담보권자인지
여부는 부당이득을 소유물반환의 연장효로 파악하는 大判 2009.9.24.
(주 23)의 관점에서 전혀 결정적이지 않다.

    (2) 이에 대해 대상판결을 지지하는 입장에서는, 한편으로 大判
2009.9.24. (주 23)에서는 부합으로 피고가 확정적으로 소유권을 취득
한 반면 대상판결의 경우는 양도담보권자로서 통상적인 소유권자와
동일한 이익상황이 아니고, 다른 한편으로 양도담보는 점유개정으로
이루어지므로 도급계약의 이행으로 이루어진 부합과는 달리 거래행위
라고 볼 수 없고 선의취득 규정의 유추도 문제될 수 없다고 지적한
다.[62]

    그러나 우선 뒤의 비판은 개념의 혼동에 지나지 않는다. 점유개정
의 경우 선의취득이 배제되는 것은 거래행위가 없어서가 아니라 선의
취득을 정당화하는 점유의 이전이 결여되어서이다. 선의취득의 전제로
서 거래행위가 의미하는 바는 법률행위에 의한 양도가 전제가 된다는
것 내지 신뢰보호라는 취지상 양도인과 양수인이 경제적으로 중첩되지
않는 당사자여야 한다는 것을 의미하며, 점유개정이 선의취득을 가능
하게 하는지 여부와는 완전히 다른 목적과 기능으로부터 파악되는 쟁
점이다.[63] 실제로 종래 어떠한 견해에 따르더라도 대상판결에서 설정
자의 피고에 대한 양도담보 제공행위를 거래행위가 아니라고 볼 수는
없다. 더 나아가 경제적으로 관찰하거나 일상적인 용어법에 비추어 보

---

62) 이새롬 (주 2), 639 – 640면.
63) 제철웅, 동산 선의취득에 관한 연구, 서울대학교 박사학위논문, 1995, 112면 이하
    참조.

더라도, 과연 대상판결에서 설정자의 담보설정행위를 과연 "거래행위"가 아니라고 볼 수 있는지 의문이다. 그리고 大判 2009.9.24. (주23)이 가지는 의미를 정리하며 보았지만(본장 Ⅲ. 1. (3) 참조), 피고가 점유개정으로 카고펌프를 취득하려고 했다는 사정은 부당이득을 배제할 사정이 아니라 오히려 바로 긍정해야 할 사정이다. 점유개정으로 동산을 취득하려는 자는 양도인이 무권리자인 경우 비록 자신이 선의·무과실이더라도 목적물을 반환해야 하는 결과를 감수해야 하며, 새삼 부합이 있었다는 이유로 그 목적물의 가치를 보유하게 될 이유가 없다.

한편 확정적으로 소유권을 취득한 大判 2009.9.24. (주 23)의 피고와 달리 대상판결의 피고는 양도담보권자로서 통상적인 소유자와는 다르다는 비판이 부당이득의 맥락에서 타당하지 않음은 이미 상세하게 살펴보았다(본장 Ⅱ. 1., 2. 참조). 물론 양도담보권자가 통상적인 소유자와 달리 취급되어야 할 경우는 존재한다.[64] 그러나 대상판결의 법률관계에서는, 양도담보권자를 소유자가 아닌 담보권자라고 파악한다 하더라도, 우리 판례가 인정하는 바의 양도담보권의 내용을 전제로 하고 종래 학설·판례가 이해하는 바의 부당이득 법리를 적용하는 이상 부당이득 반환의 상대방은 설정자가 아닌 피고이다. 이익상황의 차이가 어떻게 법률 규정의 해석에 반영되는지를 설명하지 않고 단순히 이익상황이 다르다고만 말하는 언명은 실은 자신의 결론을 이유제시 없이 반복하는 것에 불과하다.

(3) 그러므로 대상판결의 사안에서 피고는 원고에게 부당이득 반환의무를 부담한다. 원물반환은 처음부터 고려되지 않으므로, 부합 당시의 객관적 가치에 따른 가액반환의무가 성립한다(제747조 제1항; 본장 Ⅱ. 1. (1) 참조). 피고는 결과적으로 설정자의 유책한 선행 양도담

---

64) 제3편 제2장 Ⅱ. 3. 참조.

보 제공에 의하여 원고에 대해 금전지급의무를 부담하게 되었으므로, 담보계약의 불이행에 따라 설정자를 상대로 카고펌프의 가치에 상응하는 손해배상청구권을 취득하게 될 것이다(제390조). 이 손해배상청구권이 기존 양도담보의 피담보채권에 포함되는지 여부는 담보계약의 의사해석 문제이나, 통상 긍정될 것으로 생각된다. 그렇다면 적어도 부합의 시점에는, 피고는 가액반환의무와 동일한 가치의 카고펌프가 자신의 양도담보 목적물에 부합되었으므로, 부합 이전 상황과 비교할 때 특별히 불이익하다고 말하기는 어렵다(본장 Ⅱ. 3. (1) 참조).

물론 이후 시장의 상황에 따라 카고펌프의 가치가 하락하거나, 카고펌프의 부합에도 불구하고 선박의 가격이 하락하는 등의 사태가 발생하는 경우, 피고로서는 불리한 상황에 직면할 수는 있다. 그러나 이러한 사정이 발생하여도 일단 성립한 가액반환의무는 그대로 유지된다. 당사자 사이의 계약이나 법률이 정하는 바가 없는 한, 일단 확정된 금전채권의 명목액이 외부적 사정에 따라 변화하는 것은 우리 민법이 인정하지 않는 바이기 때문이다(예컨대 불법행위로 손괴된 물건의 시가가 나중에 하락하였다고 이미 성립한 손해배상액이 바뀌지는 않는다). 이 경우 피고는 현존이익의 상실(제748조 제1항)을 원용할 수도 없다. 현존이익 상실은 수익자가 이득의 보유를 신뢰하여 자신의 재산 상태를 변경하는 처분을 함으로써 재산을 감소시킨 경우에 그의 신뢰를 보호하기 위한 수단인데, 단순히 담보목적물의 가치하락을 겪는 피고의 경우 그러한 신뢰보호의 사정은 전혀 찾을 수 없기 때문이다.[65] 오히려 자신이 선택한 담보목적물의 가치 하락의 위험은 피고가 자신의 계약상대방인 설정자의 관계에서 부담해야 하며, 다른 채권자인 원고에게 전가해서는 안 된다는 점이 기억되어야 한다(본장 Ⅱ. 3. (1)

---

[65] 그래서 예컨대 받은 이득으로부터 손해가 발생하였다고 하더라도 원칙적으로 현존이익 상실은 주장할 수 없다고 해야 한다. Stadler in Jauernig, *Bürgerliches Gesetzbuch*, 17. Aufl., 2018, § 818 Rn. 33 참조.

참조). 물론 카고펌프는 원고에게도 담보로 제공되었으므로 그 불이익을 그도 부담해야 한다고 생각할지도 모르지만, 이는 그렇지 않다. 부합의 시점에 카고펌프의 가치는 당시의 시가로서 피고의 재산에 통합되었고, 그 등락의 위험은 이제 그 재산 소유자에게 귀속하는 것이 원칙이기 때문이다(*casum sentit dominus*).

제 5 장

입법에 의한 해결?:
등록담보권의 법률관계

Ⅰ. 도입

본장은 「동산·채권 등의 담보에 관한 법률」에 따라 우리 법제에 도입된 동산담보권과 채권담보권 제도의 구체적인 내용을 개관하고, 그 적용에서 제기될 수 있는 몇 가지 법률문제들에 대해 시론적인 해석론을 생각해 보는 것을 목적으로 한다.

1. 기존 동산·채권담보의 문제점

우리 법제에서 활용할 수 있는 동산·채권담보로서는 민법이 정하는 질권(제329조, 제345조)과 거래계에서 발달해온 양도담보가 존재한다. 그런데 주지하는 바와 같이 질권과 양도담보는 그것의 경시할 수 없는 순기능에도 불구하고 거래계의 수요에 비추어 불충분한 단점들이 있다고 지적되어 왔다. 이를 간단히 요약해서 살펴보면 다음과 같다.

(1) 민법이 인정하고 있는 동산담보인 질권은 엄격한 점유질원칙(제330조, 제332조)에 의해 실제 거래계에서 활용되지 못하고 있다. 민

법은 입질된 동산을 질권설정자가 점유하는 것을 금지함으로써, 한편으로는 담보제공자가 영업적으로 활용할 필요가 있는 기계·자재·원료·제품 등을 담보로 제공할 수 있는 가능성을 박탈하고, 다른 한편으로는 신용을 공여하는 사람(특히 은행)에게 질물의 점유로 인한 불필요한 비용을 발생시킬 수 있다. 이러한 사정으로부터 당사자들 모두 질권설정을 회피하는 결과가 발생한다. 결국 질권은 설정자에게 목적물의 점유가 없어도 무방하고 질권자로서도 관리비용이 그다지 들지 않는 물건(귀금속, 유가증권 등)에 한정되어 활용될 수 있을 뿐이다.

　이러한 문제에 대처하기 위하여 거래계는 점유개정(제190조)을 통한 양도담보를 활용하여 동산담보의 수요를 대처해 오고 있었다.[1] 그러나 이러한 양도담보 역시 여러 가지 단점을 가지고 있다. 몇 가지만 들어 보면, ① 민법의 여러 제도들을 활용하여 당사자들이 계약으로 창출한 담보제도이므로 법률관계가 반드시 명확한 것은 아니다. ② 양도의 방법으로 점유개정(제190조)이 활용되므로 실질적으로 거의 공시되지 아니한다. 따라서 설정자의 채권자들로서는 설정자의 재산상태를 쉽게 예측할 수 없고 그 결과 예상하지 못한 불이익을 받을 위험이 있다.[2] ③ 이러한 공시의 불충분함은 특히 다수의 목적물이 유동 상태에 있는 집합동산의 양도담보의 경우에 보다 현저하게 나타난다. ④ 이러한 점유개정에 의한 불완전한 공시는 양도담보권자에게도 불리한 점이 있는데, 설정자는 쉽게 목적물을 반출할 수 있고 또한 선의취득(제249조)의 방법으로 양도담보를 침해할 가능성을 가진다. ⑤ 소유권은 한 사람에게만 귀속할 수 있으므로, 설정자는 목적물의 가

---

1) 양창수·김형석, 민법 Ⅲ: 권리의 보전과 담보, 제3판, 2018, 496면 이하 참조.
2) 실제로 근세의 입법이 보통법에서와 달리 비점유질을 폐지하고 점유질원칙을 확립한 이유도 바로 (특히 전체 재산에 대한) 비점유질권 설정자의 채권자들이 설정자의 책임재산 상태에 대해 착각하여 그와 법률상 이해관계를 맺게 되는 위험을 예방한다는 것이었다. 자세한 것은 Wolfgang Hromadka, "Sicherungsübereignung und Publizität", JuS 1980, 89ff. 참조

치가 상당한 수준에 달하더라도 그것을 순위로 분할하여 여러 사람에게 담보로 제공하여 담보물의 가치에 상응하는 신용을 수수하는 것이 불가능하다.

(2) 채권담보의 경우 채권질권과 채권양도담보는 그 기능에 있어 대체로 동일한 기능을 수행한다.[3] 질권이든 양도담보이든 목적물인 채권이 무체물이므로 동산담보에서와 같이 그 점유의 이전과 관련하여 발생하는 난점이 전혀 없을 뿐만 아니라, 그 설정방법(제349조, 제450조)이 동일하고, 실행방법도 사적 실행으로서 동일하며(제353조 제1항, 제2항), 도산절차에서도 동등하게 취급되기 때문이다(회파 제141조, 제411조). 그런데 채권질권이나 채권양도담보는 모두 그 설정방법으로서 채권양도에 따른 대항요건(제349조, 제450조)이 요구되고 있다는 이유로 거래계에서 활용이 부진하다. 채권담보에서는 통상 다수의 유동하는 집합채권이 목적이 되는데, ① 장래 발생할 채권의 경우 채무자가 특정되지 않아 통지를 할 수 없고, ② 더 나아가 발생과 소멸을 반복하고 있는 집합채권에 대해 일일이 통지를 하는 것은 적지 않은 비용을 초래하며, ③ 무엇보다 대량의 집합채권을 담보로 제공하거나 양도하는 경우 설정자가 경제적 위기에 있다는 신호를 거래계에 보내게 되어 오히려 신용경색을 초래할 우려가 있다. 이를 피하기 위해 통지의 시기를 가능한 늦추는 방법(이른바 통지유보형, 예약형, 정지조건형 등)이 고안되었으나, 도산법상 부인권 행사에 직면하는 위험이 있음은 이미 주지하는 바이다.[4]

2. 「동산·채권 등의 담보에 관한 법률」의 제정

(1) 이러한 동산·채권담보에서의 문제점에 대처하기 위해 제정된 법률이 「동산·채권 등의 담보에 관한 법률」(2010년 6월 10일, 법률 제

---

3) 道垣內弘人, 擔保物權法, 第3版, 2008, 342면 참조.
4) 자세한 내용은 제3편 제1장 Ⅲ. 4. 참조.

10366호)이다.[5] 동법은 동산·채권을 목적으로 하는 새로운 담보물권을 창설하고 이를 등기하여 공시할 수 있도록 한다.[6] 이러한 등기담보권의 도입에 의하여 거래의 안전을 도모하면서도 자산유동화의 활성화를 도모하고자 하는 것이 입법목적이다(담보 제1조 참조). 동법은 공포 후 2년이 경과한 날로부터 시행하며(담보 부칙 제1조), 동법 시행 후 최초로 체결한 담보약정부터 적용한다(담보 부칙 제2조).

(2) 동법에 의하면 담보약정은 양도담보 등 명목을 묻지 아니하고 동법에 따라 동산·채권·지식재산권을 담보로 제공하기로 하는 약정을 말한다(담보 제2조 제1호). 동산담보권은 그러한 담보약정에 따라 동산(여러 개의 동산 또는 장래에 취득할 동산을 포함)을 목적으로 등기한 담보권을, 채권담보권은 담보약정에 따라 금전의 지급을 목적으로 하는 지명채권(여러 개의 채권 또는 장래에 발생할 채권을 포함)을 목적으로 등기한 담보권을 말한다(동조 제2호, 제3호). 여기서 그러한 담보권을 설정한 자를 담보권설정자라고 하고(동조 제5호), 그러한 담보권을 취득한 자를 담보권자라고 한다(동조 제6호).

(3) 그런데 동법에 따라 창설되는 새로운 등기담보권이 기존에 활용되던 질권이나 양도담보에는 영향을 주는 것은 아니다. 즉 새로운 담보권에 의해 질권이나 양도담보가 폐지되는 것은 아니어서 모두 병존하며, 어느 한 쪽에 우선적인 지위가 부여되는 것은 아니다. 입법

---

5) 동법의 제정경과에 대해서는 김재형, "「동산·채권 등의 담보에 관한 법률」 제정안의 구성과 내용", 법조, 제638호, 2009, 6면 이하; 안형준, 동산 채권 등의 담보에 관한 법률, 법무부, 2010, 3면 이하 참조. 참조.

6) 그 밖에 동법은 지식재산권담보권을 특허권, 실용신안권, 디자인권, 상표권, 저작권, 반도체집적회로의 배치설계권 등 질권을 설정할 수 있는 지식재산권을 목적으로 그 지식재산권을 규율하는 개별 법률에 따라 등록된 담보권이라고 정의하면서(담보 제2조 제4호), 그러한 지식재산담보권이 공동담보로 제공되는 경우에 대한 특례규정을 두고 있다(담보 제58조 이하). 이는 동법이 창출한 동산·채권담보권의 내용과는 이질적인 내용이므로 본고에서는 그에 대한 서술을 생략한다. 우선 김재형 (주 5), 47면 이하; 안형준 (주 5), 148면 이하 참조.

정책적으로는 동산·채권 등에 등기담보권을 도입한 이상 기존의 담
보제도를 폐지하는 것이 바람직하다는 지적도 있었으나, 이는 거래계
에서 급격한 변화를 초래할 것이므로 보다 온건한 접근방법을 채택한
것이라고 한다.[7] 그러므로 당사자들은 선택에 따라 기존의 질권이나
양도담보를 채택할 수도 있고, 새로운 등기담보권을 설정할 수도 있
다.[8]

　　그런데 등기담보권과 양도담보가 병존하는 상황에서는 경우에 따
라 등기담보권의 활용이 억제될 가능성도 없지 않다. 이에 대해서는
등기담보권의 구체적인 내용을 살펴본 다음 결론에서 간단하게 살펴
보기로 한다(본장 Ⅳ. 1. 참조)

3. 담보등기

　　(1) 동법에 따른 담보제도 개혁은 동산·채권담보에 대하여 새로
운 공시제도를 도입한다는 점에 그 핵심이 있다.[9] 이는 기존의 질권
과 양도담보가 공시와 관련해 가지고 있었던 난점을 제거하기 위한
것이다. 이에 따라 동산·채권담보권을 공시하는 등기제도가 도입되
었다. 누구든지 수수료를 내고 등기사항을 열람하거나 그 전부 또는
일부를 증명하는 서면의 발급을 청구할 수 있다(담보 제52조 제1항).

　　(2) 담보등기는 동법에 따라 동산·채권을 담보로 제공하기 위하

---

7) 김재형 (주 5), 14면 참조.

8) 안형준 (주 5), 25면에 의하면 채무자와 담보권자(채권자) 사이에 양도담보계약에
　따라 공정증서까지 작성한 후 다시 새로운 법에 따른 담보약정을 하여 담보등기를
　한 경우에는 소유권자가 자기 소유의 물건에 대한 담보권을 취득할 수 없으므로
　당사자 사이에 동법에 따른 담보권의 성립만 인정되어야 한다고 한다. 그런데 그
　러한 사안에서는 이미 새로운 법에 따른 담보권 설정계약의 의사해석상 당연히 종
　래의 양도담보를 해소하고 목적물의 소유권을 담보설정자에게 돌리는 합의 및 간
　이인도(제188조 제2항)가 있다고 이해하면 충분하므로, 양도담보와 동산담보권이
　이중으로 설정되었다고 볼 이유는 없다.

9) 김재형 (주 5), 16면.

여 이루어진 등기를 말한다(담보 제2조 제7호). 이러한 담보등기가 행해지는 등기부는 인적편성주의를 채택하여 담보권설정자별로 편제한다. 즉 담보등기부는 전산정보처리조직에 의하여 입력·처리된 등기사항에 관한 전산정보자료를 담보권설정자별로 저장한 보조기억장치(자기디스크, 자기테이프, 그 밖에 이와 유사한 방법으로 일정한 등기사항을 기록·보존할 수 있는 전자적 정보저장 매체를 포함)를 말하고, 동산담보등기부와 채권담보등기부로 구분한다(담보 제2조 제8호, 제47조). 부동산은 지번으로 특정이 가능하므로 그 등기를 물적편성주의에 의하고 있지만(부등 제15조), 동산이나 채권은 이미 존재하는 개체의 수가 현저히 많을 뿐만 아니라 새로이 끊임없이 창출되고 있으므로 물적편성을 하는 것은 불가능하다.[10] 그러므로 설정자를 기준으로 등기부를 편성하는 인적편성주의를 채택한 것이다.

(3) 그런데 인적편성주의에 따라 담보권을 공시하면 이해관계인이 등기부의 내용만으로는 담보권의 존부와 내용을 정확하게 인식할 수 없는 경우가 종종 발생할 수 있다.

(가) 예를 들어 갑으로부터 돼지 한 마리의 소유권을 취득하는 을이 갑의 담보등기부에서 A 돈사에 있는 갑의 돼지들은 전부 병에게 담보로 제공되었다는 사실을 알게 된 사안을 상정해 보자. 그 경우 을은 등기부의 존재만으로는 자신이 인도 받은 돼지에 담보권이 설정되어 있는지 여부를 알 수 없고, 추가적으로 양수하는 돼지가 A 돈사에 있었는지 여부의 사실 등을 추가적으로 확인해야 한다. 그러므로 담보등기의 공시적 효과는 불충분하다. 결국 이해관계인은 담보등기를 통하여 담보권설정자의 동산이나 채권에 대하여 담보권이 설정되어 있다는 사실을 인식한 다음 이를 토대로 설정자와 담보권자에게 추가적인 확인을 통하여 담보권의 내용을 확인할 수밖에 없다.[11]

---

10) 김재형 (주 5), 19–20면; 안형준 (주 5), 29면 참조.
11) 김재형 (주 5), 20면.

(나) 이와 관련하여 동법은 담보등기가 인적편성주의를 채택하고 있어 발생하는 공시효과의 저하에 대처하기 위해 담보권설정자에게 담보목적물에 대한 명시의무를 부여하고 있다. 즉 담보권을 설정하려는 자는 담보약정을 할 때 담보목적물의 소유 여부와 담보목적물에 관한 다른 권리의 존재 유무를 담보권을 설정받으려는 자에게 명시하여야 한다(담보 제6조). 즉 담보권을 취득하려는 자는 설정자에 대해 권리관계에 대한 명시를 청구할 권리가 있고, 설정자는 객관적 주의를 다하여 정확한 정보를 제공할 의무가 있다. 설정자가 명시의무에 위반하여 허위의 정보를 제공함으로써 담보권자가 손해를 입는 경우에는 그는 설정자에 대하여 손해배상을 청구할 수 있다(제390조).

(다) 그런데 이 규정의 실제적인 의의는 크지 않다고 생각된다. 왜냐하면 그와 같은 규정이 없더라도 법률관계는 크게 다르지 않았을 것이기 때문이다. 그러한 규정이 없더라도, 설정자가 알았거나 알 수 있었음에도 불구하고 타인 소유의 물건이나 이미 다른 담보권이 설정된 물건을 담보로 제공하여 동산담보권자에게 손해를 입힌 경우, 그는 담보약정에 기해 담보권자에 대해 손해배상 의무를 부담할 것이다(제390조). 그리고 명시의무가 인정되지 않는다고 하더라도, 담보를 취득하려는 사람이 권리관계의 명시를 요구했는데 설정자가 이를 거부한다면 그는 거래를 재고하게 될 것이다. 결국 명시의무를 인정하는 실익은 담보권자가 명시를 법적으로 청구할 수 있고 불이행시 간접강제(제389조 제1항, 민집 제261조)에 의해 이행을 강제할 수 있다는 점에 있다. 그러나 그러한 상황에 이르는 사안은 매우 드물 것이다. 그러한 경우 담보를 취득하려는 사람은 거래교섭을 중단하는 것이 합리적이기 때문이다.

(라) 동법이 정하는 명시의무는 담보권을 취득하려는 사람에 대해서만 부과되고 있으므로, 원칙적으로 그 밖의 제3자는 설정자에 대해 권리관계의 명시를 청구할 수 없다. 이미 언급한 예에서 보는 바와

같이(앞의 (가) 참조) 설정자로부터 동산 소유권을 취득하려는 사람이
그에 해당한다. 여기서 동법의 규정(담보 제6조)을 유추할 것을 고려해
볼 수도 있겠지만, 앞서 살펴본 대로 이 규정의 실제적 의의는 그다지
크지 않다고 생각되고, 또한 일종의 계약교섭상 부수의무를 일반화하
여 확대하는 것에는 주저되는 바가 없지 않다. 그러므로 유추는 부정
하는 것이 타당할 것이다. 그러므로 그 밖의 제3자는 설정자와 담보
권자를 통해 권리관계를 확인해야겠지만 협조를 얻을 수 없는 경우에
는 거래를 재고해야 할 것이다. 물론 거래가 성립한 때에는 설정자에
게 계약책임(제390조, 제569조 이하)을 물을 수 있을 것이고, 앞서 서술
한 바와 같이(본장 Ⅰ. 3. (3) (다) 참조) 그 점에서는 명시의무가 인정
되는 경우와 비교해 결과에 있어 큰 차이가 없다.

(4) 인적 적용범위

「동산·채권 등의 담보에 관한 법률」은 인적 적용범위를 제한하
고 있다.[12] 즉 동산·채권을 담보로 제공하는 경우에는 법인(상사법인,
민법법인, 특별법에 따른 법인, 외국법인을 말함) 또는 「부가가치세법」에
따라 사업자등록을 한 사람만이 담보권설정자가 될 수 있다(담보 제2
조 제5호 단서, 제3조 제1항, 제34조 제1항). 그러나 담보권설정자의 사업
자등록이 말소된 경우에도 이미 설정된 담보권의 효력에는 영향을 미
치지 아니한다(담보 제4조).[13]

Ⅱ. 동산담보권

1. 동산담보권의 대상

(1) 동산담보권의 목적물은 당연히 동산(제99조 제2항)이다. 개별

---

12) 입법경위에 대해서는 김재형 (주 5), 21면 이하; 안형준 (주 5), 28면 참조.
13) 자세한 것은 안형준 (주 5), 37‒38면.

동산이 동산담보권의 목적물이 될 수 있음은 의문의 여지가 없다. 더 나아가 여러 개의 동산(장래에 취득할 동산을 포함)이더라도 목적물의 종류, 보관장소, 수량을 정하거나 그 밖에 이와 유사한 방법으로 특정할 수 있는 경우에는 이를 목적으로 동산담보권을 설정할 수 있다(담보 제3조 제2항). 이는 동산양도담보에 대한 판례 법리14)를 입법화한 것으로, 이에 따라 집합동산에 대해 동산담보권을 설정하는 것이 가능하다. 설정자가 장래에 취득할 동산도 이 규정이 정하는 바에 따라 특정이 가능하면 동산담보권의 목적물이 될 수 있다. 그 경우 설정자가 당해 목적물의 소유권을 취득하여 담보등기부에 등기된 기준에 따라 특정가능한 상태에 두는 시점에 담보권이 성립한다. 예컨대 갑이 을에게 A 창고에 있는 재고 동산 전부에 담보권을 설정하면서, 이후 갑이 취득하여 A 창고에 반입하는 물건에도 담보권이 성립한다고 약정하는 경우가 그러하다.

  (2) 그러나 「선박등기법」에 따라 등기된 선박, 「자동차 등 특정동산 저당법」에 따라 등록된 건설기계·자동차·항공기·소형선박, 「공장 및 광업재단저당법」에 따라 등기된 기업재산, 그 밖에 다른 법률에 따라 등기되거나 등록된 동산(담보 제3조 제3항 제1호), 화물상환증, 선화증권, 창고증권이 작성된 동산(동항 제2호), 무기명채권증서 등 대통령령으로 정하는 증권(동항 제3호) 등은 동법에 따른 동산담보권을 설정할 수 없다. 이들 동산에 대해서는 해당 법률이 저당권이나 질권을 설정할 수 있도록 예정하고 있기 때문이다.

  (3) 더 나아가 양도할 수 없는 동산에 대해서는 동산담보권을 설정할 수 없다(담보 제33조, 민법 제331조). 양도할 수 없는 동산은 경매를 통해 환가하거나 귀속청산·처분청산에 의한 실행을 할 수 없어 담보로서 부적절하기 때문이다.

---

14) 제3편 제1장 Ⅱ. 1. 참조.

2. 동산담보권의 성립

(1) 「동산·채권 등의 담보에 관한 법률」에 따라 동산담보권이 성립하려면 담보권설정자가 소유하는 동산을 담보로 제공하기로 약정하고 동법에 따라 담보등기를 해야 한다(담보 제2조 제2호, 제3조 제1항). 즉 당사자들은 원인행위인 담보약정에 기초해 동산담보권을 설정하는 물권적 합의를 하고 담보등기를 함으로써 동산담보권을 성립시킨다. 여기서 등기의 효력이 문제되는데, 동법은 이를 성립요건으로 정한다. 약정에 따른 동산담보권의 득실변경은 담보등기부에 등기를 하여야 그 효력이 생긴다(담보 제7조 제1항). 즉 담보등기는 동산담보권의 설정·내용변경·양도 등과 관련하여 성립요건이므로, 당사자들 사이에서도 담보등기가 없으면 담보권 설정의 효력은 발생하지 아니한다.

(2) 동산담보권은 채무자가 아닌 물상보증인에 의해서도 성립할 수 있다(담보 제8조, 제16조 등 참조). 저당권에서와 마찬가지로 통상 채무자와 채권자 사이에 물상보증인을 통해 동산담보권을 제공하기로 하는 계약이 체결되고, 그에 따라 물상보증인과 담보권자 사이에 담보약정 및 담보권설정행위가 이루어질 것이다.

(3) 동산담보권 설정은 처분행위 내지 물권행위이다. 그러므로 처분행위에 요구되는 법리에 따른다. 첫 번째로, 담보권설정행위의 목적물이 등기부에 등기되어 있는 기준에 따라 특정되어 있거나 특정가능해야 한다. 등기된 기준에 의해 목적물을 특정할 수 없다면, 물권적 합의가 있고 등기가 있다고 해도 동산담보권은 성립하지 않는다. 두 번째로, 설정자는 목적동산에 대한 처분권을 보유하고 있어야 한다. 설정자가 처분권 없는 동산(예컨대 타인 소유 동산)에 동산담보권을 설정하더라도 설정행위는 무효이다. 그러나 다른 문제는 담보권자가 처분권 없는 자로부터 선의·무과실로 담보권을 설정받았거나 양수한 경우 담보권이 선의취득될 수 있지 여부이다.

(가) 입법관여자에 의하면 부동산등기에 공신력이 인정되지 않기 때문에 담보등기에도 공신력을 인정할 수 없고, 그러한 선의취득을 인정하면 질권이나 양도담보 같은 기존의 담보제도를 이용하지 않을 것이기 때문에 모든 제도를 병존시키려는 입법취지에 반하므로, 선의취득을 인정하지 않기로 하였다고 한다.15) 그런데 동산담보권의 선의취득 문제를 살펴보기 위해서는 그것이 문제되는 사안유형을 구별할 필요가 있다고 보인다.

첫 번째로, 무효인 담보권이 등기되어 있는 경우에 그 무효인 담보권을 양수하는 사람이 등기부에 대한 신뢰를 주장하여 선의취득을 주장할 수 있는지 여부이다. 이는 입법관여자가 밝히고 있는 바와 같이 부동산등기와의 균형상 그러한 공신력을 인정할 수 없으므로 부인되어야 한다. 그러므로 그러한 경우 양수인은 담보권을 선의취득할 수 없다.

두 번째로, 동산에 대해 처분권이 없는 사람이 동산담보권을 설정하는 경우 담보권을 설정받는 채권자가 등기부에 대한 신뢰를 이유로 담보권을 선의취득을 주장할 수 있는지 여부이다. 이 경우에도 담보등기를 하였다는 이유로 선의취득을 할 수 없다는 결론은 타당하겠지만, 그 이유에 대해서는 다른 설명이 필요하다. 여기서는 부동산등기와 담보등기를 평행하게 비교하여 선의취득을 부정하는 논거는 적용될 수 없기 때문이다. 담보등기부는 —모든 물권관계가 공시되는 부동산등기부와는 달리— 담보권의 존재만을 (그것도 인적편성에 따라 특정되지 않는 방식으로) 알리고 있을 뿐 개개 동산의 소유권 귀속에 대한 정보를 주지 않는다.16) 이는 최초로 담보권을 설정하는 사람에게 담보등기부가 존재하지 않는다는 사실, 따라서 그 경우 담보권을 설정받는 사람이 담보등기부를 확인하여 소유권 귀속여부를 확인할 가

---

15) 김재형 (주 5), 39면.
16) 같은 취지로 안형준 (주 5), 42면, 62면.

능성이 없다는 사실을 상기해 보면 쉽게 알 수 있다. 그렇다면 담보권을 설정받은 사람이 담보권등기가 되었다는 이유만으로 설정자의 소유권에 대한 신뢰보호를 주장할 수는 없는 것은 당연하다. 그가 설정자가 소유자라고 믿는 근거는 담보등기부가 아니라 그의 점유이기 때문이다(제200조). 즉 동산담보권의 설정의 경우에도 권리외관의 기초는 여전히 점유인 것이다.17)

(나) 그러므로 두 번째 경우에 선의취득의 문제는 다른 형태로 제기되어야 한다. 설정자의 점유를 기초로 설정자가 소유자라고 신뢰하여 동산담보권을 설정받은 사람은 이를 선의취득할 수 있는가? 그런데 이에 대해서는 법률의 규정이 없다. 게다가 민법의 소유권 및 질권의 선의취득 규정(제249조 내지 제251조, 제343조)은 선의취득하는 권리의 공시방법도 점유인 경우(즉 공시방법인 점유가 자주점유의 형태로 양도인과 양수인에 연속하는 경우)를 상정하고 있기 때문에, 설정하는 사람의 권리 공시방법은 점유인데 설정받는 사람의 권리 공시방법은 등기인 동산담보권의 경우와 이익상황이 달라 이를 유추적용할 수도 없다고 할 것이다. 그러므로 법률의 규정이 없는 이상 원칙으로 돌아가 선의취득은 부정되어야 한다.18)

그런데 이러한 결론을 관철할 때에는 부당한 결과가 발생하는 사안유형이 있게 된다. 드물기는 하겠지만 무권리자인 설정자와 선의·무과실인 그의 채권자가 담보약정에서 담보목적물을 담보권자가 점유

---

17) 이미 담보등기부가 편성되어 있는 경우 적어도 당해 등기부에 의해 특정가능한 동산에 대해서는 설정자의 소유권이 공시된다고 보는 견해도 있을 수 있으나, 이는 타당하지 않다. 그러한 해석은 민법상 동산물권의 공시방법이 점유라는 대원칙과 정면으로 충돌하기 때문이다. 담보등기부에 등기된 동산도 양도의 방법이 점유의 이전(제189조 내지 제191조)이고, 질권을 설정할 수 있고(제330조), 민법상 선의취득(제249조 이하)이 가능하다면, 그 공시방법은 여전히 점유라는 사실을 부정할 수 없다. 즉 담보등기부는 오로지 담보권의 존재만 공시하며, 소유권 기타 다른 물권의 존재는 민법의 원칙에 따라 점유에 의해 공시된다.
18) 같은 취지로 안형준 (주 5), 42면, 93면.

하기로 약정한 다음 담보등기를 하고 목적물이 인도된 사안을 생각해
보자. 그 경우 채권자는 만일 양도담보나 질권의 설정으로 그쳤다면
이를 선의취득했을 것임에도 불구하고(제249조, 제343조), 추가적으로
담보등기를 하였다는 이유만으로19) 무담보의 상태에 있게 된다. 이는
법률의 평가모순으로 그대로 수인해서는 안 된다고 생각한다. 법률이
그의 보호를 위해 추가적으로 인정하고 있는 절차를 밟았다는 이유로
오히려 완전히 보호가 박탈되는 결과이기 때문이다. 그러므로 동산담
보권을 설정 받는 사람이 담보등기 외에 담보약정에 따라 평온·공연
하게 선의·무과실로 담보목적물의 점유를 이전받은 경우에는 제249
조, 제343조를 유추해서 동산담보권을 선의취득한다고 해석해야 할
것이다. 여기서 점유의 이전은 제249조의 해석상 인정되는 바와 같
이20) 현실인도, 간이인도, 반환청구권의 양도만을 포함하고, 점유개
정은 포함되지 않는다고 할 것이다.

　(다) 그러나 통상의 담보약정에서는 동산의 점유를 설정자에 두
는 것으로 정해질 것이므로, 그러한 경우 설정자가 무권리자인 때에
는 선의취득은 불가능하다. 그러므로 예를 들어 설정자가 이미 양도
담보로 제공한 동산에 대해서 동산담보권은 설정되지 않는다. 설정자
가 장래 취득할 동산을 채권자의 담보를 위해 양도한 다음 다른 채권
자를 위해 그에 동산담보권을 설정한 경우에도, 나중에 설정자가 동
산의 소유권을 취득한 순간 사전점유개정의 효력으로 소유권은 양도
담보권자에게 이전한다고 할 것이어서21) 동산담보권은 성립하지 않

---

19) 동법에 의하면 담보약정은 "양도담보 등 명목을 묻지 아니하고 […] 동산[…]을 담
　보로 제공하기로 하는 약정"(담보 제2조 제1호)이고, 입법관여자에 의하면 "양도담
　보 등 그 명칭을 불문하고 담보약정을 한 경우에는 이 법에 따른 등기를 할 수 있
　다"고 한다(김재형 (주 5), 12면; 생략은 필자에 의한 것이며, 아래에서도 같다).
20) 大判 1964.5.5., 63다775, 집 12-1, 61; 1978.1.17., 77다1872, 공보 1978, 10607.
21) 양창수, "내용이 변동하는 집합적 동산의 양도담보와 그 산출물에 대한 효력", 민
　법연구, 제5권, 1992 418면.

는다. 설정자가 동산의 소유권을 취득하는 순간 양도담보를 위한 소유권 양도와 담보권설정행위가 동시에 경합하지만, 물권법상 우선주의(Prioritätsprinzip; *prior tempore potior iure*)에 따라 전자가 우선하는 것이다.

(4) 동산담보권의 등기절차에 대해 살펴본다. 담보등기에 대하여 특별한 규정이 없는 경우에는 그 성질에 반하지 아니하는 범위에서 부동산등기법을 준용한다(담보 제57조).[22]

(가) 동산담보권 및 채권담보권을 공시하는 등기사무는 대법원장이 지정·고시하는 지방법원, 그 지원 또는 등기소에서 취급한다(담보 제39조 제1항). 대법원장의 다른 위임이 없는 한 등기사무에 관하여는 대법원장이 지정·고시한 지방법원, 그 지원 또는 등기소 중 담보권설정자의 주소를 관할하는 지방법원, 그 지원 또는 등기소를 관할 등기소로 한다(동조 제2항, 제3항).

(나) 담보등기는 법률에 다른 규정이 없으면 등기권리자와 등기의무자가 공동으로 신청한다(담보 제41조 제1항). 부동산등기와 마찬가지로(부등 제23조) 등기의 진정성을 확보하기 위하여 공동신청주의를 채택하고 있는 것이다. 그러나 공동신청을 할 수 없거나 단독신청에 의해서도 진정성이 확보될 수 있는 경우에는 단독신청이 허용된다. 즉 등기명의인 표시의 변경 또는 경정의 등기는 등기명의인이 단독으로 신청할 수 있고(동조 제2항), 판결에 의한 등기는 승소한 등기권리자 또는 등기의무자 단독으로 신청할 수 있으며, 상속이나 그 밖의 포괄승계로 인한 등기는 등기권리자 단독으로 신청할 수 있다(동조 제3항).

(다) 등기신청은 신청인 또는 그 대리인이 등기소에 출석하여 서면으로 신청(방문신청)할 수도 있고, 대법원규칙이 정하는 바에 따라

---

22) 자세한 것은 안형준 (주 5), 107면 이하 참조.

전산정보처리조직을 이용하여 신청(전자신청)할 수도 있다(담보 제42
조). 신청시에는 신청서, 등기원인을 증명하는 서면, 등기원인에 대하
여 제3자의 허가·동의·승낙이 필요한 때에는 이를 증명하는 서면,
대리인이 신청할 때에는 그 권한을 증명하는 서면, 기타 당사자 특정
을 위해 대법원규칙이 정하는 서면 등을 제출 또는 송신해야 한다(담
보 제43조 제1항). 신청서에는 법률이 정하는 일정 사항(담보 제47조 제2
항 제1호부터 제9호), 대리인이 신청할 경우 대리인의 성명 및 주소, 공
동신청의 경우 및 승소한 등기의무자의 단독신청의 경우에는 등기의
무자의 등기필정보(다만 최초의 담보권설정등기의 경우에는 기록하지 아니
한다), 등기소의 표시, 연월일을 기록하고 신청인이 기명날인하거나
전자서명법(동법 제2조 제2호)에 따른 전자서명을 해야 한다(담보 제43
조 제2항).

　(라) 등기사무는 등기관이 접수번호의 순서에 따라 전산정보처리
조직에 의하여 담보등기부에 등기사항을 기록하는 방식으로 처리한다
(담보 제40조 제1항, 제2항). 등기신청은 등기의 목적, 신청인의 성명 또
는 명칭, 기타 대법원규칙이 정하는 등기신청보가 전산정보처리조직
에 전자적으로 기록된 때에 접수된 것으로 간주된다(담보 제45조 제1
항). 등기관이 등기를 마친 경우 그 등기는 접수한 때부터 효력을 발
생한다(동조 제2항). 개정 전 부동산등기법에 따를 때 부동산등기는 등
기가 경료된 시점에 물권변동의 효력이 발생하고,[23] 가족관계등록부
는 신청이 접수된 시점에 신분행위의 효력이 발생하는 것에 대하
여,[24] 동산담보등기는 등기는 경료되어야 하지만 담보권에 관한 득실
변경의 효력은 접수시점으로 소급하는 절충적 규율을 채택하고 있는
점에서 특색이 있다(이제는 현행 부등 제6조 제2항도 같다).

　(마) 등기관은 법률이 정하는 사항에 따라 신청이 부적법한 경우

---

23) 大決 1971.3.24., 71마105, 집 19−1, 264.
24) 大決 1981.10.15., 81스21, 집 29−3, 특70.

에만 이유를 적은 결정으로 신청을 각하해야 한다(담보 제46조 본문).
그에 따라 동법은 각하사유를 열거하고 있는데 모두 절차적·형식적
부적법사유만을 열거하고 있다(동조 제1호 내지 제9호). 그러므로 부동
산등기와 마찬가지로[25] 등기관은 형식적 심사권만을 가진다.[26] 즉 등
기관은 담보권 설정행위의 실체법적인 효력에 대해서는 심사할 권한
이 없다. 한편 신청이 각하되어야 하지만 잘못된 부분이 보정될 수 있
는 경우에 신청인이 당일 이를 보정하였을 때에는 등기관은 신청을
각하할 수 없다(동조 단서).

(바) 등기관이 담보권의 설정 또는 이전등기를 마쳤을 때에는 등
기필정보를 등기권리자에게 통지하여야 하며, 최초 담보권설정등기의
경우에는 담보권설정자에게도 이를 통지하여야 한다(담보 제48조). 등
기부에 기재될 사항은 법률에 상세하게 규정되어 있다(담보 제47조 제2
항). 등기관의 결정 또는 처분에 이의가 있는 사람은 관할 지방법원에
이의신청을 할 수 있다(담보 제53조 내지 제56조).

(사) 담보등기부에 기록된 사항에 오기나 누락이 있는 경우 담보
권설정자 또는 담보권자는 경정등기를 신청할 수 있고(담보 제51조 제1
항 본문), 오기나 누락이 등기관의 잘못으로 인한 경우에는 등기관은
직권으로 이를 경정할 수 있다(동항 단서). 또한 담보등기부에 기록된
담보권설정자의 법인등기부상 상호, 명칭, 본점 또는 주된 사무소나
영업소가 변경된 경우 등기관은 해당사항을 직권으로 변경할 수 있다
(동조 제2항). 그러한 변경을 위해 법인등기를 담당하는 등기관은 해당
사항의 변경등기를 마친 후에는 지체 없이 담보등기를 담당하는 등기
관에게 이를 통지해야 한다(동조 제3항).

(아) 담보약정이 취소, 해제 또는 그 밖의 원인으로 효력이 발생
하지 아니하거나 효력을 상실한 경우, 담보목적물인 동산이 멸실되거

---

25) 大判 1989.3.28., 87다카2470, 공보 1989, 663.
26) 안형준 (주 5), 121면.

나 채권이 소멸한 경우, 그 밖에 담보권이 소멸한 경우에는 담보권설
정자와 담보권자는 말소등기를 신청할 수 있다(담보 제50조).

3. 동산담보권의 효력범위

(1) 피담보채권의 범위

(가) 동산담보권의 피담보채권은 당사자들의 담보약정에 의해 정
해진다. 금전채권이 통상이겠지만, 장래 손해배상채권으로 전화될 가
능성이 있는 이상 금전채권이 아니라도 무방하다. 다만 그 경우 담보
등기부가 피담보채권액을 기재하도록 하고 있으므로(담보 제47조 제2
항 제7호) 저당권에서와 마찬가지로(부등 제77조) 그 가액을 환산하여
신청서에 기재해야 할 것이다(담보 제43조 제2항 제1호). 또한 조건부
채권이나 장래의 채권도 피담보채권이 될 수 있다.

동산담보권은 피담보채권의 원본, 이자, 위약금, 담보권실행의 비
용, 담보목적물의 보존비용 및 채무불이행 또는 담보목적물의 흠으로
인한 손해배상의 채권을 담보한다(담보 제12조 본문). 그러나 이는 임
의규정이며, 설정행위에 다른 약정이 있는 경우에는 그 약정에 따른
다(동조 단서). 민법의 저당권에서와 같은 지연배상의 제한(제360조 단
서)은 인정되지 않는다.27)

(나) 또한 동산담보권은 그 담보할 채무의 최고액만을 정하고 채
무의 확정을 장래에 보류하여 설정할 수도 있으며(근담보권), 이 경우
그 채무가 확정될 때까지 채무의 소멸 또는 이전은 이미 설정된 동산
담보권에 영향을 미치지 아니한다(담보 제5조 제1항). 그리고 그 경우
채무의 이자는 최고액 중에 포함된 것으로 본다(동조 제2항). 이러한
동산근담보권의 법률관계(피담보채권의 범위, 확정사유 등)는 대체로 근
저당권의 법리를 적용하여 해결할 수 있을 것이다.28)

---

27) 김재형 (주 5), 29면; 안형준 (주 5), 52-53면.
28) 안형준 (주 5), 40면 참조. 다만 설정자의 다른 채권자에 의한 강제집행의 경우에

(2) 동산담보권의 물적 범위

(가) 동산담보권의 효력이 그 목적물인 동산에 미치는 것은 물론이다. 그러나 더 나아가 동산담보권의 효력은 법률에 다른 규정이 있거나 설정행위에서 다른 약정이 있지 않는 한[29] 담보목적물에 부합된 물건과 종물에 미친다(담보 제10조). 또한 동산담보권의 효력은 담보권이 실행된 이후 즉 담보목적물에 대한 압류 또는 동법 제25조 제2항의 인도청구가 있은 후에 담보권설정자가 그 담보목적물로부터 수취한 과실 또는 수취할 수 있는 과실에 미친다(담보 제11조). 담보권의 효력이 미치는 부합물, 종물, 과실은 경매에 의한 실행의 경우에는 경매절차에서 당연히 담보목적물과 함께 매각되고,[30] 사적 실행의 경우에는 담보목적물과 함께 담보권자에게 귀속하거나(귀속청산) 환가를 위해 매각된다(처분청산). 다만 과실이 임료 등 금전의 형태로 이미 수취된 때에는 이를 직접 피담보채권의 변제에 충당할 수 있다고 할 것이다.[31]

문제가 없지는 않다. 근저당권의 경우 다른 채권자의 강제집행은 확정사유라고 이해하는 것이 일반적이고(大判 1999.9.21., 99다26085, 공보 1999, 2200 참조), 동산담보권의 경우에도 담보권자를 배당요구권자라고 이해하는 한(본장 Ⅱ. 4. (3) (마) 참조) 원칙적으로 그래야 할 것이다. 그러나 예를 들어 집합동산에 근담보권이 설정된 사안에서는 공동근담보권이 성립하므로 제3자가 그 일부에만 강제집행을 한 때에는 담보권자로서는 일부의 이시배당을 받아 최고액이 감축되는 외에는 (근저당에 대하여 大判 2006.10.27., 2005다14502, 공보 2006, 1991; 大判(全) 2017.12.21., 2013다16992, 공보 2018, 171 등 참조) 나머지 담보에 대해 확정을 회피할 정당한 이해관계를 가질 수도 있다. 이는 공동근저당의 경우에 이시배당이 있으면 공동근저당이 확정된다고 할 것인지의 논의와 궤를 같이 하는 것이지만(공동근저당권자의 의사와 무관하게 경매가 개시된 경우에 대해 大判 2017.9.21., 2015다50637, 공보 2017, 1957 참조), 동산담보권과 저당권의 차이에 따라 다른 결론을 인정할 여지도 없지는 않을 것이다.

29) 설정행위에 그러한 약정이 있는 경우에는 이를 등기해야 한다. 안형준 (주 5), 49면.
30) 저당권에 관하여 大判 1974.2.12., 73다298, 집 22-1, 30; 1981.11.10., 80다2757,2758, 집 29-3, 185 등. 또한 제2편 제1장 Ⅱ. 3 참조
31) 저당권에 관하여 서울동부지판 2007.4.24., 2006가단62400, 각공 2007, 1875 참조.

(나) 동산담보권은 물상대위에 의해 목적물의 가치대위물에도 효력을 미칠 수 있다. 즉 동산담보권은 담보목적물의 매각, 임대, 멸실, 훼손 또는 공용징수 등으로 인하여 담보권설정자가 받을 금전이나 그 밖의 물건에 대하여도 행사할 수 있으며, 이 경우 그 지급 또는 인도 전에 압류하여야 한다(담보 제14조).

동산담보권이 설정된 경우 통상 담보목적물의 점유는 설정자에게 있게 될 것이다. 그러한 경우 물상대위권의 목적인 권리(손해배상청구권, 보험금청구권 등)의 제3채무자는 담보권의 존재를 알지 못하고 설정자에게 변제를 하여 나중에 담보권자와의 관계에서 이중변제 위험에 빠질 우려가 있다. 담보권등기가 존재한다고 하더라도 부동산등기와는 달리 모든 권리관계를 공시하는 일반적인 등기부는 아니므로, 제3채무자로서는 담보권등기가 있다는 사실을 모를 수도 있다(본장 Ⅲ. 2. (4) 참조). 그러므로 설정자가 담보목적물을 점유하는 동산담보권의 경우 "지급 또는 인도 전에 압류"는 제3채무자의 이중변제 위험을 예방하는 기능을 수행한다.32) 그러므로 압류가 있기 전에 제3채무자에게 변제를 한 때에는 그는 담보권자에 대한 관계에서 면책된다.

물상대위에 의해 만족을 받고자 하는 동산담보권자는 대위목적채권을 압류하여 전부받아 피담보채권의 만족을 받을 수 있고, 이미 대위목적채권에 강제집행절차가 진행 중인 때에는 배당요구종기까지 배당을 요구하여 우선변제를 받을 수도 있다(민집 제273조 제2항, 제3항).33) 담보권자는 후자의 방법에서 설정자의 다른 채권자의 압류를 전제로 배당을 요구하여 만족을 받을 수 있으므로, 반드시 스스로 압류를 할 필요는 없다고 해석된다.34) 제3채무자의 이중변제위험을 저

---

32) 그 한도에서 저당권에서의 물상대위와는 다소 차이가 있다. 저당권에서 제3채무자는 등기부를 통해 권리자를 확인할 수 있으므로 이중변제 위험으로부터 보호받을 이유는 없다. 저당권자의 물상대위에서 압류의 의미에 대해서는 제2편 제3장 Ⅲ. 1. (3) 참조.

33) 저당권에 관하여 제2편 제3장 Ⅰ. 2. (1) 참조.

지하는 한도에서는 다른 채권자의 압류이더라도 충분하다.[35]

　(다) 저당권자의 물상대위와 비교할 때 특징적인 사항은 손해배상청구권이나 보험금청구권 같이 목적물 그 자체에 갈음하는 대위물(이른바 *lucrum ex re*)뿐만 아니라 목적물 소유자의 법률행위(매매, 임대)에 의하여 발생한 대위물(이른바 *lucrum ex negotiatione*)에 대해서도 물상대위를 인정하고 있다는 것이다.

　담보권의 목적물이 동산이라는 특성을 고려할 때 매매의 경우에 물상대위를 인정하는 것은 합리적이라고 생각된다. 등기된 저당권에서와는 달리 담보권자는 자신의 담보권을 추급할 수 없는 경우가 있기 때문이다. 예를 들어 설정자가 담보권이 설정된 동산을 제3자에게 양도하여 선의취득시키는 경우, 담보권자는 상실한 담보목적물 대신 설정자가 제3자에 대하여 가지는 매매대금채권에 대하여 물상대위를 할 이해관계가 있다. 그러므로 담보권자는 법률에 따라 이에 대해 물상대위권을 행사할 수 있다고 할 것이다. 더 나아가 제3자가 악의여서 선의취득이 좌절된 경우에도, 담보권자는 제3자에 대해 담보권을 추급할 수 있을 것이지만, 담보권을 행사하여 관철하기 곤란한 사정이 있는 때에는 설정자에 대해 물상대위권을 행사할 이해관계가 있다. 예를 들어 악의로 담보목적물을 양수한 제3자가 동산을 은닉하여 담보권자가 반환청구권(담보 제19조)을 실효적으로 행사하기 어려운 경우가 그러하다. 그러한 경우에도 설정자의 매매대금채권이 "담보목적물의 매각[…]으로 인하여 담보권설정자가 받을 금전"(담보 제14조)에 해당함은 의문이 없으므로 물상대위를 인정할 것이다.

　반면 임대의 경우는 문제가 없지 않다. 이는 설정자가 담보권이 설정된 동산(예컨대 공업기계)을 제3자에게 임대한 경우 담보권자는 설정자의 제3자에 대한 차임채권에 대해 물상대위를 할 수 있다는 의미

---

34) 저당권에 관하여 제2편 제3장 Ⅲ. 1. (4) (다) 참조.
35) 같은 취지로 안형준 (주 5), 57면.

이다. 그런데 동산담보권이 실행된 이후에는 법률(담보 제11조)에 따라 차임채권에 담보권의 효력이 미치므로, 차임채권에 대한 물상대위는 논리필연적으로 담보권이 실행되기 이전에만 가능하다. 그러므로 이에 의하면 채무자의 채무불이행이 있는 경우에 담보권자는 동산담보권을 실행하지 않고 임대차관계를 존속시키면서 설정자의 차임채권에 물상대위권을 행사하여 만족을 받을 수 있다.36) 이러한 결과가 동산담보권자에게 유리한 것은 틀림없으나,37) 저당권에서 차임채권에 대한 물상대위나 강제관리가 인정되지 않는 것과 비교할 때 균형을 상실한 것은 아닌지 의문이 없지 않다. 다만 동산의 경우 부동산과는 달리 용익에 따른 가치의 감가상각이 상대적으로 크기 때문에 이를 상쇄한다는 의미에서 임대의 경우에도 물상대위를 인정하였다고 볼 여지는 있을 것이다.

4. 동산담보권의 내용

(1) 동산담보권의 성질

동산담보권은 채무자 또는 제3자가 제공한 담보목적물에 대하여 다른 채권자보다 자기채권을 우선변제 받는 것을 내용으로 하는 담보물권이다(담보 제8조). 법률은 동산담보권에 다른 담보물권과 마찬가지로 부종성·수반성·불가분성·물상대위성을 부여하고 있다.

(가) 동산담보권은 부종성이 있다. 피담보채권이 성립하지 않으면 동산담보권도 성립하지 않으며, 피담보채권이 소멸한 때에는 동산담보권도 소멸한다(담보 제33조, 민법 제369조). 동산담보권이 실행되는 경우에도, 피담보채권의 이행기가 도래하지 않았거나 그 행사에 대항

---

36) 저당부동산 임대의 경우 물상대위를 인정하는 일본법의 상황에 대해 제2편 제3장 Ⅱ. 2. 참조.

37) 입법관여자는 이러한 규정을 담보권의 강화라는 관점에서 설명한다. 김재형 (주 5), 30면.

사유가 있는 때에는 설정자는 경매개시절차에 이의를 신청할 수 있고 (담보 제22조 제1항, 민집 제272조, 제265조)[38] 실행을 위한 담보권자의 인도청구(담보 제25조 제2항)를 거절할 권리가 있다.

(나) 동산담보권은 수반성이 있다. 동산담보권은 피담보채권과 분리하여 타인에게 양도할 수 없다(담보 제13조). 다른 담보물권에서와 마찬가지로,[39] 이 규정은 동산담보권이 피담보채권의 이전에 법률상 당연히 수반하여 이전한다는 의미로 이해할 것은 아니고, 피담보채권의 양도는 원칙적으로 동산담보권의 양도도 포함한다는 취지의 의사해석 규정으로 파악할 것이다. 그러므로 채권양도의 유효요건과 동산담보권양도의 유효요건은 각각 별도로 판단되어야 한다.[40] 그 결과 채권의 귀속과 동산담보권의 귀속이 불일치하는 경우가 발생할 수 있는데, 그러한 경우 법률관계는 저당권의 경우에 준하여 해결해야 할 것이다. 그러므로 예를 들어 채권은 양수인에게 이전하였으나 동산담보권은 양도인에게 머물러 있는 경우, 채권은 대항요건 구비에 따라 행사될 수 있으나 동산담보권은 피담보채권이 없이 휴면상태에 들어가므로 이를 행사할 수 없다.[41]

(다) 동산담보권은 불가분성이 있다. 담보권자는 채권 전부를 변제받을 때까지 담보목적물 전부에 대하여 그 권리를 행사할 수 있다(담보 제9조). 목적물이 집합동산인 때에는 가분성을 인정하는 것이 공평해 보이는 경우도 없지 않겠지만, 담보권의 효력을 확보하기 위해서는 불가분성을 인정하는 것이 불가피하다고 하겠다.

(d) 동산담보권은 물상대위성이 있다(담보 제14조). 이에 대해서는 이미 언급하였다(본장 Ⅱ. 3. (2) (나), (다) 참조).

---

38) 저당권에 관하여 大決 1973.2.26., 72마991, 집 21-1, 94 참조.
39) 저당권에 관하여 大判 2003.10.10., 2001다77888, 공보 2003, 2164; 전세권에 관하여 大判 1997.11.25., 97다29790, 공보 1998, 3 등 참조.
40) 안형준 (주 5), 54면도 같은 취지로 보인다.
41) 위 大判 2003.10.10. (주 39).

(2) 동산담보권의 순위

(가) 동일한 동산에 다수의 동산담보권이 설정된 경우 그들 사이에 순위가 문제되는데, 이에 대해서는 물권법상 우선주의가 그대로 타당하다. 즉 동일한 동산에 설정된 동산담보권의 순위는 등기의 순서에 따른다(담보 제7조 제2항).

(나) 그런데 동산담보권이 도입되어도 기존의 담보제도가 병존하기 때문에, 동일한 동산에 동산담보권과 기존의 동산담보가 함께 설정될 수도 있다. 따라서 하나의 동산에 대하여 민법상의 인도와 담보등기가 있는 때에는 그 순위를 정할 필요가 생긴다. 예를 들어 동산담보권을 설정한 다음 그 동산을 민법에 따라 입질하였으나 질권자가 선의취득(담보 제32조 참조)은 하지 않은 경우가 그러하다. 이에 대해 법률은 여기서도 물권법상 우선주의를 관철한다. 따라서 동일한 동산에 관하여 담보등기부의 등기와 인도(간이인도, 점유개정, 목적물반환청구권의 양도 포함)가 행하여진 경우에 그에 따른 권리 사이의 순위는 법률에 다른 규정이 없으면 그 선후에 따른다(담보 제7조 제3항). 담보등기의 우선은 인정되지 않는다.[42]

(3) 담보권자의 권리

(가) 담보등기부는 인적편성주의를 채택하여 담보권이 설정된 동산의 권리상태를 특정하여 공시하지 않는다(본장 I. 3. (3) 참조). 또한 동산은 그 성질상 이동이 자유로워 반출이나 은닉이 어렵지 않으며, 감가상각의 폭이 부동산에 비해 상대적으로 크다. 그러므로 동산담보권이 설정된 경우 담보권자는 구체적으로 어떠한 동산이 자신의 담보목적물인지, 그리고 그 관리 상태는 어떠한지 등에 대해 확인을 하고자 하는 이해관계가 있다. 특히 내용이 변동하는 집합동산에 담보권

---

42) 안형준 (주 5), 44면.

이 설정된 경우에는 거래의 성질상 담보목적물은 유입과 반출을 거듭하는 유동상태에 있게 되므로 담보권자의 확인의 필요는 더욱 절실할 수 있다.

이러한 담보권자의 이익을 고려하여 법률은 담보권설정자에게 담보권자의 현황조사를 인용할 의무를 부과하고 있다. 담보권설정자는 정당한 사유 없이 담보권자의 담보목적물에 대한 현황조사를 거부할 수 없으며, 그 경우 담보목적물의 현황을 조사하기 위하여 약정에 따라 전자적으로 식별할 수 있는 표지를 부착하는 등 필요한 조치를 할 수 있다(담보 제17조). 그러므로 담보권자는 설정자에 대하여 현황조사를 인용할 것을 청구할 권리가 있고, 설정자가 이를 거부하는 경우 간접강제(민집 제261조)에 의해 이를 강제할 수 있으며, 채무자가 유책하게 현황조사를 거부하여 담보권자가 손해를 입은 때에는 그 배상을 청구할 수 있다(제390조).

더 나아가 채무자인 설정자가 현황조사를 정당한 이유 없이 거부하는 경우에는 기한의 이익을 상실하여 담보권자는 바로 동산담보권을 실행할 수 있다 할 것이다(제388조 제1호의 유추). 담보의 손상·감소·멸실(제388조 제1호)를 확인하기 위해 바로 현황조사가 필요한 것인데 채무자인 설정자가 이를 정당한 이유 없이 거부한다면 그러한 기한의 이익 상실을 주장할 채권자의 권리는 실현되기 어렵다. 그러므로 정당한 이유 없는 현황조사 거부는 담보의 손상 등과 동일하게 취급되는 것이 타당하고, 그 경우 제388조 제1호를 유추해야 한다고 생각된다.

(나) 담보권자는 담보목적물을 점유한 자에 대하여 담보권설정자에게 반환할 것을 청구할 수 있다(담보 제19조 제1항). 예를 들어 제3자가 설정자 점유의 담보목적동산을 절취한 경우, 담보권자는 이를 설정자에게 반환할 것을 청구할 수 있는 것이다. 설정자가 담보목적물을 반출하여 양도한 경우에도 양수인이 선의취득을 하지 않는 한(담보

제32조, 민법 제249조) 마찬가지이다. 또한 담보권자가 담보목적물을 점유할 권원이 있거나 담보권설정자가 담보목적물을 반환받을 수 없는 사정이 있는 경우에 담보권자는 담보목적물을 점유한 자에 대하여 자신에게 담보목적물을 반환할 것을 청구할 수 있다(담보 제19조 제2항).

그러나 이들 경우에도 점유자가 그 물건을 점유할 권리가 있는 경우에는 반환을 거부할 수 있다(담보 제19조 제3항). 예를 들어 담보권이 설정된 동산을 설정자가 제3자에게 임대한 경우, 그것이 담보약정에서 정해진 설정자의 사용·수익권능을 일탈하지 않은 이상 담보권자는 임차인에 대해 그 물건을 설정자에게 반환할 것을 청구할 수는 없다. 앞서 살펴본 바와 같이, 이때에는 담보권자의 물상대위의 문제만이 남는다(본장 Ⅱ. 3. (2) (나), (다) 참조).

(다) 담보권자는 동산담보권을 방해하는 자에게 방해의 제거를 청구할 수 있고, 동산담보권을 방해할 우려가 있는 행위를 하는 자에게 방해의 예방이나 손해배상의 담보를 청구할 수 있다(담보 제20조). 여기서 동산담보권을 방해한다는 것은 담보권자가 담보목적물의 환가를 통해 원만한 가치를 회수하게 하는 것을 어렵게 하는 행위를 말한다.[43) 예를 들어 설정자 또는 제3자가 담보권이 설정된 집합동산을 반출하는 행위를 반복적으로 하는 경우, 설정자 또는 제3자가 담보목적물을 멸실·손상시키는 경우, 설정자가 약정에 따라 부착한 식별표지(담보 제17조 제1항 참조)를 제거하는 경우 등이 이에 해당할 것이다.

그러나 저당권에서와 마찬가지로, 그러한 방해가 위법해야 비로소 담보권자는 방해배제청구권을 행사할 수 있다.[44) 여기서 담보약정에서 정한 내용이 중요한 의의를 가진다. 우선 담보목적물을 설정자가 사용·수익하기로 정해진 경우, 설정자의 통상의 용법에 따른 사용·수

43) 김재형, "저당권에 기한 방해배제청구권의 인정범위: 독일민법과의 비교를 중심으로", 저스티스, 제85호, 2005, 113면 참조.
44) 저당권에 관하여 제2편 제5장 Ⅰ. 참조.

익에 수반하는 가치저하는 위법성이 없어 담보권자는 그에 대해 방해배제를 청구할 수 없다. 예를 들어 담보권이 설정된 공장기계를 설정자가 계속 사용하여 제품을 생산하는 경우, 통상 발생하는 마모 등 가치저하는 담보권자가 수인해야 한다. 설정자가 그의 권한 내에서 기계를 임대한 경우에도 마찬가지이다. 더 나아가 담보약정에서 이른바 가공조항(Verarbeitungsklausel)이 있는 경우에는 설정자는 적법하게 담보목적물에 부합·가공 등을 할 수 있고 이로써 담보권을 침해·소멸시키는 행위도 할 수 있다. 이는 특히 원자재·원료·부품 등의 집합동산에 담보권을 설정한 경우에 그러하다. 그러한 경우 설정자는 담보권이 설정된 동산을 부합·가공하여 완제품을 제조한 다음 이를 반출·판매하여 자금을 확보하고, 그 자금으로 원자재 등을 조달하여 다시 담보목적물로 제공한다. 그러므로 이렇게 가공조항이 있는 때에는 설정자가 제조과정에서 행하는 담보권 침해는 위법성이 없어 방해배제를 할 수 없고, 또한 완제품에 담보권이 존속하더라도(제257조, 제259조 참조) 이를 반출·판매하는 행위 역시 위법성이 없어 방해배제의 대상이 되지 않는다고 해야 한다.

(라) 담보권설정자에게 책임 있는 사유로 담보목적물의 가액이 현저히 감소된 경우에는 담보권자는 담보권설정자에게 그 원상회복 또는 적당한 담보의 제공을 청구할 수 있다(담보 제17조 제2항). 담보권 설정자의 유책한 사유로 담보권 침해가 있는 경우에, 담보권자는 불법행위에 의해 손해배상을 청구할 수 있을 것이지만(제750조), 이는 금전배상에 그친다(제394조). 그러나 담보권자로서는 담보목적물의 상태를 원상으로 회복하거나 담보목적물을 보충·대체하여 신용관계를 유지하는 것이 그의 이익에 부합할 수 있다. 그래서 법률은 저당권(제362조)에 준하여 원상회복 또는 적당한 담보의 청구를 인정하고 있는 것이다.

(마) 설정자가 담보목적물을 점유하고 있는 경우, 설정자의 채권

자가 이를 압류하여 강제집행을 시도하는 사안이 있을 수 있다. 그러한 경우 담보권자는 제3자이의의 소(민집 제48조)를 제기하여 집행을 배제할 수 있는가 아니면 배당을 요구(민집 제217조)하여 우선변제를 받음에 그치는가? 동산담보권자는 신용·담보관계를 지속하여 이자를 수수할 이해관계를 가지고 있고, 설정자 역시 영업 등을 지속할 이해관계가 있으므로,45) 이러한 관점에서는 제3자이의에 의해 집행을 배제하는 것이 유리하다. 그러나 해석상 제3자이의의 소를 부여할 수는 없다고 생각된다. ① 우리나라의 법률이 정하는 담보물권들에서는 담보권자의 신용관계 지속에 대한 이해관계를 고려하지 않고 우선변제를 받음에 그치도록 하고 있으며(예컨대 저당권에 대하여 민집 제91조 제2항 참조), 예외는 판례상 완전한 권리가 이전되는 양도담보에 한정되고 있다.46) ② 동법 역시 사적 실행의 경우에만 선순위자의 권리가 존속한다고 하여(담보 제24조) 반대해석상 경매절차에서는 선순위담보권의 소멸을 전제로 하고 있다고 보인다. ③ 그리고 동산담보권자가 "법률에 따라 우선변제 청구권이 있는 채권자"(민집 제217조)임은 문언상 명백하다. 그렇다면 이러한 점들을 고려할 때 담보권자는 강제집행절차에서 배당을 요구하여 우선변제를 받을 수 있음에 그치고, 제3자이의의 소는 제기할 수 없다고 해석해야 할 것이다.47)

---

45) 동산양도담보에 대하여 제3편 제2장 Ⅲ. 1. (1) 참조.

46) 자세한 내용은 제3편 제2장 Ⅲ. 1. (1) 참조.

47) 그런데 유동하는 집합동산에 담보권을 설정하는 담보약정에서 설정자가 담보목적물을 점유하고 사용·수익하면서 정상영업에 따라 처분할 수도 있다고 약정된 경우, 설정자의 다른 채권자가 담보목적물을 압류하여 강제집행을 하더라도 그것이 설정자의 통상적인 영업범위 내에 있다고 볼 수 있는 때에는 담보권자의 배당요구를 제한해야 하는 것은 아닌지 의문이 제기될 수 있다. 즉 담보권자가 사소한 강제집행을 이유로 담보권을 실행하는 것이 부당하게 보이는 사안도 있을 수 있는 것이다. 실제로 설정자가 담보약정에 좇아 담보목적물을 처분하여 취득한 금전으로 채무를 변제하는 경우와 동일시할 수 있을 정도의 강제집행이라면 그렇게 보는 것이 타당할 수 있을지도 모른다. 그러나 그러한 판단은 거의 항상 사후적으로만 명확한 것이어서 담보권자로서는 자신의 담보권을 행사할 이해관계가 있다고 할

그러나 담보권의 효력이 미치는 종물이나 과실(담보 제10조, 제11조)에 대해 압류가 있는 경우에는 저당권에서와 마찬가지로[48] 담보권자는 제3자이의의 소를 제기할 수 있음은 물론이다. 또한 설정자가 아닌 제3자(예를 들어 담보목적물의 임차인)가 담보목적물을 점유하고 있는 경우, 그것이 제3자의 책임재산에 속하지 않음은 당연하다. 그러므로 그 제3자의 채권자가 담보목적물에 강제집행을 시도하는 경우에도 담보권자는 제3자이의의 소를 제기하여 집행을 배제할 수 있다.

(바) 동산담보권자는 회생절차에서 회생담보권자로, 파산절차에서는 별제권자로 취급된다(도산 제141조 제1항, 제411조).

(4) 담보목적물의 점유

(가) 담보목적물의 점유 및 사용·수익 관계는 담보약정에 의해 정해진다. 동산담보의 특성상 점유 및 사용·수익이 설정자에게 있는 것이 일반적일 것이지만, 당사자들이 약정으로 담보권자에게 점유할 권리를 부여할 수 있음은 물론이다(담보 제18조 제2항, 제25조 등 참조).

(나) 담보권자가 담보목적물을 점유하는 경우에는 그는 피담보채권을 전부 변제받을 때까지 담보목적물을 유치할 수 있다(담보 제25조 제1항 본문). 다만 선순위권리자에게는 대항하지 못한다(동항 단서). 그러므로 채권자가 담보목적물을 점유하는 때에는 질권에서와 마찬가지로 유치적 효력이 인정되어 간접적으로 우선변제를 유도할 수 있다. 그러한 경우 담보권자는 선량한 관리자의 주의로 담보목적물을 관리

것이고, 또한 담보권자가 당해 목적물에 동산담보권을 가지고 있는 것도 부정할 수 없다. 그리고 이후 추가적인 압류나 배당요구가 있을 가능성도 배제할 수 없다. 그러므로 원칙적으로 담보권자는 설정자가 점유하는 담보목적물에 대해 강제집행이 있으면 배당을 요구할 수 있다고 할 것이고, 다만 명백히 부당한 경우는 권리남용(제2조)에 해당한다고 하면 충분할 것이다.

48) 곽윤직, 물권법, 제7판, 2002, 356면; 이시윤, 신민사집행법, 제3판, 2006, 206-207면 등 참조.

해야 한다(동조 제3항).

(다) 설정자가 담보목적물을 점유하는 경우, 그는 양도담보에서처럼 담보목적물의 가치를 유지할 의무를 부담한다고 할 것이므로 목적물에 비용을 지출하여도 원칙적으로 그 상환을 청구할 수 없다. 반대로 담보권자가 담보목적물을 점유하면서 비용지출을 한 경우에는 유치적 효력과 관련해 이익상황이 질권과 유사하므로 민법 제325조에 따라 비용상환을 규율하는 것이 타당할 것이다(제343조, 제325조).

5. 동산담보권의 실행

(1) 실행방법 개관

(가) 동산담보권의 실행은 경매가 원칙이지만(담보 제21조 제1항), 정당한 이유가 있는 경우에는 사적 실행이 허용된다(동조 제2항 본문). 사적 실행의 방법으로는 담보권자가 담보목적물을 직접 변제에 충당하는 귀속청산과 담보목적물을 매각하여 그 대금을 변제에 충당하는 처분청산을 모두 인정하고 있다(담보 제21조 제2항 본문). 다만 사적 실행을 하기 위해서는 정당한 이유가 있어야 한다. 예를 들어 목적물의 가치가 적어 많은 비용을 들여 경매하는 것이 불합리한 경우, 경매를 하면 정당한 가격을 받기 어려운 사정이 있는 경우, 공정시세가 있어 경매에 의하지 않더라도 공정한 값을 산출할 수 있는 경우 등이 그에 해당할 것이다.49) 그러나 선순위담보권자가 있는 경우에는 후순위담보권자가 사적 실행을 하면 선순위담보권자의 이익이 침해될 수 있기 때문에, 그러한 때에는 선순위담보권자의 동의를 받은 때에 한하여 사적 실행을 할 수 있다(담보 제21조 제2항 단서). 여기서 선순위권리자는 담보등기부에 등기되어 있거나 선순위 질권자 등 담보권자가 알고 있는 경우에 한정된다(담보 제21조 제2항).50)

---

49) 김재형 (주 5), 32면.
50) 안형준 (주 5), 72면.

(나) 그 밖에 담보권자가 담보목적물을 점유하는 경우 담보권자는 담보목적물의 과실을 수취하여 다른 채권자보다 먼저 그 채권의 변제에 충당할 수 있다(담보 제25조 제4항 본문). 다만 과실이 금전이 아닌 경우에는 그 과실을 경매하거나(담보 제21조) 그 과실로써 직접 변제에 충당하거나 그 과실을 매각하여 그 대금으로 변제에 충당할 수 있다(담보 제4항 단서). 이는 질권에서와 같다(제343조, 제323조).

(다) 동산담보권 실행에 관하여 유담보약정은 허용된다. 이는 당사자들의 다양한 이해관계에 좇아 담보권의 실행에서 당사자들의 자치를 허용하기 위한 것이다.[51] 따라서 담보권자와 담보권설정자는 법률이 정하는 실행절차와 다른 내용의 약정을 할 수 있다(담보 제31조 제1항 본문). 예를 들어 당사자들은 사적 실행을 원칙적인 실행방법으로 약정할 수 있다(담보 제21조 제2항 참조). 그러나 사적 실행의 경우 담보권자의 통지의무 및 청산기간(담보 제23조 제1항)을 배제하는 유담보약정은 효력이 없다(담보 제31조 제1항 단서). 이는 사적 실행을 위한 최소한의 절차로서 유지하도록 한 것이라고 한다.[52] 그 밖에 유담보약정에 의하여 다른 이해관계인의 권리를 침해할 수 없다(동조 제2항).

법률은 유담보약정으로 배제할 수 없는 사항을 규정하면서 담보권자의 청산금 지급의무를 정하는 동법 제23조 제3항은 언급하지 않고 있다. 그러므로 원칙적으로 당사자들은 담보권자의 청산금지급의무를 면제하는 유담보약정도 할 수 있다고 할 것이다.[53] 그런데 여기서 피담보채권이 소비대차에 의한 것이고 당사자들 사이에서 담보권자가 청산의무 없이 담보목적물의 소유권을 취득함으로써 실행하기로 약정한 경우, 그러한 약정이 원칙으로 돌아가 민법 제607조, 제608조

---

51) 김재형 (주 5), 33면.
52) 김재형 (주 5), 33면.
53) 김재형 (주 5), 33면은 유담보약정을 금지하는 태도를 비판하면서, 폭리 또는 부당성 문제는 민법 제103조, 제104조에 의하여 개별적으로 심사할 수 있다고 한다.

에 따라 무효인 것은 아닌지 의문이 제기될 수 있다. 그런데 그러한 해석을 채택하면, 소비대차에 기한 피담보채권을 위해 청산의무 없는 귀속청산이 약정된 경우에만 유담보약정이 무효이고, 나머지 경우(예컨대 청산의무 없는 처분청산, 매매대금채권을 위한 청산의무 없는 귀속청산 등)에는 청산의무를 배제하더라도 이를 유효하다고 할 수밖에 없어 법적 취급에 균형이 상실된다.54) 그렇다면 동산담보권의 실행과 관련해 당사자들의 자치를 넓히고자 한 법률의 취지에 좇아 동법 제31조는 민법 제607조, 제608조에 대해서도 특별규정이라고 해석하여 소비대차채권을 위해 청산의무 없는 귀속청산이 약정된 경우에도 이를 유효하다고 해석하는 것이 타당할 것이다.

(라) 담보권자는 담보목적물로부터 변제를 받지 못한 채권이 있는 경우에만 채무자의 다른 재산으로부터 변제를 받을 수 있다(담보 제15조 제1항). 담보권자가 담보의 존재에도 불구하고 채무자의 일반재산에 먼저 집행을 함으로써 일반채권자를 해하는 결과를 예방하기 위한 규정이다(제340조, 제355조, 제370조 참조). 그러므로 담보권자가 채무자의 일반재산에 집행하는 때에는 채무자의 채권자는 집행에 대해 이의를 신청할 수 있다(민집 제16조). 그러나 담보목적물보다 먼저 다른 재산을 대상으로 하여 배당이 실시되는 경우에는 그러하지 아니하며, 그 경우 다른 채권자는 담보권자에게 그 배당금액의 공탁을 청구할 수 있다(동조 제2항).

(2) 경매에 의한 실행

담보권자는 자기의 채권의 변제를 받기 위하여 담보목적물의 경

____

54) 물론 양도담보나 가등기담보에서도 동일한 문제가 있으나, 이들은 법률에 명시적 근거 없이 당사자들의 계약으로 내용이 구성되는 담보제도이므로 제607조, 제608조 및 「가등기담보 등에 관한 법률」에 따라 그러한 결과를 수인해야 한다고 할 것이다.

매를 청구할 수 있다(담보 제21조 제1항). 이것이 동산담보권의 원칙적인 실행방법이다. 동산담보권을 실행하기 위해 경매신청을 함에는 담보권이 있다는 것을 증명하는 서류를 제출해야 한다(담보 제22조 제1항, 민집 제264조). 집행권원은 요구되지 않는다. 담보목적물을 담보권자나 제3자가 점유하고 있는 때에는, 담보권자가 목적물을 제출하거나 그 제3자가 압류를 승낙한 때에 경매가 개시하지만(담보 제22조 제1항, 민집 제271조),55) 담보권설정자가 담보목적물을 점유하는 경우에는 경매절차는 압류에 의하여 개시한다(담보 제22조 제2항). 설정자는 경매개시결정에 대하여 담보권이 없다는 사실 또는 소멸하였다는 사실을 주장하여 이의를 신청할 수 있다(담보 제22조 제1항, 민집 제272조, 제265조). 법률이 정하는 일정한 사유가 있으면 경매절차는 정지한다(담보 제22조 제1항, 민집 제272조, 제266조). 경매절차는 유체동산에 대한 강제집행의 절차에 따른다(담보 제22조 제1항, 민집 제272조).

(3) 사적 실행

(가) 정당한 이유가 있는 경우 담보권자는 담보목적물로써 직접 변제에 충당하거나 담보목적물을 매각하여 그 대금을 변제에 충당할 수 있다(담보 제21조 제2항 본문). 다만 선순위권리자(담보등기부에 등기되어 있거나 담보권자가 알고 있는 경우로 한정한다)가 있는 경우에는 그의 동의를 받아야 한다(동항 단서). 한편 사적 청산에 착수하였더라도, ① 귀속청산의 경우 청산금을 지급하기 전 또는 청산금이 없는 경우

---

55) 이것이 법률의 규정이지만, 문제가 없지는 않다. 현실에서는 드물겠지만 예를 들어 제1순위로 동산담보권이 설정된 다음 제2순위로 질권이 설정되어 질권자가 목적물을 점유하는 경우, 질권자가 동산담보권자의 압류를 거부하면 동산담보권자로서는 실행에 곤란을 겪게 되기 때문이다. 해석상 동산담보권자는 방해배제청구(담보 제20조)로서 질권자에게 압류를 승낙하는 의사표시를 구하는 소를 제기하여 압류를 관철할 수 있다고 하겠지만(제389조 제2항, 민집 제263조) 담보권자로서는 지나치게 번거롭다. 입법적 개선이 필요한 부분이라고 생각된다.

통지 후 1개월의 기간이 지나기 전, ② 처분청산의 경우에는 담보권
리자가 제3자와 매매계약을 체결하기 전에 담보목적물에 대해 경매가
개시되는 경우에는 담보권자는 사적 실행을 중지해야 한다(담보 제23
조 제5항). 그러한 경우 다른 이해관계인이 시도하는 집행절차가 존중
되어야 할 뿐만 아니라, 담보권자도 그 경매절차에서 만족을 받을 수
있기 때문이다.

　　(나) 담보권자가 담보목적물로 직접 변제에 충당하거나 담보목적
물을 매각하기 위해서는 그 채권의 변제기 후에 동산담보권 실행의
방법을 채무자 등(채무자, 물상보증인, 제3취득자를 말한다; 담보 제2조 제
9호)과 담보권자가 알고 있는 이해관계인(담보 제2조 제10호)에게 통지
하고, 그 통지가 채무자 등과 담보권자가 알고 있는 이해관계인에게
도달한 날부터 1개월이 지나야 한다(담보 제23조 제1항 본문). 다만 담
보목적물이 멸실 또는 훼손될 염려가 있거나 가치가 급속하게 감소될
우려가 있는 경우에는 그러하지 아니하다(동항 단서). 그러한 통지에는
피담보채권의 금액, 담보목적물평가액 또는 예상매각대금, 담보목적
물로써 직접 변제에 충당하거나 담보목적물을 매각하려는 이유를 명
시하여야 한다(동조 제2항).

　　(다) 귀속청산의 경우 담보권자는 담보목적물의 평가액에서 그
채권액을 뺀 금액(청산금)을 채무자에게 지급할 의무가 있다(담보 제23
조 제3항 제1문). 이 경우 담보목적물에 선순위의 동산담보권 등이 있
을 때에는 그 채권액을 계산할 때 선순위의 동산담보권 등에 의하여
담보된 채권액을 포함한다(동항 제2문). 담보권자는 청산금을 채무자
등에게 지급한 때에 담보목적물의 소유권을 취득한다(동조 제4항). 그
러므로 설정자가 목적물을 점유하는 사안에서 담보권자가 청산금을
지급하지 아니하고 목적물의 인도를 청구하는 경우, 설정자는 여전히
소유자로서 담보약정에 따라 목적물을 점유할 수 있고 청산금을 지급
받을 때까지 인도를 거절할 수 있다. 여기서 청산금지급의무와 목적

물인도의무는 동시이행관계에 있다고 보는 것이 상당하다(가담 제4조 제3항 참조). 반면 담보권자가 목적물을 점유하고 있더라도 청산금을 지급하지 않는 한 소유권은 여전히 설정자에게 있으므로, 채무자 등은 피담보채무액을 담보권자에게 지급하고 담보등기의 말소를 청구할 수 있다(담보 제28조 제1항).

　　(라) 처분청산의 경우 담보권자는 우선변제를 위해 담보목적물을 매각해야 한다. 담보권자가 목적물을 점유하고 있는 때에는 문제가 없다. 반면 설정자가 목적물을 점유하고 있는 경우에는 담보권자는 채무자 등에게 담보목적물의 인도를 청구할 수 있다(담보 제25조 제2항). 그 다음 담보권자는 선량한 관리자의 주의의무로 목적물을 매각해야 하고, 매각대금에서 피담보채권액을 뺀 금액(청산금)을 채무자 등에게 지급해야 한다(담보 제23조 제3항 제1문). 이 경우에도 담보목적물에 선순위의 동산담보권 등이 있을 때에는 그 채권액을 계산할 때 선순위의 동산담보권 등에 의하여 담보된 채권액을 포함한다(동항 제2문). 담보약정에 따라 담보목적물 소유자인 설정자의 처분수권(Verfügungsermächtigung)이 있다고 해야 하므로, 무권리자인 담보권자로부터 목적물을 양수한 매수인이더라도 유효하게 소유권을 취득한다. 담보권자의 매각으로 채무자 등은 담보권자에 대해 청산금청구권을 취득한다. 그러나 채무자 등은 담보권자가 제3자와 매매계약을 체결하기 이전이라면 피담보채무액을 담보권자에게 지급하고 담보등기의 말소를 청구할 수 있다(담보 제28조 제1항).

　　(마) 사적 실행에 의해 담보권자나 매수인이 담보목적물의 소유권을 취득하면 그 담보권자의 권리와 그에 대항할 수 없는 권리는 소멸한다(담보 제24조). 이 규정을 반대해석하면 담보권자의 권리보다 선순위자의 권리는 소멸하지 않는다. 즉 법률은 사적 실행의 경우에는 명시적으로 민사집행법상의 소제주의를 채택하지 않은 것이다.[56] 따라서 담보권자(귀속청산의 경우)나 매수인(처분청산의 경우)은 선순위자

의 권리의 부담이 존재하는 물건의 소유권을 취득한다. 경매절차와는
달리 사적 실행에서는 선순위권리자의 변제를 합리적으로 도모할 방
법이 없다. 그러므로 법률은 이들 권리를 존속하게 하면서 선순위권리
자의 채권액을 청산금에서 차감하게 하여(담보 제23조 제3항 제2문), 담
보권자 내지 매수인이 그 액수만큼 적은 대가로 담보목적물의 소유권
을 취득하도록 한다. 담보권자 내지 매수인으로서는 이로써 잔존하는
선순위권리의 부담을 경제적으로 상쇄받는 것이다. 선순위권리자로서
는 담보목적물의 제3취득자가 발생하는 셈이지만, 자신의 담보권은 여
전히 존속하고 있고 또한 동의에 의해 사적 실행을 가능하게 한 것이
바로 자신이므로(담보 제21조 제2항 단서) 특별히 불리한 것은 없다.

　　그러나 처분청산의 경우에는 문제의 소지가 없지 않다. 처분청산
에 의해 선순위권리의 부담이 있는 담보목적물을 취득한 매수인은 자
신이 담보권의 존재에 대해 선의·무과실임을 입증하여 선의취득으로
선순위권리가 소멸하였다고 주장할 수 있는가(담보 제32조; 본장 Ⅱ. 6.
(3) 참조)? 실제로 담보권자가 실행을 위한 매각에서 선순위권리의 존
재를 묵비하여 매수인으로부터는 담보목적물의 시장가격을 전부 수취
한 다음 선순위권리를 존재로 청산을 하여(담보 제23조 제3항 제2문) 그
차액을 사취하는 경우에 그러한 문제가 발생한다. 대답하기 쉽지 않
지만, 선의취득의 요건이 충족되는 이상 이를 인정해야 할 것으로 생
각된다. 일단 법률의 규정이 명백하게 선의취득의 가능성을 인정하고
있다(담보 제32조). 또한 선순위담보권자는 자신의 동의를 거부함으로
써 처분청산을 저지할 수도 있었다(담보 제21조 제2항 단서). 그렇다면
선순위권리자로서는 처분청산에 동의를 함으로써 선의취득의 위험을
감수하였다고 보아야 할 것이다. 매수인이 담보목적물을 선의취득하
는 때에는, 선순위권리자는 처분청산을 한 후순위권리자에 대하여 불

---

56) 김재형 (주 5), 34면.

법행위로 손해배상을 청구할 수도 있고(제750조), 선순위담보권 소멸로 취득한 금액을 부당이득으로 반환청구할 수도 있다(제741조; 침해이득반환).

(바) 후순위권리자가 청산기간에 권리를 행사하는 절차에 관해서는 「가등기담보 등에 관한 법률」 제5조, 제12조에 상응하는 규정을 두고 있다. 후순위권리자는 청산금이 채무자 등에게 지급되기 전에 담보권자에게 채권에 기한 청산금의 지급을 요구할 수 있고(담보 제26조 제1항), 일정 기간 전에는 담보목적물의 경매를 청구할 수 있다(담보 제26조 제2항, 제23조 제5항, 제23조 제1항). 그러므로 후순위권리자는 사적 실행에 가담하여 변제를 받을 수도 있지만, 선순위 동산담보권자의 사적 실행에 동의를 하지 않는 경우에는 경매를 청구하여 이를 저지할 수도 있다. 그러한 경매청구가 있으면 담보권자는 사적 실행을 중지해야 한다(담보 제23조 제5항).

(사) 담보권자는 사적 청산과 관련해 분쟁이 있는 경우 청산금 또는 담보목적물의 평가액(귀속청산의 경우)·매각대금(처분청산의 경우)을 공탁하여 그로부터 벗어날 수 있다(가담 제8조 참조). 담보권자가 사적 실행 이후 담보목적물의 평가액·매각대금이 압류·가압류된 경우 또는 담보목적물의 평가액·매각대금에 관하여 권리를 주장하는 자가 있는 경우에는 담보권자는 그 전부 또는 일부를 공탁할 수 있다(담보 제27조 제1항 제1문). 이 경우 담보권자는 공탁사실을 즉시 담보권자가 알고 있는 이해관계인과 담보목적물의 평가액·매각대금 등을 압류·가압류하거나 그에 관하여 권리를 주장하는 자에게 통지하여야 한다(동항 제2문). 평가액·매각대금 등에 대한 압류·가압류가 있는 후 공탁이 이루어진 때에는 채무자 등의 공탁물출급청구권이 압류·가압류된 것으로 간주된다(동조 제2항). 담보권자는 공탁금의 회수를 청구할 수 없다(동조 제3항).

(4) 이의신청

이해관계인은 담보권자의 위법한 동산담보권 실행에 대해 이의를 신청할 수 있다. 즉 이해관계인은 경매에 의한 실행의 경우에는 민사집행법이 정하는 절차에 따라 이의를 신청하고(담보 제30조 제3항), 사적 실행의 경우에는 법원에 가처분을 신청하는 방법으로 이의를 신청할 수 있다(동조 제1항, 제2항).

(5) 공동담보

(가) 법률에 의하면 동산담보권에서도 공동담보가 가능하다. 즉 동일한 채권의 담보로 여러 개의 담보목적물에 동산담보권을 설정할 수 있다(담보 제29조 제1항 참조). 실제로 개개 동산만으로는 담보력이 충분하지 않은 경우가 많으므로 공동담보는 매우 자주 성립할 것으로 예상된다. 관점에 따라서는 집합동산에 담보권을 설정하는 경우에도 하나의 설정행위 및 등기로 담보권을 설정하고 목적물인 집합동산 전체를 하나의 단위로 환가할 것이 상정되어 있는 경우에는 굳이 공동담보로 취급하지 않아도 된다고 생각할 수도 있겠지만, 이는 그렇지 않다. 일물일권주의에 따라 어디까지나 담보권은 집합물이 아닌 개개의 목적물에 설정되어 있는 것일 뿐만 아니라,[57] 경제적으로 한 단위로 파악된 집합동산이더라도 그 일부만이 환가될 가능성은 존재하기 때문이다. 예를 들어 설정자의 채권자가 담보목적물인 집합동산의 일부를 압류하자 담보권자가 집행절차에서 배당을 요구한 경우(본장 Ⅱ. 4. (3) (마) 참조), 담보권자가 피담보채권액에 상응하는 집합동산의 부분에 대해서만 담보권을 실행한 경우 등이 그러하다. 그러한 경우에는 실행된 담보목적물의 후순위권리자의 보호의 문제가 바로 등장하는 것이고, 결국 이는 공동담보의 문제에 다름 아니다.[58]

---

57) 이에 대해서는 제3편 제1장 Ⅱ. 3. 참조.
58) 그러므로 "집합물이 하나의 독립된 물건으로 다루어질 수 있는 경우에는 공동담보

(나) 공동의 동산담보권은 동일한 피담보채권을 담보하기 위하여 여러 개의 담보목적물에 동산담보권이 설정되면 성립한다. 공동저당과 마찬가지로 동산담보권들이 동시에 설정될 필요는 없다. 여러 동산담보권들이 동일한 피담보채권을 위하여 순차적으로 설정되면 이로써 공동저당이 성립한다. 개별 동산담보권들의 순위가 같을 필요도 없다.

(다) 이렇게 동산담보권에 대해 공동담보가 설정된 경우, 법률관계는 공동저당(제368조)에 준하여 규율되어 있다. 즉 담보목적물의 매각대금을 동시에 배당할 때에는(동시배당) 각 담보목적물의 매각대금에 비례하여 그 채권의 분담을 정한다(담보 제29조 제1항). 반면 담보목적물 중 일부의 매각대금을 먼저 배당하는 경우에는(이시배당) 그 대가에서 피담보채권의 전부를 변제받을 수 있다(동조 제2항 제1문). 그 경우 경매된 동산의 후순위담보권자는 선순위담보권자가 다른 담보목적물의 동산담보권 실행으로 변제받을 수 있는 금액의 한도에서 선순위담보권자를 대위하여 담보권을 행사할 수 있다(동항 제2문). 공동으로 설정된 동산담보권이 사적으로 실행되는 경우에도 이상의 규율이 준용된다(동조 제3항 본문). 다만 각 담보목적물의 매각대금을 정할 수 없는 경우에는 담보권자의 통지(담보 제23조 제2항)에 명시된 각 담보목적물 평가액 또는 예상매각대금에 비례하여 그 채권의 분담을 정한다(담보 제29조 제3항 단서).

예를 들어 A 창고의 연필 전부(1,000개), B 창고의 연필 전부(1,000개)에 대해 갑이 을을 위해 1순위의 동산담보권을 설정하고, 그 다음에 A 창고의 연필 전부에 대해 병을 위해 2순위의 동산담보권을 설정한 사안을 생각해 보자. 을의 피담보채권액이 80만 원, 병의 피담보채권액이 60만 원이고, 연필 하나의 가치가 1,000원이라고 할 때,

담보목적물을 전부 환가하는 동시배당에서는 갑은 A, B 창고에 있는 각 연필에 대하여 400원씩 배당을 받아야 하고(총액은 400 × 2,000 = 800,000), 병은 A 창고에 있는 각 연필에 대하여 600원씩 배당을 받아야 한다(총액은 600 × 1,000 = 600,000). 반면 갑이 A 창고의 연필들로부터 전액의 배당을 받는 이시배당에서는 을은 A 창고에서 각 연필에 대해 800원씩 배당을 받고(총액은 80만 원), 병은 200원씩 배당을 받는다(총액은 20만 원). 이 때 병은 B 창고에 있는 각 연필에 대하여 400원의 한도에서 갑이 가지고 있었던 1순위 동산담보권을 대위한다. 이 때 병은 을의 담보등기에 대해 부기등기를 하는 방식으로 자신의 대위를 공시할 수 있다고 할 것이다. 이러한 법률관계는 기본적으로 공동저당과 다르지 않다. 그러므로 여기서도 물상보증인이 제공한 담보목적물에 대해서는 후순위권리자가 대위할 수 없다고 해석해야 한다.[59]

(라) 그러므로 법률은 공동저당에 관한 법리를 거의 그대로 동산담보권에 적용할 것을 예정하고 있다. 그런데 그 과정에서 여러 어려운 문제가 발생할 수 있다.

우선 앞의 예에서 동산담보권이 설정되어 있는 목적물이 유동하는 집합동산이라면 법률관계가 간단하지 않다. 제1순위 담보권을 설정하는 담보약정에서, 갑이 영업상 A, B 창고의 연필을 반출하여 처분할 수 있고, 이후 새로 취득하여 A, B 창고에 반입하는 연필에 을이 담보권을 취득한다고 정해진 경우를 생각해 보자. 을이 이시배당으로 A 창고의 연필들로부터 전액 만족을 받고 나면, 병은 B 창고의 연필들에 존재하는 을의 제1순위 담보권을 대위한다. 그런데 갑은 B 창고의 연필을 반출·양도하여 자금을 순환시킬 이해관계가 있어서 이전과 마찬가지로 이를 시도할 것이다.

---

59) 상세한 내용은 제2편 제6장 Ⅲ. 3. (1) 참조.

여기서 난점이 발생한다. 만일 병이 자신의 담보권에 기한 방해배제청구권을 행사하여 그러한 갑의 처분을 저지한다면(담보 제20조), 병은 갑에 심중한 경제적 타격을 입힐 수도 있고 경우에 따라 도산으로 내몰 수도 있다. 갑은 제1순위담보권을 설정할 때 자신의 정상영업을 배려하는 계약조항을 두었음에도 불구하고 예상하지 못한 경영상 불이익을 입게 된다. 이러한 사태는 갑으로 하여금 공동담보를 회피하게 하거나 공동담보가 있으면 후순위담보권 설정을 기피하게 할 것인데, 이는 동산에 등기담보권을 도입한 취지에 전혀 부합하지 않는다. 반대로 갑의 반출·처분을 허용한다면, 병은 자신의 담보를 상실하게 된다. 갑은 물론 이후 새로운 연필을 B 창고에 반입할 것이다. 그러나 병은 을의 담보권만을 대위하는 것이지(담보 제29조 제2항) 갑과 을의 담보약정에 당사자로 을의 지위를 갈음하는 것은 아니므로, 새로 반입된 연필에 대해서는 동산담보권을 취득할 수 없는 것이다.

이러한 결과는 불만족스럽다. 설정자 갑의 정상영업에 대한 이해관계를 배려하면서도 그에게 담보소멸이라는 예상하지 못한 이익을 안기지는 않으며, 후순위권리자 병의 담보 유지에 대한 이해관계를 존중하는 방법은, 갑이 취득하여 B 창고에 새로 반입하는 연필에 대해 병이 을과 마찬가지로 제1순위담보권을 취득하는 것밖에 없다. 이는 그 한도에서 병이 갑과 을 사이의 담보약정의 효력을 받게 됨을 의미한다. 이를 인정하는 명문의 규정은 없지만, 공동담보를 인정하는 법률의 취지를 고려할 때 이러한 해석은 불가피하다고 할 것이다.

(마) 후순위권리자가 이시배당을 이유로 공동담보권자의 담보권을 대위행사하는 경우, 실행방법은 어떻게 되는가? 법률은 동산담보권의 실행에 대해 경매를 원칙으로 하면서도 사적실행과 함께 유담보약정을 허용하므로, 실행방법의 '충돌'이 발생할 수 있다. 예를 들어 이시배당에 의해 선순위공동담보권자가 완전히 만족을 받은 경우, 후순위권리자는 선순위공동담보권자의 다른 동산담보권을 대위하여 단

독으로 이를 실행할 수 있다. 앞의 예에서 병이 을의 B 창고의 연필에 대해 각 400원의 한도에서 제1순위 담보권을 실행할 수 있었던 것이 이에 해당한다. 그런데 갑과 을은 A, B에 보관된 연필에 대한 제1순위 담보권설정에서 처분청산을 하기로 약정하였고, 갑과 병은 A에 보관된 연필에 대한 제2순위 담보권설정에서 귀속청산을 약정하였다고 한다면, 병이 을의 제1순위 담보권을 대위행사할 때에는 어떠한 방법으로 실행을 할 수 있을 것인가? 이는 각각의 담보권이 다른 실행방법을 규정하고 있는 이상 필연적으로 발생하는 문제이다.

　결론부터 미리 말한다면 그러한 경우에는 원칙으로 돌아가 경매에 의해 실행(담보 제21조 제1항)을 해야 한다고 생각된다. 법률은 경매에 의한 실행을 원칙으로 규정하고 있는데, 이는 그것이 여러 이해관계인들의 이익을 가장 공정하게 보장할 수 있다고 상정하고 있기 때문이다. 그러한 의미에서 '정당한 이유'가 없는 경우에도 사적 실행을 원칙으로 하는 약정은 그 한도에서 유담보약정에 해당하여 다른 이해관계인의 권리를 침해하지 못하므로(담보 제31조 제2항), 당사자들이 서로 상이한 실행방법을 주장할 때에는 결국 경매에 의할 수밖에 없다. 더 나아가 법률은 사적 실행이 진행 중인 경우에도 일정 기간 내에 담보목적물에 대해 경매가 개시되면 사적 실행을 중단할 것을 정하고 있는데(담보 제23조 제5항, 제26조 제2항), 이는 실행방법의 '충돌' 시에는 경매가 우선함을 간접적으로 보이고 있는 것이기도 하다.

　물론 병이 을의 담보권을 대위하여 승계한다는 관점을 고수한다면, 병은 을의 담보권의 내용을 받아들여야 하므로 갑과 을의 담보약정에 정해진 실행방법에 따라야 한다고 해석할 수도 있을 것이다. 그러나 이는 앞서 살펴본 바와 같이 이해관계가 상충할 때 유담보약정의 효력을 제한하는 법률(제31조 제2항)의 취지에 반한다. 물론 서로 상이한 종류의 동산에 공동담보권이 설정된 사안에서 그러한 해석이 일견 합리적으로 보이는 경우도 있을 수는 있다. 예를 들어 A, B 두

기계를 가진 갑이 B 기계의 환가가 경매에 부적합하다고 평가하여 을에게 사적 실행을 전제로 두 기계 모두에 제1순위 공동담보권을 설정한 다음, 병에게는 A에 대해 경매를 전제로 한 제2순위 담보권을 설정한 경우를 생각해 보자. 여기서는 갑과 을이 B 기계의 성질을 고려하여 합리적인 환가방법을 정하였으므로, 을의 담보권을 승계하는 병은 그에 따르는 것이 담보약정으로 이 점을 배려한 갑의 이익뿐만 아니라 자신의 이익을 위해서도 적절하다고 말할 수 있을 지도 모른다. 그러나 이는 결코 필연적이지 않다. 예를 들어 갑과 을이 약정한 사적 실행 방법이 귀속청산인 경우, 이는 을이 담보목적물 B의 소유권을 취득할 이해관계가 있기 때문이다. 그러나 병으로서는 B를 취득하는 것에 아무런 이해관계가 없을 수 있으며, 그러한 경우에 갑과 을이 약정한 환가방법을 그에게 강제하는 것은 부당하다.

또한 다른 한편으로 병이 을의 담보권을 대위하는 것이기는 하지만, 그 실질은 병의 A에 대한 담보권 상실을 보상하기 위해 을의 담보권을 승계하는 것이므로, 병은 갑과 약정된 방법에 따라 실행하는 것에 정당한 이해관계가 있고, 갑 역시 이를 거부할 수 없다고 보는 관점도 있을 수 있다. 그러나 이 역시 타당하지 않다. 갑과 병이 약정한 실행방법은 어디까지나 A를 염두에 둔 것인데, 그것이 어떠한 이유로 다른 담보목적물인 B에 대해서도 타당하게 될 것인지 설명할 수 없기 때문이다.

결국 처음에 언급한 바와 같이 선순위 공동담보권과 후순위담보권의 실행방법이 다른 경우에는 원칙적이며 사적 실행에 우선하는 경매에 의하여 실행하는 것이 법률의 취지에 가장 부합하는 해석이라고 할 것이다. 다만 후순위권리자가 대위하는 선순위담보권의 실행방법에 따를 것을 설정자에게 통지한 때에는 설정자는 이를 거부할 이유가 없으므로 원래의 설정방법에 따라 환가할 수 있다고 할 것이다(담보 제31조 제2항 참조). 반면 설정자와 후순위권리자 사이에 사후 합의가 있는 경우 그 내용에 따른 방법으로 사적 실행을 할 수 있음은 물론이다.

이러한 결론은 공동담보권자와 후순위권리자 사이에 담보권의 준공유가 성립하는 경우에도 마찬가지라고 해야 한다. 앞의 A, B 두 창고에 보관된 연필의 예에서 연필 하나의 가치가 1,000원이 아니라 700원이라고 상정해 보자. 을이 이시배당으로 A 창고의 연필로부터 먼저 만족을 받는다면 그는 70만원을 변제받는다. 그렇다면 병은 B 창고의 각 연필에 대해 600원 한도에서 을의 제1순위 담보권을 대위하고, 을은 각 연필에 대해 100원의 한도에서 자신의 제1순위 담보권을 행사할 수 있다. 이 경우에도 선순위담보권과 후순위담보권에 예정된 실행방법이 서로 다르다면, 원칙적으로 경매에 의해 실행하는 것이 타당하다. 물론 이 때에도 병이 을의 담보권의 실행방법에 따를 것을 이해관계인인 갑과 을에게 통지한 때에는 선순위담보권의 실행방법에 의할 수 있다고 할 것이다(담보 제31조 제2항 참조).[60] 더 나아가 갑, 을, 병 삼자가 합의로 다른 실행방법을 정할 수도 있다.

(6) 물상보증인과 제3취득자의 지위

(가) 물상보증인은 동산담보권의 실행으로 자신의 물건의 소유권을 상실할 위치에 있으므로 제3자로서 채무를 이행할 정당할 이익이 있다(제469조 제2항, 제481조). 물상보증인이 채무를 변제하거나 동산담보권의 실행으로 인하여 담보목적물의 소유권을 잃은 때에는 민법의

---

60) 더 나아가 본문에서와 같이 선순위권리자와 후순위권리자가 담보권을 준공유하면서 사적 실행을 하는 경우에 권리행사 방법에 대해서도 해결되어야 할 문제들이 있다. 예를 들어 처분청산의 경우 인도청구(담보 제25조 제2항)는 누가 할 수 있는지, 설정자에 대한 청산금지급의무(담보 제23조 제3항)에 있어 두 사람은 어떠한 관계에 있는지 등의 의문이 발생하는 것이다. 논란이 있을 수 있으나, 후순위권리자의 대위가 있다고 해서 설정자의 지위가 악화되어서는 안 된다는 점, 담보권의 불가분성(담보 제9조) 등을 고려할 때 원칙적으로 불가분 채권채무관계가 성립한다고 해석해야 할 것이다.

보증채무의 규정(제441조, 제444조)에 따라 채무자에 대해 구상권이 있다(담보 제16조). 그러나 저당권에서와 마찬가지로[61] 채무자의 부탁으로 물상보증인이 된 사람이더라도 사전구상권(제442조)은 없다고 할 것이다. 그리고 채무자에 대해 구상권을 가지는 한도에서 물상보증인은 변제할 정당한 이익이 있는 자로서 만족을 받은 채권자를 당연히 대위한다(제481조, 제482조 제1항).

(나) 담보목적물의 제3취득자도 물상보증인과 마찬가지로 제3자로서 채무를 이행할 정당할 이익이 있다(제469조 제2항, 제481조). 물론 선의취득을 한 제3취득자(담보 제32조 참조)는 동산담보권의 부담이 없는 소유권을 취득할 것이므로 이에 해당하지 않는다(본장 Ⅱ. 6. (3) 참조). 제3취득자가 채무를 변제하거나 동산담보권의 실행으로 인하여 담보목적물의 소유권을 상실한 경우 제3취득자는 매도인인 설정자에 대하여 구상권을 가진다(제576조 제2항의 유추). 물론 매도인인 설정자와 매수인인 제3취득자 사이에 부담의 인수와 관련해 다른 약정이 있으면 구상권은 발생하지 않는다. 그리고 제3취득자는 변제할 정당한 이익이 있으므로 구상권이 발생하는 한도에서 만족을 받은 채권자를 당연히 대위한다(제481조, 제482조 제1항).

(다) 담보목적물의 제3취득자가 그 담보목적물의 보존 · 개량을 위하여 필요비 또는 유익비를 지출한 경우에는 민법 제203조 제1항 또는 제2항에 따라 담보권자가 목적물을 실행하고 취득한 대가에서 우선하여 상환을 받을 수 있다(담보 제18조). 예를 들어 담보목적물에 소유권을 취득한 제3취득자가 담보목적물에 부합 · 가공하여 가치를 증가시킨 경우에 그러하다. 그러한 비용지출은 자기 소유물에 대한 것이어서 상환의 대상이 될 수 없으나 담보목적물의 가치의 유지 · 증가를 가져와 담보권자의 이익이 되므로 제3취득자에게 우선적으로 상환

---

61) 大判 2009.7.23., 2009다19802,19819, 공보 2009, 1483.

받을 권리를 부여하는 것이다(제367조 참조).[62] 우선 동산담보권이 경매로 실현되는 경우 제3취득자는 배당요구를 하여 우선변제를 받아야 할 것이며(민집 제217조), 여기에는 아무런 문제가 없다. 그러나 담보권이 사적 실행되는 경우에는 제3취득자에게 우선변제를 보장하는 일은 쉽지 않다. 담보권자가 "목적물을 실행하고 취득한 대가"가 그의 재산에 혼화되는 이상 제3취득자의 상환청구권에 우선변제를 인정할 법률상·사실상의 방법이 존재하지 않기 때문이다. 그러한 경우에는 제3취득자는 단순히 담보권자에 대하여 채권적인 상환청구권을 가지는 것에 그치며, 담보권자의 다른 채권자와 경합하여 평등한 배당을 받을 수밖에 없다. 따라서 사적 실행의 경우 제3취득자의 비용상환 우선변제는 담보권자가 취득한 대가가 압류되는 등 그 특정성이 유지되는 경우에만 가능할 것이다. 그러므로 제3취득자로서는 예컨대 처분청산의 경우에 담보권자가 대가로 받은 금전이 재산에 혼화되기 전에 이를 압류하거나, 그 이전에 담보권자가 매각으로 취득한 매매대금채권을 압류하는 방법이 권장된다. 반면 귀속청산으로 담보권이 실행되는 경우에 제3취득자가 담보목적물을 점유하고 있다면 그는 청산금이 지급되었더라도 비용상환이 없다는 이유로 목적물의 인도를 거부함으로써 간접적으로 우선변제를 받는 효과를 누릴 수는 있을 것이다(담보 제23조 제3항; 본장 II. 5. (3) (다) 참조).

---

62) 안형준 (주 5), 65−66면은 동산담보권 설정 이후에 질권을 설정받은 사람도 제3취득자로서 우선변제권이 있다고 한다. 그런데 이 경우 질권자는 설정자에 대해 비용상환청구권을 가지고 있고(제343조, 제325조), 그에 기하여 유치권을 행사하여 보호를 받을 수 있다. 그 결과 자기 물건의 소유자이어서 비용상환청구권도 없고 유치권도 가질 수 없는 제3취득자를 위해 우선변제권을 정하는 법률의 취지가 이 경우에는 타당하지 아니하다. 따라서 질권자는 제3취득자로서 우선변제권을 행사할 수는 없고 유치권을 행사하여 비용상환의 우선변제를 도모할 수 있다고 할 것이다.

6 동산담보권의 소멸

(1) 동산담보권은 통상의 담보물권과 마찬가지로, 한편으로는 피담보채권의 소멸에 의해, 다른 한편으로는 목적물의 멸실에 의해 소멸한다(담보 제50조 제1항 참조). 후자의 경우에 물상대위가 가능하다는 것은 앞서 언급하였다(본장 Ⅱ. 3. (2) (나) 참조). 그 밖에 담보목적물이 다른 물건에 부합·혼화되거나 가공됨으로써 소유권이 상실되고(제257조 내지 제259조) 그에 수반하여 담보권이 소멸하는 경우도 있을 수 있다(본장 Ⅱ. 4. (3) (다)에서 언급한 바와 같이 그 경우 담보권 침해가 있는지 여부는 담보약정의 내용에 따른다).

또한 집합동산에 동산담보권이 설정된 경우에 담보약정에 정해진 설정자의 정상적인 영업에 따라 담보목적물이 반출되어 양도되는 때에는, 양수인이 담보권의 존재를 알고 있었다고 하더라도(담보 제32조 참조), 그것이 담보약정에 정해진 설정자의 권한에 부합하는 한에서는 담보권은 소멸한다고 해석해야 한다.[63] 그것이 바로 집합동산에 비점유담보권을 인정하는 취지에 부합하는 결과이기 때문이다. 다만 법률구성은 문제이다. 담보약정에 따른 담보권자의 사전 포기의 의사표시에 의해 소멸하는 것이라고 본다면 그러한 사항에 대해 등기가 있어야 하기 때문이다(담보 제7조 제1항). 대법원규칙이 그러한 사항의 등기가능성을 인정하면 난점이 없겠지만(담보 제47조 제2항 제6호 참조), 그렇지 않다면 비점유담보권을 인정하는 법률의 취지상 당연히 인정되는 법률에 따른 소멸사유라고 할 수밖에 없을 것이다.

(2) 동산담보권의 존속기간은 5년을 초과할 수 없다(담보 제49조 제1항 본문). 그러므로 설정된 이후 5년이 경과한 동산담보권은 소멸한다. 이는 피담보채권이 통상 상사채권으로 5년의 소멸시효에 걸리

---

63) 같은 취지로 안형준 (주 5), 74면.

는 것을 고려한 것이라고 한다.[64] 다만 5년을 초과하지 않는 기간으로 이를 갱신할 수 있으며(동항 단서), 설정자와 담보권자는 존속기간을 갱신하려면 그 만료 전에 연장등기를 신청하여야 한다(동조 제2항, 제3항). 갱신의 횟수에는 제한이 없다.[65]

　연장등기는 유효하게 존속하는 등기에 관하여 그 존속기간만을 연장하는 것이기 때문에, 그 등기의 순위나 효력은 연장등기를 한 때가 아니라 최초의 등기를 한 때를 기준으로 정해야 한다고 한다.[66] 이렇게 해석하게 되면 선순위담보권의 소멸을 기대하고 있었던 후순위담보권자들로서는 불리할 수도 있겠지만, 선순위담보권자의 피담보채권이 존속하고 있는 이상 담보권의 존속기간을 연장하는 것을 금지할 이유는 없다고 할 것이고 그 한도에서 후순위담보권자들도 이를 수인해야 할 것이다. 실제로 민법에서 물권의 갱신은 후순위권리자에 대한 고려 없이 허용되고 있다(제283조 제1항, 제284조, 제312조 제3항, 제4항 등 참조). 반면 선순위담보권의 피담보채권이 소멸하면 담보권도 소멸하는 것이므로, 그러한 경우에 등기를 유용하여 다시 담보권을 설정하는 것은 후순위권리자 등 이해관계인이 있는 때에는 허용되지 않는다고 할 것이다.[67]

　(3) 그 밖에 동산담보권이 설정된 담보목적물에 대해 제3자가 소유권·질권을 취득하는 경우에는 민법의 규정(제249조 내지 제251조)에 따라 소유권·질권을 선의취득할 수 있다(담보 제32조). 그런데 설정자는 이미 소유자이므로, 그로부터 소유권이나 질권을 취득하는 것 자체에는 아무런 장애가 없다. 그러므로 여기서 말하는 선의취득은 양수인이나 질권자가 동산담보권의 부담에 대해 선의·무과실이라면 그

---

64) 안형준 (주 5), 130면.
65) 안형준 (주 5), 130면.
66) 김재형 (주 5), 46면.
67) 저당권에 관하여 大判 1963.10.10., 63다583, 집 11-2, 184 등 참조. 김재형 (주 5), 46면 주 62.

러한 동산담보권의 부담이 없는 소유권이나 선순위 담보권 없는 질권을 취득한다는 것을 의미한다(이른바 lastenfreier Erwerb).

(가) 부동산등기는 개별 특정 부동산에 물권관계를 총체적으로 공시한다. 그러므로 등기부취득시효(제245조 제2항)의 적용과 관련해서 부동산의 매매의 양수인이 등기부상 명의인과 매도인이 동일인임을 확인한 이상 원칙적으로 그에게는 과실이 없지만,[68] 반면 매도인이 등기부상 소유명의자가 아니었던 경우에는 일반적으로 등기부를 열람하지 아니한 매수인의 과실을 인정할 수 있다.[69]

그런데 이러한 내용은 동산담보등기부에 대해서는 인정할 수 없다. 즉 설정자로부터의 양수인이 담보등기부를 열람해보지 않았다고 해서 선의취득의 판단에서 원칙적으로 과실이 있는 것으로 취급할 수는 없다고 생각된다. 무엇보다도 담보등기부는 담보권의 설정의 기회에 비로소 편제되는 것인데, 양수인으로서는 양도인이 동산담보권을 설정하여 그의 앞으로 담보등기부가 편제되어 있는지 여부를 미리 알수가 없다. 또한 양도인에게 담보등기부가 있는지 여부를 항상 확인해 볼 주의의무를 부과할 수도 없을 것이다. 이는 동산의 수와 종류를 고려할 때 이미 과도한 주의의무가 되기 쉬울 뿐만 아니라(예컨대 문구영업을 하는 사람에게 볼펜 한 자루를 구입할 때에도 담보등기부를 확인해야 하는가?), 이론적으로도 민법상 양수인의 선의취득을 정당화하는 권리외관은 어디까지나 양도인의 점유이기 때문이다(본장 Ⅱ. 2. (3) (가) 참조).

그러므로 양수인의 조사의무는 그가 제반사정에 좇아 양수하려는 목적물에 동산담보권이 설정되어 있다는 의심을 가지는 것이 합리적인 때에 비로소 발생한다고 해야 한다. 그러한 경우에 양수인은 양도인의 등기부를 열람하고 탐문하여 담보권 유무를 조사해야 하고, 그

---

68) 大判 1992.2.14., 91다1172, 공보 1992, 1005.
69) 大判 1967.1.31., 66다2267, 집 15-1, 62.

렇지 않으면 과실이 인정되어 선의취득은 좌절된다.[70]

(나) 설정자가 동산담보권이 설정된 동산을 다시 양도담보하는 경우, 통상 양도담보는 점유개정(제190조)에 의하므로 채권자는 인도요건이 결여되어(주 20 참조) 부담 없는 소유권을 선의취득할 수 없다. 그러므로 양도담보권자는 동산담보권의 부담이 있는 소유권을 취득한다. 동산담보권자는 양도담보권자가 담보권을 실행하는 등 자신의 만족이 위태롭게 되는 경우에는 방해배제청구권(담보 제20조)을 행사하여 그러한 행위의 중지를 청구할 수 있을 것이다. 그러나 이후 양도담보권자가 선의·무과실로 현실인도를 받는 경우에는 그 순간에 선의취득이 있어 동산담보권은 소멸될 것이다. 다만 제반사정상 양도담보권자에게는 악의 또는 과실이 인정될 경우가 많을 것이다.

Ⅲ. 채권담보권

채권담보권에 관해서는 그 성질에 반하지 않는 이상 동산담보권에 관한 규정이 준용된다(담보 제37조). 그러므로 아래에서는 동산담보권과 다른 내용이 인정되는 부분을 중심으로 간단히 살펴본다.

1. 채권담보권의 대상

(1) 채권담보권은 금전의 지급을 목적으로 하는 지명채권에 설정될 수 있다(담보 제2조 제3호, 제34조). 즉 금전채권에 대해서만 채권담보권이 성립한다. 실제로 거래계에서 담보의 대상이 되는 채권은 압도적으로 금전채권이며, 따라서 법률도 금전채권에 대해서만 담보권

---

70) 안형준 (주 5), 93면은 "개개의 동산을 거래하는 경우와 달리, 집합동산 전부를 거래하는 경우에 있어서는 그 취득자가 동산담보권 존재 여부를 확인하지 않는 경우에는 선의·무과실이 인정되기 어려울 것"이라고 한다. 통상 그러할 것이라고 생각되지만, 종국적으로는 개별 사실관계의 판단에 달려 있으므로 단정적으로 말할 수는 없을 것이다.

이 설정되도록 한정한 것이다.[71] 금전채권이면 충분하므로 외화채권
도 목적이 될 수 있다.[72] 반면 다른 채권 예를 들어 동산인도채권 등
에 대해서는 동법상의 채권담보권은 설정할 수 없고, 민법에 따라 질
권을 설정해야 한다.

저당권으로 담보한 채권에 대해 채권담보권을 설정할 수도 있다.
그 경우 채권담보권의 효력은 대상채권 및 이를 담보하는 저당권에
미치게 되어 담보권의 효력은 강화된다. 그러나 그러한 경우 담보권
의 효력이 저당권에 미치기 위해서는 저당권등기에 채권담보권 설정
의 부기등기를 해야 한다(담보 제37조, 민법 제348조).

(2) 현존하는 채권뿐만 아니라 장래에 발생할 채권에 대해서도
담보권을 설정할 수 있다(담보 제34조 제2항 참조). 종래 판례는 장래채
권의 양도에 대해 채권발생의 기초관계가 있고 발생의 개연성이 있는
경우에 한하여 이를 인정하는 태도를 보이고 있다.[73] 그러나 처분의
대상인 채권이 특정되는 이상 거래의 안전은 보장되는 것이어서 그러
한 제한을 정당화할 이유는 쉽게 찾을 수 없다.[74] 그러므로 법률은
그러한 제한 없이 장래채권의 경우에도 담보권을 설정할 수 있도록
한 것이다.[75]

(3) 여러 개의 채권(채무자가 특정되었는지를 묻지 아니하고 장래에
발생할 채권을 포함)이더라도 채권의 종류, 발생 원인, 발생 연월일을
정하거나 그 밖에 이와 유사한 방법으로 특정할 수 있는 경우에는 그
에 채권담보권을 설정할 수 있다(담보 제34조 제2항). 그러므로 특정의
기준이 등기되는 이상 집합채권에 대해 담보권을 설정할 수 있고, 이

---

71) 김재형 (주 5), 39-40면은 비금전채권의 경우 그 가치를 환산하기 어렵다는 사정
    을 언급한다.
72) 안형준 (주 5), 96면.
73) 이에 대해서는 제3편 제1장 Ⅲ. 2. 참조.
74) 이에 대해서는 제3편 제1장 Ⅲ. 2. 참조.
75) 김재형 (주 5), 40면; 안형준 (주 5), 26면.

는 그 집합채권이 유동하는 상태에 있어 설정자가 장래에 취득할 채
권을 포함하는 경우에도 마찬가지이다.

(4) 양도할 수 없는 채권에 대해서는 채권담보권을 설정할 수 없
다(담보 제37조, 제33조, 민법 제331조). 그런데 금전채권은 법률이 정하
는 경우를 제외하고는(예컨대 제979조 참조) 그 성질상 양도가 제한되
는 경우를 상정하기 어렵다. 그러므로 이들 규정에 따라 양도할 수
없는 채권은 채권양도금지특약이 있는 경우에 한정된다(제449조 제2
항).76) 그러므로 양도금지특약이 있는 채권에 대해서는 채권담보권을
설정할 수 없으나, 담보권자가 선의인 경우에는 그러하지 아니하다.
양도금지특약을 들어 담보권자에게 대항하려는 사람이 담보권자의
악의를 입증할 책임이 있다.77)

2. 채권담보권의 성립과 등기의 효력

(1) 법률은 설정자가 담보약정에 따라 금전채권을 담보로 제공하
는 경우에 담보등기를 할 수 있다고 하고(담보 제34조 제1항), 그렇게
등기가 된 담보권을 채권담보권이라고 한다(담보 제2조 제3호). 그런데
이들 규정의 문언은 반드시 정확한 것은 아니다. 그것은 채권담보권
의 경우 담보등기가 대항요건에 그치기 때문이다. 즉 채권담보권의
등기는 성립요건이 아닌 대항요건이다(담보 제35조). 동산담보권에서
는 등기가 성립요건인 것과는 달리 채권담보권에서 이를 대항요건으
로 정한 것은 민법에서 채권양도와 채권질권설정에서 대항요건주의를
채택하고 있는 사정을 고려한 것이라고 한다.78) 그러므로 담보등기는
일정한 사람에 대하여 담보권의 효력을 주장하기 위한 요건이며, 담

---

76) 김재형 (주 5), 40면.
77) 채권양도에 관하여 大判 1999.12.28., 99다8834, 공보 2000, 362; 2010.5.13., 2010
    다8310, 공보 2010, 1123. 안형준 (주 5), 96면도 참조.
78) 김재형 (주 5), 41−42면.

보권의 성립에는 영향을 주지 아니한다.

(2) 설정자와 그의 채권자가 담보약정을 체결하고 그에 따라 설정자의 금전채권에 담보권을 설정하는 물권적 합의를 하는 경우 채권자는 채권담보권을 취득하여 담보권자가 된다. 담보등기는 대항요건일 뿐이므로, 당사자인 담보권자는 담보권설정의 물권적 합의만으로 담보권을 취득하며, 이를 위해 담보등기를 요하지 아니한다. 따라서 등기가 없는 상태에서도 담보권자는 설정자에 대하여 담보권자로서 모든 권한을 행사할 수 있다. 반면 채권과 관련해 선의취득은 존재하지 않으므로 설정자가 타인의 채권에 담보권을 설정하여도 이는 무효이다.

(3) 약정에 따른 채권담보권의 득실변경은 담보등기부에 등기한 때에 지명채권의 채무자(제3채무자) 외의 제3자에게 대항할 수 있다(담보 제35조 제1항). 여기서 '제3자'는 채권양도에서와 마찬가지로(제450조 제2항)[79] 담보권의 목적인 채권에 대해 담보권자와 서로 양립할 수 없는 이해관계를 취득한 사람을 말한다. 대표적으로 설정자로부터 동일한 채권을 양수한 사람, 설정자로부터 동일한 채권에 담보권을 설정받은 사람, 동일한 채권을 압류하여 전부받은 설정자의 채권자 등이 이에 해당한다. 이들에 대해 담보권을 주장하기 위해서는 담보등기부에 담보권의 등기가 필요하다.

(4) 담보권자 또는 담보권설정자(채권담보권 양도의 경우에는 그 양도인 또는 양수인)는 제3채무자에게 담보등기사항증명서(담보 제52조)를 건네주는 방법으로 그 사실을 통지하거나 제3채무자가 이를 승낙하지 아니하면 제3채무자에게 대항하지 못한다(담보 제35조 제2항). 그러므로 담보권의 존재를 제3채무자에게 주장하기 위해서는 담보등기를 해야 할 뿐만 아니라, 그 내용을 증명하는 담보등기사항증명서를 채무

---

79) 大判 1989.1.17., 87다카1814, 집 37-1, 10.

자에게 교부하는 방식으로 통지하거나 채무자가 이를 승낙하여야 한
다. 채권담보권의 등기가 되어도 제3채무자로서는 통상 그러한 사실
을 알 수 없으므로, 설정자에게 변제를 한 다음 담보권자에게 청구를
당하는 이중변제의 위험이 발생할 수 있다. 이러한 제3채무자의 이중
변제위험을 방지하기 위해서 제3채무자에 대해 담보권을 주장하기 위
해서는 그에게 담보등기의 내용을 통지하거나 제3채무자가 이를 승낙
할 것을 요구하는 것이다.80) 기본적으로 민법의 통지 · 승낙과 그 취
지를 같이 하지만, 통지권자에 설정자뿐만 아니라 담보권자도 포함시
킨 것에 차이가 있다(제450조 제1항 참조).81) 이러한 통지 · 승낙에 대해
서는 민법 제451조, 제452조가 준용된다(담보 제35조 제4항). 그러므로
예컨대 제3채무자는 통지가 있을 때까지 설정자에 대해 취득한 대항
사유를 담보권자에 대해서도 주장할 수 있다(담보 제35조 제4항, 제451
조 제2항).

그런데 장래채권에 담보권이 설정되는 때에는 제3채무자가 특정
되어 있지 않아 대항요건으로서 통지 · 승낙을 구비할 수 없는 경우가
많을 것이다. 예를 들어 설정자가 장래의 매출금채권 일체를 목적으
로 하여 담보권을 설정하는 경우가 그러하다. 그러한 경우에는 결국
나중에 제3채무자의 신원이 특정되는 시점에 비로소 통지를 할 수밖
에 없다.82) 그런데 집합채권의 경우 그러한 통지에 적지 않은 비용이
소모된다는 점, 제3채무자에 대한 통지가 설정자의 신용에 대한 평판
을 저해할 수 있다는 점 등을 고려하면 집합채권의 양도담보에서와
같이 설정자의 원만한 영업이 계속되는 동안에는 담보권자가 통지를
하지 않을 가능성도 있을 것으로 예상된다.

(5) 동일한 채권에 관하여 양립할 수 없는 이해관계를 취득한 사

---

80) 안형준 (주 5), 100면.
81) 김재형 (주 5), 42−43면.
82) 김재형 (주 5), 43면.

람들이 각각 서로에 대해 대항요건을 구비한 경우, 그들 사이의 우열은 어떻게 결정되는가? 동일한 채권에 관하여 담보등기부의 등기와 민법 제349조 또는 제450조 제2항에 따른 통지 또는 승낙이 있는 경우에 담보권자 또는 담보의 목적인 채권의 양수인은 법률에 다른 규정이 없으면 제3채무자 외의 제3자에게 등기와 그 통지의 도달 또는 승낙의 선후에 따라 그 권리를 주장할 수 있다(담보 제35조 제3항). 그러므로 예컨대 ① 등기된 담보권자들 사이에서는 등기의 선후에 따라, ② 등기된 담보권자와 채권 양수인 사이에서는 등기일자와 확정일자 있는 통지가 제3채무자에게 도달한 일자의 선후에 따라, ③ 등기된 담보권자와 전부채권자 사이에서는 등기일자와 전부명령이 제3채무자에게 도달된 일자의 선후에 따라 우열이 결정된다. 만일 등기일자와 도달일자가 같아 선후를 판단할 수 없는 때에는, 채권양도에서와 마찬가지로[83] 대립하는 사람들 사이에 안분비례하여 배당해야 할 것이다.[84]

그러므로 채권담보권자가 담보등기를 마친 후에서야 동일한 채권에 관한 채권양도가 이루어지고 확정일자 있는 증서에 의한 채권양도의 통지가 제3채무자에게 도달하였으나, 담보권설정의 통지(담보 제35조 제2항)는 제3채무자에게 도달하지 않은 상태에서는, 제3채무자에 대한 관계에서 채권양수인만이 대항요건을 갖추었으므로 제3채무자로서는 채권양수인에게 유효하게 채무를 변제할 수 있고 이로써 채권담보권자에 대하여도 면책된다. 다만 채권양수인은 채권담보권자에 대한 관계에서는 후순위로서, 채권담보권자의 우선변제적 지위를 침해하여 이익을 받은 것이 되므로, 채권담보권자는 채권양수인에게 부당이득으로서 변제받은 것의 반환을 청구할 수 있다. 그러나 그 후 담보권설정의 통지가 제3채무자에게 도달한 경우에는, 그 통지가 채권

---

83) 大判(全) 1994.4.26., 93다24223, 집 42-1, 303.
84) 김재형 (주 5), 44면.

양도의 통지보다 늦게 제3채무자에게 도달하였더라도, 채권양수인에게 우선하는 채권담보권자가 제3채무자에 대한 대항요건까지 갖추었으므로 제3채무자로서는 채권담보권자에게 채무를 변제하여야 하고, 채권양수인에게 변제하였다면 특별한 사정이 없는 한 이로써 채권담보권자에게 대항할 수 없다. 물론 이때 제3채무자가 채권양수인에게 채무를 변제한 경우에 채권담보권자는 무권한자인 채권양수인의 변제수령을 추인함으로써(제472조 참조) 제3채무자의 채권양수인에 대한 변제를 유효하게 하는 한편 채권양수인에게 부당이득으로서 변제받은 것의 반환을 청구할 수 있다.[85]

그런데 이러한 규정은 우리 민법이 정하는 채권양도의 공시체계와는 부정합한 내용을 포함한다. 우리 채권양도법은 통지·승낙을 통해 채권의 귀속이나 부담설정에 대한 정보를 제3채무자에게 집중시켜 제3채무자에 대한 탐문에 의해 채권의 귀속 등을 공시한다는 입법주의를 채택하고 있다.[86] 그런데 동법에서와 같이 등기일자에 의한 대항을 추가하여 현행법과 병존하게 하면, 민법이 정하는 입법주의의 의미는 상당부분 퇴색할 수밖에 없다.[87] 예를 들어 설정자가 자신의 채권에 담보권을 설정하고 등기한 상태이지만 아직 제3채무자에 대한 통지는 없는 경우를 생각해 보자. 이 채권을 양수하고자 하는 제3자는 예전이라면 제3채무자에 대해서 입질 여부를 확인하면 그만이었을 것이다. 그러나 이제는 제3채무자에 대해 탐문을 하는 것만으로는 충분하지 못하며, 채무자의 채권담보등기부도 열람해 보아

---

85) 이상 大判 2016.7.14., 2015다71856, 공보 2016, 1144.

86) 양창수, 민법입문, 제5판, 2008, 50면; 최수정, 채권양도론, 2007, 67면 이하 등 참조

87) 이에 대해 안형준 (주 5), 100면은 "제3채무자에 대한 대항요건은 제3채무자에게 변제를 하여야 하는 상대방 등을 확실하게 알려주어 이중변제의 위험을 방지하기 위한 것이고, 그 외의 제3자에 대한 대항요건은 상호 양립할 수 없는 법적 지위를 갖는 자에 대한 상호우열을 결정하는 것으로 그 기능이 다르기 때문에 대항요건을 동일하게 할 필요가 없"다고 설명한다.

야 한다는 결과가 발생한다. 물론 채무자에 대한 관계와 제3자에 대한 관계에서 효력을 달리하는 것은 입법적으로 가능하고 또 나름의 근거가 있다.[88] 또한 등기부는 비교적 효율적인 공시제도이므로 그 자체가 큰 부담이 된다고 하기는 어려울지도 모른다. 그러나 그러한 결과가 민법의 대항요건주의와 반드시 조화를 이룬다고 하기는 어렵다는 사실, 그리고 추가적인 거래비용이 발생한다는 사실을 부정할 수는 없을 것이다. 또한 아래에서 보는 바와 같이 담보권의 대항관계가 당사자들의 관계에 따라 분열되는 현상도 불가피하게 나타나게 된다(본장 Ⅲ. 3. (5) 참조). 그러나 다른 한편 채권담보권의 대항사유를 민법과 일치시킨다면 등기담보권을 창설하는 의미는 사실상 상실될 것이므로 법률로서는 담보권자와 제3자 사이의 우열을 판단할 때에는 등기에 따른 대항을 인정할 수밖에 없을 것이다. 이 부분은 민법의 채권양도법 개정의 과정에서 근본적인 재조명이 필요하다고 생각된다.

3. 채권담보권의 내용

채권담보권의 내용은 동산담보권의 내용에 준해서 인정된다. 그러므로 여기서는 채권담보권에 특징적인 사항만을 간단하게 살펴본다.

(1) 채권담보권은 우선변제권을 부여하는 물권으로(담보 제37조, 제8조), 부종성·수반성·불가분성·물상대위성이 있다. 그러므로 채권담보권의 운명은 그 피담보채권의 운명에 따르며(담보 제37조, 제33조, 민법 제369조), 피담보채권의 양도는 원칙적으로 채권담보권의 양도도 내용으로 한다(담보 제37조, 제13조). 그리고 담보권자는 채권 전부를 변제받을 때까지 담보목적채권 전부에 대하여 담보권을 행사할 수 있다(담보 제37조, 제9조). 물상대위도 인정될 수 있을 것인데(담보 제37조,

---

88) 비교법적으로 Kötz, *European Contract Law*, 2nd ed., 2017, p. 350 sqq. 참조.

제14조), 예를 들어 담보목적채권이 준점유자에 대한 변제를 이유로 소멸한 경우(제470조) 담보권자는 설정자가 가지는 부당이득반환청구권(제741조)에 대하여 물상대위권을 행사할 수 있을 것이다.

(2) 채권담보권의 피담보채권에 대해서는 동산담보권과 같은 규율이 인정된다(담보 제37조, 제12조). 한편 채권담보권은 다른 약정이 없는 한 그 목적인 채권뿐만 아니라 그에 종된 권리도 미친다(담보 제37조, 제10조). 예를 들어 채권담보권의 효력은 금전채권에 부수하는 이자채권에도 미친다. 그러므로 담보권자가 직접청구의 방법으로 담보권을 실행하는 경우(담보 제36조 제1항), 그는 원본채권뿐만 아니라 이자채권에 대해서도 제3채무자에 대해 변제를 청구할 수 있다. 그러나 채무불이행이 있기 이전의 이자는 통상 설정자가 정상적인 영업활동으로써 이를 수취한다는 내용의 담보약정이 있다고 볼 것이어서, 그 한도에서는 설정자가 이자를 청구할 수 있고 담보권자에 대한 관계에서 유효하게 변제를 수령할 수 있다고 할 것이다.[89)]

반면 정의상 채권에는 과실이 있을 수 없으므로(제101조 참조: "물건의 …") 그에 대한 규정(담보 제11조)은 적용이 없을 것이다.[90)]

(3) 채권담보권은 물건의 점유를 내용으로 하지 않으므로 동산담보권에 인정되는 반환청구권(담보 제19조)은 인정될 여지가 없다. 담보권자의 방해배제청구권은 인정될 수 있을 것이지만(담보 제37조, 제20조), 금전채권은 무체물이므로 실제로 방해배제청구가 문제되는 사안이 동산담보권에서처럼 많지는 않을 것으로 예상된다. 채권담보권에 대한 침해로 손해가 있는 경우에는 담보권자는 불법행위에 기해 손해배상을 청구할 수 있을 것이고(제750조), 그러한 침해가 설정자의 유책한 사유로 인한 때에는 원상회복이나 담보의 제공을 청구할 수 있다(담보 제37조, 제17조 제2항).

---

89) 곽윤직, 채권총론, 제6판, 2003, 243면 참조.
90) 반대 취지로 김재형 (주 5), 44면; 안형준 (주 5), 106면.

(4) 담보권자의 설정자에 대한 현황조사 인용청구권(담보 제17조)
은 채권담보권에서도 인정되는가? 채권은 무체물이므로 동산에서처
럼 소재·관리상태 등을 확인하는 조사는 무의미하다. 그러나 담보권
자로서는 채권담보권과 관련해서도 현황조사에 대한 이해관계가 없다
고 할 수 없다. 예를 들어 집합채권에 담보권이 설정된 경우, 담보권
자로서는 현재 어느 정도 규모의 채권이 담보로 파악되고 있는지, 그
중 어느 정도 비율이 부실채권인지 등을 조사할 이해관계가 있을 수
있다. 그러므로 채권담보권자도 설정자에게 담보목적채권에 대한 현
황조사를 청구할 수 있다고 할 것이다. 그러나 채권에 대한 현황조사
는 경우에 따라서는 설정자의 경영에 관한 내부적 정보와 관련되어
있을 수도 있다. 그러한 때에는 설정자에게 정당한 이유가 인정되어
(담보 제37조, 제17조 제1항) 현황조사를 거부할 수 있다고 해야 할 것
이며, 담보권자는 객관성이 담보되는 정보제공을 청구할 수 있음에
그친다. 반면 채무자인 설정자가 정당한 이유 없이 현황조사를 거부
하는 경우에 기한의 이익이 상실된다고 해석해야 한다는 것(제388조
제1호 유추)은 동산담보권에서와 같다(본장 Ⅱ. 4. (3) (가) 참조).

(5) 채권담보권자는 설정자에 대한 강제집행·도산절차에서 어떠
한 지위를 가지는가?

(가) 설정자의 채권자가 담보목적채권을 압류하여 강제집행을 시
도하는 경우에는 어떠한가? 경우를 나누어 보아야 할 것이다. 우선
압류채권자가 당해 채권을 전부받은 사안을 살펴본다.[91]

먼저 담보권자가 제3채무자에 대한 관계에서 대항요건을 구비한
경우(담보 제35조 제2항), 제3채무자는 순위에서 우선하는 담보권자(담
보 제35조 제2항)를 고려해야 하므로 전부채권자에게 변제하는 것으로
담보권자에게 대항할 수 없어, 전부채권자에게 변제하는 경우 담보권

---

91) 내용이 유동하는 집합채권에 담보권이 설정된 사안에 대해서는 유동하는 집합동
산담보권에 대한 주 47 참조.

자와의 관계에서 이중변제의 위험을 부담한다.[92] 전부채권자가 변제를 청구하고 있으나 아직 담보권자의 피담보채권 이행기가 도래하지 않은 경우에는 제3채무자는 이를 공탁해야 할 것이다(담보 제36조 제2항, 민법 제353조 제2항, 제487조 참조). 그런데 이렇게 담보권자의 권리가 우선하여 제3채무자가 여전히 담보권자에 대해 의무를 부담하더라도 일단 전부채권자에게 변제한 때에는 제3채무자가 무자력하게 될 위험도 없지는 않다. 이는 담보목적채권의 가치를 저해하는 사정이므로, 담보권자는 그러한 우려가 있는 경우 제3채무자에 대해 방해배제청구권을 행사하여 전부채권자에 변제하지 말 것을 청구할 수 있을 것이다(담보 제37조, 제20조). 반면 제3채무자가 이미 전부채권자에게 변제하여 무자력하게 된 때에는, 채권담보권자는 그러한 변제를 추인한 다음 전부채권자에 대하여 그가 수령한 것을 부당이득으로 반환청구할 수 있을 것이다(제741조).[93]

반면 담보권자가 제3채무자에 대한 관계에서 대항요건을 구비하지 못한 경우에는 제3채무자에 대한 관계에서는 전부채권자만이 권리를 주장할 수 있으므로 제3채무자는 전부채권자에게 유효하게 변제할 수 있고, 이로써 담보권자에 대한 관계에서도 면책된다.[94] 그러나 전부채권자는 담보권자에 대한 관계에서는 후순위이므로(담보 제35조 제3항) 담보권자의 우선변제적 지위를 침해하여 이익을 받은 것이다. 그러므로 담보권자는 전부채권자에 대하여 부당이득으로 변제받은 것을

---

92) 안형준 (주 5), 101면은 "제3채무자가 채권을 압류한 제3자에게 지급하지 않고 담보권자에게 지급하는 경우에는 '승낙을 한 때'에 해당한다"고 서술한다. 그런데 그렇게 담보권을 승낙하였다고 하더라도 압류채권자의 압류가 선순위이므로 제3채무자는 담보권자에 대한 지급으로 압류채권자에게 대항할 수는 없다.

93) 이는 침해이득 반환이다. 타인의 부동산을 매매하고 등기를 이전한 무권리자에 대해 권리자가 매매를 추인하고 부당이득을 반환한 경우에 대해 大判 1992.9.8., 92다15550, 공보 1992, 2842; 2001.11.9., 2001다44291, 집 49−2, 228 참조.

94) 같은 취지로 안형준 (주 5), 100면.

반환청구할 수 있다(제741조).95) 그런데 그 경우 담보권자는 변제를 받은 전부채권자에 대해 일반채권자의 지위에 있음에 그치므로, 그의 무자력 위험을 부담한다. 그러므로 전부채권자의 자력이 충분하지 않은 경우에는 담보권자는 방해배제로서 제3채무자에 대해 전부채권을 추심하지 아니할 것을 청구할 수 있다고 할 것이다(담보 제37조, 제20조).

(나) 압류채권자가 추심명령을 받은 때에도 기본적으로 마찬가지이다. 담보권자가 제3채무자에 대해 대항할 수 있는 경우, 그는 제3채무자의 추심채권자에 대한 변제여부와 무관하게 여전히 제3채무자에 대해 담보권을 행사할 수 있고, 제3채무자에 대해 방해배제로서 추심채권자에 대해 변제하지 아니할 것을 청구할 수 있다(담보 제20조). 반면 담보권자가 제3채무자에 대해 대항할 수 없는 경우에는 추심채권자는 유효하게 채권을 추심할 수 있다. 그러한 경우 ―살펴보겠지만(본장 Ⅲ. 4. (2) 참조) 채권담보권자는 배당요구권자이므로(담보 제36조 제3항, 민집 제273조 제3항, 제247조)― 담보권자는 배당요구 종기 이전이라면 배당을 요구하여 우선변제를 받을 수 있을 것이다. 그러나 담보권자가 배당요구 종기를 도과한 경우, 그는 집행절차에서 배당을 받은 채권자들에 대해 부당이득반환을 청구할 수 있는가? 임금채권과 주택임대차 보증금반환채권에 관한 판례에 따른다면96) 배당요구 종기가 지난 이후에는 더 이상 담보권을 행사할 수 없고 배당을 받은 채권자들에 대해 부당이득도 청구할 수 없다는 결과가 나온다.97) 그

---

95) 같은 취지로 안형준 (주 5), 100면. 이는 침해이득반환이며, 그 구조는 기본적으로 채권의 준점유자에 대한 변제가 있는 경우 채권자가 준점유자에게 부당이득을 청구하는 경우와 다르지 않다. 大判 1980.9.30., 78다1292, 집 28-3, 99 참조.

96) 大判 1996.12.20., 95다28304, 공보 1997, 342; 1997.2.25., 96다10263, 공보 1997, 865; 1998.10.13., 98다12379, 공보 1998, 2660; 2002.1.22., 2001다70702, 공보 2002, 540 등

97) 그 밖에 배당요구 종기를 도과한 물상대위권자의 배당을 받은 채권자에 대한 부당이득청구를 부정하는 大判 2002.10.11., 2002다33137, 공보 2002, 2704도 참조.

러나 이는 전부명령이 있었던 경우(앞의 (가) 참조)와 균형이 맞지 않는다. 압류채권자가 법률이 인정하는 채권집행의 방법 중에서 어느 것을 선택하는지 여부에 따라 담보권자의 지위가 달라지기 때문이다. 그러므로 담보권자는 배당을 받은 채권자에게 부당이득을 청구할 수 있다고 해석하는 것이 담보권의 효력을 보장하는 해석으로서 타당하지 않을까?98)

(다) 채권담보권자는 회생절차에서 회생담보권자, 파산절차에서는 별제권자이다(도산 제141조 제1항, 제411조).

(6) 채권담보권이 설정된 경우 설정자는 담보권자의 동의 없이 담보권의 목적이 된 권리를 소멸하게 하거나 담보권자의 이익을 해하는 변경을 할 수 없다(담보 제37조, 민법 제352조). 그러므로 설정자가 담보목적인 채권에 대해 채무면제를 하거나 다른 채무와 상계하거나 추심을 하여도, 이는 담보권자에 대한 관계에서 효력이 없다. 그러나 담보권이 설정된 채권을 양도하는 행위는 담보권자의 이익을 해하지 않으므로 이에 해당하지 않는다.99)

4. 채권담보권의 실행

채권담보권의 실행방법으로는 직접청구에 의한 실행과 민사집행법에 따른 실행이 있다. 담보목적물 이외의 재산으로부터의 변제(담보 제15조), 물상보증인의 구상권(담보 제16조) 등의 규정은 여기에서도 적용된다(담보 제37조).

(1) 담보권자는 피담보채권의 한도에서 채권담보권의 목적이 된 채권을 직접 청구할 수 있다(담보 제36조 제1항). 질권에서와 마찬가지로(제353조 참조) 담보권자는 자신의 이름으로 청구하지만, 그 효과와

---

98) 저당권자의 물상대위와 관련하여 제기되는 비슷한 논의에 대하여 제2편 제3장 Ⅲ. 2. 참조.

99) 大判 2005.12.22., 2003다55059, 공보 2006, 155.

기판력(민소 제218조 제3항)은 설정자에 대해서 발생한다.[100] 그 전제로 담보권자가 제3채무자에 대한 대항요건을 구비하고 있어야 함은 물론이다(담보 제35조 제2항). 담보권자는 선량한 관리자의 주의의무로 담보목적채권을 추심해야 한다. 그러므로 그는 피담보채권액의 범위에서만 담보목적채권을 직접 행사할 수 있다(담보 제36조 제1항). 채권담보권의 목적이 된 채권이 피담보채권보다 먼저 변제기에 이른 경우에는 담보권자는 제3채무자에게 그 변제금액의 공탁을 청구할 수 있고, 그 경우 제3채무자가 변제금액을 공탁한 후에는 채권담보권은 그 공탁금에 존재한다(담보 제36조 제2항).

(2) 담보권자는 민사집행법이 정하는 집행방법으로 채권담보권을 실행할 수 있다(담보 제36조 제2항). 담보권의 실행은 채권담보권의 존재를 증명하는 서류가 제출되는 때에 개시하며(민집 제273조 제1항), 집행권원은 요구되지 않는다. 구체적인 실행절차는 민사집행법의 채권집행절차에 따른다(민집 제273조 제3항). 동일한 규정이 적용되는 물상대위 실행(민집 제273조 제2항, 제3항)에 대한 판례에 따른다면(주 33), 채권담보권자는 담보목적채권을 압류하여 전부받아 이를 행사하거나, 담보목적채권에 대해 진행 중인 강제집행절차에서 배당요구를 하여 우선변제를 받을 수 있다. 그런데 채권담보권자는 어차피 직접청구의 방법으로 담보권을 실행할 수 있으므로(담보 제36조 제1항) 전부명령을 받는 방법은 불필요한 중복이며 전혀 실효적이지 않다. 그러므로 이 규정의 주된 취지는 담보목적채권이 압류되어 강제집행절차가 진행 중인 때에 압류에 우선하는 담보권자는 당해 절차에서 배당을 요구함으로써 우선변제를 받을 수 있는 방법을 인정하려는 것으로 이해해야 할 것이다.

(3) 공동담보에 대한 규정(담보 제29조)도 채권담보권에 준용된다.

---

100) 곽윤직 (주 48), 320면; 김증한·김학동, 물권법, 제9판, 1997, 502면 등.

이 경우에도 선순위담보권자와 (그에 대위하는) 후순위담보권자의 실행방법이 충돌할 여지가 없지 않지만, 채권담보권에서는 직접청구(담보 제36조 제1항)가 압도적으로 간이하고 보편적인 방법이므로 그러한 사안은 현실적으로 거의 발생하지 않을 것으로 예상된다. 한편 후순위담보권자가 선순위의 채권담보권의 일부를 대위하는 경우, 담보권의 불가분성(담보 제37조, 제9조)에 의해 담보권은 선순위권리자와 후순위권리자의 준공유 상태에 있게 된다. 이 경우 불가분성을 강조한다면 제3채무자에 대한 담보권자들의 직접청구는 불가분채권관계의 법리에 따라 규율된다고 생각할 수도 있다(본장 주 60 참조). 그러나 법률은 담보권이 실행되는 경우에 담보권자는 "피담보채권의 한도에서" 제3채무자에게 직접청구를 할 수 있다고 정하고 있으므로(담보 제36조 제1항), 실행의 장면에서는 선순위담보권자와 후순위담보권자가 각각 별도로 자신의 피담보채권액에 해당하는 만큼을 제3채무자에게 청구해야 한다고 할 것이다. 담보권은 현실적으로 분할되어 행사된다.

Ⅳ. 입법에 대한 평가

1. 지금까지 「동산·채권 등의 담보에 관한 법률」의 내용을 개관하고 그 운영에서 제기될 수 있는 몇 가지 문제들에 대해 소략한 시론적인 해석을 제안해 보았다. 이러한 내용을 바탕으로 동법이 도입하는 등기담보권의 장단점을 간단히 살펴보기로 한다.

(1) 등기담보권의 장점은 무엇보다도 그 등기가능성에 있다. 그에 의해 설정자는 담보목적물의 가치를 순위로 분할하여 담보권을 설정할 수 있는 이익을 받는다(담보 제7조 제2항, 제3항, 제35조 제2항, 제3항). 또한 담보목적물에 이해관계를 가지는 사람들은 보다 개선된 공시에 의거하여 담보권의 존재 및 내용을 보다 쉽게 탐문할 수 있는

가능성을 보유하게 된다(본장 Ⅰ. 3. (3) 참조). 이러한 관점에서 등기담보권은 설정자와 제3자에게 유리한 장점을 가진다.

(2) 반면 등기담보권이 채권자의 입장에서 종래 양도담보와 비교할 때 반드시 유리한 담보제도인지 여부에 대해서는 이를 쉽게 긍정할 수 없다고 생각된다. 물론 등기담보권도 우선변제라는 측면에서는 부족함이 없다. 그러나 채권자가 양도담보를 설정받는 경우와 비교할 때 등기담보권에서는 후순위권리자가 등장할 수 있어 신용관계가 예상보다 일찍 중단되는 불이익이 발생할 수 있다(본장 Ⅱ. 4. (3) (마) 참조). 또한 등기담보권의 경우 양도담보에서 존재하던 담보권자의 불이익이 반드시 제거되었다고 단정할 수도 없다. 동산담보권에서 담보권이 공시가 된다고 하더라도 선의취득으로 소멸할 가능성이 배제되는 것도 아니며(담보 제32조),[101] 사실상의 담보권 침해는 어차피 등기담보권에서도 피할 수 없다. 또한 담보등기부가 종국적인 권리관계를 공시하는 것은 아니라 그 확인을 간이하게 하는 것뿐이므로, 집합동산양도담보에서 발생하였던 고유한 문제들은 등기담보권에서도 여전히 나타난다(본장 Ⅱ. 1. (1), Ⅱ. 4. (3) (가) 및 (마) 등 참조). 채권담보권의 경우에도 종래 질권이나 양도담보와 관련한 통지를 둘러싼 난점(본장 Ⅰ. 1. (2) 참조)은 등기담보권에서도 제3채무자에 대한 대항요건으로 통지를 요구함으로써(담보 제35조 제2항) 완전히 해소되지 않는다.

또한 설정자의 입장에서도 등기담보권보다 양도담보가 더 유리한 경우를 상정할 수 있다. 설정자로서는 한 명의 채권자로부터 충분한 신용을 받을 수 있다면 양도담보를 설정함으로써 담보설정 사실을 숨기고(상당한 담보제공이 공시되는 것은 설정자의 평판에 좋지 않을 수 있다), 담보목적물을 책임재산에서 제외하여 다른 일반채권자들의 강제집행

---

101) 김재형 (주 5), 15면은 선의취득이 대폭 줄어들 것이라고 예상하지만 속단하기 어렵다. 이는 설정자와 이해관계를 맺는 사람들에게 일반적인 담보등기부 조사의 무를 부과할 수는 없기 때문이다. 자세한 것은 본장 Ⅱ. 6. (3) (가) 참조.

을 배제하는 것이 유리할 수도 있다.102)

    2. 그러므로 등기담보권은, 다른 이해관계인에 대해서는 일정한
정도로 법률관계를 명확하게 하지만, 설정자와 담보권자의 이익이라
는 관점에서 살펴볼 때 종래 양도담보에 비하여 반드시 유리한 담보
권이라는 평가를 내릴 수는 없다고 생각된다. 특히 후순위권리자를
배제할 담보권자의 이익과 일반채권자의 집행을 회피할 설정자의 이
익이 만나는 경우에는 오히려 여전히 양도담보를 선호할 가능성도 충
분히 존재한다 실제로 동법은 양자의 병존을 허용함으로써 실무에 선
택가능성을 부여하였는데,103) 시행 이후 동산담보나 채권담보의 실무
를 살펴보면 새로운 등록담보권은 기대만큼 활용되고 있지는 않은 것
으로 보인다.104) 이러한 현상에 비추어 볼 때, 종래 동산·채권의 양
도담보와 관련해 지적되었던 문제점의 다수는 실은 양도담보라는 법
적 수단의 약점이라기보다는 사물의 본성상 집합동산과 집합채권을
담보의 대상으로 확보하려는 시도에 내재하는 난점일지도 모른다.

---

102) 이것이 설정자가 의욕하는 양도담보의 이른바 "재산보호적 효력"이다. 제3편 제2
    장 Ⅲ. 1. (1) 특히 주 49 참조.
103) 김재형 (주 13), 241 – 242면.
104) 「사법연감」에 따르면 동법에 따른 접수된 등기사건 건수는 2012년에 1,810,
    2013년에 3,428, 2014년에 2,826, 2015년에 2,865, 2016년에 2,173건인데, 우리
    경제규모에 비추어 활용이 크다고 말하기는 어려울 것이다. 특히 신용제공자가
    제1금융권의 금융기관이 아닌 경우 통상 담보로 등록담보권이 선택되지는 않는
    것으로 보인다(매일경제 2017년 1월 3일자). 또한 "은행들은 갈수록 동산담보대
    출을 꺼리는 모양새다. 금감원에 따르면 지난 2013년 4643억 원이었던 동산담보
    대출 잔액은 2014년 4375억 원, 2015년 3858억 원으로 꾸준하게 줄었다. [⋯]
    매출채권 담보 사기 사건 등이 트라우마로 작용했고, 은행에 동산 담보 관리와 평
    가를 전문으로 하는 인력과 인프라가 부족하기 때문이다. 리스크 관리가 어렵다
    는 것이다"(조선비즈 2017년 1월 13일자; 생략된 부분은 필자에 의한 것이다).
    또한 서정호, "은행권의 동산담보대출 활성화를 위한 과제", 주간 금융브리프, 제
    25권 제23호, 2016, 12 – 13면도 참조. 이상의 내용을 살펴보면, 등록담보권이 종
    래 양도담보에 비해 법률관계의 안정과 명확화라는 관점에서 크게 기여하지 못하
    고 있다는 인상을 받게 된다.

판례색인

사항색인

저자 소개

김형석

- 서울대학교 법과대학 졸업(학사)
- 서울대학교 대학원 법학과(석사)
- 독일 트리어(Trier) 대학교(석사, 박사)
- 현 : 서울대학교 법학대학원 교수

저서 및 논문

Zessionsregreß bei nicht akzessorischen Sicherheiten(Duncker & Humblot, 2004)
주석 민법 물권(1)(제5판, 2019)(共著)
민법 Ⅲ — 권리의 보전과 담보(제4판, 2021)(共著)
사용자책임의 연구(2013)
헌법과 사법(2018)(共著)
민법개정안 연구(2019)(共著)
상속법 개정론(2020)(共著)
"동기착오의 현상학" 외 다수 논문

담보제도의 연구

초판발행	2021년 7월 30일
중판발행	2022년 10월 20일
지은이	김형석
펴낸이	안종만 · 안상준
편 집	김선민
기획/마케팅	조성호
표지디자인	벤스토리
제 작	우인도 · 고철민 · 조영환
펴낸곳	(주) **박영사**
	서울특별시 금천구 가산디지털2로 53, 210호(가산동, 한라시그마밸리)
	등록 1959. 3. 11. 제300-1959-1호(倫)
전 화	02)733-6771
f a x	02)736-4818
e-mail	pys@pybook.co.kr
homepage	www.pybook.co.kr
ISBN	979-11-303-3936-8 94360
	979-11-303-2631-3 (세트)

정 가   37,000원